豊島岡女子学園中学校

〈収録内容〉

2024年度 …………………… 第1回（算・
第2回（算・
第3回（算・理・社・国）
※第3回は解答のみ。

2023年度 …………………… 第1回（算・理・社・国）
第2回（算・理・社・国）
第3回（算・理・社・国）
※第3回は解答のみ。

2022年度 …………………… 第1回（算・理・社・国）
第2回（算・理・社・国）
第3回（算・理・社・国）
※第3回は解答のみ。

2021年度 …………………… 第1回（算・理・社・国）
第2回（算・理・社・国）
※第2回国語の大問二は、問題に使用された作品の著作権者が二次使用の許可を出していないため、問題を掲載しておりません。

2020年度 …………………… 第1回（算・理・社・国）
第2回（算・理・社・国）
※第2回国語の大問一は、問題に使用された作品の著作権者が二次使用の許可を出していないため、問題を掲載しておりません。

2019年度 …………………… 第1回（算・理・社・国）
第2回（算・理・社・国）

平成30年度 …………………… 第1回（算・理・社・国）
第2回（算・理・社・国）

便利なDLコンテンツは右のQRコードから

解答用紙　過去年度　国語の問題は紙面に掲載 ⇒

※データのダウンロードは2025年3月末日まで。
※データへのアクセスには、右記のパスワードの入力が必要となります。 ⇒ 067420

〈合格最低点〉

	第1回	第2回	第3回		第1回	第2回	第3回
2024年度	194点	211点	218点	2021年度	201点	217点	213点
2023年度	209点	211点	216点	2020年度	207点	226点	209点
2022年度	200点	217点	216点	2019年度	205点	199点	214点

本書の特長

実戦力がつく入試過去問題集

- ▶ 問題 …………… 実際の入試問題を見やすく再編集。
- ▶ 解答用紙 …… 実戦対応仕様で収録。
- ▶ 解答解説 …… 詳しくわかりやすい解説には、難易度の目安がわかる「基本・重要・やや難」の分類マーク〈つき（下記参照）。各科末尾には合格へと導く「ワンポイントアドバイス」を配置。採点に便利な配点つき。

入試に役立つ分類マーク

基本 確実な得点源！
受験生の 90%以上が正解できるような基礎的、かつ平易な問題。
何度もくり返して学習し、ケアレスミスも防げるようにしておこう。

重要 受験生なら何としても正解したい！
入試では典型的な問題で、長年にわたり、多くの学校でよく出題される問題。
各単元の内容理解を深めるのにも役立てよう。

やや難 これが解ければ合格に近づく！
受験生にとっては、かなり手ごたえのある問題。
合格者の正解率が低い場合もあるので、あきらめずにじっくりと取り組んでみよう。

合格への対策、実力錬成のための内容が充実

- ▶ 各科目の出題傾向の分析、合否を分けた問題の確認で、入試対策を強化！
- ▶ その他、学校紹介、過去問の効果的な使い方など、学習意欲を高める要素が満載！

解答用紙ダウンロード 解答用紙はプリントアウトしてご利用いただけます。弊社ＨＰの商品詳細ページよりダウンロードしてください。トビラのＱＲコードからアクセス可。

UD FONT 見やすく読みまちがえにくいユニバーサルデザインフォントを採用しています。

豊島岡女子学園 中学校

温かい家庭的な校風をもって 知性・徳性に優れた女性を育成 高レベルの進学校としても有名

URL	https://www.toshimagaoka.ed.jp/

生徒数　810名
〒170-0013
東京都豊島区東池袋1-25-22
☎ 03-3983-8261
JR・西武池袋線・東武東上線・丸ノ内線・副都心線池袋駅　徒歩７分
有楽町線東池袋駅　徒歩２分

プロフィール

人気上昇中の女子進学校のひとつ

「道義実践、勤勉努力、一能専念」を教育方針とし、家庭的で温かみある校風で知られる。

1892（明治25）年、一般家政教育を行う女子裁縫専門学校として創立し、1904年に東京家政女学校と改称。1948（昭和23）年、現在地に移転し、現校名になった。2022年度より高校からの募集を停止。

環境

モダンな校舎に各施設を凝縮

JR池袋駅近くのオフィス街にある、大きなアーチ状の玄関が印象的な、全館地下１階・地上８階建てのモダンな校舎である。二木記念講堂は、１階席570、２階席238の計808席からなり、ホワイエにはシャンデリアのついたまわり階段がある。また、地下にはトレーニング室、屋上にはプールが併設されている。校外施設として、長野県には「小諸林間学校」、埼玉県には「入間総合グランド」がある。

カリキュラム

中３年次は先取り授業 高３年次は演習主体

中学では、６カ年一貫による効果的な学力の伸長を目指し、基礎学力の充実に努める。特に、数学と英語に重点を置き、英語では、外国人講師による英会話授業やオンライン英会話など、実践的な英語習得にも積極的だ。また、３年次には、高校課程の先取り授業を行っている。

高校では、２年生から文系・理系に分かれ、地理・歴史・理科の科目を選択して履修する。２年次までにしっかりとした基礎力を身につけた上で、３年次には演習の授業を多く行い、実践力を身につけていく。英語は高２から、数学は高３から習熟度に応じてクラスを編成、受験のための補習授業も行う。また、1年次より、毎月の漢字書き取りや英単語小テストなどを実施すると共に、校外模試も積極的に導入している。

2018年度からスーパーサイエンスハイスクールに指定された。AcademicDayの一層の充実等、学校全体で探究活動にますます力を入れ、生涯にわたって、学び続ける学力を育成する。

二木記念講堂

学校生活

基礎と努力を教える伝統の「運針」

学園生活は、毎朝の「運針」から始まる。70年以上の伝統で、無心になることや基礎の大切さ、努力の積み重ねの大切さを学ぶ。

個性を伸ばし、特技を磨くため、クラブ活動も盛んである。36の文化系クラブと、12の体育系クラブがあり、１年間の成果は文化祭で発表される。年間行事にはそのほか、運動会、宿泊研修、海外語学研修、英語弁論大会、合唱コンクール、歌舞伎鑑賞などがある。

進路

難関大中心にほとんどが現役合格

75％を超える現役合格率もずば抜けている。2023年3月の主な合格状況は、東大30名、京都大13名、東京工業大11名、一橋大14名、千葉大３名、早稲田大152名、慶應義塾大107名、上智大74名、国公立医学部医学科25名など、難関大に多数が合格している。

団結する運動会

国際化

異文化を直接体験する海外研修

中学３年～高校1年の希望者を対象に、イギリス、カナダ、ニュージーランドへの海外語学研修を実施している。高校１・２年を対象としたニュージーランド３ヵ月留学制度やボストン短期研修もある。

ひとこと

在校生からのメッセージ

はじめまして！私は豊島岡女子学園中学２年生です。私は入学するまで豊島岡は真面目な印象がありました。ですが、それはメリハリがつけられるということだと今は思います。勉強するときは真剣に、でも休み時間などはとても賑やかで活気に満ちています。先生方も、面白い先生がたくさんいらっしゃるので、楽しく授業が受けられます。志望校に悩んでいる方もいるかと思いますが、たくさん悩んで自分に合った学校を見つけて下さい。皆さんのことを心から応援しています！

2024年度入試要項

試験日　2/2（１回）　2/3（２回）　2/4（３回）
試験科目　国・算・理・社

2024年度	募集定員	受験者数	合格者数	競争率
第１回	160	904	389	2.3
第２回	40	456	68	6.7
第３回	40	467	74	6.3

※帰国生含む

過去問の効果的な使い方

① **はじめに**　ここでは，受験生のみなさんが，ご家庭で過去問を利用される場合の，一般的な活用法を説明していきます。もし，塾に通われていたり，家庭教師の指導のもとで学習されていたりする場合は，その先生方の指示にしたがって，過去問を活用してください。その理由は，通常，塾のカリキュラムや家庭教師の指導計画の中に過去問学習が含まれており，どの時期から，どのように過去問を活用するのか，という具体的な方法がそれぞれの場合で異なるからです。

② **目的**　言うまでもなく，志望校の入学試験に合格することが，過去問学習の第一の目的です。そのためには，それぞれの志望校の入試問題について，どのようなレベルのどのような分野の問題が何問，出題されているのかを確認し，近年の出題傾向を探り，合格点を得るための試行錯誤をして，各校の入学試験について自分なりの感触を得ることが必要になります。過去問学習は，このための重要な過程であり，合格に向けて，新たに実力を養成していく機会なのです。

③ **開始時期**　過去問との取り組みは，通常，全分野の学習が一通り終了した時期，すなわち6年生の7月から8月にかけて始まります。しかし，各分野の基本が身についていない場合や，反対に短期間で過去問学習をこなせるだけの実力がある場合は，9月以降が過去問学習の開始時期になります。

④ **活用法**　各年度の入試問題を全問マスターしよう，と思う必要はありません。完璧を目標にすると挫折しやすいものです。できるかぎり多くの問題を解けるにこしたことはありませんが，それよりも重要なのは，現実に各志望校に合格するために，どの問題が解けなければいけないか，どの問題は解けなくてもよいか，という眼力を養うことです。

算数

どの問題を解き，どの問題は解けなくてもよいのかを見極めるには相当の実力が必要になりますし，この段階にいきなり到達するのは容易ではないので，この前段階の一般的な過去問学習法，活用法を2つの場合に分けて説明します。

☆偏差値がほぼ55以上ある場合

掲載順の通り，新しい年度から順に年度ごとに3年度分以上，解いていきます。

ポイント1…問題集に直接書き込んで解くのではなく，各問題の計算法や解き方を，明快にわかるように意識してノートに書き記す。

ポイント2…答えの正誤を点検し，解けなかった問題に印をつける。特に，解説の 基本 重要 がついている問題で解けなかった問題をよく復習する。

ポイント3…1回目にできなかった問題を解き直す。同様に，2回目，3回目，…と解けなければいけない問題を解き直す。

ポイント4…難問を解く必要はなく，基本をおろそかにしないこと。

☆偏差値が50前後かそれ以下の場合

ポイント1～4以外に，志望校の出題内容で「計算問題・一行問題」の比重が大きい場合，これらの問題をまず優先してマスターするとか，例えば，大問2までをマスターしてしまうとよいでしょう。

理科

理科は1から順番に解くことにほとんど意味はありません。理科は，性格の違う4つの分野が合わさった科目です。また，同じ分野でも単なる知識問題なのか，あるいは実験や観察の考察問題なのかによってもかかる時間がずいぶんちがいます。記述，計算，描図など，出題形式もさまざまです。ですから，解く順番の上手，下手で，10点以上の差がつくこともあります。

過去問を解き始める時も，はじめに1回分の試験問題の全体を見通して，解く順番を決めましょう。得意分野から解くのもよいでしょう。短時間で解けそうな問題を見つけて手をつけるのも効果的です。くれぐれも，難問に時間を取られすぎないように，わからない問題はスキップして，早めに全体を解き終えることを意識しましょう。

社会

社会は1から順番に解いていってかまいません。ただし，時間のかかりそうな，「地形図の読み取り」，「統計の読み取り」，「計算が必要な問題」，「字数の多い論述問題」などは後回しにするのが賢明です。また，3分野(地理・歴史・政治)の中で極端に得意，不得意がある受験生は，得意分野から手をつけるべきです。

過去問を解くときは，試験時間を有効に活用できるよう，時間は常に意識しなければなりません。ただし，時間に追われて雑にならないようにする注意が必要です。“誤っているもの”を選ぶ設問なのに“正しいもの”を選んでしまった，“すべて選びなさい”という設問なのに一つしか選ばなかったなどが致命的なミスになってしまいます。問題文の“正しいもの”，“誤っているもの”，“一つ選び”，“すべて選び”などに下線を引いて，一つ一つ確認しながら問題を解くとよいでしょう。

過去問を解き終わったら，自己採点し，受験生自身でふり返りをしましょう。できなかった問題については，なぜできなかったのかについての分析が必要です。例えば，「知識が必要な問題」ができなかったのか，「問題文や資料から判断する問題」ができなかったのかで，これから取り組むべきことも大きく異なってくるはずです。また，正解できた問題も，「勘で解いた」，「確信が持てない」といったときはふり返りが必要です。問題集の解説を読んでも納得がいかないときは，塾の先生などに質問をして，理解するようにしましょう。

国語

過去問に取り組む一番の目的は，志望校の傾向をつかみ，本番でどのように入試問題と向かい合うべきか考えることです。素材文の傾向，設問の傾向，問題数の傾向など，十分に研究していきましょう。

取り組む際は，まず解答用紙を確認しましょう。漢字や語句問題の量，記述問題の種類や量などが，解答用紙を見て，わかります。次に，ページをめくり，問題用紙全体を確認しましょう。どのような問題配列になっているのか，問題の難度はどの程度か，などを確認して，どの問題から取り組むべきかを判断するとよいでしょう。

一般的に「漢字」→「語句問題」→「読解問題」という形で取り組むと，効率よく時間を使うことができます。

また，解答用紙は，必ず，実際の大きさのものを使用しましょう。字数指定のない記述問題などは，解答欄の大きさから，書く量を考えていきましょう。

豊島岡女子の算数

――出題傾向と対策　合否を分けた問題の徹底分析――

出題傾向と内容

出題分野1　〈数と計算〉

「四則計算」は例年, 出題されている。「演算記号」の出題もある。「数の性質」の問題は「奇数・偶数」「約数」「倍数」「商とあまり」に関して出題されている。

2　〈図形〉

「平面図形」「立体図形」とも毎年, 出題されている。「相似」や「面積比」など「割合と比」と融合して出題されることが多い。「図形や点の移動」と「速さの三公式と比」も, 融合されて出題されている。「立体図形」は切断したときの切り口の問題, 等積変形がよく出題されている。

3　〈速さ〉

「速さ」の問題も例年, 出題されている。「図形や点の移動」や「割合と比」と融合されることが多い。ダイヤグラムなどのグラフを利用する出題も多い。

4　〈割合〉

「割合」の問題も例年, 出題されている。もとにする量が変化していくような「相当算」「売買算」がよく出題されている。「濃度」の問題もよく出題されるので, この分野の問題を数年分まとめて練習するのも有効である。

5　〈推理〉

「場合の数」「数列・規則性」の問題が出題されやすい。「場合の数」の問題は, 単純ではなく正確に数えるのが難しい問題が出題される場合もある。

6　〈その他〉

あまり出題されていないが, 「鶴カメ算」「消去算」の出題率が高い。

出題率の高い分野

❶割合と比　❷平面図形・面積　❸立体図形・体積と容積　❹速さの三公式と比
❺数の性質

来年度の予想と対策

出題分野1　〈数と計算〉… 「四則演算」「数の性質」「演算記号」が出題される。

2　〈図形〉… 「平面図形・面積」「立体図形・体積と容積」「相似」が出題される。「割合と比」と融合されて出題されやすい。等積変形の問題も出題される。

3　〈速さ〉… 「速さ」は「割合と比」と融合されて出題される。

4　〈割合〉… 「相似比」「面積比」「体積比」「速さと比」など他分野と融合されて出題される。また, 「濃度」の問題もよく出題される。

5　〈推理〉… 「場合の数」「数列・規則性」が出題される。

6　〈その他〉… 「鶴カメ算」が「速さ」と融合されて出題される。「消去算」に慣れておこう。

学習のポイント

●大問数6題　小問数18問　　●試験時間50分　満点100点
●多くは標準問題だが, 中には難易度の高い問題もあるので, 時間配分に気をつけよう。

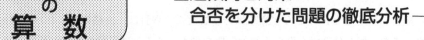

年度別出題内容の分析表　算数

（よく出ている順に，☆◎○の3段階で示してあります。）

出題内容		27年		28年		29年		30年		2019年	
		1回	2回	1回	2回	1回	2回	1回	2回	1回	2回
数と計算	四則計算	○	○	○	○	○	○	○	○	○	○
	単位の換算		○		○	○	○	◎	☆	○	☆
	演算記号・文字と式	○	○		○		○	◎			○
	数の性質	○	◎	☆	☆	◎	☆	☆	◎	☆	○
	概　数							○			
図形	平面図形・面積	☆	◎	○	◎	☆	☆	☆	☆	☆	☆
	立体図形・体積と容積	○	◎	◎	○	◎	☆	☆	◎	☆	☆
	相似（縮図と拡大図）	○		☆	○	◎	○	☆	☆	○	○
	図形や点の移動・対称な図形	○				☆			☆	○	◎
	グラフ			○			☆				
速さ	速さの三公式と比	◎	◎	○	◎			☆	◎	◎	◎
	旅人算		◎	◎							◎
	時計算										
	通過算										
	流水算	◎							◎		
割合	割合と比	☆	☆	☆	◎	☆	☆	☆	☆	☆	☆
	濃　度			○	○	◎	○	○	○		○
	売買算	○						○			
	相当算						○				
	倍数算・分配算										
	仕事算・ニュートン算			○		◎				○	
	比例と反比例・2量の関係										
推理	場合の数・確からしさ	◎	○		☆	○	◎	◎	○	◎	○
	論理・推理・集合				☆	☆					○
	数列・規則性・N進法			☆	◎	○	○	○	◎	◎	◎
	統計と表										
その他	和差算・過不足算・差集め算		○				○			○	
	鶴カメ算	○		○			○				
	平均算										
	年令算					○					
	植木算・方陣算										
	消去算	◎	◎					○	○		○

豊島岡女子学園中学校

（よく出ている順に，☆◎○の3段階で示してあります。）

出題内容		2020年		2021年		2022年		2023年		2024年	
		1回	2回	1回	2回	1回	2回	1回	2回	1回	2回
数と計算	四則計算	○	○	○	○	○	○	○	○	○	○
	単位の換算	◎	◎				◎		○		◎
	演算記号・文字と式	○	○		○		○	○	○		
	数の性質	◎	◎	☆	◎	☆	☆	○	☆		○
	概　数										
図形	平面図形・面積	☆	☆	☆	☆	☆	☆	☆	☆	☆	☆
	立体図形・体積と容積	☆	☆	☆	☆	☆	☆	☆	☆	☆	☆
	相似（縮図と拡大図）	☆		☆	◎	☆	○	☆	○	○	
	図形や点の移動・対称な図形	☆		◎	☆		☆				◎
	グラフ										
速さ	速さの三公式と比	☆	☆	☆	○	◎	◎	○	☆		☆
	旅人算		○	○			○		◎		
	時計算	○	○				○				
	通過算								○		
	流水算										
割合	割合と比	☆	☆	☆	☆	☆	☆	☆	☆	☆	☆
	濃　度					○	○		◎		○
	売買算			◎		○		◎			
	相当算										
	倍数算・分配算	○	○								
	仕事算・ニュートン算		◎			○					
	比例と反比例・2量の関係										
推理	場合の数・確からしさ			○	◎	○	◎	○	◎	☆	◎
	論理・推理・集合	○									
	数列・規則性・N進法	○	☆	☆	☆		○	☆			
	統計と表										
その他	和差算・過不足算・差集め算			○						○	
	鶴カメ算			○							○
	平均算										
	年令算										
	植木算・方陣算		○								
	消去算			○	○	☆		○	○	◎	○

豊島岡女子学園中学校

2024年度 豊島岡女子学園中学校 合否を分けた問題 算数

1 (4)〈平面図形，数の性質〉

> 難しい問題ではない。ポイントに気づけば正解できる。
> 中央の○から 6 本の線が延びており，全体の三角形の各頂点から 2 本ずつ線が延びていることに気づくことが鍵である，ということである。

【問題】

右図の○のなかに1から10までの整数を書き入れ，(あ)から(け)までの9つの三角形の頂点の3つの数を足す。
このようにしてできた9つの数の和が最も小さくなるように数を書き入れるとき，その和を答えなさい。

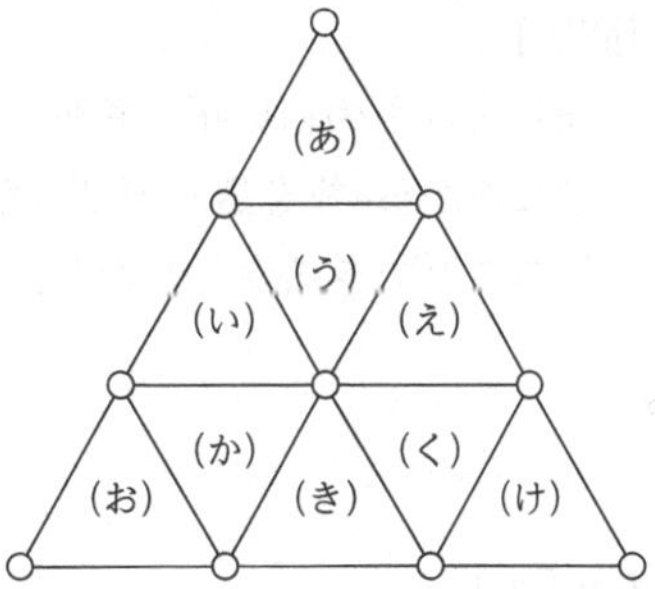

【考え方】

中央…1
全体の三角形の頂点…10，9，8 } ← ポイント

したがって，求める数の和は114

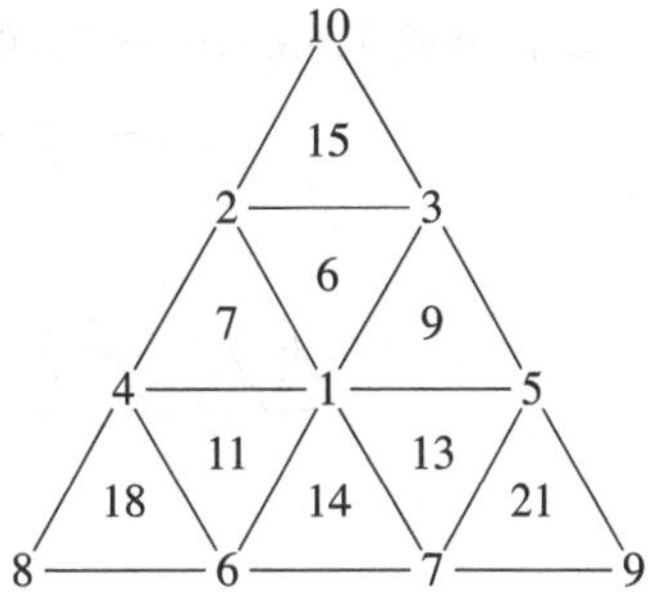

受験生に贈る「数の言葉」――――――――「ガリヴァ旅行記のなかの数と図形」
作者　ジョナサン・スウィフト(1667～1745)
…アイルランド　ダブリン生まれの司祭

リリパット国…1699年11月，漂流の後に船医ガリヴァが流れ着いた南インド洋の島国
①人間の身長…約15cm未満　②タワーの高さ…約1.5m
③ガリヴァがつながれた足の鎖の長さ…約1.8m　④高木の高さ…約2.1m
⑤ガリヴァとリリパット国民の身長比…12：1　⑥ガリヴァとかれらの体積比…1728：1

ブロブディンナグ国…1703年6月，ガリヴァの船が行き着いた北米の国
①草丈…6m以上　②麦の高さ…約12m　③柵(さく)の高さ…36m以上
④ベッドの高さ…7.2m　⑤ネズミの尻尾(しっぽ)…約1.77m

北太平洋の島国…1707年，北緯46度西経177度に近い国
王宮内コース料理　①羊の肩肉…正三角形　②牛肉…菱形　③プディング…サイクロイド形
④パン…円錐形(コーン)・円柱形(シリンダ)・平行四辺形・その他

2023年度 豊島岡女子学園中学校 合否を分けた問題 算数

2 (2)〈平面図形，場合の数〉

難しい問題ではない。ミスしなければ正解できる。
タイルの配列を考える「場合の数」の問題であるが，一定の規則によって配列していくことがポイントである。

【問題】

同じ大きさの白い正三角形のタイルと黒い正三角形のタイルが，それぞれ4枚ずつ合計8枚ある。このなかから4枚を選んでぴったりとくっつけて大きい正三角形を作るとき，大きい正三角形は何通り作ることできるか。ただし，異なる向きから見ると同じものは1通りと数える。

黒白の配列が問われている

【考え方】

以下の8通りがある…一定の規則によって配列を考える。

白の枚数か黒の枚数をもとにして配列する

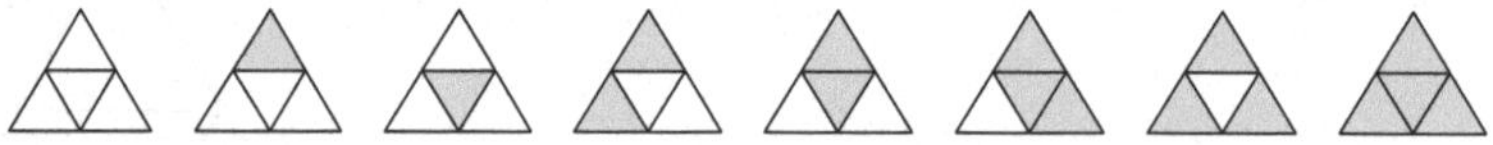

受験生に贈る「数の言葉」―――――――――― バートランド・ラッセル(1872～1970)が語るピュタゴラス(前582～496)とそのひとたちのようす(西洋哲学史)

①ピュタゴラス学派のひとたちは，地球が球状であることを発見した。

②ピュタゴラスが創った学会には，男性も女性も平等に入会を許された。
財産は共有され，生活は共同で行われた。科学や数学の発見も共同のものとみなされ，ピュタゴラスの死後でさえ，かれのために秘事とされた。

③だれでも知っているようにピュタゴラスは，すべては数である，といった。
かれは，音楽における数の重要性を発見し，設定した音楽と数学との間の関連が，数学用語である「調和平均」，「調和級数」のなかに生きている。

④五角星は，魔術で常に際立って用いられ，この配置は明らかにピュタゴラス学派のひとたちにもとづいており，かれらは，これを安寧とよび，学会員であることを知る象徴として，これを利用した。

⑤その筋の大家たちは以下の内容を信じ，かれの名前がついている定理をかれが発見した可能性が高いと考えており，それは，直角三角形において，直角に対する辺についての正方形の面積が，他の2辺についての正方形の面積の和に等しい，という内容である。
とにかく，きわめて早い年代に，この定理がピュタゴラス学派のひとたちに知られていた。かれらはまた，三角形の角の和が2直角であることも知っていた。

2022年度 豊島岡女子学園中学校 合否を分けた問題 算数

第1回 1 (2)〈数の性質〉

> なんでもないように思われる問題であるが，「216以下の整数のうち，216との公約数が1だけである整数は何個」と問われ，そのまま数え上げようとすると大変，面倒なことになる！

【問題】

1以上216以下の整数のうち，216との公約数が1だけである整数は何個あるか。

【考え方】

$216 = 2 \times 2 \times 2 \times 3 \times 3 \times 3$ より，2の倍数は $216 \div 2 = 108$(個)，

3の倍数は $216 \div 3 = 72$(個)，6の倍数は $216 \div 6 = 36$(個)

したがって, 1を除いて公約数がない数は

$216 - (108 + 72 - 36) = 72$(個)

☆もし，問題が「216以下の整数のうち，216とある整数に2以上の公約数がある場合，これらの整数は何個か」と書かれていると，答えが簡単になるはず。

受験生に贈る「数の言葉」

数学者の回想　　高木貞治1875～1960

数学は長い論理の連鎖だけに，それを丹念にたどってゆくことにすぐ飽いてしまう。論理はきびしいものである。例えば, 1つの有機的な体系というか，それぞれみな連関して円満に各部が均衡を保って進んでゆかぬかぎり，完全なものにはならない。

ある1つの主題に取り組み，どこか間違っているらしいが，それがはっきり判明せず，もっぱらそればかりを探す。神経衰弱になりかかるぐらいまで検討するが，わからぬことも多い。夢で疑問が解けたと思って起きてやってみても，全然違っている。そうやって長く間違いばかりを探し続けると，その後，理論が出来ても全く自信がない。そんなことを多々経験するのである。(中略)

技術にせよ学問にせよ, その必要な部分だけがあればよいという制ちゅう (限定) を加えられては, 絶対に進展ということはあり得ない。「必要」という考え方に，その必要な1部分ですらが他の多くの部分なくして成り立たぬことを理解しようとしないことがあれば，それは全く危険である。

豊島岡女子の理科

――出題傾向と対策　合否を分けた問題の徹底分析――

出題傾向と内容

1回, 2回とも毎年物理，化学，生物，地学の4領域から大問各1題ずつの出題である。小問数は25問程度であり，試験時間に対して多すぎないが，計算量によっては，時間が不足することもあり，てきぱき解く必要がある。物理，化学で実験結果を考察し，それをもとにした難度の高い計算問題が出題される。生物・地学は広く知識と理解を問う出題が多い。分野を問わず，問題文で与えられた知識を応用して解く問題が多い。

出題形式は，記号選択，数値，語句が大半である。記号選択は，丁寧に選択肢を読みこまなくてはならない。

生物的領域　実験や観察から論理的に考える力が必要な問題が多い。また，動植物ともに広く知識が要求される。日ごろから動植物に目を向け知識を増やしていくとともに，考察力の必要な問題練習を積み重ねる必要がある。

地学的領域　天体，気象，地球の各分野から，広く出題される。図表を用いて基礎的な考え方を試す問題が多い。時事的な内容も取り扱われ，問題文や図表からの読解が重要である。

物理的領域　力学，電気，光，音，熱など，広い素材が扱われる。実験にかかわる問題が多い。その実験の目的，手順，結果から計算を行う問題が多い。全体的な難度は高めである。与えられた条件を応用する思考力が必要な場合も多い。

化学的領域　例年，化学反応の問題が出題されるが，その難度は高いものが多い。複数の条件を整理し，活用して，論理的に思考することが要求される。問題文に書かれている数値が何をあらわしているのか正確に把握する必要がある。

学習のポイント

●基本問題は素早く解けるように，問題を速く正確に読み込む練習をしよう。物理，化学の計算問題は発展問題を数多く解いて，条件を上手に利用する訓練をしておこう。

来年度の予想と対策

例年，物理，化学は難度が高いことが多い。全体的に複数の条件，情報を利用して解く計算問題が多いので，時間配分は前もって計画をしておきたい。

また，問題文や図表を素早く正確に読み取って理解する訓練をする必要がある。問われていることのしくみや原理，性質は何か，問われているものが何か，を正確に把握することが重要である。

さらに，基礎知識は参考書の暗記のみならず，身近な現象や，時事的な現象も含め，実物，写真，映像を利用して，広く身につけよう。

年度別出題内容の分析表 理科

（よく出ている順に，☆◎○の３段階で示してあります。）

出題内容		27年 1回	27年 2回	28年 1回	28年 2回	29年 1回	29年 2回	30年 1回	30年 2回	2019年 1回	2019年 2回
生物的領域	植物のなかま										
	植物のはたらき			☆			☆				
	昆虫・動物		☆			☆		○			
	人　体	☆			☆				☆	☆	
	生態系							☆			☆
地学的領域	星と星座										
	太陽と月	○			☆	☆			☆		
	気　象	☆					☆			☆	
	地層と岩石		☆					☆			☆
	大地の活動			☆							
化学的領域	物質の性質										
	状態変化				☆			☆	☆		
	ものの溶け方			☆							☆
	水溶液の性質					☆	☆			☆	
	気体の性質		☆								
	燃　焼	☆									
物理的領域	熱の性質										
	光や音の性質		☆				☆				
	物体の運動				☆	☆		☆		☆	
	力のはたらき			☆					☆		
	電流と回路	☆									
	電気と磁石	○									
その他	実験と観察	☆	☆	☆	☆	☆	☆	☆	☆	◎	◎
	器具の使用法										
	環　境										
	時　事										
	その他										

豊島岡女子学園中学校

（よく出ている順に，☆◎○の3段階で示してあります。）

	出題内容	2020年		2021年		2022年		2023年		2024年	
		1回	2回	1回	2回	1回	2回	1回	2回	1回	2回
生物的領域	植物のなかま		○							◎	
	植物のはたらき		◎		☆		☆			○	
	昆虫・動物			☆		☆		☆	○		☆
	人　体	☆							◎		
	生態系										
地学的領域	星と星座										
	太陽と月		☆	☆		◎				☆	○
	気　象				☆	◎					☆
	地層と岩石						☆	☆			
	大地の活動	☆							☆		
化学的領域	物質の性質						○	○	○		
	状態変化			○							○
	ものの溶け方		☆		◎						
	水溶液の性質	☆		◎		○				☆	
	気体の性質			◎	○	◎	◎	○	○		
	燃　焼				◎			◎	◎		◎
物理的領域	熱の性質				○				○		○
	光や音の性質						☆				☆
	物体の運動							☆			
	力のはたらき	☆	☆		☆	☆				☆	
	電流と回路			☆					◎		
	電気と磁石										
その他	実験と観察	◎	◎	◎	◎	◎	◎	◎	◎	☆	☆
	器具の使用法							○			
	環　境										○
	時　事								○		
	その他										

豊島岡女子学園中学校

2024年度 豊島岡女子学園中学校 合否を分けた問題 理科

■1回：この大問で、これだけ取ろう！

[1]	ヘリウム風船の上昇	標準	図を読むことと，密度×体積の計算を，交互に繰り返す。(1)でコツがつかめれば全問正解も狙える。失点は最小限に。
[2]	2種類の中和	やや難	(2)がつかみづらいが，(3)から戻ってみれば考えやすくなる。失点は3つまで。
[3]	さまざまな植物の観察	標準	知識，理解ともに，頻出の問題である。ていねいに解いて，確実に得点を重ねよう。失点は1つまで。
[4]	月から見た地球	標準	(3)は，地球のまわりを月がまわる基本の図を描いてみると考えやすい。失点は2つまで。

■鍵になる問題は[2]だ！

例年通り，第1回，2回ともに，各領域から1大問ずつの出題である。どの大問も，基礎的な知識を重視しつつも，問題文にある情報を使う設問が含まれており，反復訓練だけの学習では高得点は難しい。[1]では，空気中にある風船にはたらく浮力について，問題文から，風船が押しのけた空気の重さと等しいことを理解し，計算とグラフの読解をくりかえす必要がある。[4]では，月から見た地球の形が問われている。地球のまわりを回る月の図は，ほとんどの受験生が知っているだろう。その図を問題用紙の余白に描いてみると考えやすい。

[2]を取り上げる。水酸化ナトリウムと炭酸水素ナトリウムが混ざった水溶液Aに塩酸を加え，発生した二酸化炭素量を測定している。この反応では，2つの反応が同じ容器の中で起こる。

反応1　水酸化ナトリウム　＋　塩酸(塩化水素)

反応2　炭酸水素ナトリウム　＋　塩酸(塩化水素)　…　二酸化炭素が発生

二酸化炭素が発生するのは，反応2だけである。実験の結果の表は，多くの受験生には見慣れない形である。これは，反応1と反応2が同時に起こるのではなく，まず反応1がおこり，次に反応2が起こる。(2)の段階では気付きにくく難しく感じるが，(3)の問題文でタネあかしがされるので，振り返って(2)を考えれば答えやすい。問題の表に数値を補う(灰色の部分)と，次のとおりである。

加えた塩酸中の塩化水素の重さ〔g〕	20	27	30	33	36	40	50
できた二酸化炭素の体積〔L〕	0	0	2	4	6	6	6

ここに気づき，大問冒頭で与えられた反応1，反応2の量関係から，(2)(3)(4)の設問が解決する。つまり，塩化水素が27gまでは，反応1だけがおこり，27gから36gまでは反応2が起こることを理解して計算を進める。また，(5)の点Pは27gのところにあたる。

2023年度 豊島岡女子学園中学校 合否を分けた問題 理科

■1回：この大問で、これだけ取ろう！

[1]	衝突とはねかえり	標準	図と問題文をしっかり理解できれば，容易に解答が得られる。全問正解を狙いたい。
[2]	銅の酸化	やや難	いくつもある条件を，使いやすいようにしっかり整理する必要がある。失点は3つまで。
[3]	ゾウリムシの生活	標準	(4)(6)(7)がやや考えにくいが，問題文や図をよく読んで解答の糸口を探そう。失点は2つまで。
[4]	地質柱状図	標準	(2)～(4)が想像力と思考力を要するが，基礎知識の積み重ねで正解が得られる。失点は2つまで。

■鍵になる問題は[2]だ！

本年も，第1回入試，第2回入試ともに，広い範囲からバランスよく出題された。大問ごとに，容易な問題と複雑な問題があるので，解ける問題を見極め，解く順序を工夫し，てきぱきと解き上げることが大切である。また，問題文の条件をよく理解し，考える材料をよく整理して解き進めたい。

[2]を取り上げる。銅と酸素が結びついたり(酸化)，離れたり(還元)する変化についての問題であり，第1回入試だけでなく第2回入試でも扱われた。

あちこちの実験結果から，重さの条件が判明していく。化学の計算では，重さなどの「比」は何より重要なので，解くのに使えそうな比は，例えば問題用紙の上部にメモするなど決めておき，設問ごとにいちいち探すことがないようにしたい。

本問を通じて見つけなければならない「比」は，次の通りである。

図1，表1の実験結果から　→　銅：酸素：酸化銅＝4：1：5
図2の実験結果から　→　酸化銅：二酸化炭素＝20：5.5
　→　炭素：酸素：二酸化炭素＝3：8：11
(5)の問題文から　→　水素：酸素：水＝1：8：9

このように，材料を1か所にまとめてメモしておくと解きやすい。特に(1)(3)(5)は，その後の問いにも響いていく設問なので，慎重にていねいに解く必要がある。

(2)は頻出の応用題である。増えた重さが酸素の重さだと気づきたい。

(3)は，酸化銅20gの中の酸素の重さが4gであることに着目する。

(4)は，酸化銅50gの中の酸素の重さが10gで，炭素が3gである。上記の比を見れば，炭素が不足していて酸化銅が余ることにすぐに気づける。発生する二酸化炭素は3＋8＝11gである。

(7)はやや難しい。水素と炭素の合計が10.5gで，結びつく酸素は44gなので，鶴亀算の要領で解く。そのためには，上記の比の水素と炭素をそろえておく必要がある。例えば，3にそろえて，

炭素：酸素＝3：8　　　水素：酸素＝3：24

としておくと，水素3gにつき酸素が16g増えることから計算できる。

2022年度 豊島岡女子学園中学校 合否を分けた問題 理科

■この大問で，これだけ取ろう！（第１回）

1	油水分離槽のしくみ	標準	(4)(5) では，油が穴からあふれるのはどのような場合か気付くことが必要。3つ以上取りたい。
2	呼気中の二酸化炭素量の測定	標準	(4)は思考力を要するが，(3)までの計算過程をたどって，どこが変わるのかチェックすればよい。失点は1つまで。
3	カの生態	標準	カについての基礎知識と，問題文で与えられる知識を総合すれば，難しい問題ではない。全問正解を狙いたい。
4	季節による諸現象	標準	(1)～(3) は太陽の動きについて，しっかりとした理解が必要。失点は2つまでに抑えよう。

■鍵になる問題は1だ！

油水分離槽に関する1を取り上げる。

油水分離槽は，文字通り，油と水を分けるための槽である。一般家庭からの生活排水や，道路面からの排水，工場や事業所からの産業排水には，油が混ざってしまうことが多い。それらをすべて下水処理施設で処理するには限界がある。油をできる限り下水に流さないようにする装置が油水分離槽である。目にすることは少ないが，実は日常のさまざまな場所に設置されている。特に，ガソリンスタンドをはじめ，大型商業施設や工場などには必ず設置されており，金属製のもの，コンクリート製のものなど，用途によってさまざまな型がある。本問では左右の二槽に分かれているが，実際には何槽にも分かれていて，段階ごとに油を減らしていく仕組みになっているものが多い。さらに，油を吸着したり，化学的，生物的に油を分解したりするタイプのものもある。

本問は，油水分離槽の原理について考える問題である。左側の上から油を注いだとき，油は水よりも密度が軽いため，水の上に浮かび，右側の穴からは水だけが出ていく（下水に流すことができる)。左側と右側の間には仕切りがあるが，仕切りより下まで油が来てしまうと，右側に油が浮いて穴から出ていってしまう。だから，仕切りより下には油を入れてはいかない。

(2) では，油が入ってきて, 48L の水が出ていって，再びつりあったのだから，入ってきた油の重さは, 48L の水の重さと等しい。水と油の密度の比が1：0.8だから，体積の比は0.8：1である。よって，入れた油の体積は, 48：□＝0.8：1　より，□＝60L である。

(3) は，体積が48L から60L へ, 12L ぶん増えたことから，高さが計算できる。

(4) は，油が仕切りの下にきてはいけないことから，仕切りのある部分の高さの比が水：油＝0.8：1になる。油の高さが60：△＝0.8：1　より，△＝75cm と分かり，体積も求まる。

(5) は，容器内の液の量が最初の状態よりも10L 増えたことに着目する。体積比が水：油＝0.8：1だから, 10L 差になるのは40L：50L の場合であり，油が50L だったとわかる

豊島岡女子の社会

――出題傾向と対策　合否を分けた問題の徹底分析――

出題傾向と内容

今年度は大問数が第1回，第2回とも3題，解答欄はどちらも25ほどである。時間は理科と合わせて50分と短いので注意したい。解答形式は記号選択が多いが，どちらの回でも語句を記述するものもあり，漢字指定の語句記述，20字程度の記述問題も出されている。時間を考えると，読む量も比較的多いので，この点も要注意である。

歴　史　第1回・第2回ともに歴史のテーマに関連する内容のもの。どちらもやや広い年代にまたがる内容になっているのと，単に言葉を知っているだけでは解けないものが多く，因果関係を踏まえて理解することが必要である。時代順の並べ替えの問題は両方に出され，歴史用語の記述も出される。

地　理　第1回，第2回ともに，各小問の間のつながりが少ない様々な事柄に関する内容のものが出される。どちらも一般的な地理の知識だけでなく地形図の読図や統計などについても押さえておくことが求められている。また，一般的な知識を応用して考えないと答えが出しづらい問題も多く，少々難度が高い問題もある。

政　治　政治分野は2回とも文章を読ませて答えさせる形式ではあるが，小問の内容はかなり広いといえる。ただ，それぞれの小問で問われている事柄は比較的基本的な事柄から考えていけば解けるものがほとんどではある。どちらの回でも時事的なことがらも問われている。

学習のポイント

- ●歴史　基本的な通史だけでなくテーマを設定した学習もしておくこと。
- ●地理　グラフ・表や地形図から解答を読み取る問題に慣れておこう。
- ●政治　日本国憲法，選挙，人権，三権分立，国連などは確実に押さえよう。

来年度の予想と対策

全体として，基本的な事項を中心に正確な知識の定着を目指すことが大切である。その際には年表や資料集，地図帳などを十分に活用すること。やや知識偏重から思考力を見る問題へと傾向が変わってきているようなので，短時間の中で正確に問題文や図表などを正確に読み取り，問われていることに的確に答えていくことを練習しておきたい。また，重要事項を要領よく短文にまとめる練習をしておくとよい。

歴　史　全ての時代において万遍ない学習が求められる。政治・経済・文化・外交などテーマごとに各時代の流れと特色を理解しておくべきである。主なできごとの原因や結果，関係する人物などについて整理する。また，地理や政治でも同様だが，人名や地名，法令の名前などは漢字で書けるようにしておくこと。

地　理　日本の国土と各地域の特色を把握し，位置を確認しながら学習することが大切である。農業は代表的な作物の収穫高が高い地域を，工業は各地の工業地帯と工業地域の特色を，地図帳や資料集などを活用しておさえるべきである。また，エネルギー問題や気象に関連した出題にも備えておきたい。さらに地形図を活用した問題も出題されており，地形図の見方や地図記号の復習も必須である。

政　治　日本国憲法，政治のしくみ，国際連合を中心に学習するとよい。日本国憲法では憲法の三大原則や基本的人権の内容，政治のしくみでは内閣・国会・裁判所の三権分立や選挙制度，地方自治など，国際連合では安全保障理事会や各機関の役割を理解しておくことが重要である。また，時事問題の出題に備えて，日頃からテレビのニュースや新聞などで国内情勢や国際問題について関心を持っておくことも大切である。

年度別出題内容の分析表 社会

（よく出ている順に，☆◎○の3段階で示してあります。）

出題内容				27年		28年		29年		30年		2019年	
				1回	2回	1回	2回	1回	2回	1回	2回	1回	2回
地理	日本の地理	テーマ別	地形図の見方	○		○	○	○	○	◎	○	○	◎
			日本の国土と自然	○	○	○	◎	◎	◎				◎
			人口・都市	○	○	○		○					
			農林水産業	○		○	◎	◎	◎	○	◎		◎
			工　業			○	○	◎	○	○			○
			交通・通信		○	○	○			○	○	○	○
			資源・エネルギー問題							○	○	○	
			貿　易	○					○	○	○	◎	
		地方別	九州地方		○								
			中国・四国地方										
			近畿地方		○								
			中部地方										
			関東地方	○	○								
			東北地方										
			北海道地方	○	○								
	公害・環境問題								○		○	○	
	世界地理				○							○	
日本の歴史	時代別		旧石器時代から弥生時代		○	○				○		○	
			古墳時代から平安時代	○	○	○	○	◎	◎	○	◎	◎	○
			鎌倉・室町時代	◎	○	◎		◎	◎	○	○	○	◎
			安土桃山・江戸時代	○	○	◎	○	◎	◎	◎	◎	◎	◎
			明治時代から現代	○	○	◎	○	◎	○	◎		○	◎
	テーマ別		政治・法律	◎	☆	☆	○	◎	☆	◎	○	◎	◎
			経済・社会・技術	○	○	◎	○	◎	○	◎	○	◎	◎
			文化・宗教・教育	○		○		○	○	○	◎	◎	○
			外　交	○			○				◎		◎
政治	憲法の原理・基本的人権			○	☆	◎	◎	◎	◎	◎	◎	◎	◎
	国の政治のしくみと働き			◎	○	☆	○	◎	◎	◎	◎	◎	◎
	地方自治										○		○
	国民生活と社会保障								○	◎	○		
	財政・消費生活・経済一般					○	○					○	
	国際社会と平和			○	○		◎			○			
時事問題				○	○	○	○			○	○		○
その他				○	○		○				◎		

豊島岡女子学園中学校

（よく出ている順に，☆◎○の3段階で示してあります。）

出題内容			2020年		2021年		2022年		2023年		2024年	
			1回	2回	1回	2回	1回	2回	1回	2回	1回	2回
地理	日本の地理 テーマ別	地形図の見方	○	○	○	○		○	◎		○	○
地理	日本の地理 テーマ別	日本の国土と自然	○	○	◎	◎	◎	○	○	◎	○	○
地理	日本の地理 テーマ別	人口・都市	○			○		○	◎	○	○	
地理	日本の地理 テーマ別	農林水産業	◎	○	◎	○	○	○	○		○	◎
地理	日本の地理 テーマ別	工　業	◎	○	◎	○				○	○	○
地理	日本の地理 テーマ別	交通・通信	◎		○	○		○	○	○		○
地理	日本の地理 テーマ別	資源・エネルギー問題	○	○		○	◎			○	○	
地理	日本の地理 テーマ別	貿　易		○			○		○			
地理	日本の地理 地方別	九州地方										
地理	日本の地理 地方別	中国・四国地方										
地理	日本の地理 地方別	近畿地方										
地理	日本の地理 地方別	中部地方										
地理	日本の地理 地方別	関東地方										
地理	日本の地理 地方別	東北地方										
地理	日本の地理 地方別	北海道地方										
地理		公害・環境問題					○				◎	
地理		世界地理										
日本の歴史	時代別	旧石器時代から弥生時代			○				○			
日本の歴史	時代別	古墳時代から平安時代	○	○	◎	◎	○	◎	◎	○	○	○
日本の歴史	時代別	鎌倉・室町時代	◎	○	○	○	◎	○	○	○	○	○
日本の歴史	時代別	安土桃山・江戸時代	◎	◎	◎	◎	◎	○	◎	○	◎	○
日本の歴史	時代別	明治時代から現代	◎	☆	◎	◎	○	◎	◎	◎	◎	◎
日本の歴史	テーマ別	政治・法律	◎	◎	◎	◎	◎	◎	◎	○	◎	○
日本の歴史	テーマ別	経済・社会・技術	◎	◎	○	◎	○	○	○	○	○	◎
日本の歴史	テーマ別	文化・宗教・教育	○	◎	☆	○		○	○	○	○	○
日本の歴史	テーマ別	外　交	◎	○		◎		○	○	○	○	○
政治		憲法の原理・基本的人権	○	◎	◎	◎		○	○	○	○	○
政治		国の政治のしくみと働き	◎	◎	◎	○	◎	◎	☆	◎	◎	◎
政治		地方自治		○	○		○					
政治		国民生活と社会保障		○		○	○		○	○	○	○
政治		財政・消費生活・経済一般				◎				○	○	○
政治		国際社会と平和	◎		○	◎				◎		
時事問題			◎	◎				○	○		○	
その他				○	○		○	○	○	○		○

豊島岡女子学園中学校

2024年度 豊島岡女子学園中学校 合否を分けた問題 社会

第1回　1

「法令」を起点とした問題である。設問は全部で9問あるが，古代から現代まで幅広く問われている。設問の形式は文章選択問題が4題，用語記述問題が3題，整序問題・20字以内の説明問題が各1題ずつとさまざまなパターンが出題されている。いずれの設問も解答方法や内容に大きく困難な点があるとは思えないが，本校の傾向を踏まえた準備をしている受験生とそうでない受験生との差がつきやすいということから，本問の出来・不出来は合否を分けたと思われる。以下，設問のポイントを示しておく。

まず，問1の記述問題について触れておく。「20字以内」と文字数は多くないが，むしろ，短文にコンパクトにまとめながら「加点要素」を確実に盛り込むハードルがあるといえる。文字数の多い記述問題とはまた，違った視点で対策を積んでいく必要があるといえる。「江戸時代に出された法令」に関する史料についての設問であるが，出された対象の違いを対比的に記述できたかどうかがポイントとなってくる。また，単純知識というよりは史料の読み取り力や思考力が求められているといえ，一定時間内に正確にできるかどうかも試されている。「スピード」と「慎重さ」がともに求められる設問となる。本校の社会の問題は全体的に設問数が多く，この問題に必要以上に時間を割いてしまうと，制限時間切れになってしまう危険性もある。この設問の配点自体が他の設問と比べて高いということはないが，合格ラインに到達するためにはこのような問題で確実に得点することが求められる。

本校で過去に出題されている記述問題は，基本的な知識事項の丸暗記だけでは対応できない「思考力」が試される問題が多いといえる。自分自身で持っている知識をいかに活用したり，組み合わせたりするかという視点が大切になる。このような力は一朝一夕では身につかないものなので，日々の継続的なトレーニングの積み重ねが不可欠となってくる。また自身で作成した記述答案を添削してもらいながら，解答のポイントをおさえる訓練を行うことが望ましい。設問が変わっても，「記述問題で評価される答案を作成するには」という視点は汎用性があるといえる。過去問演習等で対策してきた受験生とそうでない受験生とではっきり差がつくことが予想される。このような形式の問題に不慣れな受験生にとっては負担のある設問であろう。リード文や資料の解読・解釈をする力や限られた文字数におさめる要約力も欠かせない。

1のその他の設問について，文章選択問題が4題(問2・問3・問8・問9)，用語記述問題が3題(問4・問6・問7)，整序問題が1題(問5)出題されているが，一定の知識を前提とした考察を必要とする設問が多い。普段の学習から「社会科は単純な丸暗記教科ではない」という意識を持つ必要がある。

2023年度 豊島岡女子学園中学校 合否を分けた問題 社会

第1回　3

「年度」を起点としながら，政治分野全般の理解を試す問題である。設問は全部で8問あるが，各設問にはそれ程強い関連性はみられない。設問の形式は4択の文章選択問題が3題，4～5択の用語選択問題が2題，用語記述問題・用語整序問題・20字以内の説明問題が各1題ずつと様々なパターンが出題されている。いずれの設問も解答方法や内容に大きく困難な点があるとは思えないが，本校の傾向を踏まえた準備をしている受験生とそうでない受験生との差がつきやすいということから，本問の出来・不出来は合否を分けたと思われる。以下，設問のポイントを示しておく。

まず，問8の記述問題について触れておく。「20字以内」と文字数は多くないが，むしろ，短文にコンパクトにまとめながら「加点要素」を確実に盛り込むハードルがあるといえる。文字数の多い記述問題とはまた，違った視点で対策を積んでいく必要があるといえる。「国政選挙における年代別投票率の推移」を表したグラフが起点となっている設問であるが，「若者の政治離れとその弊害という切り口で答案を作成できたかどうかがポイントとなってくる。また，単純知識というよりはグラフの読み取り力や思考力が求められているといえる。昔は若者の人数が多かったので，投票率が多少低くても，若者の投票数が高齢者の投票数よりも多く，世論に反映される若者の影響力は一定程度あった。それに対して現在は，急速に少子高齢化が進み，若者の人数自体が少くなり，高齢者の割合が増えている。その上で，若者の投票率が低くなっているため，若者の投票者数が高齢者の投票者数よりかなり少なくなっている。このような状況下では，「若者のための政策」が少くなってしまうのもある意味自然な流れである。

本校で過去に出題されている記述問題は，基本的な知識事項の丸暗記だけでは対応できない「思考力」が試される問題が多いといえる。自分自身で持っている知識をいかに活用したり，組み合わせたりするかという視点が大切になる。このような力は一朝一夕では身につかないものなので，日々の継続的なトレーニングの積み重ねが不可欠となってくる。また自身で作成した記述答案を添削してもらいながら，解答のポイントをおさえる訓練を行うことが望ましい。設問が変わっても，「記述問題で評価される答案を作成するには」という視点は汎用性があるといえる。過去問演習等で対策してきた受験生とそうでない受験生とではっきり差がつくことが予想される。このような形式の問題に不慣れな受験生にとっては負担のある設問であろう。リード文や資料の解読・解釈をする力や限られた文字数におさめる要約力も欠かせない。

3のその他の設問についても，ほぼストレートに知識そのものを問う知識問題(問4・問5・問7)とともに，問1・問2・問3・問6のような一定の知識を前提とした考察を必要とする設問が出題されている。普段の学習から「社会科は単純な丸暗記教科ではない」という意識を持つ必要がある。

2022年度 豊島岡女子学園中学校 合否を分けた問題 社会

第1回 1

水をテーマとした問題文から，地理・歴史・政治の各分野の理解を試す総合問題である。設問は全部で11問あるが，各設問にはそれ程の関連性はみられない。設問の形式は4択の文章選択問題が4題，4～5択の用語選択問題が3題，用語記述問題が2題，用語整序問題と20字以内の説明問題が各1題ずつと様々なパターンが出題されている。いずれの設問も解答方法や内容に大きく困難な点があるとは思えないが，解答時間が理科と合わせて50分という時間的余裕がないこと，社会科の問題の約半分を占めていることから，本問の出来・不出来は合否を分けたと思われる。以下，設問のポイントを示しておく。

従来からそうであるが，本問もほぼストレートに知識そのものを問う知識問題と一定の知識を前提とした考察を必要とする設問の二種類に分けることができる。前者には問1，問2，問7，問9，問10の5題が該当する。問2の他県にまたがっていない河川を選ぶ設問は，選択肢として提示された河川の名称を知らないことはないだろうが，普段からどれだけ注意深く地図を見ていたかがポイントとなる。問7は「国民皆保険」と「国民皆年金」という用語を知っているか否かが1つのヒントであろう。5つの選択肢が与えられているので「国民年金」の方は比較的容易であるが，「健康保険」と「雇用保険」のいずれが「国民皆保険」であったかを答えられたかがポイントであろう。問9は国土交通省との混同も多かったのではないかと思われる。下水道は国土交通省の管理であるが，上水道は厚生労働省の管理下にあることは注意したい。問10は裁判員制度に関する知識の正確さを問うものである。裁判員制度についての設問は入試では頻出なので，最低限の知識は押さえておきたい。

その他の6題は，単発の知識のみで直接解答が出るものではない。問2は本問唯一の説明問題であるが，設問文中の「江戸」・「広い道路や空き地」・「災害」といったキーワードから「江戸」→江戸時代，「災害」→火災，「広い道路や空き地」→燃え広がることを防ぐ，といったことが思い浮かんだか否かがポイントであろう。問4は東京都についてやや細かい内容の選択肢が並んでいるが，設問文の「あやまっているもの」という点から選択肢の文中の誤りを正確に指摘する注意力を試すものといえよう。問5はいわゆる幕末と呼ばれる時期の状況に関する正誤判断の設問である。それぞれの出来事の年号を覚えておけばそれなりに対処できるが，幕末のような短い時期の出来事に関してはやはり各出来事どうしの関係をきちんと1つの流れとして把握できているか否かが大切であり，本問もそのような点を問うものである。問6は地方自治，問8は政治のしくみに関する正誤問題であるが，いずれの設問も直接正解を導くよりも，各選択肢の文の内容をきちんと検証できたか否かの判断力が問われていると思われる。問11の用語整序に関しても直接正解を導くよりも，むしろ各用語の意味を考えて正確に配列する判断力を試す面が強く打ち出されている。

このように本校の問題は，限られた時間の中で知識と知識を応用した思考力・判断力・表現力を問う設問が，いずれかに偏ることなくバランス良く配置されたものといえよう。

豊島岡女子の国語

――出題傾向と対策
合否を分けた問題の徹底分析――

出題傾向と内容

文の種類：小説，論説文

第1回・第2回とも論説文，小説各1題ずつの出題が続いており，漢字の書き取り問題は，いずれの回も本文に組み込まれる形で出題された。論説文は抽象的なものを題材とした文章が多く，内容の難易度は高いので，深い読解力が問われている。小説は登場人物の心情，場面の読み取りが中心となっている。

設問形式：選択式・抜き出し式・記述式

解答形式は選択式を中心に，記述も大問ごとに必ず出題されている。選択問題では選択肢の文章が長く紛らわしいものもあるので，難易度は高い。筆者の考えの根拠や，心情の根拠のほか，内容真偽などもあり，的確な読み取りが要求されている。記述式は，いずれの回も45～75字以内で説明する記述が出題された。問われていることの要旨をつかんだ上で，本文の要約力が必須になる。

漢字，知識問題：標準～上級レベル

漢字は読み・書き合わせて3問の形で出題された。使い慣れない熟語が多いので，字形としては簡単なものでも正しく書くのは難しい。問題数が少ない分，ミスをしないよう注意が必要だ。必要な場合は送り仮名も書くので，音読み・訓読みをしっかりおさえておきたい。ことばの意味も出題されているので，基本的な知識はしっかりたくわえておこう。

出題頻度の高い分野

❶小説・物語文　❷論説文　❸文章の細部表現の読み取り　❹空欄補充

来年度の予想と対策

選択式・抜き出しが中心だが，これらの設問は部分点がもらえないので，的確な読解が求められる。記述は内容の要約とともに，内容をふまえながら自分の言葉で説明する場合もあるので，本文全体の流れをしっかりつかめるようにしたい。

出題分野：文学的文章，論理的文章

○　論理的文章と文学的文章はどちらも必ず出題されるので，それぞれの読解の進め方をしっかり身につけておく。論理的文章では筆者の考えやその根拠を的確に読み取り，文学的文章では心情の動きを正確にとらえ，心情の背景にある根拠も説明できるようにしておく。

○　選択問題は選択肢の文章が長いものが多く，判断に迷うものが多いので，各選択肢の文章を最後までていねいに読んで，要旨をしっかりとらえるようにし，必ず本文と比較しよう。

○　記述問題は的確な読解力と要約力が必要になる。過去問や同じような形式の問題を活用して，総合的な記述力をつけておこう。

学習のポイント

●各設問の考察に時間を要するので，時間配分に気をつけて読み進めるようにしよう。

●選択肢の文章，設問のまとめの文章は気を抜かずにていねいに確認し，本文としっかり照らし合わせていこう。

●抽象的な概念について書かれた文章など，様々なジャンルの本を読もう。

●漢字，慣用句など知識分野は早い時期から少しずつ積み重ねておこう。

年度別出題内容の分析表　国語

（よく出ている順に，☆◎○の3段階で示してあります。）

出題内容			27年		28年		29年		30年		2019年	
			1回	2回	1回	2回	1回	2回	1回	2回	1回	2回
設問の種類		主題の読み取り					○	○	○		○	
		要旨の読み取り	○	○	○	○	○	○	○	○	○	○
		心情の読み取り	☆	☆	☆	☆	☆	☆	◎	◎	◎	◎
		理由・根拠の読み取り	○	○	○	○	◎	◎	◎	○	○	○
		場面・登場人物の読み取り		○			○	○	○	○	◎	◎
		論理展開・段落構成の読み取り				○					○	
		文章の細部表現の読み取り	☆	◎	☆	◎	☆	☆	☆	☆	☆	☆
		指示語			○			○	○			
		接続語										
		空欄補充	○	◎			○		○	◎	○	
		内容真偽	○				○	○			○	
	根拠	文章の細部からの読み取り	☆	☆	☆	☆	☆	☆	☆	☆	☆	☆
		文章全体の流れからの読み取り	◎	◎	☆	☆	◎	◎	◎	◎	◎	◎
設問形式		選択肢	☆	☆	☆	☆	☆	☆	☆	☆	☆	☆
		ぬき出し	○	◎	○	◎	◎	◎	◎	○	○	◎
		記　述	○	○	○	○	◎	◎	◎	◎	☆	◎
記述の種類		本文の言葉を中心にまとめる	○	○	○	○	○	○	○	○	○	○
		自分の言葉を中心にまとめる					○	○		○		
		字数が50字以内			○						○	
		字数が51字以上	○	○	○	○	○	◎	◎	◎	○	◎
		意見・創作系の作文										
		短文作成										
語句・知識		ことばの意味		○	○	○	○		○		○	○
		同類語・反対語										
		ことわざ・慣用句・四字熟語		○			○			○		○
		熟語の組み立て										
		漢字の読み書き	○	○	○	○	○	○	○	○	○	○
		筆順・画数・部首										
		文と文節										
		ことばの用法・品詞										
		かなづかい										
		表現技法								○		
		文学史										
		敬　語										
文章の種類		論理的文章（論説文，説明文など）	○	○	○	○	○	○	○	○	○	○
		文学的文章（小説，物語など）	○	○	○	○	○	○	○	○	○	○
		随筆文										
		詩（その解説も含む）										
		短歌・俳句（その解説も含む）										
		その他										

豊島岡女子学園中学校

（よく出ている順に，☆◎○の3段階で示してあります。）

出題内容		2020年		2021年		2022年		2023年		2024年	
		1回	2回	1回	2回	1回	2回	1回	2回	1回	2回
設問の種類	主題の読み取り		○								
設問の種類	要旨の読み取り	○	○	○	○	○	○	○	○	○	○
設問の種類	心情の読み取り	☆	☆	☆	☆	☆	◎	☆	◎	☆	☆
設問の種類	理由・根拠の読み取り		○	◎	◎	○	◎	◎	◎	◎	◎
設問の種類	場面・登場人物の読み取り	○	○	○	○	○	◎	◎	◎	◎	◎
設問の種類	論理展開・段落構成の読み取り					○					
設問の種類	文章の細部表現の読み取り	☆	☆	☆	☆	☆	☆	☆	☆	☆	☆
設問の種類	指示語									○	
設問の種類	接続語						○			○	
設問の種類	空欄補充	○		○	◎	◎	◎	◎	○	○	○
設問の種類	内容真偽	○				◎					
設問の種類	根拠：文章の細部からの読み取り	☆	☆	☆	☆	☆	☆	☆	☆	☆	☆
設問の種類	根拠：文章全体の流れからの読み取り	◎	◎	○	○	○	○	○	○	◎	○
設問形式	選択肢	☆	☆	☆	☆	☆	☆	☆	☆	☆	☆
設問形式	ぬき出し	○	○	○	○		○		◎	◎	○
設問形式	記　述	◎	◎	◎	◎	◎	◎	◎	◎	◎	
記述の種類	本文の言葉を中心にまとめる	○	○	◎	◎	◎	◎	◎	◎	◎	
記述の種類	自分の言葉を中心にまとめる										
記述の種類	字数が50字以内	○	○	◎	◎	○					○
記述の種類	字数が51字以上	○	○			○	◎	◎	◎	◎	○
記述の種類	意見・創作系の作文										
記述の種類	短文作成										
語句・知識	ことばの意味			○	○	○	○	○	○	○	○
語句・知識	同類語・反対語										
語句・知識	ことわざ・慣用句・四字熟語	○						○			○
語句・知識	熟語の組み立て										
語句・知識	漢字の読み書き	○	○	○	○	○	○	○	○	○	○
語句・知識	筆順・画数・部首										
語句・知識	文と文節										
語句・知識	ことばの用法・品詞										
語句・知識	かなづかい										
語句・知識	表現技法										
語句・知識	文学史										
語句・知識	敬　語										
文章の種類	論理的文章（論説文，説明文など）	○	○	○	○	○	○	○	○	○	○
文章の種類	文学的文章（小説，物語など）	○	○	○	○	○	○	○	○	○	○
文章の種類	随筆文										
文章の種類	詩（その解説も含む）										
文章の種類	短歌・俳句（その解説も含む）										
文章の種類	その他										

豊島岡女子学園中学校

2024年度 豊島岡女子学園中学校 合否を分けた問題 国語

第1回 □一 問八

★合否を分けるポイント

波線部「魂の不死を主張する論」とあるが，これによってどのようなことが可能になるか，この論の説明をしながら指定字数以内で答える記述問題である。指示された内容を過不足なく説明できているかがポイントだ。

★何を説明するかを明確にする

まず，「魂の不死を主張する論」がどういうものかを，本文の流れに沿って確認する。死んだらどうなるのだろうという問いは，死に対する人類共通の不安を和らげる役割のある宗教にとっては重大である→〔宗教が「人間とは本来何であるのか。……今のあなたは，その本来の姿に比べてどうであるのか。……死んだ後にどうなるのか」といったことを語ってきた結果，私たちはそれを受け入れ，そのように作られた人生という物語の中で，生と死を考えている〕→死んだらどうなるのかという問いに対して，四つの考え方がある→一つは「死んだらすべて終わりとするもの」，二つ目は「輪廻転生という……仏教やヒンドゥー教のもとにある世界観」，三つ目は「この世の最後の日に下される審判によって，天国や地獄に行くという，キリスト教やイスラム教に代表される考え方」，四つ目は「魂それ自体は不滅で……この世を構成している……次元の一つに残り続けるという考え方」である→一つ目以外の三つの考え方を「魂の不死を主張する論」として扱う，という展開になっている。さらにこの後「ですから，『あの世』……」で始まる段落以降で，「『魂』というものを，『身体』とは別の存在として理解することが……宗教的物語が成立するための重要な要素となる」とも述べている。これらの内容から，宗教的物語を語ってきた「魂の不死を主張する論」は，魂と身体が離れて存在する考え方であること，この考え方によって，上記の〔　〕部分「人間とは本来何であるのか。……今のあなたは，その本来の姿に比べてどうであるのか。……死んだ後にどうなるのか」を私たちは考えることが可能になる，ということが設問に対する説明になる。本文の流れをおさえながら，四つに分けた具体的な内容から「魂の不死を主張する論」がどういうものかを端的に読み取る必要がある。本校の記述問題は字数がそれほど多くないので，説明すべき内容を過不足なくまとめることも重要だ。

第1回 □二 問七

★合否を分けるポイント

【文章Ⅰ】【文章Ⅱ】から読み取れる，大貫の成瀬への思いとして最も適当なものを選ぶ問題である。本文の描写から，的確に心情を読み取れているかがポイントだ。

★わずかな手がかりから心情をていねいに読み取る

大貫の成瀬に対する態度ややりとりについて，【文章Ⅰ】では，成瀬に声をかけられて「大貫は『なによ』と迷惑そうな顔をする」表情，成瀬に美容院を聞かれて「大貫は吐き捨てるように言うと，足早に去っていった」態度が描かれている。【文章Ⅱ】では，将来やりたいことを話す成瀬に「こんなふうに……気安く口に出せたらどんなに楽だろう」という心情，成瀬の話に「同意するのは悔しくて」「また憎まれ口を叩いてしまった」という様子が描かれている。【文章Ⅰ】の表情や態度からは，成瀬とはあまり関わりたくないと思っている一方で，【文章Ⅱ】の心情や様子からは，自分とは違って自由にふるまう成瀬をうらやましく思っていることの裏返しであることが読み取れるので，これらの描写をふまえたオが正解となる。

この設問のように，手がかりとなる描写があまり多くない場合，表情や態度の裏にある心情をていねいに読み取っていく必要がある。そのような態度や表情，そのようなことを話している，根元にある心情を見極めていこう。

2023年度 豊島岡女子学園中学校 合否を分けた問題 国語

第1回 一 問八

★合否を分けるポイント

本文の後，筆者は「やる気」に関しての一般的な考え方の転換点となった「アカゲザル」による実験を紹介しており，それはどのような実験だったと考えられるか，最も適当なものを選ぶ選択問題である。この実験による「転換点」の前と後で「やる気」に対する考え方がどのように変化したか，的確に読み取れているかがポイントだ。

★本文をふまえて，続きを推測する

2つめの(中略)以降で，内からのやる気と外からのやる気のどちらが心理学のなかで先に見いだされたかということについて，一九七〇年代に入ってから内からのやる気の存在が広く認められるまでは，人間が行動を起こすのはすべて外からの働きかけによると考えられていて，外からの働きかけとして報酬と罰を与えるオペラント条件づけによるねずみの実験を紹介しながら，行動主義心理学が主流だった一九五〇年代まで，外からの働きかけがないと，われわれは行動を起こさないと考えられていた，と述べて終わっている。この後は，このことの「転換点」の後，すなわち，外からのやる気ではなく，内からのやる気が認められる実験が行われたことが推測できる。本文では「転換点」の前までの内容を述べていること，そこから「転換点」の後を推測できていることが重要だ。このことをふまえると，外からの働きかけであるオペラント条件づけの実験で，報酬も罰も与えない内にアカゲザルがパズルを解き始め，その方法を理解するようになったとあるアが正解となる。

本文で直接述べていないことを推測するとしても，本文の内容を正確に読み取る必要がある。設問の説明に従って，推測するべき内容をしっかりとらえていこう。

第1回 二 問七

★合否を分けるポイント

―線⑤「少なからず責任を感じたからだ」とあるが，なぜ「僕」は「少なからず責任を感じた」のか，指定字数以内で答える記述問題である。「責任」の具体的内容を心情とともに読み取り，その理由を具体的に説明できているかがポイントだ。

★出来事の一部始終をていねいに追っていく

「少なからず責任を感じた」ため，「自室にひっこんでしまった和也を呼びにいく役目を僕が引き受けた」ので，さかのぼって「僕」が感じた責任を具体的に確認していく。和也が自室にひっこんでしまった→和也がスケッチブックを持ってきたのに，父は和也の絵を見せてもらうことを忘れていたから→父が絵のことを忘れたのは，超音波風速温度計の話に夢中になったから→藤巻先生が話に夢中になったのは，超音波風速温度計のことが載っている本を，借りていた藤巻先生に返す話を「僕」が切り出したから，ということである。この一連の出来事を通じて，「僕」は「責任を感じた」のである。「僕」が直接和也に何かをしたわけではないが，間接的に和也を傷つけてしまうという結果になってしまったことを，物語の展開から読み取れていることが重要だ。

この設問のように，直接的な因果関係ではない事がらを説明する場合，物語をさかのぼって一つ一つ確認していく必要がある。そのように感じた経緯を端的にまとめられる記述力が求められているので，情景を感情表現で言いかえるなど，内容をまとめる記述練習を積んでおこう。

2022年度 豊島岡女子学園中学校 合否を分けた問題 国語

第1回 一 問八

★合否を分けるポイント

二重線「商品を供給する～どう判断しているか」とあるが，「商品を供給する生産者」はどのようなことを考え「値段」を判断しているか，指定字数以内で説明する記述問題である。論の流れをふまえ，本文のどの部分に着目して要旨をまとめればよいかを読み取れているかがポイントだ。

★どこに着目するかを見極める

本文では「商品を供給する生産者が，どのように生産するか，生産量と値段をどう判断しているか」というテーマの提示→イチゴを例に，ものを作るのにかかる「費用」を上回る収入がないと利益が出ないことを，具体的な金額とグラフを用いて説明→生産者は多種多様なリスクと不確実性に囲まれている→掛かった費用を支払い，十分な利益が出るよう値段をつけるだけでなく，リスクや一般に売られている値段としての「相場」も前提にして値段をつけなければならない，という論の流れになっている。設問では「商品を供給する生産者」がどのように考え「値段」を判断しているか，を問われているので，本文全体をまとめていて，冒頭の二重線の答えになっている最後の3段落に着目し，生産者が商品の値段を判断するのに必要な具体的な事がらを読み取って説明していく。

本文のように長い論説文では，どこに着目するか迷ってしまうが，論の流れをつかみ，提示されているテーマの答えをどこで述べているかをしっかり読み取っていこう。具体例の前後，またテーマに対する筆者の考えを述べている最後の部分は特に注意して読み取っていくことが重要だ。

第1回 二 問六

★合否を分けるポイント

本文では歩く描写が多く見られるが，それぞれの描写の効果の説明として適当なものを選ぶ選択問題である。設問の指示をふまえ，的確に説明できているかがポイントだ。

★心情のわずかな変化も読み取る

「わたし」と菊池さんの関係を「歩く描写」から確認していくと，階段を降りていく菊池さんは「わたし」を待ってくれなかった→菊池さんが階段を降り切ったところで，ヒヨドリの声をきっかけに「わたし」が鳥の話を始める→菊池さんが話を聞いてくれていることを確信した「わたし」は階段を降りて菊池さんと並び，同じ歩調で歩き出した→ゆっくりとした速度で歩きながら「わたし」はおしゃべりを続ける→「わたし」が書いた『森の王国』を菊池さんが読んでくれていたことがわかり，驚いた「わたし」の足が止まる→足取りを速めた菊池さんが『森の王国』をほめてくれたことに，恥ずかしさはないが何倍も驚いた，ということである。二人の歩く描写は，それぞれの場面で実際の二人の位置関係を表すとともに，心の距離も関連づけて表していることが読み取れる。これらのことから，位置関係と心の距離を説明しているイが正解ということになる。

歩く描写のほかに，問四でも考察した「背中が温かい」，「風が真正面から吹き付けてくる。強くはないけれど，埃っぽい。でも，清々とした葉っぱの匂いがした」も，心情を直接描いていないが，その場面の心情を反映した描写になっている。こうした情景描写から心情を読み取っていくことも，小説を読む面白さのひとつである。

MEMO

大切なことはメモしておこうネ！

2024年度

★★★★★★★★★★★★★★★★★★★★★★★★

入　試　問　題

2024年度

豊島岡女子学園中学校入試問題（第１回）

【算　数】（50分）　＜満点：100点＞

【注意】　１．円周率は3.14とし，答えが比になる場合は，最も簡単な整数の比で答えなさい。
　　　　　２．角すい・円すいの体積は，(底面積)×(高さ)÷３で求めることができます。

1　次の各問いに答えなさい。

(1)　$2024 \div 3 \times \left\{\left(0.32+\frac{2}{5}\right)\div\frac{4}{15}\div 9.9\right\}$ を計算しなさい。

(2)　中学１年生に用意したえんぴつを配りました。１人に３本ずつ配ると88本あまり，１人に５本ずつ配ると４本不足しました。用意したえんぴつは全部で何本でしたか。

(3)　Ａさんの所持金の半分の金額と，Ｂさんの所持金の40％の金額は同じ金額です。また，Ａさんの所持金に1800円を加えた金額とＢさんの所持金の２倍の金額は同じ金額です。Ａさんの所持金はいくらですか。

(4)　下の図の○の中に１から10までの異なる整数を書き入れ，（あ）から（け）までの９つの三角形の頂点の３つの数を足します。このようにしてできた９つの数の和が最も小さくなるように数を書き入れるとき，その和を答えなさい。

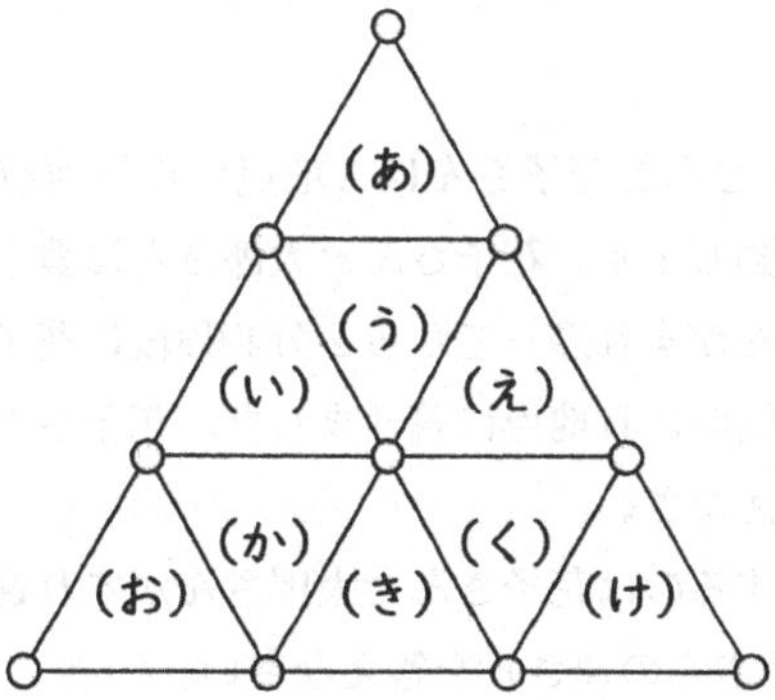

2　次の各問いに答えなさい。

(1)　ある水そうには管Ａ，管Ｂ，管Ｃの３つの水を入れる管がついています。
空《から》の状態から，管Ａのみを20分間用いると水そうがいっぱいになり，管Ａを５分間，管Ｂと管Ｃを18分間用いると水そうがいっぱいになります。また，管Ａを８分間，管Ｂを17分間，管Ｃを12分間用いると水そうがいっぱいになります。管Ｂからは毎分１Ｌの水が出るとき，水そうの容積は何Ｌですか。

(2)　バスケットボールの試合では，シュートの種類によって１点，２点，３点の得点をとることができます。豊子さんはある試合で10点をとりました。シュートの種類の組み合わせは全部で何通りありますか。ただし，得点の順番は考えないものとします。

⑶　正十角形ABCDEFGHIJがあります。図のように点Ｂを中心とし，点Ｄを通る円の弧《こ》DJと，点Ｊを中心とし，点Ｂを通る円の弧BHの交わる点をＫとします。このとき，角CDKの大きさは何度ですか。

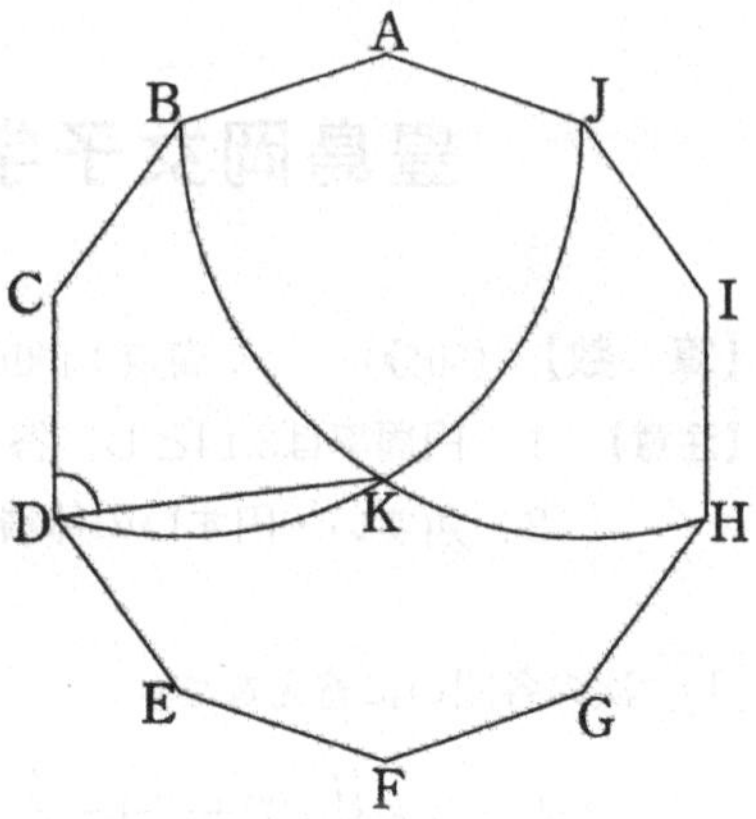

⑷　図のようにAB＝AC＝３㎝，BC＝２㎝の二等辺三角形ABCとDE＝DF＝３㎝，EF＝２㎝の二等辺三角形DEFがあります。点Ｅは辺BCの真ん中の点であり，点Ｇは辺EFの真ん中の点で，辺AC上にあります。辺ABと辺DFの交わる点をＨとするとき，DHの長さは何㎝ですか。

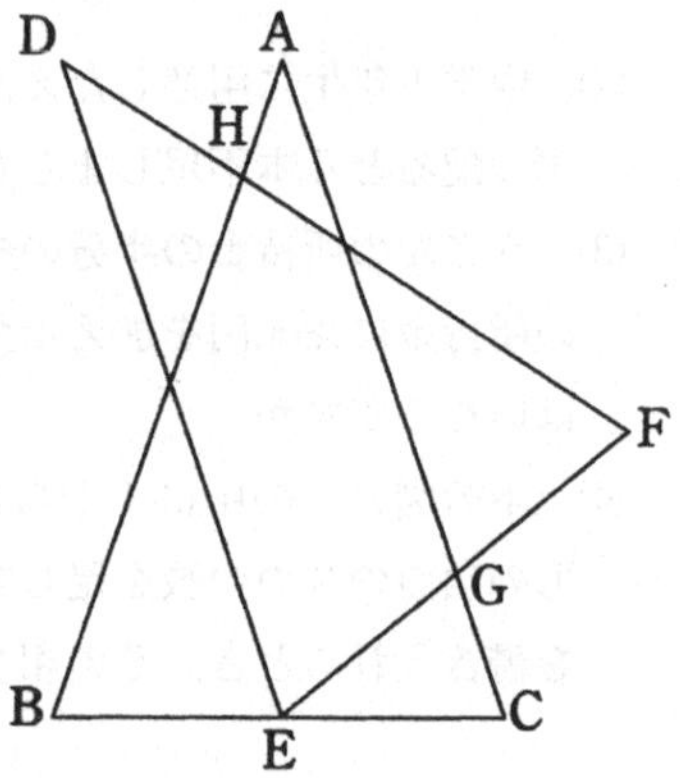

[3]　Ａ地点とＢ地点の間を豊子さんと花子さんはＡ地点からＢ地点へ，太郎さんはＢ地点からＡ地点にそれぞれ一定の速さで移動します。花子さんと太郎さんは豊子さんが出発してから15分後に出発します。豊子さんと太郎さんがすれ違ってから２分40秒後に花子さんと太郎さんがＣ地点ですれ違い，豊子さんと花子さんは同時にＢ地点に着きました。花子さんと太郎さんの速さの比は３：２であるとき，次の各問いに答えなさい。

⑴　豊子さんがＣ地点に到達するのは花子さんと太郎さんがすれ違う何分前ですか。
⑵　（豊子さんの速さ）：（太郎さんの速さ）を答えなさい。
⑶　太郎さんがＡ地点に着くのは太郎さんが出発してから何分後ですか。

[4]　３種類のカード[1]，[2]，[13]がそれぞれたくさんあります。これらのカードを[2]のカードが連続しないように並べて，整数を作ります。例えば，
１けたの整数は[1]，[2]の２通り，
２けたの整数は[1][1]，[1][2]，[2][1]，[13]の４通り，
３けたの整数は[1][1][1]，[1][1][2]，[1][2][1]，[1][13]，[2][1][1]，[2][1][2]，[2][13]，[13][1]，[13][2]の９通り作ることができます。
このとき，次の各問いに答えなさい。

⑴　４けたの整数は何通り作ることができますか。
⑵　６けたの整数は何通り作ることができますか。

5 次の各問いに答えよ。

(1) 下の図のような三角形ABC，DEFがあります。辺ACの長さと辺DEの長さが等しく，辺ABと辺DFの長さの和が４cmであるとき，２つの三角形の面積の和は何cm^2ですか。

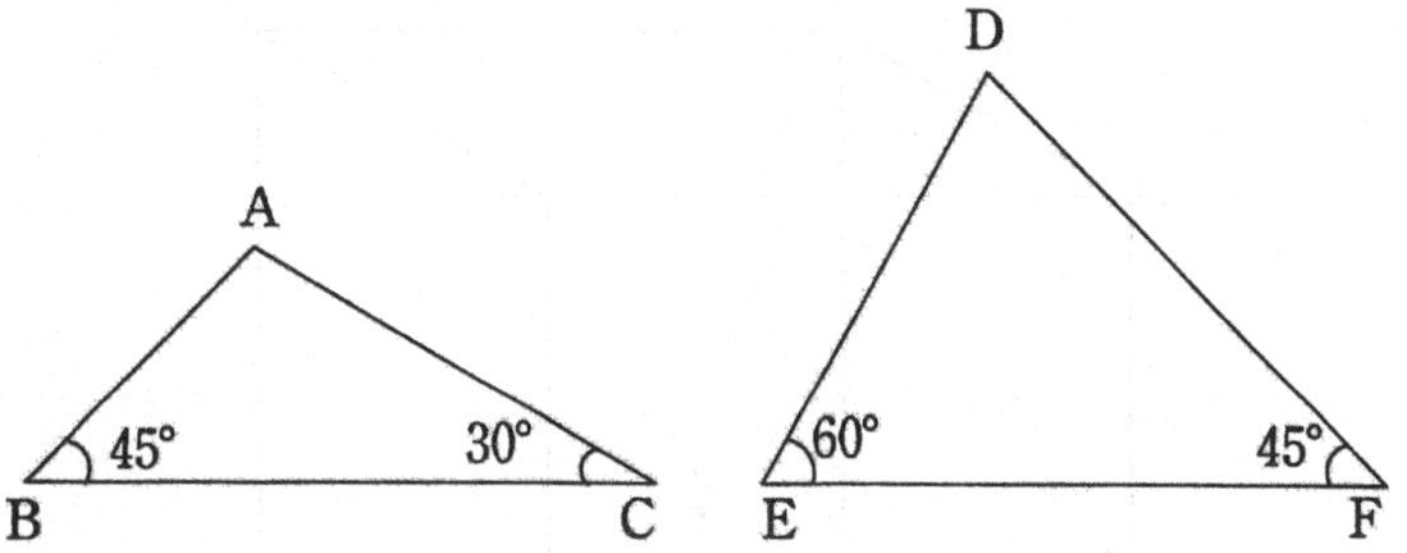

(2) 下の図のような三角形GHI，JKL，MNOがあります。辺GIの長さと辺JKの長さ，辺JLの長さと辺NOの長さがそれぞれ等しく，辺GHの長さと辺MNの長さの和が４cmであるとき，３つの三角形の面積の和は何cm^2ですか。

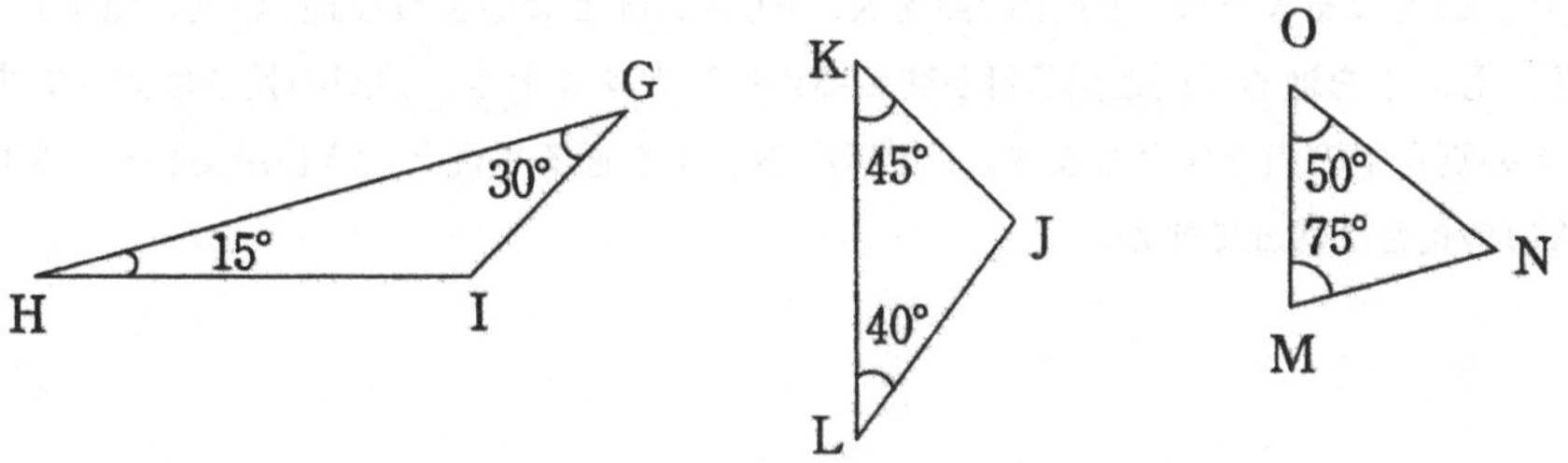

(3) 下の図のような直角三角形PQRと正方形STUVがあります。辺QRの長さと正方形の１辺の長さが等しく，辺PRの長さと正方形の１辺の長さの和が４cmであるとき，２つの図形の面積の和は何cm^2ですか。

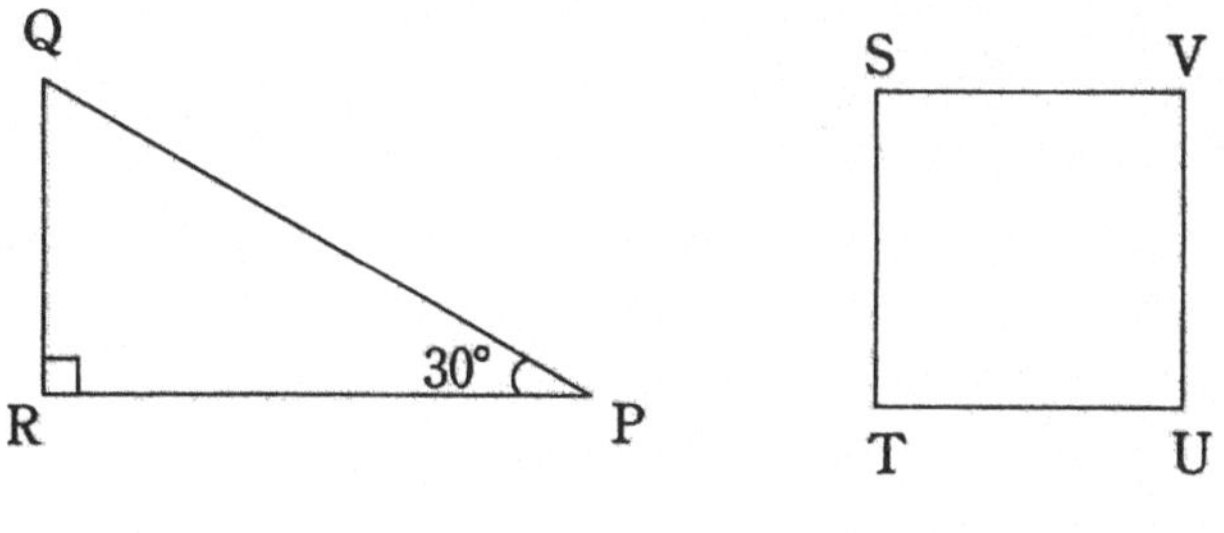

6　１辺の長さが６㎝の立方体ABCD－EFGHがあります。直線EGと直線FHが交わる点をＩとし，点Ｉの真上にIJ＝２㎝となる点Ｊをとります。
このとき，次の各問いに答えなさい。

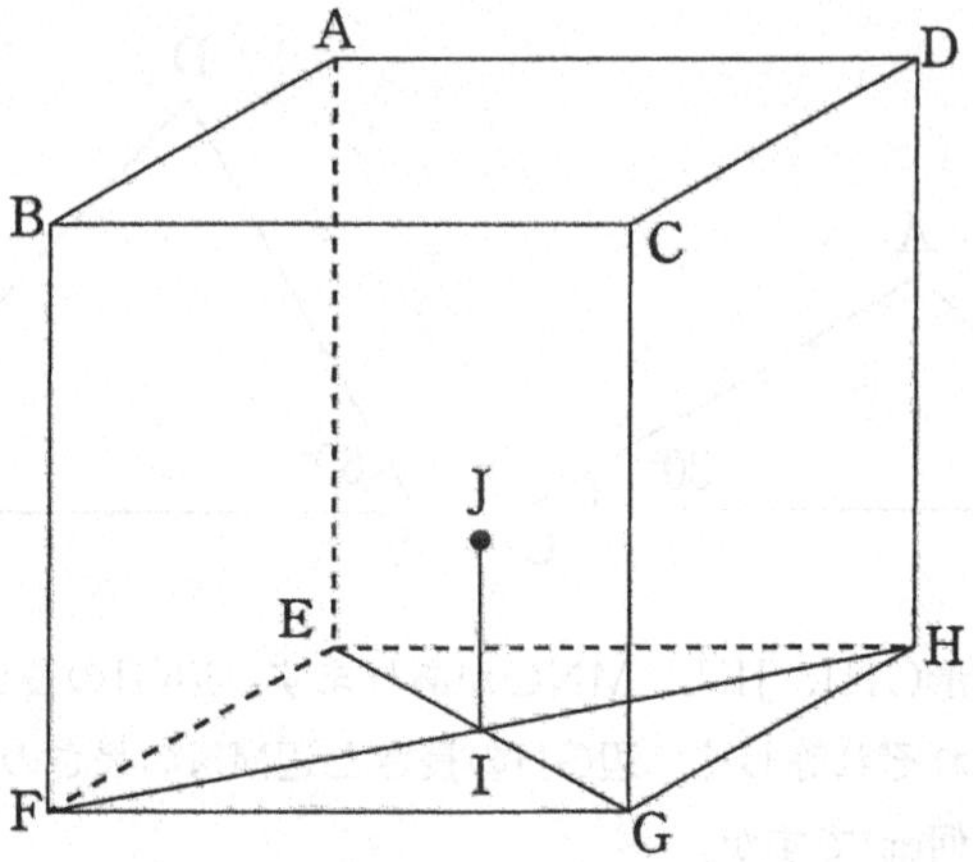

(1)　FK＝２㎝となるような辺EF上の点をＫ，FL＝２㎝となるような辺FG上の点をＬとします。３点Ｋ，Ｌ，Ｊを通る平面と辺DHが交わる点をＭとするとき，DMの長さは何㎝ですか。

(2)　辺EFの真ん中の点をＮとします。３点Ｇ，Ｎ，Ｊを通る平面と辺ADが交わる点をＯとするとき，AOの長さは何㎝ですか。

【理　科】（社会と合わせて50分）　＜満点：50点＞

1　以下の問いに答えなさい。

ヘリウム風船から手を放すと，空高く上がっていきますが，この風船はどこまで上がるのでしょうか。以下の例で考えてみましょう。ただし，風船からヘリウムが抜《ぬ》けることはなく，風船が割れることはないものとします。

図１のように，地表でのヘリウムを含《ふく》んだ風船全体の重さが５ｇ，体積が５Ｌのヘリウム風船があります。この風船にはたらく浮力《ふりょく》は，風船が押《お》しのけた空気の重さと等しくなります。１Ｌあたりの重さを密度といい，地表での空気の密度は1.23ｇ/Ｌです。高度が上がると，空気はうすくなり，地表からの高度と空気の密度は図２のような関係となります。

このとき，風船にはたらく重力と浮力が等しくなる高さまで風船は上昇《じょうしょう》するものと考えることにします。

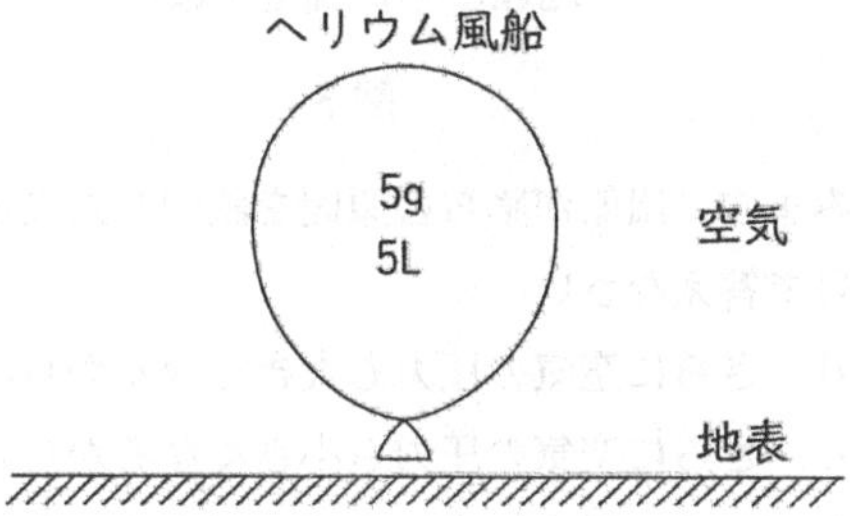

図１

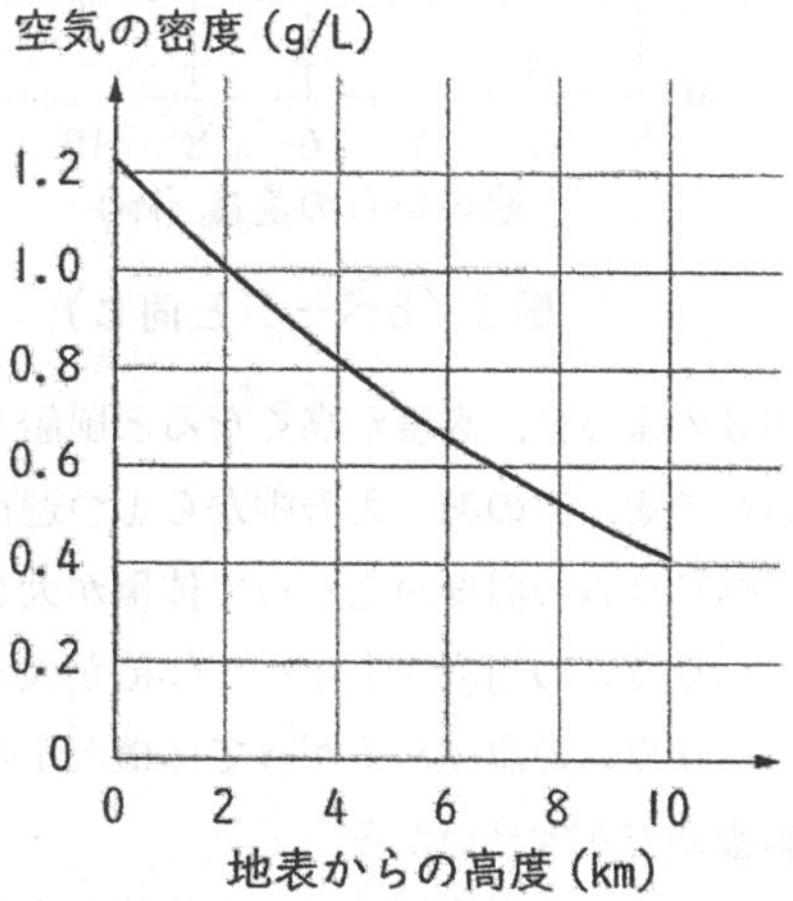

図２

まずは，変形しない風船の場合を考えてみましょう。体積が５Ｌのまま変わらない風船Ａがあります。

(1)　地表からの高度と風船Ａにはたらく浮力の大きさの関係として，正しいものを右の中から１つ選び，あ～きの記号で答えなさい。

(2)　風船Ａが到達《とうたつ》する最高の高度として最も近いものを，次のあ～かの中から１つ選び，記号で答えなさい。

あ．２km　　い．４km　　う．６km
え．８km　　お．10km
か．10kmでも風船は上昇を続ける

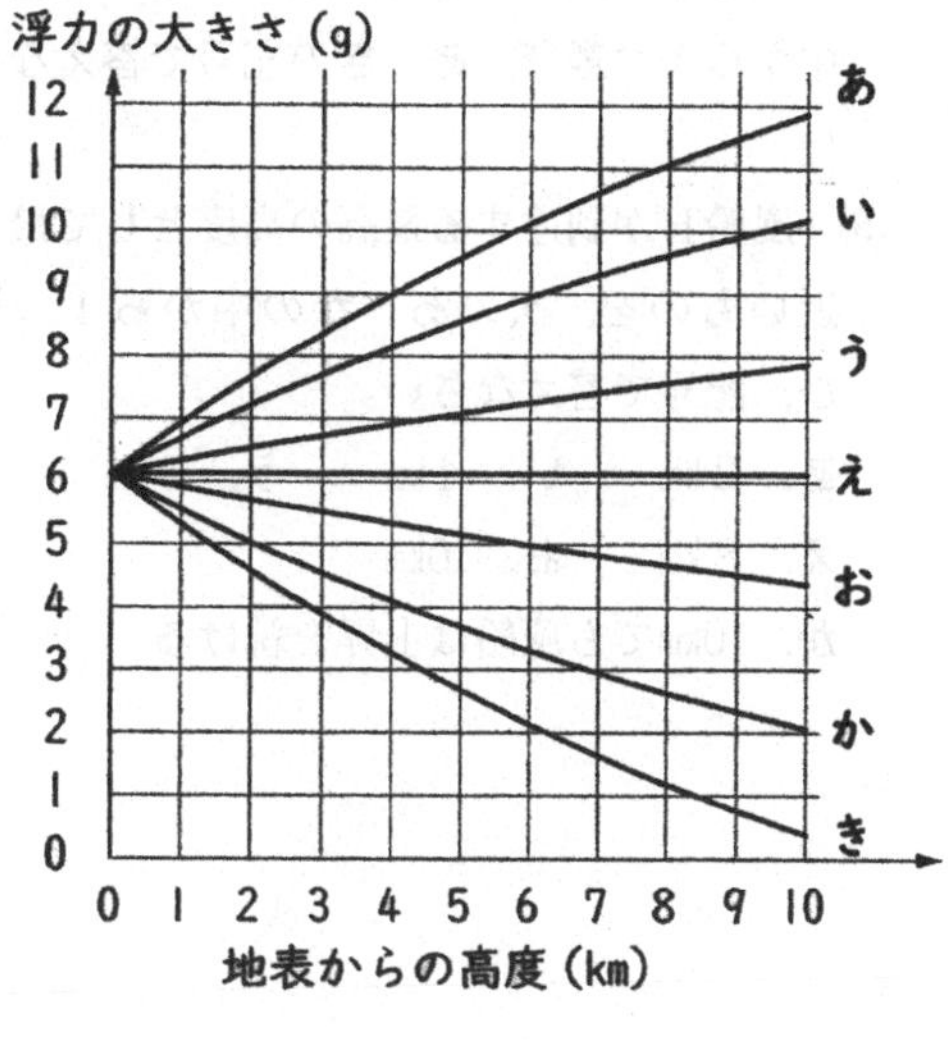

次に，風船が非常に柔《やわ》らかい素材でできており，体積が自由に変えられる場合を考えてみましょう。体積が自由に変えられ，風船の内外の圧力（気体が押す力）が常に等しい風船Ｂがあり，地表での体積は５Ｌでした。高度が上がったときの，地表からの高度と風船Ｂの体積は図３のような関係となります。

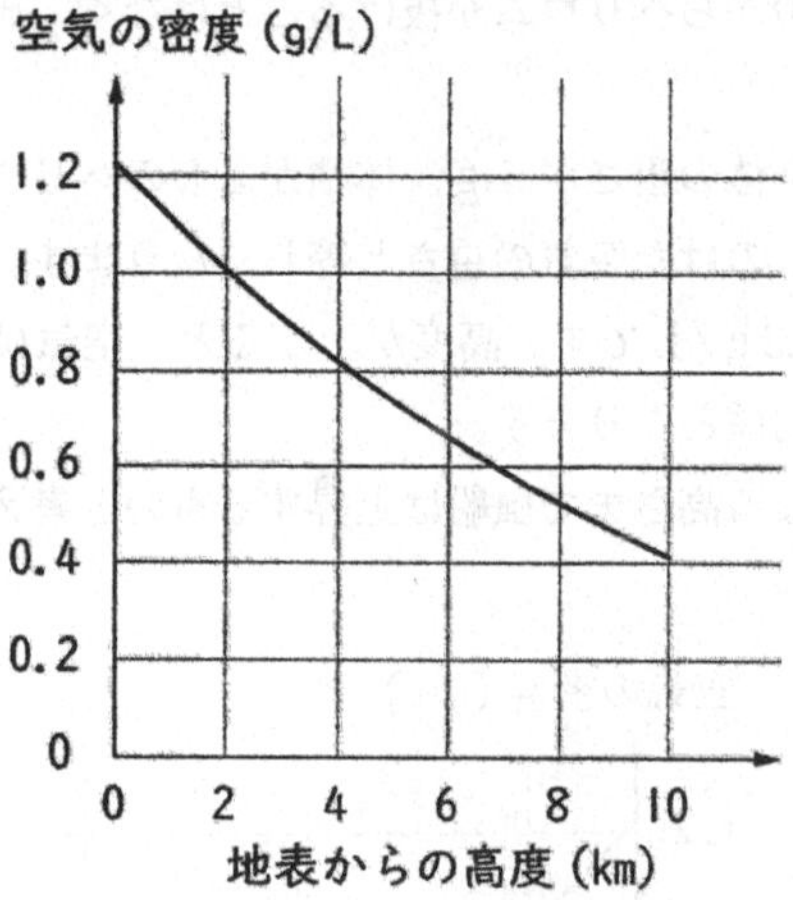

図２（5ページと同じ）

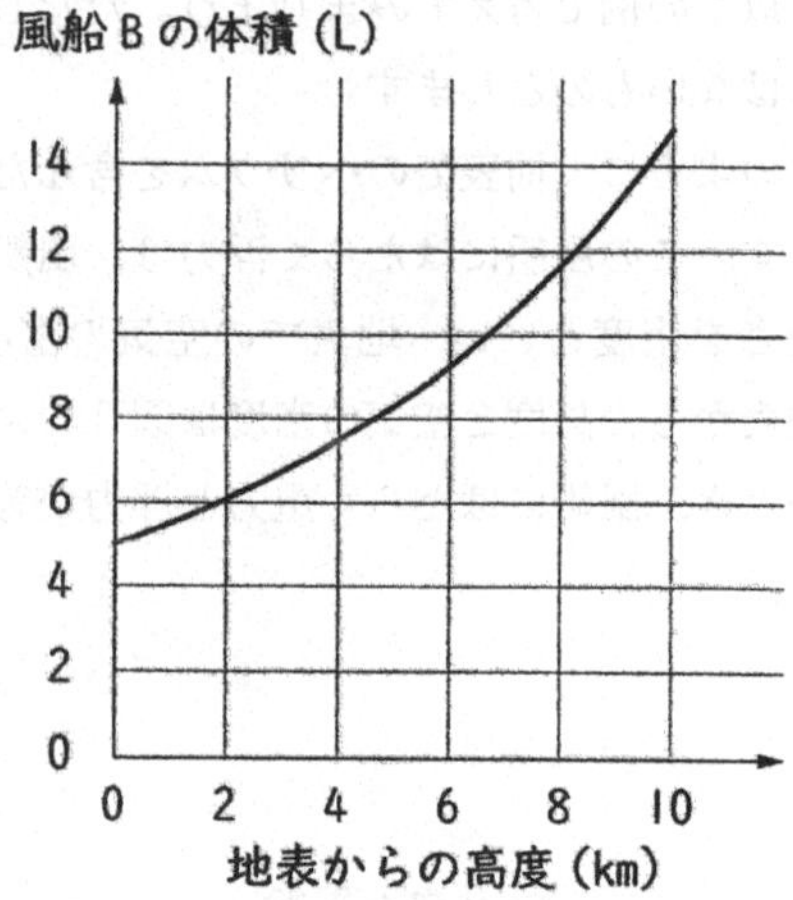

図３

(3)　図３のように，高度が高くなると風船が膨《ふく》らみます。風船が膨らむ原因を説明した文として正しいものを，次の**あ**～**え**の中から１つ選び，記号で答えなさい。

あ．ヘリウムの温度が上がって体積が大きくなり，さらに空気の圧力も大きくなるから。

い．ヘリウムの温度が上がって体積が大きくなり，さらに空気の圧力も小さくなるから。

う．ヘリウムの温度が下がって体積が小さくなるが，それ以上に空気の圧力が大きくなることの影響《えいきょう》の方が大きいから。

え．ヘリウムの温度が下がって体積が小さくなるが，それ以上に空気の圧力が小さくなることの影響の方が大きいから。

(4)　地表からの高度と風船Ｂにはたらく浮力《ふりょく》の大きさの関係として，正しいものを右の中から１つ選び，**あ**～**き**の記号で答えなさい。

(5)　風船Ｂが到達《とうたつ》する最高の高度として最も近いものを，次の**あ**～**か**の中から１つ選び，記号で答えなさい。

あ．２km　　**い**．４km　　**う**．６km

え．８km　　**お**．10km

か．10kmでも風船は上昇《じょうしょう》を続ける

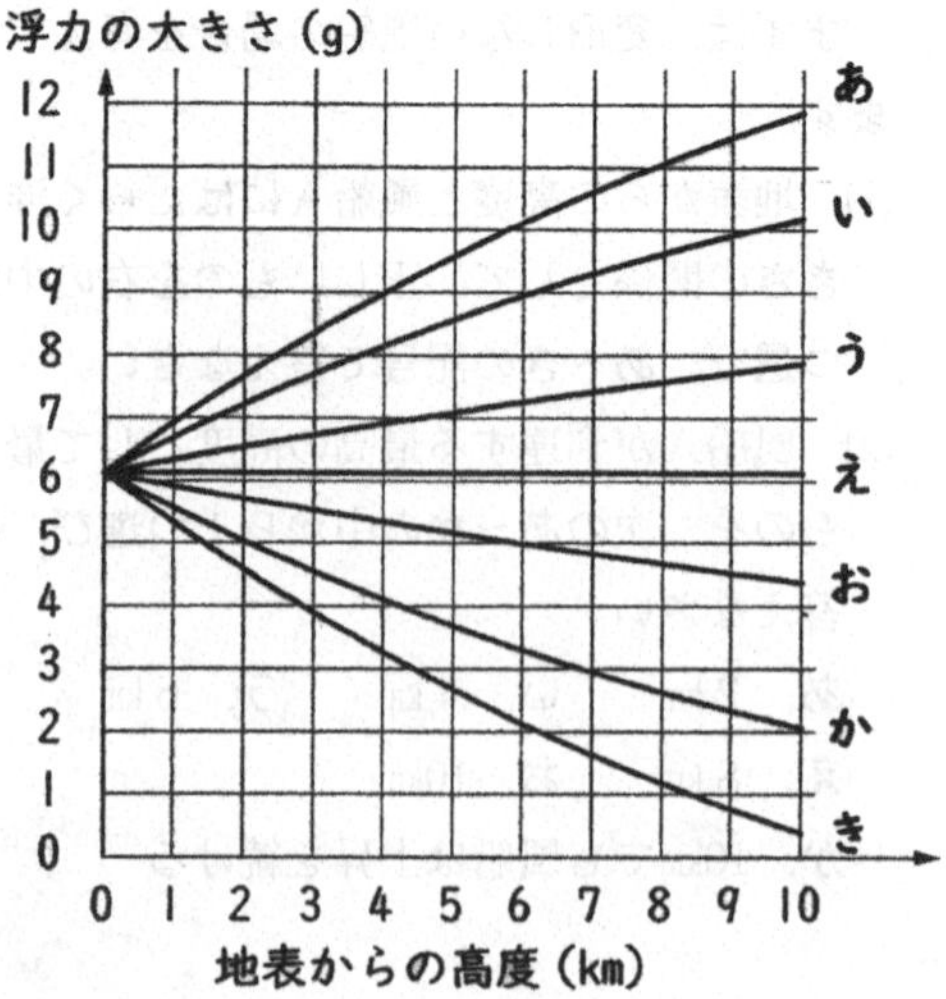

実際の風船では，伸《の》びたゴムが縮もうとする性質により，風船Ｂのような体積の変化はしません。これを考慮《こうりょ》した風船Ｃについて考えます。地表からの高度と風船Ｃの体積は図４のような関係となります。ただし，図４の点線は比較《ひかく》のために描《か》いた風船Ｂの体積です。

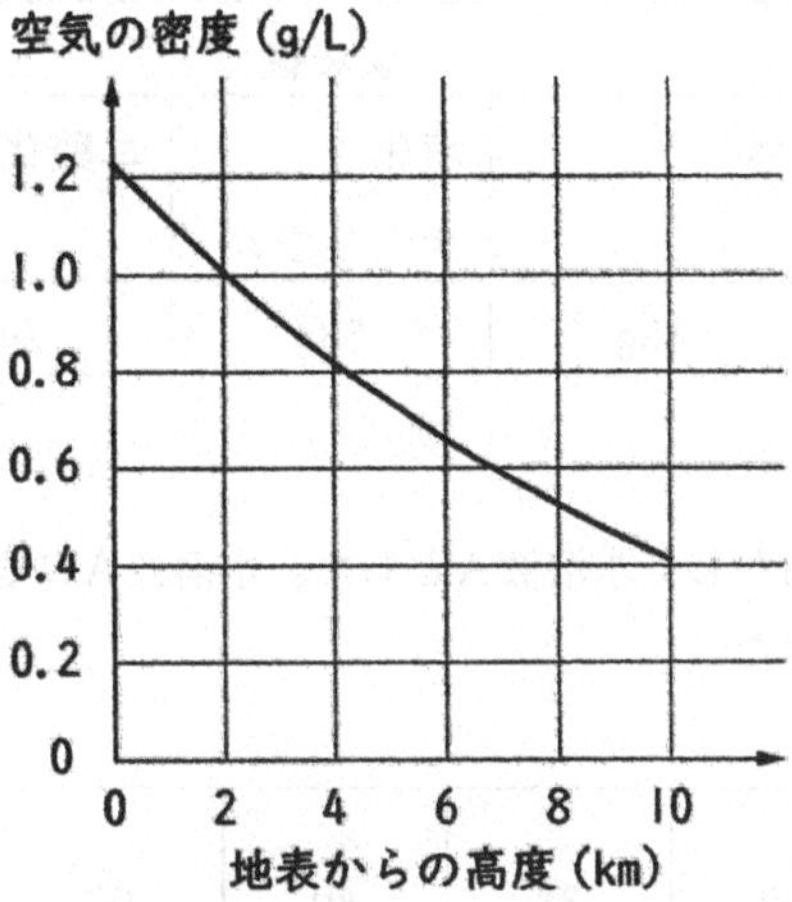

図２（5ページと同じ）

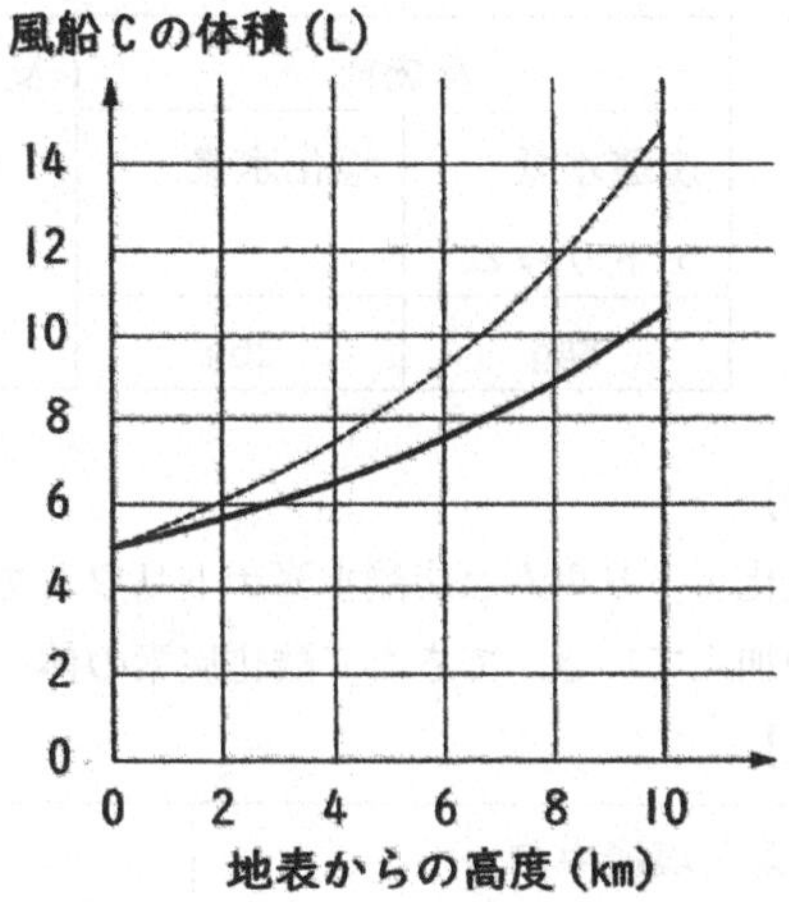

図４

(6)　地表からの高度と風船Ｃにはたらく浮力《ふりょく》の大きさの関係として，正しいものを右の中から１つ選び，あ～きの記号で答えなさい。

(7)　風船Ｃが到達《とうたつ》する最高の高度として最も近いものを，次のあ～かの中から１つ選び，記号で答えなさい。

あ．２km　　**い**．４km　　**う**．６km

え．８km　　**お**．10km

か．10kmでも風船は上昇《じょうしょう》を続ける

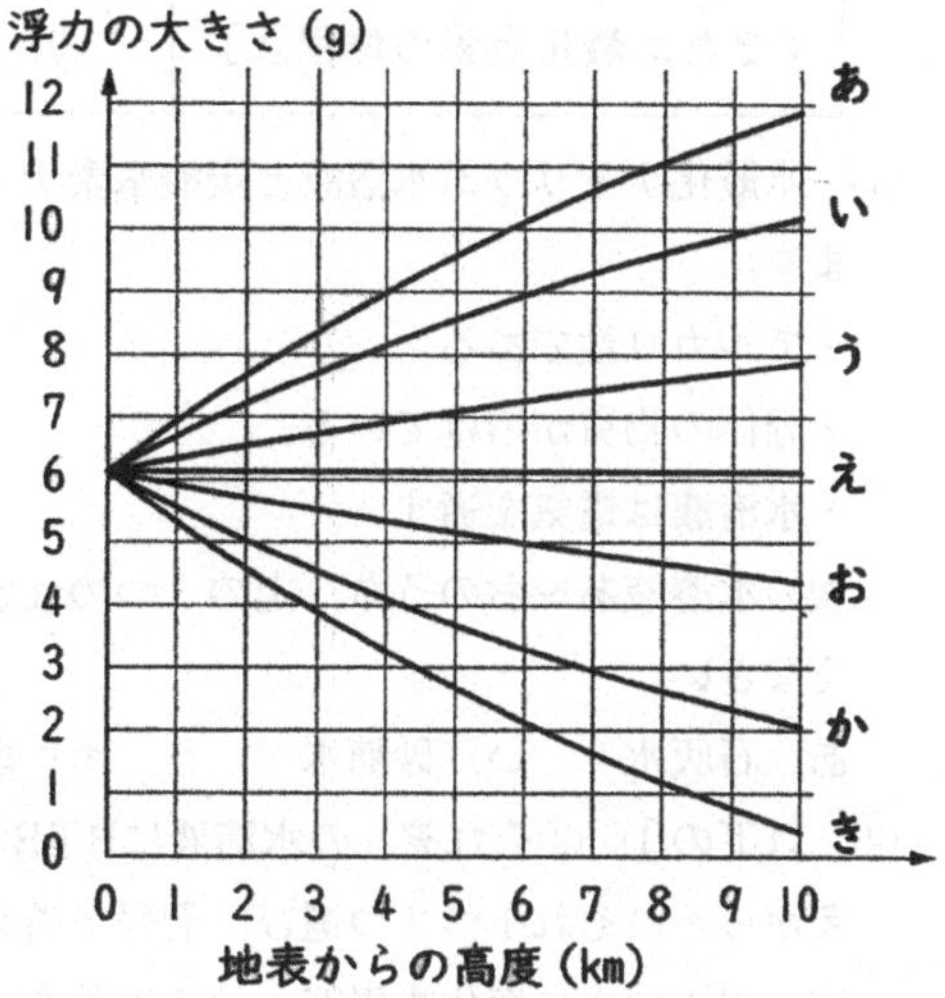

2　次のような２つの反応をふまえ，実験を行いました。以下の問いに答えなさい。

反応１：水酸化ナトリウム水溶液《すいようえき》と塩酸が反応すると，水と塩化ナトリウムができます。反応前と反応後の関係は次の通りです。

反応前		反応1	反応後	
水酸化ナトリウム	塩化水素	→	水	塩化ナトリウム
40g	36g		18g	58g

反応２：炭酸水素ナトリウム水溶液ど塩酸が反応すると，水と塩化ナトリウムと二酸化炭素の３つができます。反応前と反応後の関係は次の通りです。ただし，二酸化炭素については体積を表記しています。

反応前		反応２	反応後		
炭酸水素ナトリウム	塩化水素	→	水	塩化ナトリウム	二酸化炭素
84g	36g		18g	58g	24L

【実験】

水酸化ナトリウムと炭酸水素ナトリウムを水に溶《と》かして水溶液Ａとした。水溶液Ａに塩酸を少しずつ加えていき，できた二酸化炭素の体積を調べた。

【結果】

加えた塩酸中の塩化水素の重さ[g]	20	30	33	40	50
できた二酸化炭素の体積[L]	0	2	4	6	6

(1)　水酸化ナトリウム水溶液と炭酸水素ナトリウム水溶液には，共通した以下の３つの性質があります。

・アルカリ性である。

・固体の物質が溶けている。

・水溶液は電気を通す。

次の水溶液**あ**～**お**のうち，上の３つの性質と１つも同じものがない水溶液を１つ選び，記号で答えなさい。

あ．石灰水　　**い**．砂糖水　　**う**．ホウ酸水　　**え**．アルコール水溶液　　**お**．酢酸《さくさん》水溶液

(2)　以下の①，②それぞれの水溶液にＢＴＢ液を加えたときの色として最も適切なものを，次の**あ**～**え**からそれぞれ１つずつ選び，記号で答えなさい。

①　水溶液Ａに塩化水素25ｇ分の塩酸を加えた水溶液

②　水溶液Ａに塩化水素40ｇ分の塩酸を加えた水溶液

あ．赤色　　**い**．緑色　　**う**．青色　　**え**．黄色

(3)　水溶液Ａに塩酸を少しずつ加えていくとき，はじめに反応１だけが起こり，水酸化ナトリウムがすべて反応したあとに反応２が起こるとします。このとき，水溶液Ａをつくるために加えた炭酸水素ナトリウムの重さは何ｇですか。四捨五入して整数で求めなさい。

(4)　(3) のとき，水溶液Ａをつくるために加えた水酸化ナトリウムの重さは何ｇですか。四捨五入して整数で求めなさい。

(5)　水溶液《すいようえき》Ａの水酸化ナトリウムがすべて塩化水素と反応した時点を「点Ｐ」と呼ぶことにします。点Ｐは反応１が終わった時点であり，反応２が起こり始めた時点でもあり，さらに，炭酸水素ナトリウムがほぼ完全に残っている時点と考えることができます。

次の文**あ**～**お**のうち，それぞれの文中の仮定が正しいとしたときの点Ｐの考察として適する文を**2つ**選び，記号で答えなさい。

あ．水溶液中に塩化水素が少しでも残っていたら刺激臭《しげきしゅう》を感じることができると仮定すると，水溶液Ａに塩酸を少しずつ加えていき，刺激臭を感じた時点が点Ｐといえる。

い．塩化ナトリウムが水に溶《と》けないと仮定すると，水溶液Ａに塩酸を少しずつ加えていき，白いにごり（溶け残り）が見られた時点が点Ｐといえる。

う．二酸化炭素が水に溶けないと仮定すると，水溶液Ａに塩酸を少しずつ加えていき，気体の発生が見られた時点が点Ｐといえる。

え．溶けている物質は変化させずに，水酸化ナトリウム水溶液の色だけを赤色にすることができる薬品があると仮定すると，この薬品を加えた水溶液Ａに塩酸を少しずつ加えていき，赤色が消えた時点が点Ｐといえる。

お．溶けている物質は変化させずに，炭酸水素ナトリウム水溶液の色だけを赤色にすることができる薬品があると仮定すると，この薬品を加えた水溶液Ａに塩酸を少しずつ加えていき，赤色が消えた時点が点Ｐといえる。

3 植物について，以下の問いに答えなさい。

(1) 次の植物①～③の特徴《とくちょう》についてあてはまるものを，それぞれ**あ**～**か**から**すべて**選び，記号で答えなさい。

① ヒマワリ　② ヘチマ　③ サクラ（ソメイヨシノ）

あ．茎《くき》からまきひげをのばす。

い．生きた葉をつけて冬を越《こ》す。

う．め花とお花がある。

え．花びらが黄色い。

お．花びらがちった後，葉が出てくる。

か．小さな花がたくさん集まって，１つの花のようになる。

(2) セイタカアワダチソウは帰化植物（植物に属する外来種）です。次の**あ**～**お**のうち，帰化植物ではないものを**2つ**選び，記号で答えなさい。

あ．オオカナダモ　**い**．ヒメジョオン　**う**．セイヨウタンポポ

え．キキョウ　**お**．ススキ

(3) セイタカアワダチソウは虫媒花《ちゅうばいか》（虫が花粉を運んで受粉を行う花）です。次の**あ**～**か**のうち，虫媒花であるものを**すべて**選び，記号で答えなさい。

あ．トウモロコシ　**い**．イネ　**う**．イチゴ　**え**．クロモ　**お**．マツ　**か**．リンゴ

(4) 植物の根から吸い上げられた水が，主に葉から水蒸気となって空気中に出ていくことを何といいますか。漢字で答えなさい。

(5) 葉の大きさや数が同じセイタカアワダチソウを３本準備し，３本とも上下を切り落とし，茎の中ほどの部分を同じ枚数の葉をつけて同じ長さだけ切り取りました。そして茎の上の切り口にワセリン（水を通さないねばり気のある油）をぬりました。これらをそれぞれ同量の水を入れた試験管に差し，試験管から水が蒸発するのを防ぐために少量の油を注ぎました。加えて，すべての葉の表にワセリンをぬったものをＡ，すべての葉の裏にワセリンをぬったものをＢ，ワセリンを

ぬらなかったものをＣとしました。

Ａ，Ｂ，Ｃを同じ場所に１時間放置したとき，試験管中の水の減少量（ｇ）は次のようになりました。

セイタカアワダチソウ	A	B	C
水の減少量[g]	4.8	3.2	7.2

この実験に用いたセイタカアワダチソウの葉（表と裏）から１時間で空気中に出ていった量は何ｇですか。四捨五入して小数第１位まで求めなさい。

4 月について，以下の問いに答えなさい。

(1) 以下の図は，ある年の６月での月の出，月の入り，日の出，日の入りを，縦軸《たてじく》が時刻，横軸《よこじく》が日にちのグラフにまとめたものです。この６月に満月が見られる日にちと上弦《じょうげん》の月が見られる日にちはそれぞれ何日ですか。最も適切なものを次の**あ**～**え**から１つずつ選び，記号で答えなさい。

あ．４日　　**い**．11日　　**う**．18日　　**え**．26日

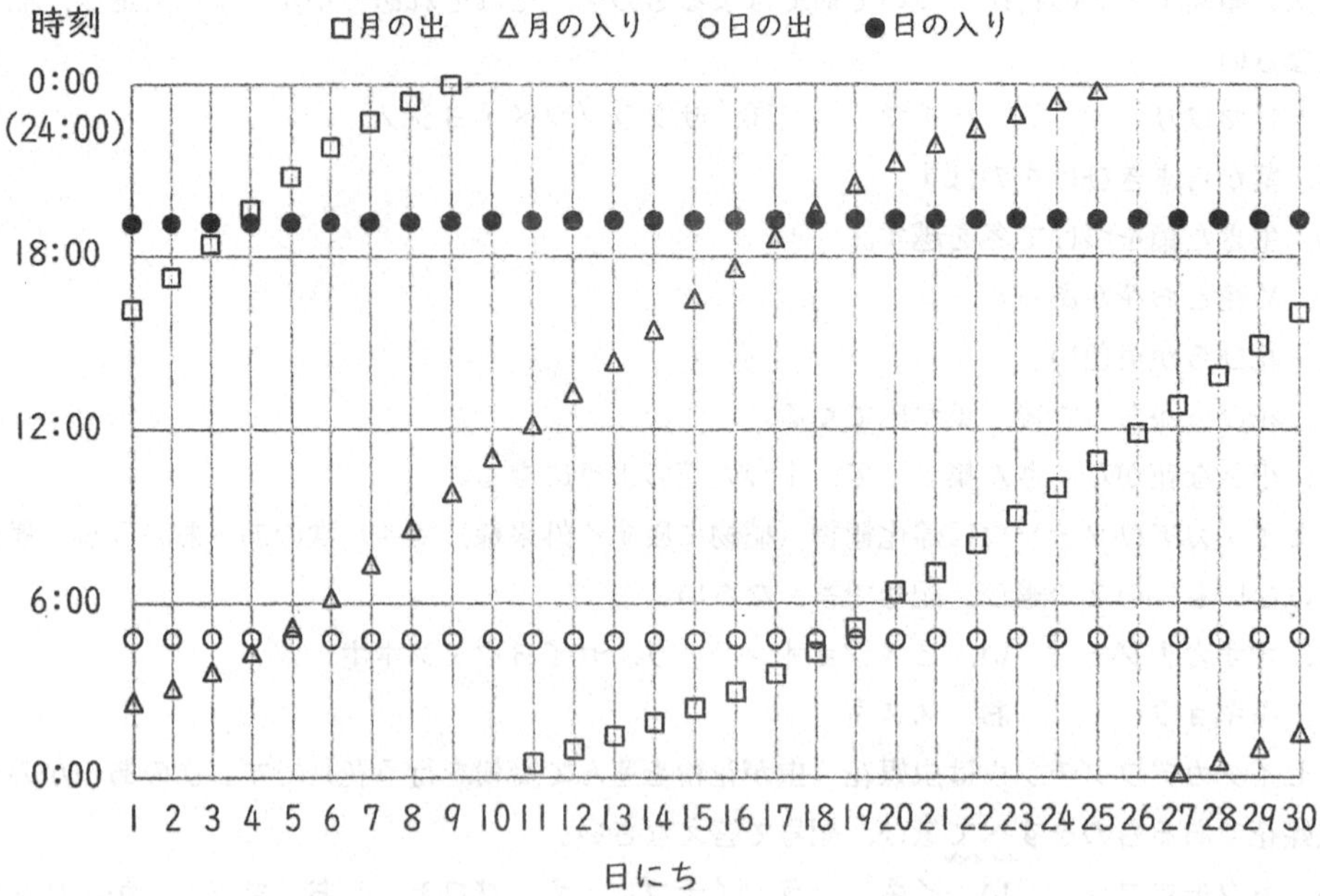

(2) 次の表は，ある年の２月の月の出と月の入りの時刻です。２月24日の夕方に出た月は満月でした。２月24日の夕方に出た月が空に出ている時間は何時間何分ですか。

	２月 23 日	２月 24 日	２月 25 日
月の出	16：36	17：35	18：31
月の入り	6：08	6：37	7：03

⑶　次の文中の［①］～［③］に最も適するものを以下のあ～さから選び，記号で答えなさい。

地球の直径と比べると，太陽の直径は約109倍，月の直径は約４分の１倍です。地球から月までの距離《きょり》と比べると，地球から太陽までの距離は約400倍はなれています。

地球から月を見るのではなく，月から地球を見ることを考えてみます。月から地球と太陽がほぼ同じ方向に見えたとき，［　①　］。月面のある場所で日の出をむかえ，次の日の出をむかえるまでの間に地球は［　②　］。

地球から月を見ると，新月→上弦の月→満月→下弦《かげん》の月→新月のように満ち欠けします。月から地球を見るときの地球も満ち欠けの様子によって，新地球，上弦の地球，満地球，下弦の地球のように名づけるとします。例えば，右図のように見える地球は上弦の地球と呼びます。ただし，この写真で見えている地球は上が北半球，下が南半球です。地球から見る月が新月として見られるときから，月から地球を見ると，［　③　］のように満ち欠けします。

©JAXA/NHK

あ．太陽と地球はほぼ同じ大きさに見えます
い．太陽は地球より小さく見えます
う．太陽は地球より大きく見えます
え．約１回自転します
お．約７回自転します
か．約30回自転します
き．約180回自転します
く．新地球→上弦の地球→満地球→下弦の地球→新地球
け．新地球→下弦の地球→満地球→上弦の地球→新地球
こ．満地球→上弦の地球→新地球→下弦の地球→満地球
さ．満地球→下弦の地球→新地球→上弦の地球→満地球

【社　会】（理科と合わせて50分）　＜満点：50点＞

1　**次の文章を読んで問いに答えなさい。**

日本の歴史を振《ふ》り返ると，その時々の支配者たちが，様々な命令を出したり政治方針を表明したりしました。次に掲《かか》げた〔あ〕～〔き〕の史料は，そのいくつかを部分的に抜《ぬ》き出し，現代語に改めたものです。

〔あ〕　第一条　人の和を大切にし，争わないようにしなさい。
　　　第二条　(ア)仏教の教えをあつく敬いなさい。
　　　第三条　天皇の命令を受けたら，必ず従いなさい。

〔い〕　―　(イ)これまで天皇や豪族が所有していた土地や民は，すべて国家のものとする。

　　　―　都や地方の区画を定め，(ウ)都から地方に役人を派遣《はけん》して治めさせる。

　　　―　戸籍《こせき》をつくり，人々に田を割り当てて耕作させる。

　　　―　布などを納める税の制度を統一する。

〔う〕　―　百姓が刀，弓，やり，鉄砲などの武器を持つことを禁止する。武器をたくわえ，年貢を納めず，(エ)一揆をくわだてる者は厳しく処罰《しょばつ》する。
　　　―　取り上げた刀は，新しくつくる大仏のくぎなどに役立てるから，百姓は仏のめぐみで，この世だけではなく，あの世でも救われるであろう。

〔え〕　―　文武弓馬の道にはげむこと。

　　　―　新しい（　オ　）を築いてはいけない。修理するときは届け出ること。

　　　―　幕府の許可を得ずに勝手に結婚《けっこん》してはいけない。


〔お〕　―　朝は早起きして草をかり，昼は田畑を耕し，夜は縄《なわ》や俵を作り，気を抜かずに仕事にはげむこと。

　　　―　酒や茶を買って飲まないこと。

　　　―　食べ物を大事にして，雑穀を食べ，米を多く食べないこと。

　　　―　(カ)麻《あさ》・もめん以外のものは着てはいけない。


〔か〕　―　政治は広く会議を開き，みんなの意見を聞いて決めよう。

　　　―　国民が心を合わせ，国の政策を行おう。

　　　―　国民一人一人の志がかなえられるようにしよう。

　　　―　これまでのよくない古いしきたりを改めよう。

　　　―　新しい知識を世界に学び，国を栄えさせよう。

〔き〕　第１条　日本は，永久に続く同じ家系の天皇が治める。
　　　第３条　天皇は神のように尊いものである。
　　　第５条　天皇は議会の協力で法律を作る。
　　　第11条　天皇は(キ)陸海軍を統率する。
　　　第29条　国民は，法律に定められた範囲《はんい》の中で，言論，集会，結社の自由をもつ。

問１．史料〔え〕と〔お〕は，いずれも江戸時代に出されたとされるものですが，出された対象に違《ちが》いがみられます。それぞれの史料の出された対象を，あわせて20字以内で説明しなさい。

問２．史料〔か〕が出されてから，史料〔き〕が発布されるまでの出来事を説明した次のページの文のうち，正しいものをすべて選び番号で答えなさい。

１．アメリカ合衆国との間に領事裁判権を認めた。

２．ロシアとの交渉《こうしょう》の結果，千島列島が日本の領土になった。

３．第１回衆議院議員総選挙が行われ，民権派の人たちが多数派を占《し》めた。

４．地租の税率が３％から2.5％に引き下げられた。

５．内閣制度が作られ，伊藤博文が初代の内閣総理大臣になった。

問３．下線部(ア)に関連する出来事として説明した次の文のうち，正しいものを一つ選び番号で答えなさい。

１．聖武天皇は，疫病《えきびょう》の流行や九州で起きた反乱による社会の動揺《どうよう》を鎮《しず》めるため，大仏を造立した。

２．桓武天皇は，平城京の寺院が平安京に移ることを禁じたが，次第に延暦寺などが平安京内部に作られるようになった。

３．室町幕府は一向宗を保護し信者が増えたため，加賀国では一向宗の信者を中心とした支配体制が作られた。

４．織田信長はキリスト教の信者の急増に危機感を抱《いだ》き，キリシタン大名を海外に追放し，仏教を保護する政策に転換《てんかん》した。

問４．下線部(イ)のことを，漢字４字で言い換《か》えなさい。

問５．下線部(ウ)に関連して，日本の地方支配を説明した次の文を古い順に並べ替《か》え，番号で答えなさい。

１．国ごとに守護が，荘園などに地頭がおかれた。

２．各地の支配者が分国法を制定し，独自の統治を図った。

３．国・郡・里に分けられ，それぞれ国司・郡司・里長がおかれた。

４．中央政府が任命した知事・県令により，中央集権的な統治が行われた。

問６．下線部(エ)に関連して，一揆とは武力を持って立ち上がることに限らず，広く一致《いっち》団結することを意味します。室町時代前後には多くの村落で一揆が結ばれました。村民たちが自ら村の資源を共同利用する方法などについて定めたものを一般に何といいますか。

問７．空らん（**オ**）にあてはまる語句を漢字１字で答えなさい。

問８．下線部(カ)に関連して，江戸時代の服飾《ふくしょく》や娯楽《ごらく》について説明した次の文のうち，**あやまっているもの**を一つ選び番号で答えなさい。

１．阿波の藍《あい》や最上地方の紅花など染料となる商品作物の生産量が増え，京友禅《ゆうぜん》などの今につながる織物業が誕生・発展した。

２．元禄期ごろから歌舞伎が人気となり，菱川師宣の「見返り美人図」などの役者絵が一大ブームとなった。

３．元禄期には井原西鶴の浮世《うきよ》草子「好色一代男」や近松門左衛門の「曾根崎《そねざき》心中」などが上方で人気となった。

４．化政文化の時期になると，お伊勢参りや善光寺参りなど，神社仏閣への旅行が盛んにおこなわれた。

問９．下線部(キ)に関連して，昭和初期の軍部の行動を説明した後の文のうち，**あやまっているもの**を一つ選び番号で答えなさい。

１．関東軍は柳条湖事件を起こし，満州の重要地域を占領《せんりょう》した。

２．陸軍の青年将校の一部は犬養毅首相などを殺害する二・二六事件を起こした。
３．シンガポールやオランダ領東インドを占領し，現地の人に日本語教育などを行った。
４．海軍のハワイ真珠湾への奇襲攻撃《きしゅうこうげき》などにより，太平洋戦争が開戦した。

２ 次の問いに答えなさい。

問１．次の国土地理院発行の地形図（２万5000分の１「於《お》福《ふく》」）の中の**あ**－**い**間の断面図として，適当なものを下の１～４から一つ選び番号で答えなさい。

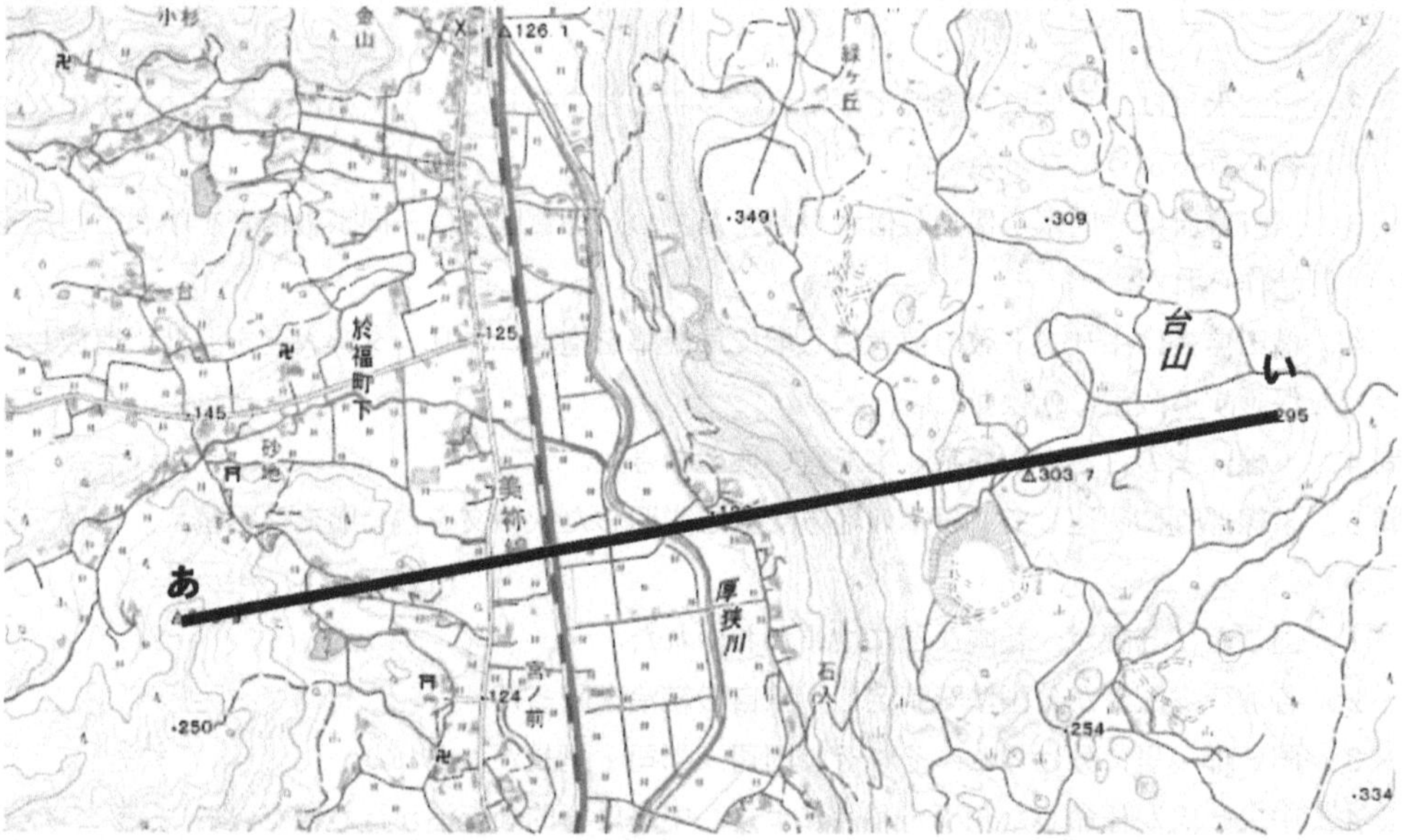

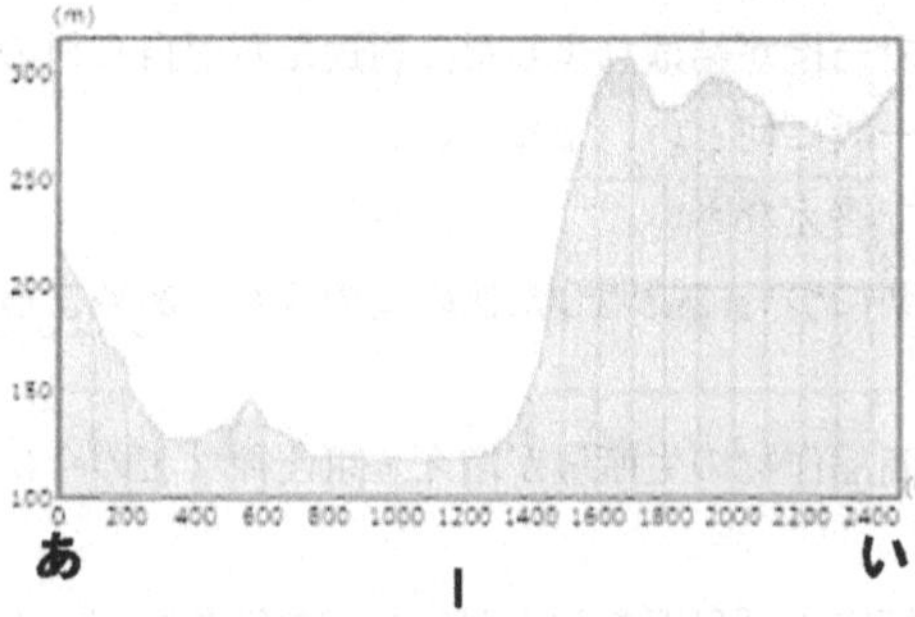

１

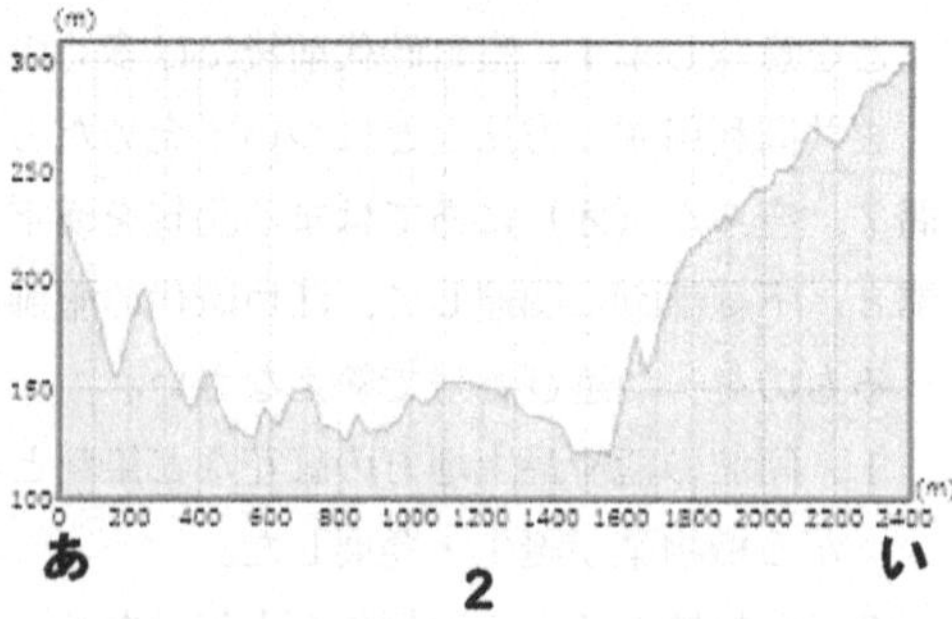

２

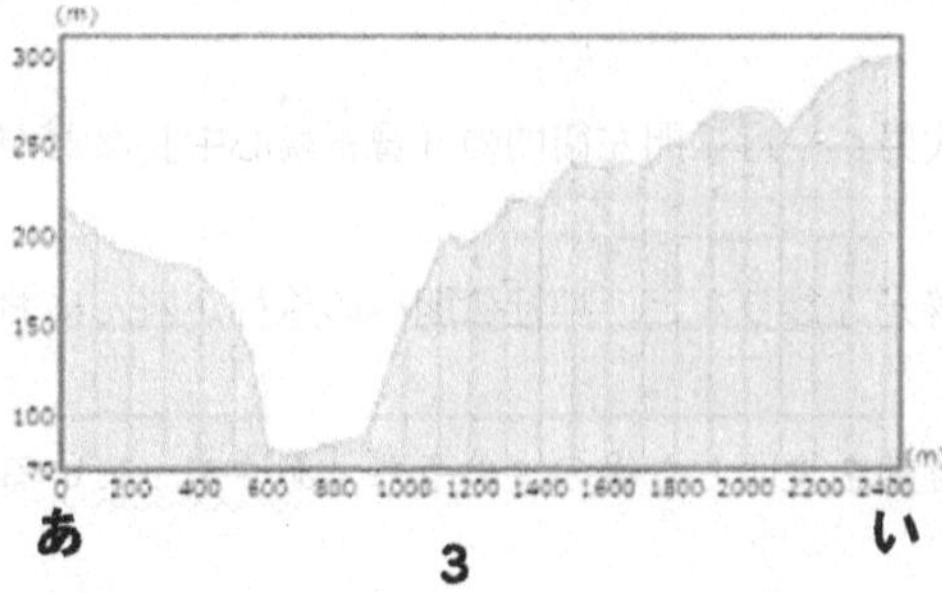

３

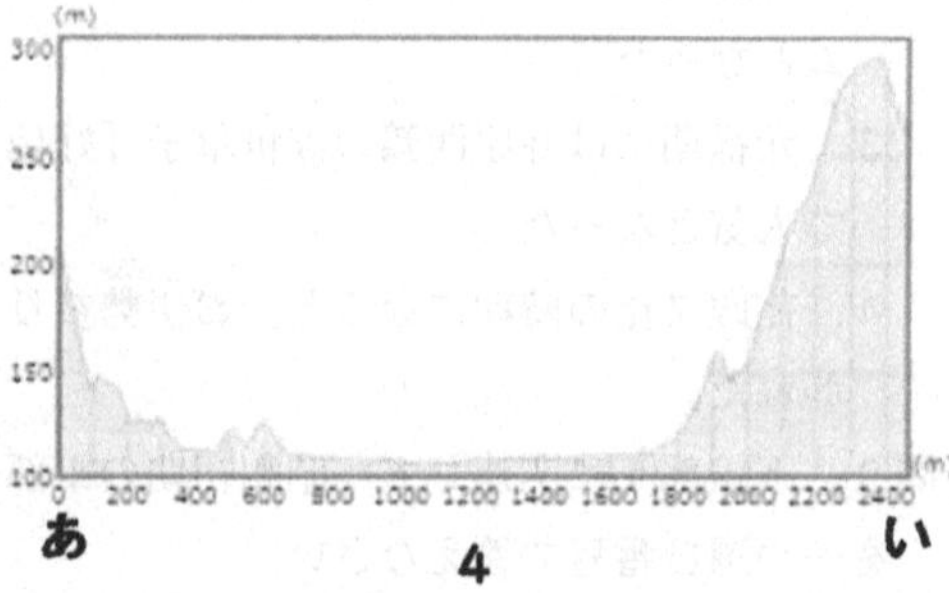

４

問２．右の画像は，群馬県南部を撮影《さつえい》した空中写真の一部です。写真の住宅の特徴《とくちょう》から，矢印の指す方角を次から一つ選び番号で答えなさい。

１．北　　２．南　　３．東　　４．西

（地理院地図より作成）

問３．次の図は2023年３月時点での都道府県ごとの発電別割合（％）で，ア～ウは石川県，富山県，福井県のいずれかです。この組み合わせとして適当なものを，下の表から一つ選び番号で答えなさい。

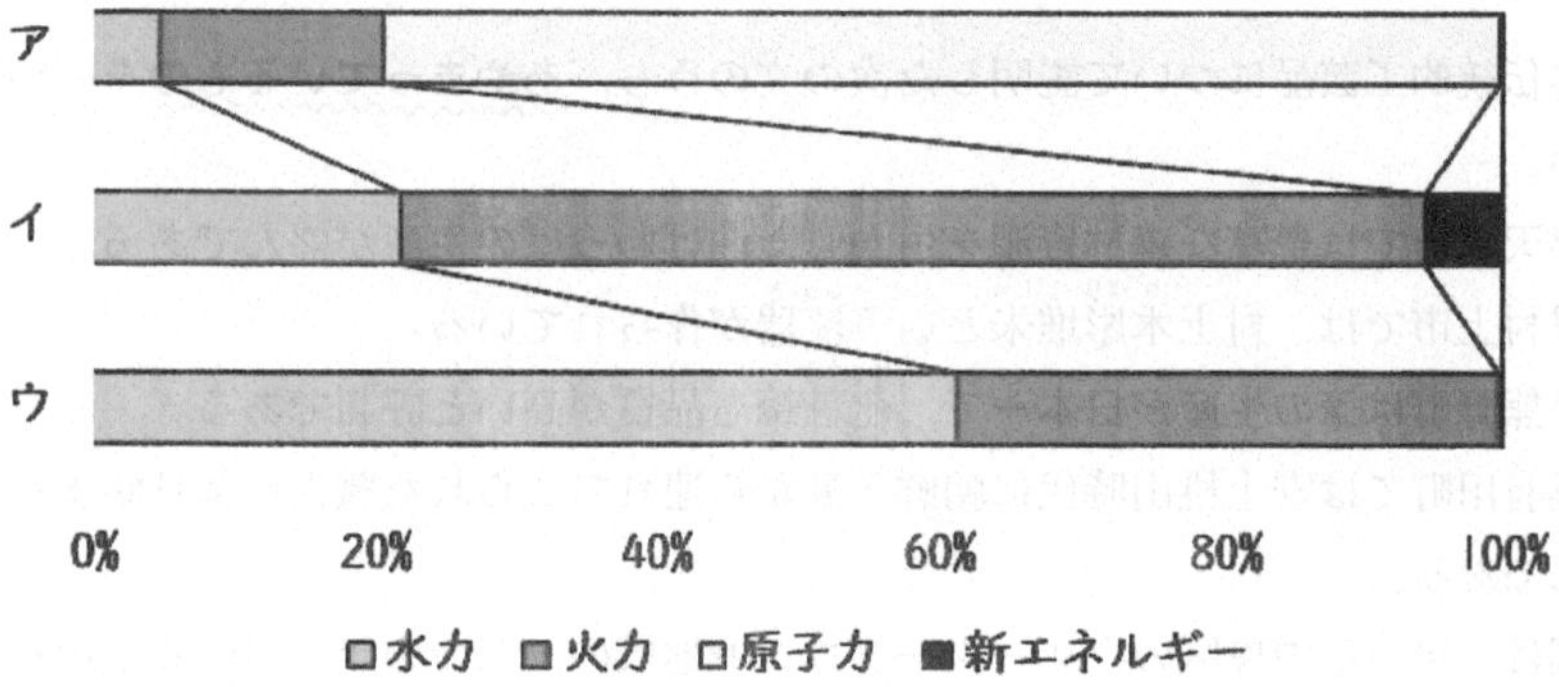

（資源エネルギー庁ホームページより作成）

	1	2	3	4	5	6
石川県	ア	ア	イ	イ	ウ	ウ
富山県	イ	ウ	ア	ウ	ア	イ
福井県	ウ	イ	ウ	ア	イ	ア

問４．次のページの表は2019年における各空港の国内線の着陸回数を示したものです。ほとんどが三大都市圏《けん》もしくは100万人都市近郊《きんこう》の空港ですが，４位の那覇と６位の〔　あ　〕のみはそれに該当《がいとう》しません。それは４位の那覇や６位の〔　あ　〕は県内各地に行くにあたって航空機を利用することが多いからです。このことから推定される，〔　あ　〕の所在地として適当なものを，下から一つ選び番号で答えなさい。

１．青森　　２．鹿児島　　３．高知　　４．高松　　５．富山

	空港名	着陸回数
1位	東京国際	184,755
2位	福岡	71,086
3位	大阪国際	69,212
4位	那覇	68,427
5位	新千歳	67,920
6位	〔 あ 〕	32,957
7位	中部国際	32,864
8位	成田国際	28,015
9位	仙台	27,621
10位	関西国際	24,463

（国土交通省ホームページより作成）

問５．日本の伝統的工芸品について説明した次の文のうち，あやまっているものを一つ選び番号で答えなさい。

１．山形県天童市では豊富な森林資源を生かした曲げわっぱの生産が盛んである。

２．新潟県村上市では，村上木彫堆朱《きぼりついしゅ》という漆器《しっき》が作られている。

３．広島県熊野町は筆の生産が日本一で，化粧《けしょう》筆も品質が高いと評判である。

４．佐賀県有田町では安土桃山時代に朝鮮半島から連れてこられた職人により始まった磁器の生産が盛んである。

問６．次の図は，東京都中央区のウォーターフロント地域の，二つの年における土地利用を表したものです。なおいのほうがあより新しい年のデータを使用しています。この図を見てあとの問いに答えなさい。

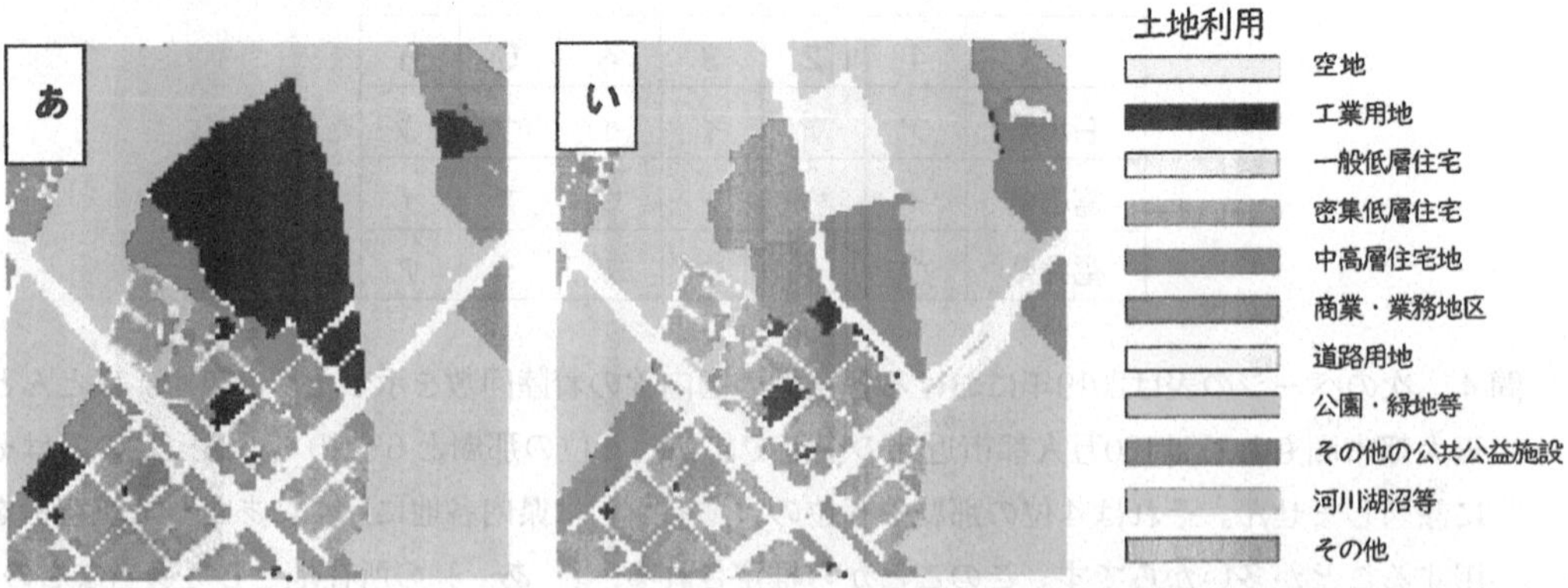

（国土地理院 宅地利用動向調査より作成）

⑴　あからいまでの間に最も面積が減った土地利用を下から一つ選び番号で答えなさい。

１．空地　　２．工業用地　　３．一般《いっぱん》低層住宅

４．中高層住宅地　　５．公園・緑地等

(2) (1)のように，もともとあった市街地を新しく整備し直すことを何といいますか，漢字３字で答えなさい。

問７．次の表は2021年におけるすいか，バナナ，ぶどう，りんごの，都道府県庁所在地別の１世帯当たりの購入《こうにゅう》金額が上位３位までの都市名とその金額（円）を示したものです。この中でバナナにあたるものを，表中の１～４から一つ選び番号で答えなさい。

1		2		3		4	
青森	8,331	岡山	6,213	京都	6,376	新潟	2,359
盛岡	8,131	甲府	5,385	長崎	6,276	札幌	2,187
秋田	7,656	長野	4,611	神戸	6,037	鳥取	1,984

（総務省家計調査より作成）

3 次の文章を読んで問いに答えなさい。

本校では５月30日の「ごみゼロデー」にちなんで毎年５月30日前後に生徒会主催《しゅさい》で池袋校舎周辺のごみ拾い活動を行っています。毎年多くの生徒が参加してごみを拾いますが，実に様々な種類のごみが収集されてきます。中でも，プラスチックごみはとても多いです。プラスチックは主に石油などから作られ，軽くて丈夫《じょうぶ》で値段が安い素材として，あらゆる日用品に使用されています。しかし，自然には分解されにくいため，処理されないままに川や海に流れ込《こ》み，クジラやウミガメ，魚などの生命を脅《おびや》かします。さらに，(ア)プラスチックごみが紫外線《しがいせん》や波の作用で細かく砕かれて有害物質を吸着し，それを魚が食べ，その魚を人間が食べることによる健康被害《ひがい》なども心配されているのです。

このようなプラスチックごみを減らすために，2020年からレジ袋《ぶくろ》が有料化されました。レジ袋有料化は，いわゆる「(イ)容器包装リサイクル法」の規定に基づき制定されている省令の改正によるものです。省令とは，(ウ)各省庁が法律の実施《じっし》のため，または(エ)法律の委任によって制定する命令のことです。日本のプラスチックごみ対策はリサイクルが中心でしたが，国際的な流れであるリデュース（ごみの減量）に目を向け，(オ)政府は2030年までに使い捨てプラスチックごみを25％減らすという目標を掲《かか》げています。

ごみ問題をはじめ，(カ)人間の活動が自然環境《かんきょう》に重大な悪影響《えいきょう》を及《およ》ぼすことが問題となっています。しかし自然界は人間の横暴に対抗《たいこう》するすべを持たず，破壊《はかい》されていくしかありません。そこで，声なき自然に代わって「自然の権利」を主張しようという考え方があります。日本では1995年から「アマミノクロウサギ訴訟《そしょう》」と呼ばれる(キ)裁判が鹿児島地裁で行われました。当時の奄美大島ではゴルフ場開発計画があり，野生動物の生息地への悪影響が心配されていました。特別天然記念物のアマミノクロウサギなど奄美大島の希少動物たちと住民が原告となり，鹿児島県を相手取って，ゴルフ場計画の開発許可取り消しを求めて提訴《ていそ》したのです。数年間にわたった裁判では結果的に原告の主張は却下《きゃっか》されましたが，裁判所は「自然が人間のために存在するという考え方を推し進めていってよいのかどうかについては，改めて検討すべき重要な課題」と，異例の言及《げんきゅう》をしました。この裁判が自然と人間の関係を見直すきっかけを与《あた》えたのは間違《まちが》いないでしょう。

人間は自然の一部であると同時に，自然を破壊することで(ク)人々の経済生活が成り立つ場合もあることは否めません。ごみ問題に関して言えば，私たちが生活するうえで必ずやごみが発生し，何らかの形でそれを処理しなくてはならないのは確かです。人々が日ごろからごみへの関心を高めていけば，おのずと「ごみゼロデー」の活動も変化してくるのではないでしょうか。

問１．下線部(ア)について，このような作用により大きさが５ミリ以下となったものを［　※　］プラスチックと呼びます。[※] にあてはまる用語をカタカナで答えなさい。

問２．下線部(イ)に関連して，容器包装リサイクル法で回収とリサイクルが義務づけられた**対象品目ではないもの**を下から一つ選び番号で答えなさい。

１．アルミ缶《かん》　２．ガラスびん　３．ダンボール　４．ペットボトル　５．割りばし

問３．下線部(ウ)に関して，2023年４月に「こども基本法」に基づいて新たに設置された省庁の名称《めいしょう》を答えなさい。

問４．下線部(エ)について，法律が成立するまでの手続きについて説明した次の文のうち，正しいものを**すべて**選び番号で答えなさい。

１．法律案は内閣のみが作成できる。
２．必ず衆議院から審議《しんぎ》を始める。
３．各議院の法律案の審議は必ず本会議より委員会が先に行う。
４．両院の議決が異なったときは必ず両院協議会を開く。
５．両院の議決が異なったときの再議決は衆議院のみが行う。

問５．下線部(オ)の経済活動である財政について，右の表は2023年度の基本的な予算（一般《いっぱん》会計予算）のうち，１年間に支出する予定の金額《きんがく》（歳出《さいしゅつ》額）です。単位は兆円で，計算の都合上。データの一部を簡略化しています。表中の項目《こうもく》にあてはまるものを下から一つ選び番号で答えなさい。

１．公共事業費
２．国債《さい》費
３．社会保障関係費
４．地方財政費
５．防衛費

歳出項目	金額（兆円）
あ	36.9
い	25.3
う	16.4
え	10.1
文教及《およ》び科学振興《しんこう》費	5.4
お	6.1
その他	14.2
合計	114.4

問６．下線部(カ)に関連して，地球環境問題について説明した次の文のうち，正しいものを一つ選び番号で答えなさい。

１．オゾン層の破壊は主に空気中のメタンによって引き起こされ，紫外線の増加による健康被害《ひがい》も心配されている。
２．プランクトンの異常発生である赤潮は，海水に栄養分が乏《とぼ》しくなることで発生し，養殖《ようしょく》の魚の死滅《しめつ》など漁業に悪影響を与える。
３．酸性雨は工場からのばい煙《えん》や自動車の排気《はいき》ガスから排出《はいしゅつ》される硫黄酸化物《いおうさんかぶつ》や窒素《ちっそ》酸化物が雨に溶《と》けると発生し，湖の生態系へ影響を与える。
４．製紙パルプの原料としての需要《じゅよう》が年々伸《の》びているため，森林破壊は，先進国で主に起きている。

問７．下線部(キ)について説明した次の文のうち，**あやまっているもの**を一つ選び番号で答えなさい。

1．すべての人は公正な裁判を受ける権利があるため，真実を包み隠《かく》さずに証言しなければならない。

2．逮捕《たいほ》される場合は，現行犯の場合をのぞいて，裁判官が発行する逮捕令状が必要である。

3．裁判において，被告人《ひこくにん》にとって不利益《ふりえき》な証拠《しょうこ》が本人の自白だけの場合は，無罪となる。

4．無罪の裁判を受けたときは，抑留《よくりゅう》や拘禁《こうきん》された日数などに応じて国から補償金《ほしょうきん》を受け取ることができる。

問８．下線部(ク)に関連して，次の表は2022年における関東地方と東北地方に住む二人以上の勤労世帯のひと月の支出の内訳（円）です。この表の１～４は教育費，交通・通信費，光熱．水道費，食費のいずれかの項目《こうもく》です。教育費にあてはまるものを，一つ選び番号で答えなさい。

	関東地方	東北地方
1	84,582	77,338
2	49,788	53,488
教養娯楽《ごらく》費	32,634	24,656
3	24,061	29,159
4	23,373	9,647

（総務省家計調査より作成）

問八　――線⑦「成瀬《なるせ》は真顔で」とありますが、ここで成瀬《なるせ》はどのようなことを思っていたと考えられますか。【文章Ⅰ】から答えとなる二文続きの箇所《かしょ》を探し、最初の五字を抜《ぬ》き出《だ》しなさい。

問九　――線Ａ「カンショウ」・Ｂ「フイ」・Ｃ「満足気」について、以下のそれぞれの問いに答えなさい。

(1)　――線Ａ「カンショウ」の「ショウ」に相当する漢字をふくむものを次のア～オの中から一つ選び、記号で答えなさい。

ア　道路で転んで足をフショウする。
イ　ステージのショウメイをつける。
ウ　今でもインショウに残っている風景。
エ　一位になったのでショウジョウをもらう。
オ　キショウの荒《あら》い彼《かれ》とはすぐけんかになる。

(2)　――線Ｂ「フイ」のカタカナを正しい漢字に直しなさい。
（一画一画ていねいにはっきりと書くこと。送り仮名《がな》が必要な場合、それも解答らんに書きなさい。）

(3)　――線Ｃ「満足気」の正しい読みがなをひらがなで書きなさい。

オ　大貫《おおぬき》や美容師との交流を経て、人としての温かさを回復している。

問四　――線④「島崎《しまざき》の眉間《みけん》にしわが寄る」とありますが、ここでの島《しま》崎《ざき》の心情を説明したものとして最も適当なものを次のア～オの中から一つ選び、記号で答えなさい。

ア　成瀬《なるせ》が髪《かみ》を伸《の》ばし続けた自身の格好を気にしていたことに驚《おどろ》いている。

イ　成瀬《なるせ》が伸《の》ばし続けていた髪《かみ》を切ってしまったことに不可解な思いでいる。

ウ　成瀬《なるせ》が島崎《しまざき》の期待に応えるよりも快適さを優先したことに失望している。

エ　成瀬《なるせ》が勝手に島崎《しまざき》にことわりもなく髪《かみ》を切ったことに不愉快《ふゆかい》な思いでいる。

オ　成瀬《なるせ》が自身の挑戦《ちょうせん》よりも大貫《おおぬき》の提案を尊重したことに嫉妬《しっと》している。

問五　――線⑤「振《ふ》り返《かえ》ると心当たりがありすぎる」とありますが、これは成瀬《なるせ》が何をしてきたという「心当たり」ですか。六十字以内で説明しなさい。

問六　――線⑥「こんなふうに～楽だろう」とありますが、この一文から読み取れることとして最も適当なものを次のア～オの中から一つ選び、記号で答えなさい。

ア　大貫《おおぬき》は、将来に安定を求めており、野望など持っても意味がないと切り捨てている。

イ　大貫《おおぬき》は、常に完璧《かんぺき》を求めるあまりに、自分にできない挑戦《ちょうせん》はしないうちから諦《あきら》めてしまう。

ウ　大貫《おおぬき》は、失敗を恐《おそ》れているので、将来のためには注意を重ねて計画を立てている。

エ　大貫《おおぬき》は、周りの視線を気にしており、夢や希望を気軽に言うことにためらいを抱《いだ》いている。

オ　大貫《おおぬき》は、現実を悲観するあまりに、自由にのびのびと夢を描《えが》くことができないでいる。

問七　【文章Ⅰ】【文章Ⅱ】から読み取れる、大貫《おおぬき》の成瀬《なるせ》への思いとして最も適当なものを次のア～オの中から一つ選び、記号で答えなさい。

ア　自分まで変な人だと思われたくないので、成瀬《なるせ》のようになりたいとまでは思わないが、一方で成瀬《なるせ》の実力は認めており、成瀬《なるせ》を良きライバルであるとも思っている。

イ　成瀬《なるせ》は自分に対して興味を持っていないと思っており、そのさみしさからつい成瀬《なるせ》に冷たくあたってしまうが、実は成瀬《なるせ》の挑戦《ちょうせん》の行く末をひそかに楽しみにしている。

ウ　周囲からの評価を気にしていない成瀬《なるせ》の性格に理解を示す一方で、難関大学志望やデパート建設などといった大それた夢を軽々しく語る成瀬《なるせ》を幼いと見下している。

エ　常識外れな言動を迷惑《めいわく》だと思いつつも、他人からどう思われているかを一切《いっさい》気にしない成瀬《なるせ》にあこがれており、成瀬《なるせ》が困ったときには力になりたいと思っている。

オ　型破りな言動で目立つ成瀬《なるせ》とはできるだけ関わりたくないと思うが、一方で確固たる自分の考えを持ち、常識にとらわれず自由にふるまう姿をうらやましく思っている。

わたしだって縮毛矯正《きょうせい》したことで、地毛が伸《の》びるスピードがわかった。

「ちゃんと厳密にやりたかったんだ。それに、美容院に行くと、内側と外側で長さを変えられてしまうだろう。全体を同時に伸《の》ばしたらどうなるか、気にならないか？」

一瞬《いっしゅん》納得したが、同意するのは悔《くや》しくて「そうだね」と軽く答える。

「しかし短髪《たんぱつ》が想像以上に快適で、伸《の》ばすのが面倒《めんどう》になってきている」

成瀬《なるせ》は頭頂部の髪《かみ》をつまんで言った。

「せっかく剃《そ》ったんだから、最後までちゃんとやんなよ」

また憎《にく》まれ口《ぐち》を叩《たた》いてしまったが、⑦成瀬《なるせ》は真顔で「大貫《おおぬき》の言うとおりだな」とうなずいた。

（『成瀬《なるせ》は天下を取りにいく』 宮島《みやじま》 未奈《みな》）

（注） ＊1 京大――京都大学の略称《りゃくしょう》。

＊2 プラージュ――美容院の店名。

＊3 M－1グランプリ――お笑いのコンテスト。漫才《まんざい》を競い合う。成瀬《なるせ》は島崎《しまざき》を誘ってこのコンテストに出場したことがある。

＊4 西武大津店《おおつ》――成瀬《なるせ》や大貫《おおぬき》の故郷にあったデパート。成瀬《なるせ》が中学二年生の夏に閉店した。

＊5 テナント――建物に入っている店舗《てんぽ》。

＊6 無印良品――衣服、生活雑貨、食品などを扱《あつか》う店舗《てんぽ》。

＊7 東大に戻《もど》る――二人はこの後、模擬《もぎ》授業を受けに大学へ戻《もど》る予定だった。

問一 ――線①「意表をついた答え」とありますが、ここでのやりとりからわかる成瀬《なるせ》と大貫《おおぬき》それぞれの状況《じょうきょう》を説明したものとして最も適当なものを次のア～オの中から一つ選び、記号で答えなさい。

ア 大貫《おおぬき》は成瀬《なるせ》にいやな思いをさせることをわざと言っているが、成《なる》瀬《せ》には大貫《おおぬき》の悪意は伝わっていない。

イ 大貫《おおぬき》は成瀬《なるせ》に最低限の応対をしようとしているが、成瀬《なるせ》はその大貫《おおぬき》の努力よりも発言内容そのものを評価している。

ウ 大貫《おおぬき》は成瀬《なるせ》にぶっきらぼうに話しているが、成瀬《なるせ》は大貫《おおぬき》の言葉を素直に受け止めており大貫《おおぬき》の態度を気にしていない。

エ 大貫《おおぬき》は成瀬《なるせ》をおとしいれようとしてわざと誤った提案をしたが、成瀬《なるせ》は大貫《おおぬき》の提案を正当なものだと思っている。

オ 大貫《おおぬき》は成瀬《なるせ》をぞんざいに扱《あつか》っているが、成瀬《なるせ》は大貫《おおぬき》の対応を真面《まじ》目《め》に受け止め自分の行動の未熟さを反省している。

問二 ――線②「一ヶ月に～少し長い」とありますが、ここから【文章Ⅰ】は成瀬《なるせ》が何年生の何月の時の話だとわかりますか。【文章Ⅱ】の成瀬《なるせ》と大貫《おおぬき》との会話も参考にしながら、最も適当なものを次のア～オの中から一つ選び、記号で答えなさい。

ア 二年生の六月　イ 二年生の七月　ウ 三年生の八月

エ 三年生の九月　オ 三年生の十月

問三 ――線③「指先まで血が通うような感覚」とありますが、ここでの成瀬《なるせ》の状況《じょうきょう》を説明したものとして最も適当なものを次のア～オの中から一つ選び、記号で答えなさい。

ア 気持ちを切りかえ、いつもの勉強の感覚を取《と》り戻《もど》している。

イ 大貫《おおぬき》の助言のおかげで、不調を乗《の》り越《こ》えられたことに感謝している。

ウ 島崎《しまざき》との別れのさみしさを克服《こくふく》し、前向きになっている。

エ 京大ではなく、島崎《しまざき》と一緒《いっしょ》に東京の大学に行こうと決意している。

【文章Ⅱ】

【文章Ⅱ】は25ページ波線部「大貫が～言った」にあたる場面の描《びょう》写《しゃ》で、「わたし」とは成瀬《なるせ》と同じ高校に通う同級生の大貫《おおぬき》かえでのことである。大貫《おおぬき》と成瀬《なるせ》は一年生の夏、故郷の滋賀県大津市《しがけんおおつし》から出て東京大学（東大）の見学に来ていた。成瀬《なるせ》から行きたい場所があると誘《さそ》われた大貫《おおぬき》はしぶしぶ成瀬《なるせ》と東大を出て、池袋《いけぶくろ》の西武デパートに着く。

店に入ると、初めて来たはずなのに懐《なつ》かしさを覚えた。＊4西武大津《おおつ》店とは＊5テナントも品揃《しなぞろ》えも全然違《ちが》うのに、館内の空気が西武なのだ。成瀬《なるせ》は目に涙《なみだ》を浮《う》かべている。ずいぶん大げさだと笑いたくなるが、わたしの胸にもこみあげるものがあって、うまく言葉が出てこない。

「地上に行って、外から見てみよう」

エスカレーターまでたどり着くにも人をよけて歩かなければならない。西武大津《おおつ》店がいつもガラガラだったことを思い出す。

店の外に出たら、自分が小さくなったような錯覚《さっかく》に陥《おちい》った。西武池袋《いけぶくろ》本店は巨大《きょだい》で、わたしの考えるデパートの五軒分《ごけんぶん》ぐらいはあった。西武大津《おおつ》店の一階の端《はし》で営業していた＊6無印良品だけで一つのビルになっている。「池袋《いけぶくろ》駅東口」と書かれた入口もあるが、どういう構造になっているのだろう。

また成瀬《なるせ》から写真を撮《と》るよう頼《たの》まれ、わたしを道連れにしたのはカメラマンにするためだったのだと悟《さと》る。なんだか腹立たしくなり、「わたしの写真も撮《と》ってよ」とスマホを渡《わた》した。成瀬《なるせ》の撮《と》った写真はわたしの姿とＳＥＩＢＵのロゴがちゃんと収まっている以外、特筆すべき箇所《かしょ》はなかった。

「本店はすごいな。もはやデパートと言うより街だな」

成瀬《なるせ》は興味深そうにいろんな角度から写真を撮《と》っている。

「わたしは将来、大津《おおつ》にデパートを建てようと思ってるんだ」

⑥こんなふうに目標とも夢とも野望ともつかないことを気安く口に出せたらどんなに楽だろう。あの寂《さび》れた街にデパートを出店するのはさすがに無茶だと思うが、わたしが反論したところで成瀬《なるせ》が考えを改めるはずがない。

「今日はそのための視察？」

わたしが尋《たず》ねると、成瀬《なるせ》は「そうだ」とC満足気に答えた。

＊7東大に戻《もど》る地下鉄の中で、わたしは成瀬《なるせ》に「どうして坊主《ぼうず》にしたの？」と尋《たず》ねた。成瀬《なるせ》は意外そうな表情でベリーショートの髪《かみ》に触れる。

「はじめて訊《き》かれたな。みんな訊《き》きづらいんだろうか」

「そりゃ訊《き》きづらいでしょ」

反応を見るに、深刻な事情があるわけではないらしい。

「人間の髪《かみ》は一ヶ月に一センチ伸びると言うだろう。その実験だ」

意味がよくわからず黙《だま》っていると、成瀬《なるせ》が続けた。

「入学前の四月一日に全部剃《そ》ったから、三月一日の卒業式には三十五センチになっているのか、検証しようと思ったんだ」

わたしは思わず噴《ふ》き出《だ》した。小学生の頃《ころ》、朝礼台に上る成瀬《なるせ》の肩《かた》まで伸《の》びる直毛を見て、わたしもあんな髪《かみ》だったらよかったのにと羨《うらや》んだのは一度や二度じゃない。

「全部剃《そ》らなくても、ある時点での長さを測っておいて、差を計算したらよくない？」

「大事なことを忘れていた。すまないが、メジャーを貸してほしい」

検証のためスキンヘッドから伸《の》ばしていたことを伝えると、美容師は「ほな測らなあかんわ」と興味を示してメジャーを持ってきた。

「トップは三十センチで、サイドは三十一センチぐらいやね」

②一ヶ月に一センチ伸《の》びるという説どおりなら二十八センチのはずだが、それより少し長い。サイドの方が伸《の》びやすいのも発見だった。

「若いから伸《の》びるのが早いんやね。ほんで、どれぐらい切りましょ？」

肩《かた》を超えたあたりで切りそろえ、前髪《まえがみ》を作ってもらうと、部屋のカーテンを取《と》り替《か》えたときのように気持ちがよかった。カット代金を支払《しはら》い、家に帰る。

数学の教科書は使用済み問題集と一緒《いっしょ》に積んであった。開きぐせもなく、あまり使っていなかったことが見て取れる。ぱらぱらめくってみると、項目《こうもく》ごとに例題が配置されていた。

成瀬《なるせ》は数学Ⅰの「数と式」から順番に、ノートに写して解きはじめた。難易度が低く、リハビリにはちょうどいい。解いているうちにリズムに乗ってきて、③指先まで血が通うような感覚があった。

数学Ⅰの教科書を終えたところでBフイに島崎《しまざき》のことを思い出した。スキンヘッドにしたときも見せに行ったことだし、今回も報告に行ったほうがいいだろう。

エレベーターを上がって島崎《しまざき》の家に行き、インターフォンで呼び出す。ドアを開けて成瀬《なるせ》の顔を見るなり、島崎《しまざき》は「えっ、髪《かみ》切ったの？」と驚《おどろ》きの声を上げた。

「二十八ヶ月で、三十センチから三十一センチ伸《の》びることがわかった」

④島崎《しまざき》の眉間《みけん》にしわが寄る。

「卒業式まで伸《の》ばすんじゃなかったの？」

成瀬《なるせ》も髪《かみ》を切るつもりなんてなかった。大貫《おおぬき》に変だから切ったほうがいいと言われ、たしかにそうだと思って美容院に行ったと説明した。

「切ったらまずかったのか？」

「まずくはないけど、ちょっとがっかりしたっていうか……」

島崎《しまざき》は不満そうだが、髪《かみ》を切る切らないは個人の自由である。

「成瀬《なるせ》ってそういうところあるよね。お笑いの頂点を目指すって言っておきながら、四年でやめちゃうし」

「やってみないとわからないことはあるからな」

成瀬《なるせ》はそれで構わないと思っている。たくさん種をまいて、ひとつでも花が咲《さ》けばいい。花が咲《さ》かなかったとしても、挑戦《ちょうせん》した経験はすべて肥やしになる。

「今回も、髪《かみ》を切らないと暑くて不格好になることがわかった。*3M-1グランプリにしても、馬場公園で漫才《まんざい》を練習したことでときめき夏祭りの司会になった。決して無駄《むだ》ではない」

「成瀬《なるせ》の言いたいことはわかるけどさ、なんかモヤモヤするんだよね。こっちは最後まで見届ける覚悟《かくご》があるのに、勝手にやめちゃうから」

成瀬《なるせ》は背中に汗《あせ》が伝うのを感じた。⑤振《ふ》り返《かえ》ると心当たりがありすぎる。成瀬《なるせ》が途中《とちゅう》で諦《あきら》めた種でも、島崎《しまざき》は花が咲《さ》くのを期待していたのかもしれない。これでは愛想を尽《つ》かされても無理はない。

「すまない、話はそれだけだ」

どうしていいかわからなくなった成瀬《なるせ》は、階段を駆《か》け下《お》りて家に帰った。

二　次の【文章Ⅰ】および【文章Ⅱ】を読んで、後の一から九までの各問いに答えなさい。
（ただし、字数指定のある問いはすべて句読点・記号も一字とする。）

【文章Ⅰ】

成瀬《なるせ》あかりは幼少期から様々な挑戦《ちょうせん》をしてきていた。成瀬《なるせ》と同じマンションに住む幼なじみで同級生の島崎《しまざき》みゆきは、「成瀬《なるせ》あかり史を見届けたい」と思っており、成瀬《なるせ》をずっと間近で見守り、ある時は成瀬《なるせ》の挑戦《ちょうせん》に付き合ってきた。別の高校に進学してからも二人の親交は続いていたが、ある日島崎《しまざき》が大学進学と同時に東京へ引《ひ》っ越《こ》すことを成瀬《なるせ》に伝える。成瀬《なるせ》は衝撃《しょうげき》を受け、翌日は朝から何をしてもうまくいかない。家にいても仕方がないと思い、成瀬《なるせ》は公園に出かける。


島崎《しまざき》のことを思うとどうもＡカンショウ的になってしまう。ブランコを降りて公園を出ると、向こうの方からトートバッグを提《さ》げた大貫《おおぬき》が歩いてくるのが見えた。

「おう、大貫《おおぬき》」

声をかけると、大貫《おおぬき》は「なによ」と迷惑《めいわく》そうな顔をする。どうも嫌《きら》われているらしいのだが、成瀬《なるせ》は大貫《おおぬき》が嫌《きら》いではないため、遠慮《えんりょ》する道理はない。

「数学の問題が解けなくて困っているんだ。何かいい方法はないだろうか」

成瀬《なるせ》にとって喫緊《きっきん》の課題だ。大貫《おおぬき》は勉強熱心だし、いい解決法を知っているだろう。

「どういうこと？」

「＊1京大の入試問題を見ても解法が浮《う》かばなくなったんだ」

大貫《おおぬき》は呆《あき》れたように息を吐《は》く。

「教科書の例題でもやってみたら？」
①意表をついた答えだった。教科書の範囲《はんい》はとっくに終わっている。授業では問題集をメインに使っていたこともあって、もはや表紙のデザインすら思い出せない。どこにしまっただろうかと考えていると、大貫《おおぬき》は「それと、髪《かみ》切ったほうがいいんじゃない？」と続けた。
「しかし、大貫《おおぬき》が切らないほうがいいと言ったじゃないか」

「あのときはそう思ったけど、さすがに今は変っていうか……」

やはり大貫《おおぬき》は何かが違《ちが》う。面と向かってこんなことを言ってくれるのは大貫《おおぬき》しかいない。

「大貫《おおぬき》はどこの美容院に行っているんだ？」

大貫《おおぬき》は高校に入って髪型《かみがた》が変わった。中学時代はうねったひとつ結びだったのに、今ではまっすぐ髪《かみ》を下ろしている。腕《うで》のいい美容師に切ってもらっているのだろう。

「別にどこだっていいでしょ。そこの＊2プラージュで切ったら？」

大貫《おおぬき》は吐《は》き捨《す》てるように言うと、足早に去っていった。

髪《かみ》を切って気分転換《てんかん》すれば勉強も捗《はかど》るかもしれない。成瀬《なるせ》は馬場公園から徒歩一分のプラージュに足を踏《ふ》み入《い》れた。中には十席以上あり、思いのほか多くの人がいる。勝手がわからず立ち止まっていると、「八番へどうぞ」と案内された。

担当の美容師はいかにもおしゃべりが好きそうな中年女性だった。

「これ、ずっと伸《の》ばしてはったん？」と軽い調子で尋《たず》ねてくる。

いう物語」の説明として最も適当なものを、次のア～オの中から一つ選び、記号で答えなさい。

ア　普段《ふだん》の自分の行いが、信仰《しんこう》している宗教の教義にふさわしいかどうかを判断する基準になるもの。

イ　卒業、就職、結婚《けっこん》などの人生の節目において、勇気をもって一歩踏《ふ》み出《だ》すきっかけをくれるもの。

ウ　万人に等しく訪れる「死」への恐怖《きょうふ》から逃《に》げるため、「生」のことのみを語ろうとするもの。

エ　人が生まれてからやがて死ぬことについて自分なりの意味を見出し、それを言語化してきたもの。

オ　自分が主人公となって世界が動いているかのように身の回りの出来事を説明したもの。

問三　――線③「冷たい呼称《こしょう》」とありますが、「冷たい」という表現を文脈に合わせて言《い》い換《か》えた時に、最も適当な表現を次のア～オの中から一つ選び、記号で答えなさい。

ア　皮肉な　イ　未熟な　ウ　無機質な

エ　残酷《ざんこく》な　オ　俯瞰的《ふかんてき》な

問四　空らん［④］に入る言葉として最も適当だと考えられるものを次のア～カの中から一つ選び、記号で答えなさい。

ア　物語性の強い壮大《そうだい》な　イ　物語性の弱い貧相な

ウ　実現性の高いリアルな　エ　実現性の低い空想的な

オ　精神性の高い高尚《こうしょう》な　カ　精神性の低い低俗《ていぞく》な

問五　空らん［⑤］に入る言葉として最も適当だと考えられるものを次のア～オの中から一つ選び、記号で答えなさい。

ア　しかし　イ　つまり　ウ　ところで

エ　あるいは　オ　まして

問六　――線⑥「このような言い回し」とありますが、これが指す部分を本文中から六十字以内で探し、最初の五字を抜《ぬ》き出《だ》しなさい。

問七　――線⑦「宗教的物語としての死後の世界」とありますが、これについて(1)と(2)に答えなさい。

(1)「死後の世界」を具体的に言《い》い換《か》えた部分を本文中から二十五字で探し、最初の五字を抜《ぬ》き出《だ》しなさい。

(2) この「死後の世界」を信じている人だけが理解できることとして**当てはまらないもの**を次のア～オの中から一つ選び、記号で答えなさい。

ア　先祖代々受《う》け継《つ》いでいる着物を着た時に、ご先祖様に守られていると感じる。

イ　まるで前世からの縁《えん》のように、出会った瞬間《しゅんかん》から互《たが》いに惹《ひ》かれあい恋《こい》に落ちる。

ウ　戦国時代から数百年が経っても城跡《しろあと》に行けば、武将の威厳《いげん》を得たように感じる。

エ　長年連《つ》れ添《そ》った妻に先立たれた老人が、「死んだ妻に怒《おこ》られるから」と節制する。

オ　大病を患《わずら》っている人が、臓器移植手術を受けて元気に生きられるよう期待する。

問八　波線部「魂《たましい》の不死を主張する論」とありますが、これによってどのようなことが可能になりますか。この論の説明をしながら七十五字以内で答えなさい。

分が死んだあとのこの世界、たとえば千年後のこの世界について語ることはできますが、それはここで問題にしている、⑦宗教的物語としての死後の世界ではありません。

　ですから、「あの世」や「祖先の霊《れい》」などについて語りそれを理解するためには、人間は身体だけでなく魂《たましい》を持っている、という主張を受け入れる必要があります。この、「魂《たましい》」というものを、「身体」とは別の存在として理解することが、次に示すような宗教的物語が成立するための重要な要素となるでしょう。

　人間は、身体の滅《ほろ》びによって死を迎《むか》える。しかしこのとき、心は身体と運命をともにしない。心はタンパク質を主とした有機物の塊《かたまり》ではなく、何か霊《れい》のようなものである。この霊《れい》としての心は、身体が滅《ほろ》びるとき、いわば身体を離《はな》れ、身体から抜《ぬ》け出て、どこかへ去る。去っていく先は、「あの世」である。身体がなくなると、心はあの世へ行く。この意味で、心が身体から離《はな》れてあの世へ去ること、これが「死」と呼ばれている事態の真相である。

　こう考えれば、先に見た、いろんな言い回しがよく理解できます。「あの世とは、身体から離《はな》れた心が向かっていく、この世ではない場所であり、そこで「先に待っている」のは、霊《れい》となった心です。また、これまでに死んだ人々の心も、同じように霊《れい》となって「あの世」にいるのですから、死ねば、「死んだおじいさん」つまり、あの世に存在しているおじいさんの心に「会う」こともできるでしょう。

　あるいは、この世で何かめでたいことが起こると、「死んだ人が天国で喜んでいる」と言ったりしますが、この場合も、死んだ人の霊《れい》が、天国という一種の「あの世」に存在していると考えるならば、十分に理解可能です。もっとも、この言い回しが理解されるためには、「あの世」から「この世」を見ることができるということ、更《さら》には、「喜び」といった感情が、身体を持たない心にも感じられるということなどが、更《さら》に前提になります。しかしともかく、心が身体を離《はな》れてありうるならば、このような宗教的な物語が本当である余地があります。

　ですから問題は、本当に、人間には「心」や「魂《たましい》」や「霊《れい》」と言われるものが、「体」や「身体」や「肉体」と言われるものと別のものなのか、ということになります。

（『神さまと神はどう違《ちが》うのか？』上枝《うええだ》美典《よしのり》）

問一　――線①「驚《おどろ》くべきことに」とありますが、どういう点で「驚《おどろ》き」だと表現しているのですか。考えられる説明として最も適当なものを次のア～オの中から一つ選び、記号で答えなさい。

ア　人類が共通して持つ「死」への恐怖《きょうふ》は、哲学者《てつがくしゃ》たちの大半が考えても和らぐことがなかったという点。

イ　一般的《いっぱんてき》にはどんな様子かが気になるはずなのに、哲学者《てつがくしゃ》は「死後の世界」が存在するか否かに固執《こしつ》している点。

ウ　死後「魂《たましい》」が存在しないという考え方もあるのに、ほぼ全ての哲《てつ》学者《がくしゃ》が死後も「魂《たましい》」が残ることを前提としている点。

エ　多くの哲学者《てつがくしゃ》たちがよってたかって「死後の世界」について考えているにもかかわらず、未《いま》だ答えがわかっていない点。

オ　宗教も哲学《てつがく》も「人間とは何か」について議論する中で、人々の中に自然と宗教的思考が根付いていった点。

問二　――線②「人生という物語」とありますが、ここで言う「人生と

のような輪廻《りんね》から脱出《だっしゅつ》する、つまり解脱《げだつ》することを目指して、さまざまな教説が生まれました。

三つ目は、この世の最後の日に下される審判《しんぱん》によって、天国や地獄《じごく》に行くという、キリスト教やイスラム教に代表される考え方です。仏教でも浄土教《じょうどきょう》の系統は、極楽浄土《ごくらくじょうど》という天国のようなところに行くそうですので、こちらの考え方に近いかもしれません。どちらも、個人の努力というよりは、救世主の愛や如来《にょらい》の慈悲《じひ》を信じることによって地獄《じごく》行きを免《まぬか》れるという考え方なので、［　④　］世界観、たとえば全知全能の創造神といったものを必要とします。じっさい、キリスト教の神はそのような神の典型ですし、阿弥陀如来《あみだにょらい》も、一切衆生《いっさいしゅじょう》の救済を願う仏とされますから、強大な力をもつ人格神（如来《にょらい》）と言っていいでしょう。

四つ目は、魂《たましい》それ自体は不滅《ふめつ》であって、次の身体に転生もせず、天国にも地獄《じごく》にも行かず、この世とは違《ちが》うところ、あるいはこの世を構成しているいくつかの次元の一つに残り続けるという考え方です。こちらの方は、理屈《りくつ》が好きな哲学者《てつがくしゃ》が好む考え方ですね。精神と肉体、心と体の関係について考えることに集中するので、それ以上の大きな世界観にまで話を進めることは稀《まれ》です。ですから、死後に残存する魂《たましい》がその後どうなるのかについては、キリスト教などの既存《きそん》の宗教に接続することが多いようです。

「魂《たましい》の存在は証明した。あとは宗教に任せる！」といったところでしょうか。

ところで、この四つは、それぞれが独立した四つの陣営《じんえい》と言うよりは、一つ目と、それ以外の三つの二つの陣営《じんえい》に大きく分かれます。なぜなら、一つ目以外の答え方は、すべて、身体が滅《ほろ》びても、魂《たましい》や心や霊《れい》と呼ばれる何らかのものが、何らかのしかたで残ることを前提としているからです。

ですから本書では、一つ目以外の三つの考え方をひとまとめにして、「魂《たましい》の不死を主張する論」として扱《あつか》いたいと思います。逆に言えば、一つ目の、ニヒリズム、唯物論《ゆいぶつろん》、物理主義と呼ばれる立場が正しいかどうかということに、問題を絞《しぼ》っていきたいと思います。

ドラマなどでよく、「あの世で先に待っているぞ」とか、「もうすぐおじいさんに会える」とか、「天国のあの人はきっと喜んでくれる」というセリフを聞くことがあります。そして、その意味が、なんとなくわかります。しかし、実際のところ、これはなにを言っているのでしょうか。

少なくとも、死んだら身体を焼いてしまうわけですから、このような発言の背後には、身体とは違《ちが》う何かがあるという考え方があるはずです。一般《いっぱん》にそれを「魂《たましい》」と呼びます。［　⑤　］人間は身体と魂《たましい》からできていて、身体が滅《ほろ》んだ後も、魂《たましい》は一緒《いっしょ》に滅《ほろ》びることがなく、何らかのかたちで残ると考えられているわけです。

このときに前提になっている考えを、哲学《てつがく》では「心身二元論」と呼びます。ちょうど、卵に白身と黄身があるように、かりに人間が心と身体という二つのものから成り立っているとすれば、死後の世界についての⑥このような言い回しを、かなりすっきりと理解することができます。

逆に、もし人間が主としてタンパク質からできた精巧《せいこう》なロボットであり、魂《たましい》や心と言われるものもすべては大脳などの身体の器官によって説明できると考えるなら、「死とは身体が壊《こわ》れることである」で話はすべて終わり、死後の世界について語ることはできません。もちろん、自

【国　語】（五〇分）〈満点：一〇〇点〉

一　次の文章を読んで、後の一から八までの各問いに答えなさい。
（ただし、字数指定のある問いはすべて句読点・記号も一字とする。）

死んだらどうなるのだろうという問いは、宗教にとって重大です。宗教の主な役割の一つは、死に対する人類共通の不安を和らげることだとも言えるでしょう。

哲学者《てつがくしゃ》たちも、それを語っていますが、違《ちが》いは、死後の天国や地獄《じごく》の様子について語るのではなくて、そもそも「死後」というものがありうるのかどうかを問います。そして①驚《おどろ》くべきことに、現在に至るまでのほとんどの哲学者《てつがくしゃ》たちは、魂《たましい》が肉体と共に滅《ほろ》びるという世界観に対して、何らかの疑問を投げかけています。

宗教は人の生死に関係します。多くの宗教は、人間がどこから来てどこへ行くのかを語ります。人間とは本来何であるのか。日々の暮らしに追い立てられている今のあなたは、その本来の姿に比べてどうであるのか。そして、あなたは死んだ後にどうなるのか。

宗教は、このような物語を積極的に語ってきました。その結果でしょうか、私たちが漠然《ばくぜん》と考える死は、たんに生物的な、主要器官の機能停止ということよりも、豊かで複雑な内容を持つに至りました。そのように複雑な死は、長い歴史の中で、人々の宗教的思考の中で育まれてきたものです。私たちは、知らず識《し》らずのうちに、それを受け入れ、当たり前のものと見なし、そうして作られた②人生という物語の中で、生と死を考えています。

たとえば、私たちが人生について考えようとするとき、必ず死の理解を前提にします。死とは何かが曖昧《あいまい》であれば、死によって区切られるはずの生について深く考えることはできません。ところが、死の意味を理解するためには、必ず、何らかの物語を前提にしていなければなりません。そしてそのような物語の成立には、多かれ少なかれ、あるいは肯定《こうてい》的《てき》にせよ否定的にせよ、常に何らかの宗教が関係しています。私たちは宗教を前提に置かなければ、自分の人生についてすら考えることができません。

現代の常識的な理解として、死とはどのようなものか、死んだらどうなるのかという問いに対しては、大きく分けて四つの答え方があると思います。

一つは、死んだらすべて終わりだとするもので、この考え方は、宗教の側からは無神論やニヒリズム、唯物論《ゆいぶつろん》などという③冷たい呼称《こしょう》で呼ばれてきました。すべてが自然科学によって説明できると考える物理主義や自然主義と言われる立場もまた、霊《れい》や死後の世界が自然科学の対象でないという理由で、この立場に近いと思われます。現代は科学の時代ですので、自覚がなくてもこのように考えている現代人は多いかもしれません。

二つ目は、輪廻《りんね》転生《てんしょう》という、私たち日本人にはなじみ深い仏教やヒンドゥー教のもとにある世界観です。死とは、この身体の中に生まれたこの生の終わりであって、この身体が滅《ほろ》びると、次の身体の中に転生すると考えます。その身体は、人間であるとは限らず、この世での行いに応じて、人間以上の天（天使？）に生まれるかもしれないし、あるいは、畜生《ちくしょう》と言われる人間以下の動物に生まれるかもしれないというわけですから、考えようによってはなかなかキビシイ世界観です。仏教では、そ

MEMO

大切なことはメモしておこうネ！

2024年度

豊島岡女子学園中学校入試問題（第２回）

【算　数】（50分）　＜満点：100点＞

【注意】 1．円周率は3.14とし，答えが比になる場合は，最も簡単な整数の比で答えなさい。
2．角すい・円すいの体積は，(底面積)×(高さ)÷３で求めることができます。

1 次の各問いに答えなさい。

(1) 12－８÷６÷４＋３×２－１　を計算しなさい。

(2) 2024 の約数のうち，11の倍数であるものは何個ありますか。

(3) 濃度《のうど》が５％の食塩水から，30ｇの水を蒸発させたところ，濃度が７％になりました。濃度が７％の食塩水は何ｇありますか。

(4) 10円硬貨《こうか》が３枚，50円硬貨が３枚，100円硬貨が２枚あります。これらの硬貨を使って支払うことができる金額は何通りありますか。ただし，使わない硬貨があってもよいものとし，０円は考えないものとします。

2 次の各問いに答えなさい。

(1) A，B，C，Dの４人でじゃんけんを１回します。Aがパーを出したとき，あいこになるような，B，C，Dの手の出し方の組み合わせは何通りありますか。

(2) ７人がけの長いすと４人がけの長いすが合わせて21脚《きゃく》あります。ある集会で，参加者全員が７人がけの長いすだけをすべて使うと，最後の１脚に座っているのは４人です。また，４人がけの長いすだけをすべて使うと，１人座れません。７人がけの長いすは何脚ありますか。

(3) 下の図のように半円があり，点A，B，C，D，Eは，円周の半分を６等分する点です。点Dと点Eから直径に垂直な直線DFとEGを引きます。色のついた部分の面積が9.42cm^2のとき，半円の半径は何cmですか。

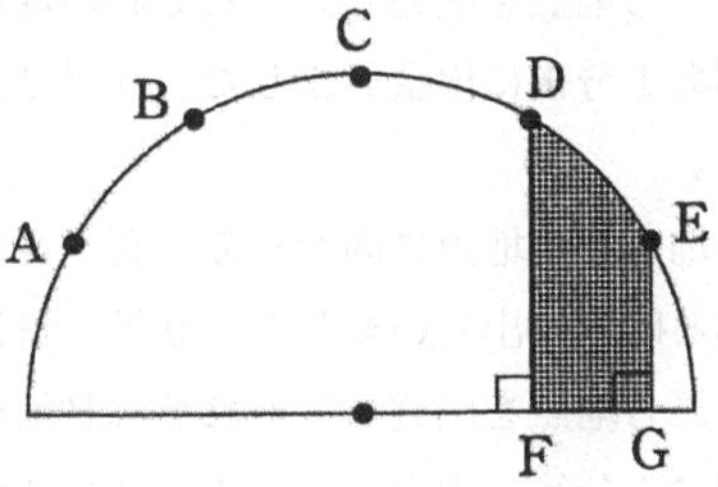

(4) 次のページの図の平行四辺形ABCDにおいて，点Eは辺AD上，点Fは辺BC上にあり，BF：FC＝２：３です。また，直線EF上に点Gがあり，点Gを通り辺BCに平行な直線と辺ABとの交わる点をHとします。四角形ABFEの面積と四角形GFCDの面積と三角形EGDの面積が等しいとき，HG：BFを求めなさい。

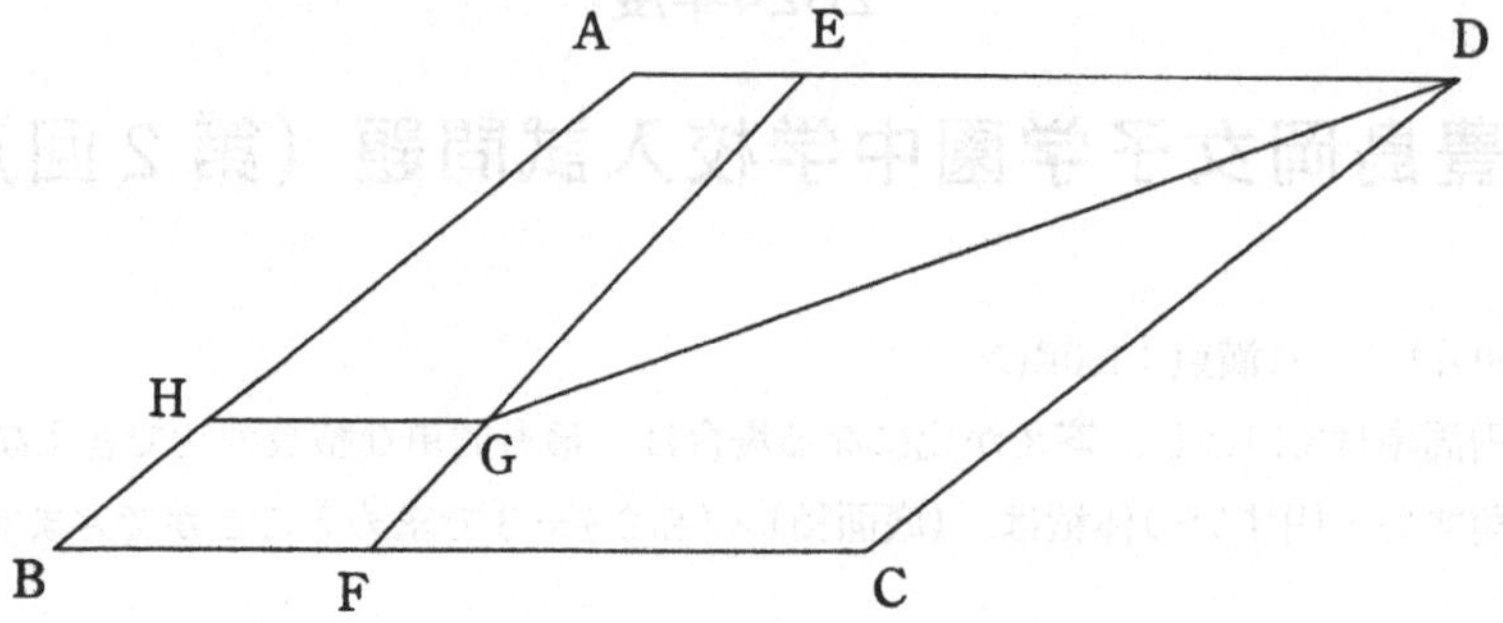

3　ある店ではフルーツジュースを売っています。カップは円柱の形で，Ｓ，Ｍ，Ｌの３つのサイズがあります。すべてのサイズのカップの底面積は10cm^2で，高さはＳサイズが15㎝で，ＭサイズはＳサイズより５㎝高く，ＬサイズはＭサイズより５㎝高くなっています。ジュースは，カップの高さより１㎝低いところまで注いで販売しています。また，ジュースは果汁《かじゅう》の量と水の量を７：３の割合で混ぜて作っています。このとき，次の各問いに答えなさい。

(1)　Ｍサイズのカップで販売するジュース１杯《ぱい》に入っている果汁の量は何mLですか。

(2)　ある日，Ｌサイズの売れた数の1.5倍の数のＭサイズが売れ，さらにＭサイズの売れた数の1.5倍の数のＳサイズが売れました。このとき使った果汁の量は23.52Ｌでした。Ｍサイズのジュースは何杯《はい》売れましたか。

4　Ａ地点，Ｂ地点，Ｃ地点が１つの道に沿ってこの順にあります。豊子さんは，はじめの10分間は分速10ｍで，次の10分間は分速20ｍで，次の10分間は分速30ｍ，…というように，10分ごとに分速を10ｍずつ増やしながら進みます。花子さんは常に分速36ｍの速さで進みます。このとき，次の問いに答えなさい。

(1)　豊子さんがＡ地点から680ｍ進んだとき，豊子さんの平均の速さは分速何ｍですか。

(2)　９月１日に，豊子さんはＡ地点をＣ地点に向かって，花子さんはＣ地点をＡ地点に向かって午前10時に出発したところ，ある時刻に出会いました。９月２日に，豊子さんは午前10時にＡ地点を，花子さんは午前10時６分にＣ地点を出発し，それぞれＣ地点，Ａ地点に向かったところ，９月１日に２人が出会った時刻の１分後に出会いました。９月２日に，２人が出会ったときの豊子さんの速さは分速何ｍですか。

(3)　９月３日に，豊子さんはＡ地点をＢ地点に向かって，花子さんはＢ地点をＡ地点に向かって午前10時に出発したところ，ある時刻に出会いました。９月４日に，豊子さんは午前10時にＡ地点を，花子さんは午前10時２分にＢ地点を出発し，それぞれＢ地点，Ａ地点に向かったところ，９月３日に２人が出会った時刻の１分後に出会いました。９月４日に，２人が出会ったときの時刻は午前何時何分何秒ですか。

5 半径が３㎝の白い円と黒い円があります。黒い円をいくつか使ってできる図形の周りを，白い円がすべることなく転がりちょうど１周して元の位置に戻るとき，白い円の中心Oが動いてできる線の長さを考えます。このとき，次の各問いに答えなさい。

(1) ＜図１＞のように，黒い円100個をすべての中心が一つの直線上に並ぶように互いにぴったりくっつけて並べました。その周りを白い円がすべることなく転がり１周します。このとき，白い円の中心Oが動いてできる線の長さは何㎝ですか。

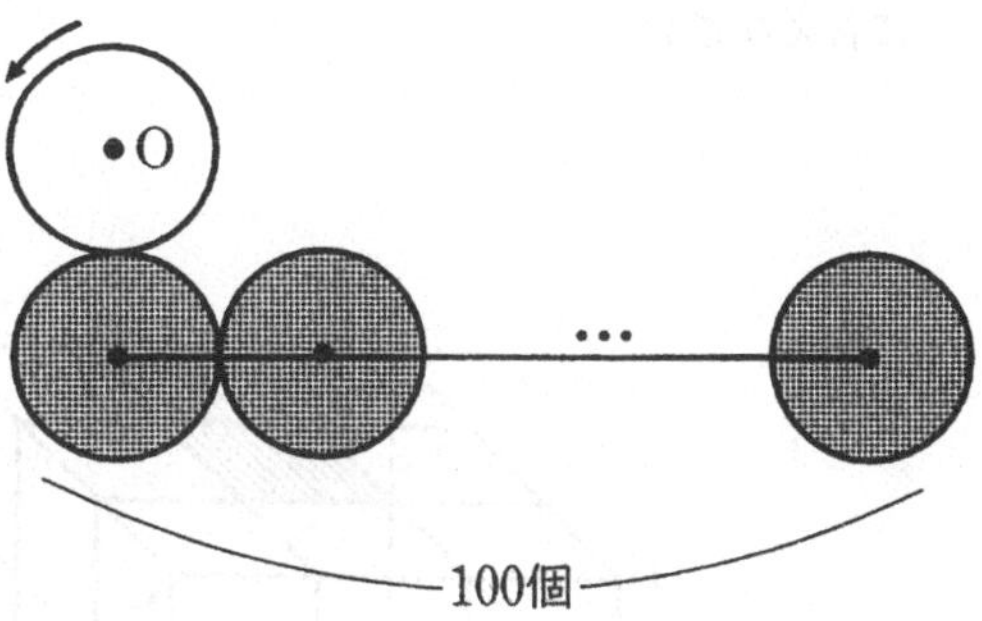

＜図１＞

(2) (1) でできた黒い円100個を並べた図形を［あ］とします。［あ］を２つ用意し，＜図２＞のように黒い円の中心を結んでできた三角形ABCが正三角形となるようにぴったりくっつけて並べます。

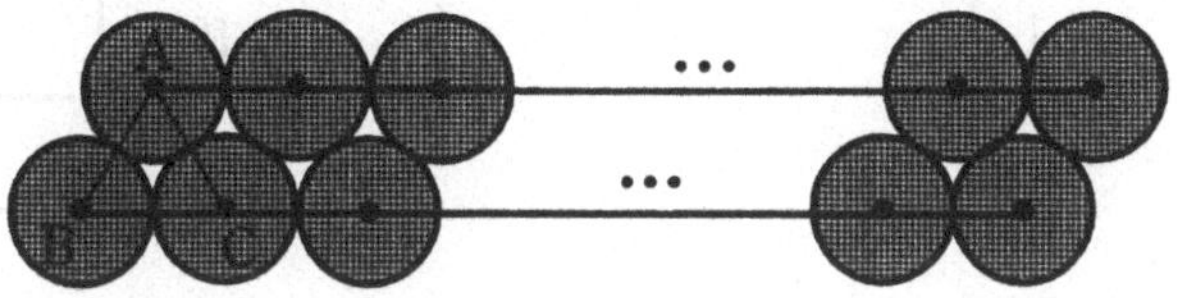

＜図２＞

これと同じように［あ］を５段重ねて＜図３＞の図形をつくります。その周りを白い円がすべることなく転がり１周します。このとき，白い円の中心Oが動いてできる線の長さは何㎝ですか。

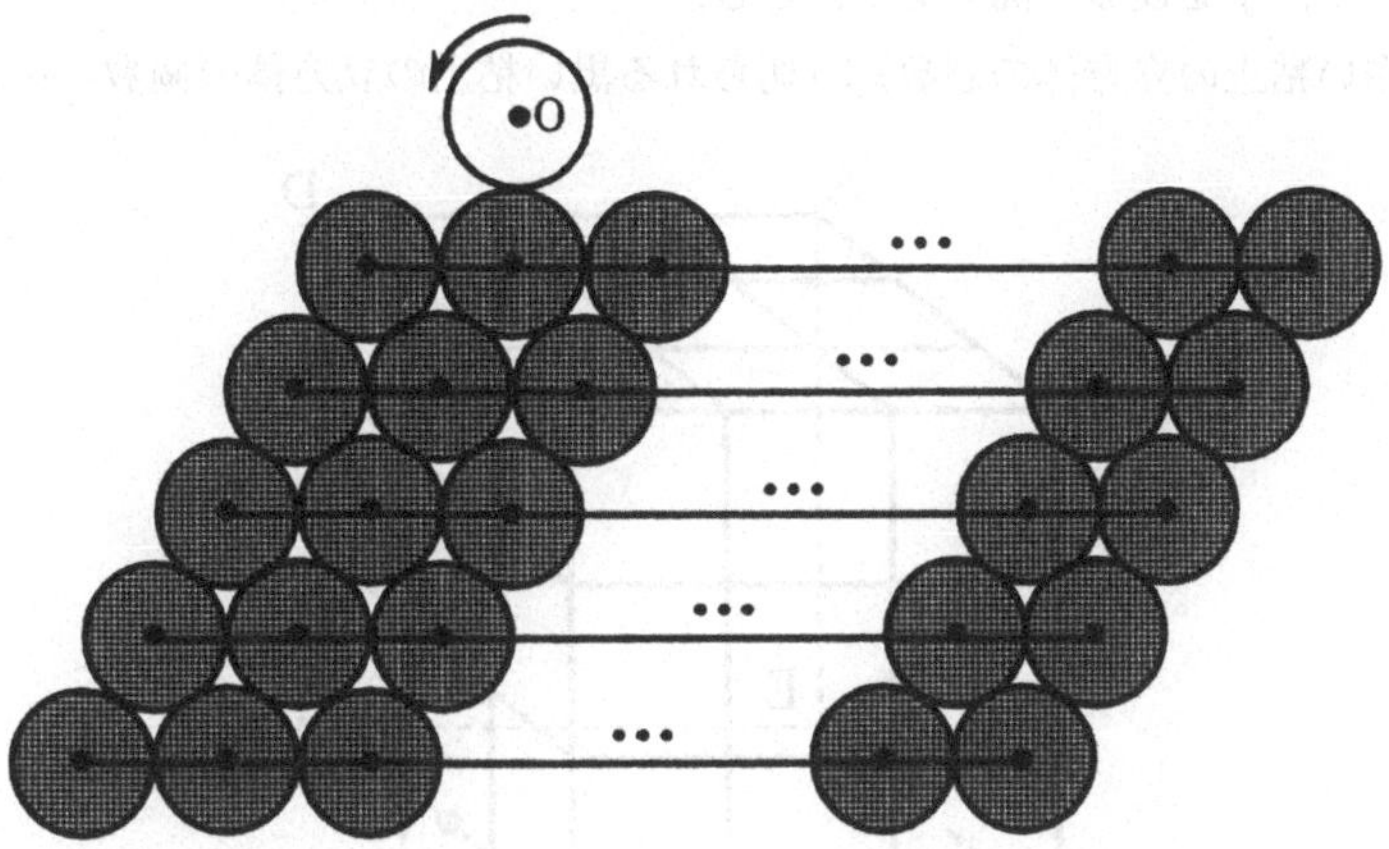

＜図３＞

6　白色の粘土《ねんど》で１辺の長さが１cmの立方体を22個，黒色の粘土で１辺の長さが１cmの立方体を５個作ります。この27個の立方体をすき間なくはりつけて，＜図１＞のように大きな立方体ABCD－EFGHを作ります。＜図２＞はこの立方体の各段を上から見たものです。このとき，次の問いに答えなさい。

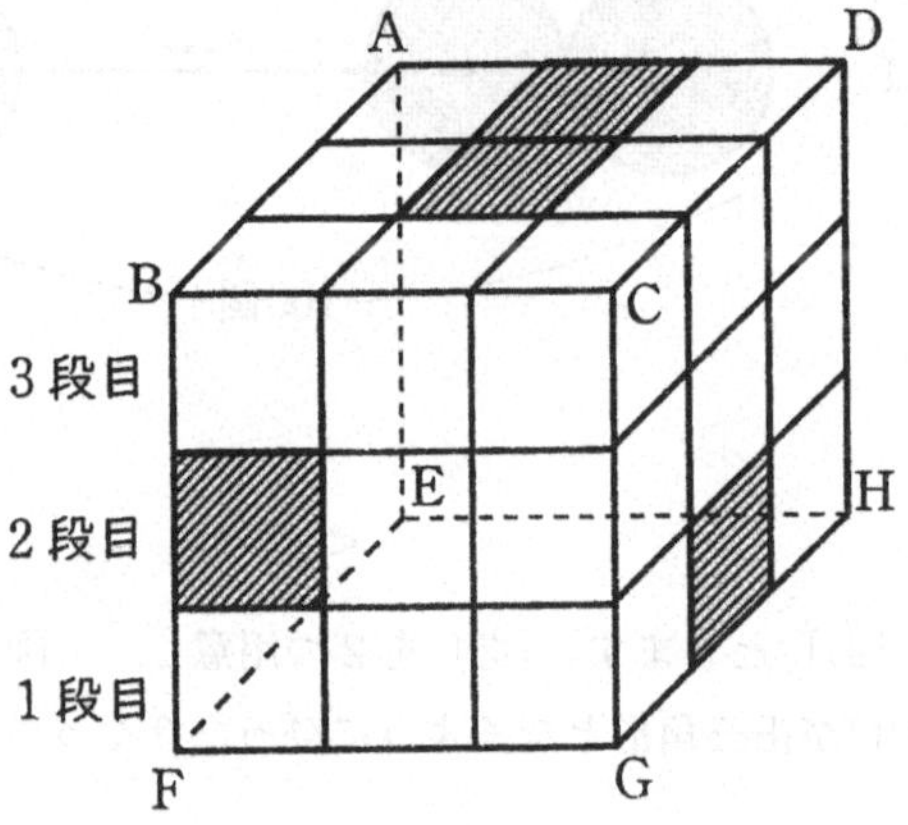

＜図１＞

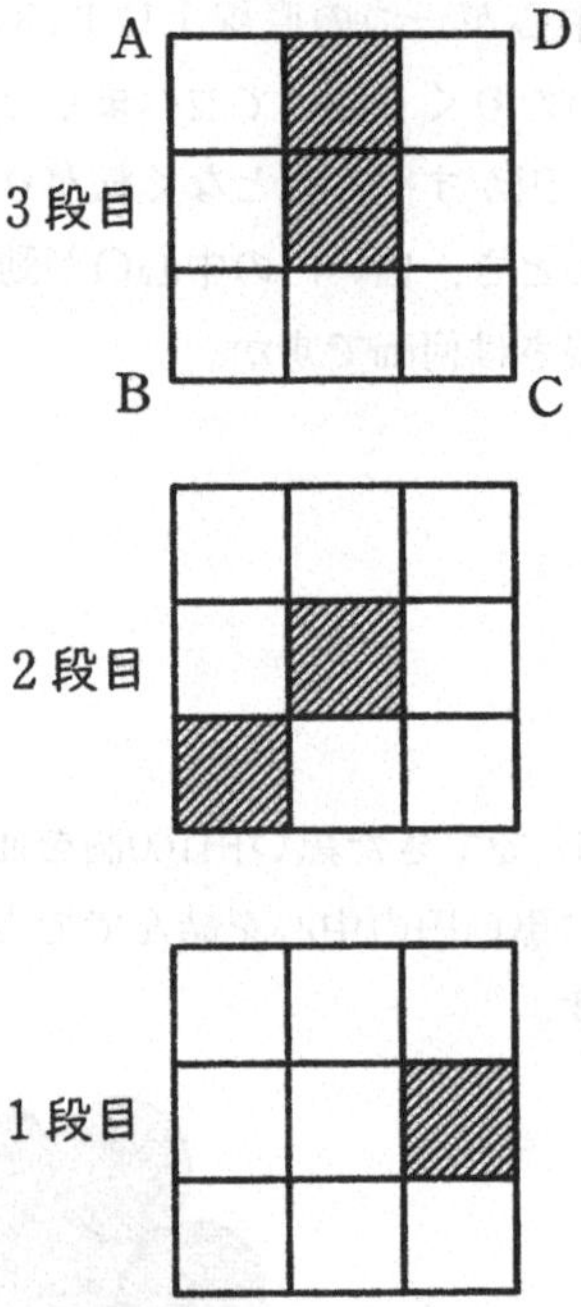

＜図２＞

(1)　立方体ABCD－EFGHを３つの点B，F，Hを通る平面で切ったとき，
（切り口全体の面積）：（切り口の内の黒い部分の面積）を求めなさい。

(2)　＜図３＞で，点Ｉ，Ｊはそれぞれ辺FG，辺GHの真ん中の点です。立方体ABCD－EFGHを３つの点A，Ｉ，Ｊを通る平面で切ったとき，
（切られる白い粘土の立方体の個数）：（切られる黒い粘土の立方体の個数）を求めなさい。

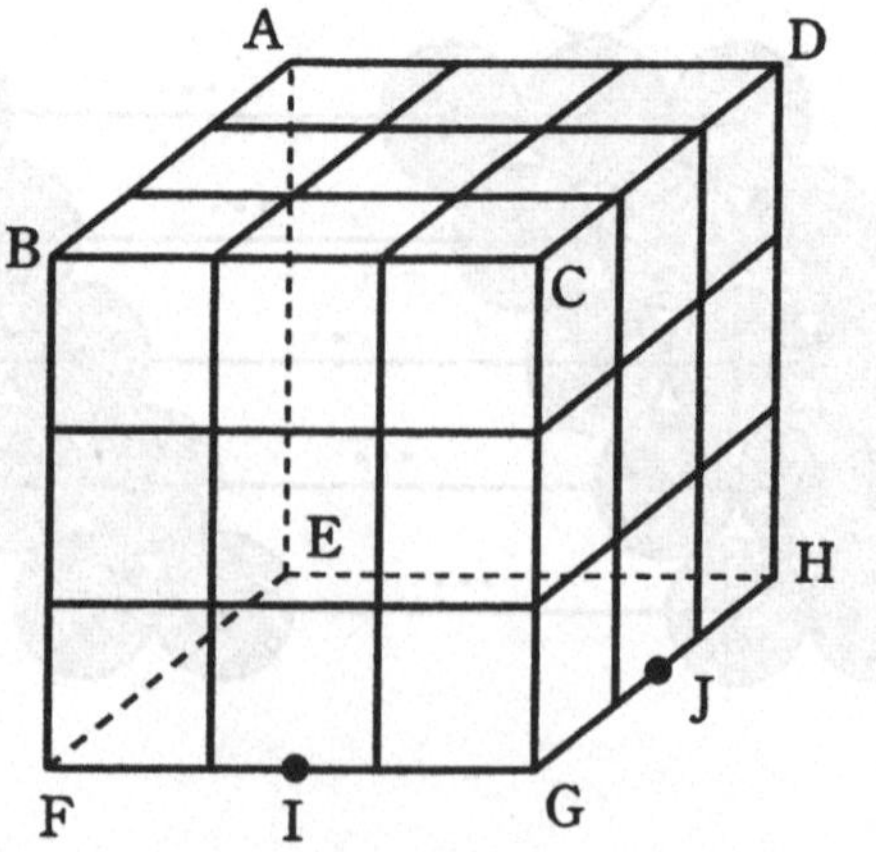

＜図３＞

(3)　＜図４＞で，立方体ABCD－EFGHを３つの点K，L，Mを通る平面で切ったとき，(切り口全体の面積)：(切り口の内の黒い部分の面積）を求めなさい。

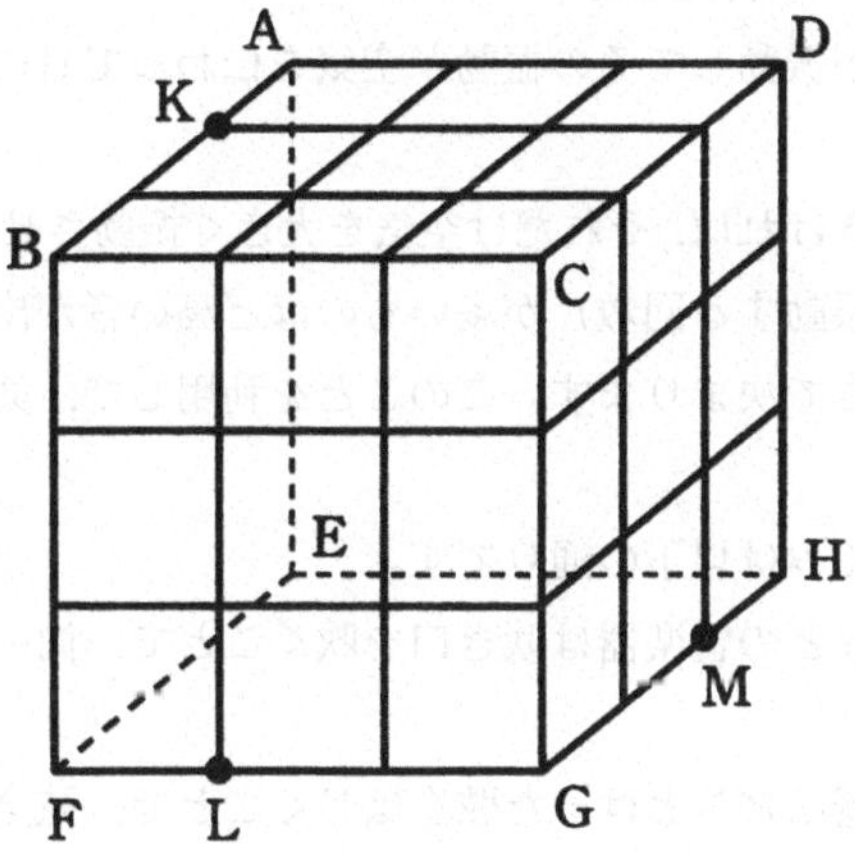

＜図４＞

【理　科】（社会と合わせて50分）　＜満点：50点＞

1　次の文章を読み，後の問いに答えなさい。

音が聞こえるのは，ものが振動《しんどう》してその振動が空気を伝わって耳の中の鼓膜《こまく》を振動させるからです。

ものの振動の振《ふ》れ幅《はば》が大きければ，それだけ空気を大きく振動させ，大きな音として聞こえます。

また，振動数（１秒間に振動する回数）が多いものほど高い音が出ます。振動数は振動するものの長さと，振動が伝わる速さで決まります。このことを利用して，楽器は色々な高さの音を出すことができます。

様々な楽器が音を出すしくみは以下の通りです。

①　リコーダーやフルートなどの管楽器は吹《ふ》き口を吹くことで，筒《つつ》の中の空気全体を振動させ，音を出しています。

②　ギターや琴《こと》などの弦楽器《げんがっき》はピンとはった弦をはじくことで，弦全体を振動させ，音を出しています。

③　木琴《もっきん》や鉄琴《てっきん》などの打楽器は細長い木の板や金属の板をたたくことで，板全体を振動させ，音を出しています。

(1)　楽器が様々な高さの音を出す様子から，振動するものの長さと音の高さの関係はどのようになっていると考えられますか。次の**あ**～**う**から最も適当なものを１つ選び記号で答えなさい。ただし，振動するものの長さ以外の条件は同じものとします。

あ．振動するものの長さが長いほど高い音を出す。

い．振動するものの長さが短いほど高い音を出す。

う．振動するものの長さと音の高さは関係ない。

(2)　ギターなど弦楽器の弦の真ん中をはじくと，その振動が弦の端《はし》の方まで伝わっていきます。この振動が弦を伝わる速さが，弦を引っぱる力の大きさや，弦の長さ１㎝あたりの重さによって，どのように変化するのかを調べると，それぞれ下のグラフのようになりました。弦楽器が音を出す様子から，振動が弦を伝わる速さと音の高さの関係はどのようになっていると考えられますか。次の**あ**～**う**から最も適当なものを１つ選び，記号で答えなさい。ただし，弦の長さは同じものとします。

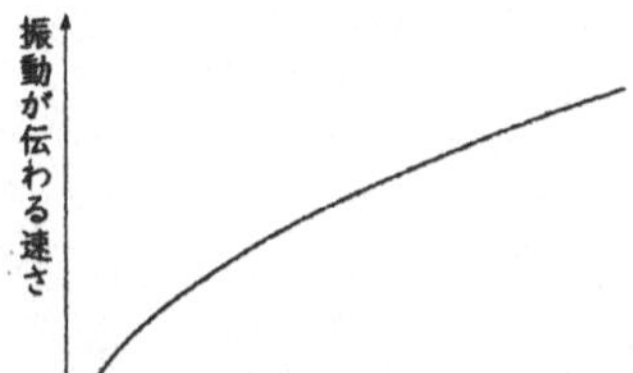

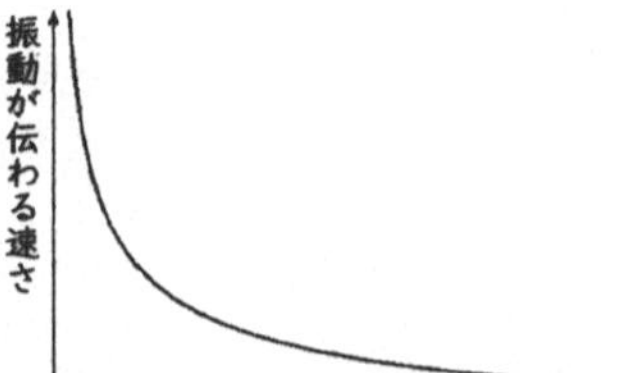

あ．振動が伝わる速さが速いほど高い音を出す。

い．振動が伝わる速さが遅《おそ》いほど高い音を出す。

う．振動が伝わる速さと音の高さは関係ない。

(3)　右のグラフは，空気の振動が伝わる速さが空気の温度によってどのように変化するのかを調べた結果です。このことから，リコーダーなどの管楽器を部屋の中で吹くとき，出る音の高さと，室温との関係はどうなると考えられますか。次の**あ**～**う**から最も適当なものを１つ選び，記号で答えなさい。ただし，室温以外の条件は同じものとします。

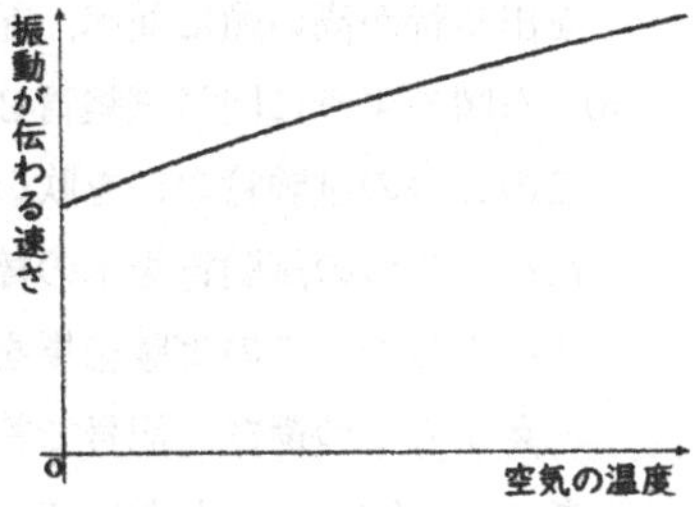

あ．室温が高いほど，高い音が出る。
い．室温が低いほど，高い音が出る。
う．室温と音の高さは関係ない。

(4)　下図のように台の上の左端《はし》に弦の一方の端をとりつけ，三角柱状の２つの木片の上にのせ，かっ車を通してもう一方の端におもりをつり下げ，弦をピンとはった状態にしました。この状態で木片と木片の間の弦《げん》をはじくと，音が出ます。

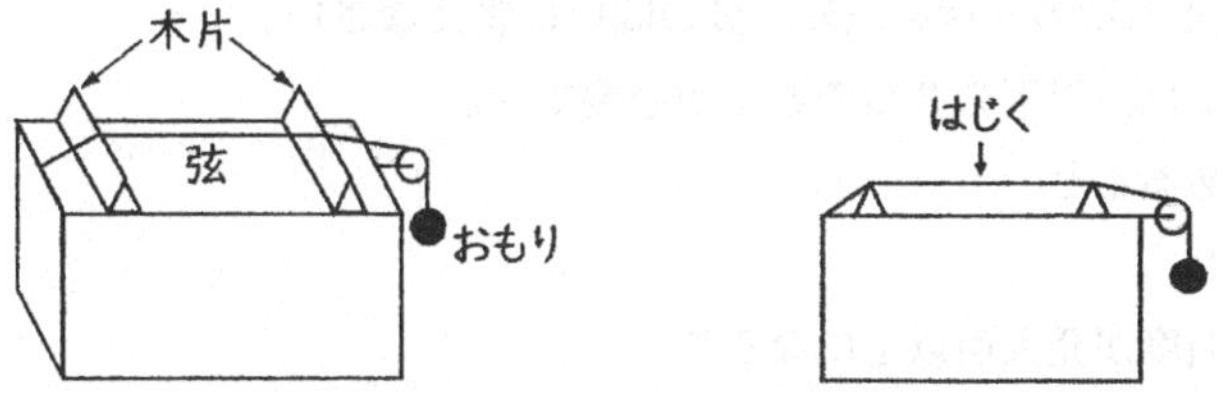

はじめに，弦にアルミニウムの針金を用い，木片の間隔《かんかく》を40㎝にし，おもりを１個つり下げて弦をはじき，音の高さを調べました。

次に，以下の①～④のように様々な条件を変えながら，弦から出る音の高さを調べる実験を行いました。それぞれの実験について述べた文章中の（　）の中の選択肢《せんたくし》から実験結果として適当なものを選び，記号で答えなさい。

①　はじめの状態から，木片の間隔を60㎝にして，弦をはじいたら，はじめの状態と比べて（**あ**．高い　　**い**．低い　　**う**．同じ高さの）音が出た。

②　はじめの状態から，おもりを２個つり下げて，弦をはじいたら，はじめの状態と比べて（**あ**．高い　　**い**．低い　　**う**．同じ高さの）音が出た。

③　はじめの状態から，弦を同じ太さの銅の針金に変えてはじいたら，はじめの状態と比べて（**あ**．高い　　**い**．低い　　**う**．同じ高さの）音が出た。

④　はじめの状態から，弦のアルミニウムの針金を細いものに変え，さらに木片の間隔を（**あ**．大きく　　**い**．小さく）したら，はじめの状態と同じ高さの音が出た。

(5)　リコーダーの指でおさえる穴をすべてセロテープでふさぎ，右図のように空気を入れたビニール袋《ぶくろ》の口をリコーダーの吹《ふ》き口にかぶせます。空気がもれないようにしながらビニール袋を押して，リコーダーに空気を入れると，口で吹いたときと同じように，リコーダーから音が出ます。

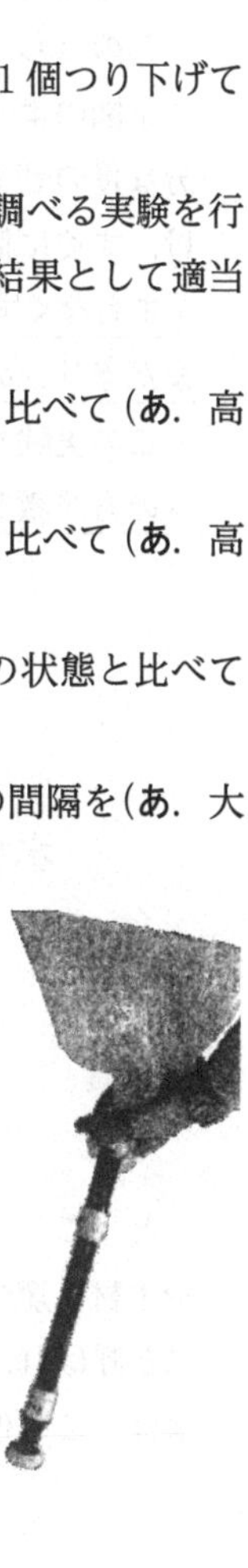

この方法で，後の気体を用いてリコーダーから音を出す実験をした場合，

あ．空気を用いた場合の音の高さ
い．二酸化炭素を用いた場合の音の高さ
う．水素を用いた場合の音の高さ

を出る音が高い順に並《なら》べ，記号で答えなさい。

⑹　右図のように同じ試験管２つに，中に入れる水の量のみを変えたＡ，Ｂを用意します。まず，この２つの試験管の口を吹いて音を出し，出る音の高さを比べました。次に，２つの試験管を木の棒で軽くたたいて音を出し，出る音の高さを比べました。この実験結果を述べた文章として最も適当なものを次のあ～えから１つ選び，記号で答えなさい。

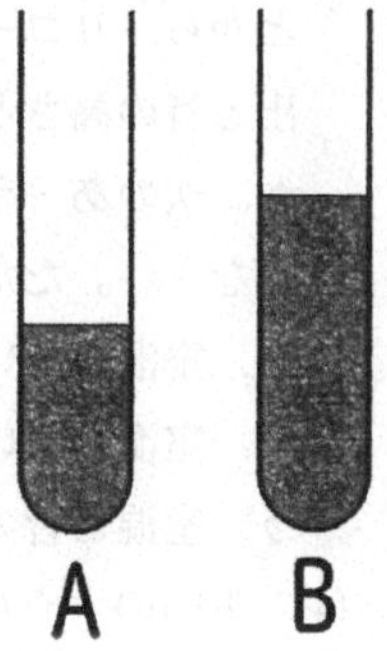

あ．口を吹いてもたたいてもＡの出す音の方が高い。

い．口を吹いてもたたいてもＢの出す音の方が高い。

う．口を吹くときはＡの出す音の方が高く，たたくときはＢの出す音の方が高い。

え．口を吹くときはＢの出す音の方が高く，たたくときはＡの出す音の方が高い。

2　燃焼や温度に関する次の文章を読み，後の問いに答えなさい。

燃焼が起こるためには，以下の３つの要素が必要です。

１．燃えるものがあること

２．酸素があること

３．燃えるものの温度が発火点以上になること

　このうち１，２については，以下のような実験で確かめることができます。

　下図のように，はじめに水に浮《う》かぶ軽い容器にマッチの外箱にも使われている赤リンの粉末を十分な量のせて，水槽《すいそう》に浮かべました。次に両端《りょうたん》が開いたプラスチックの筒《つつ》をかぶせ赤リンに火をつけ，すぐに筒の上をゴムでできた栓《せん》でふさぎました。筒は上下しないように固定しておきました。①まもなくすると火が消え，筒の中の温度は室温に戻りました。ゴム栓をとる前の容器の上には，まだ赤リンの粉末が残っていました。

　この実験を粉末の赤リンではなく，同じ質量の赤リンのかたまりで行ったところ，②粉末の赤リンの方が激しく燃焼しました。

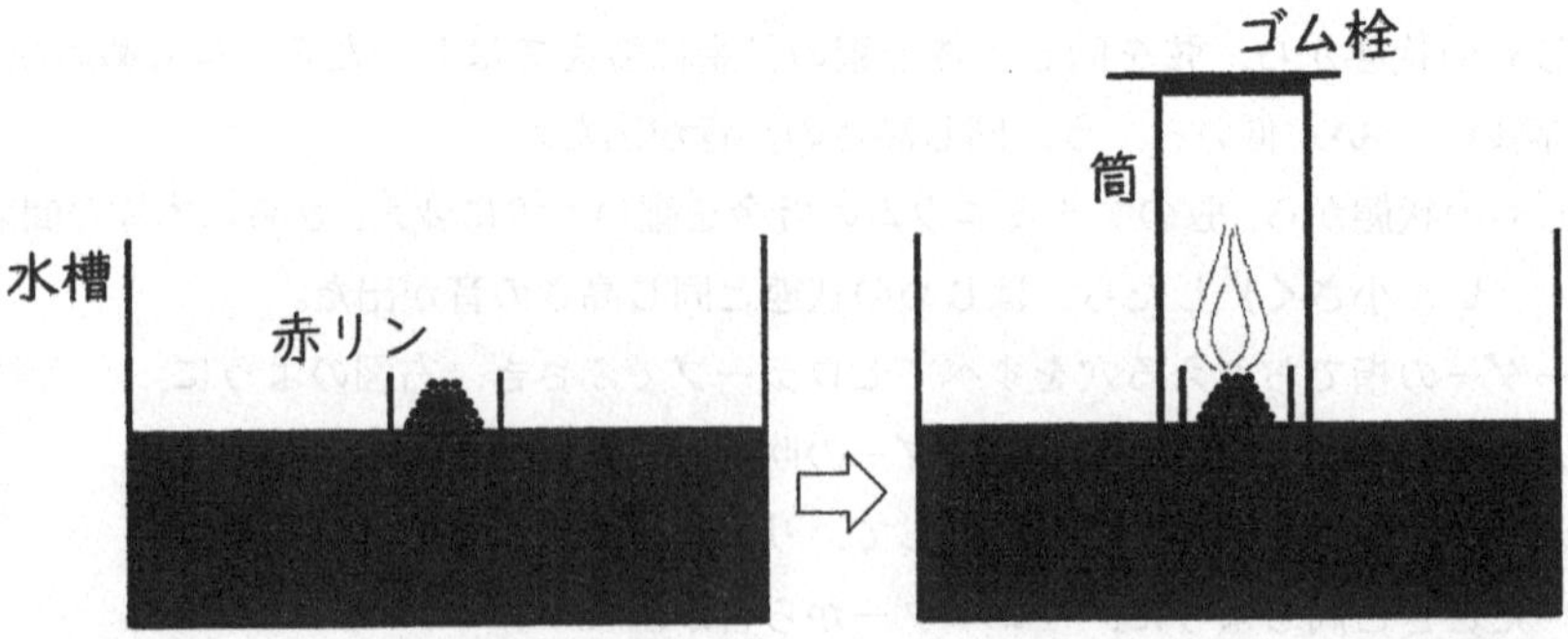

図

　ところで，紙や木材を燃焼させた際に発生する二酸化炭素や，牛のゲップに含《ふく》まれるメタンなどは，[A]ガスと呼ばれ，地球温暖化の原因の１つといわれています。我々の住む場所が暖かくなってしまう現象は，この他にヒートアイランド現象があります。

土には水分が含まれ，この③水分が蒸発することによって土の熱を奪うため，気温の上昇《じょうしょう》を抑《おさ》える効果があります。土と比べてコンクリートやレンガなどは水分を含みにくく，また温まりにくく冷めにくい性質があります。一度温まってしまったコンクリートやレンガは夜になっても冷めにくく，気温の低下を妨《さまた》げてしまいます。

(1)　下線部①の筒の中のようすとして，最も適切なものを次の**あ**～**お**から１つ選び記号で答えなさい。ただし，反応してできた物質に気体はなく，また容器の中の燃え残った赤リンの重さは無視できるものとします。

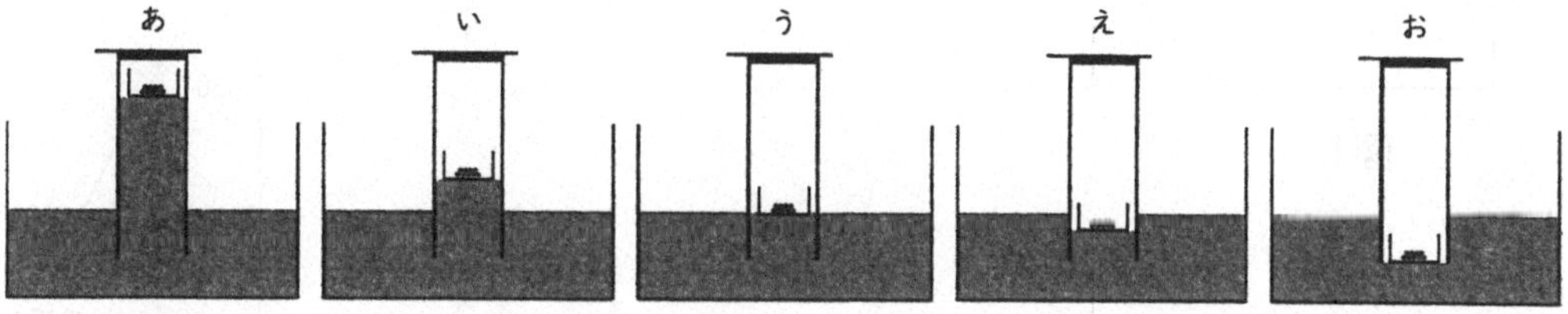

(2)　[A] に最も適当な語句を漢字で入れ，意味のつながる文章にしなさい。

(3)　以下の文章のうち，反応（燃焼）の激しさの理由が下線部②と同じものを次の**あ**～**え**から**２つ**選び，記号で答えなさい。

あ．スチールウールは空気中で火を近づけると発火するが，粉末の鉄は空気の中を落下するだけで発火することがある。

い．過酸化水素はそのままでは酸素をほとんど発生させないが，粉末の二酸化マンガンを加えると激しく酸素を発生させる。

う．集気びんに酸素を満たしてロウソクを入れたところ，空気中よりも激しく燃焼した。

え．揚《あ》げ物をしていたところ油に火がついてしまったため水をかけたところ，液体の油が細かくなって飛び散り爆発《ばくはつ》的に燃えた。

(4)　下線部③について，液体が気体に変わるとき周りから熱がうばわれ周りの温度が下がることが知られています。この現象とは**異なるもの**を次の**あ**～**え**から１つ選び，記号で答えなさい。

あ．アルコール消毒をすると，手が冷たく感じる。

い．お風呂《ふろ》やプールから上がって体をふかずにいると，寒く感じる。

う．夏にコンクリートへ水をまくと，すずしく感じる。

え．冬に鉄棒に触《さわ》ると，手が冷たく感じる。

3　次の文章を読み，後の問いに答えなさい。

ヒトを含《ふく》めた動物たちは，音や身振《みぶ》り手振《てぶ》りでお互《たが》いにコミュニケーションをとっていることが知られています。豊子さんはミツバチのコミュニケーション方法に関する研究でノーベル賞を取ったカール・フォン・フリッシュのことを知り，明石市で養蜂《ようほう》業を営む知り合いにお願いして，次のような実験をしてみました。養蜂場の巣箱は，次のページの図１のように四角い箱の中に垂直に板状の巣板が並べられ，ミツバチはそこに巣をつくります。ただし，この養蜂場では太陽が正午に南中することとします。

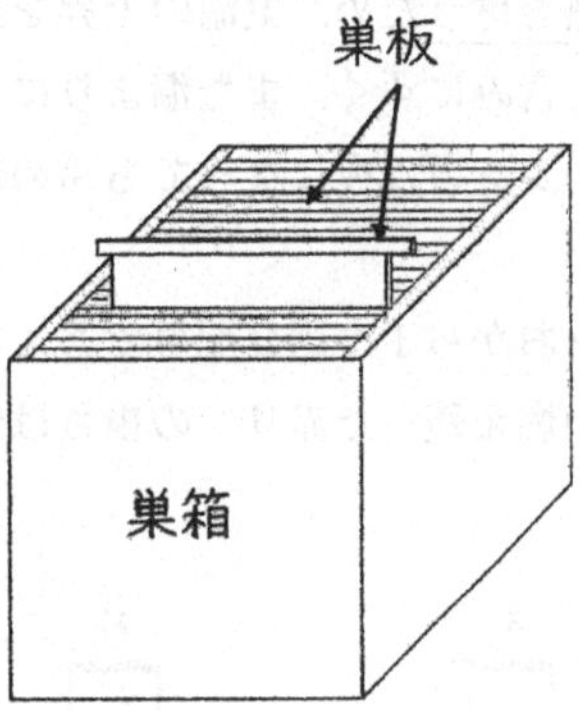

図1

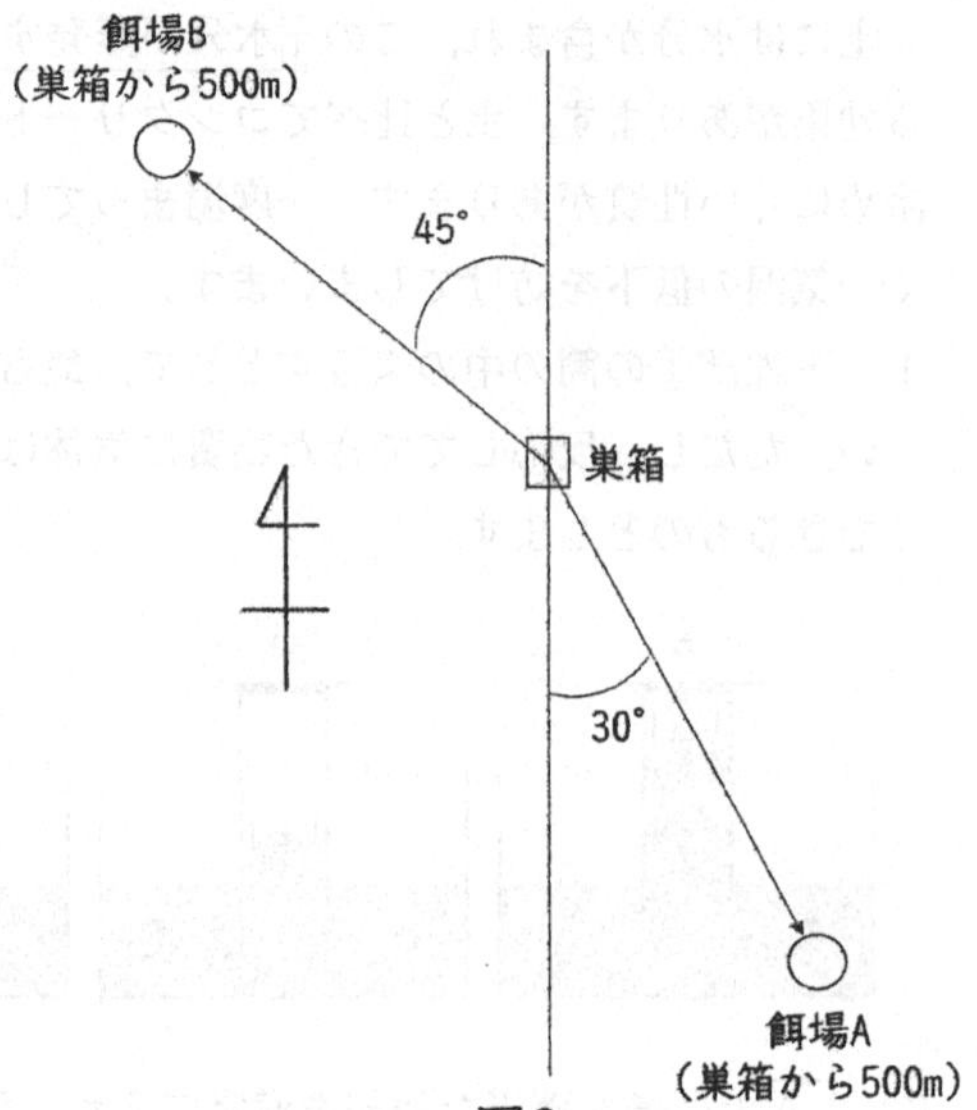

図2

【実験１】

同じ巣箱の数十匹《ひき》に黄色の印を付け，巣箱から500m離《はな》れたところに砂糖水を置き，餌場《えさば》Ａとしました。巣箱と餌場Ａの位置関係は図２の通りです。巣箱から飛び立ったミツバチが，餌場Ａに飛来したところで，黄色の印を付けたミツバチにさらに青色の印を付けました。巣箱に黄色と青色の両方の色の付いたミツバチが戻《もど》ったのは13時でした。このミツバチの行動を観察すると，巣板の垂直面内で，音を出しながら図３のような８の字ダンス（８の字を描《えが》くような動き）を始めました。このとき８の字を描く速さは，およそ15秒間に６回でした。

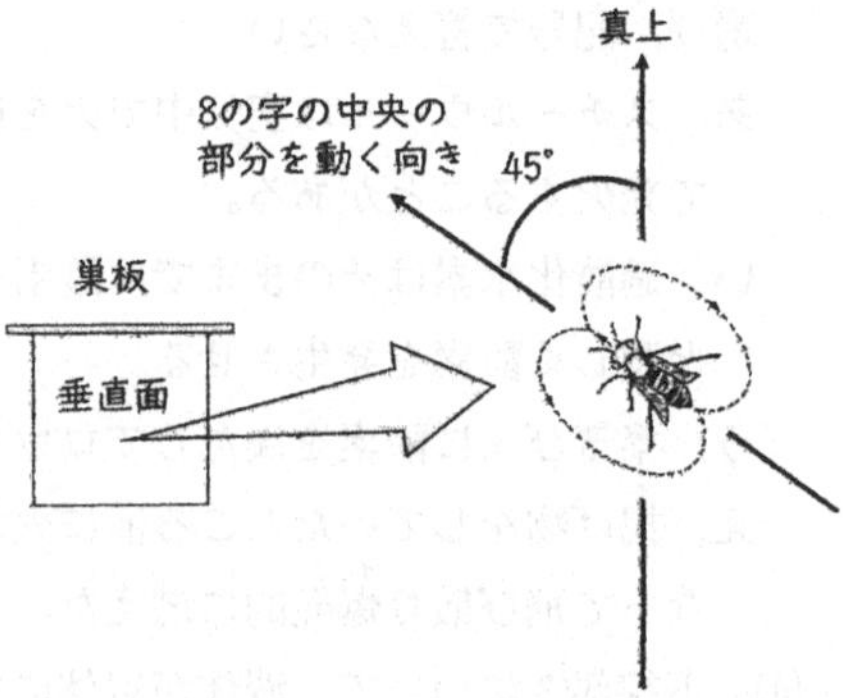

図3

【実験２】

翌日，餌場Ａを取り外し，代わりに図２のように巣箱から北西に500m離《はな》れたところに砂糖水を置き，餌場Ｂとしました。巣箱の位置以外は【実験１】と同様にして実験しました。

このときも，巣箱に戻ったミツバチは盛んに８の字ダンスを始めました。このときミツバチが巣箱に戻ったのは14時でした。また，８の字を描く速さはおよそ15秒間に６回でした。

【実験３】

３日目，餌場Ｂを取り外してから，巣箱から餌場Ａと同じ方角で1000m離れたところに餌場Ｃを設置し，餌場Ｂと同じ方角で300m離れたところに餌場Ｄを設置しました。餌場Ｃに飛来したミツバチには赤色の印を，餌場Ｄに飛来したミツバチには緑色の印を付けました。

赤色の印が付いたミツバチが戻ってきたのも，緑色の印の付いたミツバチが戻ってきたのもほぼ同じ13時でした。ともに８の字ダンスをし始めたのですが，8の字を描く速さは，赤色の印の付いたミツバチは15秒間に５回，緑色の印の付いたミツバチは15秒間に７回でした。

【実験４】

４日目，巣箱から餌場Ａと同じ方角で50ｍと近い距離《きょり》にレンゲソウの蜜《みつ》を薄《うす》めた溶液《ようえき》を置いた餌場Ｅ，巣箱から餌場Ｂと同じ方角で50ｍと近い距離にアブラナの蜜を薄めた溶液を置いた餌場Ｆを設置しました。餌場Ｅに飛来したミツバチには黒色の●印，餌場Ｆに飛来したミツバチには白色の○印を付けました。

それぞれの餌場から戻ってきたミツバチは，ともに８の字ダンスとは異なる図４のようなダンスをし始めました。餌場から戻ってきたミツバチには巣箱内のミツバチが多数集まり，戻ってきたミツバチの後を追いかける行動を見せました。そこで，黒色の●印のミツバチの後を追いかけるミツバチには黒色の▲印を，白色の○印のミツバチの後を追いかけるミツバチには白色の△印を付けました。

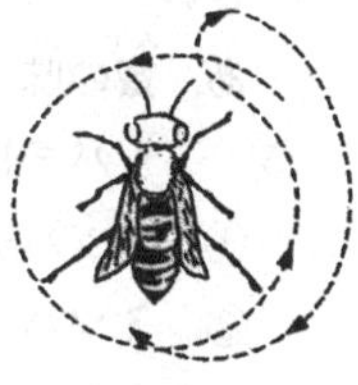

図４

その後，餌場Ｅと餌場Ｆに飛来するミツバチを観察していたところ，餌場Ｅには黒色の▲印，餌場Ｆには白色の△印を付けたミツバチがほとんどで，黒色の●印，白色の○印のミツバチは観察されませんでした。

(1)　ミツバチの８の字ダンスは，８の字の中央の部分での動く向きで餌場《えさば》の方向を仲間に教えているといわれています。【実験１】の結果から，真上は何の方向を示していると推測できますか。最も適当なものを次の**あ**～**か**から１つ選び，記号で答えなさい。

あ. 東　**い**. 西　**う**. 南　**え**. 北　**お**. 太陽　**か**. 月

(2)　(1) の推測をもとにすると，【実験２】のミツバチは，どのような向きに８の字ダンスをすると考えられますか。最も適当な向きや角度を表している図を次の**あ**～**か**から１つ選び，記号で答えなさい。

あ.

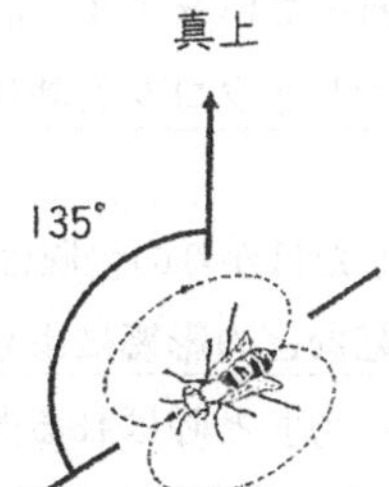

い.

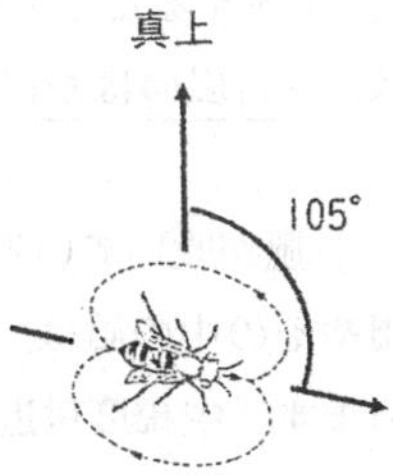

う.

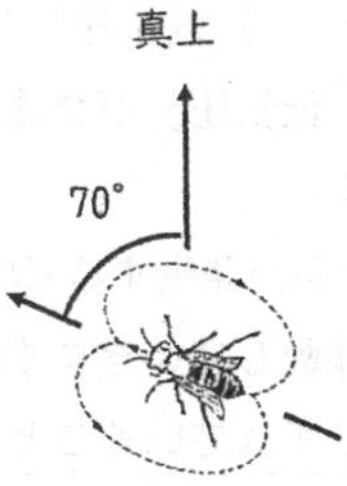

え.

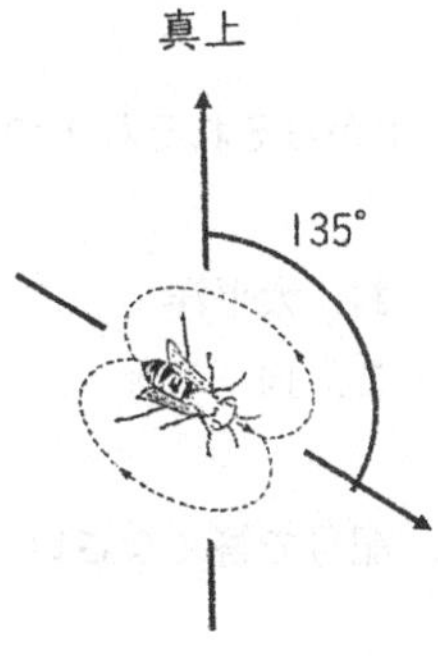

お.

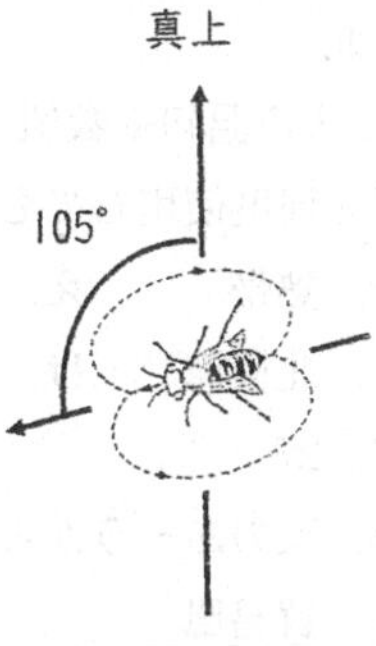

か.

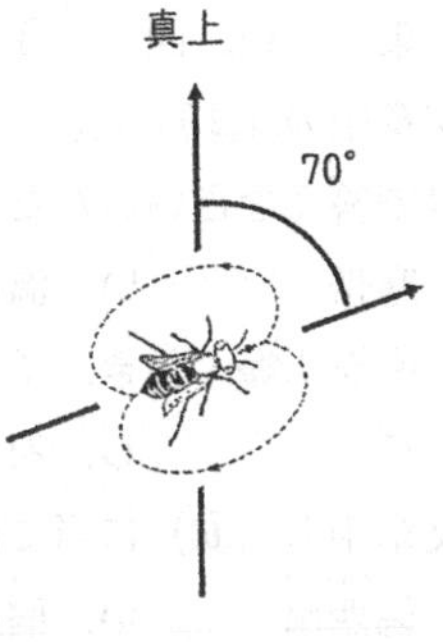

⑶　【実験１】～【実験３】の結果より，餌場までの距離《きょり》が近くなると，ダンスはどのように変化すると考えられますか。解答欄《らん》に合うように答えなさい。

⑷　【実験４】の結果から，巣箱から餌場までの距離が非常に近い場合，何が餌場の位置を知らせる情報となっていると推測できますか。最も適当なものを次の**あ**～**え**から１つ選び，記号で答えなさい。

あ．蜜《みつ》の味　　**い**．蜜の色　　**う**．蜜のにおい　　**え**．蜜の粘性《ねんせい》

⑸　ミツバチに関する次の問いに答えなさい。

①　ミツバチは，花の蜜の他，何を食べて栄養としていますか。

②　ミツバチは育つ過程でその形などを変えています。ミツバチビ同じ育ち方をするものを次の**あ**～**か**から**すべて**選び，記号で答えなさい。

あ．アゲハ　　**い**．カマキリ　　**う**．カブトムシ

え．カ　　**お**．テントウムシ　　**か**．コオロギ

③　ミツバチは，育ち方のどの段階の姿で冬越《ふゆご》しをしますか。最も適当なものを次の**あ**～**え**から１つ選び，記号で答えなさい。

あ．幼虫　　**い**．成虫　　**う**．さなぎ　　**え**．卵

4　次の文章を読み，後の問いに答えなさい。

毎年，夏から秋にかけて日本を襲《おそ》う自然災害といえば台風です。北太平洋の東経180°より（　①　）の地域，または，南シナ海で発生する「（　②　）低気圧」のうち，最大風速がおよそ毎秒（　③　）m以上のものを台風と呼んでいます。

この地域の海水温が高い海域では，上空の空気のかたまりに大量の水蒸気が供給されます。水蒸気が水滴《すいてき》や氷になるときのエネルギーで上昇気流が激しく起こり，雲が発生します。ア<u>この雲</u>が集まり「（　②　）低気圧」となり，さらに発達することで台風へと変わっていきます。同じように「（　②　）低気圧」が発達したものには，イ<u>台風のほかにハリケーンやサイクロンと呼ばれるもの</u>もあります。

通常，台風が発生する海域では（　④　）風が吹《ふ》いているため，発生したばかりの台風は（　⑤　）の方向に移動していきます。また，台風やその中の風は，ウ<u>地球の自転などの影響により，進行方向に対してずれていくことが知られています</u>。中緯度付近では「（　⑥　）」と呼ばれる西風の影響《えいきょう》や「（　⑦　）高気圧」と呼ばれる北太平洋上の大きな高気圧の影響により進路が決まります。

⑴　文章中の（①），（④），（⑤）に当てはまる方位を，次の**あ**～**え**からそれぞれ１つずつ選び，記号で答えなさい。ただし，同じ記号を何度使用しても良い。

あ．東　　**い**．西　　**う**．南　　**え**．北

⑵　文章中の（②），（③），（⑦）に当てはまる語句や数値を次の**あ**～**す**からそれぞれ１つずつ選び，記号で答えなさい。ただし，同じ記号を何度使用しても良い。

あ．寒帯　　**い**．温帯　　**う**．熱帯　　**え**．大西洋　　**お**．太平洋

か．南シナ海　　**き**．インド洋　　**く**．北極海　　**け**．7　　**こ**．14

さ．17　　**し**．24　　**す**．27

⑶　文章中の（⑥）に当てはまる語句を，次の**あ**～**う**から１つ選び，記号で答えなさい。

あ．偏西風《へんせいふう》　　**い**．偏東風《へんとうふう》　　**う**．貿易風

⑷　文章中の下線部アの雲の名称《めいしょう》を漢字３文字で答えなさい。

⑸　文章中の下線部イの台風，ハリケーン，サイクロンの呼び名の違《ちが》いは何によって決まりますか。次の**あ**～**お**から最も適当なものを１つ選び，記号で答えなさい。

あ．風速の違いによって呼び名が異なる。

い．大きさの違いによって呼び名が異なる。

う．存在する地域の違いによって呼び名が異なる。

え．雨の強さの違いによって呼び名が異なる。

お．中心付近の気圧の違いによって呼び名が異なる。

⑹　文章中の下線部ウに関して，台風の中の風の吹《ふ》き方として，最も適当なものを次の**あ**～**え**から１つ選び，記号で答えなさい。

あ．

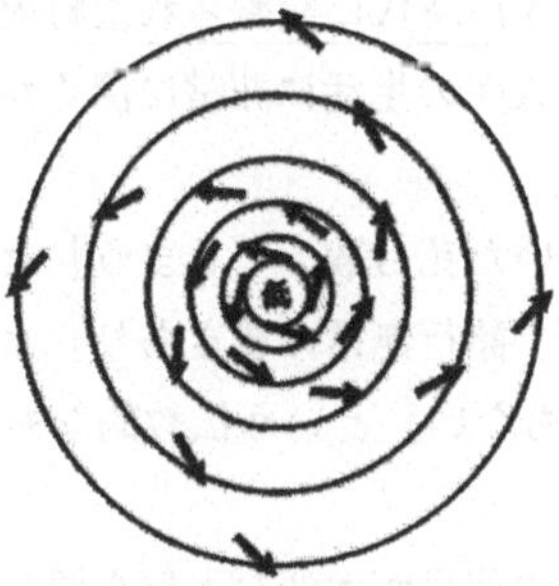

い．

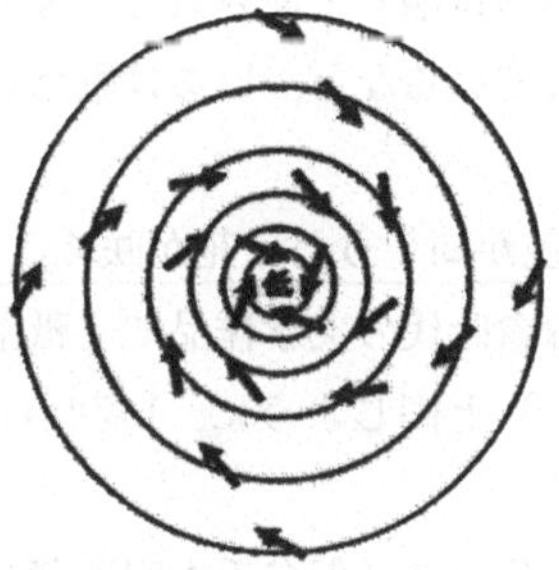

う．

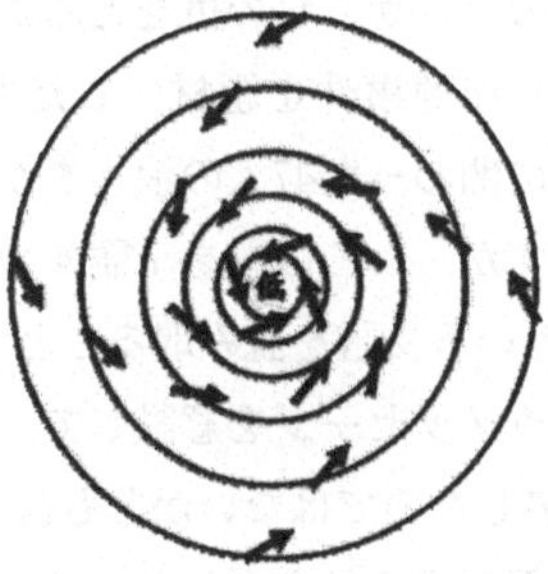

え．

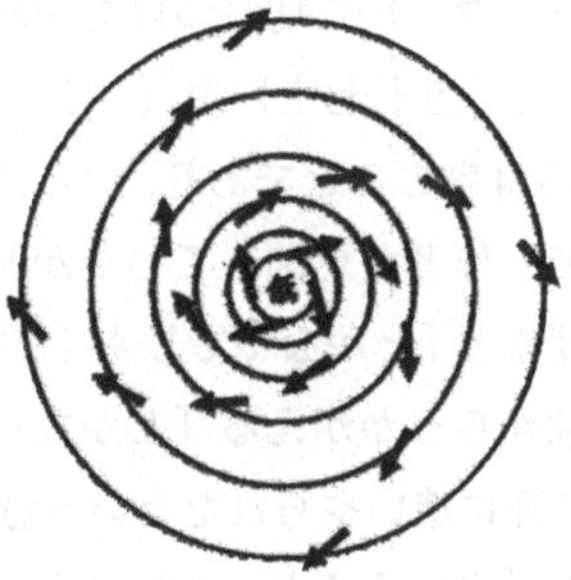

⑺　台風は，大陸などに上陸すると急激にその勢力を低下させます。その理由を述べた次の文章の（　）内に入る最も適当な言葉を42ページの文章中から10字以内で抜《ぬ》き出しなさい。

理由「（　　　　　　　　　　　　　）なくなるから」

【社　会】（理科と合わせて50分）　　＜満点：50点＞

1　次の文章を読んで問いに答えなさい。

皆《みな》さんは，「いろはにほへとちりぬるを（色は匂えど散りぬるを）」で始まる(ア)いろは歌をすべて言えるでしょうか。このいろは歌の作者は定かではありません。(イ)空海とする説もありますが，いろは歌を記した最古の文献《ぶんけん》は11世紀のもので，８世紀から９世紀にかけて活動した空海が作ったことを裏づけるのは少し難しいようです。

いろは歌は，日本語の47音と(ウ)文字を重複することなくすべて１回ずつ用いているので，古来，仮名を習う際に利用されてきました。これ以外にも，47文字を一つも重複することなく綴《つづ》って一文としたものは数多くみられますが，平安時代の『色葉字類抄《いろはじるいしょう》』や(エ)室町時代の『節用集《せつようしゅう》』といった著名な辞典類も「いろは順」で記されています。他にも，(オ)江戸時代に設置された町火消《まちびけし》は，いろは47組に組分けされているなど，いろは歌は江戸時代までの人々の生活に非常に深くかかわるものだったのです。

さて，冒頭《ぼうとう》の(カ)「色が匂」うとは花が咲くことであり，「咲《さ》いた花も散ってしまう」と始まるいろは歌の内容には，鎌倉時代の文学作品で「祇園精舎の鐘の声，諸行無常の響きあり」という書き出しで有名な（　キ　）と同じように，「変わらないものは何もない」という仏教的なものの見方が含《ふく》まれています。

ところで，江戸時代には「仮名手本忠臣蔵」という歌舞伎の演目が大変な人気を博しました。これは，江戸城内で（　ク　）に切りつけて切腹となった主君の（　ケ　）の仇《かたき》をとるため，家来の（　コ　）ら赤穂浪士《あこうろうし》（四十七士）が（　ク　）を討ち取った赤穂事件を題材にしたものですが，「仮名手本」とはいろは歌のことであり，いろは47文字と事件に関わった47人の浪士をかけているわけです。また一方で，作者が意図していたかどうかは不明ですが，いろは歌を７語ずつに区切った最後の文字をつなげると「とかなくてしす（科《とが》なくて死す）」という文言を読み取ることができます。ここから，いろは歌からうかがえる「とかなくてしす」というメッセージを意識して，忠義を尽《つ》くして罪科がないのに死に追いやられたという意味を込《こ》めて命名したのではないかとも言われます。

明治時代になると「あいうえお」の50音順が用いられる場面が増えてきました。これは，明治新政府が日本古来の信仰《しんこう》である神道を重視し，神仏分離《ぶんり》政策を進める中で，仏教と結びつきの深いいろは歌を避《さ》けたためとも言われます。50音順自体は平安時代から存在していましたが，(サ)明治時代以降に学校などで用いられたことで，一般《いっぱん》にも広まっていったのです。それでも，いろは歌は歴史的に日本社会に根づいていたものであり，現代でも「いろはかるた」などそれに触《ふ》れる機会は多くありますので，いろは歌を知っておくと日本の様々な文化に対する理解が深まるのではないでしょうか。

問１． 下線部(ア)について，いろは歌の続きとして正しい順になるよう，次の**あ**～**う**を並《なら》べ替《か》えて記号で答えなさい。（「ゐ」・「ゑ」は「わ行」の「い」・「え」）

あ． あさきゆめみしゑひもせす（浅き夢見じ酔いもせず）

い． うゐのおくやまけふこえて（有為の奥山今日越えて）

う． わかよたれそつねならむ　（我が世誰ぞ常ならん）

問２． 下線部(イ)は唐から仏教の新たな宗派をもたらしましたが，それについて説明した次のページの文のうち，正しいものを一つ選び番号で答えなさい。

1．乱れたこの世をはかなみ，阿弥陀仏にすがって西方極楽浄土に連れて行ってもらうことを願った。

2．病気や災いを取り除くための神秘的な祈りや呪《まじな》いを重んじ，天皇や貴族たちの信仰《しんこう》を集めた。

3．この教えをもとに天下の安泰《あんたい》がはかられ，地方に国分寺を建てたり中央に大仏を作ったりした。

4．古墳にかわって壮大《そうだい》な寺院を建てたり，この教えを国家に仕える役人の心構えに利用したりした。

問３．下線部(ウ)に関連して，埼玉県と熊本県の古墳から見つかった鉄剣や鉄刀には同じ大王の名が記されていると考えられています。このことから，その時代の支配がどのような状況《じょうきょう》にあったことがわかりますか，記されている大王の名をあげて30字以内で説明しなさい。

問４．下線部(エ)の政治・社会経済について説明した次の文のうち，正しいものを一つ選び番号で答えなさい。

1．天皇から征夷大将軍に任じられた足利尊氏は，京都の室町に豪華な花の御所を建てて室町幕府を開いた。

2．商業が発展して月３度の市が立てられるようになり，取り引きには輸入銭である宋銭が用いられ始めた。

3．自治的な村を形成して領主に抵抗する農民が現れ，正長の徳政一揆では地頭の横暴を訴えた石碑が建てられた。

4．応仁の乱で京都は焼け野原となり，地方に下った公家や僧によって都の文化が地方に広まった。

問５．下線部(オ)について，これを設置した将軍の政策として，正しいものを次から一つ選び番号で答えなさい。

1．石川島人足寄場《にんそくよせば》の設置　　2．天保の薪水《しんすい》給与令　　3．小石川養生所の設置

4．五百石《こく》以上の船の建造禁止　　5．湯島聖堂の建設

問６．下線部(カ)に関連して，「あおによし奈良の都は咲く花の匂うがごとく今さかりなり」という歌がありますが，この歌が詠《よ》まれた時よりも後の出来事を次からすべて選び番号で答えなさい。

1．大輪田泊を修築した平清盛が宋との貿易を開始した。

2．小野妹子が推古天皇の命を受けて隋に派遣《はけん》された。

3．桓武天皇が蝦夷討伐《とうばつ》のために坂上田村麻呂を派遣した。

4．唐が滅《ほろ》ぶ10数年前に菅原道真が遣唐使の中止を提言した。

5．中大兄皇子が百済復興のために朝鮮半島へ軍を派遣した。

問７．空らん（キ）にあてはまる文学作品は，文字の読めない人にも語り伝えられましたが，それを語り伝えた人々をおもに何といいますか，漢字で答えなさい。

問８．空らん（ク）～（コ）にに，それぞれ①浅野内匠頭《たくみのかみ》・②大石内蔵助《くらのすけ》・③吉良《きら》上野介《こうずけのすけ》のいずれかがあてはまりますが，その組み合わせとして正しいものを次の１～６から選び番号で答えなさい。

1．（ク）①．（ケ）②．（コ）③　　2．（ク）①．（ケ）③．（コ）②

3．（ク）②．（ケ）①．（コ）③　　4．（ク）②・（ケ）③・（コ）①

5．（ク）③．（ケ）①．（コ）②　　6．（ク）③．（ケ）②．（コ）①

問９．下線部(サ)について，戦前の学校で重要視された当時の教育の理念を示した天皇の言葉で，戦後に国会決議で効力を失ったものを一般に何といいますか，漢字で答えなさい。

2　次の問いに答えなさい。

問１．次の地形図は福岡県柳川《やながわ》市の市街地を示したものです。この地域は室町時代に柳川城が築かれました。柳川城が築かれた場所として最も適当なものを，図中の１～５から選び番号で答えなさい。

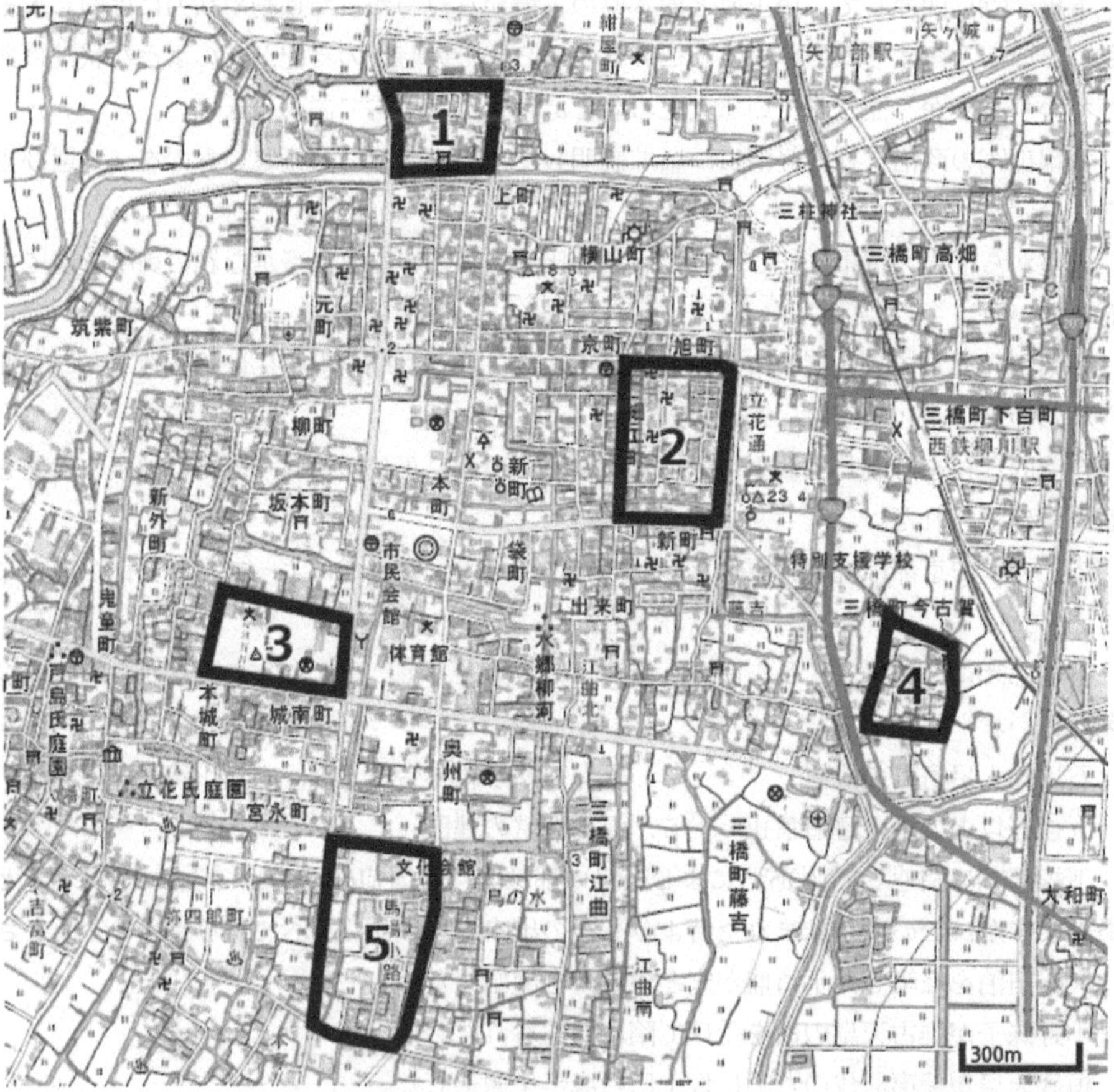

（地理院地図より作成）

問２．次の表は，秋田・高田（新潟県）・潮岬《しおのみさき》（和歌山県）・松山・那覇の１月と８月の降水量（ミリメートル）を示したものです（1991年から2020年の平均値）。この中で，松山にあたるものを表の１～５から選び番号で答えなさい。

	1	2	3	4	5
1月	429.6	118.9	101.6	97.7	50.9
8月	184.5	184.6	240.0	260.3	99.0

（気象庁HPより作成）

問３．次の図は果実の県別収穫《しゅうかく》量（万トン）を示したものです（2021年）。図中の１～４は，日本なし，みかん，もも，りんごのいずれかです。ももにあてはまるものを番号で答えなさい。

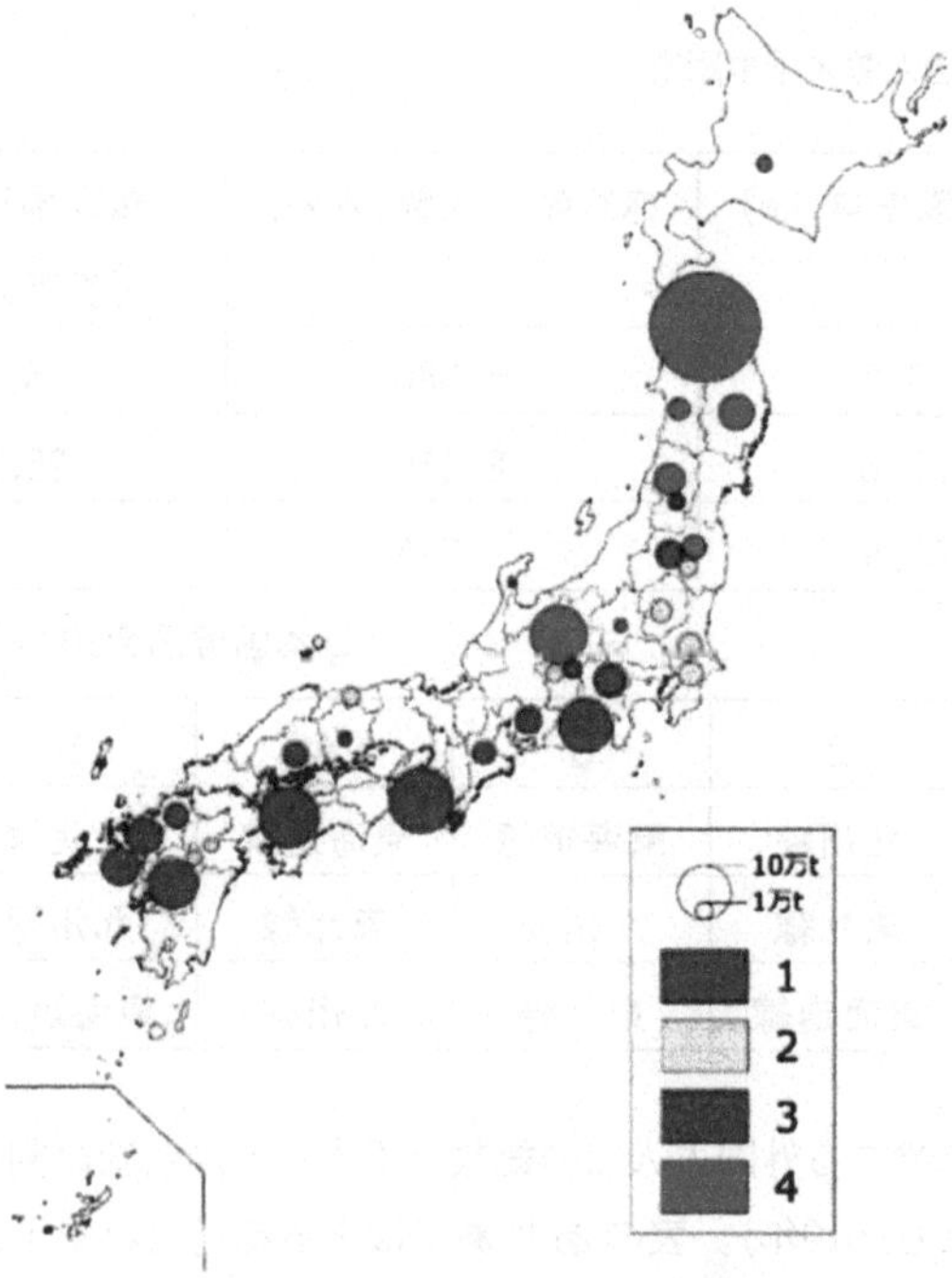

（日本国勢図会2023/24より作成）

問４．次の図は都市別の製造品出荷額等（千億円）の推移で，ア～オは市原（千葉県），大阪，東京23区，豊田（愛知県），横浜のいずれかです。アにあてはまる都市を下の１～５から選び番号で答えなさい。

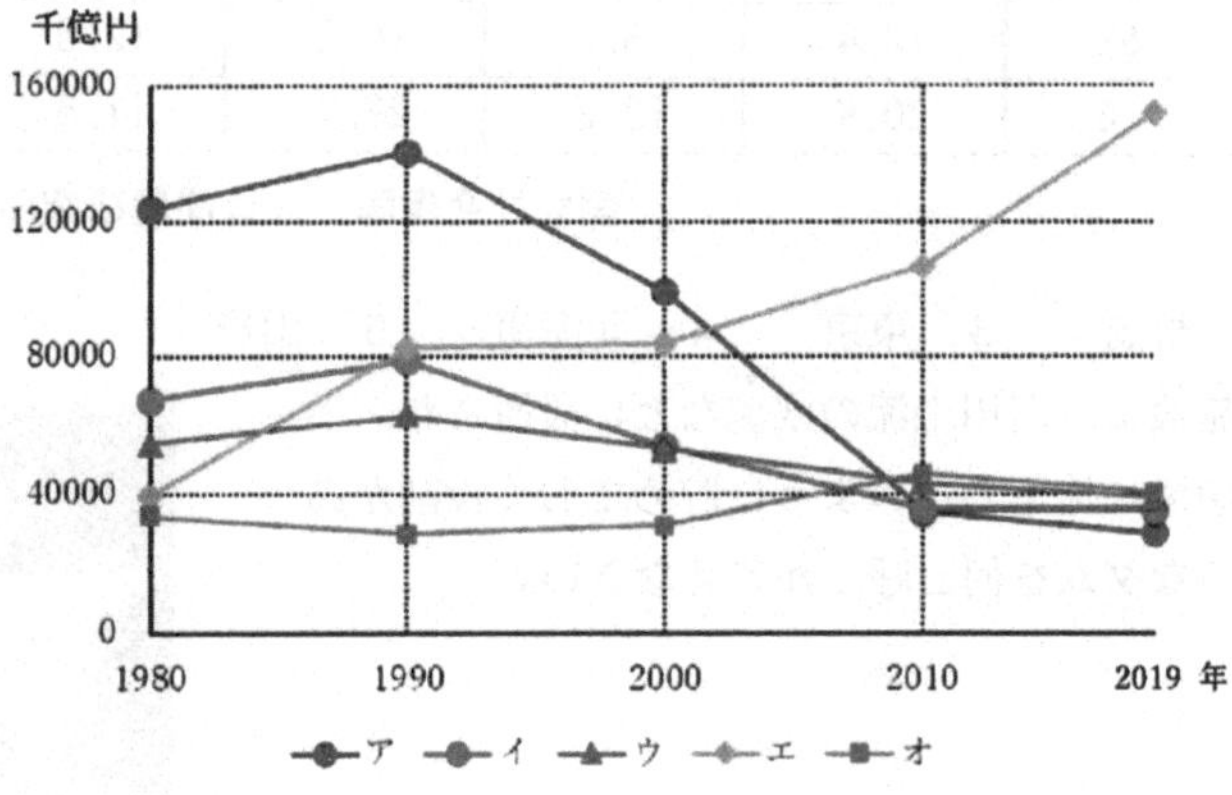

（工業統計調査より作成）

１．市原　　２．大阪　　３．東京23区　　４．豊田　　５．横浜

問５．次の表は，新幹線の路線別の鉄道旅客営業キロ，旅客輸送人数，＊旅客輸送人キロ（いずれも2021年）を示したものです。表の**あ**～**う**の組み合わせとして正しいものを，下の表の１～６から選び番号で答えなさい。

＊旅客輸送人キロ＝旅客輸送人数×乗車距離

	旅客営業キロ(km)	旅客輸送人数(万人)	旅客輸送人キロ(百万人キロ)
あ	713.7	4,588	6,898
い	552.6	8,569	25,336
う	288.9	798	978

（日本国勢図会2023/24より作成）

	1	2	3	4	5	6
あ	九州線	九州線	東海道線	東海道線	東北線	東北線
い	東海道線	東北線	九州線	東北線	九州線	東海道線
う	東北線	東海道線	東北線	九州線	東海道線	九州線

問６．次の表は，日本に在留する外国人人口の総数（千人）と国籍《せき》別の割合（％）を都道府県別に示したものです（いずれも2019年）。表の**あ**にあてはまる都道府県を下の１～５から選び番号で答えなさい。

	総数	中国	韓国	ベトナム	フィリピン	ブラジル
愛知	281	18.1	10.5	14.7	14.0	22.2
大阪	256	26.8	38.4	13.5	3.6	1.1
静岡	100	12.3	4.7	12.2	17.6	31.3
あ	62	12.4	3.6	16.2	12.8	21.4
青森	6	20.9	12.2	29.7	11.5	0.6

（国立社会保障・人口問題研究所資料より作成）

１．熊本　２．群馬　３．東京　４．北海道　５．山形

問７．右の写真の施《し》設《せつ》は，河川上流の渓流《けいりゅう》などに設置され，下流へ土砂などが急激に流下しないように貯めておく役割があります。このようなダムを何と呼ぶか答えなさい。

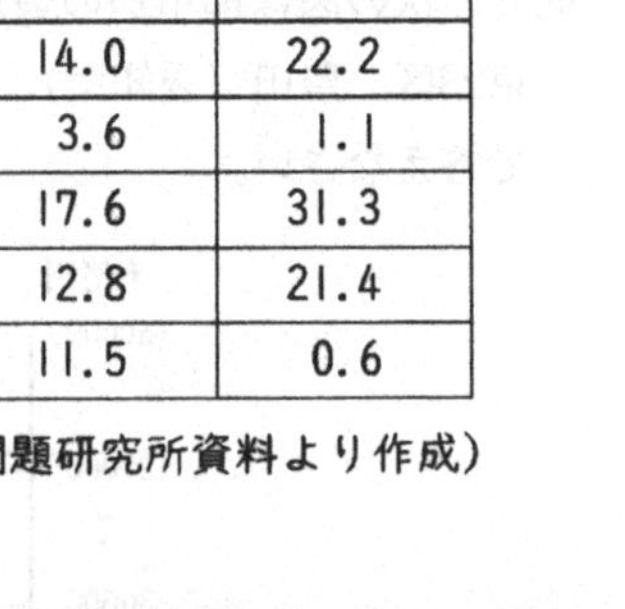

問８． 次の地図は都道府県別人口密度，第３次産業就業人口割合，＊単独世帯割合を上位・中位・下位の３段階に分類したものです(いずれも2020年)。この組み合わせとして適当なものを下の表の１～６から選び番号で答えなさい。

＊一人暮らしのこと。

ア

イ

ウ

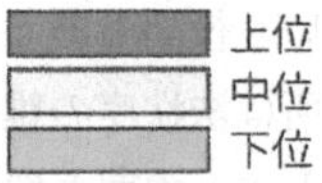

（JSTAT MAPより作成）

	1	2	3	4	5	6
人口密度	ア	ア	イ	イ	ウ	ウ
第３次就業人口割合	イ	ウ	ア	ウ	ア	イ
単独世帯	ウ	イ	ウ	ア	イ	ア

3　次の文章を読んで問いに答えなさい。

皆さんは，裁判所に行ったことがありますか。本校から地下鉄で15分ほどの場所に東京地方裁判所と東京高等裁判所がありますが，法廷《ほうてい》で行われる裁判は原則としてだれでも見ることができます。多くの人々にとって裁判はなじみの薄《うす》いものですが，国民の中から選ばれる裁判員が（　ア　）裁判に参加する裁判員制度が始まってから，今年で15年となりました。この制度は，裁判所が行う裁判に国民が参加することで，国民の意見を裁判に活かし，裁判に対する国民の関心と信頼《しんらい》を高めていくために導入されたものです。

日本では，国の政治を進める役割を立法・行政・司法に分け，それぞれ国会・(イ)内閣・裁判所がそれらの仕事を担っていますが，国の政治についての最終決定権は国民にある国民主権の国です。ですから，(ウ)立法・行政・司法について，それぞれに国民が関わり，国民の意思を反映できるようなしくみが必要とされており，裁判員制度はそのひとつです。

立法権を持つ国会は，法律や予算，条約の承認など，国の方針を決める役割を，行政権を持つ内閣は，国会で決めた予算や法律を実行する役割を担っています。そして司法権を持つ裁判所は人々の間で起こった争いごとや犯罪について，(エ)憲法や法律にもとづいて判断し，解決する役割を担っています。これら３つの機関が各々の役割をしっかりと遂行《すいこう》できているかどうかを互《たが》いにチェックし合う機能がある三権分立となっています。この機能のひとつとして，裁判所には(オ)国会が決めた法律や，内閣による行政行為が憲法に違反していないかどうか，審査する役割があります。昨年５月には，同性婚《こん》が認められていないことは(カ)憲法第24条第２項に反している，と名古屋地裁が判断を示したことが話題になりました。このような裁判所の権限は，(キ)国民一人一人の権利を守っていくためにも，とても大切なものです。国会は国民による選挙で選ばれた議員が法律や予算などについて(ク)多数決で決定し，内閣は国会の多数派によって構成されます。多数派の陰《かげ》に隠《かく》れて少数派の権利がおろそかになってしまう危険があるため，裁判所は少数派からの訴《うった》えに耳を傾《かたむ》け，憲法に則って判断するという役割もあるのです。

このように裁判所は法秩序《ちつじょ》の維持《いじ》を担うだけでなく，国民主権や権力分立，基本的人権の尊重といった観点からもとても重要な機関です。公正で慎重《しんちょう》な裁判が行われるようにするため，皆さんも裁判の傍聴《ぼうちょう》に行かれてみてはいかがでしょうか。

問１． 空らん（ア）にあてはまる語句を漢字２字で答えなさい。

問２． 下線部(イ)について，憲法69条で，国会で不信任案が可決された際，10日以内に衆議院が解散されない限り，内閣は総辞職することが規定されていますが，実際には衆議院が解散されても総辞職をすることになります。衆議院が解散された場合，内閣はいつ総辞職しますか。次のうち正しいものを一つ選び番号で答えなさい。

１．衆議院が解散されたとき。
２．衆議院議員総選挙の選挙期日が公示されたとき。
３．衆議院議員総選挙の後，国会が召集されたとき。
４．衆議院議員総選挙の後，新しい内閣総理大臣が任命されたとき。

問３． 下線部(ウ)について，立法・行政・司法それぞれに国民が関わっていくためのしくみの組み合わせとして最も適当なもの（次のページ）を選び番号で答えなさい。

	1	2	3	4	5	6
立法	国政選挙	国政選挙	国民審査	国民審査	情報開示請求	情報開示請求
行政	国民審査	情報開示請求	情報開示請求	国政選挙	国政選挙	国民審査
司法	情報開示請求	国民審査	国政選挙	情報開示請求	国民審査	国政選挙

問４．下線部(エ)に関する次の文のうち，**あやまっているもの**を一つ選び番号で答えなさい。

1．憲法は，国の政治の基本的なあり方を定めたものであり，憲法にもとづく政治を立憲政治という。

2．天皇や大臣，国会議員や裁判官，その他の公務員は，憲法を尊重し，擁護《ようご》する義務を負っている。

3．憲法は国の最高法規なので，憲法に反する法律や政令，政府の行為《こうい》などはすべて無効とされる。

4．国会が作る法律のうち，特定の地方公共団体にのみ効力が及《およ》ぶものを特に条例という。

問５．下線部(オ)について，このような権限はすべての裁判所が持っていますが，特に最終審を行うことから最高裁判所は何と呼ばれますか，５字で答えなさい。

問６．下線部(カ)について，以下がその条文ですが，空らんにあてはまる語句を選び番号で答えなさい。

「配偶者《はいぐうしゃ》の選択，財産権，相続，住居の選定，離婚並びに婚姻《こんいん》及び家族に関するその他の事項に関しては，法律は □ と両性の本質的平等に立脚して，制定されなければならない。」

1．公共の福祉　　2．国事行為　　3．個人の尊厳　　4．信教の自由　　5．平和主義

問７．下線部(キ)に関連して，人権を守ることを第一の目的として制定されている法律を**すべて**選び番号で答えなさい。

1．国旗・国歌法　　2．障害者差別解消法　　3．生活保護法

4．男女雇用《こよう》機会均等法　　5．地方自治法

問８．下線部(ク)について，出席議員の過半数が賛成することで議決される議案を**二つ**選び番号で答えなさい。

1．国会議員の除名　　2．憲法改正の発議　　3．条約の承認

4．臨時会開催の要求　　5．予算案の議決

オ　今まで律《りつ》はすぐに理佐《りさ》に言い返す生意気な態度だったが、この時はひろみちゃんと友達でいられるように頑張《がんば》るとけなげに返事をしたから。

問十　二重線「なんか小学三年が～間違《まちが》えたように感じた」とありますが、それはなぜですか。四十五字以内で説明しなさい。

オ　理佐《りさ》の小学生の頃《ころ》とは違《ちが》って何に対しても冷めている律《りつ》は、大人びた子が相手でないと印象が悪いととらえられ、いじめられてしまうのではないかと思ったから。

問六　――線⑥「転校生の方が通りがいいよね」とありますが、これは誰《だれ》が誰《だれ》に同意を求めた言葉ですか。最も適当なものを次のア～オの中からそれぞれ一つずつ選び、記号で答えなさい。

ア　理佐《りさ》　イ　律《りつ》　ウ　ひろみちゃん
エ　先生　オ　ネネ

問七　――線⑦「ネネがご縁《えん》になってくれて良かったよね」とありますが、これはどのようなことですか。その説明として最も適当なものを次のア～オの中から一つ選び、記号で答えなさい。

ア　ネネの存在をそば屋の常連客である親から聞いたことで、ひろみちゃんが律《りつ》に対して興味を持ってくれたということ。
イ　律《りつ》がネネの世話をしていることが会話のとっかかりとなって、互《たが》いに強く関心を持つようになっていったということ。
ウ　ネネの世話をしたり一緒《いっしょ》に遊んだりすることで気まずさがやわらぎ、ひろみちゃんと自然と友達になれたということ。
エ　ネネのために松ぼっくりを拾っていたことがきっかけでひろみちゃんに声をかけてもらい、仲良くなれたということ。
オ　放課後にネネが好きな松ぼっくりを一緒《いっしょ》に探した縁《えん》で、ネネと交流していくうちに互《たが》いに信頼が深まったということ。

問八　――線⑧「性格のいい友達～小学校ではとても難しい」とありますが、これはどのようなことですか。その説明として最も適当なものを次のア～オの中から一つ選び、記号で答えなさい。

ア　子供は自分の気持ちを優先させがちで、他人に興味を持ったり合わせたりできる子に出会えるのはまれだということ。
イ　まだ自分の欲求のままに行動してしまう子供のうちは、お互《たが》い譲《ゆず》らずにぶつかってしまうことがよくあるということ。
ウ　いい人に見られたいというような意識がない子供のうちは、場をわきまえない行動を取ることが多いということ。
エ　人付き合いの経験が少ない子供のうちは、適切な距離感《きょりかん》をつかめずに友達付き合いに失敗することもあるということ。
オ　まだしつけを受けている最中の子供のうちは、社会のマナーや思いやりの身に付き具合に個人差があるということ。

問九　――線⑨「この時ばかりは子供らしい」とありますが、理佐《りさ》がそのように感じた理由として最も適当なものを次のア～オの中から一つ選び、記号で答えなさい。

ア　今まで律《りつ》は理佐《りさ》に対していつも対等な口をきいていたが、この時は友達ができてうれしいという話を子供らしい口調で報告してきたから。
イ　今まで律《りつ》は自分を心配してくれる理佐《りさ》に反発する時もあったが、この時は素直に友達と仲良くしたいというような発言をしたから。
ウ　今まで律《りつ》は理佐《りさ》に心配されてもそれを跳《は》ね飛ばすふてぶてしい態度だったが、この時は本当に友達ができるかどうか不安な顔をしていたから。
エ　今まで律《りつ》はマイペースに一人遊びばかりしていて無口だったが、この時は友達と遊んで楽しかったという話を無邪気《むじゃき》にしていたから。

問一　――線①「ネネ」とありますが、その説明として**間違《まちが》っているもの**を次のア～オの中から**二つ**選び、記号で答えなさい。
ア　律《りつ》が亡くなった祖父から引き継《つ》ぎ飼っている。
イ　大好きなエサの松ぼっくりを与えると喜ぶ。
ウ　石臼《いしうす》のそばの実が空になると知らせてくれる。
エ　理佐《りさ》が働くそば屋の水車小屋で飼われている。
オ　人の言葉をまねするヨウムという種類の鳥。

問二　――線②「双子《ふたご》の女の子たち」とありますが、「双子《ふたご》の女の子たち」に対して律《りつ》はどのような思いを抱《いだ》いていますか。本文中から六字で探し、抜《ぬ》き出《だ》しなさい。

問三　――線③「変な圧力」とありますが、ここで言う「圧力」とはどのようなものですか。その説明として最も適当なものを次のア～オの中から一つ選び、記号で答えなさい。
ア　姉も保護者として学校生活を見守っているという恩の押《お》し付《つ》け。
イ　自身がかつて経験してきた学校生活に基づく理想の押《お》し付《つ》け。
ウ　学校で多くのことを学んでほしいという過度な期待の押《お》し付《つ》け。
エ　自立心が出てきた妹の個性を育《はぐ》むような姉の親切の押《お》し付《つ》け。
オ　友達ができないと困るだろうという大人の価値観の押《お》し付《つ》け。

問四　――線④「ひそひそ話しかけていた」とありますが、その理由として最も適当なものを次のア～オの中から一つ選び、記号で答えなさい。
ア　ものまねをするのが得意なネネがラジオと一緒《いっしょ》に歌っている声をよく聴《き》くことができるように、静かな環境を守りたかったから。
イ　ネネがラジオから流れるヘンデルのピアノ曲に熱心に聴《き》き入《い》っているのを見て、何としても音を立てないように気を張っていたから。
ウ　曲が終わるまで静かにしていようといった意味合いのことを律《りつ》から言われ、その意図を汲《く》み取《と》り、大声で話すことを遠慮《えんりょ》したから。
エ　ネネは人の声を耳にしたそばからまねし始めてしまうため、下手に刺激《しげき》を与えて覚えてほしくない言葉を聞かせたくなかったから。
オ　天国の奥《おく》で座って待ち受けている神様か何かのような威厳《いげん》を漂《ただよ》わせているネネを前にして、自然と厳かな気持ちになったから。

問五　――線⑤「そうじゃないと律《りつ》の相手はつとまらないのかもしれないけれども」とありますが、「理佐《りさ》」がそのように思うのはなぜですか。その説明として最も適当なものを次のア～オの中から一つ選び、記号で答えなさい。
ア　好奇心旺盛《こうきしんおうせい》で一見突拍子《とっぴょうし》もないことをしたり、独自のルールを持って行動していたりする律《りつ》には、賢《かしこ》い子でないと張り合いがなく感じられるだろうと思ったから。
イ　同年代の女の子が喜ぶようなことに興味がなく、子供らしさに欠けている律《りつ》にとっては、同年代の女の子はたいてい子供っぽく感じられるだろうと思ったから。
ウ　人目を気にしないで松ぼっくりを一人で拾っているような律《りつ》の面白い性格を分かってくれるのは、ある程度頭のいい子でないと難しいだろうと思ったから。
エ　こだわりがあり理屈《りくつ》っぽいところのある律《りつ》にとっては、律《りつ》の話を理解しつつ、きちんと自分の感じたことも言う子でないと話が続かないだろうと思ったから。

習があるから、と言って帰って行った。律《りつ》は、ピアノだって、かっこいいね、と理佐《りさ》に向かって両手を広げて見せた。

「私も〈ねこふんじゃった〉なら弾《ひ》ける」

「私も弾《ひ》ける」

「私はものすごく速く弾《ひ》ける」

そうやって姉妹でくだらないことで張り合った後、あの子は同じクラスなの？　と理佐《りさ》が訊《き》くと、ううん、と律《りつ》は首を横に振《ふ》った。実は集団登校で同じグループなのだが、彼女《かのじょ》はその中ですでにできあがっている三年生の小グループにいて話しかけにくかった、と律《りつ》は説明を始めた。

律《りつ》が小学校からの帰り道で双子《ふたご》と別れた後、少し戻《もど》って松ぼっくりを拾っていると、彼女《かのじょ》が通りかかったらしい。「ひろみちゃん」は「ひろみちゃん」でいつも一緒《いっしょ》に帰っている子がいるのだが、その子はその日は風邪《かぜ》で休みだったので一人で下校していた。松ぼっくりを拾い上げて熱心に検分している律《りつ》に、「ひろみちゃん」は、転校生の子だよね、集団登校にいる、と話しかけた。律《りつ》は、そう、とうなずいて続けた。転入生っていうんだってていせいしてくる人もいるけど、⑥転校生の方が通りがいいよね。

「ひろみちゃん」は、変な子だと思っただろう、と理佐《りさ》は考えた。けれども呆《あき》れて通り過ぎるということはせず、律《りつ》の松ぼっくり拾いに興味を示して手伝ってくれたそうだ。

山下さんちさ、しゃべる鳥いるんでしょ、と彼女《かのじょ》が言うと、わたしの鳥じゃないけどね、と律《りつ》は答えた。お姉ちゃんがはたらいてるそば屋さんの、亡くなったおじいさんの鳥。彼女《かのじょ》は、でも会えるんでしょ、いいなあ、と心の底からという様子でうらやましげに言ったので、律《りつ》はとても誇《ほこ》らしく思ったのだという。

「この松ぼっくりも、ネネにあげるんだよ、ネネっていうのはそのしゃべる鳥で、種類は『ヨウム』なんだ」

「ネネはどういう松ぼっくりが欲しいの？」

そう訊《き》かれて、律《りつ》はうっとつまったけれども、知らないけど、きれいなのと、ぼろぼろなのと、いろいろ混ぜて渡《わた》すよ、そば屋さんの店主さんにゆでてもらって虫を殺すんだ、とさらに熱心に松ぼっくりを検分し始めた。「ひろみちゃん」はそれを手伝い、その後帰宅してランドセルを置き、すぐに水車小屋にやってきたそうだ。

「⑦ネネがご縁《えん》になってくれて良かったよね」

「うん。ひろみちゃん、今日知り合ったばっかりだけど、いい人だと思う」

小学三年でも、友達が「いい人」か否かが重要なのはそうだよな、と理佐《りさ》は思う。⑧性格のいい友達を見つけるのは、子供の人間性がまだ剝《む》き出しのまま交ざり合っている小学校ではとても難しい。

「ずっと仲良くできるといいね」

「うん。がんばる」

理佐《りさ》にとって律《りつ》は、子供というよりも、自分が世話をしなければいけない背丈《せたけ》が低くてたまに突拍子《とっぴょうし》もないことを知っている変な人、のようなところがあるのだが、⑨この時ばかりは子供らしいと思った。律《りつ》が悩《なや》むようなことになれば理佐《りさ》もきっと悩《なや》むだろうし、できるだけ応援《おうえん》しなければ、と理佐《りさ》は決めた。

（『水車小屋のネネ』津村《つむら》　記久子《きくこ》）

（注）　＊1　じょうご――ここでは、そばの実を入れるためのろうと。

＊2　ケージ――鳥かご。

ていて、べつにおしゃれなほうでもないのは棚《たな》に上げるとしても。

彼女《かのじょ》は、律《りつ》に向かって、この鳥、ものまねするんだよね？ と④ひそひそ話しかけていた。律《りつ》が、そう、うまいよ、と少しいばるように言うと、でもピアノのまねはしないんだね、と返して、またネネに見入っていた。頭のいい子だな、と理佐《りさ》は思った。⑤そうじゃないと律《りつ》の相手はつとまらないのかもしれないけれども。

ちなみに律《りつ》は、最初の日に一緒《いっしょ》に下校した双子《ふたご》とは、「話が合わない」という。双子《ふたご》は双子《ふたご》の間の話しかしないし、他人にまったく興味がなくて困る、と律《りつ》は大人が苦言を呈《てい》するように言っていた。

曲が終わると、やっと律《りつ》は彼女《かのじょ》をネネの目の前に押《お》し出《だ》して、ひろみちゃんだよ、と言った。

「ひ、ろ、む、む、むぃ……ちゃん！」

どもりながら口の中で音声を転がしているにもかかわらず、ネネはまるで、天国の奥《おく》で座って待ち受けている神様か何かのような威厳《いげん》を漂《ただよ》わせて、止まり木から軽く身を乗り出しながら「ひろみちゃん」を覗《のぞ》き込《こ》んだ。言いにくければひーちゃんでいいです、と律《りつ》に「ひろみちゃん」と紹介された彼女《かのじょ》は丁寧《ていねい》に言い直して、律《りつ》は、ネネ、ひーちゃん！ とさらに簡単に訂正《ていせい》した。

「ひーちゃんだって！」

「ひーちゃん！」

「ひーちゃん！」

そちらのほうは言いやすかったのか、ネネはすぐに、ひーちゃん、ひーちゃん、と連呼し始めた。得意な発音を何度も言って羽をばたつかせたり体を左右に動かしたりするネネよりも、苦手な言葉を克服《こくふく》しようとおずおずと真剣《しんけん》に繰《く》り返《かえ》すネネのほうが偉《えら》いように見えたことが、理《り》佐《さ》には興味深かった。

ひろみちゃん、手出して、これネネにあげて、と律《りつ》はキュロットのポケットからどんどん松ぼっくりを出して彼女《かのじょ》の手に置いていった。ネネは、おー、おー、おー、おー、と低く鳴きながら、貢《みつ》ぎ物《もの》を検分するように「ひろみちゃん」の両手の中の松ぼっくりを覗《のぞ》き込《こ》んだ。そして、一つ摘《つま》んで口にくわえたかと思うと、上を向いてくちばしの前後に移動させながら、満足げにかじり、今度は台の上に飛び移って吐《は》き出《だ》し、熱心につつき始めた。

理佐《りさ》は、そういえば、と気になって、引き戸の窓の向こうの石臼《いしうす》とその上の*1じょうごを覗《のぞ》き込《こ》んだのだが、まだそばの実は半分ほど残っていた。ネネが松ぼっくりや新しい人に自分を見せることに夢中になって、「空っぽ！」を忘れたりしているのではないかと危惧《きぐ》したのだが、その後、松ぼっくりで遊んでいても石臼《いしうす》を確認する頃合《ころあ》いはちゃんと思い出したようで、「空っぽ！」と叫《さけ》んでいた。ネネの中には何か、正確に時間を測る装置のようなものが隠《かく》れていそうだと理佐《りさ》は思った。なのに、*2ケージに入れて布をかぶせたら昼間でも夜と勘違《かんちが》いして寝《ね》てしまうのよ、と杉子《すぎこ》さんが言っていたのが不思議だった。

ネネは、「ひろみちゃん」の肩《かた》に止まって、服でくちばしを拭《ふ》くところまで慣れたようだった。理佐《りさ》は、ごめんなさいとあやまりながら、ネネの今日の食事がひまわりの種だけで良かったと心から思った。「ひろみちゃん」は、平気です、と答えて、これもそうだけど、次からは汚《よご》れていい服で来ますね、と付け加えた。

「ひろみちゃん」は、ネネの「空っぽ！」を三回聞いた後、習い事の練

に、クラスの先生がそれとなく帰宅方向が同じ子同士でグループを組めるように、あの子と帰ったら？　あの子と帰る方向が一緒《いっしょ》だよ、などと教室を出る時にいちいち提案してくれるらしい。律《りつ》は、駅の近くの小さな分譲《ぶんじょう》地に住む、片方が同じクラスの②双子《ふたご》の女の子たちと帰ってきたという。どんな子たち？　とたずねると、え、双子《ふたご》だから似てる、と律《りつ》は、愚問《ぐもん》を、という様子で訝《いぶか》しげに答えた。

　みんなと仲良くできそう？　と律《りつ》にたずねながら、いや、なんか小学三年がされたくないたぐいの子供扱《あつか》いをしているかもな、と理佐《りさ》は言い方を間違《まちが》えたように感じた。律《りつ》は案の定、少しむっとした顔をして、みんなとかっていうのはないんじゃないの？　ちょっとはん囲が広すぎるよ、と反論した。

「気が合う合わないはあるものね」

「そうだよ」

　前の小学校で律《りつ》がどういう子供だったのか、理佐《りさ》はほとんど知らなかった。いじめられているという話は聞かなかったけれども、人気のある子供というわけでもなさそうで、おたんじょう会はやらなくていい、と母親に言っているところを去年見たことがある。理佐《りさ》は小学四年までは誕生日会に行ったり、自分もやってもらったりしていたので、なんだか冷めたところのある子だなと思っていた。友達は、親しい子が数人だけはいたようで、理佐《りさ》との引《ひ》っ越《こ》しが決まった時はその子たちに手紙を書いていた。

「まあ、早く友達を作らないと」

「お姉ちゃんなのに、お母さんとか先生みたいなこと言わないでくれる？」

「それはそうか」

　自分自身の小学校と中学校と高校の生活のことを考えると、友達に恵《めぐ》まれた学年もあればそうでない学年もあるので、あまりに『年かさの人間が小学生に言いそうなこと』ばかりをなぞっていると律《りつ》に③変な圧力をかけるかもな、と理佐《りさ》は思い直した。

　そうはいっても、子供は子供同士というだけで友達になれたりもするもので、慎重《しんちょう》に期待しないように心がけていた様子の律《りつ》にも、それらしき付き合いの相手はできた。それが、店にそばを食べにやってくる、榊《さかき》原《ばら》さんの娘《むすめ》さんだった。

　ある日、短縮授業を終えて通常の時間割をこなすようになった律《りつ》が、同年代の女の子を水車小屋につれてきた。その日は五時間目まで学校の授業がある日で、理佐《りさ》の方が早く水車小屋に行っていた。女の子は、理《り》佐《さ》に、こんにちは、と硬《かた》い声で挨拶《あいさつ》したかと思うと、すぐにラジオから流れるヘンデルのピアノ曲に聴《き》き入っているネネに心を奪《うば》われた様子で見入っていた。律《りつ》は、音楽を聴《き》いているネネを尊重しているのか、何か話しかけようと身構えている様子の女の子に向かって口元に人差し指を当てていた。

「曲が終わったらあいさつしよう」

「うん」

　女の子は、ヘルメットのように切った短い髪《かみ》に、緑一色のシャツを着て、くすんだ青色だがデニムというわけではないズボンを穿《は》いていた。律《りつ》が連れてきた友達らしき女の子、というだけで、理佐《りさ》にはとてもかわいい子なのだが、それはおいておいて、なんだかおじさんが適当に合わせたような服装だな、と思った。自分自身も洗濯《せんたく》ができた順から服を着

問九　筆者は「倍速視聴《しちょう》や10秒とばし」という視聴《しちょう》方法について、今後どのようになっていくと考えていますか。現状を踏《ふ》まえ、六十字以内で答えなさい。

問十　――線A「セイドク」・B「イチジルシク」・C「目下」について、以下のそれぞれの問いに答えなさい。

(1)　――線A「セイドク」の「セイ」に相当する漢字をふくむものを次のア～オの中から一つ選び、記号で答えなさい。

ア　日常セイカツを見直す。
イ　机の周りをセイリする。
ウ　セイリュウにいる魚。
エ　セイシンをきたえる。
オ　クイズにセイカイする。

(2)　――線B「イチジルシク」のカタカナを正しい漢字に直しなさい。
（一画一画ていねいにはっきりと書くこと。送り仮名《がな》が必要な場合、それも解答らんに書きなさい。）

(3)　――線C「目下」の正しい読みがなをひらがなで書きなさい。

二　次の文章を読んで、後の一から十までの各問いに答えなさい。

（ただし、字数指定のある問いはすべて句読点・記号も一字とする。）

始業式の日、律《りつ》は上の学年の子に引率されて登校し、午前中で帰ってきて、自宅で理佐《りさ》が朝作った十枚切りのパン二枚にハムを一枚はさんだだけのハムサンドを食べ、春休み中の午後と同じように水車小屋に出かけた。それまでと違《ちが》っていたのは、松ぼっくりを三つほど、①ネネへのお土産《みやげ》にできたことだった。

「ガムテープの芯《しん》はなかなか手に入らないだろうし、ダンボールもそのへんにあるの持ってっちゃったらどろぼうかなと思うんだけど、松ぼっくりならなんとかできると思って」

しかし、その時律《りつ》が持ってきたものは、新しく拾ったものではないようだった。ネネが遊んでいる松ぼっくりについて、外で拾ったのをあげていいかと律《りつ》が杉子《すぎこ》さんにたずねると、松ぼっくりを拾ったらまず浪子《なみこ》さんの旦那《だんな》さんの守《まもる》さんに渡《わた》して茹《ゆ》でてもらって、とのことだったという。それで拾ったものを渡《わた》しに行くと、守《まもる》さんは代わりに同じ数の松ぼっくりを律《りつ》に渡《わた》してくれたそうだ。少し耳が悪い守《まもる》さんに、どうして松ぼっくりをゆでるんですか!?　と律《りつ》が大声でたずねると、虫がいるからね！　と守《まもる》さんは同じぐらいの大きな声で答えてくれたと律《りつ》は話していた。

新しい松ぼっくりをもらうと、ネネは鳥らしい歓声《かんせい》をあげてすぐにかじり始め、三十分ほどでけばけばのぼろぼろにしてしまった。

守《まもる》さんと松ぼっくりを交換《こうかん》した件について聞いたあと、寄り道したの？　と理佐《りさ》がたずねると、律《りつ》は首を振《ふ》って、そのへんに落ちてる、と言った。確かに、理佐《りさ》の休みの日に二人で歩いてみた小学校までの道には、上の方に松林がある急斜面《しゃめん》に面した道があった。都会育ちの理佐《りさ》には想像もつかなかったような通学路で、何か律《りつ》が危険な目に遭《あ》ったらと思うと気が気ではなかったのだが、このあたりの小学生はみんなそういう所を通って学校に行くのだ、それに事件があったという話を聞いたことはない、と浪子《なみこ》さんに言われてようやく納得した。

律《りつ》によると、登校は集団登校だが、下校は土曜日のみ集団下校であるとのことだった。平日の下校は、できるだけ子供たち同士で帰るよう

イ　世間の人々が自身の求めるサービスを提示してくれることで、会社は自ら考える手間を省き楽に仕事できるということ。

ウ　世間の人々が余暇《よか》を楽しめるようにするために、会社は次々とサービスを考えていかなければならないということ。

エ　世間の人々に対して多分野におけるサービスを提供すれば、多様な社員の活躍《かつやく》が期待できるようになるということ。

オ　世間の人々の要求にあったサービスを提供すれば、おのずと収入が増え、会社にとって利益につながるということ。

問五　――線④「実利的な特性」とありますが、これはどのような特性ですか。その説明として最も適当なものを次のア～オの中から一つ選び、記号で答えなさい。

ア　他人と空間を共にせず、自分一人の世界に入れるという特性。

イ　時間と空間を問わず、言語能力を高められるという特性。

ウ　場所と時間における制約がなく、効率的であるという特性。

エ　本来支払《しはら》うべき代金を払《はら》わずに無料で見られるという特性。

オ　安価でありながら真の芸術を知ることができるという特性。

問六　――線⑤「〝同罪〟」とありますが、この表現はどのような考えに基づいているといえますか。その説明として最も適当なものを次のア～オの中から一つ選び、記号で答えなさい。

ア　オリジナル性を失ったものを見ることは真の鑑賞《かんしょう》とは言えないという考え。

イ　オリジナルを離《はな》れた状態で鑑賞《かんしょう》することを許容するべきであるという考え。

ウ　オリジナルでも手を加えたものでも、鑑賞《かんしょう》の仕方は自由であるという考え。

エ　オリジナルを改変したとしても視聴者《しちょうしゃ》からの評価に差異はないという考え。

オ　そもそも原作を映画化する時点でオリジナル性は消滅《しょうめつ》しているという考え。

問七　――線⑥「〝良識的な旧来派〟が不快感を示す」とありますが、これらの人たちが不快感を示す具体的な事例として**当てはまらないもの**を次のア～オの中から**二つ**選び、記号で答えなさい。

ア　テレビの生放送　　イ　録画で観《み》るドラマ

ウ　コンクール会場で聴《き》く合唱　　エ　ラジオで聴《き》く野球の実況中継《じっきょうちゅうけい》

オ　劇場で観《み》る演劇

問八　――線⑦「書物」とありますが、大宅壮一《おおやそういち》は「書物」をどのようなものととらえていますか。その説明として最も適当なものを次のア～オの中から一つ選び、記号で答えなさい。

ア　ＴＶのように笑いを取るただの娯楽《ごらく》とは異なり、問題解決を求められるもの。

イ　文字から場面や状況《じょうきょう》を思《おも》い描《えが》いたり考えたりするのを読者に委《ゆだ》ねているもの。

ウ　提供する側がよく吟味《ぎんみ》して、受け手の気持ちをよく汲《く》み取《と》って表現したもの。

エ　一般大衆を対象にしているのではなく、作品の真の理解者を求めているもの。

オ　文字が持つ多様な意味を理解できる読者だけが楽しめる世界となっているもの。

ある。

　しかし、自宅でレコードを聴《き》いたり映画をビデオソフトで観《み》たりといった「オリジナルではない形での鑑賞《かんしょう》」を、ビジネスチャンスの拡大という大義に後押《あとお》しされて多くのアーティストや監督《かんとく》が許容したのと同様に、倍速視聴《しちょう》や10秒飛ばしという視聴《しちょう》習慣も、いずれ多くの作り手に許容される日が来るのかもしれない。

　我々は、「昔は、レコードなんて本物の音楽を聴《き》いたうちに入らないって〔　⑨　〕くじらを立てる人がいたんだって」と笑う。しかしそう遠くない未来、我々は笑われる側に回るのかもしれない。「昔は、倍速視聴《しちょう》にいちいち〔　⑨　〕くじらを立てる人がいたんだって」

（『映画を早送りで観《み》る人たち』稲田《いなだ》豊史《とよし》）

（注）＊１　ビデオデッキ――画像の記録・再生をする装置。
＊２　レコード――演奏などを録音し、レコードプレイヤーによって再現する円盤《えんばん》。
＊３　蓄音機《ちくおんき》――円盤《えんばん》レコードの溝《みぞ》に針を接触《せっしょく》させ録音した音を再生する装置。
＊４　メリット――利点。
＊５　ビデオグラム化（ＶＨＳ、ＤＶＤなど）権――国内において映像ソフトとして複製、発売及び広くいき渡らせる権利。
＊６　コンテンツ――情報の中身。
＊７　バリエーション――変種・変化。
＊８　デバイス――機器・装置・道具。
＊９　ＷＥＢ――インターネット上の様々な情報を見られるシステム。

問一　空らん〔⑧〕と〔⑨〕の中に入る言葉をそれぞれ漢字一字で答えなさい。

問二　――線①「字幕や吹《ふ》き替《か》えは～ではないのか」とありますが、これはどのようなことですか。その説明として最も適当なものを次のア～オの中から一つ選び、記号で答えなさい。

ア　字幕や吹《ふ》き替《か》えは、鑑賞者《かんしょうしゃ》が自分の思い通りに解釈《かいしゃく》できるものなので、改変行為であるということ。
イ　字幕や吹《ふ》き替《か》えは、翻訳者《ほんやくしゃ》の手が入ることによって原典との違《ちが》いが生じるので、改変行為であるということ。
ウ　字幕や吹《ふ》き替《か》えは、鑑賞者《かんしょうしゃ》の想《おも》いを汲《く》み取《と》って翻訳者《ほんやくしゃ》が考えたものなので、改変行為であるということ。
エ　字幕や吹《ふ》き替《か》えは、鑑賞者《かんしょうしゃ》が画面に表示された多様な言語の中から選べるので、改変行為であるということ。
オ　字幕や吹《ふ》き替《か》えは、翻訳者《ほんやくしゃ》の母国の文化や思想が入《はい》り込《こ》む可能性が高いので、改変行為であるということ。

問三　――線②「草分け的存在」とありますが、その意味として最も適当なものを次のア～オの中から一つ選び、記号で答えなさい。

ア　多面的存在　　イ　後継者《こうけいしゃ》的存在　　ウ　世界的存在
エ　先がけ的存在　　オ　リーダー的存在

問四　――線③「ビジネスチャンスが広がるからだ」とありますが、本文中において「ビジネスチャンスが広がる」とはどういうことですか。その説明として最も適当なものを次のア～オの中から一つ選び、記号で答えなさい。

ア　世間の人々は、経済的に不況《ふきょう》である時期も余暇《よか》を楽しむサービスを求めてくるので、会社の収益には好都合だということ。

応の数の顧客がそれを求めているからだ。その求めに応じたほうが、③ビジネスチャンスが広がるからだ。

本書冒頭《ぼうとう》で筆者は、「テクスト論」すなわち「文章を作者の意図に支配されたものと見るのではなく、あくまでも文章それ自体として読むべきだとする思想」を倍速視聴《しちょう》に当てはめること（製作者が意図しない速度で観《み》る行為）に、抵抗《ていこう》を示した。彼らの動機の大半が「時短」「効率化」「便利の追求」という、きわめて実利的な理由だったからだ。これは作品を（あるいは＊6コンテンツを）鑑賞《かんしょう》する（あるいは消費する）態度のいち＊7バリエーションとは、到底《とうてい》言えないのではないか、と。

しかし、レコードやＶＨＳやＤＶＤは、「聴《き》く／観《み》るためにわざわざ家から出なくていい」「好きなタイミングで何度でも視聴《しちょう》できる」という、極めて④実利的な特性によってその存在意義が支えられてきた。レコード会社や映画会社やＤＶＤメーカーも、ビジネスチャンスの拡大というこれ以上なく実利的な動機をもって、これを推進してきた。

すなわちレコードやＶＨＳやＤＶＤでの視聴《しちょう》も「実利的な目的のために、オリジナルの状態で鑑賞《かんしょう》しないことを許容する」という意味において、倍速視聴《しちょう》や10秒飛ばしと⑤〝同罪〟である。あるいは、もしそれらを罪とは考えず「作品鑑賞《かんしょう》のいちバリエーション」と認めるならば、今度は倍速視聴《しちょう》や10秒飛ばしのほうも「作品鑑賞《かんしょう》のいちバリエーション」と認めなければならないのではないか。

我々の社会では、新しいメディアや＊8デバイスが登場するたび、あるいはそれらの新しい使い方が見いだされるたび、大田黒《おおたぐろ》のような⑥〝良識的な旧来派〟が不快感を示すという歴史が繰《く》り返《かえ》されてきた。

後に「芸術」の属性を勝ち取った映画ですら、登場時は「芸術にはなりえない見世物」という扱《あつか》いだったたし、ラジオ放送が始まって数年は、それを聞かないことが教養ある人々の態度とされた。日本初のＴＶ放送開始から4年後の１９５７年、昭和日本を代表するジャーナリストにして社会評論家の大宅壮一《おおやそういち》は、⑦書物と違《ちが》って受け身で眺《なが》めるＴＶは人の想像力や思考力を低下させる、要は「バカになる」という意味合いを込《こ》めて、「一億総白痴化《いちおくそうはくちか》」という流行語を生み出している。

ＰＣやインターネットの登場時にも、この種の抵抗感《ていこうかん》・嫌悪感《けんおかん》が〝良識的な旧来派〟からこぞって表明された。２０００年代初頭には、「＊9ＷＥＢはまとまった長さの文章をAセイドクするのに向いていない」と言って記事を全部プリントアウトして読む年配層がオフィスに一定数いたし、２０１０年頃《ころ》ですら「ＰＣの小さな画面で観《み》る映画など、観《み》たうちに入らない」と不快感を示す映画好きがそこかしこにいた（さしずめ「缶詰《かんづめ》の映画」とでも言おうか）。

また、本を読む方法としての「デジタルデバイスで閲覧《えつらん》する＝電子書《しょ》籍《せき》」「朗読音声で聴《き》く＝オーディオブック」が、これほどまでに出版社にとって無視できない売上になることを、電子書籍《しょせき》とオーディオブックそれぞれの登場時に予測できた者が一体どれほどいたか。むしろ「本を読む体験としては、本来の方法にBイチジルシク劣《おと》る」と、いずれに対してもケチをつけた〝良識的な旧来派〟たる本好きは多かったはずだ。

新しい方法というやつはいつだって、出現からしばらくは〔　⑧　〕当たりが強い。

C目下のところ、倍速視聴《しちょう》や10秒飛ばしという新しい方法を手放しで許容する作り手は多数派ではない。〝良識的な旧来派〟からは非難轟々《ひなんごうごう》で

【国　語】（五〇分）〈満点：一〇〇点〉

一　次の文章を読んで、後の一から十までの各問いに答えなさい。

（ただし、字数指定のある問いはすべて句読点・記号も一字とする。）

映像を自分の思い通りの状態で「楽」に観《み》るための改変行為、すなわち倍速視聴《しちょう》や10秒飛ばしという現代人の習慣は、文明進化の必然である。……といった言い切りには、まだまだ抵抗感《ていこうかん》をおぼえる人もいるだろう。作品は作者が発表した通りの形、「オリジナルの状態」で鑑賞《かんしょう》すべきであると。

しかし、そもそも我々は多くの場合において、作品を厳密《げんみつ》な意味での「オリジナルの状態」では鑑賞《かんしょう》していない。

たとえば、映画館のスクリーンで観《み》ることを前提に作られた映画をＴＶモニタで視聴《しちょう》する時点で、画面サイズは小さく、音響《おんきょう》は貧弱になる。場合によっては画角（画面の縦横比）すら〝改変〟され、スクリーンでは画面端《はし》に見えていたものが見えなくなっていたりする。家庭用＊1ビデオデッキの登場によって映画が映画館以外でも手軽に観《み》られるようになったとき、「あんな小さな画面で映画を味わったとは言えない」と声高《こわだか》に叫《さけ》んだ映画好きや映画人は相当数に上った。

映画文化に「他の見知らぬ観客と肩《かた》を並べ、暗闇《くらやみ》で2時間の非日常を過ごす」という体験価値を見出《みいだ》す者にとっても、ビデオデッキによる映画鑑賞《かんしょう》は到底《とうてい》認められるものではなかった。ＴＶが置いてあるのは日常そのものである自宅の居間。トイレのたびに一時停止できる「ビデオ鑑《かん》賞《しょう》」の体験は、真の映画体験とは似ても似つかない。

もっと言えば、自分が理解できない言語で作られた作品を、母国語など理解できる言語の字幕や吹き替《ふ》《か》えで観《み》る場合、果たして「オリジナルを鑑賞《かんしょう》している」と言い切れるだろうか？　ある言語のある表現を寸分たがわぬニュアンスで他言語に置き換《お》《か》えることが原理的にできない以上、①字幕や吹《ふ》き替《か》えは「思い通りの状態で観《み》るための改変行為」ではないのか。

こういう話は＊3レコードが登場して間もない頃《ころ》にもあった。日本における音楽評論の②草分け的存在である大田黒元雄《おおたぐろもとお》は、大正期に日本でレコードの需要《じゅよう》が急拡大した際、＊3蓄音機《ちくおんき》で聴《き》くレコード音楽は所詮《しょせん》「缶詰《かんづめ》の音楽」だと斬《き》り捨《す》てた。真の音楽鑑賞《かんしょう》とは生演奏を聴《き》くことを指すのであって、録音された音源を機械を通して聴《き》くことを音楽鑑賞《かんしょう》とは呼ばない。皿に載《の》ったまともな料理には程遠い、だから「缶詰《かんづめ》」なのだと。

ただ、このような「オリジナルからの改変行為」は、むしろ作品の供給側（映画製作会社など）が率先して行ってきたことを忘れてはならない。そのほうがビジネスチャンスは広がり、監督《かんとく》や俳優やスタッフらを含む制作陣《せいさくじん》がその経済的＊4メリットを享受《きょうじゅ》できるからだ。映画館で上映するだけでなく、＊5ビデオグラム化（ＶＨＳ、ＤＶＤなど）権、テレビ放映権、配信権などを販売《はんばい》したほうが、端的《たんてき》に言ってより大きく儲《もう》けられる。

配信メディア会社というだけでなく映画やドラマの製作会社でもあるＮｅｔｆｌｉｘやＡｍａｚｏｎが、あるいは放送メディア会社というだけでなく番組製作会社でもあるＴＶ局各社が、倍速視聴《しちょう》や10秒飛ばし機能を自社の配信サービス上に実装しているのもまた、「オリジナルではない形での鑑賞《かんしょう》」の積極的な提案だ。なぜそんなことをするのか？　相

2024年度

豊島岡女子学園中学校入試問題（第３回）

【算　数】（50分）　＜満点：100点＞

【注意】　１．円周率は3.14とし，答えが比になる場合は，最も簡単な整数の比で答えなさい。
　　　　２．角すい・円すいの体積は，（底面積）×（高さ）÷３で求めることができます。

1　次の各問いに答えなさい。

(1)　$\left(\frac{5}{21}\div\frac{1}{30}-4\right)\times\frac{14}{33}+\frac{2}{3}$　を計算しなさい。

(2)　40人の生徒に100点満点のテストを行ったところ，男子の平均点は75点，女子の平均点は85点，40人全体の平均点は81点でした。このとき，女子の人数は何人ですか。

(3)　連続する３つの整数の積を６で割ると2024になりました。３つの整数の中で最も小さい整数はいくつですか。

(4)　a は b より大きい数とします。２つの数 a と b について，記号「◎」を次のように約束します。

$$a \circledcirc b=\frac{a-b}{a+b}$$

$\square\ \circledcirc\left(\frac{5}{6}\circledcirc\frac{2}{3}\right)=\frac{3}{4}$ となるとき，$\square$ にあてはまる数を答えなさい。

ただし，かっこの中を先に計算するものとします。

2　次の各問いに答えなさい。

(1)　ある商品を600個仕入れて，10％の利益を見込《こ》んで定価をつけました。450個が売れたところで，残りを定価の２割引きにしたところすべて売り切れ，全部で13500円の利益がでました。この商品の１個あたりの仕入れ値はいくらですか。

(2)　ある井戸に水が96Ｌたまっていて，一定の割合で水がわき出ています。この井戸を空《から》にするのに，ポンプを４つ使うと24分かかり，ポンプを５つ使うと16分かかります。ポンプを６つ使うと，井戸は何分で空になりますか。ただし，ポンプ１つで１分間にくみ出せる水の量はすべて同じであるものとし，井戸から水があふれることはないものとします。

(3)　下の図のような３つの地点Ｐ，Ｑ，Ｒの間を，ＡさんとＢさんが，Ｑを同時に出発し，それぞれ一定の速さで進みます。ＡさんはＱを出発するとＰへ向かって進み，Ｐで３分間停まると，それまでの２倍の速さでＲへ向かって進みました。ＢさんはＱを出発するとＲへ向かって進み，出発してから24分後にＡさんと同時にＲに着きました。ＡさんがＰからＱに戻ってきたとき，ＢさんはＲまであと何ｍの位置にいましたか。

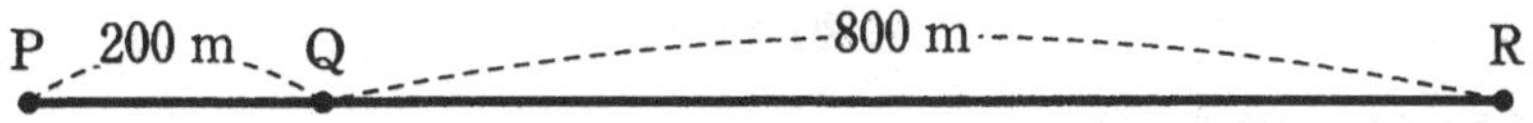

(4)　下の図のように，同じ大きさの立方体を積み上げます。２段積み上げると＜図１＞のようになり，３段積み上げると＜図２＞のようになり，４段積み上げると＜図３＞のようになります。同じように９段積み上げるためには，立方体は何個必要ですか。

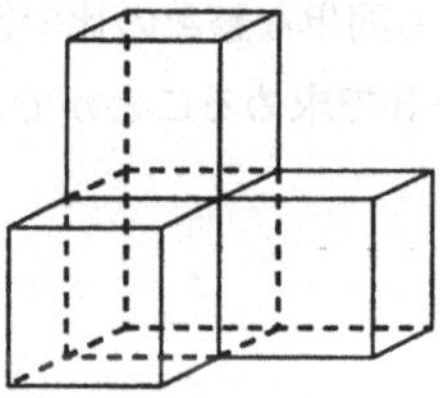

＜図１＞

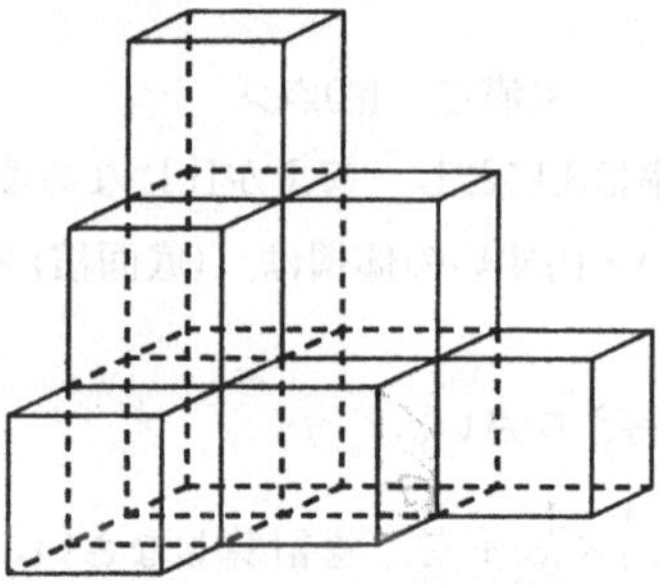

＜図２＞

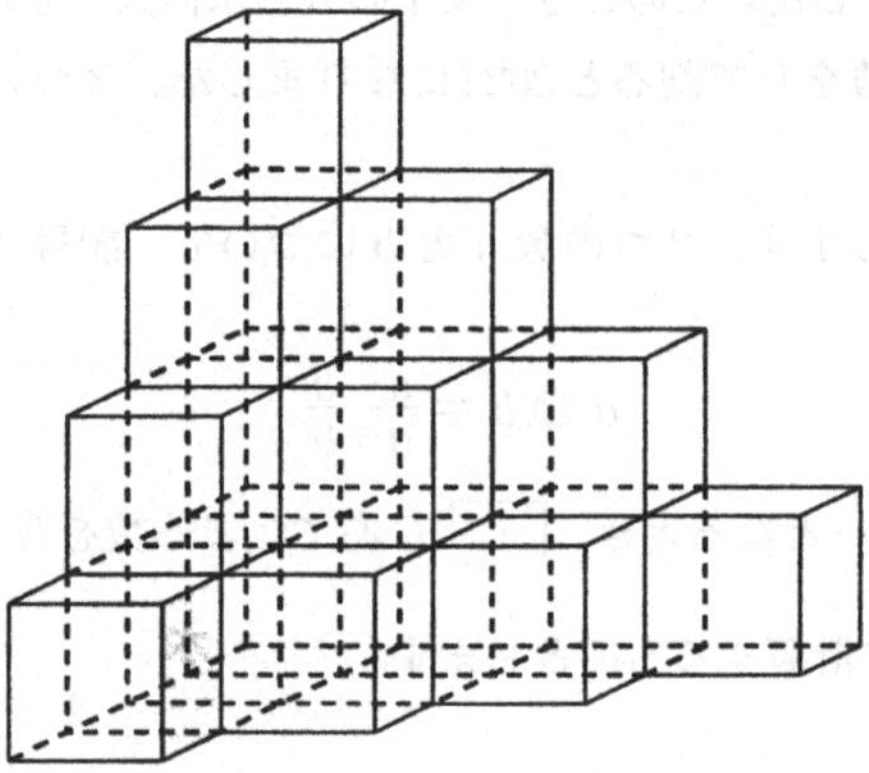

＜図３＞

3　＜図１＞のようにAB＝３㎝，BC＝４㎝，CD＝３㎝，BG＝５㎝で，側面がすべて長方形でできている容器が水平な台の上に置いてあります。この容器に水を60㎤入れ，＜図１＞のように置いたとき，水平な台から水面までの高さが１㎝でした。このとき，後の各問いに答えなさい。ただし，容器の厚みは考えないものとします。

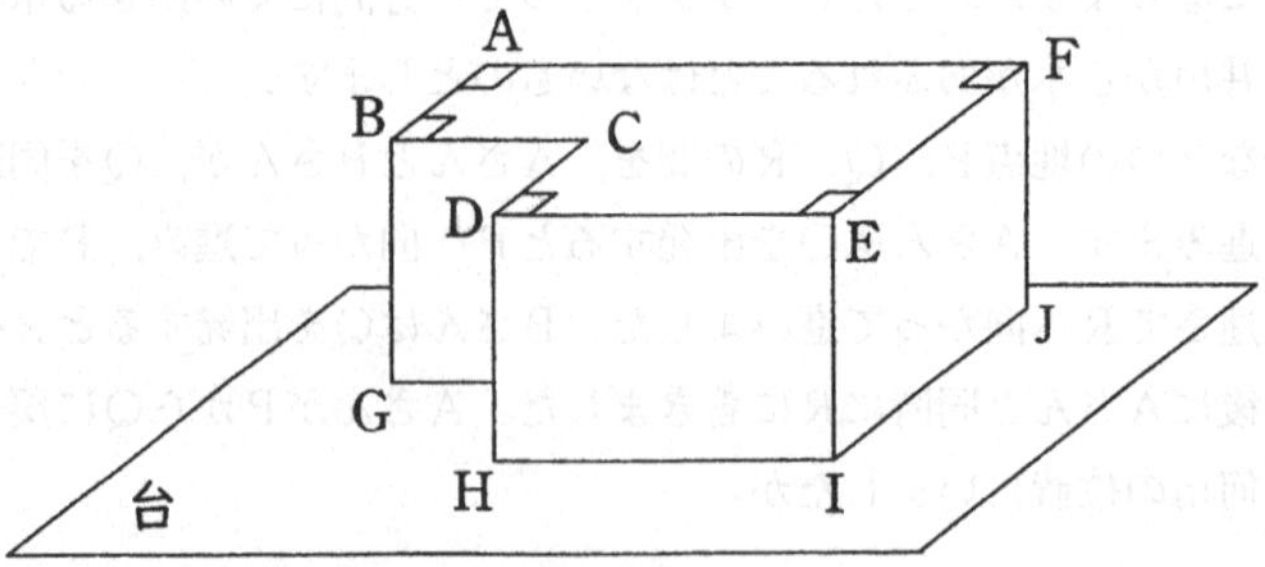

＜図1＞

(1)　DEの長さは何㎝ですか。

⑵　この容器にさらに水を入れ，ふたをしてこぼれないようにしました。この容器を辺BG，辺DHが水平な台につくように置いて真横から見ると，下の＜図２＞のようになりました。このとき，ちょうど水面が点Eを通りました。この容器を＜図１＞のように置きなおしたとき，水平な台から水面までの高さは何㎝になりますか。

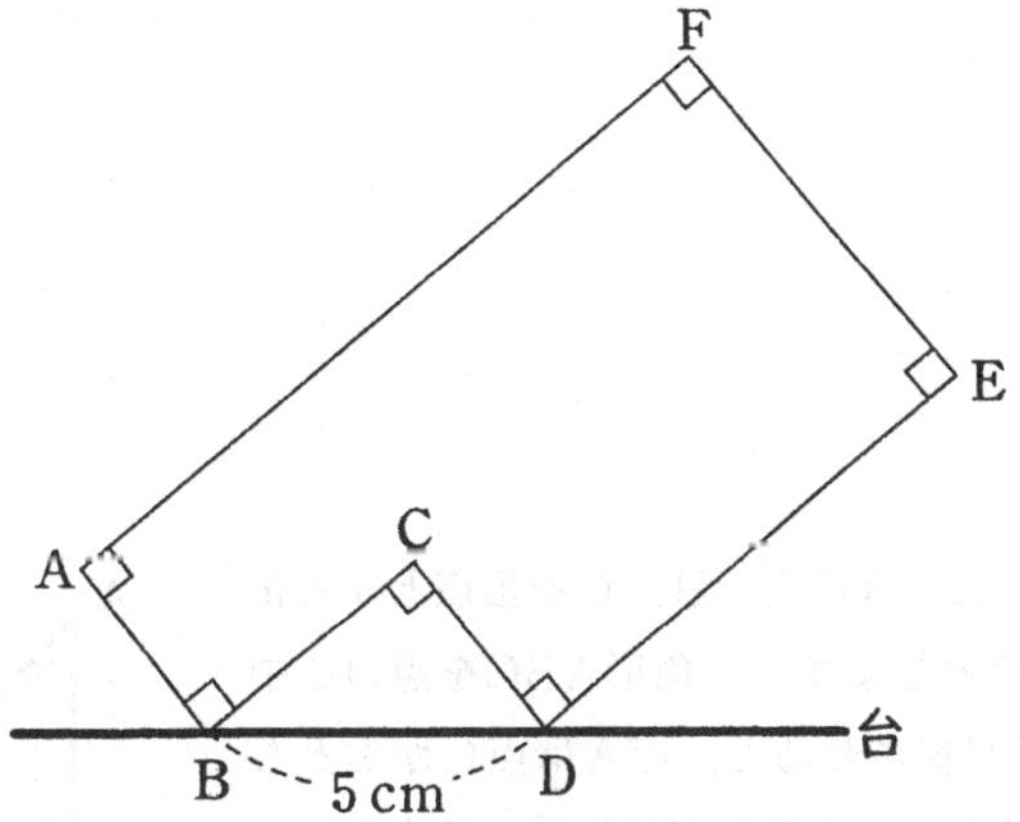

<図2>

4　豊子さんが持っている時計は普通の時計とは異なる時計で，短い針は普通の時計と同じように12時間で時計回りに１周しますが，長い針は１時間で**反時計回り**に１周します。この時計をある日の午前９時ちょうどに時刻を合わせ，その日の午後９時までの12時間の動きを観察します。このとき，次の各問いに答えなさい。

⑴　はじめて長い針と短い針の間の角度が180°となるのは午前９時から何分後ですか。

⑵　午前９時から午後９時までの間に，長い針と短い針の間の角度が180°となるのは何回ありますか。

5　分母が分子よりも大きい分数について考えます。このような分数を，分子を分母で割り進めて小数で表したとき，割り切れるか，または，どこまでも割り切れないかのどちらかになります。

例えば，$\dfrac{7}{125}=0.056$ は割り切れ，$\dfrac{1}{7}=0.142857142857\cdots\cdots$ はどこまでも割り切れません。

このとき，次の各問いに答えなさい。

⑴　分数 $\dfrac{1}{\boxed{}}$ を小数で表したとき，どこまでも割り切れません。

$\boxed{}$ にあてはまる数のうち，２以上30以下の整数は何個ありますか。

⑵　$\dfrac{1}{41}$ を小数で表したとき，小数第88位の数字はいくつですか。

⑶　$\dfrac{145}{451}=\dfrac{\boxed{\text{あ}}}{41}+\dfrac{\boxed{\text{い}}}{11}$ であるから，$\dfrac{145}{451}$ を小数で表したとき，小数第88位の数字は $\boxed{\text{う}}$ となります。$\boxed{\text{あ}}$ ，$\boxed{\text{い}}$ ，$\boxed{\text{う}}$ にあてはまる整数をそれぞれ答えなさい。

6 AB＝BC＝４㎝の直角二等辺三角形ABCについて，次の各問いに答えなさい。

⑴ 右の＜図１＞のように，三角形ABCを点Aを中心に反時計回りに90°回転させると，点Bは点Q，点Cは点Rに重なりました。このとき，三角形ABCが通過した部分の面積は何cm^2ですか。

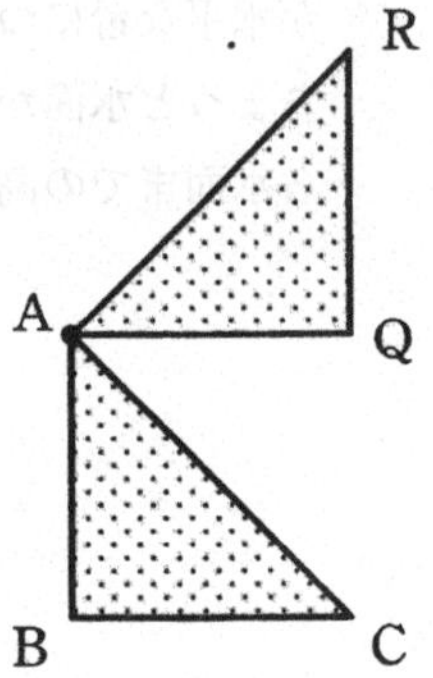

＜図１＞

⑵ 右の＜図２＞のように，３点A，B，Cを頂点とする正方形の残りの頂点をDとします。三角形ABCを点Dを中心に反時計回りに90°回転させると，点Aは点Cがもともとあった点P，点Bは点Q，点Cは点Rに重なりました。このとき，三角形ABCが通過した部分の面積は何cm^2ですか。

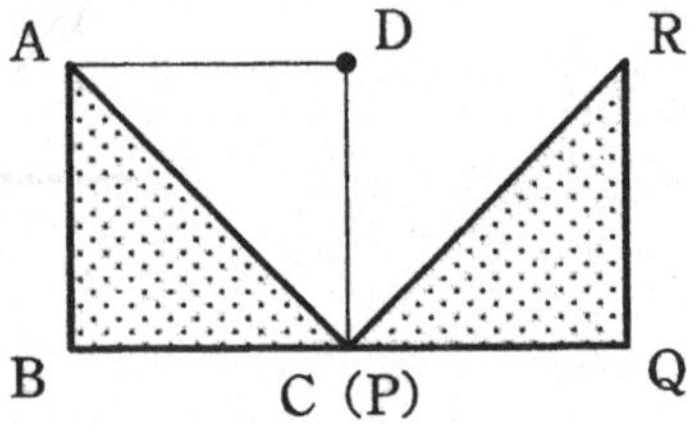

＜図２＞

⑶ 下の＜図３＞のように，⑵の正方形ABCDと１辺の長さが４㎝の正方形を３個用いて，大きい正方形をつくります。三角形ABCを大きい正方形の頂点Eを中心に反時計回りに90°回転させると，点Aは点P，点Bは点Q，点Cは点Rに重なりました。このとき，三角形ABCが通過した部分の面積は何cm^2ですか。

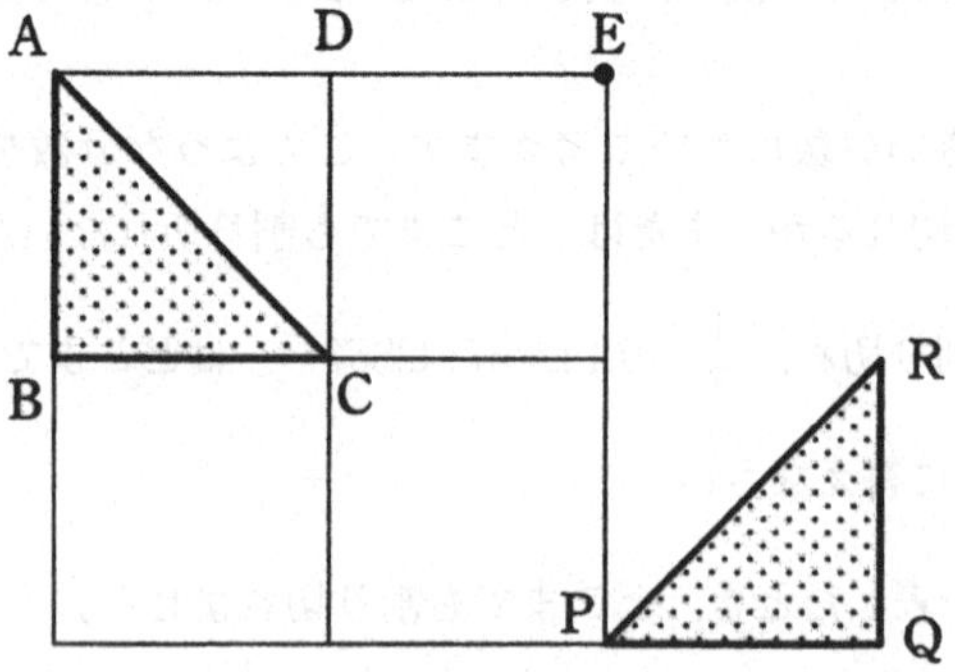

＜図３＞

【理　科】（社会と合わせて50分）　＜満点：50点＞

1　図１のような輪軸《りんじく》と，自然の長さが10㎝で同じように伸《の》び縮みする２本のばねA，Bを用いて次のような実験を行いました。２本のばねA，Bは同じ性質をもっており，図２のようにおもりを下げたときのばねの長さとおもりの重さの関係は，図３のグラフのようになることがわかっています。後の問いに答えなさい。

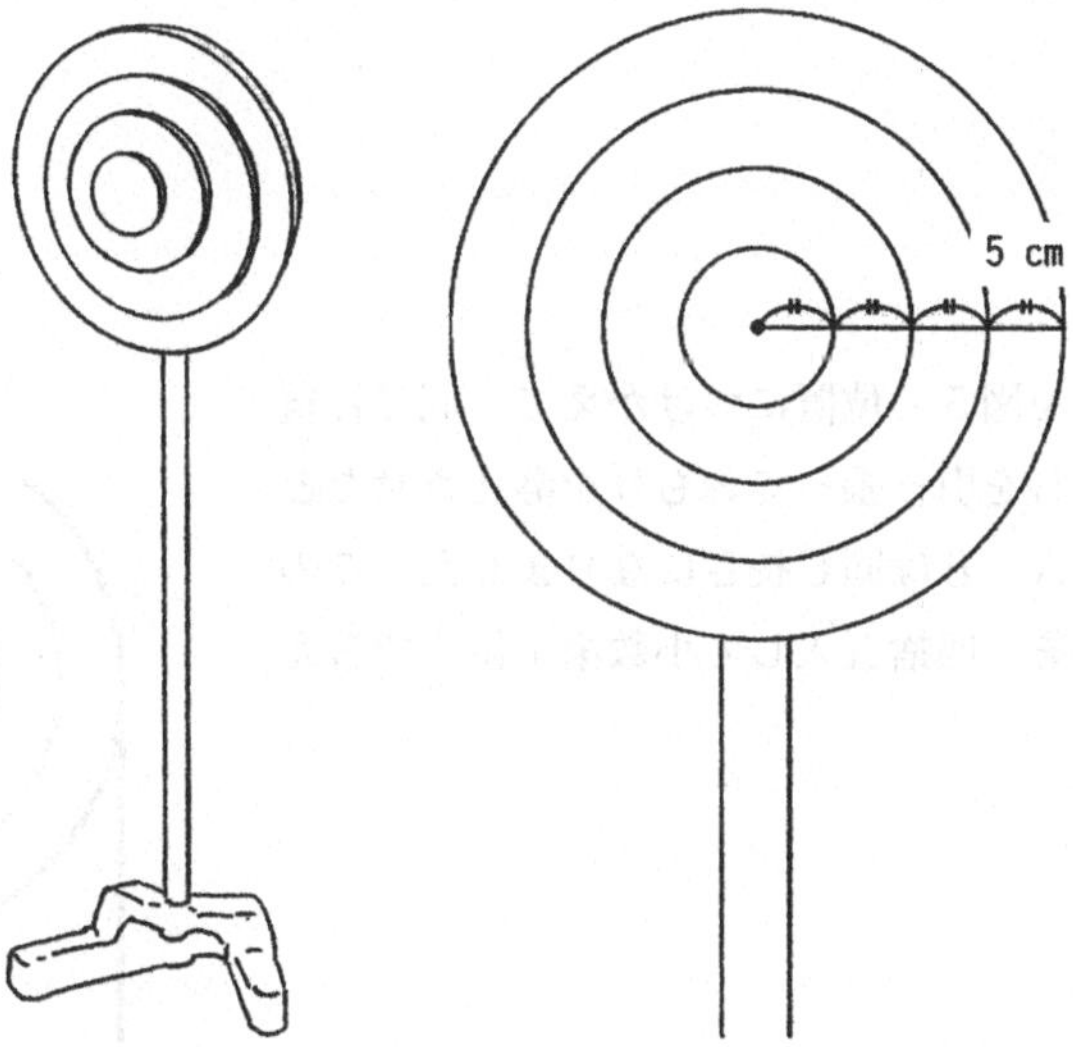

図１

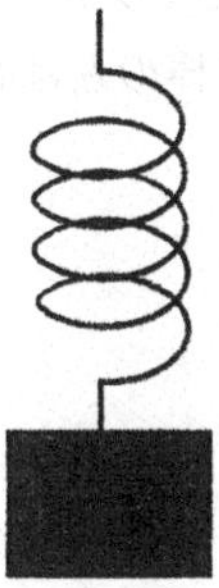

図２

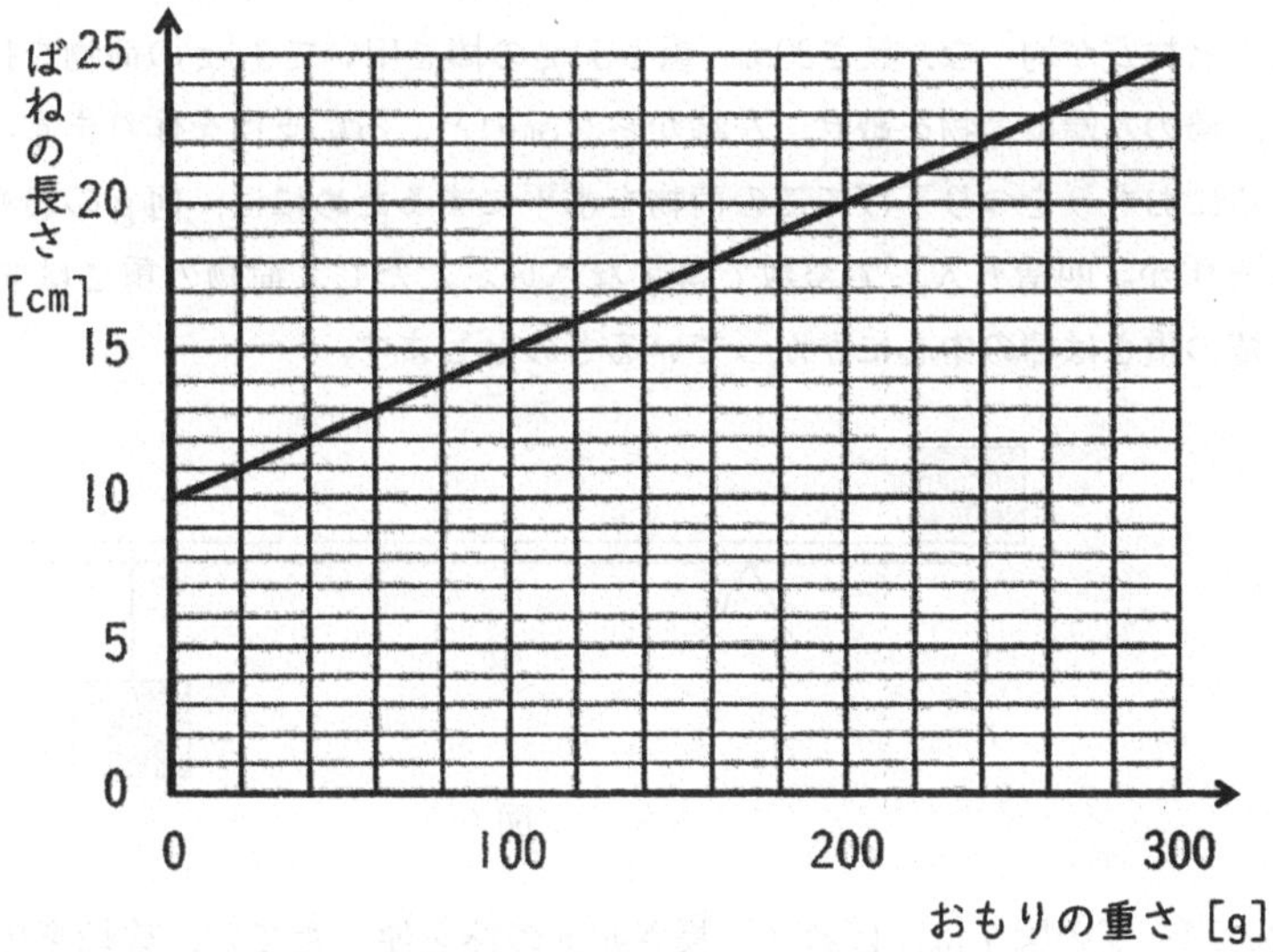

図３

(1)　図４のように輪軸におもりとばねを下げ，ばねを引っ張ったところ，ばねの長さがはじめ10㎝だったのが14㎝になったところでおもりは止まりました。このときのおもりの重さを，四捨五入して整数で答えなさい。

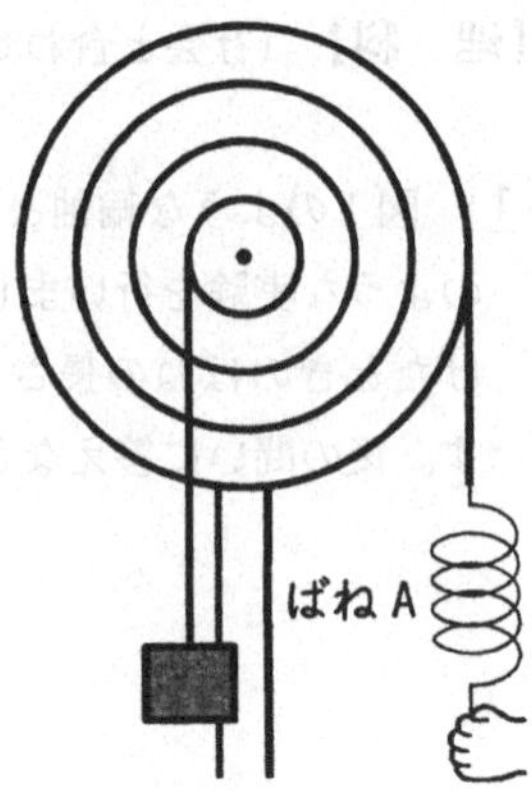

図４

(2)　(1)と同じおもりを図５の位置につけかえて，同じ性質の２本のばねA，Bを引っ張っておもりを静止させたところ，２本のばねA，Bは同じ長さになりました。このときのばねの長さを，四捨五入して小数第１位まで答えなさい。

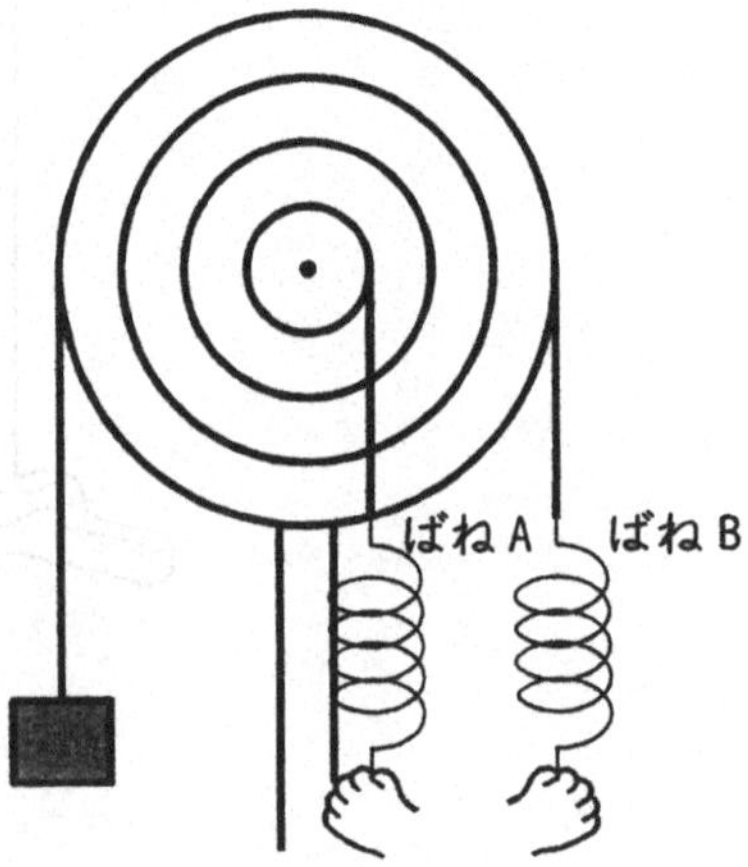

図５

(3)　太さと材質が均一な，長さ20㎝，重さ50ｇの棒を用いて１kgの荷物を持ち上げます。図６のように，棒の左端《ひだりはし》に荷物を載《の》せ，左端から２㎝のところに支点を作ります。棒の右はしから２㎝のところにおもりをつり下げてこの荷物を水平にするためには，何ｇのおもりをつり下げる必要がありますか。四捨五入して整数で答えなさい。ただし，荷物の重さはすべて棒の左はしにかかり，棒の重さは棒の中心にかかっているものとします。

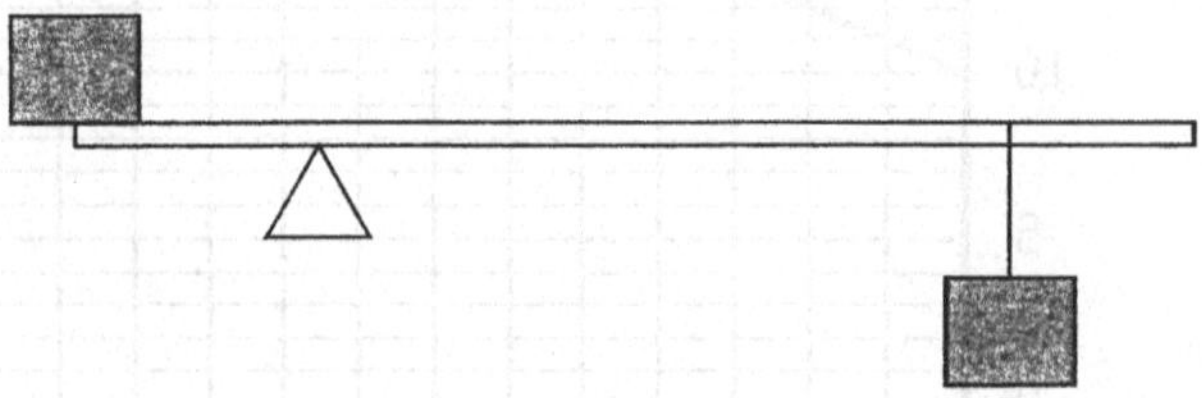

図６

(4)　次のページの図７は，ばねA，長さ40㎝の棒を使ったてこ，輪軸を用いた装置で，ばねAが５㎝縮んだところでつりあっている様子を示したものです。つるしたおもりは何ｇになりますか。ただし，てこの棒は床に対して垂直であり，糸①とばねAは床と平行であるとします。また，てこの棒は支点を中心に回転することができ，曲がることはないものとします。

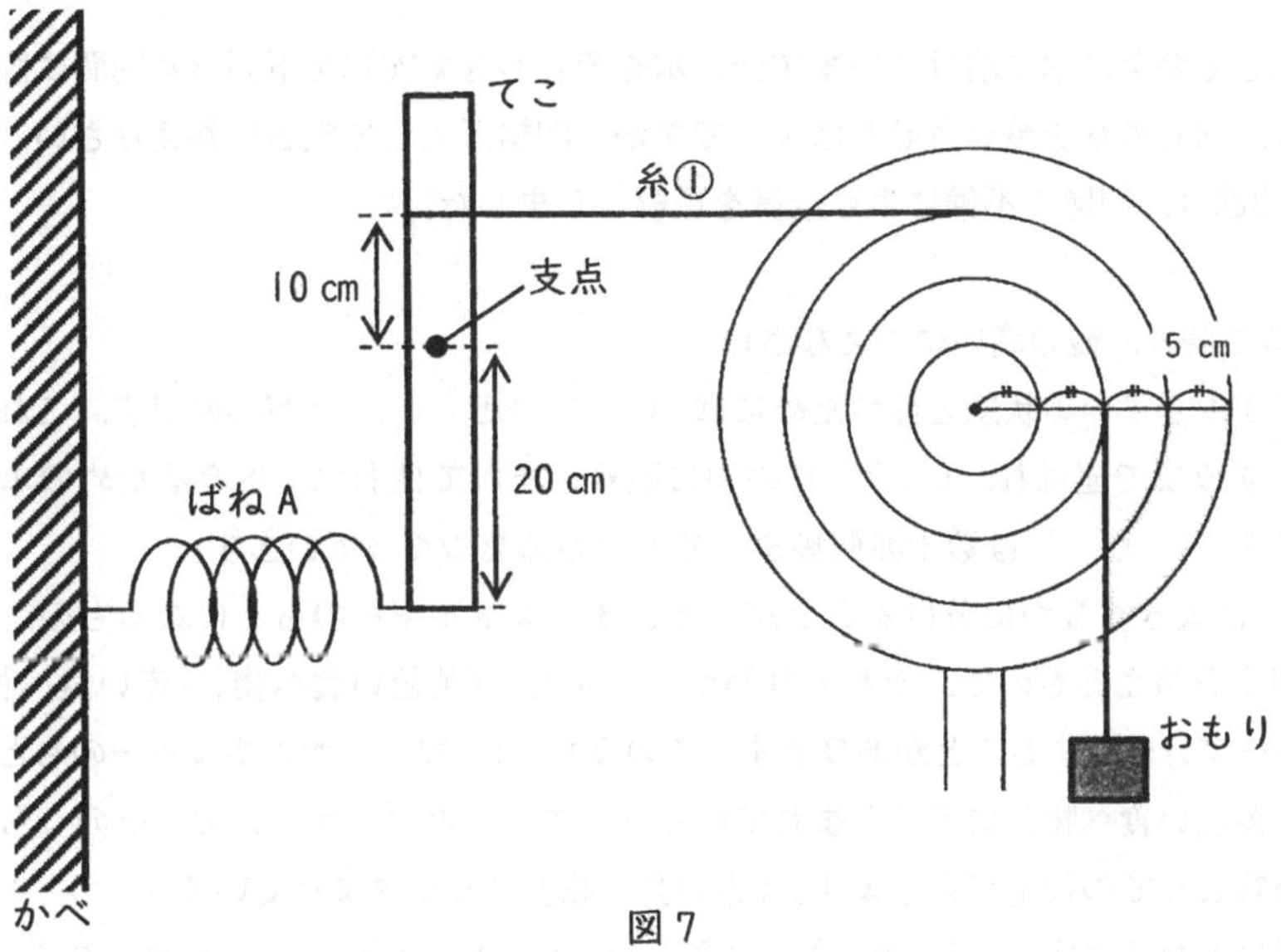

図７

2 もうこれ以上固体が溶《と》けなくなる限界まで溶かした水溶液《すいようえき》のことを『飽和《ほうわ》水溶液』といいます。また，水溶液に溶けていたものが固体として再び水溶液中にあらわれてくる現象を『析出《せきしゅつ》』といいます。飽和水溶液と析出に関する後の問いに答えなさい。

下の表は，各温度の水100ｇに固体であるＡ，Ｂ，Ｃがそれぞれ溶ける重さの最大量を記した表です。

	20℃	40℃	60℃	80℃
A	34g	60g	110g	170g
B	5g	10g	15g	25g
C	38g	40g	41g	42g

(1) 60℃におけるＡの飽和水溶液100ｇを20℃に冷やすと，析出するＡは何ｇですか。四捨五入して整数で答えなさい。

(2) 40℃におけるＡの飽和水溶液80ｇと80℃におけるＡの飽和水溶液135ｇを混ぜあわせて温度を60℃にすると，析出するＡは何ｇですか。四捨五入して整数で答えなさい。

上の表にある３種類の固体Ａ，Ｂ，Ｃを適当に混ぜて重さをはかると36.3ｇありました。これを80℃のお湯50ｇに入れて溶かしたところ，３種類の固体はすべて完全に溶けました。この水溶液の温度を80℃から少しずつ下げていったところ，40℃を下回った瞬間《しゅんかん》にＡだけが固体として析出しはじめ，さらに温度を下げていくと今度は20℃を下回った瞬間にＡに次いでＢが固体として析出しはじめました。このときＣはまだ完全に溶けたままでした。Ａ，Ｂ，Ｃの水に対して溶ける量は，他の物質が溶けていたとしてもたがいに影響《えいきょう》を受けないものとします。

⑶　Ｂが固体としてあらわれはじめたとき，析出しているＡは何ｇですか。四捨五入して整数で答えなさい。

⑷　Ｃは20℃で完全に水に溶けていますが，水を蒸発させて20℃を下回った瞬間に固体Ｃを析出させるには，何ｇの水を蒸発させればよいですか。四捨五入して整数で答えなさい。

⑸　（この問題は，問題の不備により全員を正解としました。）

3　次の文章を読み，後の問いに答えなさい。

ヒトの体が生きている状態を保つためには，（　ア　）と（　イ　）が必要です。これらは血液循環《じゅんかん》で体のすみずみまで運ばれ，（　ウ　）の中に取り込《こ》まれて使われ，生きるためのエネルギーが作り出されます。（　ウ　）は数十兆個集まって１つの体をつくっています。

（　イ　）は大きく３つに分けることができます。エネルギーのもとになるもの，体をつくるもの，体の調子を整えるもので，それぞれわかりやすく，「黄色い食べ物」「赤い食べ物」「緑の食べ物」でグループ分けをすることがあります。このうち，（　ウ　）がエネルギーのもととして主に使うものは「黄色い食べ物」に多く含《ふく》まれている（　エ　）と（　オ　）で，そのうち（　オ　）は主に貯蔵物質としての役割があります。「赤い食べ物」に多く含まれている（　カ　）は，（　ウ　）自体の材料にもなります。「緑の食べ物」に多く含まれているのはミネラルやビタミンで，さまざまな種類があり，それぞれの役割があります。

図１は（　ア　）を体外から取り込むためのつくり（器官）を，図２はヒトの血液循環の様子を模式的に表したものです。①～④はそれぞれ体のある器官を表し，Ｃ～Ｊは主な血管を表しています。ただし，ＣとＧは心臓から各器官に向かう血液の通り道を表しています。

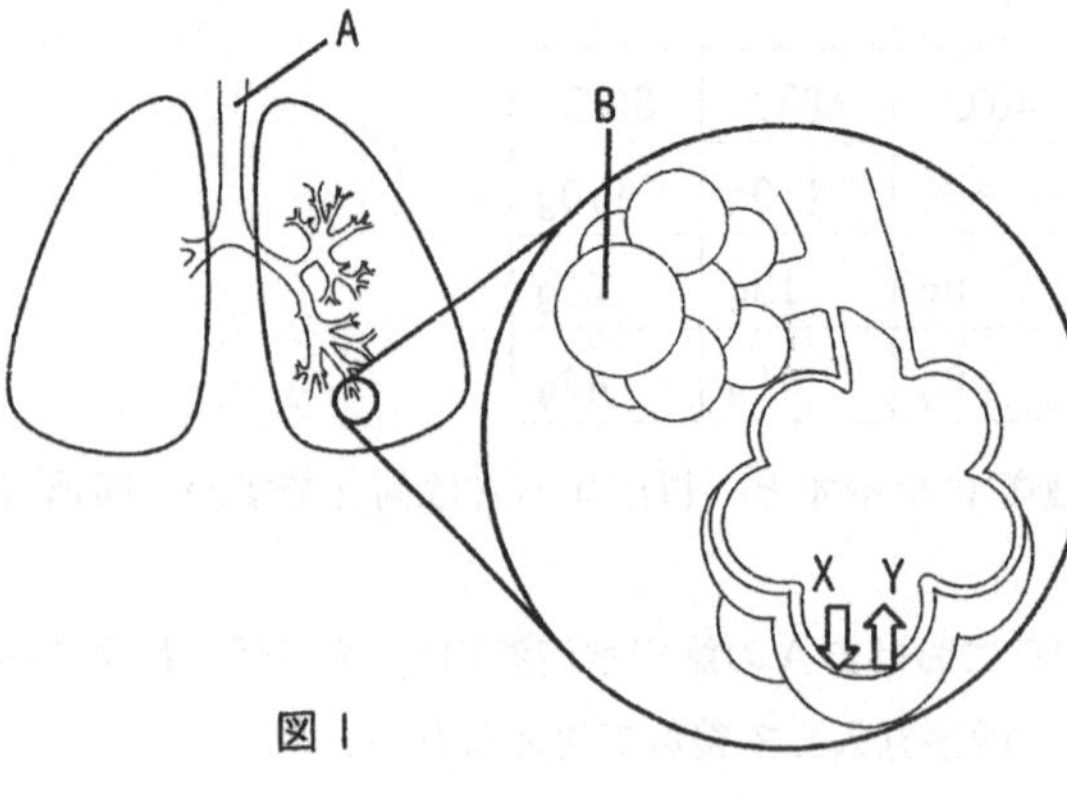

図１

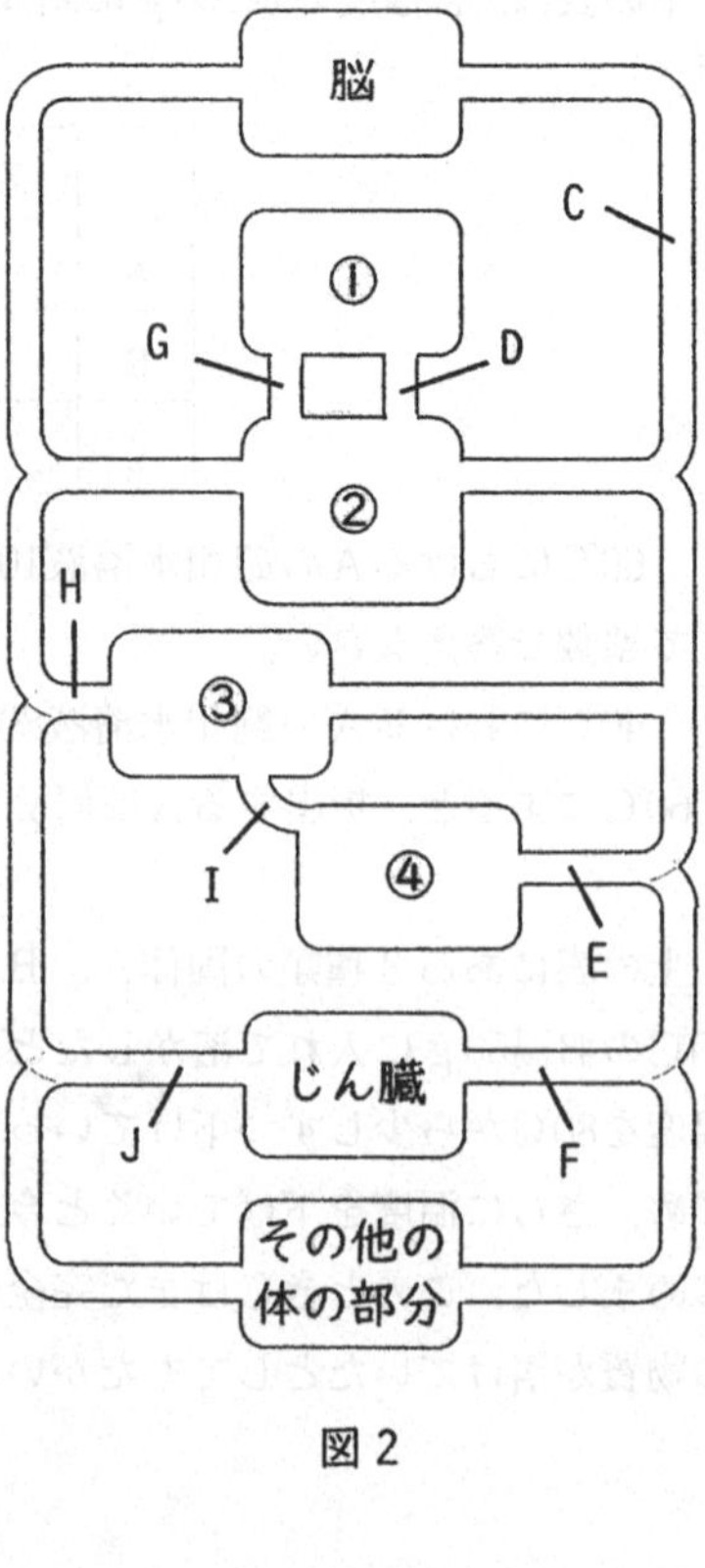

図２

⑴　文章中の（ア）～（ウ）に当てはまる語句として最も適切なものを答えなさい。

⑵　文章中の（エ）～（カ）に当てはまる語句として最も適切なものを次の**あ**～**う**から１つずつ選び，記号で答えなさい。ただし，同じ記号を用いないこと。

あ．タンパク質　　**い**．炭水化物　　**う**．脂肪《しぼう》

⑶　前のページの図２の③，④の器官は，それぞれ何を表していますか。最も適切なものを次の**あ**～**お**から１つずつ選び，記号で答えなさい。

あ．胃　　**い**．すい臓　　**う**．小腸　　**え**．肝臓《かんぞう》　　**お**．心臓

⑷　前のページの図１のＡ，Ｂの名称《めいしょう》として最も適切なものを答えなさい。

⑸　（ア）が取り込まれる向きは，図１のＸ，Ｙのうちどちらか，記号で答えなさい。

⑹　次の⒜～⒞の特徴《とくちょう》をもった血液が通る血管は図２のＣ～Ｊのどれですか。最も適切なものをそれぞれ１つずつ選び，記号で答えなさい。ただし，同じ記号を用いないこと。

⒜　二酸化炭素濃度《のうど》が最も低い血液

⒝　食後の糖分濃度が最も高い血液

⒞　尿素《にょうそ》などの老廃物《ろうはいぶつ》が最も少ない血液

⑺　心臓は４つの部屋に分かれています。肺静脈は４つの部屋のうち，どこへつながっていますか。次の**あ**～**え**から正しいものを１つ選び，記号で答えなさい。

あ．左心室　　**い**．右心室　　**う**．左心房《さしんぼう》　　**え**．右心房

4　後の問いに答えなさい。

⑴　次の①と②は，東京では何月に当てはまりますか。数字で答えなさい。

①１年の中で昼の長さが最も長い日のある月

②１年の中で太陽の南中高度が最も高い日のある月

⑵　図１は４月のある晴れた日に，東京で太陽高度を１時間ごとに計測しグラフにしたものです。太陽高度の変化を表したグラフとして最も適切なものを図１の**あ**～**え**から１つ選び，記号で答えなさい。

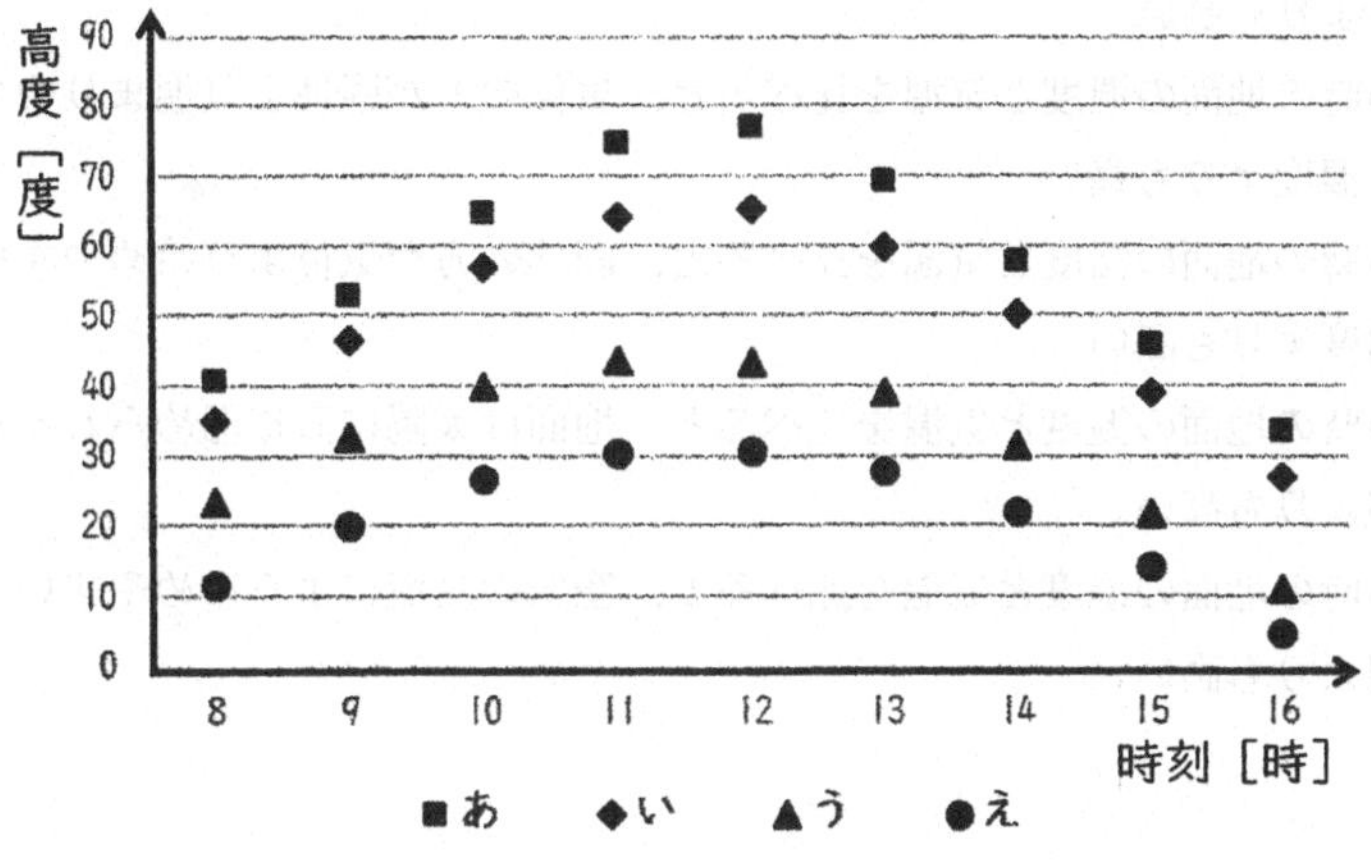

図１

⑶　⑵において，地面に垂直に立てた棒の影の動きを観察しました。正午（12時）での影はどのようになりますか。最も適切なものを次のページの**あ**～**え**から１つ選び，記号で答えなさい。

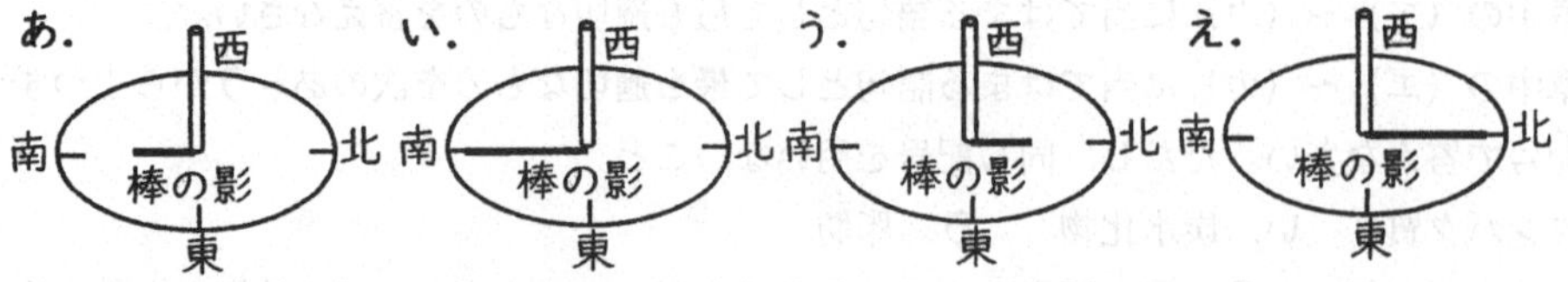

⑷　前のページの図１と同じ日に，地下５㎝と地下25㎝の温度をはかり１日の変化をグラフにしました。そのとき最高温度と日較差《にちかくさ》（１日の最高温度と最低温度の差）は，地下５㎝に比べて地下25㎝の場合はどうなりますか。次の文章の空らん①，②に適する語句を下のあ～かから１つずつ選び，記号で答えなさい。

「地下５㎝に比べて最高温度は（　①　），日較差は（　②　）。」

あ．高くなり　　**い**．低くなり　　**う**．変わらず

え．大きくなる　　**お**．小さくなる　　**か**．変わらない

⑸　⑵の太陽高度の計測と同時に，地面の温度と気温も１時間ごとに計測しグラフにしました。地面の温度と気温のグラフについて述べた文章**あ**～**お**から１つ，**か**～**こ**から１つ，正しいものを選び，記号で答えなさい。

あ．太陽高度が最も高くなる時刻に，地面の温度と気温も最も高くなる。

い．地面の温度は太陽高度が最も高くなる時刻より前に最も高くなり，気温は太陽高度が最も高くなる時刻より後に最も高くなる。

う．気温は太陽高度が最も高くなる時刻より前に最も高くなり，地面の温度は太陽高度が最も高くなる時刻より後に最も高くなる。

え．太陽高度が最も高くなる時刻より後に地面の温度が最も高くなり，地面の温度が最も高くなる時刻より後に気温が最も高くなる。

お．太陽高度が最も高くなる時刻より後に気温が最も高くなり，気温が最も高くなる時刻より後に地面の温度が最も高くなる。

か．最も高い時の地面の温度と気温を比べると，太陽に近い場所を測っているため，気温の方が地面の温度よりも高い。

き．最も高い時の地面の温度と気温を比べると，気体の方が固体より温まりやすいため，気温の方が地面の温度よりも高い。

く．最も高い時の地面の温度と気温を比べると，固体の方が気体より冷めやすいため，気温の方が地面の温度よりも高い。

け．最も高い時の地面の温度と気温を比べると，地面は太陽に直接温められるため，地面の温度の方が気温よりも高い。

こ．最も高い時の地面の温度と気温を比べると，空気の対流により冷めやすいため，地面の温度の方が気温よりも高い。

【社　会】（理科と合わせて50分）　　＜満点：50点＞

1　次の文章を読んで問いに答えなさい。

裁判においては，過去の判例を参照し，そのうえで判決が下されます。また，多くの法律についても，過去の先例の積み重ねによって制定されると言えるでしょう。このように過去の例や記録を参照し，その先例をもとに意思決定を行うことは，これまでの日本の歴史でも多く見られてきました。特に近代以前においては先例が重視される傾向《けいこう》が顕著《けんちょ》に見られます。

９世紀後半以降，朝廷で行われる(ア)儀式《ぎしき》や仕事が年中行事として整えられるようになると，あらゆる行事について手順が細かく定められていきます。それに合わせて，日記を記した人や，先祖が残した日記を引き継《つ》いだ人などが，様々な行事の手順や作法に詳《くわ》しいために朝廷で重んじられるようになりました。当時は摂関政治が行われ，藤原氏が政治を独占した時代だったこともあり，(イ)藤原道長も『御堂関白記』という日記で行事について書き残しています。

鎌倉時代になると，北条泰時により，源頼朝以来の先例と武士の慣例に基づく(ウ)御成敗式目が制定されました。その後の室町時代においても御成敗式目は基本法典とされ，室町幕府の法令は，必要に応じて追加で発布される形をとり，(エ)建武以来追加と呼ばれました。

先例を重視する取り組みは，江戸時代にも見られます。武家諸法度は将軍の代替《が》わりごとに繰《く》り返し更新《こうしん》されるものの，基本的にその内容は引き継がれていきました。こうした背景には，「古法墨《ぼく》守《しゅ》」という古くからの方法や形式を重視する考え方があったことが挙げられます。また，(オ)御触書《おふれがき》集成という，過去に幕府が出した法令の内容を種類ごとにまとめたものが４度にわたって作成されました。こうして，江戸時代の法令や判例は，先例として後の時代に残されていったのです。

明治維新後は，政治の刷新を示すために先例にもとづかない新しい政治の方針が定められていきます。しかし，その中でも，先例を活用する傾向は依然《いぜん》として見られました。例えば，明治新政府が民衆に対して出した最初の禁止令である（　**カ**　）は，江戸時代に出された高札（立て札）の内容をそのまま引き継いでいました。

戦後の日本は，先例の継承《けいしょう》とは真逆の道を歩んでいきます。(キ)GHQ《ジーエイチキュー》により戦前の日本のあり方を否定する政策が進められ，非軍事化・民主化が実施《じっし》されました。GHQにとっては，戦後日本が戦前の先例をもとに再び軍国主義の道へ行くことがないようにする必要があったのです。

現在に至るまで，過去の事例を参照して現在の施策《しさく》に活かすというのは多く行われてきました。しかし，時代に応じた施策を実施するためには，ただ先例をそのまま引いてくるのではなく，今の時代に求められていることは何かをしっかりと自分たちの頭で考えることも必要なのではないでしょうか。

問１．下線部(ア)に関連して，古代において行われていた儀式や儀礼について説明した次の文のうち，あやまっているものを一つ選び番号で答えなさい。

１．古墳時代の人々は，古墳の周りに土偶を並べることで死者の魂をしずめようとした。

２．日本書紀で神話や伝承がまとめられ，即位の儀礼についても記載《きさい》された。

３．卑弥呼は神の意志を聞くことにたけており，まじないによって政治を行った。

４．弥生時代の人々は，銅鏡や青銅器を用いて祭りを行っていた。

問２．下線部(イ)に関連して，後の(1)・(2)の問いに答えなさい。

(1)　平安時代の貴族の日記には，貴族の邸宅《ていたく》などで様々な行事が行われた記録が残されています。右の図は，平安時代の代表的な貴族の邸宅の平面図ですが，図中のあの建物を何と呼びますか，漢字で答えなさい。

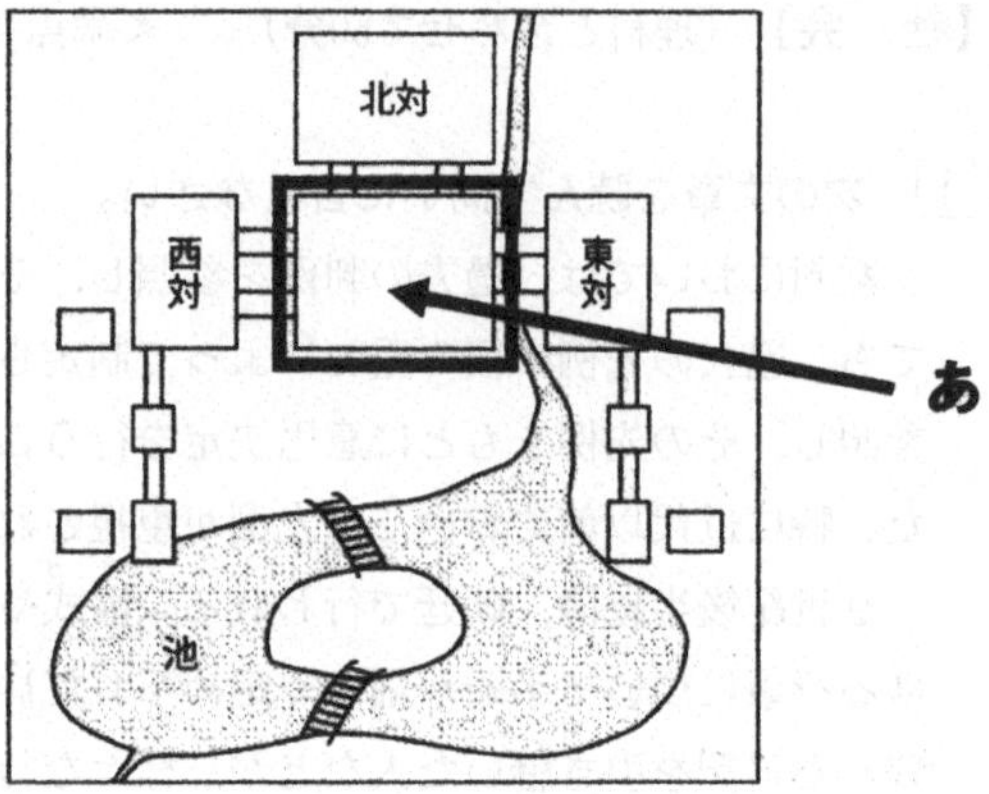

(2) 本文の内容を参考にして，平安時代の貴族が日記を記した理由を，主に誰《だれ》に向けて記したものかにふれながら，20字以内で説明しなさい。

問３．下線部(ウ)について，以下の(1)・(2)の問いに答えなさい。

(1) 御成敗式目は，その制定の10年ほど前に起こった出来事をきっかけに土地をめぐる争いが増えたことに対応して作成されました。その出来事を何といいますか，答えなさい。

(2) 次の文章は，御成敗式目の一部を現代語に改めたものです。文章中の空らんにあてはまる語句を，漢字で答えなさい。

> 頼朝公の時代に定められたように，諸国の（　　　）の職務は，御家人を京都の警備につかせることや，謀反《むほん》や殺人などの犯罪人を取り締《し》まることであって，それ以外のことはしてはならない。

問４．下線部(エ)について，「建武」というのは元号ですが，次の文のうち，この時期の出来事として正しいものを一つ選び番号で答えなさい。

1．朝廷を監視するために，六波羅探題がおかれた。
2．天皇中心の政治体制に改められたが，武士の不満が高まった。
3．南朝と北朝がまとまり，南北朝の動乱が終了した。
4．明との間で，勘合を用いた貿易が始まった。

問５．下線部(オ)について，四つの御触書集成は，作成が始まった当時の元号をつけて区別されます。下の表の１～４はそれぞれの御触書集成についての説明です。次の(あ)・(い)の法令がどの御触書集成に載《の》っているかを，それぞれ表の１～４から一つ選び番号で答えなさい。

(あ) 異国船が来たら打払いなさい。
(い) 大名は，米１万石につき50石を貯蔵しなさい。

		完成時の将軍	収められた法令の期間
1	御触書寛保集成	徳川吉宗	1615年(元和元年)～1743年(寛保３年)
2	御触書宝暦集成	徳川家治	1744年(延享元年)～1760年(宝暦10年)
3	御触書天明集成	徳川家斉	1761年(宝暦11年)～1787年(天明７年)
4	御触書天保集成	徳川家慶	1788年(天明８年)～1837年(天保９年)

問６．空らん（カ）にあてはまる語句を答えなさい。

問７．下線部(キ)に関連して，戦前と戦後の日本の変化について説明した次の文のうち，あやまっているものを一つ選び番号で答えなさい。

１．選挙制度が変わり，女性にも参政権が与《あた》えられるようになった。

２．天皇の位置づけが変わり，天皇は神の子孫ではなく人間とみなされるようになった。

３．農地改革で土地所有の状況《じょうきょう》が変わり，小作農が増加した。

４．労働者の権利が変わり，労働組合の結成が奨励《しょうれい》された。

2 次の各問いに答えなさい。

問１．2000年代以降，経済発展が著しかった５か国をBRICS《ブリックス》と総称《そうしょう》するこどがあります。その５か国すべてにあてはまるものを，次のうちから一つ選び番号で答えなさい。

１．北半球に存在する。

２．日本よりも面積が大きい。

３．日本よりも人口密度が高い。

４．国連の安全保障理事会の常任理事国ではない。

問２．各都道府県では，観光客を呼《よ》び込《こ》むためのキャッチコピーを定めています。次の１～５は，大分県．大阪府・岡山県．島根県・鳥取県のキャッチコピーの一部です。この中から，岡山県のものを一つ選び番号で答えなさい。

１．おんせん県　　２．蟹《かに》取県　３．ご縁《えん》の国　　４．水都《すいと》　　５．晴れの国

問３．次のグラフは，日本のある20年の期間における，年度ごとの１軒《けん》あたりの停電回数（回）と停電時間（分）を示したものです。このグラフで示されている期間としてもっとも適当なものを，１～５のうちから一つ選び番号で答えなさい。

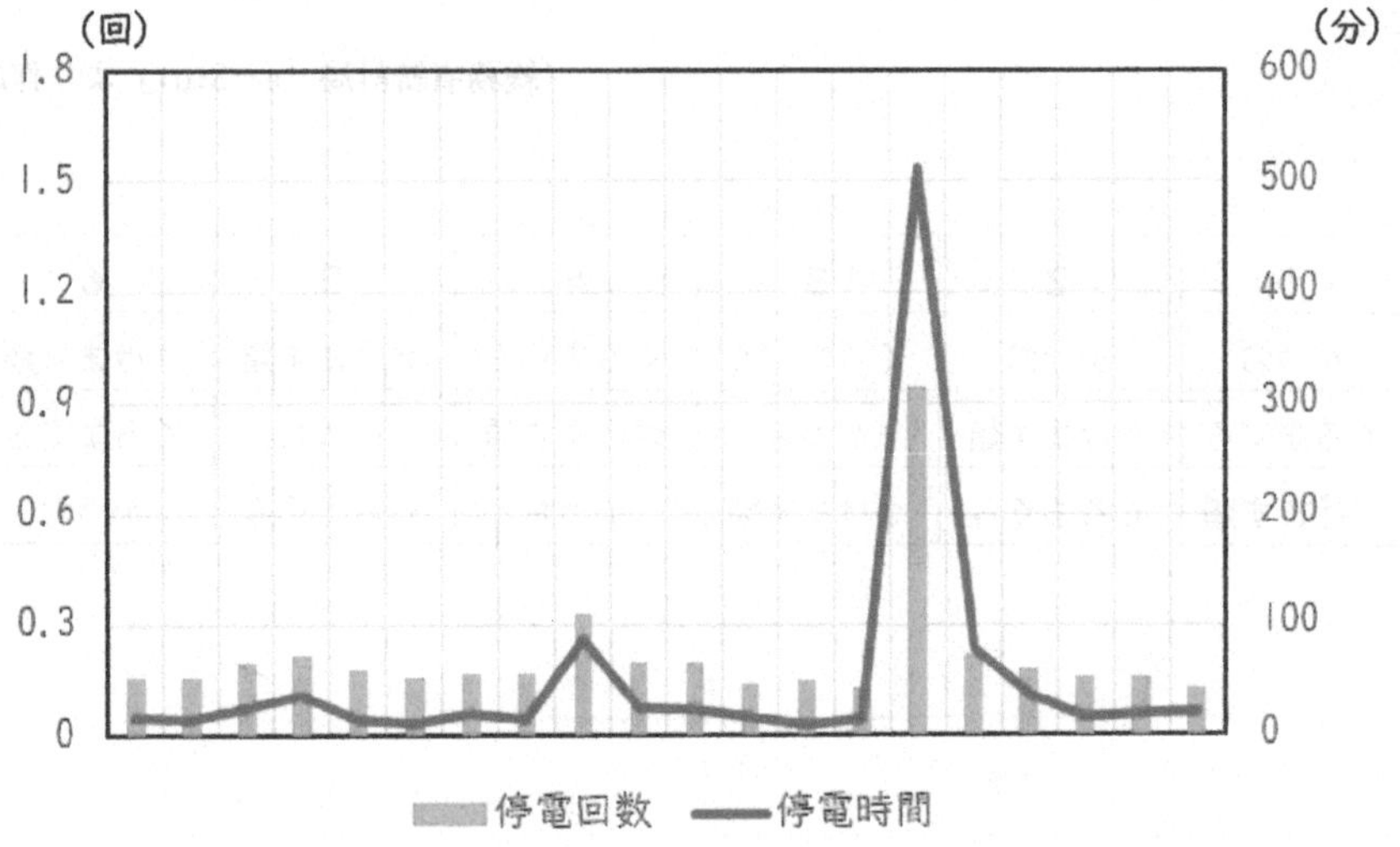

(電気事業連合会「FEPC INFOBASE2022」より作成)

１．1981～2000年度　　２．1986～2005年度　　３．1991～2010年度

４．1996～2015年度　　５．2001～2020年度

問４．次の図あ～うは，かつお・くろまぐろ・さけます類のいずれかにおける都道府県別産出額の上位５都道府県（2021年）を示したものです。あ～うの組み合わせとして正しいものを，下の表の１～６から一つ選び番号で答えなさい。

あ

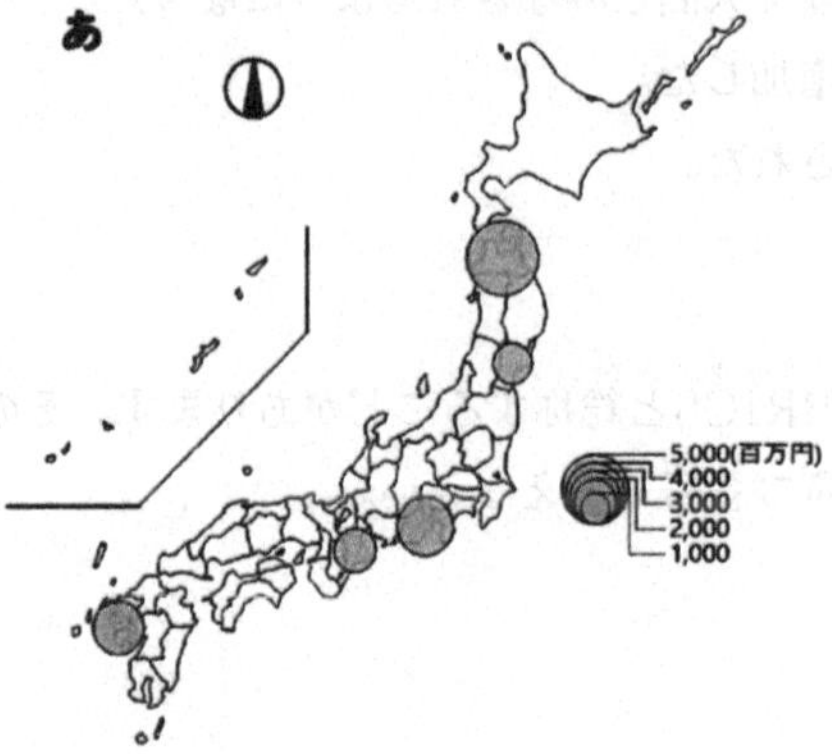

い

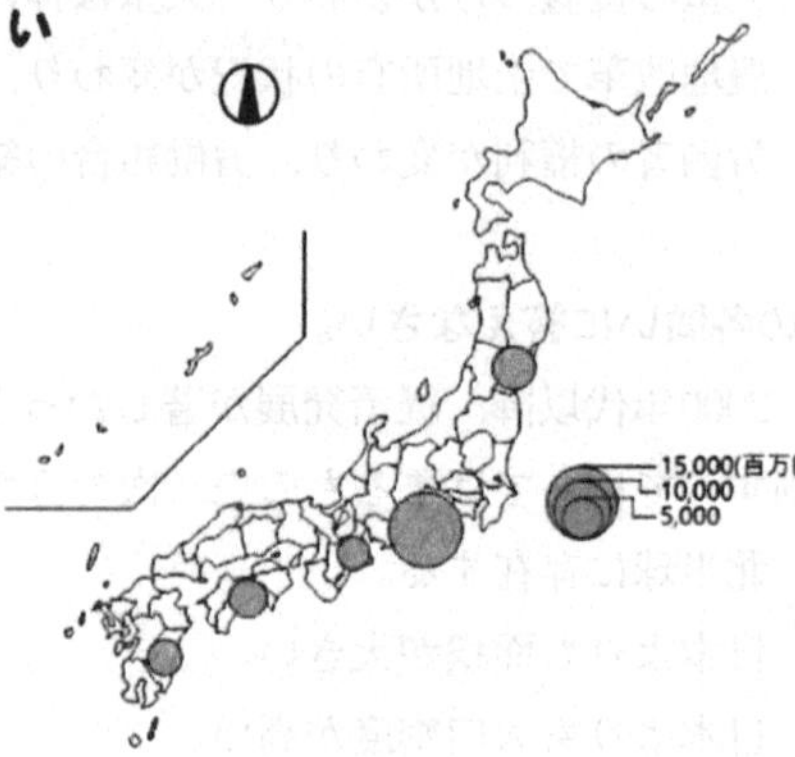

う

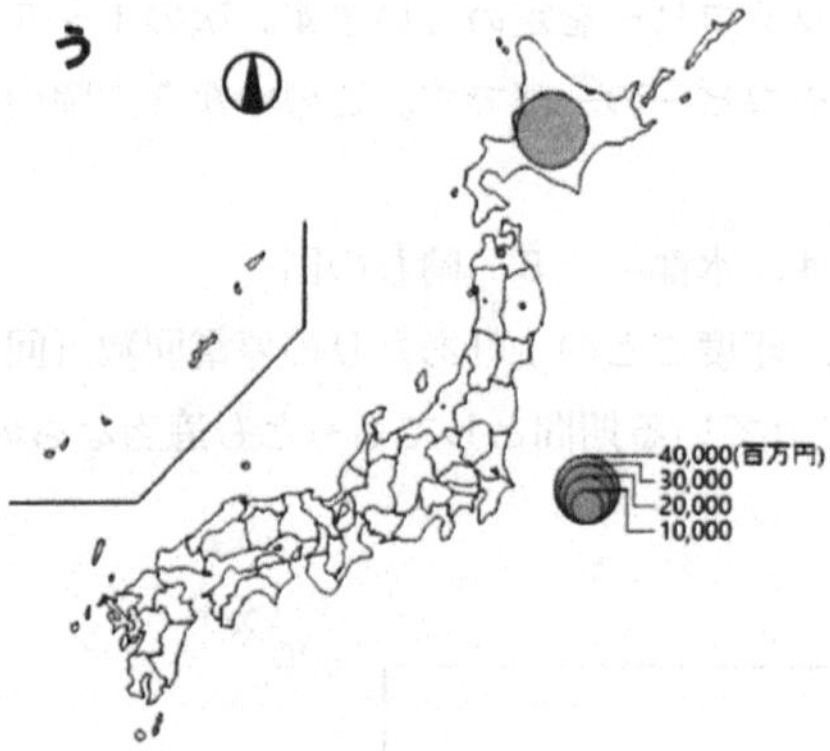

（総務省統計局「e−Stat」より作成）

	1	2	3	4	5	6
あ	かつお	かつお	くろまぐろ	くろまぐろ	さけます類	さけます類
い	くろまぐろ	さけます類	かつお	さけます類	かつお	くろまぐろ
う	さけます類	くろまぐろ	さけます類	かつお	くろまぐろ	かつお

問５．次の地形図中にある真珠養殖《しんじゅようしょく》場は，どのような地形を利用していますか。その地形名を答えなさい。

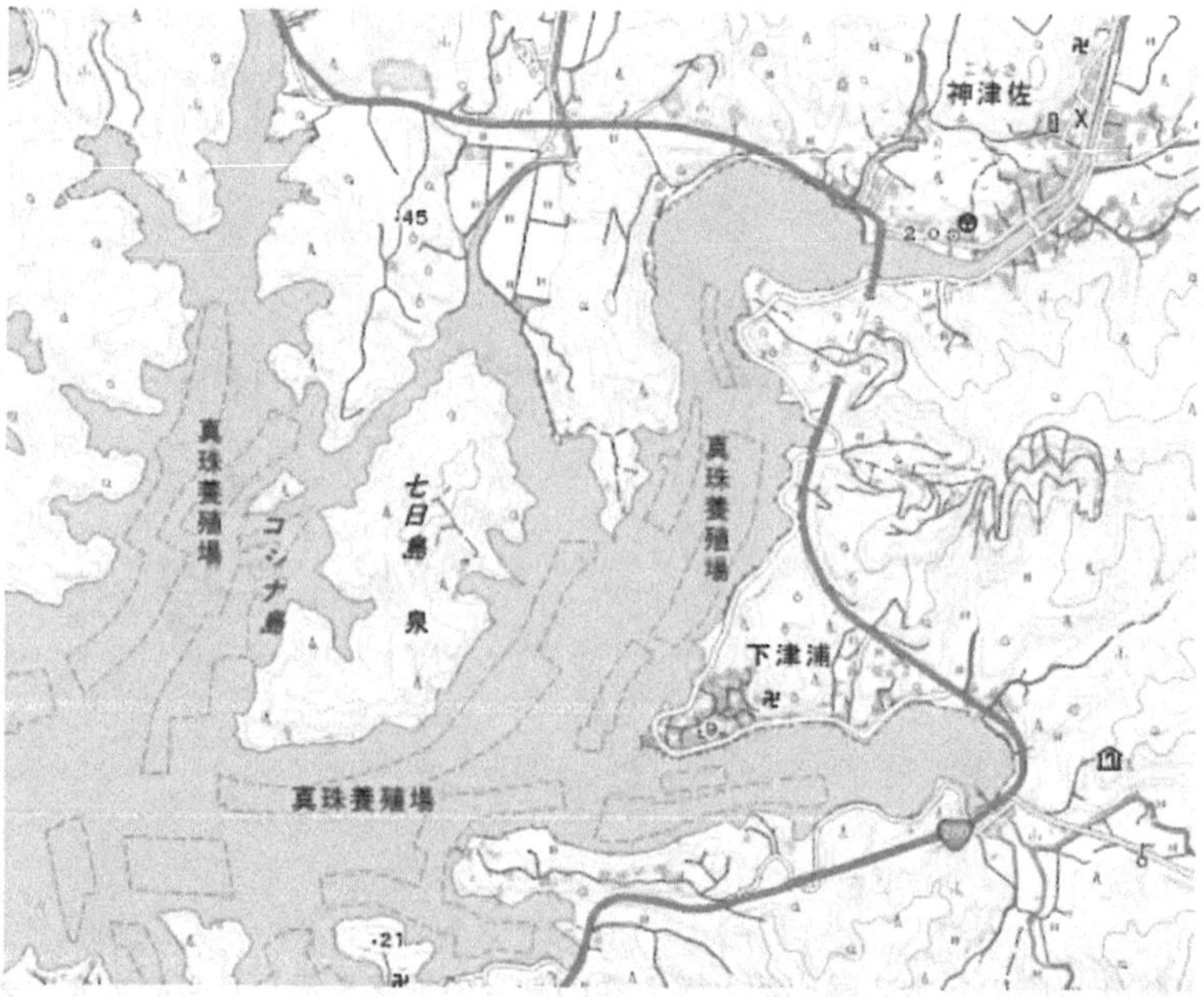

（地理院地図より作成）

問６．次の表は，日本の三つの都道府県における可住地面積と可住地面積が総面積に占《し》める割合を表したものです（いずれも2021年）。表中の**あ**～**う**は，東京都，長崎県，北海道のいずれかです。**あ**～**う**の組み合わせとして正しいものを，下の表の１～６から一つ選び番号で答えなさい。

	可住地面積(km^2)	可住地面積が総面積に占める割合(%)
あ	21652	27.5
い	1641	39.7
う	1354	61.7

（※可住地面積とは、総面積から林野面積と主要湖沼《こしょう》面積を差し引いた面積のことです。）

（『データでみる県勢2023』より作成）

	1	2	3	4	5	6
東京都	あ	あ	い	い	う	う
長崎県	い	う	あ	う	あ	い
北海道	う	い	う	あ	い	あ

問７．次の図中の１～５の鉄道路線の区間のうち，１kmあたりの１日平均の輸送人員（2022年度）が最も多い区間を選び番号で答えなさい。

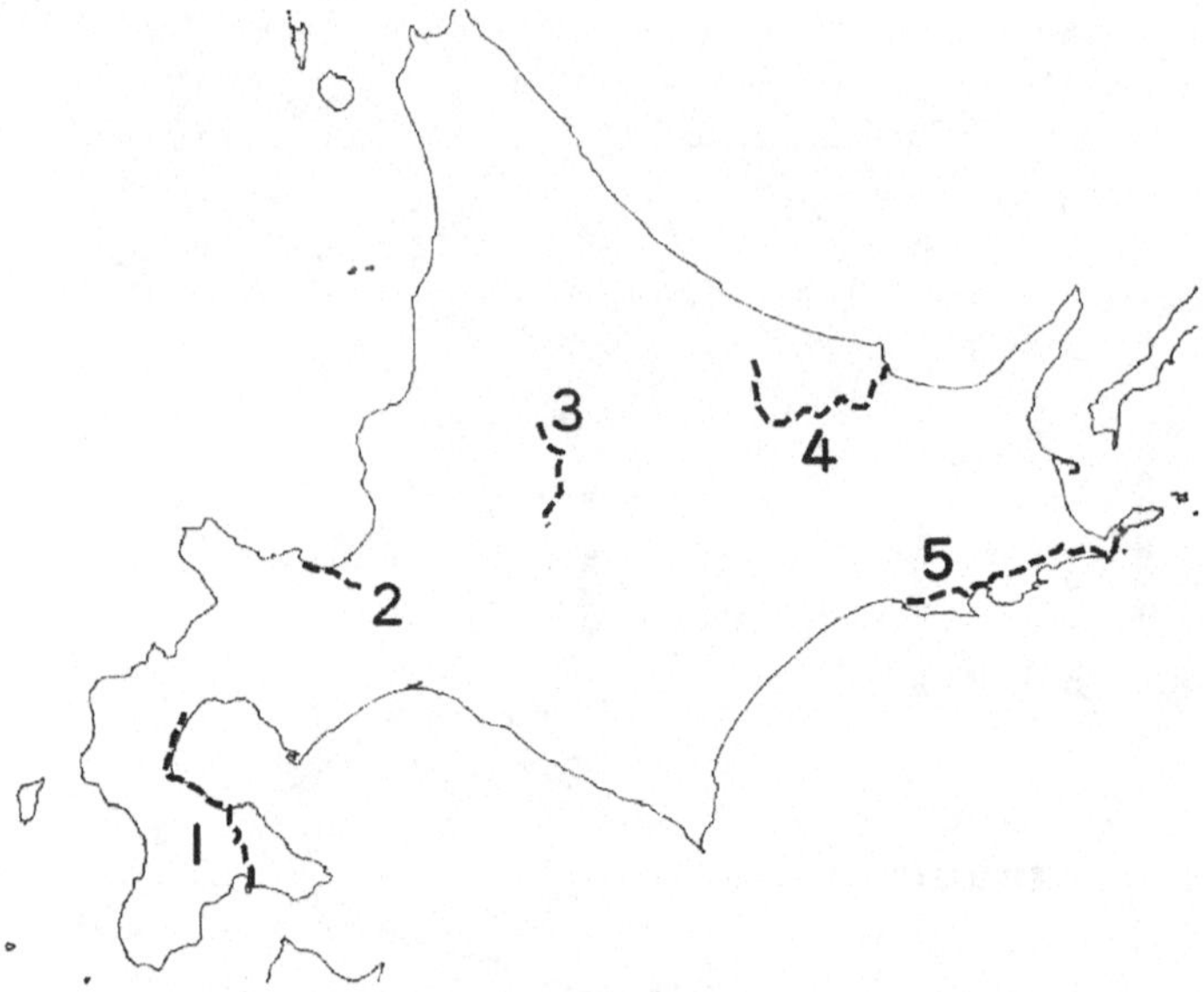

問８．次の表は，1990年以降の日本の輸出額と輸入額の割合の推移を示したものです。表中の**あ**にあてはまるものとして正しいものを，下の１～５から一つ選び番号で答えなさい。

		1990年	2000年	2010年	2021年
輸出額の割合(%)	自動車	17.8	13.4	13.6	12.9
	あ	4.7	8.9	6.2	5.9
	鉄鋼	4.4	3.1	5.5	4.6
	自動車部品	3.8	3.6	4.6	4.3

		1990年	2000年	2010年	2021年
輸入額の割合(%)	原油	13.2	11.8	15.5	8.2
	天然ガスと製造ガス	3.9	4.7	7.0	5.9
	あ	1.4	5.2	3.5	4.0
	事務用機器	2.2	7.1	3.6	3.4

（『データブックオブザワールド2023』より作成）

１．衣類　２．魚介類　３．石炭　４．半導体等電子部品　５．木材

３ 次の文章を読んで問いに答えなさい。

近年，デジタル分野の技術革新が目覚ましく，様々な場面で新しい技術が導入されています。例えば，世界各国の企業《きぎょう》がデジタル通貨の研究開発を行っています。お金といえば，これまでは(ア)紙《し》幣《へい》や硬《こう》貨《か》でのやり取りが主でしたが，将来は，形をもたずにデータ上でやり取りされるお金が主流

になるかもしれません。また，チャットＧＰＴ《ジーピーティー》に代表される生成ＡＩ《エーアイ》も急速に発展しています。生成ＡＩは，投げかけた質問に対して人間が答えているかのような柔軟《じゅうなん》な回答をすることができるため，様々な分野での活用が検討されています。

しかし，これらの技術については多くの問題点も指摘《してき》されています。デジタル通貨については，サイバー攻撃《こうげき》をされた場合への対応や個人情報の保護について課題があります。また，デジタル通貨が各国の法定通貨より利用されるようになれば，(イ)中央銀行が行う経済政策の効果が薄《うす》れる恐《おそ》れもあります。生成ＡＩについては，レポートや論文，映画の脚本《きゃくほん》などをＡＩが作成してしまうことが懸念《けねん》されています。このようなＡＩの脅威《きょうい》もあって，アメリカのハリウッドでは脚本家組合と俳優組合が労働を拒否《きょひ》する（　ウ　）を行い，多くのドラマや映画などの制作が中断する事態にもなりました。また，生成ＡＩが軍事目的やテロに使用される恐れがあるとして，(エ)国連安全保障理事会でもその危険性について議論が行われました。(オ)Ｇ７の国の中には，プライバシー侵害《しんがい》への懸念から生成ＡＩに対して規制をかける動きもあります。

日本では，コロナ対応で政府のデジタル化の遅《おく》れが浮《う》き彫《ぼ》りとなったことから，(カ)2021年にデジタル庁が発足しました。デジタル庁は，生成ＡＩについては技術発展を重視し，まだ規制をかけようとはしていません。しかし，今後デジタル技術の課題が注目されるようになったときに，それに対して行政の対応はどのように変化していくのでしょうか。

私たち国民は主権者としてそのような対応に関心を持っている必要があります。(キ)選挙で選んだ(ク)国会議員や大臣に任せきりにするのではなく，よりよい社会の実現に向けて時に声をあげることも国民の果たすべき役割なのです。

問１．下線部(ア)について，2024年の７月に新しい紙幣の発行が始まりますが，新紙幣の肖像《しょうぞう》画に描《えが》かれている人物を次のうちから**すべて**選び，**金額の高い紙幣に描かれている順**に番号で答えなさい。

１．北里柴三郎　　２．渋沢栄一　　３．津田梅子　　４．野口英世　　５．森鷗外

問２．下線部(イ)に関連して，日本の中央銀行である日本銀行について説明した次の**あ**・**い**の文が，正しい（○）かあやまっている（×）かの組み合わせとして，正しいものを下から一つ選び番号で答えなさい。

あ．日本銀行は，日本で紙幣を発行できる唯一《ゆいいつ》の銀行である。

い．日本銀行は，一般《いっぱん》の企業の口座開設を受け付けていない。

１．**あ**－○　**い**－○　　２．**あ**－○　**い**－×　　３．**あ**－×　**い**－○　　４．**あ**－×　**い**－×

問３．空らん（**ウ**）にあてはまる語句を，カタカナ５字で答えな１さい。

問４．下線部(エ)について，次の文章は国際連合憲章の第７条の条文です。文章中の空らんにあてはまる機関として正しいものを，下から一つ選び番号で答えなさい。

> １．国際連合の主要機関として，総会，安全保障理事会，経済社会理事会，信託《しんたく》統治理事会，（　　　）及《およ》び事務局を設ける。
> ２．必要と認められる補助機関は，この憲章に従って設けることができる。

１．国際司法裁判所　　２．国際通貨基金　　３．国際労働機関
４．世界保健機関　　５．世界貿易機関

問５．下線部(オ)について，Ｇ７サミットの首脳会議が開催《かいさい》されたことがある日本の都道府県を，次のうちから二つ選び番号で答えなさい。

1．愛知県　　2．沖縄県　　3．京都府　　4．広島県　　5．宮城県

問６．下線部(カ)について，次の文章はデジタル庁設置法の条文の一部です。文章中の空らんにはすべて同じ語句が入ります。空らんにあてはまる語句を，漢字で答えなさい。

> 第２条　（　　　）に，デジタル庁を置く。
>
> 第３条　デジタル庁は，次に掲《かか》げることを任務とする。
>
> 1　デジタル社会形成基本法第２章に定めるデジタル社会の形成についての基本理念にのっとり，デジタル社会の形成に関する（　　　）の事務を（　　　）官房と共に助けること。
>
> 2　基本理念にのっとり，デジタル社会の形成に関する行政事務の迅速《じんそく》かつ重点的な遂行《すいこう》を図ること。

問７．下線部(キ)に関連して，日本の選挙制度について説明した次の文のうち，正しいものを一つ選び番号で答えなさい。

1．参議院議員選挙は，必ず３年に１回行われる。

2．参議院議員選挙では，小選挙区比例代表並立制が採用されている。

3．衆議院議員と都道府県知事の被選挙権は，ともに満25歳以上である。

4．選挙日の当日しか投票できないことが，投票率の低さの一因とされる。

問８．下線部(ク)について説明した次の文のうち，正しいものを一つ選び番号で答えなさい。

1．国務大臣は，必ず国会議員のなかから選ばれる。

2．国会議員は，議院内での発言や表決について，院外で責任を問われない。

3．法律案や予算案は，内閣だけでなく国会議員も国会に提出できる。

4．国会議員が過ちを犯した場合は，弾劾裁判によって裁かれる。

オ　あえてわかりやすい言葉ばかりを用いて複雑な表現を避《さ》けることで、かえって日常敬遠されがちな難解な思想を読者に伝えることに成功している。

カ　作中に何度か信号が出てくるが、それに対し主人公がどのように行動するかが描かれることで、主人公の心情の変化が伝わるようになっている。

《男が発明したのは［　Ａ　］であるのに、それを周囲の人が使った「［Ｂ］」という言葉で表現してしまった点。》

問七　――線⑧「『いいや、見とうない』。発明家は席を立ち、出ていきました」とありますが、発明家がこのように言って出て行った理由として最も適当なものを次のア～オの中から一つ選び、記号で答えなさい。

ア　自分の発明よりも町で見た発明のほうが偉大《いだい》であったことを見せつけられてしまい、悲しくなってしまったから。

イ　発明の苦労を何も知らないくせにさも分かったふうなことを言う隣《とな》りの客に、負けてはならないと意気込《いきご》んだから。

ウ　すでに世の中にあるものは今さら発明する必要はないという理屈《りくつ》に嫌気《いやけ》がさし、話を続ける気がしなかったから。

エ　自分の発明品は実は発明する必要がなかったものだと知らされ、その場に居続けることが申し訳なく思われたから。

オ　何年もかけてやっとの思いで発明したのに先を越《こ》されていたとわかり、発明家としての才能に自信を失ったから。

問八　この作品を学校の授業で勉強した生徒たちが、――線⑨「男は、町で見かけたものをすべて、もう一度発明したのです」の箇所《かしょ》について感想を出し合いました。本文の内容を踏《ふ》まえた上での感想として**適当でないもの**を次のア～オの中から一つ選び、記号で答えなさい。

ア　Ａさん――「ちょっと不器用な感じですけど、発明という仕事に対する男の純粋《じゅんすい》な思いが伝わってきます。」

イ　Ｂさん――「私も、なんだか男の執念《しゅうねん》というか、発明に対するなかなか理解されにくい情熱のようなものを感じます。」

ウ　Ｃさん――「まあ、少しは社交性を身につけたほうがいいかもしれません。そうでないと、せっかく発明しても社会に役立てることができませんから。」

エ　Ｄさん――「確かに上手に人付き合いができるタイプには見えませんが、そもそも男は発明品そのものにこだわっているようには感じられませんね。」

オ　Ｅさん――「図面を破り捨てるわけだし、なんだか、男は発明するという行為《こうい》にこそ価値を認めていたのではないでしょうか。」

問九　本文の表現上の特徴《とくちょう》とその効果についての説明として最も適当なものを次のア～カの中から二つ選び、記号で答えなさい。

ア　発明という誰《だれ》もが一度はあこがれるであろう話題をわかりやすい単純な言葉で描写《びょうしゃ》することにより、読者に親しみを持たせ、世代を越えて読まれる作品となっている。

イ　現実には存在しないような人物の行動を平易な言葉でわかりやすく描写《びょうしゃ》することで、話を理解しやすくしながらも、人間関係の複雑さと奥深さを読者に感じさせている。

ウ　作品の舞台《ぶたい》を「町から遠く離れたところ」と「町」というように明確に分けて描写《びょうしゃ》することで、主人公の心理の揺《ゆ》れ動きを理解しやすくしている。

エ　登場人物を「男」や「発明家」とし、季節や町の名前も特定しない語り方により、物語の世界を固定化せず奥行《おくゆ》きのあるものにしている。

気持ち。

ウ　自分の発明がうまくいき正確な図面も仕上げたことでうれしくて心が高揚《こうよう》し、町の人々に偉大《いだい》な発明の事実を伝えたいという気持ち。

エ　自分が成《な》し遂《と》げた偉大《いだい》な発明によって世の中が変わることを思うといてもたってもいられず、町の人々と喜びを分かち合いたいという気持ち。

オ　大きな仕事を成《な》し遂《と》げたという満足感と解放感から、いつもの生活とは違《ちが》う町のにぎやかな空気の中で今の喜びを味わいたいという気持ち。

問三　――線③「こうして男はすべてを理解しました」とありますが、男はどういうことを理解したのですか。その説明として最も適当なものを次のア～オの中から一つ選び、記号で答えなさい。

ア　昔あったものがなくなり町がすっかり変わり果ててしまっているということ。

イ　昔のものにこだわっていてはやはり偉大《いだい》な発明はできないのだということ。

ウ　町で知ったいくつかの発明より自分の発明のほうが偉大《いだい》だということ。

エ　町で初めて目にしたものがどのようなはたらきをしているのかということ。

オ　昔と比べて新しいルールが増えて窮屈《きゅうくつ》な社会になっているということ。

問四　――線④「あのう、すまんが、儂《わし》は発明をしたのじゃ」および――線⑤「で、何がほしいんです」の会話にはどのような働きがありますか。その説明として最も適当なものを次のア～オの中から一つ選び、記号で答えなさい。

ア　男と町に流れる時間の違《ちが》いを強く印象付ける働きがある。

イ　二人が貧富の差ゆえに分かり合えないことを示す働きがある。

ウ　男と町の人々との考え方にずれがあることを暗示する働きがある。

エ　男の発明に価値があることをそれとなく印象付ける働きがある。

オ　紳士《しんし》が男の唯一《ゆいいつ》の理解者であることを示す働きがある。

問五　――線⑥「ここぞとばかりに」とありますが、この言葉を使った例文として**正しくないもの**を次のア～オの中から一つ選び、記号で答えなさい。

ア　落とし物を届けてくれた人に、ここぞとばかりにお礼を言った。

イ　相手チームのプレーの乱れを見て、ここぞとばかりに攻撃《こうげき》した。

ウ　夏のセールが始まったので、ここぞとばかりに買いあさった。

エ　一つ失敗をしたら、ここぞとばかりにこれまでのミスも責められた。

オ　叔父《おじ》がご馳走《ちそう》してくれると言うので、ここぞとばかりにたくさん注文した。

問六　――線⑦「儂《わし》はテレビを発明したのじゃ」とありますが、ここには男の困惑《こんわく》ぶりがうかがえます。それはどのような点にうかがえますか。次のページの説明の空らんA・Bに当てはまる言葉を本文中から探しなさい。ただし、Aは二十五字以内で、Bは三字で抜《ぬ》き出しなさい。解答らんにはAは最初の五字を、Bは三字すべてを記入すること。

せんでした。男は電車を降り、街を歩きました。赤信号で止まり、青に変わるとどんどん歩き続け、とあるレストランで腰《こし》を落ち着けると、コーヒーを注文しました。そして隣《とな》りの客が、「きょうは好《よ》い天気ですね」と話しかけてくると、発明家は言いました。「どうか助けてくだされ。⑦儂《わし》はテレビを発明したのじゃ。けれどもだれも信じようとせん。——みんな儂《わし》を笑い物にしおる」。すると、隣《とな》りの客は口をつぐんでしまいました。客は発明家の顔をしばらくしげしげと見つめました。すると発明家は尋《たず》ねました。「どうしてみんな笑うのじゃろう」。「みんなが笑うのは」と、客は言いました。「テレビはとっくのむかしからあるし、それを発明する必要なんかなくなったからですよ」。そう言って、レストランのすみに置いてあったテレビを指さし、そして訊《き》きました。「つけてみましょうか」

ところが発明家は言いました。⑧「いいや、見とうない」。発明家は席を立ち、出ていきました。

図面は置き去りにしていきました。

男は街を歩き、もう赤信号も青信号もおかまいなしだったので、ドライバーたちはどなり、やれやれと指で額をたたくのでした。

これを最後に、発明家は二度と町へ出てくることはありませんでした。

男は家にもどり、今度はもう自分のためだけに発明をするのでした。

男は大きな紙を取り出し、そこに「自動車」と書き、何週間も何ヶ月も計算し、図面を引いては、自動車をもう一度発明しました。それから男はエスカレーターを発明しました。電話を発明しました。冷蔵庫を発明しました。

⑨男は、町で見かけたものをすべて、もう一度発明したのです。

そして、一つ発明をするたびに、図面を破り捨て、言うのでした。「これはもう発明されているのじゃ」

しかしながら男は、生涯正真正銘《しょうがいしょうしんしょうめい》の発明家であり続けました。なぜなら、もう発明されてしまったものでも、それを発明するのは大変なことだし、それができるのは発明家だけだからです。

（『発明家』ペーター・ビクセル　山下《やました》剛《たけし》訳）

（注）＊1　もう一人——ここより前の部分で、発明家としてエジソンが挙げられている。ここの「もう一人」とは、エジソン以外の「もう一人」ということ。なお、エジソンは一九三一年に亡くなっている。

＊2　原文は「不気嫌《ふきげん》」。後の「上機嫌《じょうきげん》」も原文は「上気嫌《じょうきげん》」。

問一　——線①「思索《しさく》に〔　　〕」とありますが、この部分が「考えに集中する・考えを深める」の意味になるように、〔　〕に当てはまるひらがな三字を答えなさい。

問二　——線②「何年かぶりに初めて町へ出ていきました」とありますが、このとき男はどのような気持ちだったと考えられますか。その説明として最も適当なものを次のア～オの中から一つ選び、記号で答えなさい。

ア　自分が偉大《いだい》な発明を成し遂《と》げたことがとてもうれしくて、今の時代にも発明家は確かに存在しているということを人々に教えたいという気持ち。

イ　長年の苦労が実りみごと偉大《いだい》な発明にこぎつけたことで感激してじっとしていられず、久しく離《はな》れていた町の空気を吸いたいという

べてを理解しました。

男は冷蔵庫を見て、言いました。「ははぁ、なるほど」

電話機を見て、言いました。「ははぁ、なるほど」

それから、赤と青の灯《あ》かりを見たときには、赤のときには待たなければならず、青のときは進んでいいことを理解しました。

それで男は赤で待ち、青になると進みました。

③こうして男はすべてを理解しましたが、あまりにおどろいて、自分の発明のことをほどんど忘れてしまうところでした。

男は気を取り直すと、ちょうど赤で信号待ちをしていた男の人に近づいていき、言いました。「④あのう、すまんが、儂《わし》は発明をしたのじゃ」

するとその紳士《しんし》は愛想《あいそ》よく、言いました。「⑤で、何がほしいんです」

発明家にはその意味がわかりませんでした。

「これはつまり重大な発明なのじゃ」と、発明家は言いました。ところがそのとき信号が青に変わり、二人は進まなければならなくなりました。

それにしても長いこと町に来ていないと、途方《とほう》にくれてしまうものです。それに、かりに発明をしても、それを持ってどこへ行けばいいのか、見当がつきません。

発明家に、「儂《わし》は発明をしたのじゃ」と声をかけられた人たちは、何と返事をしたらよかったでしょう。

たいていの人は何も言わず、中には発明家をせせら笑ったり、何も聞こえなかったふりをして、足早に先を急ぐ人もいました。

発明家は人と話をしなくなって久しかったので、どのように会話を始めたらいいか忘れていたのです。男は、話のきっかけとして、「すみません、いま何時でしょう」とか、「きょうはひどい天気ですね」と言葉をかけるものだということを忘れていたのです。

男は、いきなり、「あのう、儂《わし》は発明をしたのじゃ」などと言うのは、およそ場違《ばちが》いだということにはまったく思い至りませんでした。それで、市電に乗っていて、「きょうは好《よ》い天気ですね」と声をかけられると、男は「ええ、ほんとうに好《よ》い天気ですね」とは答えないで⑥ここぞとばかりに、「あのう、儂《わし》は発明をしたのじゃ」と言う始末でした。

男はほかのことをもう何も考えられませんでした。なぜなら、男の発明は偉大《いだい》で、とても重要で独特な発明だったのですから。もしも自分の図面にまちがいはないと、しっかりとした自信が持てなかったら、男自身それを信じることができなかったほどです。

男は、遠く離《はな》れたところで起こっていることが見られる機械を発明したのです。

それで男は市電の中で急に立ち上がると、床《ゆか》の上の乗客たちの足元に図面を広げ、そして声を上げました。「ちょっとこれを見てくれんか。儂《わし》は、遠く離《はな》れたところで起こっていることが見られる機械を発明したのじゃよ」

乗客たちは、まるで何ごともなかったかのようなふりをしました。人々は乗《の》り込《こ》んでは、降りていきました。すると発明家は大声で言いました。「どうか見てくだされ。儂《わし》はあるものを発明したのじゃ。これがあると、ずっと遠くで起こっていることが見られるのじゃよ」

「この人はテレビを発明したんだってさ」とだれかが大声で言うと、どっと笑いが起こりました。

「どうして笑うのじゃ」と、男は尋《たず》ねました。が、だれも答えてくれま

オ　正しいか間違《まちが》っているかが分からない、あいまいな考えだと気づく。

問九　波線部「『違和感《いわかん》』にあります」とありますが、筆者はなぜ「違《い》和感《わかん》」を持つことが重要だというのですか。その理由を波線部よりも後ろから考えて、六十字以内で答えなさい。

問十　――線ａ「ケンゼン」・ｂ「センモン」のカタカナを正しい漢字に直しなさい。

二　次の文章を読んで、後の一から九までの各問いに答えなさい。
（ただし、字数指定のある問いはすべて句読点・記号も一字とする。）

一八九〇年に*1もう一人生まれはしました、そしてその男はいまでも生きてはいます。その男を知る者は一人もいません。なぜならその男はいま、もう発明家などいない時代に生きているからです。

一九三一年以降、発明家といえばその男一人だけです。

本人はこのことを知りません。というのも、そのときもう町中には住んでおらず、人前に出ることもなかったからです。なぜなら発明家には静けさが必要ですから。

男は町から遠く離《はな》れたところに住み、けっして家を出ることなく、訪れる者もめったにありませんでした。

男は一日中計算し、図面を引いていました。男は何時間も腰《こし》かけたまま、額に皺《しわ》を寄せ、手で何度も顔をこすり、そして①思索《しさく》に[　　]のでした。

それから男は計算したものを取り、それを破り捨てると、気を取り直してまた一から始めるのでした。そうして晩になると、また仕事がうまくいかなかったというわけで、*2不機嫌《ふきげん》で怒《おこ》りっぽくなるのでした。

男には、自分の図面を理解してくれる人がいませんでした。それに、ほかの人たちと話をしたところで、男にはなんの意味もありませんでした。四〇年以上も男は仕事に打《う》ち込《こ》んできました。そしてあるときだれか訪ねてきたりすると、図面を隠《かく》してしまうのでした。アイディアを盗《ぬす》まれるのではないかと心配だったし、笑い物にされるのではないかと思ったからです。

男は早寝《はやね》早起きをし、一日中仕事に打《う》ち込《こ》みました。郵便も届かず、新聞も読まず、ラジオというものが存在することも、まったく知りませんでした。

そしてこのようにして何年かがすぎたある晩のこと、男はめずらしく上機嫌《じょうきげん》になりました。男は自分の発明品を発明したのです。こうなると、もうまったく寝食《しんしょく》を忘れました。昼も夜も男は図面にかかりきりとなり、それらを検算しました。はたしてそれらにまちがいはありませんでした。

それから男は図面をくるくるとまるめると、②何年かぶりに初めて町へ出ていきました。町はすっかり変わっていました。

むかし馬が走っていたところには、いまは自動車が走っていました。デパートにはエスカレーターがあり、そして汽車はもう蒸気式ではありませんでした。市電は地面の下を走り、いまでは地下鉄と呼ばれていました。それから持ち運びができる小さな箱からは音楽が聞こえてきました。

発明家はおどろきました。しかしそこは発明家です。男はすぐさます

ウ　相手を疑わず、相手の情報のみを疑うということが、日本の文化にのっとった行動として互《たが》いに根付いているから。

エ　誰《だれ》がくれた情報かに関係なく、その情報の是非《ぜひ》を判断するのは自分であり、相手を責めることはできないから。

オ　情報自体を考えることは、結局情報をくれた相手を考えることにつながり、相互《そうご》理解へと深まっていくから。

問四　空らん〔④〕に入る言葉として最も適当なものを次のア～オの中から一つ選び、記号で答えなさい。

ア　普遍《ふへん》性　イ　同一性　ウ　類似性

エ　絶対性　オ　民族性

問五　――線⑤「相手に疑問を～可能性があります」とありますが、この風潮を筆者はどのように捉《とら》えていますか。その答えとなる言葉を本文中から五字程度で探し、抜《ぬ》き出《だ》しなさい。

問六　――線⑥「悪循環《あくじゅんかん》」とありますが、どのような点で「悪循環《あくじゅんかん》」なのですか。その説明として最も適当なものを次のア～オの中から一つ選び、記号で答えなさい。

ア　相手がどういう思いでその話をしたのか分からず相手への不信感が増す一方で、その相手にさらに疑問を投げかけることで一層不信感が増してしまう点。

イ　相手を疑うという元来苦手な行為《こうい》に疲《つか》れる上に、疑えば疑うほど逆に相手を理解できなくなり、さらに嫌悪感《けんおかん》を抱《いだ》かれることになるという点。

ウ　相手の話に対して疑いの姿勢で臨むことに苦痛を覚え、さらに疑った相手からは嫌《きら》われてしまうのではないかという不安を交えながらも疑い続けざるをえない点。

エ　相手の話の真意をつかむためには何でも疑問を投げかけねばならず、そのため「空気の読めない人」となってしまうが、真意の確認のためにはそれを繰《く》り返すしかない点。

オ　相手の話を疑うという本来的に苦手なことをするために疲《つか》れるにもかかわらず、疑うほど相手の言葉の真意がつかめなくなり、さらに相手の話を疑って疲《つか》れてしまう点。

問七　本文中の空らん〔A〕から〔E〕に入る言葉として最も適当なものを次のア～オの中から一つずつ選び、記号で答えなさい。

ア　でも、ちょっと待って！

イ　平和って、戦争がないことじゃないの？

ウ　そのとき、平和を守りたい日本は、どうすればいい？

エ　もっと言えば、平和を守るためには、相手に戦争をしかけさせないようにしたほうがいい。

オ　言《い》い換《か》えれば、平和を乱す力じゃないか。

問八　――線⑦「違《ちが》って見えてきませんか」とありますが、「違《ちが》って見え」ると、その結果どのようになりますか。その説明として最も適当なものを次のア～オの中から一つ選び、記号で答えなさい。

ア　自分の考え方に幅《はば》を持たせてくれる、魅力《みりょく》を持った考えだと気づく。

イ　正しいかは別として、自分の知見が広がる考えだということに気づく。

ウ　ある面では正しいことを言っている考えだということに気づく。

エ　実はとても重要な真実を含《ふく》んでいる考えだということに気づく。

は書いていませんよね。「そういう考えは必要かもしれない」という理解が生まれる、と書きました。

要するに、それが正しいか間違《まちが》っているかを考える前に、その発言や情報は何を言おうとしているのか、なぜそんな発信をするのかを理解しなければ、何の判断もできない――そう言いたいのです。

違和感《いわかん》を抱《いだ》いたから、それについて調べた。あるいは、その発言の背景を考えてみた。すると、勘違《かんちが》いしていたことや、知らなかった側面の事情が見えてきます。

〝正しい〟かどうかを考えるときに、多くの人はそこまで探らず、*6脊髄反射《せきずいはんしゃ》のように「その通り！」「それは違《ちが》う！」と反応しています。それは何より危険なことです。

つまり、違和感《いわかん》を持てば、何が正しいかに疑問を抱《いだ》くだけではなく、自分が何を知っているか、あるいは知らないかに目を向けられるのです。

（『〝正しい〟を疑え！』真山《まやま》　仁《じん》）

（注）＊1　ＳＮＳ――登録された利用者同士がインターネットを通して交流できるサービス。

＊2　フェイクニュース――間違《まちが》った情報で作られたニュース。

＊3　これには～でしたね――本文よりも前の章でこうした内容を筆者は述べている。

＊4　和をもって貴《たっと》しとなす――聖徳太子が定めた十七条憲法の第一条の言葉。協調・協和の大切さを説く。

＊5　セコム――警備サービス会社。

＊6　脊髄反射《せきずいはんしゃ》――ある刺激《しげき》に対して無意識的に即座《そくざ》に反応すること。

問一　――線①「人を疑うなんて、よくないでしょ」とありますが、この考え方を生み出す要因として最も適当なものを本文中から二十字以内で探し、最初と最後の三字を抜《ぬ》き出《だ》しなさい。

問二　――線②「それを気にしないほうが不ケンゼンですよ」とありますが、ここで筆者が言おうとしているのはどのようなことですか。その説明として最も適当なものを次のア～オの中から一つ選び、記号で答えなさい。

ア　他人の考えと自分の考えとの相違《そうい》を絶えず気にとめながら日々の生活を送るべきだということ。

イ　他人の考えと自分の考えが違《ちが》っている点を気にかけて両者の考えをすり合わせるべきだということ。

ウ　他人の考えなのだから自分の考えと違《ちが》うところがあっても当然だと認識しておくべきだということ。

エ　他人の考えに自分の考えを合わせていくことに何の不満も抱《いだ》かないようにするべきだということ。

オ　他人の考えが知らぬ間に自分の考えになっていることに違和感《いわかん》を覚えられるようにするべきだということ。

問三　――線③「言葉や情報を～考えてください」とありますが、なぜ人間関係がよりケンゼンになるのですか。その理由として最も適当なものを後のア～オの中から一つ選び、記号で答えなさい。

ア　情報だけを問題にしていれば、その情報の是非《ぜひ》を問うだけで済み、情報提供者への否定にはつながらないから。

イ　たとえ相手が誤情報を自分にもたらしていても、それは自分への思いやりに基づいてなされた行為《こうい》だと言えるから。

【　　B　　】

なのに、軍事力が平和のために必要だなんて、矛盾《むじゅん》している。

そもそも戦争ができる軍事力があると、平和を壊《こわ》すかもしれない。そんなものは持たないほうがいいに決まっている――。

【　　C　　】

戦争って相手がいないと始まらないよね？

自分たちは戦争をするつもりがなくても、相手が戦争をしかけてきたら、平和は壊《こわ》れるんじゃない？

【　　D　　】

戦争をしかけてきた国を撃退《げきたい》するしかないよね。

【　　E　　】

あの国には勝てないと思わせないと、相手は襲《おそ》ってくるかもしれない。だから自衛隊は必要だという見方もできるのでは？

こういう考えを「抑止力《よくしりょく》」と言って、国際政治のbセンモン家は、平和維持《いじ》のためには「抑止力《よくしりょく》は重要である」と考えています。

それは、日本を軍事大国にしたい人の口実だと非難する人もいるでしょう。軍隊を持っていない国を誰《だれ》が攻《せ》めるんだ、という発想もあるかもしれません。

そういう考え方を全否定はしませんが、世界中で今なお起きている戦争は、しかけた側の一方的な正義を理由にして、問答無用で始まっているのです。

実際のところ、軍事力を持たない国は、アッという間に攻撃《こうげき》され占領《せんりょう》されます。

だから軍事力を持ちましょう、と言いたいのではありません。

平和を考えるときに、平和である状態だけを考えるのではなく、平和を乱されないようにしないと平和は続かないのでは、という視点も必要だという話をしたいんです。

他国から戦争をしかけられたときに自国を防衛するため、また抑止力《よくしりょく》のために、一定の軍事力は必要だというのは、暴論ではありません。

何と言っても、日本は世界第三の経済大国です。無防備であれば、日本の富を狙《ねら》ってどこかの国、あるいは海賊《かいぞく》が攻《せ》めてきてもおかしくない。

（中略）

その渦中《かちゅう》にいる国が無防備だったら、夜もおちおち眠《ねむ》れないぐらい不安になりませんか。

その不安を解消するには、自衛のための備えがいる。

自宅にお金があるから、泥棒《どろぼう》対策の警備をしていることをアピールする。それと同じ発想が、抑止力《よくしりょく》です。

言ってみれば、自衛隊は「*5セコム」のような存在なのです。

そうすると、「日本の平和のために、自衛隊は必要です」という言葉が、⑦違《ちが》って見えてきませんか。

違和感《いわかん》は確かにある。でも、その理由を探っていくと、「そういう考えは必要かもしれない」という理解が生まれます。

あれ、疑う力を持つのは、相手の話を疑って真実を探ることだったはず。なのに、今の話は結局、ある人の発言を〝正しい〟と言っているじゃないか、と思いましたか？

よく読んでくださいよ。

私は、「日本の平和に自衛隊が必要だ」という考え方を〝正しい〟と

て貴《たっと》しとなす――の国ですから、人の話を疑ってかかるなんて、貴《たっと》い「和」を乱す不心得者かもしれません。

こういう文化の国で疑う力を養うのは難しい話で、⑤相手に疑問をぶつけるだけでも、嫌《きら》われる可能性があります。

つまり、日本では相手の話や情報を肯定的《こうていてき》に受け止める習慣があり、疑う力の養成を邪魔《じゃま》しているわけです。

（中略）

誰《だれ》かが確信を持って話すのを聞いて、たいていの人は「へえ、そうなのか」とあっさり受け入れる。メディアの情報もＳＮＳも、信じることを前提としている。

これが、日本の文化です。

そこに異を挟《はさ》むのは、まさに「空気を読まない」行為《こうい》ですね。「空気を読むのはやめよう」と訴《うった》えている私に言わせれば、笑止千万《しょうしせんばん》ですけど。

でも、多くの人に相手の話や情報を疑う習慣はないので、なかなか厄《やっ》介《かい》です。

情報を常に疑って受け止めよう、と一念発起すると、これはかなり疲《つか》れます。しかも、ますます相手の話が理解できなくなる⑥悪循環《あくじゅんかん》です。

なぜなら、事実を全部疑ってかかると、何の話を聞いているのかすらわからなくなりますし、相手は途中《とちゅう》で話をやめてしまうでしょう。それが記事なら理解不能となり、読み進められません。

だから、何でも疑ってかかるのは、正しい情報収集法とは言えません。

では、どうすればいいでしょう。

ヒントは、あなたが相手の話や情報に接したときの「違和感《いわかん》」にあります。

違和感《いわかん》という言葉は、よく耳にしますよね。じゃあ、違和感《いわかん》って何？と問うと、定義するのは意外に難しくないですか。

ぼんやり「不快感」とか「賛成できないこと」などをイメージするかもしれませんね。

でも、スポーツ選手の体調について、記事で「肩《かた》に違和感《いわかん》があるので、治療《ちりょう》に専念」と書かれているのを思い起こすと、少しイメージが変わりませんか。

こういうときの「違和感《いわかん》」は、「怪我《けが》をしているわけじゃないけど普《ふ》段《だん》と少し違《ちが》う」状態を指しています。

あれ、いつもと違《ちが》うな。

何かひっかかるな、という感覚。

スポーツ選手の場合、体の違和感《いわかん》を無視すると、取り返しがつかない重症《じゅうしょう》になることがあります。だから、彼《かれ》らは違和感《いわかん》、つまり無意識に近い「ひっかかり」に敏感《びんかん》です。

私がみなさんに持ってほしいのは、スポーツ選手の違和感《いわかん》に近いものです。おかしいな、何となく変だ、という「感じ」、その感覚です。

例を挙げてみましょうか。

（中略）

「日本の平和のために、自衛隊は必要です」と言われたとしたら、どんな印象を持ちますか。

違和感《いわかん》を持たない人は少ないと思います。じゃあ、立ち止まってこの違和感《いわかん》を深掘《ふかぼ》りしてみましょう。

【　　Ａ　　】

自衛隊イコール軍事力で、つまり戦争する力を持つってことだろ。

【国　語】（五〇分）〈満点：一〇〇点〉

一　次の文章を読んで、後の一から十までの各問いに答えなさい。
（ただし、字数指定のある問いはすべて句読点・記号も一字とする。）

すぐに人の言うことを受け入れるのではなく、時間をかけて評価しよう。これまで、そういうことを書いてきました。言《い》い換《か》えると、疑う力を身につけようということです。

①人を疑うなんて、よくないでしょ。そんなことをしたら、aケンゼンなコミュニケーションは生まれないのでは、という反論が返ってきそうですね。

でも、相手の話や*1ＳＮＳで書かれていることを、何でもかんでも受け入れてしまうと、苦しくなりますよね。所詮《しょせん》は他人の考えだから、合わないところもあるはずなのに、②それを気にしないほうが不ケンゼンですよ。

だから、こう考えませんか。

疑うべきは、人ではなく、言葉だと。

たとえば、コミュニケーションを通じて、心から信頼《しんらい》を寄せる親友ができたとしましょう。かといって、親友の言葉がすべて〝正しい〟かというと、それは違《ちが》う。

だって、あらゆる出来事や事象を知っている人なんていないですからね。たまたま親友が、間違《まちが》った情報を聞いて、それをあなたに伝えるかもしれない。

誤情報というのは、悪意で流されることよりも、それが〝正しい〟と信じている人から発信される場合のほうが、はるかに多いんです。

だから、信頼《しんらい》している人の情報でも正しいとは限らない。

全部鵜呑《うの》みにした後で、それは間違《まちが》いだとわかったら、「だまされた！」と言って喧嘩《けんか》になることや、相手を信用できなくなることだってありえます。

でも、その人が「だますつもりじゃなかった」としたら、どうですか。怒《おこ》るのはちょっと待て、となりそうですよね。

だから、③言葉や情報を時々疑ってみることは、人間関係を壊《こわ》すどころか、よりケンゼンにすると考えてください。

では、なぜ疑う力を養うべきなんでしょうか。

それは、あなたが*2フェイクニュースに振《ふ》り回《まわ》されないためであり、根拠《こんきょ》もなく不安になることを防ぐためです。そして何より、正確な情報を得るためです。

世の中は情報の洪水《こうずい》状態です。何が正しくて何が誤りなのかを見分けるのは至難の業《わざ》で、正確な事実をつかみ取るのは難しい。

でも、疑う力が身につくと、情報の良《よ》し悪《あ》しを見極める力が高まります。

理屈《りくつ》はわかるけど、そんな力が簡単に得られるのだろうか――と思うでしょう。

確かに簡単じゃありませんが、不可能ではないのです。

まず、前提として自覚してほしいことがあります。

日本人は情報や他人の話を疑うのが苦手だ、ということ。*3これには、日本独特の文化が影響《えいきょう》しているのでしたね。

すなわち――日本は島国で、同じ価値観を共有しているという意識が高い、いわゆる〔　④　〕の文化を培《つちか》ってきました。*4和をもっ

MEMO

大切なことはメモしておこうネ！

第1回

2024年度

解　答　と　解　説

《2024年度の配点は解答欄に掲載してあります。》

<算数解答>

1　(1)　184　(2)　226本　(3)　1200円　(4)　114

2　(1)　50L　(2)　14通り　(3)　84度　(4)　$\frac{27}{28}$cm

3　(1)　6分前　(2)　4：5　(3)　$25\frac{5}{7}$分後　4　(1)　19通り　(2)　88通り

5　(1)　4cm²　(2)　2cm²　(3)　4cm²　6　(1)　1cm　(2)　3cm

○配点○

1，2　各5点×8　他　各6点×10　計100点

<算数解説>

1　(四則計算，過不足算，割合と比，平面図形)

(1)　$2024 \div 3 \times 0.72 \times \frac{15}{4} \times \frac{10}{99} = 2024 \times 9 \div 99 = 184$

基本　(2)　人数…(88＋4)÷(5－3)＝46(人)

えんぴつ…5×46－4＝226(本)

重要　(3)　AさんとBさんの所持金の比…40：50＝4：5

等しい金額…④＋1800＝⑤×2＝⑩

したがって，Aさんの所持金は1800÷(10－4)×4＝1200(円)

重要　(4)　中央…1

全体の三角形の頂点…10，9，8

したがって，求める数の和は114

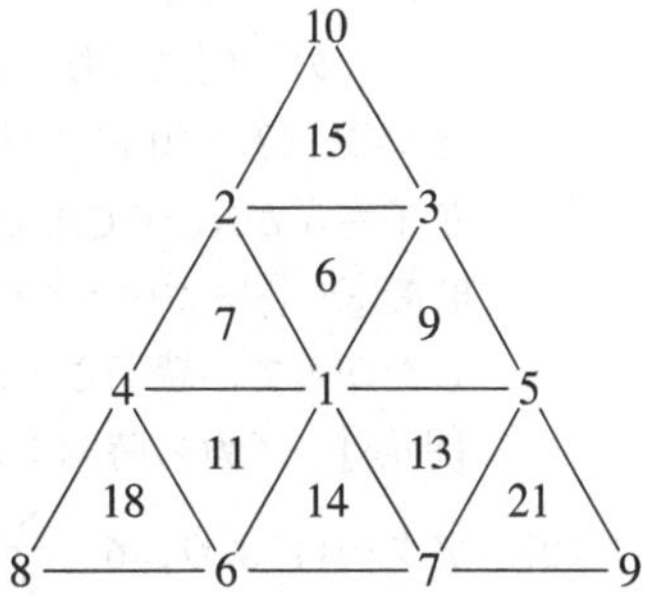

重要　2　(割合と比，消去算，場合の数，平面図形，相似)

(1)　A，C1分の給水量…それぞれA，Cで表す

水そうの容積…A×20＝A×5＋18＋C×18より，A×15＝18＋C×18

A×5＝6＋C×6　－ア

A×5＋18＋C×18＝A×8＋17＋C×12より，C×6＝A×3－1　－イ

アとイ…A×5＝6＋A×3－1より，A×2＝5，A＝2.5

したがって，水そうの容積は2.5×20＝50(L)

(2)　10点になる場合…以下の14通り

1×10，2×5，1×2＋2×4，1×4＋2×3，1×6＋2×2，1×8＋2

1＋3×3，1×4＋3×2，1×7＋3，2×2＋3×2

1＋2×3＋3，1×3＋2×2＋3，1×5＋2＋3，1×2＋2＋3×2

(3)　正十角形の1つの内角…180－360÷10＝144(度)

角JBK…60度

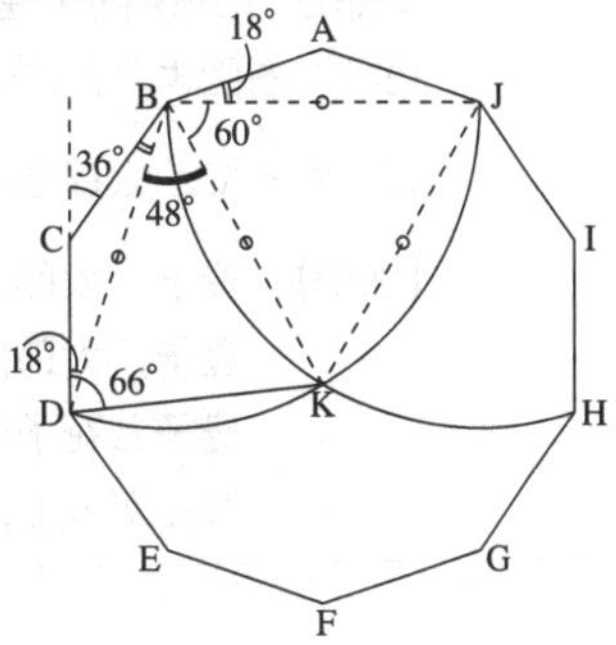

角KBD…144－(36＋60)＝48(度)

したがって，角CDKは

18＋(180－48)÷2＝84(度)

(4)　二等辺三角形ABCとDEF…合同な三角形

二等辺三角形JBEとKGF…合同な三角形

二等辺三角形ABC，DEF，JBE，KGF，ECG…相似な三角形

二等辺三角形DJHとKAH…相似な三角形

DJ＝DK…1.5cm

AK…$3-\left(1.5+\dfrac{2}{3}\right)=\dfrac{5}{6}$(cm)

DH：HK…$\dfrac{3}{2}:\dfrac{5}{6}=9:5$

したがって，DHは$1.5\div(9+5)\times9=\dfrac{27}{28}$(cm)

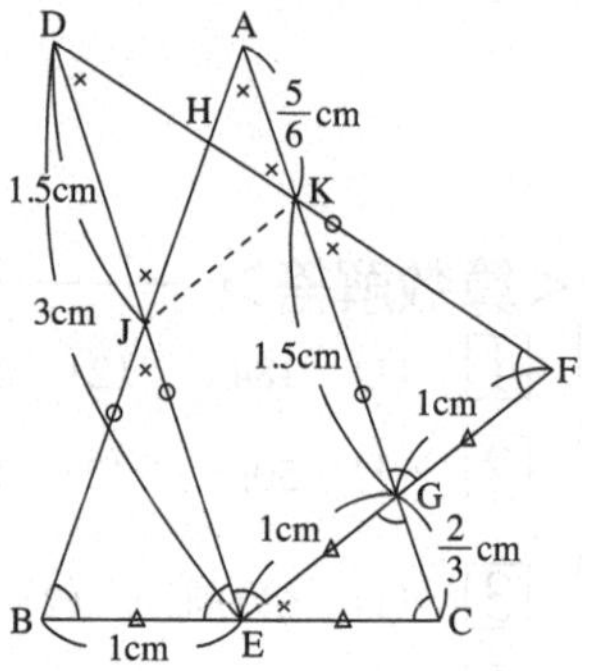

やや難 [3]　(速さの三公式と比，割合と比，消去算，単位の換算)

花子さんと太郎さんの速さの比…3：2

AC：CB…3：2

2分40秒…$2\dfrac{2}{3}=\dfrac{8}{3}$(分)

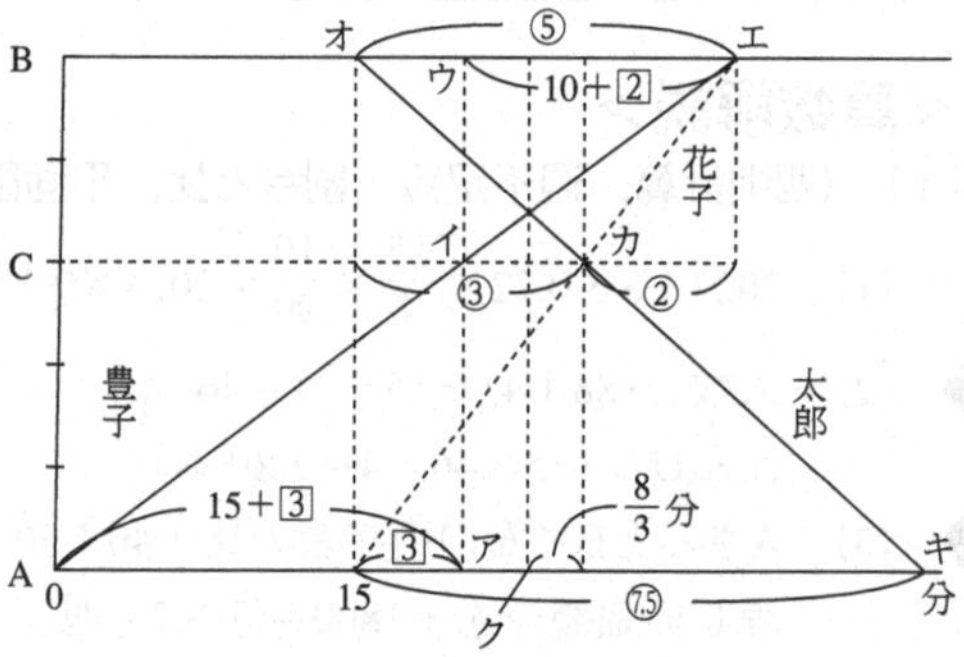

(1)　オエ…右図より，③＋②＝⑤

Aア…15＋[3]

ウエ…三角形Aアイとエウイ

の相似により，10＋[2]

オエ⑤…[3]＋10＋[2]＝[5]＋10

花子さんがAからCまで進んだ

時間③…[3]＋10÷5×3＝[3]＋6

したがって，豊子さんがCまで進んだ時刻は花子さんがAからCまで進んだ時刻の6分前

【別解】　イカの時間：15分＝2：(2＋3)＝2：5より，イカは6分

(2)　アク…(1)より，$6-\dfrac{8}{3}=\dfrac{10}{3}$(分)

したがって，豊子さんと太郎さんの速さの比は

$\dfrac{8}{3}:\dfrac{10}{3}=4:5$

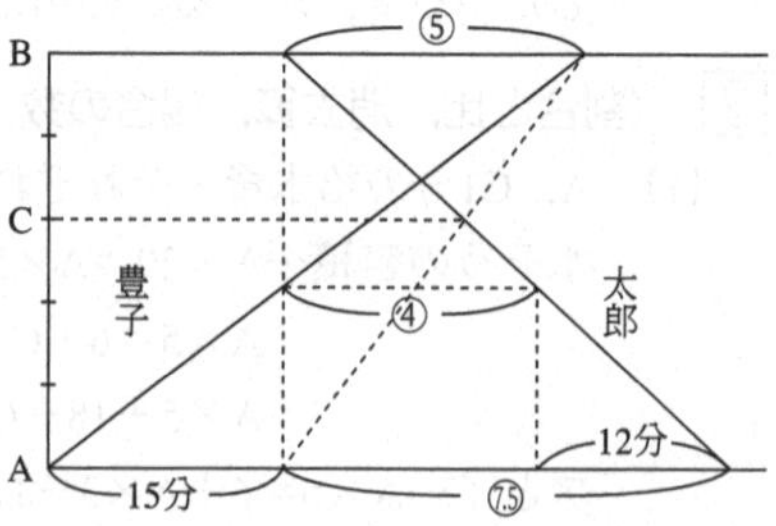

(3)　豊子さんがBまで進んだ時間…15分＋⑤

太郎さんがAまで進んだ時間…(2)より，12分＋④

太郎さんがBA間を進んだ時間…⑤÷2×3＝(7.5)

12分…右図より，(7.5)－④＝(3.5)

したがって，太郎さんがAに着くのは$12\div3.5\times7.5=\dfrac{180}{7}$(分後)

【別解】　豊子，太郎，花子の速さの比…(2)より，8：10：1

豊子，太郎，花子の時間の比…15：12：8

豊子と花子の時間差15分…15－8＝7

したがって，太郎さんの時間は15÷7×12で求まる。

4 (場合の数)

1・2・13…これらのカードを並べる

2…同じカードを連続して並べない

重要 (1) 4ケタの整数…以下の19通り

1111　1112　1113　1121　1131　1132

1211　1212　1213　1311　1312　1313　1321

2111　2112　2113　2121　2131　2132

やや難 (2) 6ケタの整数

1が6枚…1通り　1が5枚，2が1枚…6通り　1が4枚，2が2枚…10通り

1が3枚，2が3枚…4通り　計21通り

1が4枚，13が1枚…5通り　1が2枚，13が2枚…4×3÷2＝6(通り)

13が3枚…1通り　2が2枚，13が2枚…3通り　計15通り

1が3枚，2が1枚，13が1枚…5×4÷2×2＝20(通り)

1が2枚，2が2枚，13が1枚…18通り

1が1枚，2が3枚，13が1枚…2通り

1が1枚，2が1枚，13が2枚…4×3÷2×2＝12(通り)　計52通り

したがって，合計21＋15＋52＝88(通り)

5 (平面図形)

重要 (1) 右図

…4×2÷2＝4(cm^2)

(2) 下図

…4×2÷2÷2＝2(cm^2)

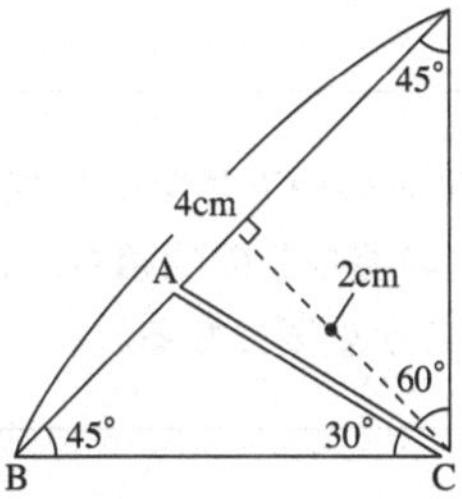

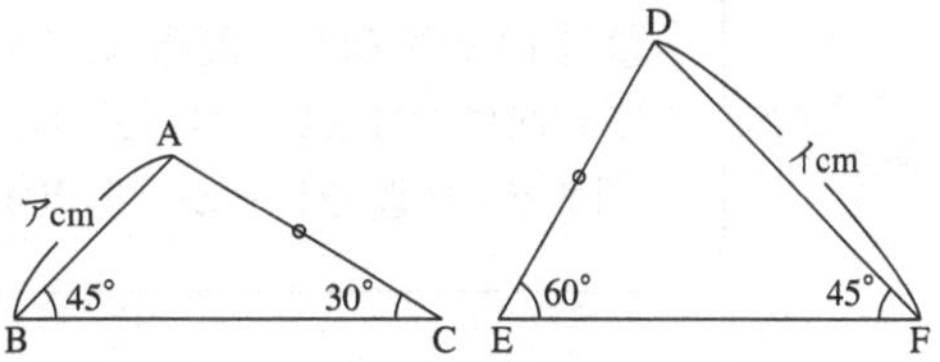

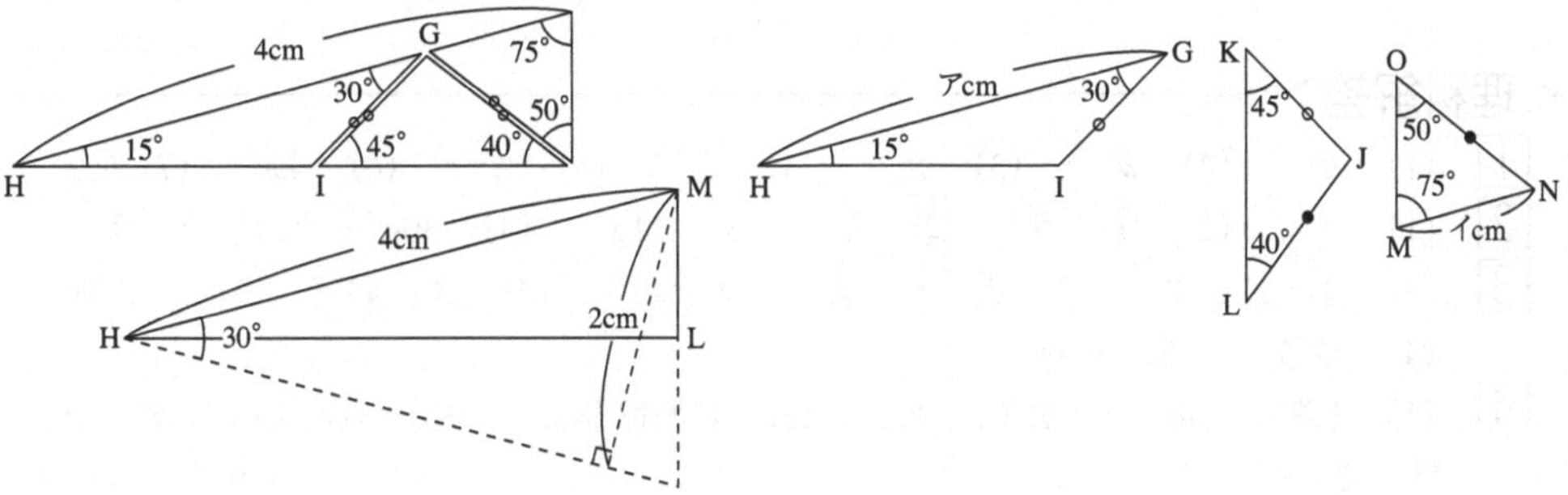

やや難 (3) 直角三角形＋長方形の面積

…下図より，二等辺三角形PXTの面積は4×2÷2＝4(cm^2)

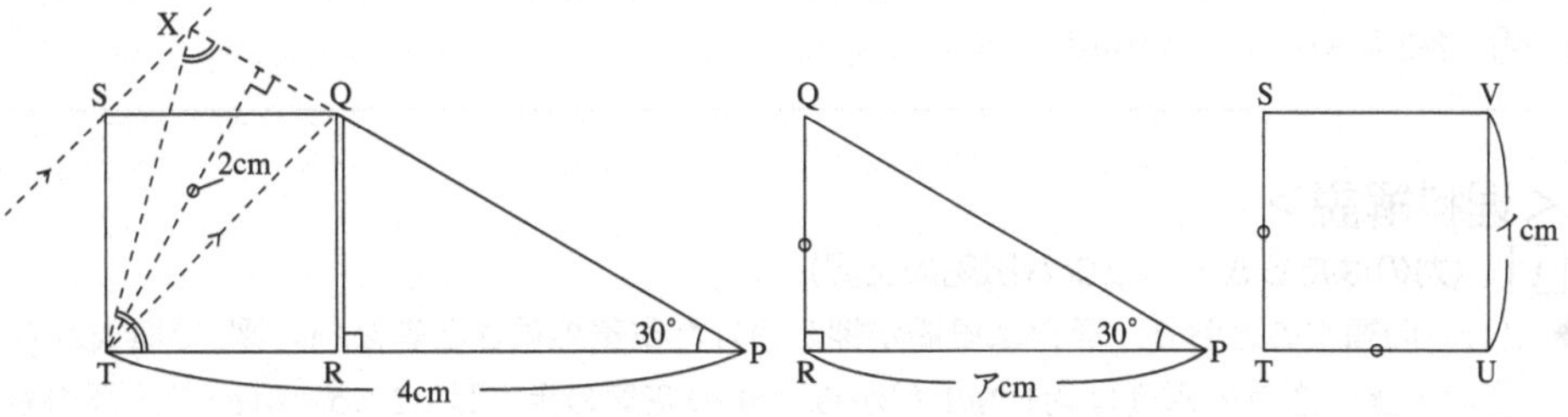

6 (立体図形，平面図形，相似，割合と比)

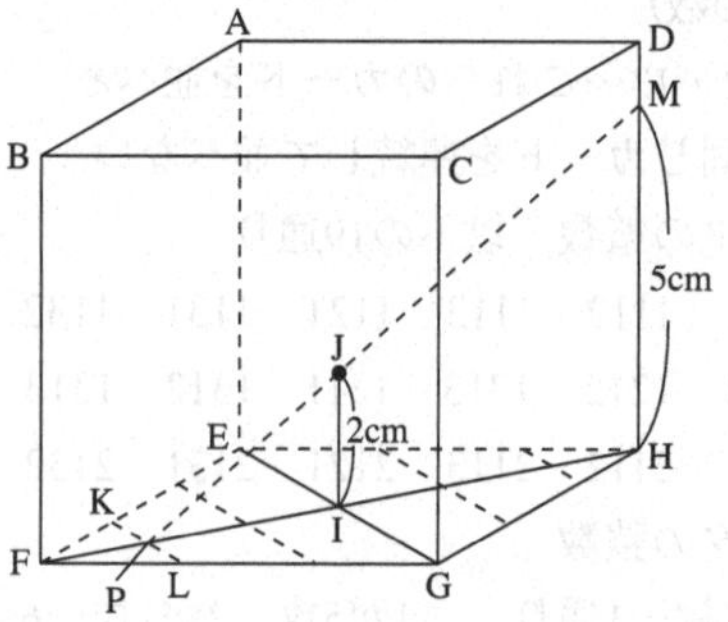

重要 (1) 三角形JPIとMPH
…相似比が2：5
したがって，DMは6−5＝1(cm)

やや難 (2) 三角錐J−IQGとT−ENG
…相似比が1：2
三角形TNEとSGH
…相似比が1：2
三角形SRDとSGH
…相似比が2：8＝1：4より，RDは1.5cm
三角形SODとSTU
…相似比が1：2
したがって，ODは3cm

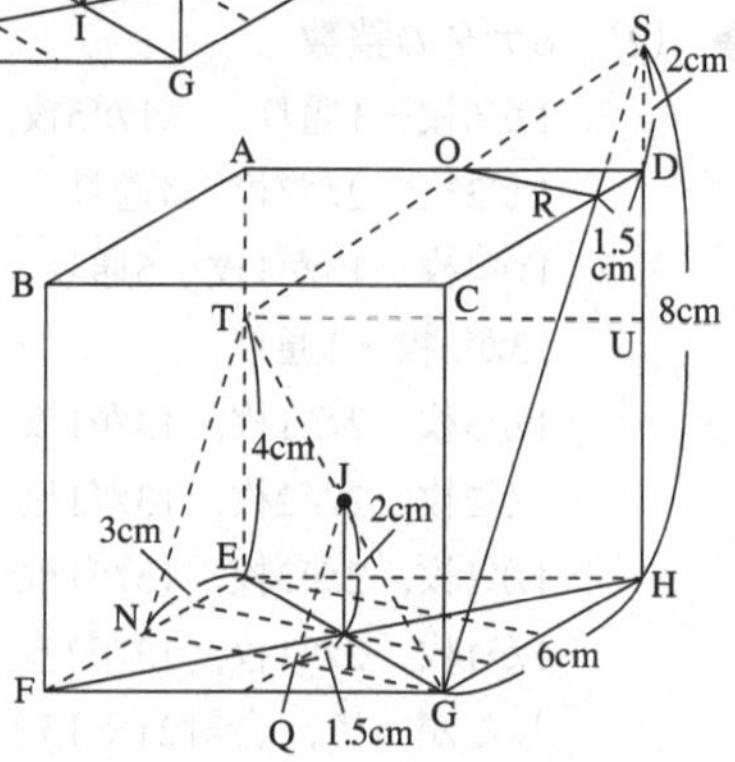

★ワンポイントアドバイス★

3「3人の移動」の問題は，グラフを描いてヒントを見つけることがポイントであるが簡単ではない。4 (2)「6ケタの整数」の問題も，容易ではない。したがって，2までの問題でしっかり得点するこが重要になる。

＜理科解答＞

1 (1) か (2) あ (3) え (4) え (5) か (6) お (7) う

2 (1) え (2) ① う ② え (3) 21g (4) 30g (5) う，え

3 (1) ① え，か ② あ，う，え ③ お (2) え，お (3) う，か
(4) 蒸散 (5) 6.4g

4 (1) (満月) あ (上弦) え (2) 13時間28分 (3) ① い ② か
③ さ

○配点○

1 各2点×7 2 (5) 3点 他 各2点×5 3 (1) 各1点×3 他 各2点×4
4 各2点×6 計50点

＜理科解説＞

1 (力のはたらき―ヘリウム風船の上昇)

重要 (1) 問題文のとおり，浮力は風船が押しのけた空気の重さと等しい。図2で地表からの高度が0kmのとき，空気の密度は約1.2g/Lだから，5Lの空気の重さは1.2×5＝6(g)で，浮力も約6gである。地表からの高度が10kmのとき，空気の密度は約0.4g/Lだから，5Lの空気の重さは0.4×5＝2(g)で，

浮力も約2gである。これに当てはまるグラフは「か」である。

(2)　ヘリウムを含んだ風船全体の重さが5gだから，浮力が5g以上であれば風船は上昇を続ける。(1)の「か」のグラフで，浮力が5gになるところを読み取ると，地表からの高度は約2kmである。あるいは，浮力が5gになるときの空気の密度は，□×5＝5より，□＝1g/Lである。これを図2で読み取ると，地表からの高度は約2kmである。

重要　(3)　風船が上空へ上がると，気圧が低いために気体が膨張する。温度が下がって気体が収縮するよりも，気圧が下がって膨張する方が大きい。

(4)　地表での浮力は(1)で考えた通り約6gである。地表からの高度が10kmのとき，図2で空気の密度は約0.4g/Lであり，図3で風船Bの体積は約15Lである。その空気の重さは0.4×15＝6(g)で，浮力も約6gである。これに当てはまるグラフは「え」である。

(5)　ヘリウムを含んだ風船全体の重さが5gで，(4)のとおり高度10kmでも浮力が5g以上であるので，風船は上昇を続ける。

(6)　地表での浮力は(1)で考えた通り約6gである。地表からの高度が10kmのとき，図2で空気の密度は約0.4g/Lであり，図4で風船Cの体積は約10.5Lである。その空気の重さは0.4×10.5＝4.2(g)で，浮力も約4.2gである。これに当てはまるグラフは「お」である。

(7)　ヘリウムを含んだ風船全体の重さが5gで，(6)の「お」のグラフで，浮力が5gになるところを読み取って，地表からの高度は約6kmである。

2　(水溶液の性質—2種類の中和)

(1)　選択肢のうち，アルカリ性なのは「あ」である。固体の物質が溶けているのは「あ」「い」「う」である。電気を通すのは「あ」「う」「お」である。

(2)　実験の結果の表から，塩化水素を25gより多く加えたときに気体が発生しているので，塩化水素を25g加えたときには，まだ炭酸水素ナトリウムが残っている。つまり，水溶液はアルカリ性であり，BTB液は青色である。次に，塩化水素が30gと33gのときの二酸化炭素の増え方を見ると，塩化水素が36gのときに，できた二酸化炭素は6Lになったと考えられる。塩化水素を40g加えたときには，塩化水素が過剰なので，水溶液は酸性であり，BTB液は黄色である。

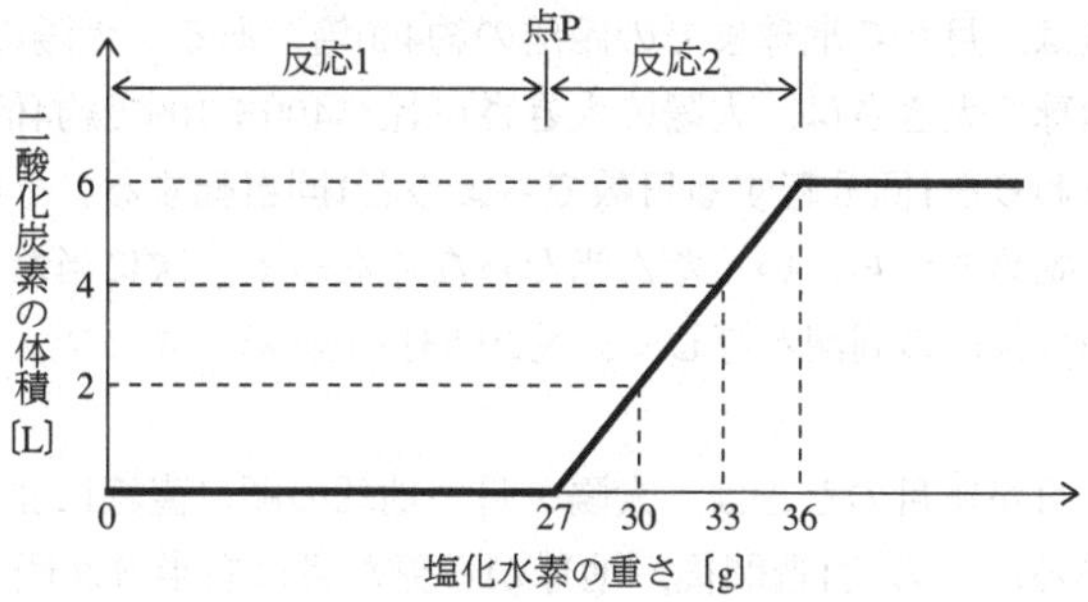

(3)　水溶液Aと塩化水素から発生した二酸化炭素は6Lで，これは反応2だけから発生している。反応2の量の関係から，炭酸水素ナトリウム：二酸化炭素＝84：24＝□：6　で，□＝21gとなる。

(4)　実験の結果の表で，塩化水素が30gと33gのときの二酸化炭素の増え方を見ると，塩化水素が27gのときまでは二酸化炭素が0で，そこまでは反応1だけが起こり，その後は反応2だけが起こっている。反応1の量の関係から，水酸化ナトリウム：塩化水素＝40：36＝□：27　で，□＝30gとなる。

(5)　点Pは，反応2が起こり始めたときであり，(4)で考えた通り塩化水素を27g加えたときである。「あ」誤り。点Pではまだ炭酸水素ナトリウムが残っているので，塩化水素は残らない。「い」誤り。塩酸を少しでも入れれば塩化ナトリウムが少しできるので，仮定どおりなら溶け残りが見えるはずである。「う」正しい。点Pまでは二酸化炭素は発生せず，点Pではじめて二酸化炭素が発生する。「え」正しい。点Pで水酸化ナトリウムがちょうどなくなる。「お」誤り。炭酸水素ナトリウムは，点P以降も残っており，塩化水素を36g加えるまで赤色は続く。

3 (植物のなかま一さまざまな植物の観察)

(1) 「あ」ヒマワリとサクラは茎が自立しており，ヘチマは巻きひげで別の物につかまって伸びる。「い」ヒマワリとヘチマは冬は種子だけが残り，サクラは葉が全て落ちている。「う」ヒマワリとサクラは1つの花に雌しべと雄しべがある。ヘチマには雌花と雄花がある。「え」ヒマワリとヘチマの花弁は黄色い。「お」ヒマワリとヘチマは，葉が成長した後に花が咲く。サクラは花が咲いたあと，散るとともに葉が出てくる。「か」ヒマワリをはじめキク科の花の特徴である。

(2) オオカナダモ，ヒメジョオン，セイヨウタンポポは，海外から持ち込まれた植物である。

(3) 虫媒花は，目立つ色の花びらや，昆虫が好む蜜を持つ。トウモロコシやイネ，マツにはそのような性質はなく，自家受粉で受粉したり，風媒花として花粉が風で運ばれたりする。また，クロモは水草であり，花粉は水面に浮かんで運ばれる水媒花である。

(4) 植物は，葉や茎などから蒸散によって水蒸気を出し，体温調節や根からの吸水の促進をしている。

重要 (5) 葉の表からの蒸散量は，AとCの差で7.2−4.8＝2.4(g)，葉の裏からの蒸散量は，BとCの差で7.2−3.2＝4.0(g)である。よって，葉の全体からの蒸散量は，2.4＋4.0＝6.4(g)である。これとCの差の0.8gは，茎などからの蒸散量である。

4 (太陽と月一月から見た地球)

重要 (1) 満月は，夕方に東からのぼり，朝方に西に沈む。図で□が18時ごろ，△が6時ごろにある4日前後が当てはまる。上弦は，昼間に東からのぼり，夜中に西に沈む。図で□が12時ごろ，△が0時ごろにある26日前後が当てはまる。

(2) 2月24日の17：35に東から出てきた月は，翌日2月25日の7：03に西に沈む。その時間は，(7：03＋24：00)−17：35＝13：28である。

(3) ① 太陽から地球までの距離と，太陽から月までの距離は，ほぼ同じである。つまり，月から太陽までの距離は，月から地球までの距離の約400倍である。太陽の直径は地球の約109倍だから，月から見た地球の大きさは，太陽の大きさに比べ400÷109で約4倍である。

② 月は地球のまわりを1回公転する日数でちょうど1回自転する。そのため，月面上のある場所に太陽光が当たり始めてから，いったん当たらなくなって，次に当たり始めるまでの日数は，地球から見た月の満ち欠けの周期と等しく，約29.53日である。よって，その間に地球は約30回自転する。

③ 地球から見た月が新月のときは，太陽・月・地球の順に直線に並んでいるので，月から見た地球は満地球である。その約1週間後，地球から見た月は右半分が明るい上弦の月になるが，このとき月から見た地球は左半分が明るい下弦の地球となる。このように，地球から見た月の形が，新月→上弦→満月→下弦→新月と変わるとき，月から見た地球の形が，満地球→下弦→新地球→上弦→満地球と変わる。

★ワンポイントアドバイス★

問題文の条件をよく読み取り，図や表の意味をよく考えて，筋道を立てて答えを導き出そう。

<社会解答>

1 問1 〔え〕は大名に，〔お〕は農民に出された。 問2 2・4・5 問3 1
問4 公地公民 問5 3→1→2→4 問6 おきて 問7 城 問8 2 問9 2

2 問1 1 問2 4 問3 4 問4 2 問5 1 問6 (1) 2 (2) 再開発
問7 3

3 問1 マイクロ 問2 5 問3 こども家庭庁 問4 3・5 問5 2 問6 3
問7 1 問8 4

○配点○

1 各2点×9 2 各2点×8 3 各2点×8 計50点

<社会解説>

1 (日本の歴史―古代～現代)

重要 問1 〔え〕の武家諸法度は大名に対して，〔お〕の慶安の御触書は農民に対して発令された。

基本 問2 1 日米修好通商条約の内容で，史料〔か〕よりも前の時期である。 3 第1回衆議院総選挙は，史料〔き〕よりも後の時期である。

問3 2 「延暦寺」が不適。 3 「一向宗を保護し」が不適。 4 織田信長はキリスト教に対する弾圧を行っていない。

問4 公地公民制は荘園の発達によって次第に衰退していった。

重要 問5 1は鎌倉時代，2は戦国時代，3は飛鳥時代，4は明治時代の説明である。

問6 おきてには，田畑の作物などを盗んだ者などに対する制裁規定を有するものが多い。

基本 問7 武家諸法度直前に出された一国一城令の内容を踏まえてのものとなる。

問8 2 「見返り美人図」は役者絵ではなく美人画である。

基本 問9 2 犬養毅首相が暗殺されたのは，五・一五事件である。

2 (地理―地形・産業)

重要 問1 「あ」と「い」の中間地点よりもやや「い」寄りのエリアの等高線の間隔が狭くなっていることや「太線あい」付近の数値に注目する必要がある。

問2 防風林があるのが北側と西側であることから判断する。

基本 問3 原子力の比率が高いアが福井県，水力発電の比率が高いウが富山県，残ったイが石川県という流れで特定していきたい。

問4 「屋久島」や「種子島」といった離島を想起して選択する。

問5 1 曲げわっぱは秋田県大館市の工芸品となる。

基本 問6 (1) 黒色の部分が最も減っていることを読み取りたい。 (2) 再開発をすることにより，国や地方公共団体からの交付金や税制優遇などを受けられたりする。

問7 1がりんご，2がぶどう，4がすいかとなる。

3 (政治―「ごみ」を起点とした問題)

重要 問1 マイクロプラスチックは微小なので，従来あまり注目されていなかった環境問題であったが，生態系への悪影響などから決して無視できない深刻な問題となっている。

問2 物を入れても包んでもいないものは「容器」「包装」に該当しない。

基本 問3 こども家庭庁はこどもの権利・視点・利益を守るために発足された省庁である。

問4 1 法律案は内閣だけでなく国会も作成できる。 2 参議院から審議を始めても構わない。 4 「必ず」が不適である。

問5　あは社会保障関係費，うは地方財政費，えは防衛費，おは公共事業費となる。

問6　1「メタン」ではなくフロンガスである。　2「栄養分が乏しく」でなはなく「栄養分が過剰に」である。　4「先進国で」が不適。

問7　1　黙秘権の内容に反しているので不適。

問8　1は食費，2は光熱・水道費，3は交通・通信費となる。

★ワンポイントアドバイス★

本校の問題には，単純知識だけでは対応できない問題が多いので，日頃から思考力を鍛えておこう。

＜国語解答＞

一　問一　ウ　　問二　エ　　問三　ウ　　問四　ア　　問五　イ　　問六「あの世で
問七　(1)　身体から離　　(2)　オ　　問八　(例)　魂と身体が離れて存在するという考え方のことで，人間とは本来何であり，自分の人生がどうであるかや，死んだ後の世界について考えることができるようになる。

二　問一　ウ　　問二　ウ　　問三　ア　　問四　イ　　問五　(例)　自分で決めた挑戦を途中で諦めることで，成瀬の挑戦を見守ってくれていた島崎をそのたびにがっかりさせていたこと。　問六　エ　　問七　オ　　問八　やはり大貫　　問九　(1)　ア　　(2)　不意　(3)　まんぞくげ

○配点○

一　問八　9点　　他　各5点×8

二　問五　9点　　問七　6点　　問九　各2点×3　　他　各5点×6　　計100点

＜国語解説＞

一　(論説文一要旨・細部の読み取り，指示語，接続語，空欄補充，ことばの意味，記述力)

問一　――線①は，「そもそも『死後』というものがありうるのかどうか」という問いに，「ほとんどの哲学者たちは，魂が肉体と共に滅びるという世界観に対して……疑問を投げかけてい」ることに対するものなのでウが適当。①直後の内容をふまえていない他の選択肢は不適当。

問二　――線②は，人間がどこから来てどこへ行くのかといった物語を宗教が語ってきたことによって，私たちが考える死は豊かで複雑な内容を持つに至り，それを当たり前のものと見なし受け入れ，そのように作られてきた物語，ということなのでエが適当。②直前の内容をふまえていない他の選択肢は不適当。

問三　――線③は，すべての事象に本質的な価値はないとする「ニヒリズム」や，すべては物質によって決まると考える「唯物論」といったものに対するものなので，生命感がなく機械的であるという意味のウが適当。アは期待していたものとは異なる結果に終わること。イはまだ十分に発達していないこと。エはまともに見ていられないようなひどいやり方，むごいこと。オは広い視野で物事をとらえること。

重要　問四　空らん④は「ところで，……」で始まる段落で述べているように，「身体が滅びても，魂や心や霊と呼ばれる……ものが……残ることを前提と」する，宗教の物語の一つで，「キリスト教

の神」や「強大な力をもつ人格神(如来)」のような「全知全能の創造神」を必要とするものなのでアが適当。これらの内容をふまえていない他の選択肢は不適当。

基本 問五 空らん⑤は，直前の内容を言いかえた内容が直後で続いているのでイが適当。

問六 ——線⑥は「ドラマなどで……」で始まる段落の「『あの世で先に待っているぞ』とか『もうすぐおじいさんに会える』とか，『天国のあの人はきっと喜んでくれる』というセリフ(58字)」を指している。

重要 問七 (1) ——線⑦の「死後の世界」は，直後の段落で述べているように「あの世」のことで，「こう考えれば，……」で始まる段落で「あの世」とは「身体から離れた心が向かっていく，この世ではない場所(25字)」であることを述べている。

(2) 「人間は，身体の……」から続く3段落で，「心が身体から離れてあの世へ去ること，これが『死』」であると考えれば，「これまでに死んだ人々の心も，同じように霊となって『あの世』にいるの」だから，死んだ人の「心に『会う』こともできる」こと，そのような理解には「『あの世』から『この世』を見ることができる……更には，『喜び』といった感情が，身体を持たない心にも感じられる」ことが前提となる，と述べているので，「あの世」すなわち死んだ人とのつながりとは関係ないオは当てはまらない。

やや難 問八 波線部は，「二つ目は……」から続く3段落で述べている，宗教が関係する考え方で，「宗教は，このような……」で始まる段落で述べているように，「人間とは本来何であるのか。……今のあなたは，その本来の姿に比べてどうであるのか。……死んだ後にどうなるのか」といったことを考えるための物語である。また，この宗教的物語について「ですから，『あの世』……」で始まる段落以降で，「『魂』というものを，『身体』とは別の存在として理解することが……宗教的物語が成立するための重要な要素となる」と述べていることをふまえ，波線部がどういう考え方で，どのようなことができるかを具体的に説明する。

二 (小説一心情・情景・細部の読み取り，漢字の読み書き，記述力)

重要 問一 ——線①前後で，成瀬に数学の問題の解法を聞かれ，迷惑そうな顔をしながらもアドバイスをする大貫，嫌いではない大貫に遠慮することなく話しかけ，大貫のアドバイスを素直に受け止めている成瀬の様子が描かれているのでウが適当。大貫に悪意があることを説明しているア・イ・エ，オの「反省している」はいずれも不適当。

問二 【文章Ⅱ】で，成瀬は髪を「『入学前の四月一日に全部剃った』」，——線②後で「『二十八ヶ月で……』」と話していることから，【文章Ⅰ】は入学前の四月一日から二十八ヶ月後なのでウが適当。

問三 大貫に言われた通り「髪を切って気分転換」し，教科書の例題を解きはじめたことで「リズムに乗ってきて」 ——線③のようになっているのでアが適当。気持ちを切りかえ，いつもの感覚を取り戻したことを説明していない他の選択肢は不適当。

問四 成瀬が卒業式まで伸ばすと言っていた髪を切ったことで，——線④のようになっているのでイが適当。「眉間にしわが寄る」が，理解できない，納得できない表情の意味であることをふまえ，成瀬が髪を切ったことを説明していないア・ウ・オは不適当。エの「ことわりもなく」も不適当。

やや難 問五 ——線⑤前で，成瀬が髪を切ったことに対し「『ちょっとがっかりした』『お笑いの頂点を目指すって言っておきながら，四年でやめちゃうし』『こっちは最後まで見届ける覚悟があるのに，勝手にやめちゃうから』」と話していることから，髪を伸ばすことやお笑いの頂点を目指すといった成瀬の挑戦を，島崎は見守っていたのに，成瀬が諦めるたびにがっかりさせていたという「心当たり」を指定字数以内にまとめる。

問六　――線⑥は，成瀬のように周りのことを気にせずに，将来の夢や希望を気安く言うことは自分にはできない，ということなのでエが適当。周りを気にして，気軽に言うことにためらいがあることを説明していない他の選択肢は不適当。

重要　問七　【文章Ⅰ】で，成瀬に声をかけられて「迷惑そうな顔を」していることが描かれている。【文章Ⅱ】で，「『将来，大津にデパートを建てようと思ってるんだ』」と夢を気安く話す成瀬のようにできたら「どんなに楽だろう」，坊主にして髪が伸びる長さを検証している成瀬に「同意するのは悔しくて」「また憎まれ口を叩いてしまった」と思っているのは，成瀬をうらやましく思う気持ちの裏返しでもあるので，これらの描写をふまえたオが適当。成瀬とはあまり関わりたくないと思う一方で，自由な成瀬をうらやましく思っていることを説明していない他の選択肢は不適当。

問八　――線⑦は，大貫の言うことを真面目に受け止めている様子を表しており，【文章Ⅰ】で，変だからという理由で「『髪切ったほうがいいんじゃない？』」と大貫が言うことに対し，「やはり大貫は何かが違う。面と向かってこんなことを言ってくれるのは大貫しかいない。」という二文から，⑦と同様の気持ちが読み取れる。

基本　問九　(1)　――線A「感傷」，ア「負傷」，イ「照明」，ウ「印象」，エ「賞状」，オ「気性」。

(2)　Bの「不意」は，突然に，思いがけず，という意味。

(3)　Cは心がとても満たされているさま。

★ワンポイントアドバイス★

小説では，登場人物とともに，誰の視点で描かれているかを確認して読み進めていこう。

第2回

2024年度

解 答 と 解 説

《2024年度の配点は解答欄に掲載してあります。》

＜算数解答＞

1 (1) $16\frac{2}{3}$ (2) 8個 (3) 75g (4) 31通り

2 (1) 13通り (2) 8脚 (3) 6cm (4) 32：33

3 (1) 133mL (2) 60杯

4 (1) 分速21.25m (2) 分速180m (3) 午前10時30分36秒

5 (1) 1281.12cm (2) 1331.36cm

6 (1) 3：1 (2) 11：4 (3) 13：4

○配点○

1, 2 各5点×8 他 各6点×10 計100点

＜算数解説＞

重要 1 (四則計算，数の性質，割合と比，濃度，場合の数)

(1) $12+5-\frac{1}{3}=16\frac{2}{3}$

(2) 2024…11×184
184の約数…8×23より，4×2＝8(個)

(3) 食塩水の重さ…蒸発前の重さと蒸発後の重さの比は7：5
したがって，蒸発後の重さは30÷(7－5)×5＝75(g)

(4) 10円硬貨…3枚 50円硬貨…3枚 100円硬貨…2枚
支払える金額…以下の31通り
10円，20円，30円，50円，60円，70円，80円，100円
110円，120円，130円，150円，160円，170円，180円，200円
210円，220円，230円，250円，260円，270円，280円，300円
310円，320円，330円，350円，360円，370円，380円

重要 2 (場合の数，消去算，平面図形，割合と比)

(1) 4人のうち，Aがパーを出して「あいこ」になるとき
他の2人がチョキでもう1人がグーを出すとき…3通り
他の2人がグーでもう1人がチョキを出すとき…3通り
他の3人がパーを出すとき…1通り
他の3人がグー・チョキ・パーを出す場合…3×2×1＝6(通り)
したがって，全部で3×2＋1＋6＝13(通り)

(2) ア…7人がけの長イスの数
イ…4人がけの長イスの数
人数の式…7×ア－3＝4×イ＋1より，7×ア＝4×イ＋4 －A

長イスの数の式…イ＝21－ア　－B

アの式…A，Bより，7×ア＝4×(21－ア)＋4＝88－4×ア

したがって，7人がけの長イスは88÷(7＋4)＝8(脚)

(3)　直角三角形OFDとEGO…右図より，合同

おうぎ形OEDの面積…$9.42cm^2$

円の面積…9.42×12＝36×3.14＝6×6×3.14(cm^2)

したがって，半径は6cm

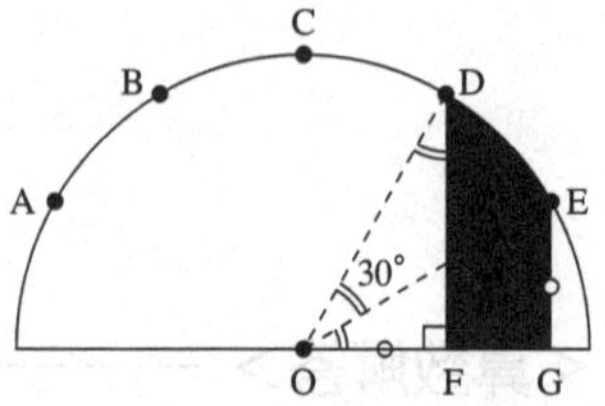

(4)　面積が等しい図形

…台形ABFE＝四角形GFCD

　＝三角形EGD

BC＝AD＝15のとき

…右図より，BF＝6

AE＝15×2÷3－6＝4

ED＝15－4＝11

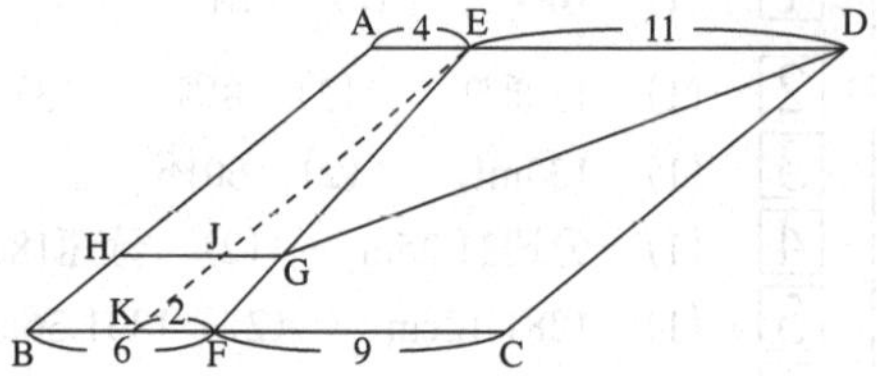

台形ABFEと三角形EGDの高さの比

…11：(4＋6)＝11：10

JGの長さ

…(6－4)÷11×10＝$\frac{20}{11}$

したがって，HG：BFは$\left(4+\frac{20}{11}\right)$：6

＝64：66＝32：33

重要 **3　(平面図形，立体図形，割合と比，単位の換算)**

ジュースの果汁と水の体積の比…7：3

1mL…$1cm^3$

(1)　10×19÷(7＋3)×7＝133(mL)

(2)　1：1.5：(1.5×1.5)の比

…4：6：9

各サイズの売れたジュースの体積比

…(14×9)：(19×6)：(24×4)＝63：57：48

売れたMサイズのジュースの果汁の体積

…23.52×1000÷(63＋57＋48)×57＝7980(cm^3)

したがって，(1)より，売れたMサイズのジュースは7980÷133＝60(杯)

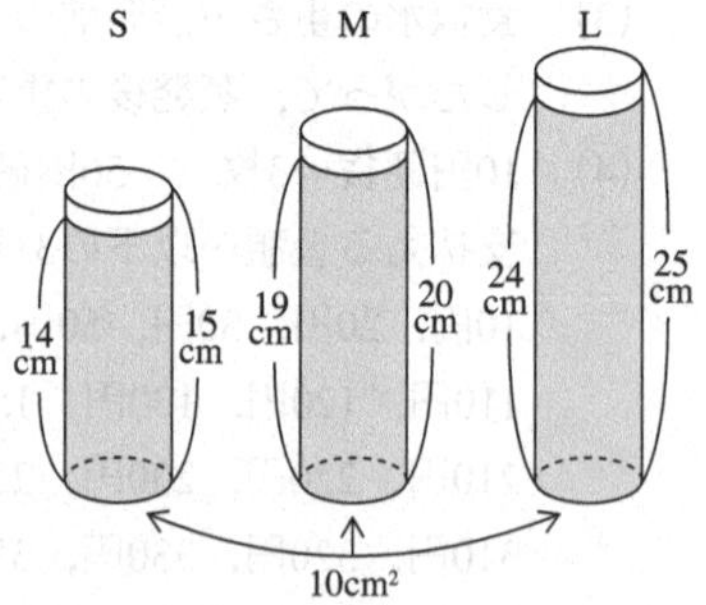

4　(速さの三公式と比，割合と比，鶴亀算，単位の換算)

豊子さんの分速…0～10分が10m，10～20分が20m，20～30分が30m，～

花子さんの分速…36m

重要 (1)　豊子さんが進んだ距離…680m

0～10分…10×10＝100(m)

10～20分…20×10＝200(m)

20～30分…30×10＝300(m)

豊子さんが進んだ時間…30＋{680－(100＋200＋300)}÷40＝32(分)

したがって，平均の分速は680÷32＝21.25(m)

やや難 (2) 花子さんが「1日に出会うまでに進んだ距離－2日に出会うまでに進んだ距離」
…36×(6－1)＝180(m)
したがって，豊子さんが1分で進んだ速さは180m

(3) 花子さんが「3日に出会うまでに進んだ距離－4日に出会うまでに進んだ距離」
…36×(2－1)＝36(m)
豊子さんが1分で36m進む場合の分速
…分速30mと分速40m
分速40mで進む時間
…(36－30×1)÷(40－30)＝0.6(分)
したがって，求める時刻は午前10時30分36秒

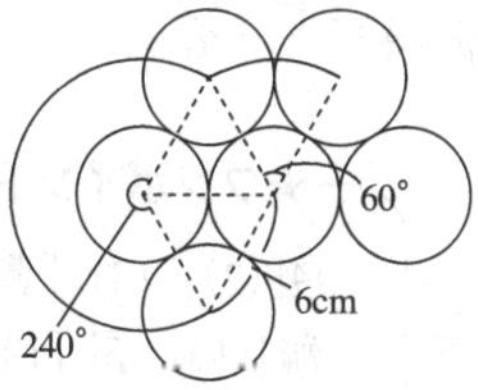

重要 5 **(平面図形，図形や点の移動，割合と比)**

(1) 円100個を直線上に並べる場合
上側にできる中心角が60度の弧の個数
…右図より，100－2＝98(個)
左端にできる弧の中心角
…360－60×2＝240(度)
したがって，求める線の長さは
$12\times3.14\times\left(\frac{2}{3}+\frac{1}{6}\times98\right)\times2$
$=3.14\times24\times17=3.14\times408$
$=1281.12$(cm)

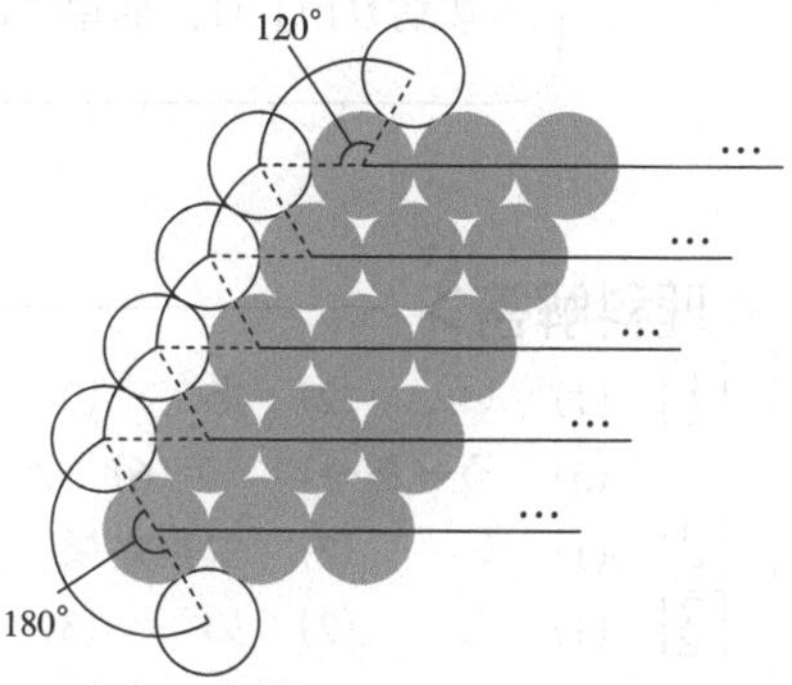

(2) 右図と(1)より，
$12\times3.14\times\left\{\frac{1}{3}+\frac{1}{2}+\frac{1}{6}\times(3+98)\right\}\times2$
$=3.14\times424=1331.36$(cm)

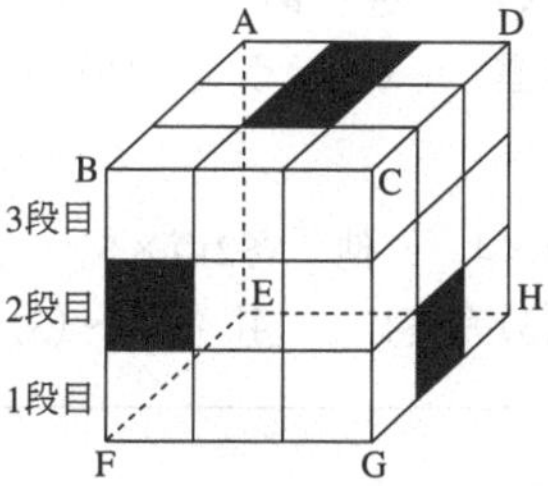

〈図1〉

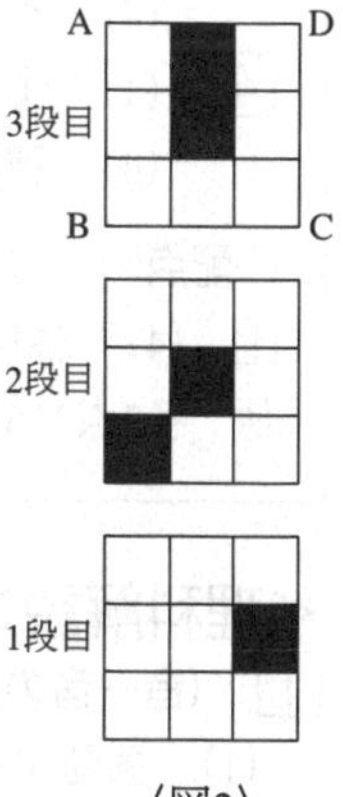

〈図2〉

6 **(立体図形，平面図形，割合と比)**

重要 (1) B，F，Hを通る平面を切ったとき
切り口全体の面積：切り口の黒い部分の面積
…図アより，9：3＝3：1

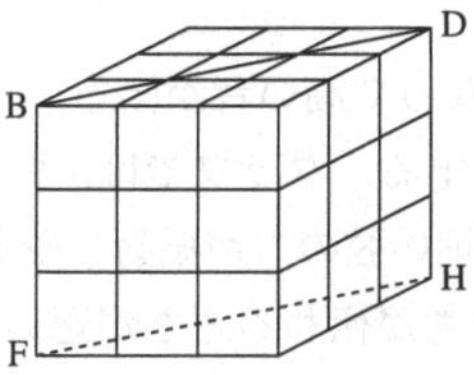

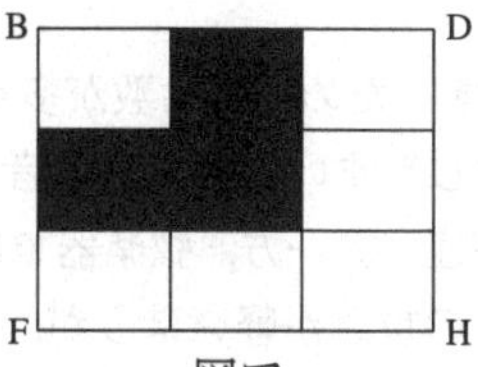

図ア

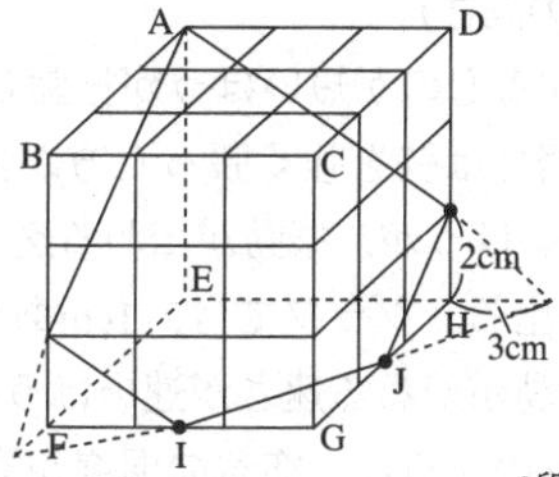

やや難 (2) A，I，Jを通る平面を切ったとき
1段目で切られる立方体…図イより，白の個数2個　黒の個数1個
2段目で切られる立方体…図イより，白の個数4個　黒の個数2個
3段目で切られる立方体…図イより，白の個数5個　黒の個数1個
したがって，求める個数の比は11：4

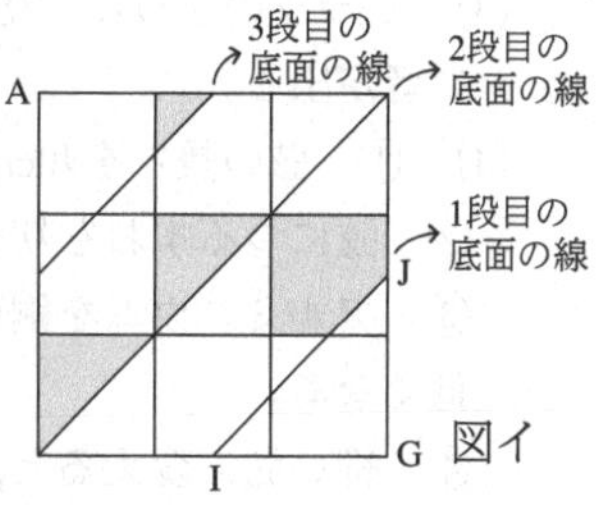

図イ

(3) K，L，Mを通る平面を切ったとき
切り口全体の面積：黒い部分の面積…次ページ図ウより，13：4

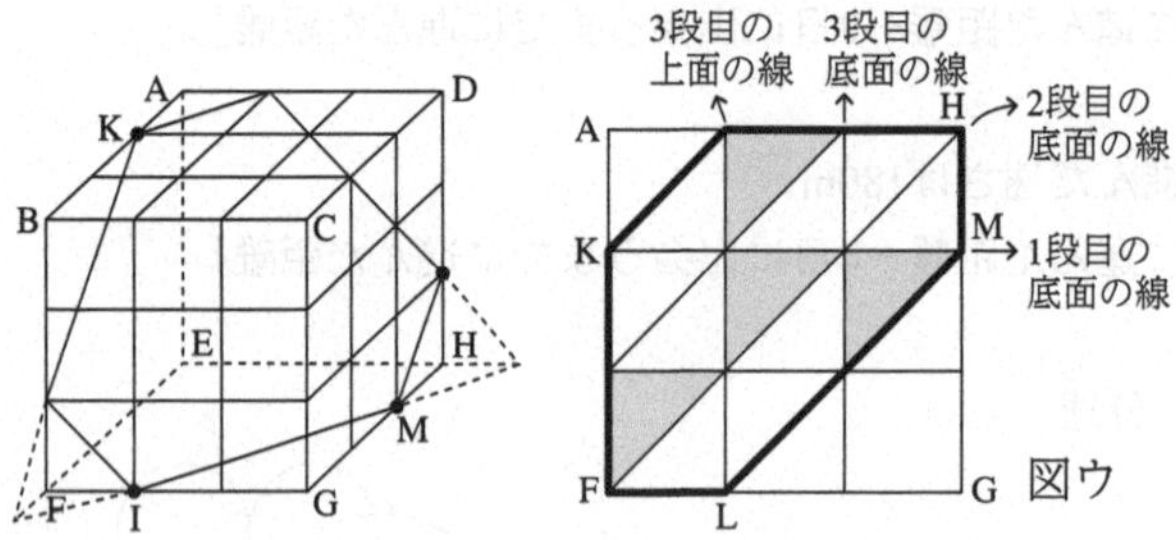

図ウ

★ワンポイントアドバイス★

4 (2)・(3)「豊子さんと花子さんが出会う場合」は，ヒントをつかみ難く解くのが難しい。5「白い円の回転」は，「おうぎ形の個数」で間違いやすく，6「立方体の切り口」は，簡単ではないが気をつけて取り組めば解ける。

<理科解答>

1 (1) い (2) あ (3) あ (4) ① い ② あ ③ い ④ あ
(5) う→あ→い (6) え

2 (1) い (2) 温室効果 (3) あ，え (4) え

3 (1) お (2) い (3) (何が) 速さ[回転数] (どうなる) 速くなる[多くなる]
(4) う (5) ① 花粉 ② あ，う，え，お ③ い

4 (1) ① い ④ あ ⑤ い (2) ② う ③ さ ⑦ お (3) あ
(4) 積乱雲 (5) う (6) う (7) 水蒸気が供給され(なくなるから)

○配点○

1 (4) 各1点×4 他 各2点×5 2 各2点×4 3 (5)③ 1点
他 各2点×6((3)完答) 4 (1)～(3) 各1点×7 他 各2点×4 計50点

<理科解説>

1 (音—音の高さ)

(1) 振動するものが短いほうが振動しやすいため，振動数が多くなって高い音が出る。

重要 (2) 弦楽器では弦を強く張った方が振動しやすいため，高い音が出る。グラフでは，弦を引っ張る力が強いほうが，振動が伝わる速さが速い。一方，弦楽器では細い弦の方が振動しやすいため，高い音が出る。グラフでは，1cmあたりの重さが軽いほうが，振動が伝わる速さが速い。このように，振動が伝わる速さが速いほうが高い音が出る。

(3) グラフのように，空気の温度が高い方が，振動が伝わる速さが速いので，(2)のことから，高い音が出る。

(4) ① 弦の長さを40cmから60cmに長くすると，振動しにくくなり，音は低くなる。

② 弦につるすおもりを増やして強く張ると，振動しやすくなり，音は高くなる。

③ アルミニウムを銅に変えると，1cmあたりの重さが重くなるので，振動しにくくなり，音は低くなる。

④ 細い弦に変えると，振動しやすくなり，音は高くなる。これをはじめと同じ音にするには，

弦を長くして振動しにくくすればよい。つまり，木片の間隔を大きくすればよい。

(5)　音を伝える気体が軽いほど振動しやすく，高い音が出る。水素は空気より軽く，二酸化炭素は空気より重いので，高い音が出る順は水素，空気，二酸化炭素である。

重要 (6)　試験管の口を吹く場合は，振動するのは空気なので，空気の部分が短いBの方が振動しやすく高い音が出る。試験管をたたく場合は，振動するのは試験管なので，試験管が軽いAの方が振動しやすく高い音が出る。

2 (燃焼―燃焼と熱)

(1)　問題文のとおり，赤リンが燃焼しても気体は発生しない。つまり，筒の中の酸素は使われて減少するが，代わりに増加する気体はない。そのため，水面は上昇する。ただし，空気中の酸素の量は21％程度で，燃焼に使われる分はさらに少ないので，水面の上昇は少しだけである。

(2)　大気中の水蒸気，二酸化炭素，メタンなどは，地表からの赤外線を吸収し，地表へ赤外線を再放射する温室効果のはたらきがある。

重要 (3)　下線部②では，粉末の方がかたまりよりも空気と触れる表面積が大きいため，激しく燃える。このような表面積の増加に着目すると，「あ」は粉末の鉄と空気がよく触れて発火しやすい。「え」は水が瞬時に沸騰するために油が飛び散って細かくなり，油の表面積が大きくなるため燃えやすくなる。一方，「い」は二酸化炭素が過酸化水素の分解を助けるはたらきをする。「う」はろうに酸素が多く供給されるためである。

(4)　「え」は，手の熱が鉄棒に奪われるためである。

3 (動物―ミツバチの情報伝達)

(1)　実験1は13時のものであり，図2で太陽は真南よりも西へ15°の方角にある。このとき，太陽と餌場Aの間の角度は，15＋30＝45°である。つまり，ミツバチは太陽の向きを真上に見立てて，餌場の方角を示している。

(2)　実験2は14時のものであり，図2で太陽は真南よりも西へ30°の方角にある。このとき，太陽と餌場Bの間の角度は，180－30－45＝105°である。このときつまり，ミツバチは真上を太陽の向きとして，右回りに105°の方を向いて動く。

(3)　実験1と実験2は，餌場までの距離が500mで，ダンスは15秒間に6回である。実験3で餌場までの距離が1000mだと15秒間に5回，300mだと15秒間に7回である。つまり，距離が近いほど，一定時間のダンスの回数が増える。

(4)　●や○のミツバチは，餌場Eや餌場Fには再び現れていないにも関わらず，ミツバチ●を追いかけるミツバチ▲は餌場Eに行き，ミツバチ○を追いかけるミツバチ△は餌場Fへと，それぞれの餌場に行っている。餌場Eや餌場Fの違いは，花の違いであり，蜜の違いである。この違いについて，あとをついてきたミツバチに伝達できる情報はにおいである。

(5)　①　ミツバチのエネルギー源はすべて花であり，蜜のほか花粉から栄養分を得ている。

②　ミツバチは，巣の中でさなぎの時期がある完全変態をする。選択肢では，カマキリとコオロギにはさなぎの時期がなく，不完全変態をする。

③　ミツバチは，社会生活をしており，冬も多数の成虫が体を寄せ合って生きている。冬には産卵しないので，卵，幼虫，さなぎはふつう見られない。

4 (気象－台風のしくみと特徴)

(1)　①　東経180°線は西経180°線と共通で，太平洋の中央付近を南北に通っている。日本は，東経180°線の西側にある。台風は，東経180°線の西側の領域について決められている。

④・⑤　台風は赤道に近い海域で発生する(近すぎると発生しにくい)。この海域では，一年を通じて北東から南西に向かう貿易風が吹いている。台風は北上しながらも，貿易風によって東から

西に流される。

(2) ② 台風は熱帯低気圧の一種である。熱帯低気圧のエネルギーのほとんどは，海面から蒸発する大量の水蒸気である。温帯低気圧と異なり，前線を伴わない。

③ 台風は，中心付近の最大風速が17.2m/秒以上の熱帯低気圧と決められている。

⑦ 台風が北上するとき，太平洋高気圧(北太平洋高気圧，小笠原高気圧)を避け，その西側を回るように動く。

(3) 日本列島のような中緯度の上空には，一年を通じて西から東に向かう偏西風が吹いている。

(4) 激しい上昇気流によって，上向きに発達するのは，積乱雲である。

(5) 強い熱帯低気圧の呼び名は地域ごとに異なり，それぞれ風速など細かな基準は異なるものの，本質的な仕組みは同じである。日本などのアジアでは台風(タイフーン)とよばれる。北太平洋の東経180°線よりも東側やカリブ海，メキシコ湾など，アメリカ周辺ではハリケーンとよばれる。インド洋や南太平洋などでは，サイクロンとよばれる。

(6) 台風は北半球の低気圧の一種だから，温帯低気圧と同じく，反時計回りに空気が吹き込むように風が吹く。

(7) 台風のエネルギー源は，海面から蒸発する大量の水蒸気である。この水蒸気が大気中で水に戻るときに熱を放出し，上昇気流を強める。上陸すると，大量の水蒸気を調達できないので，台風の勢力は弱まる。

★ワンポイントアドバイス★

基本事項は，単に語句を覚え込むだけでなく，その意味や原理をしっかり理解しながら，使える知識を増やしていこう。

＜社会解答＞

1 問1 う→い→あ 問2 2 問3 ワカタケル大王の支配が東国から九州におよんでいた。 問4 4 問5 3 問6 1・3・4 問7 琵琶法師 問8 5 問9 教育勅語

2 問1 3 問2 5 問3 1 問4 3 問5 6 問6 2 問7 砂防 問8 5

3 問1 刑事 問2 3 問3 2 問4 4 問5 憲法の番人 問6 3 問7 2・3・4 問8 3・5

○配点○

各2点×25 計50点

＜社会解説＞

1 (日本の歴史―古代～現代)

問1 「あ」は36番目，「い」は24番目，「う」は13番目となる。

重要 問2 1 「阿弥陀仏～」が不適。 3 「国分寺」が不適。 4 「古墳に代わって壮大な寺院」が不適。

重要 問3 「ワカタケル大王」の支配領域の広さを踏まえた答案をまとめていきたい。

基本 問4 1 花の御所を建てたのは足利義満である。 2 「宋銭」ではなく「明銭」である。 3 「地

頭の～」が不適。

問5　1は寛政の改革時，2は天保の改革時，3は享保の改革時，4は寛永期，5は元禄期の政策である。

問6　2，5は飛鳥時代の出来事である。

問7　琵琶法師は琵琶演奏を専業とする盲人の総称である。

問8　地位の高い順に，③→①→②となる。

問9　教育勅語は1890年に制定された。

2　（地理―産業・地形図）

基本　問1　地形図中の3のエリアの下に「城南町」という地名があることに着目する。

問2　1が高田，2が秋田，3が那覇，4が潮岬，5が松山となる。

重要　問3　2がなし，3がみかん，4がりんごとなる。

問4　1980年～2000年頃までトップだったことに着目して東京23区を選ぶ。

問5　3項目全てで最小である「う」が九州線，旅客輸送人キロが最大である「い」が東海道線，残りが東北線という流れで特定していく。

問6　ブラジル人の割合が最も高いことから群馬県を選ぶ。

問7　砂防ダムは地面の浸食防止・土砂や砂礫の移動防止のために造られている。

問8　北海道が下位になっているウが人口密度，中京工業地帯が下位となっているアが第3次就業人口割合，残ったイが単独世帯という流れで特定していく。

3　（政治―「裁判」を起点とした問題）

基本　問1　刑事裁判とは，刑罰を科するべきかどうかが問題となる裁判である。

問2　衆議院議員総選挙後に召集される特別国会で内閣は総辞職する。

重要　問3　最高裁判所の裁判官に対して行われる国民審査が司法，国会議員を選ぶ国政選挙が立法，残りが行政という流れで特定していきたい。

問4　4「国会が作る法律」が不適。

問5　裁判所は成立した法律が憲法に違反していないかチェックする違憲立法審査権を持っており，最高裁判所が違憲立法の最終判断をする。

問6　個人の尊厳は民主主義の基本原理であり，共同体における個人の多様性を認める根拠となる。

問7　1は日の丸を国旗とし，君が代を国歌とすることを定めたもので，5は地方自治について定めた法律であり，ともに人権を守ることを第一の目的としていない。

問8　1は出席議員の3分の2以上，2は総議員の3分の2以上，4は総議員の4分の1以上となる。

★ワンポイントアドバイス★

本校の問題には，単純知識だけでは対応できない問題が多いので，日頃から思考力を鍛えておこう。

<国語解答>

一 問一 ⑧ 風　⑨ 目　問二 イ　問三 エ　問四 オ　問五 ウ　問六 ア
問七 ウ・オ　問八 イ　問九 (例) 作品の改変行為だと非難されもするが，供給者，視聴者とも実利があるので，今後認めざるを得なくなるかもしれないと考えている。
問十 A エ　B 著しく　C もっか

二 問一 ア・イ　問二 話が合わない　問三 オ　問四 ウ　問五 エ
問六 (誰が) イ　(誰に) ウ　問七 エ　問八 ア　問九 イ
問十 (例) 律は大人びたところのある子なので，子供扱いされるのを不快に思うのではないかと考えたから。

○配点○
一 問一・問十　各2点×5　問九　9点　他　各5点×7(問七完答)　二 問六　各3点×2
問十　8点　他　各4点×8(問一完答)　計100点

<国語解説>

一 (論説文―要旨・細部の読み取り，空欄補充，ことばの意味，慣用句，漢字の読み書き，記述力)

問一 空らん⑧の「風当たり」は，世間からの批判や非難のこと。⑨の「目くじらを立てる」は，他人の欠点を探し出して強く責めること。「目くじら」は目じりのこと。

問二 ――線①は，「自分が理解できない言語で作られた作品を，母国語などで理解できる言語の字幕や吹き替えで観る場合，……『オリジナルを鑑賞している』と言い切れ」ない，ということなのでイが適当。①前の内容をふまえていない他の選択肢は不適当。

問三 ――線②は，ある分野での物事を最初に始めた人のことなのでエが適当。

重要 問四 「倍速視聴や10秒飛ばし機能」といった「オリジナルではない形での鑑賞」ができるサービスについて――線③直前の段落で，「オリジナルからの改変行為」を行うことで「ビジネスチャンスは広がり……より大きく儲けられる」ことを述べているのでオが適当。この段落内容をふまえていない他の選択肢は不適当。

問五 ――線④は直前の段落で述べているように，「『時短』『効率化』『便利の追求』」といったものであるのでウが適当。直前の段落内容をふまえていない他の選択肢は不適当。

重要 問六 「レコードやVHSやDVDでの視聴も『実利的な目的のために，オリジナルの状態で鑑賞しないことを許容する』という意味において」 ――線⑤である，ということなのでアが適当。オリジナルの状態ではない鑑賞は真の鑑賞とは言えない，ということを説明していない他の選択肢は不適当。

問七 ――線⑥の「〝良識的な旧来派〟」である「大田黒」は「こういう話は……」で述べているように，「真の音楽鑑賞とは生演奏を聴くことを指すのであって，録音された音源を機械を通して聴くことを音楽鑑賞とは呼ばない」という考えの人なので，実際に鑑賞するウ・オは当てはまらない。

問八 ――線⑦と「違って受け身で眺めるTVは人の想像力や思考力を低下させる」という大宅壮一の言葉からイが適当。「TV」に対する大宅の考えをふまえ，このこととは反対の内容を説明していない他の選択肢は不適当。

やや難 問九 「目下のところ……」から続く2段落で，今は「倍速視聴や10秒飛ばしという新しい方法を手放しで許容する作り手は多数派ではな」く「〝良識的な旧来派〟からは非難轟々である」が，「『オリジナルではない形での鑑賞』を，ビジネスチャンスの拡大という大義に後押しされて……倍速視聴や10秒飛ばしという視聴習慣も，いずれ多くの作り手に許容される日が来るかもしれない」と述べていることをふまえ，「倍速視聴や10秒飛ばし」という視聴方法は，今後認めざるを得なくなるかもしれない，といった内容で筆者の考えを端的にまとめる。

基本 問十 (1) ——線A「精読」，ア「生活」，イ「整理」，ウ「清流」，エ「精神」，オ「正解」。

(2) Bの音読みは「チョ」。熟語は「著名」など。

(3) Cは，現在は，今は，という意味で「もっか」と読む。「めした」と読む場合は，年齢などが自分より下であることを意味する。

二 (小説—心情・情景・細部の読み取り，記述力)

重要 問一 「山下さんちさ，……」で始まる段落に，ネネは律の「お姉ちゃんがはたらいてるそば屋さんの，亡くなったおじいさんの鳥」とあるので「亡くなった祖父から」とあるアは間違っている。「ひろみちゃん，手出して……」から続く2段落で，ネネは松ぼっくりで遊んでいることが描かれているので「エサ」とあるイも間違っている。ウは「理佐は，そういえば……」で始まる段落，エは「ある日，短縮授業を……」で始まる段落，オは「『この松ぼっくりも……』」で始まる律のせりふで描かれている。

問二 「ちなみに律は，……」で始まる段落で，双子とは「話が合わない(6字)」と律が話していることが描かれている。

問三 ——線③は，「『早く友達を作らないと』」というような『年かさの人間が小学生に言いそうなこと』を律に押し付けていることなのでオが適当。③前の理佐の描写をふまえていない他の選択肢は不適当。

問四 水車小屋に律が連れてきた友達らしき女の子は「ラジオから流れる……ピアノの曲に聴き入っているネネに心を奪われた様子で見入って」，ネネに「話しかけようと身構えてい」たが，律に「『曲が終わったらあいさつしよう』」と言われて，——線④のようにしているのでウが適当。④前の女の子と律の描写をふまえていない他の選択肢は不適当。

重要 問五 ——線⑤前後で「一緒に下校した双子とは，『話が合わない』と……律は大人が苦言を呈するように言ってい」る様子，「少しいばるように」話す律に，ネネに見入りながらも「ピアノのまねはしないんだね」と女の子が返すのを「頭のいい子だな，と理佐は思った」ことが描かれているので，これらの描写をふまえたエが適当。ア・イ・ウは律と女の子の説明が不適当。女の子にふれていないオも不適当。

基本 問六 ——線⑥は，「転校生の子だよね，集団登校にいる」と話しかけてきた「ひろみちゃん」に対して同意を求めた「律」の言葉である。

問七 ——線⑦前で，小学校の帰り道で，ひろみちゃんは，律がネネのための「松ぼっくり拾いに興味を示して手伝ってくれ」て，帰宅してすぐに「水車小屋にやってきた」ことが描かれているのでエが適当。オの「信頼が深まった」とまでは描かれていないので不適当。「松ぼっくり拾い」がきっかけであることを説明していない他の選択肢も不適当。

問八 ——線⑧は，「子供の人間性がまだ剝きだしのまま交ざり合っている」すなわち，相手への気づかいなどがまだできずに自分の気持ちを優先する子供もいる中で，「性格のいい友達を見つけるのは」「小学校ではとても難しい」すなわち，ひろみちゃんのように，律に興味を持ち，律の気持ちに合わせてくれるような「いい人」に出会うのは難しい，ということなのでアが適当。「性格のいい友達」と出会えるのはまれであることを説明していない他の選択肢は不適当。

重要 問九 「『早く友達を作らないと』」と話す理佐に，律は反発することもあったが，ひろみちゃんと「『ずっと仲よくできるといいね』」という理佐の言葉を律が素直に受け止めている様子に，理佐は——線⑨のように感じたのでイが適当。オの「すぐに理佐に言い返す生意気な態度」は不適当。

今までは理佐に反発する時もあったが，理佐の言葉を素直に受け止めていることを説明していない他の選択肢も不適当。

やや難 問十 「(律は)冷めたところのある子だなと思っていた」，双子のことを律が「大人が苦言を呈するように言っていた」などのように，理佐は律をとらえている。これらの内容から，律がどのような子であるかをふまえ，そのように大人びている律は「子供扱いしている」ことを不快に思うかもしれないと理佐が考えていることを端的に説明する。

★ワンポイントアドバイス★

論説文では，扱われているテーマに対する筆者の考えを的確に読み取っていこう。

●2024年度　第3回 問題　解答●

《配点は解答欄に掲載してあります。》

＜算数解答＞

[1]　(1)　2　(2)　24(人)　(3)　22　(4)　$\frac{7}{9}$

[2]　(1)　500(円)　(2)　12(分)　(3)　400(m)　(4)　165(個)

[3]　(1)　8(cm)　(2)　3(cm)

[4]　(1)　$41\frac{7}{13}$(分後)　(2)　13(回)

[5]　(1)　21(個)　(2)　4　(3)　あ　2　い　3　う　6

[6]　(1)　33.12(cm^2)　26.84(cm^2)　(2)　45.68(cm^2)

○配点○

[1]・[2]　各5点×8　他　各6点×10([5](3)完答)　計100点

＜理科解答＞

[1]　(1)　320(g)　(2)　22.8(cm)　(3)　100(g)　(4)　300(g)

[2]　(1)　36(g)　(2)　5(g)　(3)　13(g)　(4)　40(g)　(5)　※

[3]　(1)　ア　酸素　イ　栄養分　ウ　細胞　(2)　エ　い　オ　う　カ　あ
(3)　③　え　④　う　(4)　A　気管　B　肺胞　(5)　X
(6)　(a)　D　(b)　I　(c)　J　(7)　う

[4]　(1)　①　6月　②　6月　(2)　い　(3)　う　(4)　①　い　②　お
(5)　え，け

○配点○

[1]　各3点×4　[2]　(1)　2点　他　各3点×4((5)問題不備により全員に3点加点)
[3]　(2)・(3)　各2点×2(各完答)　他　各1点×10
[4]　(4)・(5)　各2点×2(各完答)　(2)・(3)　各2点×2　他　各1点×2　計50点

＜社会解答＞

[1]　問1　1　問2　(1)　寝殿　(2)　行事の手順や作法を記し子孫に伝えるため。
問3　(1)　承久の乱　(2)　守護　問4　2　問5　(あ)　4　(い)　4
問6　五榜の掲示　問7　3

[2]　問1　2　問2　5　問3　4　問4　3　問5　リアス海岸　問6　6　問7　2
問8　4

[3]　問1　2・3・1　問2　1　問3　ストライキ　問4　1　問5　2・4　問6　内閣
問7　1　問8　2

○配点○

各2点×25([1]問5完答)　計50点

<国語解答>

一　問一　相手の～る習慣　　問二　ウ　　問三　ア　　問四　イ　　問五　笑止千万

問六　オ　　問七　A　イ　　B　オ　　C　ア　　D　ウ　　E　エ　　問八　イ

問九　その情報が持っている意味や意図に対する理解が生まれ，また，自分の勘違いや知らなかった側面が見えるようになるから。　　問十　a　健全　　b　専門

二　問一　ふける　　問二　ウ　　問三　エ　　問四　ウ　　問五　ア

問六　A　遠く離れた　　B　テレビ　　問七　ウ　　問八　ウ　　問九　エ，カ

○配点○

一　問九　12点　　問十　各2点×2　　他　各5点×8(問七完答)

二　問一・問五　各2点×2　　他　各5点×8(問六完答)　　計100点

2023年度

★★★★★★★★★★★★★★★★★★★★★★★★

入　試　問　題

2023年度

豊島岡女子学園中学校入試問題（第１回）

【算　数】（50分）　　＜満点：100点＞

【注意】 1. 円周率は3.14とし，答えが比になる場合は，最も簡単な整数の比で答えなさい。
　　　　 2. 角すい・円すいの体積は，（底面積）×（高さ）÷３で求めることができます。

1 次の各問いに答えなさい。

(1) $\left(0.1\times\frac{2}{3}+\frac{5}{4}\right)\div\frac{7}{6}-\frac{9}{8}$ を計算しなさい。

(2) $9\frac{1}{5}$をかけても，$40\frac{1}{4}$をかけても整数となる分数のうち，１より小さい分数を答えなさい。

(3) １に６を2023回かけてできる数の十の位の数は［ア］，一の位の数は［イ］です。
このとき，［ア］と［イ］にあてはまる数はいくつですか。

(4) ０でない数ＡとＢについて，記号「△」を次のように約束します。

Ａ△Ｂ＝２÷（１÷Ａ＋１÷Ｂ）

このとき，次の［　　］にあてはまる数を答えなさい。

（４△６）△［　　］＝８

2 次の各問いに答えなさい。

(1) 下の図のような直線のコースに３点Ｐ，Ｑ，Ｒがあり，ＱＲの長さは100m，ＰＲの長さは110mです。それぞれ一定の速さで走るＡさんとＢさんが，このコースを使って２回競走をしました。
１回目は，２人ともＱから同時にスタートし，Ｒまで競走をしたところ，ＡさんがＢさんに10mの差をつけて先にゴールしました。２回目は，ＡさんはＰから，ＢさんはＱから同時にスタートし，１回目と同じ速さでＲまで競走をしたところ，［ア］さんが［イ］mの差をつけて先にゴールしました。このとき，［ア］にはＡかＢを，［イ］にはあてはまる数をそれぞれ答えなさい。

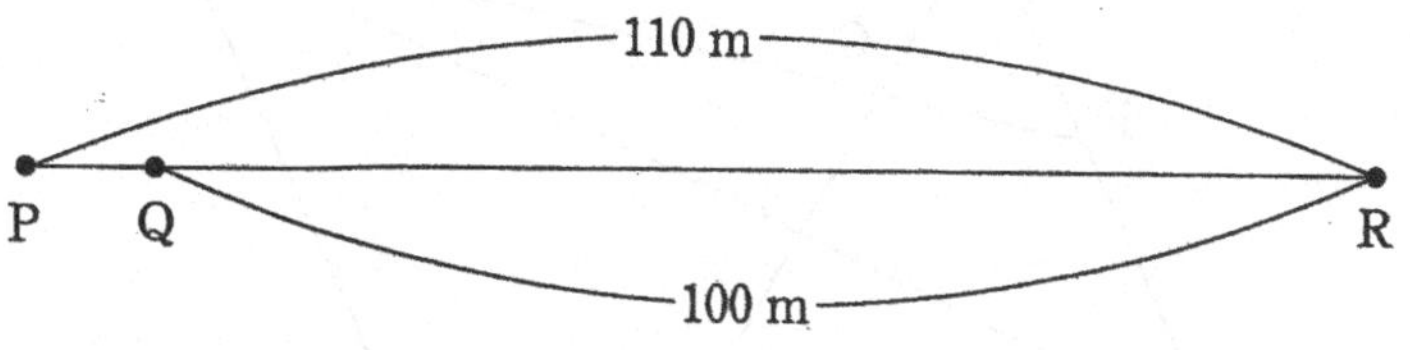

(2) 同じ大きさの白い正三角形のタイルと黒い正三角形のタイルが，それぞれ４枚ずつ合計８枚あります。この８枚の中から４枚を選んでぴったりとくっつけて大きい正三角形を作るとき，大きい正三角形は何通り作ることができますか。ただし，異なる向きから見ると同じものは，１通りと数えることとします。

(3) ある中学校の全校生徒の男子と女子の人数の比は５：４です。また，通学に電車を利用している生徒と利用していない生徒の人数の比は10：17です。通学に電車を利用している男子の人数が180人で，通学に電車を利用していない女子の人数が240人のとき，全校生徒は何人ですか。

(4) 下の図のように正十角形ABCDEFGHIJがあり，ACを１辺とする正方形ACPQを正十角形の内側につくります。このとき，角CPEの大きさは何度ですか。

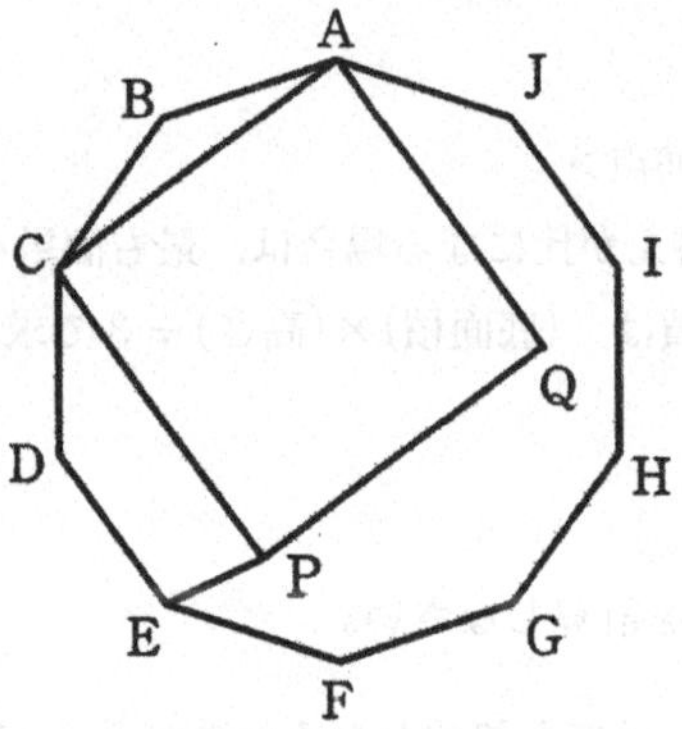

3 次の各問いに答えなさい。

(1) 品物Aを □ 円で１個仕入れました。この品物に５割増しの定価をつけましたが，売れなかったので，定価の２割引きで売ったところ，利益は240円でした。
　このとき，□ にあてはまる数を答えなさい。

(2) 品物Bを120円で □ 個仕入れました。この品物に５割増しの定価をつけたところ700個売れ，残りの品物は定価の２割引きで売ったところ，全ての品物が売れました。このとき，利益は全部で43800円でした。□ にあてはまる数を答えなさい。

4 下の図のように平行四辺形ABCDがあり，点Eは辺BC上の点，点Fは辺AB上の点，点Gは直線DFと直線AEの交わる点です。四角形AECDの面積が三角形ABEの面積の２倍で，四角形BEGFと三角形BDFの面積が等しいとき，次の各問いに答えなさい。

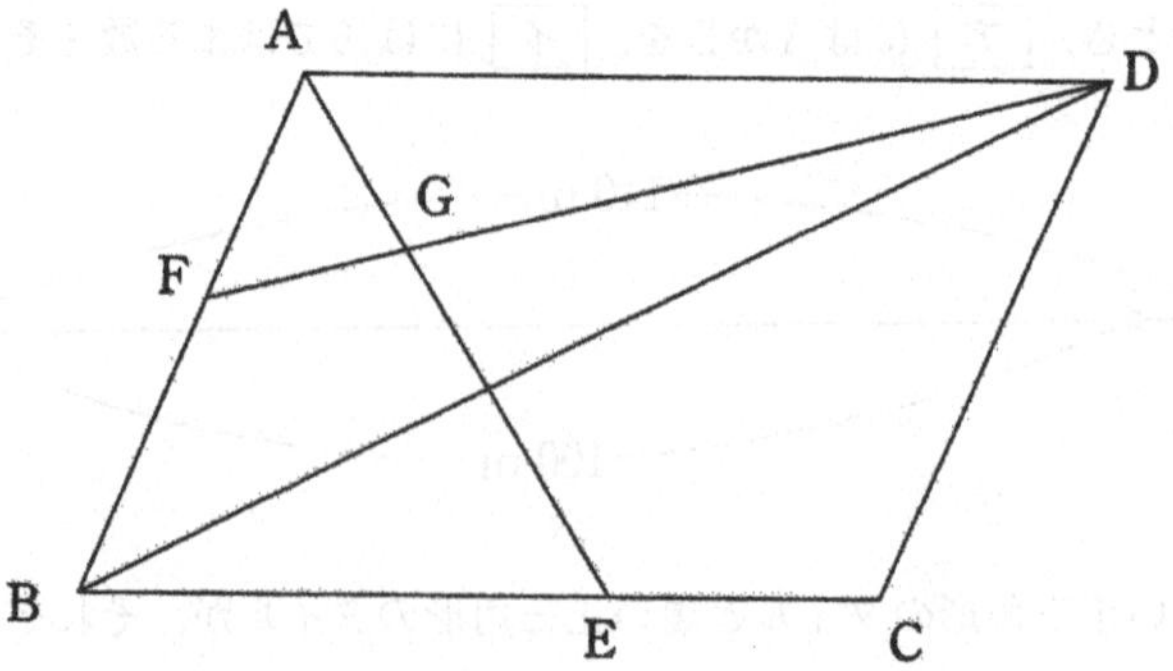

(1) AG：GEを求めなさい。

(2) 三角形AFGの面積は，四角形ABCDの面積の何倍ですか。

[5] 下の図のような階段があり，それぞれの位置に「右1段」～「右4段」，「5段」，「左1段」～「左4段」と名前をつけます。

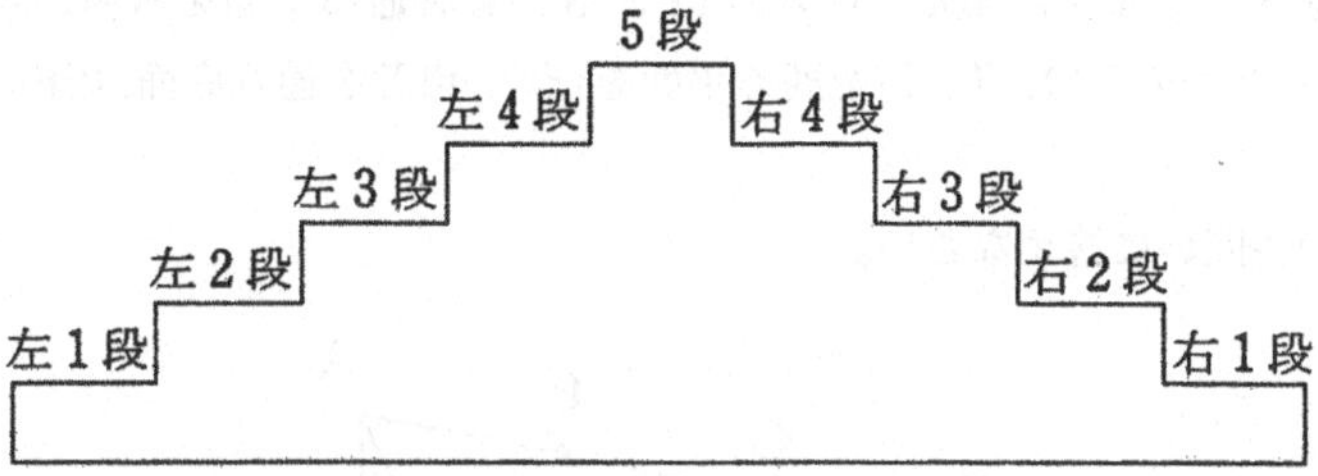

Aさんは，「右1段」から出発し，1秒ごとに1段とばしで階段を昇《のぼ》り始め，「右1段」→「右3段」→「5段」→「左3段」→「左1段」→「左3段」→「5段」→「右3段」→「右1段」→……

と階段を昇り降りすることを繰《く》り返します。

B，C，Dの3人は，それぞれある段からAさんと同時に出発し，1秒ごとに1段ずつ階段を昇り降りします。

「右1段」～「右4段」，「左1段」～「左4段」から出発するときは，まず階段を昇り始めます。

「5段」まで昇ると昇ってきた階段とは反対側の階段を降り，「右1段」か「左1段」まで降りると再び昇り始めます。

例えば，「左3段」から出発したときは，

「左3段」→「左4段」→「5段」→「右4段」→「右3段」→「右2段」→「右1段」→「右2段」→「右3段」→ ……

と階段を昇り降りすることを繰り返します。

また，「5段」から出発するときは，「右4段」か「左4段」に降り，「右1段」か「左1段」まで降りると再び昇り始め，「5段」まで昇ると昇ってきた階段とは反対側の階段を降ります。

例えば，「5段」から出発して「右4段」に降りたときは，

「5段」→「右4段」→「右3段」→「右2段」→「右1段」→「右2段」→「右3段」→「右4段」→「5段」→「左4段」→ ……

と階段を昇り降りすることを繰り返します。

このとき，次の各問いに答えなさい。

(1) Bさんは「左1段」から出発し，AさんとBさんは8秒後に初めて同じ高さの同じ位置に立ちました。2回目にAさんとBさんが同じ高さの同じ位置に立っていたのは，出発してから何秒後でしたか。

(2) Cさんはある段から出発しました。AさんとCさんは13秒後に同じ高さの異なる位置に立ちました。このとき，Cさんはどの位置から出発しましたか。

(3) Dさんがどの位置から出発しても，□秒後にAさんとDさんは同じ高さの同じ位置にも，同じ高さの異なる位置にも立っていませんでした。このとき，□にあてはまる100に最も近い数を答えなさい。

6 下の図のように，全ての辺の長さが等しく体積が１㎝^{3}の正三角柱ABC－DEFがあります。辺AB，BC，CAを３等分する点をそれぞれ，P，Q，R，S，T，Uとし，辺BEを４等分する点でBに最も近い点をXとします。また，３つの点P，S，Eを通る平面を（あ），３つの点R，U，Fを通る平面を（い），３つの点Q，T，Dを通る平面を（う），点Xを通り底面DEFに平行な平面を（え）とします。

このとき，次の各問いに答えなさい。

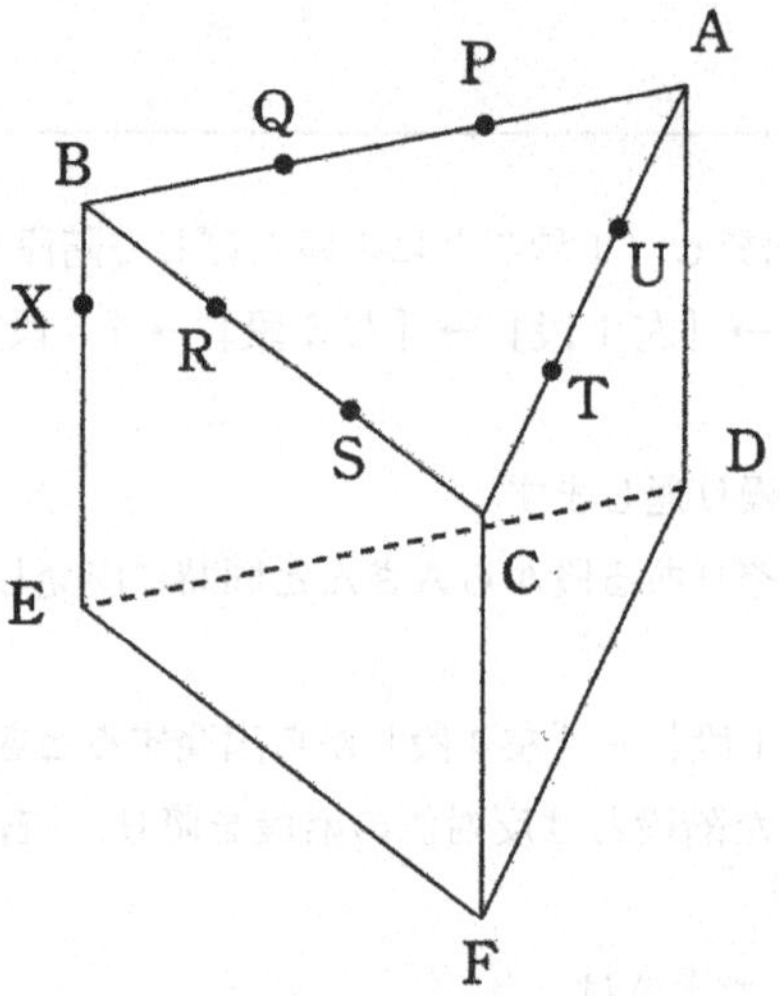

(1) 正三角柱ABC－DEFを平面（あ）で切ったとき，底面DEFを含《ふく》む立体の体積は何㎝^{3}ですか。

(2) 正三角柱ABC－DEFを平面（あ），（い）で切ったとき，底面DEFを含む立体の体積は何㎝^{3}ですか。

(3) 正三角柱ABC—DEFを平面（あ），（い），（う），（え）で切ったとき，底面DEFを含む立体の体積は何㎝^{3}ですか。

【理　科】（社会と合わせて50分）　＜満点：50点＞

１　以下の問いに答えなさい。

ボールＡが床Ｂに衝突《しょうとつ》したとき，どのようにはね返るか調べました。

〈実験１〉

ボールＡが秒速５ｍの速さで，床Ｂに直角に衝突したとき，Ａは秒速３ｍの速さではね返った。

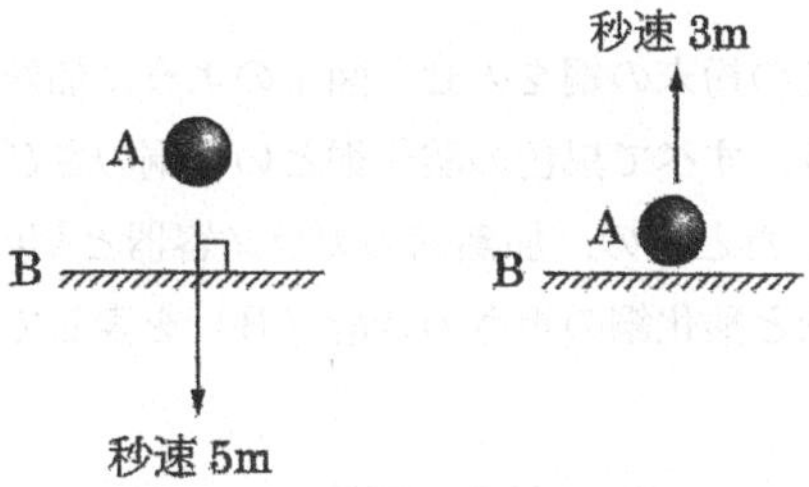

〈実験２〉

ボールＡの速さを２倍にしたとき，はね返る速さも２倍になった。

《わかったこと①》

ボールＡが床Ｂに衝突するときは，衝突するときの速さとはね返る速さはいつも同じ割合である。

〈実験３〉

ボールＡを手に持ち，高さ１ｍのところから放したら，床Ｂに直角に衝突し，0.36ｍはね上がった。

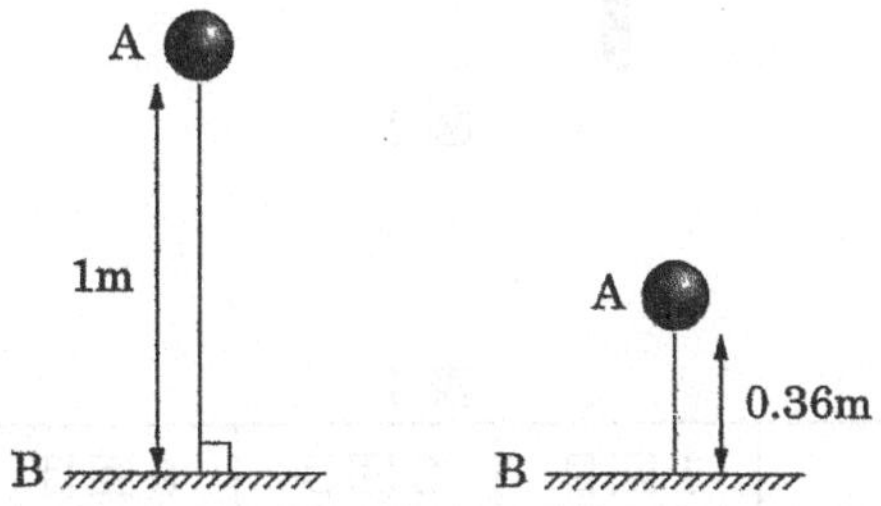

〈実験４〉

ボールＡを放す高さを２倍にしたら，はね上がる高さも２倍になった。

《わかったこと②》

ボールＡが床Ｂに衝突するときは，手を放す高さとはね上がる高さはいつも同じ割合である。

(1)　「ＡがＢに衝突するときの速さ」：「はね返る速さ」の比はいくらですか。最も簡単な整数の比で答えなさい。

(2)　ＡがＢに衝突し，はね返る速さが秒速９ｍのとき，衝突したときの速さは秒速何ｍでしたか。**四捨五入して整数で求めなさい。**

(3)　Ａについて「手を放す高さ」：「はね上がる高さ」の比はいくらですか。最も簡単な整数の比で答えなさい。

(4) Ａを高さ1.5mのところで放したとき，はね上がる高さは何ｍですか。**四捨五入して小数第２位まで求めなさい。**

(5) (4)で，Ａが１度はね上がり，再び落下してＢに直角に衝突したときは，はね上がる高さは何ｍですか。**四捨五入して小数第２位まで求めなさい。**

2 以下の問いに答えなさい。

10ｇのガラス容器に，赤色の粉末の銅をのせ，図１のように加熱する実験を行いました。すると銅は空気中の酸素と結びつき，すべて黒色の酸化銅という銅のさびに変化しました。下の表１は，銅の重さを３回変えて実験したときの，加熱前のガラス容器と銅の重さの合計（A），すべて酸化銅に変化した後のガラス容器と酸化銅の重さの合計（B）を表しています。

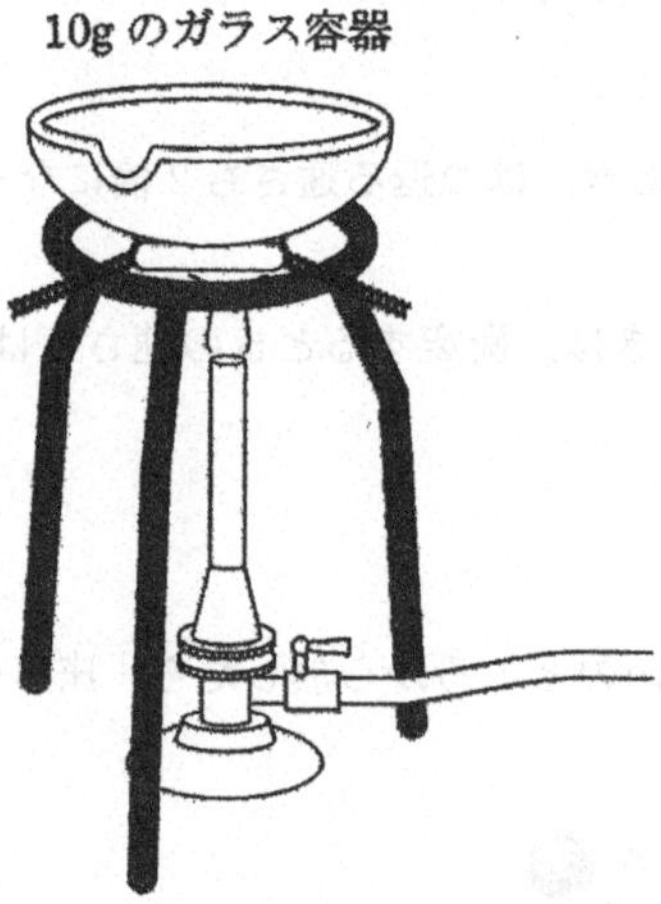

図１

表１

	１回目	２回目	３回目
A	10.8g	11.0g	11.2g
B	11.0g	11.25g	11.5g

こんどは試験管の中に黒色の酸化銅と炭素の粉末を入れたのち，静かに窒素《ちっそ》を入れて試験管の中に入っていた空気をすべて追い出しました。(※)

気体誘導管《ゆうどうかん》を取り付け，ガラス管の先は石灰水に入れた状態で試験管を加熱したところ，石灰水は白く濁《にご》り，試験管には赤色の銅ができました。このようすを表したのが次のページの図２です。

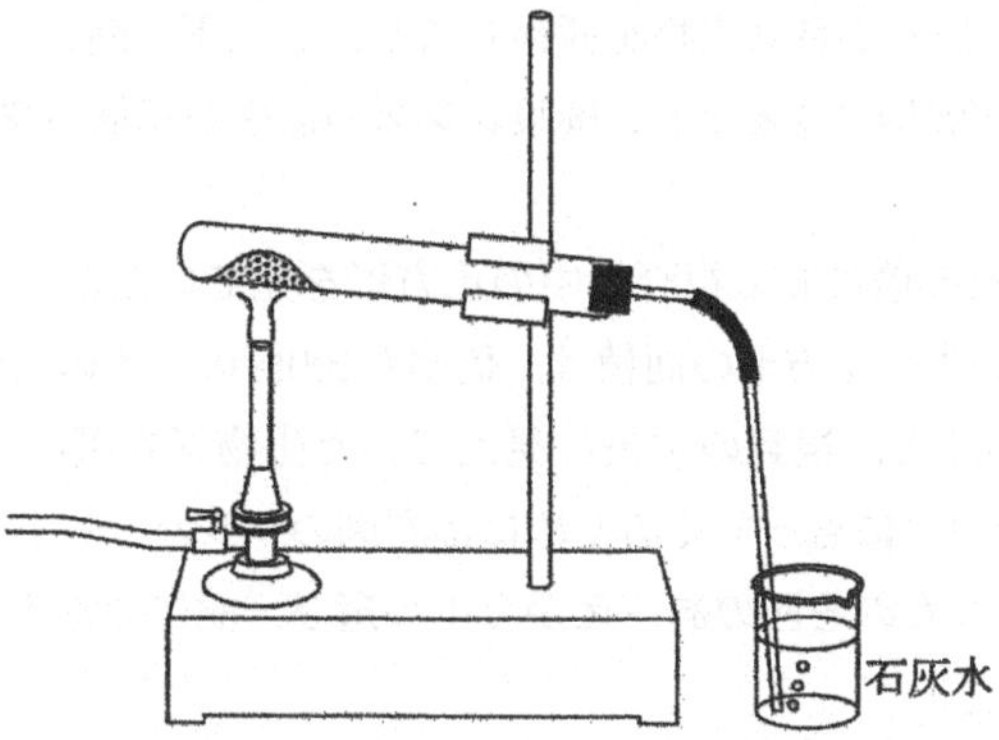

図２

黒色の酸化銅20ｇを過剰《かじょう》の炭素の粉末とともに加熱して，酸化銅を完全に銅に変えると石灰水の重さは5.5ｇ増加しました。

加熱によってできたものは，気体と固体それぞれ１種類で，気体はすべて石灰水と反応して空気中には出てこないものとして以下の問いに答えなさい。

(1)　銅20ｇがすべて酸化銅になるとき，銅と結びついた酸素は何ｇですか。**四捨五入して整数で求めなさい。**

(2)　銅28ｇがすべて酸化銅に変化する前に加熱を止めました。反応後のガラス容器以外の重さの合計は30ｇであったとすると，反応せずに残っている銅の重さは何ｇですか。**四捨五入して整数で求めなさい。**

(3)　20ｇの酸化銅と過不足なく反応する炭素の粉末の重さは何ｇですか。**四捨五入して小数第１位まで求めなさい。**

(4)　50ｇの酸化銅に３ｇの炭素の粉末を入れて，気体の発生がなくなったところで加熱をやめ，試験管内の固体をすべて取り出して重さをはかると，この固体の重さは何ｇになりますか。**四捨五入して整数で求めなさい。**

(5)　酸化銅は炭素の粉末以外に水素と加熱しても赤色の銅に変えることができ，その際に銅以外に水だけができます。２ｇの水素が酸化銅と完全に反応すると，18ｇの水ができます。水素２ｇが完全に反応してできた銅は何ｇですか。**四捨五入して整数で求めなさい。**

(6)　下線部（※）のように，窒素を入れて，空気を追い出す理由として，最も適当なものを次の**あ**～**え**から１つ選び，記号で答えなさい。

あ．空気中の酸素が酸化銅と反応するのを防ぐため。

い．空気中の酸素が炭素と反応するのを防ぐため。

う．空気に含まれる酸素と窒素の割合が，常に一定ではないため。

え．石灰水に空気中の酸素が溶け込んで，石灰水の重さに大きな誤差が生じるため。

(7)　220ｇの酸化銅を，ある量の炭素と反応させたところ，酸化銅が残りました。そこで，残りの酸化銅を水素と過不足なく反応させました。反応した炭素と水素の重さの合計は10.5ｇでした。酸化銅と反応した水素の重さは何ｇですか。**四捨五入して整数で求めなさい。**

(8)　(7)で発生した気体すべてを石灰水に入れたとすると，石灰水の重さは何ｇ増加しますか。**四捨五入して小数第１位まで求めなさい。**

3　顕微鏡《けんびきょう》を用いて，池にいる小さな生物を観察しました。以下の問いに答えなさい。

(1)　顕微鏡全体の倍率を600倍にするとき，接眼レンズの倍率が15倍の場合，対物レンズは何倍にすればよいですか。

(2)　顕微鏡全体の倍率を100倍にして視野《しや》の中の正方形を見ていたとします。顕微鏡全体の倍率を400倍にすると，視野の中の正方形の面積は，倍率が100倍のときの何倍に見えますか。

(3)　顕微鏡で観察していると，視野の中央に見えていた生物が左図のように移動してしまいました。この生物を視野の中央にもってくるためには右図のプレパラートをどの方向に移動させればよいですか。最も適当なものを図の**あ**～**え**から１つ選び，記号で答えなさい。

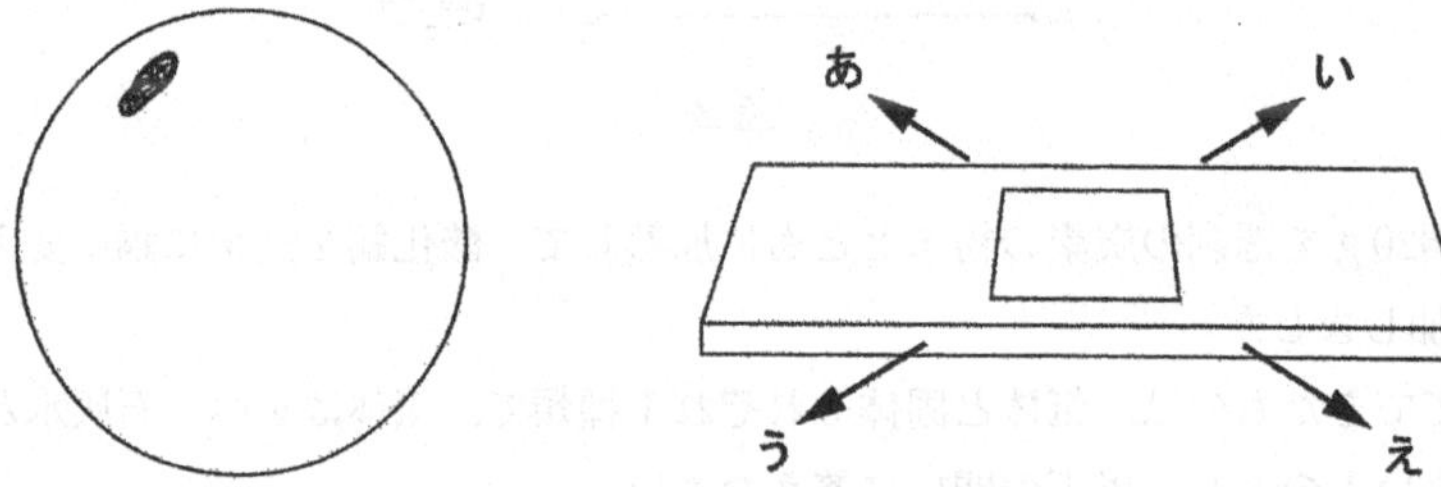

(4)　下図は，接眼《せつがん》レンズ，対物《たいぶつ》レンズを横から見た模式図です。接眼レンズは５倍，10倍，15倍の３種類，対物レンズは４倍，10倍，40倍の３種類です。図の接眼レンズと対物レンズを組み合わせたとき，顕微鏡全体の倍率が４番目に低くなる組み合わせはどれですか。接眼レンズを**あ**～**う**から，対物レンズを**え**～**か**から１つずつ選び，記号で答えなさい。

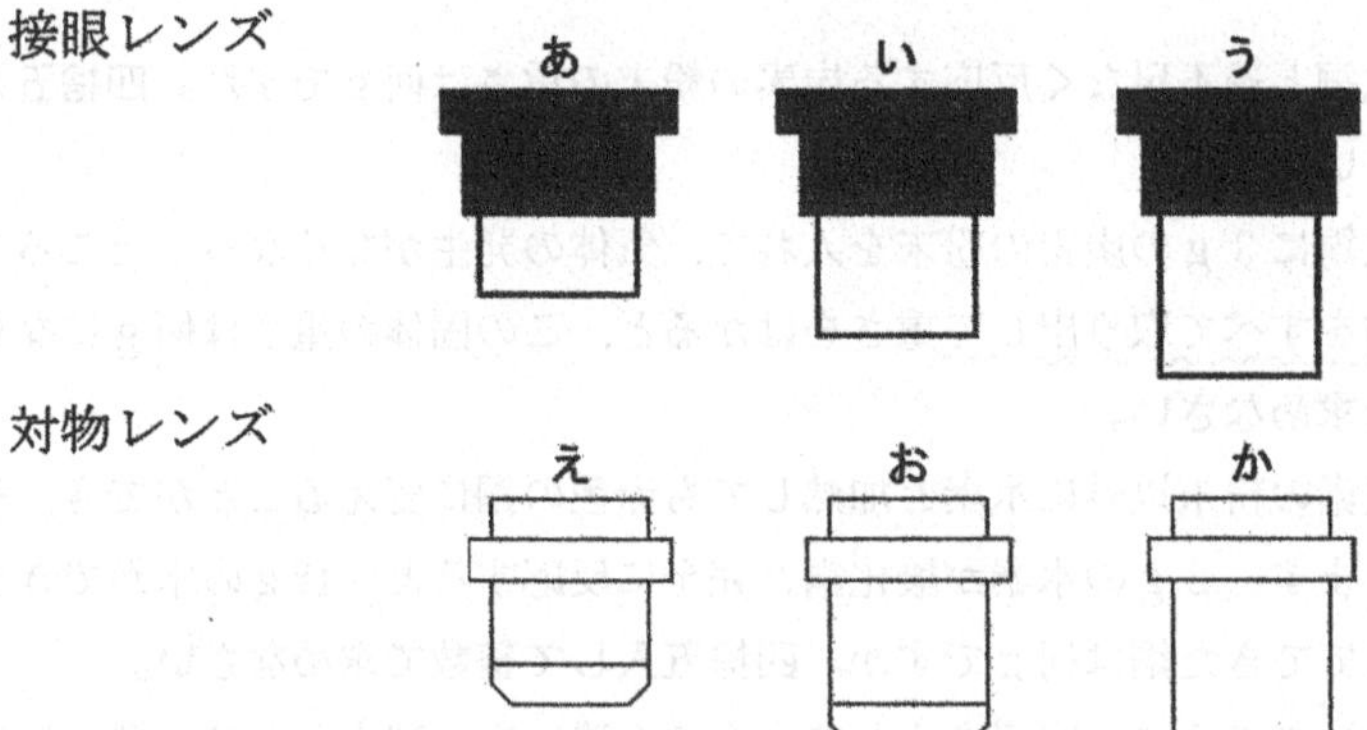

(5)　池の水を採取して顕微鏡で観察したところ，下図の生物が観察されました。この生物の名前を答えなさい。

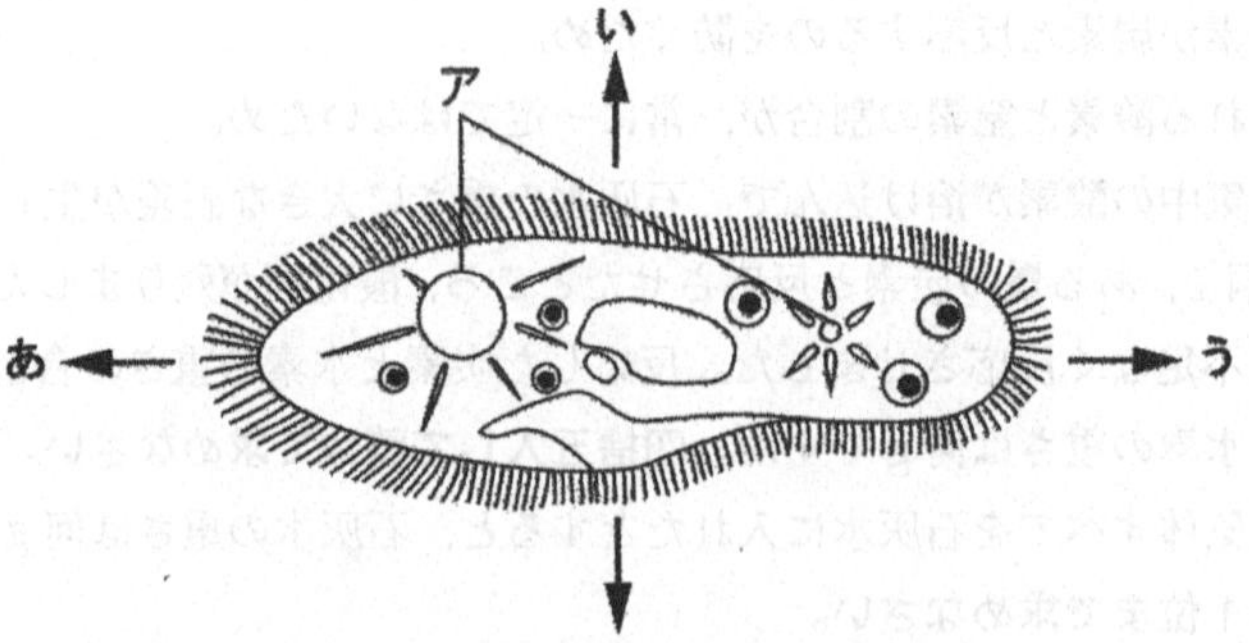

(6)　(5)の生物はエサを得るときはどちらの方向に向かって泳ぎますか。(5)の図中の**あ**～**え**から１つ選び，記号で答えなさい。

一般的《いっぱんてき》に生物は体内の液体の濃度《のうど》を一定に保つようにしています。ヒトはこれを腎臓《じんぞう》で行っています。(5)の生物の図のアのつくりを収縮胞《しゅうしゅくほう》といい，ここを収縮させて体内の余分な水を体外に出しています。体内の液体の濃度より体外の液体の濃度の方が低いほどより多くの水が体内に入ってきます。

(7)　シャーレに水，0.05%，0.1%，0.15%，0.2%の食塩水をそれぞれ入れました。そこに(5)の生物を入れてしばらくそのままにしたのち，それぞれの収縮胞の収縮の回数を３分間測定しました。実験結果として適当なものを次の**あ**～**え**から１つ選び，記号で答えなさい。ただし，(5)の生物は実験条件の中では0.2%の食塩水が最も体内の濃度に近いものとします。

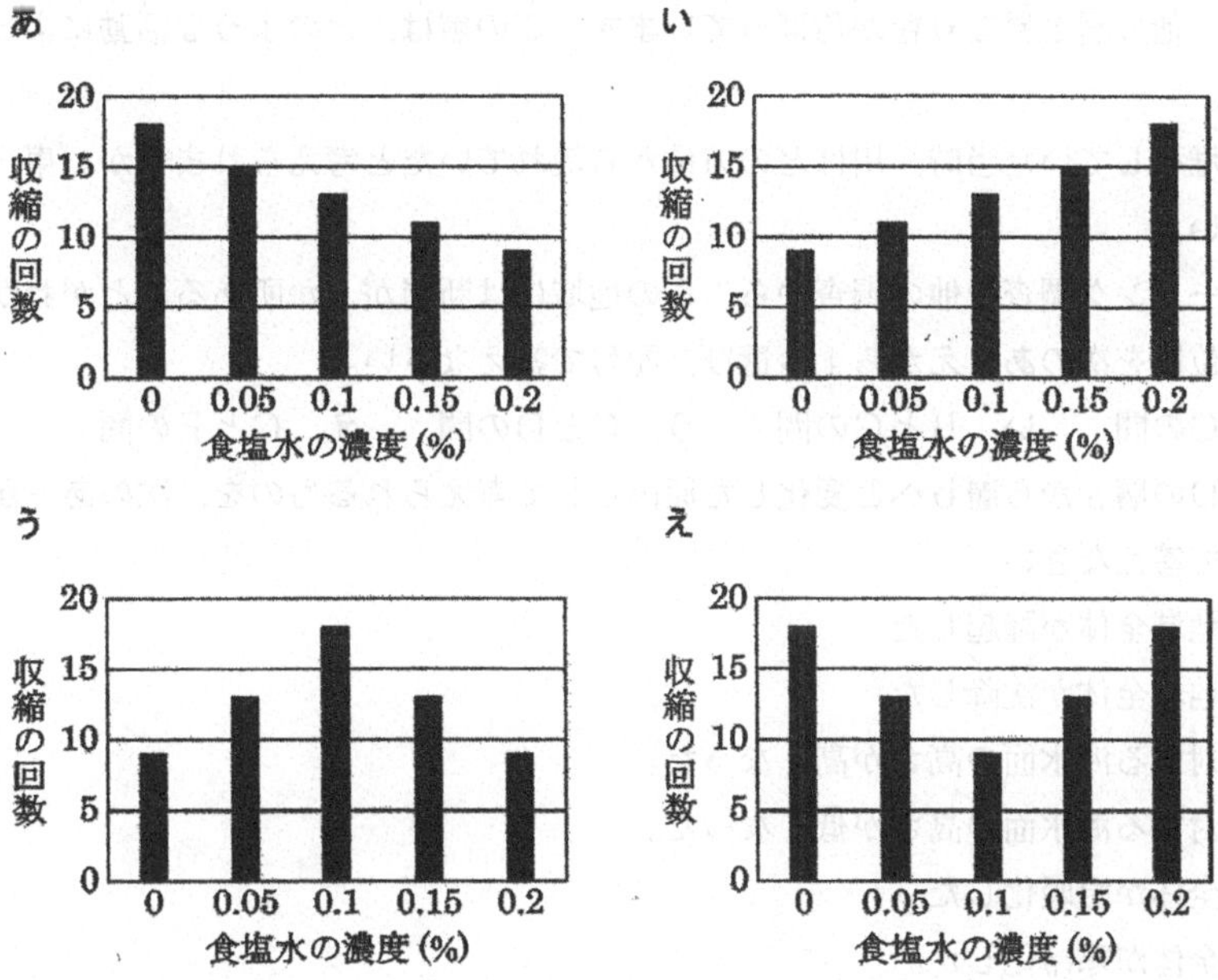

4　豊子さんの住んでいる地域（図１）で，大規模な開発のために，図１のＡからＥで地面に穴をあけ，土を掘るボーリング調査を行いました。次のページの図２はそのボーリング試料をスケッチしたものです。以下の問いに答えなさい。

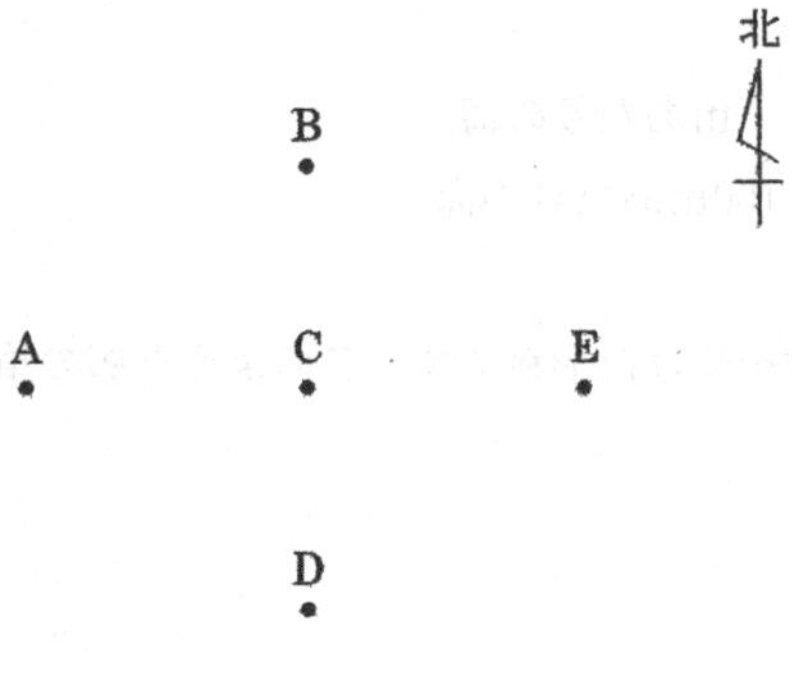

図１

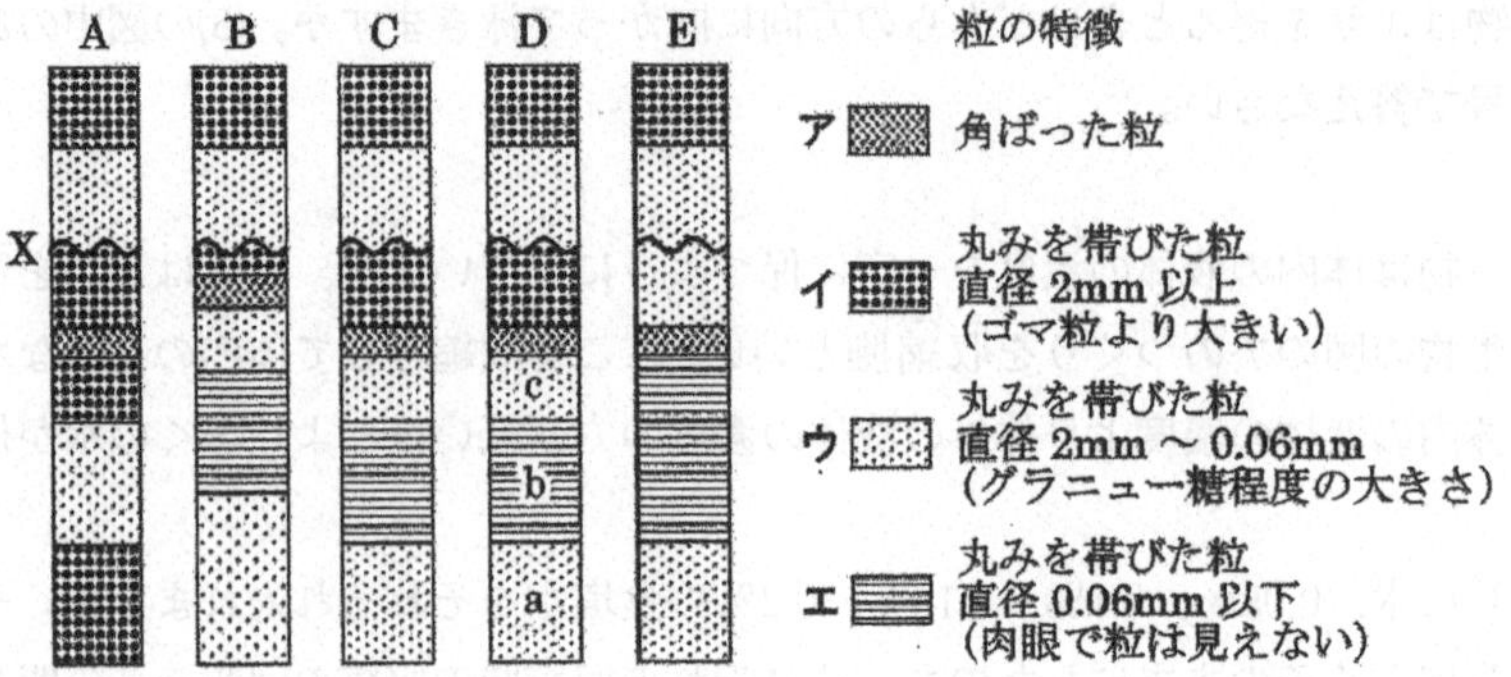

図2

(1) 層アは，他の層と異《こと》なり粒が角ばっています。この層は，どのような活動によって形成された層ですか。

(2) 層アが堆積《たいせき》していた当時，川はどの方位から流れていたと考えられますか。東・西・南・北で答えなさい。

(3) このボーリング調査や他の調査から，この地域には断層が1か所あることがわかりました。その断層の位置を次の**あ**～**え**から1つ選び，記号で答えなさい。

あ．AとCの間　**い**．BとCの間　**う**．CとDの間　**え**．CとEの間

(4) 図2のDの層aから層bへと変化した原因として考えられるものを，次の**あ**～**か**から**すべて**選び，記号で答えなさい。

あ．この地域全体が隆起《りゅうき》した

い．この地域全体が沈降《ちんこう》した

う．陸に対する海水面の高さが高くなった。

え．陸に対する海水面の高さが低くなった。

お．地球全体が温暖化した。

か．地球全体が寒冷化した。

(5) 図2の層cには，ホタテ貝の化石が出土しました。この地層が出来たころのこの地域の環境《かんきょう》として最も適当なものを，次の**あ**～**か**から1つ選び，記号で答えなさい。

あ．暖かい地域で水深が0～1mあたりの海

い．暖かい地域で水深が10～100mあたりの海

う．暖かい地域の湖

え．寒い地域で水深が0～1mあたりの海

お．寒い地域で水深が10～100mあたりの海

か．寒い地域の湖

(6) Xは，地層が風化・浸食《しんしょく》を受けた形跡《けいせき》です。このような層の重なりを何といいますか。漢字3文字で答えなさい。

【社　会】（理科と合わせて50分）　＜満点：50点＞

1　次の文章を読んで問いに答えなさい。

数年前に政府が行政手続きを中心に，印《いん》（はんこ）を押《お》すことを廃止《はいし》する方針を打ち出したことを覚えている人も多いでしょう。その背景には，近年の社会のデジタル化・ペーパーレス化の進行や，新型コロナウイルス感染症《かんせんしょう》拡大によるテレワークの浸透《しんとう》によって，直接対面をしない活動が広がってきていることがあります。それでは，印は歴史的にどのような意味をもって使用されてきたのでしょうか。

印は古くから世界各地でみられ，宗教的な意味が認められるものも多くありました。日本における最も古い例は，1世紀に中国の（　ア　）の皇帝《こうてい》から授けられた金印で，その実物とされるものが江戸時代に九州で発見されていますが，権威《けんい》の象徴《しょうちょう》として使われたと考えられています。しかし，実際に印の利用が広まっていったのは(イ)律令制の文書行政を導入してからです。文書には印が押され，その内容が本物であることを保証する役割を果たしました。奈良時代に(ウ)藤原仲麻呂が反乱を起こした時，内裏で印の奪《うば》い合いがくり広げられたことは，印が正統性を示す重要なものであったことを物語っています。外交でも印は使用されています。室町時代の朝鮮との貿易では，倭寇と区別するために，朝鮮の発行する印の押された証明書が使用されましたが，印が偽造《ぎぞう》されることもあったようです。降《くだ》って，江戸時代の初期には朱印船《しゅいんせん》貿易が盛んでしたが，これに渡航《とこう》許可証として朱印状を所持していたのでそう呼ばれています。こうした公的な機関だけでなく，家の印や個人の印も作られていきました。(エ)鎌倉時代には，禅宗の僧侶《そうりょ》が自分の肖像画《しょうぞうが》を弟子に与《あた》える風習が中国から伝えられましたが，そこに個人の印が押されたりしています。(オ)戦国大名が発給した文書にも，多く個人の印がみられます。江戸時代になると，都市や村落でも印が使用されるようになっていきます。(カ)江戸の豪商三井家では，お金の出し入れや取引などから遺産分割にいたるまで印が使われていたことがわかっています。また，農村においても名主が国絵図《くにえず》（江戸時代に作られた国土基本図）の内容を不服として印を押すことを拒否《きょひ》した例があり，意思表示をする機能も有していたことが分かります。(キ)明治時代になると政府機構の整備にともなって，いわゆる「御名《ぎょめい》御璽《ぎょじ》」，すなわち天皇の名前を署名し印を押して命令を発する形態が確立されました。そして，世界ではあまり民間には印が普及《ふきゅう》しなかったのとは対照的に，(ク)日本では個人の契約《けいやく》など民衆の間でも印が押されることが定着しました。

このように，日本において，印は文書の内容が事実を示し信用できることや，不当な改変が行われていないことを証明する意義をもち，時には印を押すことが決意を示すことにもつながっています。現在，印を押すことの問い直しがなされていますが，印の果たしてきた様々な機能がすべて他で代替《だいたい》できるようになって，ようやく印はその役割を終えるのではないでしょうか。

問1．空らん（ア）にあてはまる王朝名を漢字で答えなさい。

問2．下線部(イ)に関連して，律令制の導入と律令の内容について説明した次の文のうち，正しいものを一つ選び番号で答えなさい。

1. 聖徳太子によって日本最初の律令である憲法十七条が定められた。
2. 天皇のもとに太政官と神祇官がおかれ，太政官の決めた政策にもとづいて八つの省が実際に政治を行った。
3. 地方は国・郡・里に分けられ，都から国司・郡司・里長が派遣《はけん》された。

4. 口分田が与《あた》えられたのは戸籍《こせき》に記載《きさい》された成年男子のみで，そこから収穫《しゅうかく》される稲を租として納めた。

問３．下線部(ウ)に関連して，藤原氏について説明した次の文のうち，正しいものを**すべて**選び番号で答えなさい。

1. 天武天皇を支えた中臣鎌足は，亡くなる直前にそれまでの功績が評価されて藤原の姓《せい》を与えられた。
2. 光明皇后の甥《おい》だった藤原仲麻呂は，留学生として唐に渡り「天の原ふりさけ見れば春日なる三笠の山にいでし月かも」という歌を詠《よ》んだ。
3. 藤原氏は，天皇が幼少のころには摂政，成人すると関白となって権力をふるう摂関政治を行った。
4. 藤原氏は，遣唐使の停止を進言して実現させた菅原道真などの有力な貴族を朝廷から追放した。
5. 藤原道長は三人の娘を天皇の后《きさき》として摂関政治の全盛を築き，宇治に平等院鳳凰堂を建立してこの世に極楽浄土を表した。

問４．下線部(エ)に関連して，鎌倉時代の仏教とその内容・特徴《とくちょう》や関連の深いことがらの組み合わせとして，正しいものを次から一つ選び番号で答えなさい。

1. 時宗－南無妙法蓮華経　2. 浄土宗－踊念仏　3. 曹洞宗－一向一揆
4. 日蓮宗－南無阿弥陀仏　5. 臨済宗－座禅（坐禅）

問５．下線部(オ)について，次の印《いん》はある戦国大名が使用したものとして知られていますが，それは誰《だれ》ですか，氏名を漢字で答えなさい。

問６．下線部(カ)について，三井家が経営した呉服《ごふく》商の越後屋は「現金掛《か》け値《ね》なし」という新しい商法によって繁盛《はんじょう》したといいます。越後屋は他の店で主流だった売り方をどのように変えたのですか，「他の店→越後屋」の順になるように，次から選び番号で答えなさい。

1. 代金を店頭で受け取るかわりに定価どおりに売る
2. 代金を店頭で受け取るかわりに定価より高くして売る
3. 代金を後払《あとばら》いにするかわりに定価どおりに売る
4. 代金を後払いにするかわりに定価より高くして売る

問７．下線部(キ)について，明治時代の機構整備に関する次の出来事を，年代の古い順に並べ番号で答えなさい。

1. 大日本帝国憲法の発布　2. 朝鮮総督府の設置
3. 帝国議会の開設　4. 内閣制度の創設

問８．下線部(ク)に関連して，明治時代以降の民衆について説明した次の文のうち，**あやまっているもの**を一つ選び番号で答えなさい。

1. 明治時代の初め，農民は子どもを学校に通わせることで働き手が奪《うば》われ，重い税や兵役が課せられたことから，それらに反対する一揆を起こした。

2. 衆議院議員総選挙の選挙権が与えられた当初は財産制限があったが，大正デモクラシーの時期には男女とも普通選挙が行われるようになった。

3. 大正時代から昭和初期にかけてガス・水道・電話が都市の日常生活に普及《ふきゅう》し，ラジオ放送が始まり活動写真（映画）が娯楽《ごらく》として広まった。

4. 日中戦争の開始以降，国民が戦争に協力する体制が作られていき，生活物資が不足したり女学生が工場で働かされたりした。

2 **次の問いに答えなさい。**

問１．次のグラフは，牛乳・乳製品，米，野菜の１年間に一人あたりに対して供給されている量（消費者のもとにもたらされた量）の推移（1960年度～2019年度）を示したものです。**あ**～**う**にあてはまる項目《こうもく》の組み合わせとして，正しいものを下の表の１～６から選び番号で答えなさい。

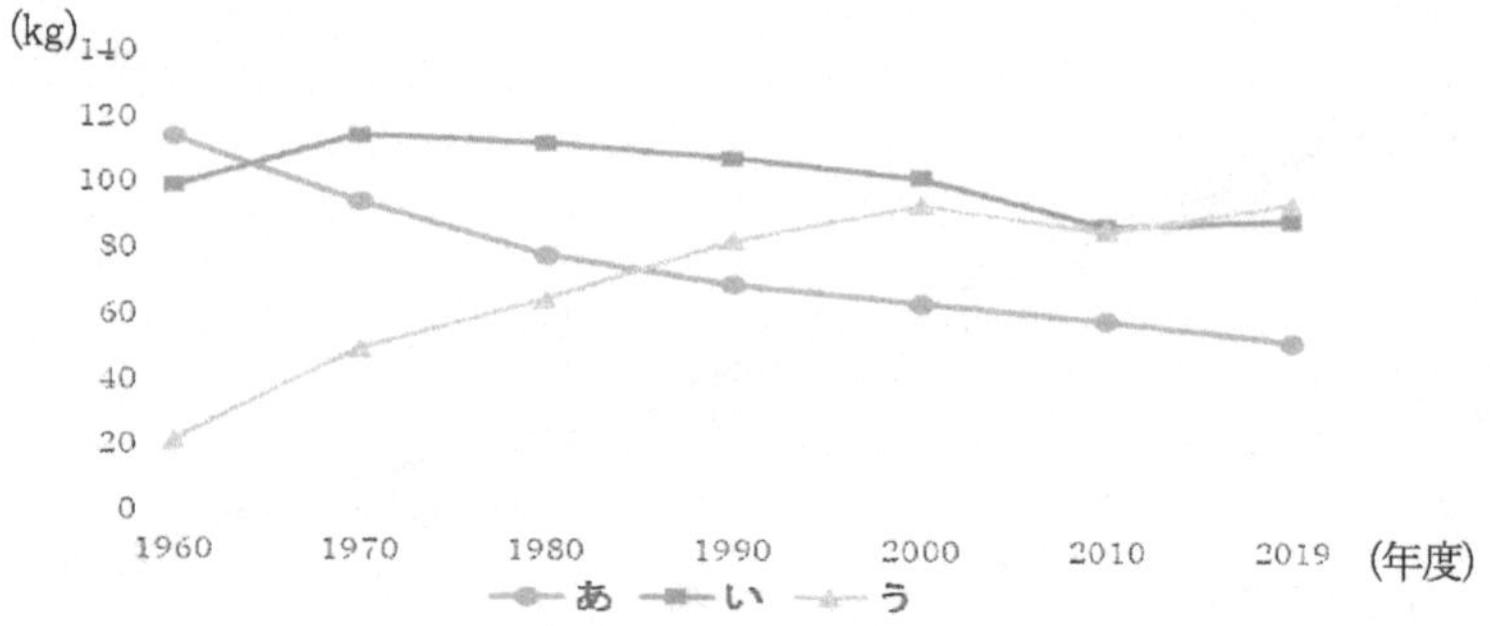

（『データブックオブザワールド2022』から作成）

	1	2	3	4	5	6
牛乳・乳製品	あ	あ	い	い	う	う
米	い	う	あ	う	あ	い
野菜	う	い	う	あ	い	あ

問２．次の表は，日本の海上貨物の主な輸出品目（2020年）のうち，重量ベースと金額ベースで上位５位までを示したもので，**あ**～**う**にはそれぞれセメント，鉄鋼，乗用自動車のいずれかがあてはまります。**あ**～**う**の品目の組み合わせとして，正しいものを下の表の１～６から選び番号で答えなさい。

重量ベース（万トン）		金額ベース（億円）	
あ	3, 182	機械類	152, 988
い	1, 095	**う**	86, 270
機械類	1, 032	電気製品	47, 665
う	493	**あ**	25, 564
電気製品	120	**い**	386

（『データブックオブザワールド2022』から作成）

	1	2	3	4	5	6
あ	セメント	セメント	鉄鋼	鉄鋼	乗用自動車	乗用自動車
い	鉄鋼	乗用自動車	セメント	乗用自動車	セメント	鉄鋼
う	乗用自動車	鉄鋼	乗用自動車	セメント	鉄鋼	セメント

問３．次の文章は，ある生徒が夏に北海道へ行った旅行について書いた日記の一部です。これを読んで以下の問いに答えなさい。

８月６日　道東の女満別《めまんべつ》空港に着く。鉄道に乗って網走《あばしり》まで行く。網走監獄《かんごく》などを見学。

８月７日　釧網《せんもう》本線に乗る。すぐに(ア)右に涛沸湖《とうふつこ》，左にオホーツク海が見え，ここが二つの水域に挟《はさ》まれた細長い地形であることが分かった。そこを通り過ぎた後は一路南下する。途中の川湯《かわゆ》温泉駅で下車。川湯温泉駅ではアトサヌプリ山が見えた。アトサヌプリは（　イ　）語で「裸《はだか》の山」という意味だそうだ。あたりには硫黄《いおう》のにおいが強くただよっている。硫黄のために植物が生えないことからこのような名前で呼ばれたのだろうか。

８月８日　マリモで有名な阿寒湖《あかんこ》を見学する。昨日見た涛沸湖と同じくラムサール条約の登録地らしい。マリモを見ることができず，残念。阿寒湖の近くでは（　イ　）の舞踊《ぶよう》を見学した。

⑴　次の地形図は下線部(ア)の地域です。この地形図において，釧網本線が通っている場所の地形名として適当なものを下の１～５から一つ選び番号で答えなさい。

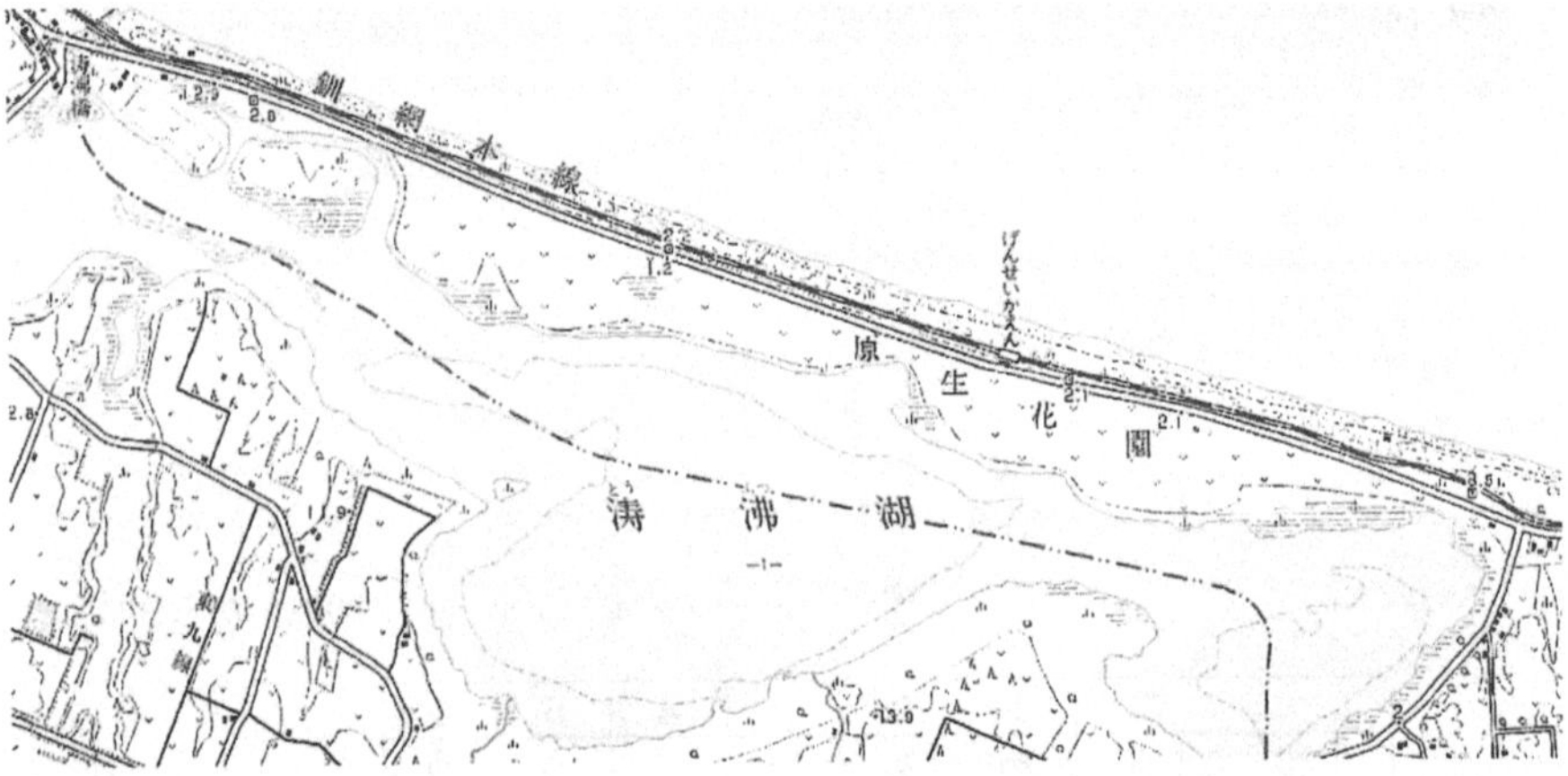

（国土地理院発行５万分の１地形図「小清水」より）

1. 海岸段丘　　**2.** 砂州　　**3.** 三角州　　**4.** 扇状地　　**5.** リアス海岸

⑵　空らん（イ）にあてはまる語句を答えなさい。

問４．次の表は，都道府県別に，15歳《さい》未満，15歳～64歳，65歳以上の３区分において，各都道府県の総人口に占《し》める割合を示した時に，割合の大きい方から上位５都県までを表したものです（2020年）。**あ**～**う**にあたる年齢《ねんれい》区分の組み合わせとして，正しいものを下の表の１～６から選び番号で答えなさい。

	あ	**い**	**う**
1位	秋田	沖縄	東京
2位	高知	滋賀	神奈川
3位	山口	佐賀	愛知
4位	島根	熊本	埼玉
5位	徳島	鹿児島	沖縄

（国勢調査より作成）

	1	**2**	**3**	**4**	**5**	**6**
15歳未満	あ	あ	い	い	う	う
15歳～64歳	い	う	あ	う	あ	い
65歳以上	う	い	う	あ	い	あ

問５．次の地図は，富山県魚津市の一部です。地図中の**あ**の記念碑《ひ》から**い**の城跡《しろあと》の標高差は約何メートルですか，最も近いものを下の１～５から一つ選び番号で答えなさい。

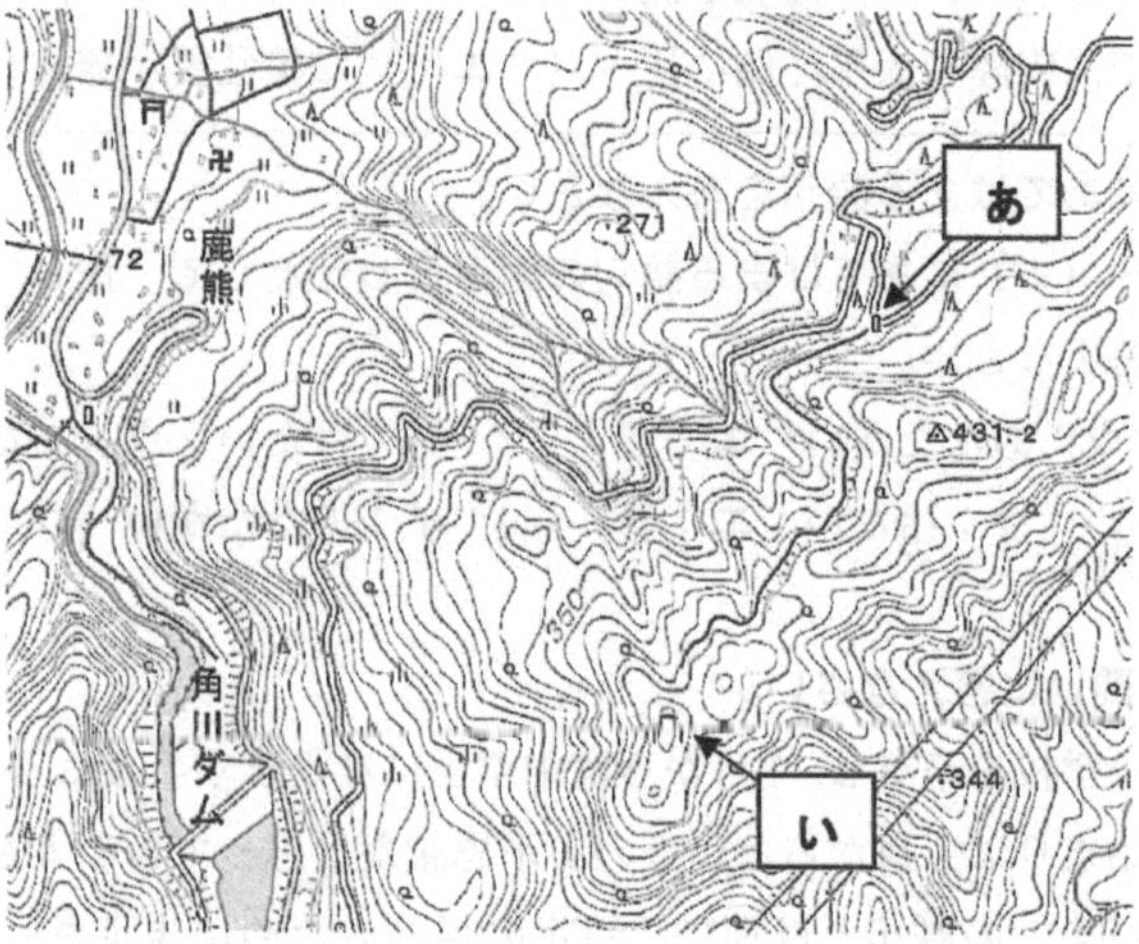

（「地理院地図」より）

1．30メートル　2．50メートル　3．80メートル　4．120メートル　5．150メートル

問６．次の図は，都道府県ごとの「かたつむり」の方言の割合を示したもので，左の図は1960年ごろ，右の図は2010年ごろに調査された結果です。２枚の図から「でんでんむし」という方言の分布にどのような変化があったことが読み取れますか，10字以内で答えなさい。

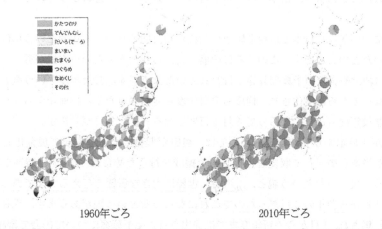

1960年ごろ　　2010年ごろ

（国立国語研究所の「日本言語地図」ならびに「新日本言語地図」のデータを利用して作成）

問７．次の表は富山市と宇都宮市の1991年から2020年にかけての月別の雷《かみなり》日数の平均を示したものです。また，あとの文章は日本海側の雷日数の特徴《とくちょう》について述べたものです。これらをみて，以下の問いに答えなさい。

（表）

月	1月	2月	3月	4月	5月	6月	7月	8月	9月	10月	11月	12月
富山市	3.1	1.4	1.5	1.7	2.0	2.1	4.8	5.1	1.9	1.6	3.3	4.8
宇都宮市	0.0	0.1	0.6	2.0	3.5	3.2	5.7	7.1	2.7	0.9	0.3	0.2

（気象庁ホームページから作成）

（文章）

日本海側の沿岸には（　ア　）海流が流れており，比較的《ひかくてき》（　イ　）海面に（　ウ　）空気が流れ込《こ》むことで，内陸や太平洋側に比べ（　エ　）に積乱雲が発達しやすい。

(1)　空らん（ア）にあてはまる語句を答えなさい。

(2)　空らん（イ）～（エ）にあてはまる語句の組み合わせとして，正しいものを次の1～4から一つ選び番号で答えなさい。

1. イ：冷たい　ウ：あたたかい　エ：春　　2. イ：冷たい　ウ：あたたかい　エ：冬
3. イ：あたたかい　ウ：冷たい　エ：春　　4. イ：あたたかい　ウ：冷たい　エ：冬

3　**次の文章を読んで問いに答えなさい。**

まもなく皆《みな》さんは小学校を卒業し，4月からは中学生になります。ところで，1年の始まりは1月からなのに，年度の始まりは4月からというのを不思議だと思っている人もいるのではないでしょうか。(ア)1月から12月までの暦年《れきねん》とは別に，特定の目的のために規定された1年間の区切り方を「年度」といって学校年度や会計年度などがあり，日本では学校年度と会計年度が一致《いっち》しています。

学校年度は(イ)法律で4月1日から翌年3月31日までとなっていますが，大学や専修学校については校長が定めることができるため，9月や10月に入学する制度を設けている大学もあります。江戸時代の寺子屋や明治初期の学校では入学時期は自由で，(ウ)各個人の能力に応じて進級する仕組みでしたが，おめでたいことなので気候の良い春先が選ばれることが多かったそうです。最終的には学制が公布されたことにより，日本では9月1日の一斉《いっせい》入学・一斉進級が多くみられるようになりました。

会計年度については，日本では律令国家の時代から，国の会計を1年間という単位で区切ることが行われていたとのことです。このころは旧暦《きゅうれき》1月から12月までという方式が導入され，これに基づいて(エ)税の納付や実際の予算配分等が行われていたようです。会計年度という概念《がいねん》については，明治時代になってから制度化され，何度も会計年度が変更《へんこう》された末に1886年から4月始まりになったところ，学校年度もこれにならって4月1日開始となって今日に至ります。

会計年度が4月始まりである理由としては，農家が収穫《しゅうかく》した米を売って現金化したことに対して，(オ)政府が税金を徴収《ちょうしゅう》して収支を把握《はあく》し予算編成を行うためには，1月では時期が早すぎるので4月がちょうど良かったという説と，(カ)当時，世界に大きな影響《えいきょう》を与《あた》える大国であったイギリスの会計年度が4月から翌年の3月だったのでこれにならったという説があります。現在では，通常国会が1月に召集《しょうしゅう》され，4月からの新年度までに提出された(キ)予算案について国会で審議《しんぎ》・可決しなくてはなりません。新年度の学校教育のための予算もここで審議されますから，みなさんの学校生活にも大いに関係があります。公立学校だけでなく私立学校も，政府から助成金を受け取っています。普段《ふだん》は気が付かないようなことでも，国会における審議はわたしたちの生活に深くかかわっているので，(ク)国会議員を選ぶ選挙はとても大切です。

諸外国では，学校年度と会計年度が一致しない国が多いようですが，日本の学校年度は会計年度に合わせて4月始まりとなった結果，入学式や初々しい新入生が春の風物詩となりました。新しい年度が始まると，「今年度も頑張《がんば》ろう！」というあらたまった気持ちになる人も多いでしょう。冬が終わり，新しい命が活動を始める春とともに新年度が始まるのであるとすれば，日本の独特の年度の始まり方も良いものかもしれません。

問1．下線部(ア)について，現在日本で使用されている暦年《れきねん》は，どの周期をもとにして構成されていますか，次から一つ選び番号で答えなさい。

1. 地球が太陽の周りを回る周期　　2. 川の氾濫《はんらん》の周期
3. 月の満ち欠けの周期　　4. 雨季と乾季《かんき》の周期

問2．下線部(イ)について，次の過程をすべて経て法律が成立した場合，どのような順となりますか，番号で答えなさい。

1. 衆議院で過半数の賛成で可決される。
2. 衆議院で3分の2以上の賛成で可決される。
3. 衆議院で議決された法案が参議院へ送られる。
4. 両院協議会が開かれる。

問3．下線部(ウ)について，日本国憲法で国民は「その能力に応じて，ひとしく教育を受ける権利を有する」とされていますが，これを実現するために行われていることとして，**適切でないもの**を次から一つ選び番号で答えなさい。

1. 小学校6年間と中学校3年間の義務教育は無償《むしょう》とする。
2. 子を持つ親に，子どもに教育を受けさせる義務を負わせる。
3. 小・中・高等学校用の教科書について国が検定を行う。
4. 地方公共団体が特別支援《しえん》学校を設置する。

問4．下線部(エ)について，税金には国に納付される国税と地方公共団体に納付される地方税がありますが，このうち国税に分類されるものを，次から**三つ**選び番号で答えなさい。

1. 固定資産税　　2. 住民税　　3. 消費税　　4. 所得税　　5. 法人税

問5．下線部(オ)について，次の図は，政府が独裁的権力を持たないための三権分立の仕組みを示したものです。この図において，矢印**あ**で示された権限を何と言いますか，漢字で答えなさい。

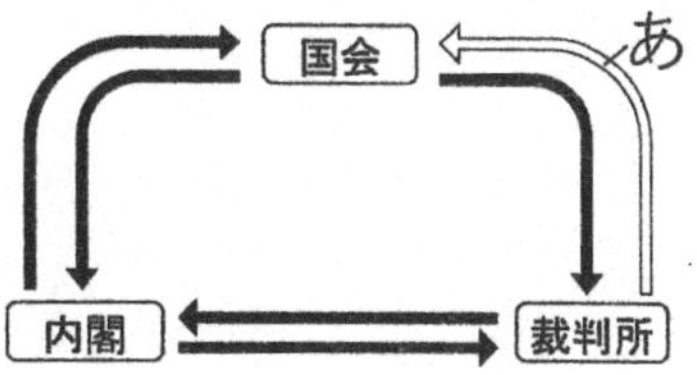

問6．下線部(カ)に関連して，当時の日本はイギリスにならって二院制としましたが，現在の日本が二院制を採用している理由として，**適当でないもの**を次から一つ選び番号で答えなさい。

1. 国民の様々な意見をできるだけ広く反映させることができるから。
2. 一つの議院が決めたことを他の議院がさらに検討やることで審議《しんぎ》を慎重《しんちょう》に行えるから。
3. 一つの議院の行き過ぎをおさえたり，足りないところを補ったりできるから。
4. 効率的に審議することができるので，政策決定が迅速《じんそく》に行えるから。

問7．下線部(キ)について，予算と歳入《さいにゅう》・歳出について説明した次の文のうち，正しいものを一つ選び番号で答えなさい。

1. 予算案は内閣以外にも国会議員が提出することができる。
2. 予算案は，衆議院と参議院で可決されないと成立しない。

3. 歳出のうち，昨年度の最大の項目は社会保障関係費である。
4. 近年では，歳入における公債《こうさい》金収入の割合が減少し続けている。

問８．下線部(ク)について，次のグラフは2001年から2019年までの参議院議員通常選挙における年代別投票率を示したもので，**あ**～**き**は，それぞれ10歳《さい》代から60歳代までと70歳以上のいずれかの投票率にあたります。このグラフからは**か**や**き**の年齢《ねんれい》層の投票率が低いことが読み取れ，衆議院議員総選挙においても同様の傾向《けいこう》がみられます。そのことが一般《いっぱん》に政府の政策決定にどのような影《えい》響《きょう》を与《あた》えていると言われていますか，20字以内で説明しなさい。

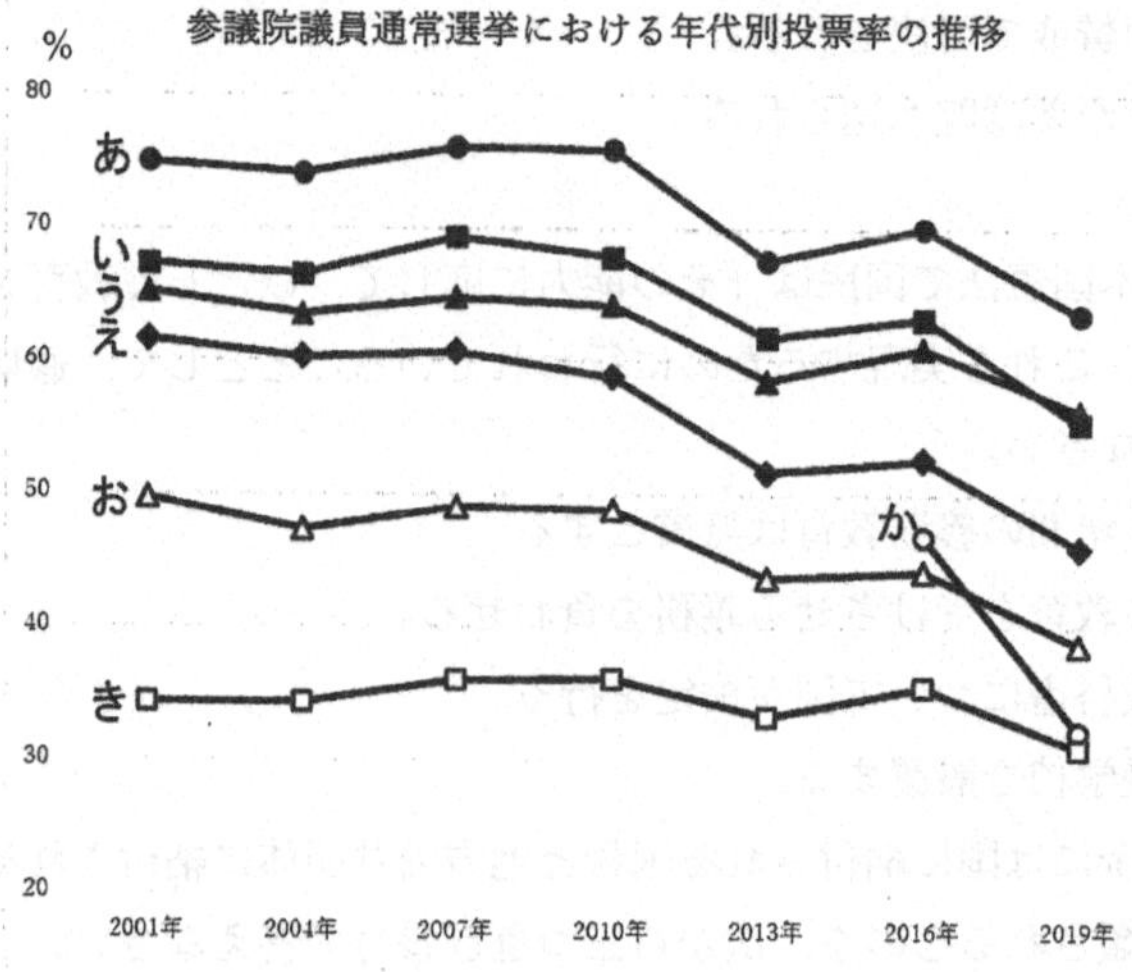

(総務省ホームページのデータから作成)

エ　世の中は、考えれば考えるほどわからないことばかりが生じるので、研究をし続ける社会的価値があると考えている。

オ　科学者然としていた先生の意外な一面に触《ふ》れた出来事が思い起こされ、あらためて先生の人間性に好感を抱《いだ》いている。

問九　本文の内容と表現の特徴《とくちょう》についての説明として最も適当なものを次のア～カの中から**二つ選び**、記号で答えなさい。

ア　藤巻《ふじまき》先生は、興味のあることには周囲のことが何も見えなくなるほどの集中力が働くが、他人の気持ちを汲《く》み取ったり相手に寄り添《そ》ったりするなどの細かい気配りが苦手な人物として描《えが》かれている。

イ　「険しい目つき」「ふてくされたような口ぶり」「投げやりに言い捨てる」「腕組《うでぐ》みして壁《かべ》にもたれ」などには、和也《かずや》の父親に対する反発が垣間見《かいまみ》られ、反抗期《はんこうき》の少年の荒々《あらあら》しく粗雑《そざつ》な性格が鮮《あざ》やかに印象づけられている。

ウ　藤巻《ふじまき》先生の描写《びょうしゃ》には、「和也《かずや》が呼んでも応えない」「うん、と先生はおざなりな生返事をしたきり、見向きもしない」など、家族よりも研究を優先しなければならない、科学者としての姿勢が貫《つらぬ》かれている。

エ　立派な科学者を父親に持つ和也《かずや》は、頭がよくない自分を卑屈《ひくつ》に感じていて、研究の内容を理解できる「僕《ぼく》」とだけ楽しそうに話す自分の父親を「あのひと」呼ばわりすることで、「僕《ぼく》」にも嫉妬《しっと》の感情をぶつけている。

オ　「母に恋人《こいびと》を紹介《しょうかい》されたとき、僕《ぼく》は和也《かずや》と同じ十五歳《じゅうごさい》だった」と、唐突《とうとつ》に「僕《ぼく》」の回想シーンが挿入《そうにゅう》されるが、それによって当時の「僕《ぼく》」の苦しみと今の和也《かずや》の苦しみが重層的に表現されている。

カ　最後に「僕《ぼく》」の問いかけに返答もせず身じろぎもしない和也《かずや》の姿を描写《びょうしゃ》することで、藤巻《ふじまき》家独自の恒例《こうれい》行事は中止となり、この後の親子の確執《かくしつ》についても解決する見通しがほとんどなくなることが暗示されている。

問四　――線③「僕《ぼく》は赤面した」とありますが、その理由として最も適当なものを次のア～オの中から一つ選び、記号で答えなさい。

ア　台風の構造と進路に関することが興味深い内容であるところ、新聞では洪水《こうずい》など台風がもたらした大きな被害《ひがい》ばかりが取り上げられていることに、気象を研究している者として不満を抱《いだ》いたから。

イ　台風の被害《ひがい》が相次いだことは気象を研究している者にとって大きな関心事であり、さりげなさを装っているようでも、熱い議論が交わされる気配に興奮してしまったから。

ウ　気象を研究している者にとって、台風の被害《ひがい》が生じた原因を把握《はあく》しようとするのが当たり前とも思えるのに、やる気のない調子で応答し関心を示さない院生に怒《いか》りを覚えたから。

エ　世間で取りざたされる悲惨《ひさん》な被害《ひがい》のほうに気をとられてしまっていたが、気象を研究している者であれば、豪雨《ごうう》をもたらした気象そのものに関心が向いて当然であったと、自分自身を恥《は》ずかしく思ったから。

オ　気象を研究している者であれば、自然による災害が生じる仕組みは周知のことにもかかわらず、知ったかぶりして先輩《せんぱい》に教えるという出過ぎた行為《こうい》をしてしまったことを反省したから。

問五　二重線〈Ⅰ〉「和也《かずや》がいぶかしげに眉根《まゆね》を寄せた」・〈Ⅱ〉「和也《かずや》はまだ釈然《しゃくぜん》としない様子で首をすくめている」の間に交わされた会話Ａ～Ｇの中で、藤巻《ふじまき》先生の発言をすべて選び、**アルファベットを順番通りに**答えなさい。

問六　――線④「冗談《じょうだん》めかしてまぜ返しつつ、和也《かずや》はまんざらでもなさそうに立ちあがった」とありますが、この行動から和也《かずや》のどのような様子が読み取れますか。その説明として最も適当なものを次のア～オの中から一つ選び、記号で答えなさい。

ア　思いがけず父親に自分の絵をほめられ、照れくささを取りつくろいながら、うれしさを隠《かく》しきれないでいる様子。

イ　楽しいこともなくたいくつな日常の中、父親が自分の絵を見たいと言い出したことが意外で、興奮している様子。

ウ　今まで父親にほめられたことがないのに、母親と一緒《いっしょ》になって自分の絵をほめてくれたことに、喜んでいる様子。

エ　ふだんはめったに人をほめない父親が自分をほめたことに驚《おどろ》き、うれしい反面不安もあり、浮足立《うきあしだ》っている様子。

オ　父親が自分に関心を示してくれたことがうれしく、今すぐに父親に自分の絵を見せたいと、気が急《せ》いている様子。

問七　――線⑤「少なからず責任を感じたからだ」とありますが、なぜ「僕《ぼく》」は「少なからず責任を感じた」のですか。その理由を六十字以内で答えなさい。

問八　二重線〈Ⅲ〉「だからこそ、おもしろい」・〈Ⅳ〉「だからこそ、おもしろい」の説明として最も適当なものを次のア～オの中からそれぞれ一つずつ選び、記号で答えなさい。

ア　科学者であるにもかかわらず、子どもの才能に期待する父親らしさをも兼《か》ね備えていることに違和感《いわかん》を覚えている。

イ　この世界の現象はわからないことがあるからこそ、知りたいという衝動《しょうどう》にかられるものだと感じている。

ウ　優秀《ゆうしゅう》な科学者の子どもが空の現象を客観的に写し取っていることに、血筋《ちすじ》は争えないと興味深く思っている。

僕《ぼく》は小さく息を吸って、口を開いた。

「僕《ぼく》にもわからないよ。きみのお父さんが、なにを考えているのか」

和也《かずや》が探るように目をすがめた。僕《ぼく》は机に放り出されたスケッチブックを手にとった。

「僕《ぼく》が家庭教師を頼《たの》まれたとき、なんて言われたと思う？」

和也《かずや》は答えない。身じろぎもしない。

「学校の成績をそう気にすることもないんじゃないか、ってお父さんはおっしゃった。得意なことを好きにやらせるほうが、本人のためになるだろうってね」

色あせた表紙をめくってみる。ページ全体が青いクレヨンで丹念《たんねん》に塗《ぬ》りつぶされている。白いさざ波のような模様は、巻積雲《けんせきうん》だろう。

「よく覚えてるよ。意外だったから」

次のページも、そのまた次も、空の絵だった。一枚ごとに、空の色も雲のかたちも違《ちが》う。確かに力作ぞろいだ。

「藤巻《ふじまき》先生はとても熱心な研究者だ。もしも僕《ぼく》だったら、息子《むすこ》も自分と同じように、学問の道に進ませようとするだろうね。本人が望もうが、望むまいが」

僕《ぼく》は手をとめた。開いたページには、今の季節におなじみのもくもくと不穏《ふおん》にふくらんだ積雲が、繊細《せんさい》な陰翳《いんえい》までつけて描《か》かれている。

「わからないひとだよ、きみのお父さんは」

わからないことだらけだよ、この世界は――まさに先生自身が口にした言葉を、僕《ぼく》は思い返していた。

〈Ⅳ〉だからこそ、おもしろい。

（『博士《はかせ》の長靴《ながぐつ》』　瀧羽《たきわ》　麻子《あさこ》）

〔注〕　＊　院生＝大学院に在籍《ざいせき》する学生。

問一　次の文は本文中の登場人物について整理したものです。〔a〕・〔b〕に入る最もふさわしい言葉をそれぞれ本文中から探し、指定された字数で抜《ぬ》き出しなさい。

藤巻《ふじまき》先生の教え子である僕《ぼく》は、先生の（　a　二字　）である和也《かずや》の（　b　四字　）をしている。

問二　――線①「処暑」とは、暦《こよみ》による季節区分を示す二十四節気の一つです。次に記した二十四節気の表の中で、「処暑」の時期として適当なものを表のア～オの中から一つ選び、記号で答えなさい。

ア
雨水《うすい》
啓蟄《けいちつ》
春分《しゅんぶん》
清明《せいめい》
穀雨《こくう》
立夏《りっか》
小満《しょうまん》
芒種《ぼうしゅ》
夏至《げし》
小暑《しょうしょ》
イ
立秋《りっしゅう》
ウ
白露《はくろ》
秋分《しゅうぶん》
寒露《かんろ》
霜降《そうこう》
エ
小雪《しょうせつ》
大雪《たいせつ》
オ
小寒《しょうかん》
大寒《だいかん》

問三　――線②「和也《かずや》は僕《ぼく》に向かって眉《まゆ》を上げてみせ、母親とも目を見かわした」とありますが、ここでの和也《かずや》の様子として最も適当なものを次のア～オの中から一つ選び、記号で答えなさい。

ア　何かに没頭《ぼっとう》している父親の姿がほほえましく、母親と一緒《いっしょ》にそっと見守っている様子。

イ　父親の反応に困《こま》るものの、研究熱心な姿に尊敬の念を抱《いだ》かざるを得ないでいる様子。

ウ　繰《く》り返される無反応な父親の姿に半ば呆《あき》れぎみになりながら、同意を求めている様子。

エ　呼んでも無視する父親の姿に戸惑《とまど》い、何も言わない母親にも不信感を抱《いだ》いている様子。

オ　研究に夢中になっている父親の姿を理解できず、怒《いか》りを隠《かく》しきれないでいる様子。

也《や》がこちらへずんずん近づいてきた。

「お父さん」

うん、と先生はおざなりな生返事をしたきり、見向きもしない。

「例の、南西諸島の海上観測でも役に立ったらしい。船体の揺《ゆ》れによる影響《えいきょう》をどこまで補正できるかが課題だな」

「ねえ、あなた」

奥《おく》さんも困惑顔《こんわくがお》で呼びかけた。

と、先生がはっとしたように口をつぐんだ。僕《ぼく》は胸をなでおろした。たぶん奥《おく》さんも、それに和也《かずや》も。

「ああ、スミ。悪いが、紙と鉛筆《えんぴつ》を持ってきてくれるかい」

先生は言った。和也《かずや》が踵《きびす》を返し、無言で部屋を出ていった。

おろおろしている奥《おく》さんにかわって、自室にひっこんでしまった和也《かずや》を呼びにいく役目を僕《ぼく》が引き受けたのは、⑤少なからず責任を感じたからだ。

父親に絵をほめられたときに和也《かずや》が浮《う》かべた表情を、僕《ぼく》は見逃《みのが》していなかった。雲間から一条《いちじょう》の光が差すような、笑顔だった。いつだって陽気で快活で、いっそ軽薄《けいはく》な感じさえする子だけれど、あんな笑みははじめて見た。

「花火をしよう」

ドアを開けた和也《かずや》に、僕《ぼく》は言った。

「おれはいい。先生がつきあってあげれば？　そのほうが親父《おやじ》も喜ぶんじゃない？」

和也《かずや》はけだるげに首を振《ふ》った。険しい目つきも、ふてくされたような皮肉っぽい口ぶりも、ふだんの和也《かずや》らしくない。僕《ぼく》は部屋に入り、後ろ手にドアを閉めた。

「まあ、そうかっかするなよ」

藤巻《ふじまき》先生に悪気はない。話に夢中になって、他のことをつかのま忘れてしまっていただけで、息子《むすこ》を傷つけるつもりはさらさらなかったに違《ちが》いない。「様子を見てきます」と僕《ぼく》が席を立ったときも、なにが起きたのか腑《ふ》に落ちない様子できょとんとしていた。

「別にしてない」

和也《かずや》は投げやりに言い捨てる。

「昔から知ってるもの。あのひとは、おれのことなんか興味がない」

腕組《うでぐ》みして壁《かべ》にもたれ、暗い目つきで僕《ぼく》を見据《みす》えた。

「でも、おれも先生みたいに頭がよかったら、違《ちが》ったのかな」

「え？」

「親父《おやじ》があんなに楽しそうにしてるの、はじめて見たよ。いつも家ではたいくつなんだろうね。おれたちじゃ話し相手になれないもんね」

うつむいた和也《かずや》を、僕《ぼく》はまじまじと見た。妙《みょう》に落ち着かない気分になっていた。胸の内側をひっかかれたような。むずがゆいような、ちりちりと痛むような。

唐突《とうとつ》に、思い出す。

状況《じょうきょう》はまったく違《ちが》うが、僕《ぼく》もかつて打ちのめされたのだった。自分の親が、これまで見せたこともない顔をしているのを目《ま》のあたりにして。母に恋人《こいびと》を紹介《しょうかい》されたとき、僕《ぼく》は和也《かずや》と同じ十五歳《じゅうごさい》だった。こんなに幸せそうな母をはじめて見た、と思った。

「どうせ、おれはばかだから。親父《おやじ》にはついていけないよ。さっきの話じゃないけど、なにを考えてるんだか、おれにはちっともわかんない」

奥《おく》さんもとりなしてくれたが、〈Ⅱ〉和也《かずや》はまだ釈然《しゃくぜん》としない様子で首をすくめている。

「やっぱり、おれにはよくわかんないや」

「わからないことだらけだよ、この世界は」

先生がひとりごとのように言った。

「〈Ⅲ〉だからこそ、おもしろい」

一時はどうなることかとはらはらしたけれど、それ以降は和也《かずや》が父親につっかかることもなく、食事は和やかに進んだ。鰻《うなぎ》をたいらげた後、デザートには西瓜《すいか》が出た。

話していたのは主に、奥《おく》さんと和也《かずや》だった。僕《ぼく》の学生生活についていくつか質問を受け、和也《かずや》が幼かった時分の思い出話も聞いた。

中でも印象的だったのは、絵の話である。

朝起きたらまず空を観察するというのが、藤巻《ふじまき》先生の長年の日課だという。晴れていれば庭に出て、雨の日には窓越《まどご》しに、とっくりと眺《なが》める。そんな父親の姿に、幼い和也《かずや》はおおいに好奇心《こうきしん》をくすぐられたらしい。よちよち歩きで追いかけていっては、並んで空を見上げていたそうだ。熱視線の先に、なにかとてつもなくおもしろいものが浮《う》かんでいるはずだと思ったのだろう。

「お父さんのまねをして、こう腰《こし》に手をあてて、あごをそらしてね。今にも後ろにひっくり返りそうで、見ているわたしはひやひやしちゃって」

奥《おく》さんは身ぶりをまじえて説明した。本人は覚えていないようで、首をかしげている。

「それで、後で空の絵を描《か》くんですよ。お父さんに見せるんだ、って言って。親ばかかもしれないですけど、けっこうな力作で……そうだ、先生にも見ていただいたら？」

「親ばかだって。子どもの落書きだもん」

照れくさげに首を振《ふ》った和也《かずや》の横から、藤巻《ふじまき》先生も口添《くちぞ》えした。

「いや、わたしもひさしぶりに見たいね。あれはなかなかたいしたものだよ」

「へえ、お父さんがほめてくれるなんて、珍《めずら》しいこともあるもんだね」

④冗談《じょうだん》めかしてまぜ返しつつ、和也《かずや》はまんざらでもなさそうに立ちあがった。

「あれ、どこにしまったっけ？」

「あなたの部屋じゃない？　納戸《なんど》か、書斎《しょさい》の押《お》し入れかもね」

奥《おく》さんも後ろからついていき、僕《ぼく》は先生とふたりで和室に残された。

「先週貸していただいた本、もうじき読み終わりそうです。週明けにでもお返しします」

なにげなく切り出したところ、先生は目を輝《かがや》かせた。

「あの超音波《ちょうおんぱ》風速温度計は、実に画期的な発明だね」

超音波《ちょうおんぱ》風速温度計のもたらした貢献《こうけん》について、活用事例について、今後検討すべき改良点について、堰《せき》を切ったように語り出す。

お絵描《えか》き帳が見あたらなかったのか、和也《かずや》たちはなかなか帰ってこなかった。その間に、先生の話は加速度をつけて盛りあがった。ようやく戻《もど》ってきたふたりが和室の入口で顔を見あわせているのを、僕《ぼく》は視界の端《はし》にとらえた。自分から水を向けた手前、話の腰《こし》を折るのもためらわれ、どうしたものかと弱っていると、スケッチブックを小脇《こわき》に抱《かか》えた和《かず》

からひいきにしている近所の店に届けてもらったという。これで一人前かとびっくりするほど大きい。たれのたっぷりからんだ身はふっくらと厚く、とろけるようにやわらかい。

「おいしいです、とても」

僕《ぼく》がうっとりしていると、奥《おく》さんも目もとをほころばせた。

「お口に合ってよかったです」

父子も一心に箸《はし》を動かしている。ただ父親のほうは、旨《うま》そうに鰻《うなぎ》をほおばりながらも、ちらりちらりと外へ目をやっていた。厚ぼったい層積雲が茜色《あかねいろ》に染まっている。

「雨がやんでよかったわね」

奥《おく》さんも夕焼け空を見上げた。台風の影響《えいきょう》で、ここ二日ほどぐずついた天気が続いていたのだ。

「温帯低気圧に変わったから、もう大丈夫《だいじょうぶ》だろう。どうも今年は台風が少ないみたいだね」

先生が言う。

「でも、これからの季節が本番でしょう。去年みたいなことにならないといいけれど」

昨年は台風の被害《ひがい》が相次いだ。夏の台風八号は、梅雨前線を刺激《しげき》して大雨を降らせ、各地で洪水《こうずい》や地すべりを引き起こした。秋の台風十六号もまた強力で、都内でも、多摩川《たまがわ》が氾濫《はんらん》して住宅が流されるという惨事《さんじ》が起きた。一軒家《いっけんや》がなすすべもなく濁流《だくりゅう》にのみこまれていく衝撃的《しょうげきてき》な映像が、連日テレビで報道されていた。

当時、僕《ぼく》はすでに藤巻《ふじまき》研究室に顔を出すようになっていた。なんでこんなことになっちゃったのかね、と*院生のひとりが新聞を読んで首をひねっていたので、ニュースで得た知識を披露《ひろう》した。上流のダムを放水したため川の流量が一気に増え、その勢いに耐《た》えきれなくなった堤防《ていぼう》がふたつとも決壊《けっかい》したようだ、と。

ああうん、それは知ってる、と彼《かれ》は気のない調子で答えた。おれが考えてたのは、この台風の構造と、あとは進路のこと。

③僕《ぼく》は赤面した。（　中略　）

「ねえ、お父さんたちは天気の研究をしてるんでしょ」

和也《かずや》が箸《はし》を置き、父親と僕《ぼく》を見比べた。

「被害《ひがい》が出ないように防げないわけ？」

「それは難しい」

藤巻《ふじまき》先生は即座《そくざ》に答えた。

「気象は人間の力ではコントロールできない。雨や風を弱めることはできないし、雷《かみなり》も竜巻《たつまき》もとめられない」

「じゃあ、なんのために研究してるの？」

〈Ⅰ〉和也《かずや》がいぶかしげに眉根《まゆね》を寄せた。

A「知りたいからだよ。気象のしくみを」

B「知っても、どうにもできないのに？」

C「どうにもできなくても、知りたい」

D「もちろん、まったく役に立たないわけじゃないですしね」

僕《ぼく》は見かねて口を挟《はさ》んだ。

E「天気を正確に予測できれば、前もって手を打てるから。家の窓や屋根を補強するように呼びかけたり、住民を避難《ひなん》させたり」

F「だけど、家は流されちゃうんだよね？」

G「まあでも、命が助かるのが一番じゃないの」

は見出《みいだ》さないかで、やる気を区別できるということ。

問八　本文の後、筆者は、「やる気」に関しての一般的《いっぱんてき》な考え方の転換《てんかん》点《てん》となった「アカゲザル（サルの一種）」による実験を紹介《しょうかい》しています。それはどのような実験だったと考えられますか。その説明として最も適当なものを次のア～オの中から一つ選び、記号で答えなさい。

ア　オペラント条件づけによりアカゲリルにパズルを解かせようとしたところ、報酬《ほうしゅう》も罰《ばつ》も与《あた》えない内に熱心にパズルを解き始め、その方法を理解するようになったという実験。

イ　最初は報酬《ほうしゅう》と罰《ばつ》によってアカゲザルにパズルを解かせていたが、そのうちにパズルを与《あた》えただけで何も報酬《ほうしゅう》や罰《ばつ》を与《あた》えなくとも解けるようになるまで学習したという実験。

ウ　他の動物にパズルを解かせようとしても一切興味・関心を持たなかったのに対し、アカゲザルだけがパズルに興味を持ち、自力で解けるようになるまでに成長したという実験。

エ　ねずみなどの動物にはいくら報酬《ほうしゅう》や罰《ばつ》を与《あた》えても解くことのできなかったパズルを、アカゲザルは報酬《ほうしゅう》や罰《ばつ》を与《あた》えられることなく容易に解けてしまったという実験。

オ　他の動物はオペラント条件づけによりパズルを解けるようになったが、アカゲザルはオペラント条件づけをしても解けるサルと解けないサルとに分かれてしまったという実験。

問九　本文中で筆者は「やる気」というものをどのようなものとしてとらえていますか。七十字以上九十字以内で答えなさい。

二　次の文章を読んで、後の一から九までの各問いに答えなさい。（ただし、字数指定のある問いはすべて句読点・記号も一字とする。）

八月二十四日の夕方、僕《ぼく》は藤巻邸《ふじまきてい》を訪ねた。

辞書で「①処暑」をひいてみたところ、やはり暑さがやむ時期という意味らしい。この日は毎年、庭で花火をするのだと和也《かずや》が教えてくれた。夏らしいことをして、夏の終わりをしめくくろうという趣向《しゅこう》だろうか。てっきり東京のならわしなのかと思ったら、藤巻《ふじまき》家独自の恒例《こうれい》行事だという。

まずはいつものように和也《かずや》の勉強を見てやった後、ふたりで部屋を出た。磨《みが》き抜《ぬ》かれた廊下《ろうか》を玄関《げんかん》とは逆の方向に進み、左手の襖《ふすま》を開けると、中は十畳《じゅうじょう》ほどの和室だった。床《とこ》の間に掛《か》け軸《じく》が飾《かざ》られ、黄色い花が生けてある。中央の細長い座卓《ざたく》に、奥《おく》さんが箸《はし》や食器を並べていた。

藤巻《ふじまき》先生もいた。奥《おく》の縁側《えんがわ》に、こちらには背を向けて座っている。「お父さん」と和也《かずや》が呼んでも応えない。庭を眺《なが》めているふうにも見えるけれど、視線の先にあるのはおそらく植木や花壇《かだん》ではなく、その上に広がる空だろう。研究熱心なのは自宅でも変わらないようだ。

「いつもこうなんだ」

②和也《かずや》は僕《ぼく》に向かって眉《まゆ》を上げてみせ、母親とも目を見かわした。それは僕《ぼく》も知っている。

床《とこ》の間を背にして、腰《こし》を下ろした。正面に先生、その横が奥《おく》さん、和《かず》也《や》は僕《ぼく》の隣《となり》という席順である。考えてみれば、藤巻《ふじまき》先生と食事をともにする機会はこれまで一度もなかった。うれしい反面、なんだか緊張《きんちょう》してくる。

主菜は鰻《うなぎ》だった。ひとり分ずつ立派な黒塗《くろぬ》りの器に入った鰻重《うなじゅう》は、昔

問四　――線③「行動自体が目的となっているやる気」とありますが、これを「勉強」で考えた場合、どのような気持ちだと考えられますか。その説明として最も適当なものを次のア～オの中から一つ選び、記号で答えなさい。

ア　勉強すること自体に喜びや意味を見出《みいだ》し、勉強することに積極的になっている気持ち。

イ　自分の興味や関心のあるものを探し求め、結果として勉強することを惜《お》しまない気持ち。

ウ　自分の好きだという気持ちを大切にして、自分のやりたいときにだけ勉強をするという気持ち。

エ　将来の夢や目標とするものをかなえるために、今は大変でも勉強をしておこうという気持ち。

オ　勉強をする中できちんと自分なりの目的をもって、それに見合う勉強をするという気持ち。

問五　空らん X ・ Y に入る語を考え、慣用表現を完成させなさい。ただし、それぞれカタカナ二字で答えること。

問六　――線④「義務と命令に～捉《とら》えます」とありますが、どういうことですか。その説明として最も適当なものを次のア～オの中から一つ選び、記号で答えなさい。

ア　義務と命令は親などの第三者によって生じるものだと一般的《いっぱんてき》には考えられているが、心理学上は第三者の働きかけをもとに自発的な「やる気」が生じていると考えられているということ。

イ　義務と命令は「やる気」をなくさせるものであり「やる気」とは反するものと一般的《いっぱんてき》には考えられているが、心理学上では積極的に「やる気」を起こさせるものとして考えられているということ。

ウ　義務と命令は「外からのやる気」であって「内からのやる気」とは区別されると一般的《いっぱんてき》には考えられているが、心理学上ではどちらも同じものとして区別せずに考えられているということ。

エ　義務と命令は外部から強制されるものなので「やる気」とは関係ないと一般的《いっぱんてき》には考えられているが、心理学上では行動を引き起こすためにそれらから生じるものも「やる気」と考えられているということ。

オ　義務と命令は当人が仕方なしに行動するため「やる気」が感じられないと一般的《いっぱんてき》には考えられているが、心理学上は「やる気」が感じられるかどうかよりも行動しているかどうかが重要だと考えられているということ。

問七　――線⑤「言い換《か》えれば、～いるのです」とありますが、どういうことですか。その説明として最も適当なものを次のア～オの中から一つ選び、記号で答えなさい。

ア　行動することが目的と関連しているのか、それとも関連していないのかで、やる気を区別できるということ。

イ　目的として行動そのものを行っているか、目的のために行動を行っているかで、やる気を区別できるということ。

ウ　行動することを通じて目的を達成しようとするか、行動を単なる手段とするかで、やる気を区別できるということ。

エ　目的を先に設定して行動をしていくか、行動した先に目的が生じるものとするかで、やる気を区別できるということ。

オ　目的として行動自体に意味を見出《みいだ》すか、手段でしかないので意味

を自発した直後に、エサを与《あた》えます。それを何度もくり返すことによって、ねずみは意図的にレバーを押《お》すという行動を学習します。

また、ある行動を減少、あるいは消失させたいときには、罰《ばつ》（多くは電気ショック）を使います。たとえば、報酬《ほうしゅう》によってレバーを押《お》すという行動を学習させたねずみに、今度は、レバーを押《お》させないようにするとき、レバーを押《お》すと電気ショックが流れるというような罰《ばつ》を与《あた》えることで、ねずみはレバーを押《お》さなくなります。

こうしたオペラント条件づけは、動物にさまざまな行動を学習させる（訓練する）ための方法として広く活用されています。犬にお座りをさせることだったり、水族館のショーで見られるイルカの大きなジャンプだったり、サーカスで見られるゾウの玉乗りだったり。

行動主義心理学が主流であった一九五〇年代まで、人間の行動も動物と同じく、学習は適切に報酬《ほうしゅう》や罰《ばつ》を与《あた》えることによって、成立すると考えられていました。つまり、人間が行動を起こすためには、先に説明したオペラント条件づけのねずみのように、［X］と［Y］の力が必要であり、外からの働きかけがないと、われわれは行動を起こさないと考えられていたのです。（『勉強する気はなぜ起こらないのか』　外山《とやま》　美樹《みき》）

〔注〕　＊　ルンバ＝ロボット掃除機《そうじき》の商品名。

問一　――線Ａ「ジュウジ」・Ｂ「ツキ」・Ｃ「コンテイ」のカタカナを正しい漢字に直しなさい。

（一画一画ていねいにはっきりと書くこと。送り仮名《がな》が必要な場合、それも解答らんに書きなさい。）

問二　――線①「『あのルンバはやる気があるなぁ』とは感じないでしょう」とありますが、なぜですか。その理由として最も適当なものを次のア～オの中から一つ選び、記号で答えなさい。

ア　人間は外部による力で動くことはあまりないことだと感じているから。

イ　動くための力のありかの違《ちが》いによってどれくらいの「やる気」があるかを見極められるから。

ウ　ルンバが動くのは、外部から「やる気」を得ているためだと理解しているから。

エ　人とルンバに対して異なった感情が芽生えるのが人として普通《ふつう》のことだと思っているから。

オ　「やる気」とは、人間の内部に存在している力のことだと考えているから。

問三　――線②「『やる気スイッチ』」とありますが、ここではどういうものだと考えられますか。その説明として最も適当なものを次のア～オの中から一つ選び、記号で答えなさい。

ア　外部からそのスイッチを他人が押《お》すことで、やる気を起こさせることができるもの。

イ　内部にあるやる気を起こさせるスイッチで、他人が押《お》すことのできないもの。

ウ　そのスイッチを押《お》すことで、押《お》された人にある行動を起こさせるもの。

エ　そのスイッチを押《お》すことで、押《お》された人に行動を起こさせ、その行動を持続させるもの。

オ　外部からスイッチを押《お》すことで、押《お》された人をやる気にさせ、その結果成功に導くもの。

このように、内からのやる気に基づいた行動は、行動そのものが目的となっており、他に何か目的があって行動しているわけではありません。まさに「やりたいからやる」というもの。そのCコンテイには、面白いから、楽しいからやるといった、その活動に対する興味・関心があります。

新しいことを知りたいから勉強をしている、あるいは、楽しいから、好きだから勉強をしているみなさんは、内からのやる気に基づいて勉強している（行動している）ことになります。

一方、「外から与《あた》えられるやる気」（以後、「外からのやる気」ということにします）は、自分の行動が外部（他人や環境《かんきょう》）からの報酬《ほうしゅう》や罰《ばつ》、命令、義務によって生じている状態です。

たとえば、良い成績をとって親に褒《ほ》められたいから勉強をしたり、親に叱《しか》られるのが嫌《いや》だからしぶしぶお手伝いをするといった、［X］と［Y］に基づく行動がこれにあたります。④義務と命令による「やる気」というと違和感《いわかん》があるかもしれませんが、心理学ではこれらも動機づけという文脈では「やる気」と捉《とら》えます。

外からのやる気に基づいた行動は、何らかの目的を達成するための手段であるといえます。「〇〇をしたいから△△する」、あるいは「〇〇をしたくないから△△する」というもので、ここでは〇〇をする（しない）が目的、△△するが手段となります。

では、内からのやる気と外からのやる気の違《ちが》いはどこにあるのでしょうか？

それは、内からのやる気では、行動することが目的であり（簡単にいうと、「やりたいからやる！」）、外からのやる気では、行動をすることが手段である点です（「〇〇したいからやる」、「〇〇したくないからやる」）。⑤言い換《か》えれば、「目的−手段」の観点から、やる気を分類しているのです。

（中略）

それでは、内からのやる気と外からのやる気、どちらが心理学のなかで先に見いだされたのでしょうか。

答えは外からのやる気です。やる気といえば内からというイメージがある読者のみなさんには、意外な感じがするかもしれませんね。

実は、人間（やある種の動物）に内からのやる気が存在することが広く認められたのは、一九七〇年代に入ってからになります。中高生の読者のみなさんにとっては昔のことと感じるかもしれませんが、心理学の歴史からいえば割と最近のことといえるでしょう。それまでは、人間が行動を起こすのは、すべて、外からの働きかけによると考えられていたのです。

一九五〇年代まで、心理学の世界は、行動主義心理学と呼ばれる心理学が主流で、動物を対象にした実験によって行動について研究していました。行動主義心理学というのは、人間や動物の意識や動機、感情を考《こう》慮《りょ》せずに、目に見える行動だけに着目した心理学のことをいいます。

行動主義心理学の基本的な理論に、オペラント条件づけというものがあります。これは、動物（人間）がたまたま何か行動した直後に、報酬《ほうしゅう》（多くはエサ）を与《あた》えることで、その行動を学習させる手続きを意味します。

たとえば、ねずみにレバーを押《お》すという行動を学習させたいときに、ねずみがさまざまな行動をとる中で、たまたまレバーを押《お》すという行動

【国　語】（五〇分）〈満点：一〇〇点〉

一　次の文章を読んで、後の一から九までの各問いに答えなさい。
（ただし、字数指定のある問いはすべて句読点・記号も一字とする。）

一心不乱に勉強している人を見ると、「あの人はやる気のある人だなぁ」と思うことはありますが、ブウンブウンと音を立てて一心不乱に掃除《そうじ》している*ルンバを見ても、①「あのルンバはやる気があるなぁ」とは感じないでしょう。

不思議な気がしますが、なぜこのように人とルンバに対して異なった感情が芽生えるのでしょうか。

それは動くための力のありかが違《ちが》うことを知っているからです。

ルンバが動くことができるのは、ルンバの内部からの力ではなく、外部からの力、すなわち、電力によって動力を得ているからです。

ルンバに限らず機械が動くためには、外部から電力やガソリンなどの物理的な力が供給される必要があります。その力を得た後に、スイッチをいれると動き出します。それに比べて、人間は外部による力で動くことはあまりありません。むしろ、人間（やある種の動物）は、内部からのやる気によって自ら行動を起こします。

そのように考えると、「やる気」とは、人間の内部に存在している力のことだということがわかります。もう少し説明を加えると、「やる気」とは、ある行動を引き起こし、その行動を持続させ、結果として一定の方向に導く心理的過程のことだといえるでしょう。

ちょっと難しく感じたかもしれませんね。それではみなさんに身近な勉強を例にやる気を説明してみましょう。「やる気」とは、「勉強する」という行動を引き起こして、「勉強する」という行動を持続させ、結果として、成績が向上するような過程であると考えられます。少しはわかりやすくなったのではないでしょうか。

つまり、ある行動を引き起こして、それを持続させる源（力）が「やる気」なのです。一般的《いっぱんてき》には②「やる気スイッチ」などというように、行動を引き起こすことに重点がおかれがちですが、持続させる力という点もあることに注意しましょう。

ただし、「やる気」は、勉強や運動に対してだけ使うものではありません。お母さんの手伝いをすることだったり、部屋を整理整頓《せいとん》することだったり、ゲームをすることだったりと、すべての行動を引き起こす源のことをいいます。

（中略）

冒頭《ぼうとう》のルンバの説明では、外からの力で動くものには「やる気」を感じないと単純化して話しましたが、実は、やる気には、「外から与《あた》えられるやる気」もあります。そのため、「内からわき出るやる気」と「外から与《あた》えられるやる気」の二つに大きく分けられます。心理学の学術用語では、それぞれ「内発的動機づけ」と「外発的動機づけ」といいます。

「内からわき出るやる気」（以後、「内からのやる気」ということにします）とは、③行動自体が目的となっているやる気、つまり、自分の行動の理由が好奇心《こうきしん》や興味・関心から生じている状態のことをいいます。

ゲームに夢中になっている子どもたちの多くは、ゲームが楽しくてゲームをしている（一般化《いっぱんか》するとその行動にAジュウジしている）のであって、何も、将来、ゲームに関わる職業にBツキたいからでも、誰《だれ》かに褒《ほ》められたいからでもありません。

MEMO

大切なことはメモしておこうネ！

2023年度

豊島岡女子学園中学校入試問題（第２回）

【算　数】（50分）　＜満点：100点＞

【注意】 1. 円周率は3.14とし，答えが比になる場合は，最も簡単な整数の比で答えなさい。
2. 角すい・円すいの体積は，（底面積）×（高さ）÷３で求めることができます。

1 次の各問いに答えなさい。

(1) $6.5\times\frac{9}{2}\div\left(1.5+\frac{7}{4}\right)+2.4\times\frac{5}{6}$ を計算しなさい。

(2) $2.4\div\left(\square-\frac{2}{15}\right)\times0.125=3$ のとき，$\square$ にあてはまる数を答えなさい。

(3) 長さ154mの電車が長さ330mの鉄橋をわたり始めてからわたり終わるまでに20秒かかりました。電車の速さは時速何kmですか。

(4) １から400までの整数の中から，３の倍数と５の倍数を取り出して小さい順に並べると

３，５，６，９，10，12，…，400

となります。この中で，(5,6) や (9,10) のように，２つの続いた整数の組は何組ありますか。

2 次の各問いに答えなさい。

(1) 何本かのえんぴつをＡ組の生徒に１人７本ずつ配ったところ４本余りました。同じ本数のえんぴつをＢ組の生徒に１人５本ずつ配ったところ，余りも不足もありませんでした。Ａ組とＢ組の生徒の人数の合計は80人です。このとき，Ａ組の生徒の人数は何人ですか。

(2) 整数Ａの各位の数の積を［Ａ］と表すことにします。例えば，

[6]＝6，[47]＝4×7＝28，[253]＝2×5×3＝30

となります。次の①，②のどちらにもあてはまる３けたの整数Ａを答えなさい。

① ［Ａ］＋15＝［Ａ＋１］

② ［Ａ］＋21＝［Ａ＋10］

(3) 右の図のように，正六角形ABCDEFがあります。点Ｐ，Ｑ，Ｒはそれぞれ辺AF，BC，DE上にあり，AP：PF＝CQ：QB＝ER：RD＝１：２となる点です。

このとき，

（正六角形ABCDEFの面積）：（三角形PQRの面積）

を答えなさい。

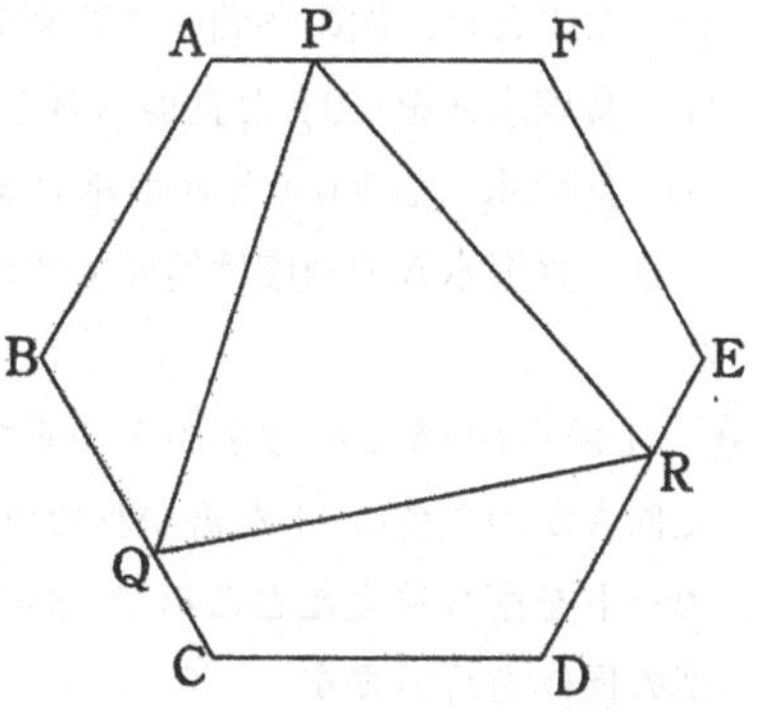

(4) 次のページの図のように，立方体ABCD－EFGHがあります。正方形ABCD内に４点Ｉ，Ｊ，Ｋ，Ｌを，四角形IJKLが１辺の長さが１cmの正方形となるようにとります。ただし，正方形IJKLと正方形ABCDの辺は重なっていません。

立方体ABCD－EFGHから正方形IJKLを１つの面とする直方体IJKL－MNOPをくり抜き，残った立体をTとします。ただし，辺JNの長さは３cmで，元の立方体の一辺の長さより短いとします。このとき，

（立方体ABCD－EFGHの表面積）：（立体Tの表面積）＝８：９

となりました。正方形BFGCの面積は何cm^2ですか。

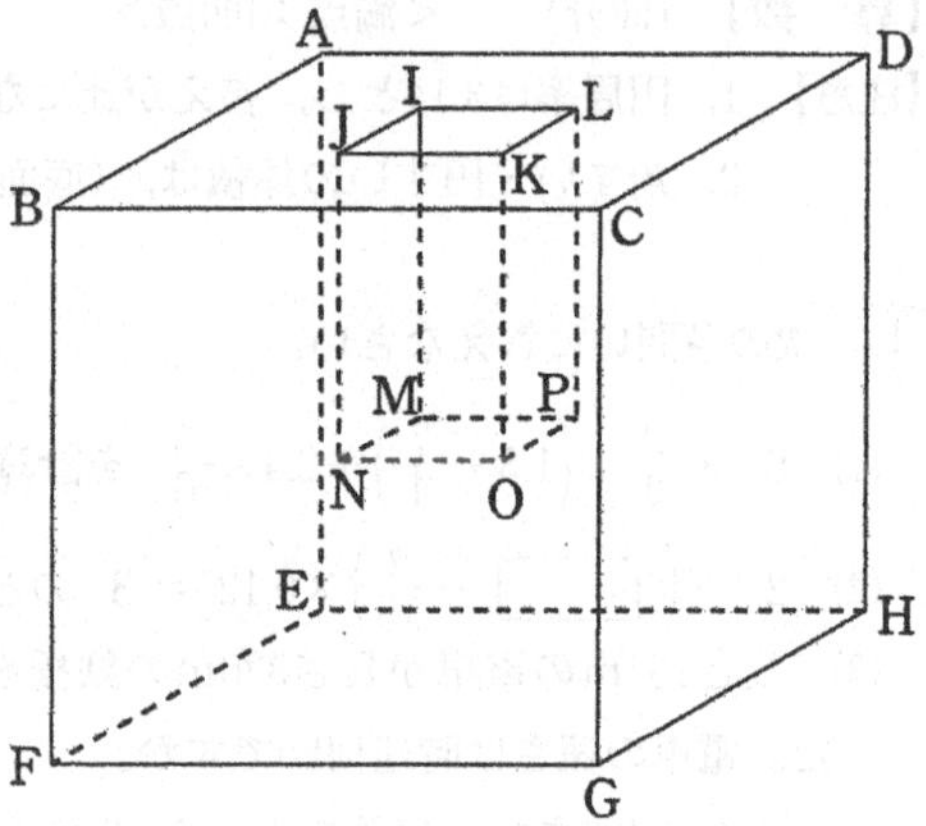

３　豊子さんと花子さんが，公園と学校の間をそれぞれ一定の速さで１往復します。ただし，花子さんの方が豊子さんより速いとします。豊子さんは公園から出発し，学校に着くとすぐに公園に向かいます。花子さんは学校から出発し，公園に着くとすぐに学校に向かいます。２人は同時に出発し，途《と》中ですれ違い，豊子さんが学校に着いたとき，花子さんは学校から750mの地点にいました。その後，学校から300mの地点で再び２人はすれ違いました。このとき，次の各問いに答えなさい。

(1)　（豊子さんの速さ）：（花子さんの速さ）を答えなさい。

(2)　公園から学校までの距離《きょり》は何mですか。

４　食塩水A，Bがたくさんあります。空《から》の容器に食塩水Aを120ｇ入れた後，20ｇだけ水を蒸発《じょうはつ》させたものを食塩水Cとします。空の容器に食塩水Bを180ｇ入れた後，45ｇだけ水を蒸発させたものを食塩水Dとします。食塩水Cと食塩水Dをすべて混ぜたところ濃度《のうど》が６％の食塩水になりました。このとき，次の各問いに答えなさい。

(1)　食塩水Aを120ｇと食塩水Bを180ｇ混ぜてできる食塩水の濃度は何％ですか。

(2)　食塩水Aを200ｇと食塩水Bを50ｇ混ぜたところ濃度が2.7％の食塩水になりました。このとき，食塩水Aの濃度は何％ですか。

５　１から100までの数字が１つずつ書かれた100枚のカードがあります。このカードを円形に並んだ何人かの生徒に，１が書かれたカードから順に右回りに１枚ずつ配っていきます。100枚すべてのカードを配り終えたところで，３の倍数が書かれたカードを持っている生徒はそれぞれ以下の①，②の操作を行います。

①　３の倍数が書かれたカードの中で一番小さい数が書かれたカードを捨てる。

②　①で捨てたカードに書かれた数より大きい数が書かれたカードを持っている場合は，それらをすべて捨てる。

例えば，生徒が８人いる場合，１番目の生徒には１，９，17，…，97が書かれたカードが配られ，９以上が書かれたカードがすべて捨てられます。２番目の生徒には２，10，18，…，98が書かれたカードが配られ，18以上が書かれたカードがすべて捨てられます。このとき，次の各問いに答えなさい。ただし，生徒の人数は３人以上50人以下とします。

(1)　生徒が８人であるとき，捨てられたカードは全部で何枚ですか。

(2)　生徒が□人であるとき，捨てられたカードは全部で33枚でした。
このとき，□にあてはまる数は何通りありますか。

(3)　生徒が□人であるとき，19が書かれたカードは捨てられました。
このとき，□にあてはまる数は何通りありますか。

6　下の図のように，1辺の長さが８㎝の立方体ABCD－EFGHがあり，辺FGの真ん中の点をMとします。正方形BFGCの内部に直線ＭＰの長さが１㎝，角PMFの大きさが90度となるように点Ｐをとります。このとき，次の各問いに答えなさい。

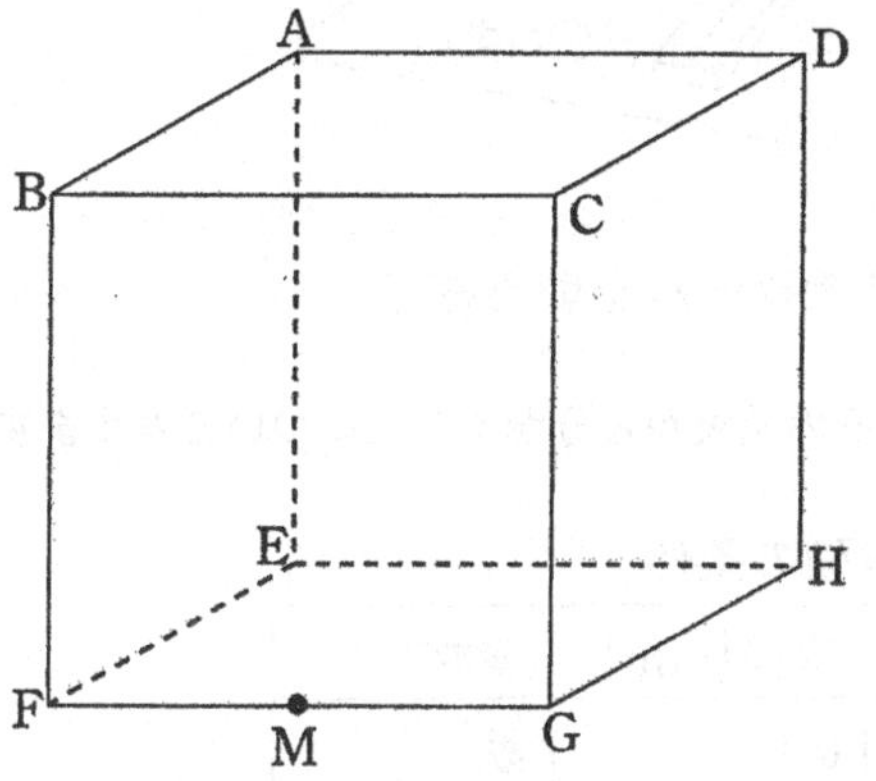

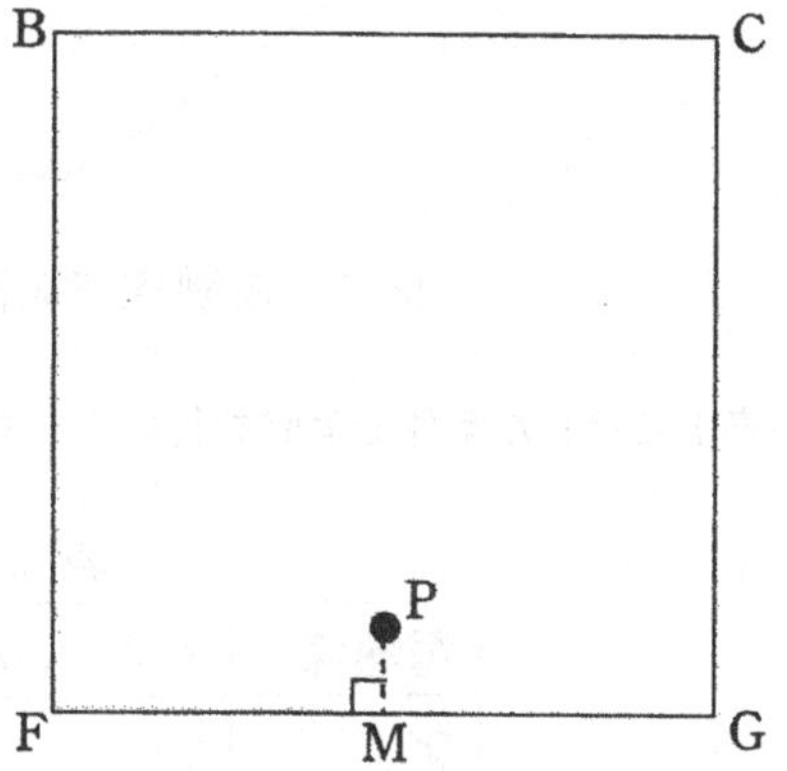

(1)　辺DH上にDQの長さが２㎝となるように点Qをとります。３点Ａ，Ｐ，Ｑを通る平面と辺BFが交わる点をＩとするとき，FIの長さは何㎝ですか。

(2)　点Ｒは辺CD上の点です。３点Ａ，Ｐ，Ｒを通る平面でこの立方体を切ったところ，切り口の形が五角形になりました。このとき，DRの長さは□㎝より長くなります。□にあてはまる数のうち最も小さい数を答えなさい。

(3)　右の図は正方形CGHDを１辺の長さが１㎝の正方形に分割したものであり，●はその正方形の頂点です。点Ｓは右の図の●のいずれかの点です。

３点Ａ，Ｐ，Ｓを通る平面でこの立方体を切ったところ，切り口の形が五角形になりました。このとき，●で示した81個の点のうち，点Ｓの位置としてふさわしいものは何個ありますか。

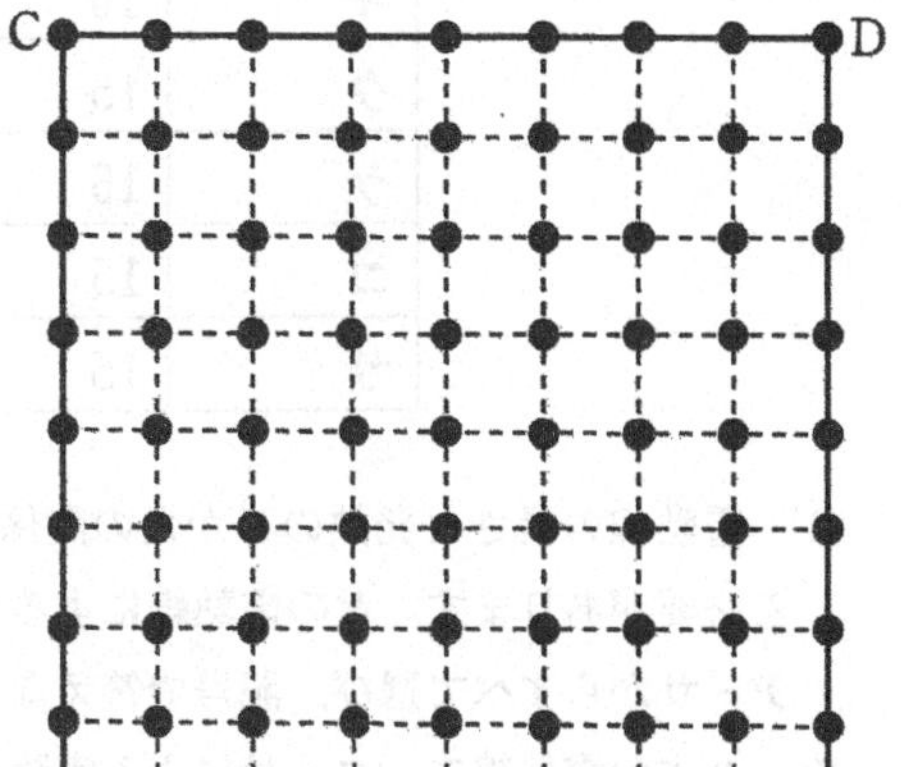

【理　科】（社会と合わせて50分）　＜満点：50点＞

1　次の文章を読み，以下の問いに答えなさい。

工作などで使用する発泡《はっぽう》スチロールカッターは，電熱線に電流を流すことで発熱させ，発泡スチロールをとかして切るしくみになっています。このとき電熱線が熱くなるほど発泡スチロールが速くとけるので，発泡スチロールをより短い時間で切ることができます。電熱線に電流を流したときの発熱のしかたを調べるために，太さ（直径）や素材の異なる様々な電熱線を用意して実験を行いました。

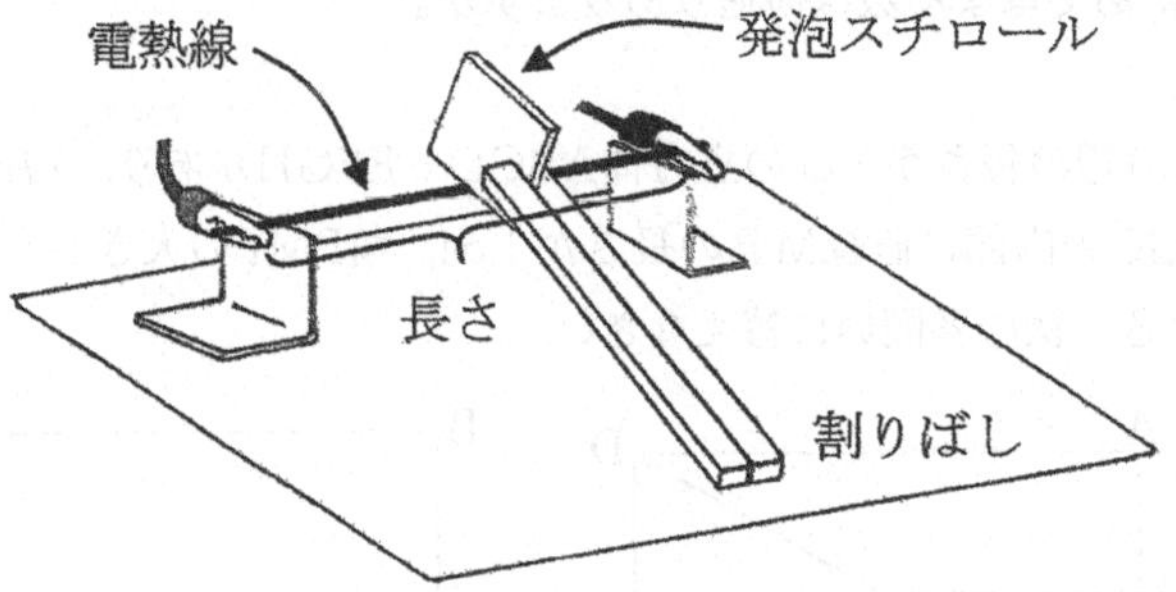

図１　電熱線で発泡スチロールを切る様子

下の表１に示した条件で実験を行いました。その結果から分かることについて考えます。

表１　実験の条件

電熱線	長さ［cm］	直径[mm]	素材
ア	5	0.1	鉄
イ	5	0.2	鉄
ウ	5	0.3	鉄
エ	10	0.1	ニクロム
オ	10	0.2	銅
カ	10	0.2	鉄
キ	10	0.3	ニクロム
ク	15	0.1	ニクロム
ケ	15	0.2	銅
コ	15	0.2	鉄
サ	15	0.3	ニクロム

(1)　電熱線の長さと発熱のしかたの関係を調べるためには，３本以上の電熱線による結果を比較《ひかく》する必要があります。どの電熱線による実験の結果を比較すればよいですか。適切なものを表１の**ア～サ**から**すべて**選び，記号で答えなさい。

(2)　３本の電熱線**エ・ク・サ**による実験結果を比較しました。このときに分かることとして最も適切なものを次の**あ**～**お**から１つ選び，記号で答えなさい。

あ． 電熱線の長さと発熱のしかたの関係

い． 電熱線の太さと発熱のしかたの関係

う． 電熱線の素材と発熱のしかたの関係

え． 電熱線の長さ，電熱線の太さ，発熱のしかたの３つの要素の関係

お． 選択肢《せんたくし》に適切なものはない

複数の電熱線をつないだときの発熱のしかたを調べるために，電熱線Ａ，電熱線Ｂの２種類の電熱線を使った図２のような４つの回路を用意しました。図中のＡ，Ｂはそれぞれ電熱線Ａ，電熱線Ｂを表しています。それぞれの電熱線に図１のように発泡《はっぽう》スチロールを設置し回路に電流を流したところ，ａとｅが最も速く，同時に発泡スチロールが切れました。次にｂとｆが同時に，さらにｄ，ｃの順に発泡スチロールが切れました。

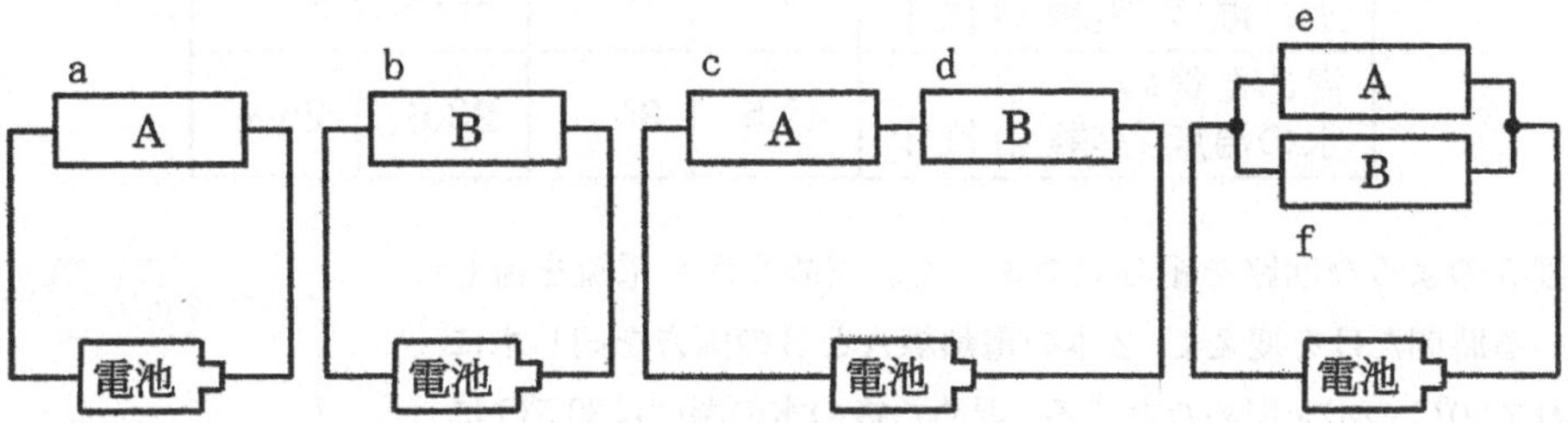

図２

⑶　図３に示す回路中の電熱線のうち，最も熱くなると考えられるものを**あ**～**う**から１つ選び，記号で答えなさい。

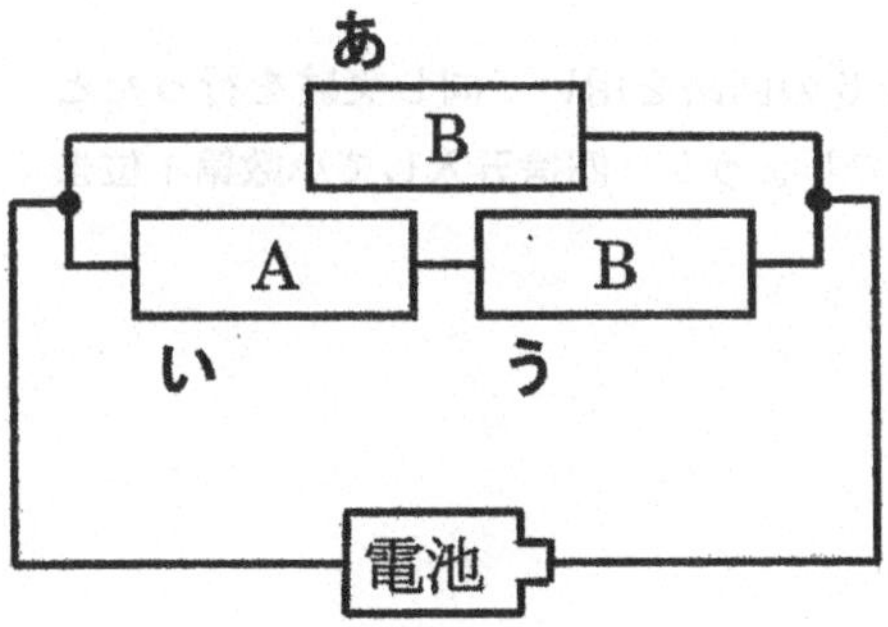

図３

電熱線に電流を流したときの発熱のしかたは，電熱線を水に入れたときの水の温まり方からも調べることができます。次のページの図４のような回路を組み立て，電熱線ＡやＢを用いて20℃の水を一定時間温める実験を行いました（実験１）。次に，先ほどより長い時間で同様の実験を行いました（実験２）。次のページの表２はその実験結果です。ただし，４つの水そう中の水の量はすべて同じであり，さらに実験中はいずれも一定で変わらないものとします。

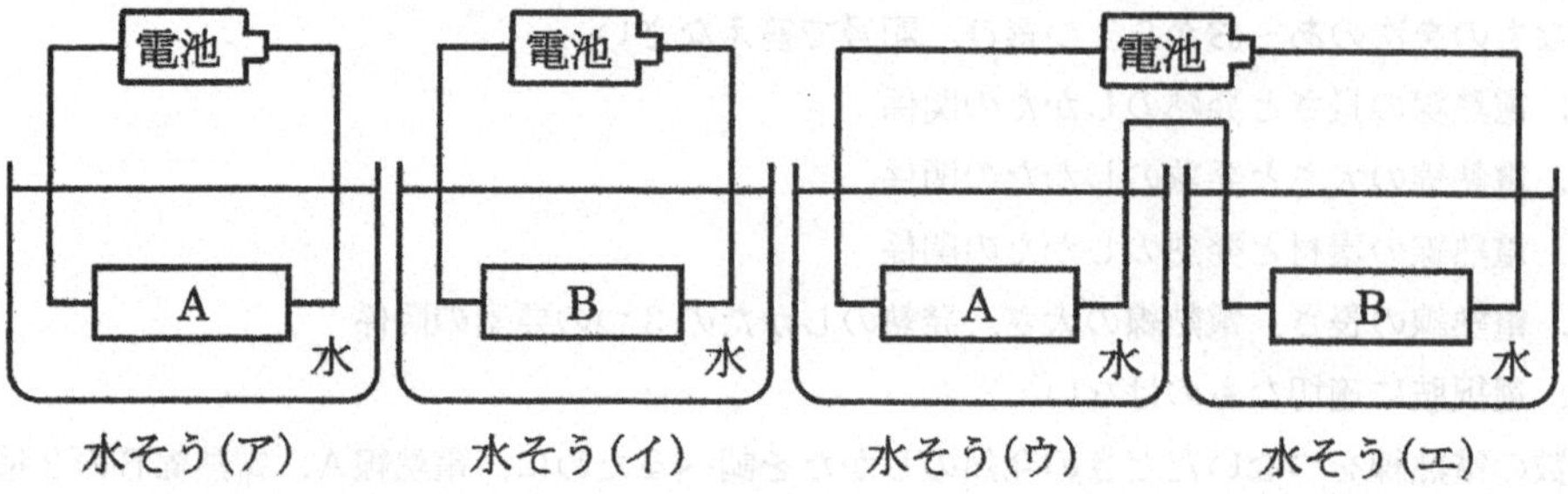

図４

表２

水そう	(ア)	(イ)	(ウ)	(エ)
温めた後の 水の温度(実験 1)[℃]	35	30	22.4	23.6
温めた後の 水の温度(実験 2)[℃]	42.5	35	23.6	25.4

(4)　図５のような回路を組み立てました。実験２から電流を流している時間だけを変えて，２本の電熱線ＡとＢの両方を同じ水に入れて20℃の水を温めたところ，温めた後の水の温度は33.5℃になりました。

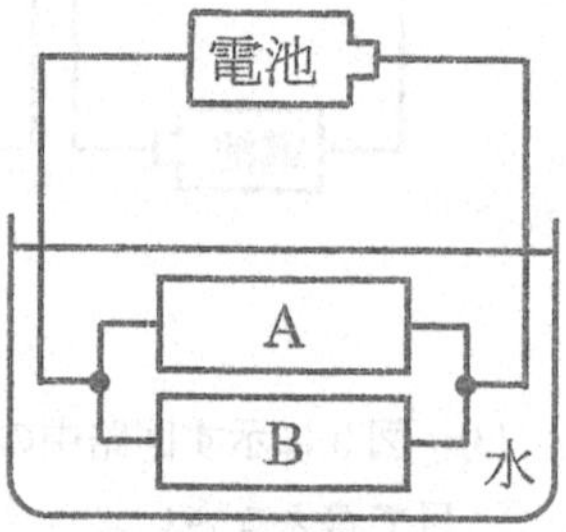

図５

図５の回路の代わりに図６の回路を用いて同じ実験を行ったとき，水の温度は何℃になるでしょうか。**四捨五入して小数第１位まで求めなさい。**

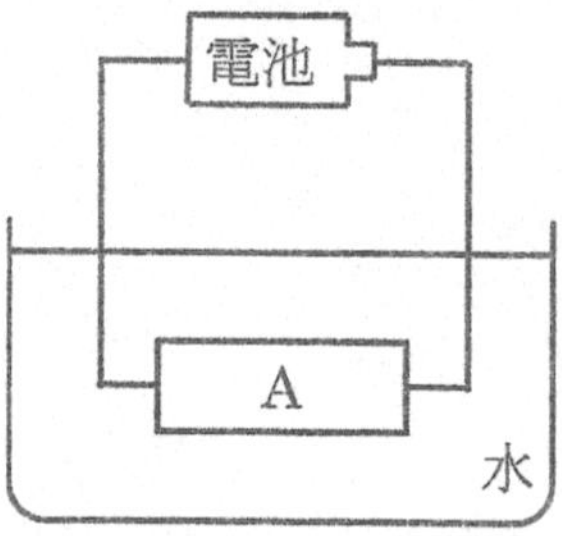

図６

(5)　図７のような回路を組み立てました。実験２から電流を流している時間だけを変えて，電熱線Ａを水に入れて20℃の水を温めたところ，温めた後の水の温度は30℃になりました。

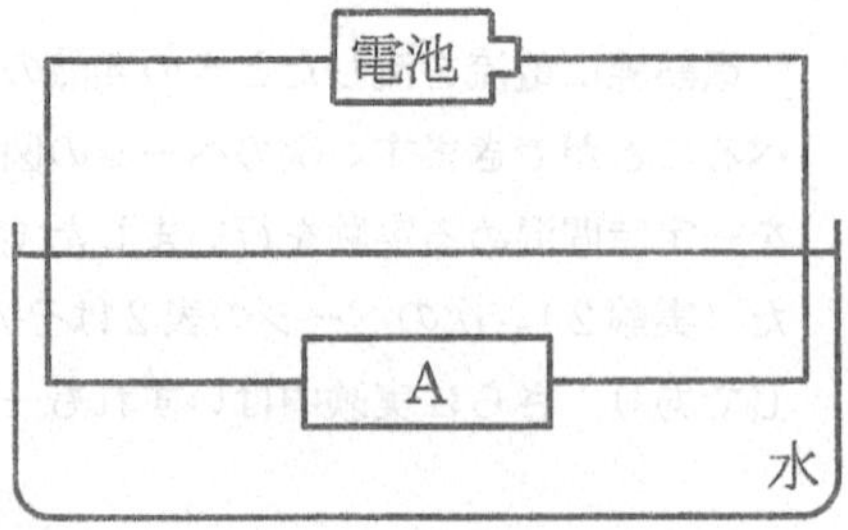

図７

図７の回路の代わりに図８の回路を用いて同じ実験を行ったとき，水の温度は何℃になるでしょうか。**四捨五入して小数第１位まで**求めなさい。

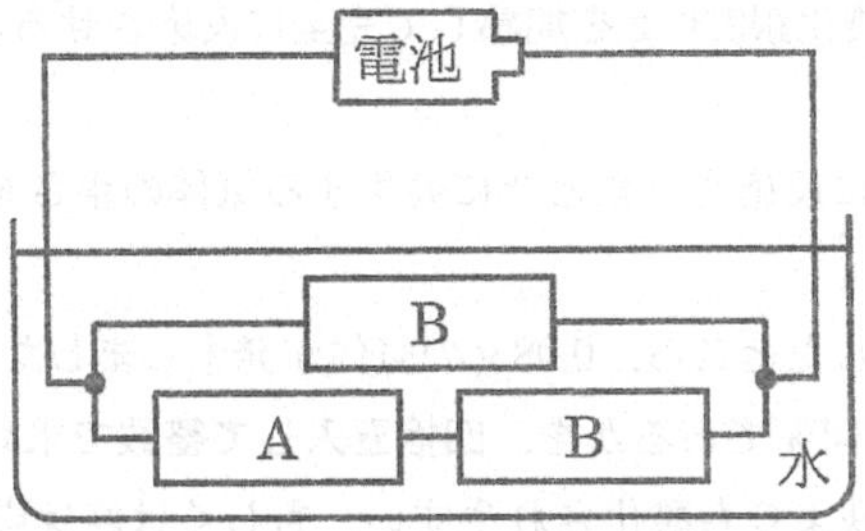

図８

2　次の文章を読み，以下の問いに答えなさい。

【文章１】

Ａさんは，Google Earth※を使って東京湾《わん》沿岸を見ていたところ，茶色および白，黒の３色がある場所を数か所見つけました。これらの場所はすべて製鉄所であり，世界中どの製鉄所にもこれらの色があることから，Ａさんは，製鉄所ではこの３色の材料から鉄を得ているのではないかと考えました。

調べてみると，茶色は鉄の赤さびと同じ成分を含《ふく》む鉱石である赤鉄鉱，白は大理石などと似た成分である石灰石，黒は炭であり，これらを反応させて鉄を得ていることが分かりました。またこの反応では，同時に炭が二酸化炭素へ変わることも分かりました。このとき，赤さびからは，赤さびに含まれる酸素が失われており，このように物質が酸素を失う反応を『還元《かんげん》』とよびます。『還元』は，物質と酸素が結びつく反応である『酸化』の逆の変化であると言えます。

【文章２】

Ａさんは，炭を使った還元に関する実験が他にないか調べました。その結果，銅を空気中で熱するとできる酸化銅と炭を混ぜて試験管に入れ加熱すると，銅と二酸化炭素ができるという反応を見つけました。

【文章３】

Ａさんはさらに金属が酸素と結びついている物質について調べたところ，黒色の固体である酸化銀を加熱すると，①固体の色が変化し，同時に１種類の②気体が発生することが分かりました。実際に実験をしてみたところ，色の変化した固体に豆電球と乾電池《かんでんち》をつなぐと豆電球が光ること，同時に発生した気体を集気びんに集め，火のついたスチールウールを入れると激しく燃えることが確認できました。

※Google Earth：地球の衛星画像，地球全体の３Ｄ地形画像を見ることのできるアプリケーション

(1)　次の選択肢《せんたくし》**あ～え**のうち，下線部の物質が『酸化』される反応であるものを**２つ**選び，記号で答えなさい。

あ． 水酸化ナトリウム水溶液《すいようえき》と塩酸を混ぜると水溶液が中性になる。

い． 水素がポンと音を立てて燃える。

う． 使い捨てカイロがあたたかくなる。

え． 過酸化水素水に二酸化マンガンを加えたところ酸素が発生した。

⑵ **【文章3】**について，下線部①の色の変化によってできる固体，および下線部②の気体の名称《めいしょう》をそれぞれ答えなさい。

⑶ **【文章3】**について，酸化銀2.32 g を加熱して完全に反応させると，固体が2.16 g 得られることが分かっています。

① 酸化銀1.74 g を完全に反応させたときに発生する気体の重さを，**四捨五入して小数第2位まで**求めなさい。

② 酸化銀1.74 g を加熱したところ，0.08 g の気体が発生しました。このとき反応した酸化銀は，最初にあった酸化銀の何％であるかを，**四捨五入して整数**で求めなさい。

⑷ **【文章1】**より，炭は鉄よりも酸化されやすい，もしくは鉄は炭よりも還元されやすい性質をもっているといえます。**【文章2】【文章3】**を参考に，銅，銀，炭の3種類の物質を酸化されやすい順に並べたものとして最も適切なものを次の**あ**～**か**から1つ選び，記号で答えなさい。ただし，銅がもっとも酸化されやすく，銀，炭の順に酸化されにくくなる場合には，『銅＞銀＞炭』と表すものとする。

あ．銅＞銀＞炭
い．銅＞炭＞銀
う．銀＞銅＞炭
え．銀＞炭＞銅
お．炭＞銅＞銀
か．炭＞銀＞銅

3 次の文章を読み，以下の問いに答えなさい。

女性の体には，出産前の子どもが育つためのつくりがあります。そのつくりを子宮といい，その中で育っている子どもを胎児《たいじ》と言います。胎児は，母の卵と父の精子が合体した（　ア　）の形でこの世に生を受け，その大きさは直径約［　イ　］mm程度です。その後（　ア　）は成長し，受精後約［　ウ　］週で子宮から出てきます。個人差はありますが，このときの一般的《いっぱんてき》な大きさは，身長約［　エ　］cm，体重約［　オ　］kgと言われています。

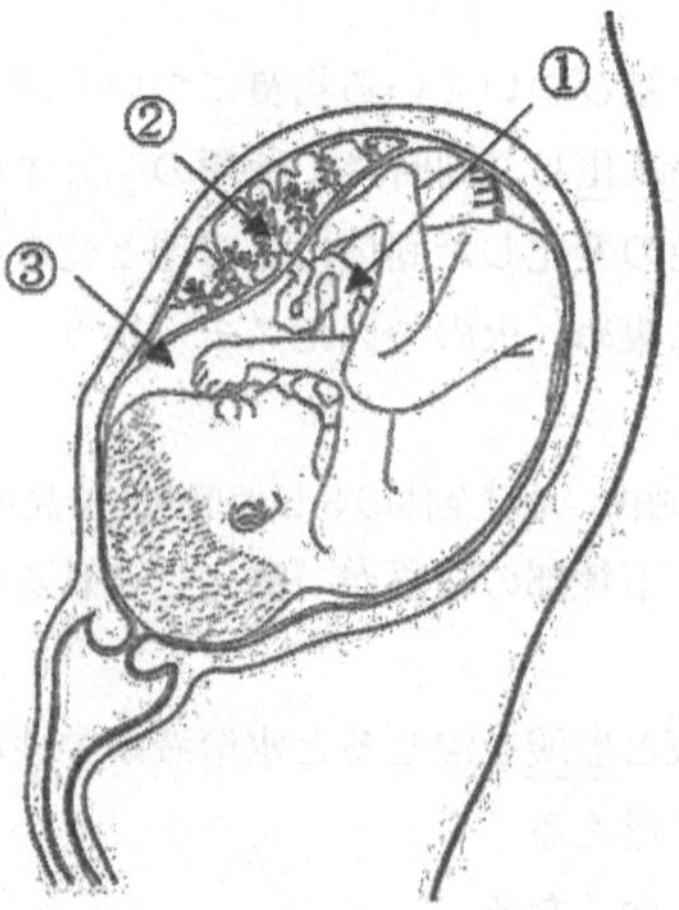

図1　子宮の中の胎児の様子を表した模式図

(1) 文章中の（ア）に適する語句を**漢字**で答えなさい。また，［イ］～［オ］に最も適する数値を次の**あ**～**と**からそれぞれ１つずつ選び，記号で答えなさい。ただし，同じ記号を何度選んでもよい。

あ. 0.1　**い**. 0.3　**う**. 0.5　**え**. 0.8　**お**. 1
か. 1.2　**き**. 3　**く**. 5　**け**. 8　**こ**. 10
さ. 12　**し**. 20　**す**. 30　**せ**. 31　**そ**. 33
た. 35　**ち**. 38　**つ**. 40　**て**. 42　**と**. 50

(2) 前のページの図１の①～③の名称《めいしょう》を**ひらがな**で答えなさい。また，①～③を説明した文として適当なものを次の**あ**～**く**からそれぞれ**すべて**選び，記号で答えなさい。

あ. 胎児から送られたものと母から送られたものをここで交換《こうかん》する。
い. 子宮を満たす液体で，胎児を保護している。
う. 胎児からの血液が流れており，太さ約10㎝，長さ約50㎝になる。
え. 母から送られてきた血液が流れており，太さ約10㎝，長さ約50㎝になる。
お. 胎児からの血液が流れており，太さ約１㎝，長さ約50㎝になる。
か. 母から送られてきた血液が流れており，太さ約１㎝，長さ約50㎝になる。
き. 胎児が子宮から出るころには，ほとんど胎児の尿《にょう》でいっぱいとなっている。
く. 胎児が子宮から出るころには，ほとんど胎児の尿と便でいっぱいになっている。

(3) 胎児が子宮の中にいる期間がヒトよりも長い動物を次の**あ**～**き**から**３つ**選び，記号で答えなさい。

あ. ウマ　**い**. イヌ　**う**. シロナガスクジラ　**え**. オランウータン
お. ハムスター　**か**. ライオン　**き**. ゾウ

(4) 母体の体重と比べて，子宮から出てくるときの子どもの体重の割合が最も小さい動物を次の**あ**～**お**から１つ選び，記号で答えなさい。

あ. ヒト　**い**. ゾウ　**う**. カンガルー　**え**. アザラシ　**お**. イルカ

4 火山が噴火《ふんか》すると，周囲の地形はその影響《えいきょう》を受けて大きく変わることがあります。以下の問いに答えなさい。

(1) 大規模な噴火によって，火口付近の山肌《やまはだ》が吹《ふ》き飛ばされたり，火山の内部に空洞《くうどう》ができたりすることで，噴火後に山頂付近が大きくくぼんだ地形が作られることがあります。この地形の名称《めいしょう》を**カタカナ**で答えなさい。

(2) (1)の地形に雨水などが溜《た》まってできた湖の例として**適切でない**ものを次の**あ**～**え**から１つ選び，記号で答えなさい。

あ. 榛名《はるな》湖　**い**. 十和田湖　**う**. 洞爺《とうや》湖　**え**. 浜名《はまな》湖

(3) 宮崎県南部から鹿児島県にかけて，(1)の地形が多く見られます。これらの地形が作られた際に，火山から噴《ふ》き出した軽石，火山灰などが積もることでできた台地が，鹿児島県のおよそ６割を占《し》めています。このような台地はその土の色から何とよばれているか，名称を答えなさい。

(4) 関東平野では，周辺にある火山が噴火することで作られたと考えられる地層が広く分布しています。この地層について述べた文として最も適切なものを次のページの**あ**～**お**から**２つ**選び，記号で答えなさい。

あ．この地層は火山灰が偏西風《へんせいふう》などによって運ばれてくることで作られていると考えられていて，白っぽい色をしている。

い．この地層は，ある１つの火山の一度の大噴火によって噴き出した火山灰が積もることによってできたと考えられている。

う．この地層は，土に含《ふく》まれる鉄分の酸化が進み，赤さびのような色をしている。

え．この地層は火山が噴火した際に噴き出したマグマが固まったことで作られていると考えられていて，土の粒子《りゅうし》が比較的《ひかくてき》大きい。

お．この地層は火山灰が偏西風などによって運ばれてくることで作られていると考えられていて，粘土《ねんど》質の地層である。

(5)　次の文の空欄《くうらん》に共通して当てはまる最も適切な語句を**漢字２字**で答えなさい。

火山は海底にも多く存在しています。2021年８月13日に噴火した海底火山の軽石は海流に運ばれて，日本各地の海岸に漂着《ひょうちゃく》しました。

図１は，この噴火によってできた軽石の漂着が確認された地点と日付を示したものです。火山から噴出された軽石は，はじめ（　　）反流※とよばれる海流によって西に運ばれ，噴火からおよそ２か月後に沖縄や奄美《あまみ》の海岸に漂着が確認されました。その後軽石は，（　　）とよばれる海流によって北東に向かって流されていき，沖縄で確認をされた１か月後には神奈川の沿岸でも漂着が確認されました。

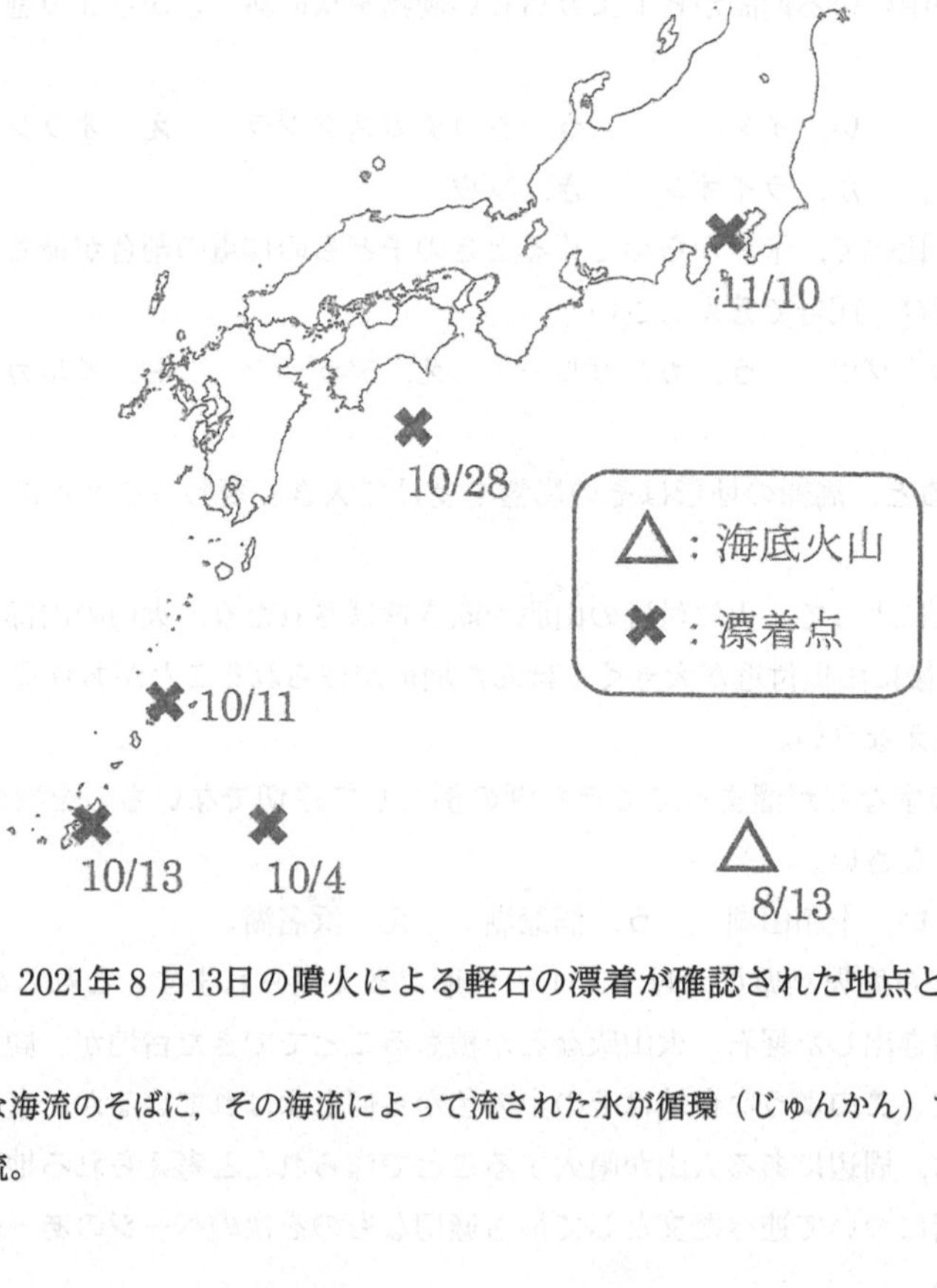

図１　2021年８月13日の噴火による軽石の漂着が確認された地点と日付

※反流：大きな海流のそばに，その海流によって流された水が循環（じゅんかん）するような向きに流れる海流。

【社　会】（理科と合わせて50分）　　＜満点：50点＞

1　**次の文章を読んで問いに答えなさい。**

文化作品は時代を表すものです。それぞれの時代でどのような文化作品が創造されたのかをみていくと，その時代がどのような時代だったのかがわかります。

(ア)都が飛鳥に置かれていたころ，中国・朝鮮半島から仏教がもたらされ，寺院が建立されて(イ)仏像や仏画などが制作されるようになりました。都が平城京に遷《うつ》ってからも，聖武天皇の時代には東大寺に大仏が造られるなど，この時代の文化作品には仏教の影響《えいきょう》が多くみられます。その一方で，東大寺正倉院に収められた様々な宝物《ほうもつ》からは，(ウ)遣唐使を通じて様々なものが大陸から伝わったこともうかがえます

鎌倉時代になると，政権を打ち立てた武士の気風に合った，質実剛健《ごうけん》で素朴《そぼく》な文化作品が多く作られるようになりました。その一方で，争いや天災が続いた時代を受けて，この世のはかなさを記した『方丈記』など，世間と距離《きょり》をおいて生きる隠遁者《いんとんしゃ》の文学作品も注目されます。

戦国時代には，(エ)ヨーロッパの人々が来航するようになり，カルタやタバコなどが広がっていきました。江戸時代には，印刷技術の発達により絵画作品や出版物が入手しやすくなり，定めのない現世《げんせ》を意味する「（　オ　）」を対象とした（　オ　）絵や（　オ　）草子が庶民《しょみん》の娯楽《ごらく》にもなっていきました。(カ)日本各地への旅も庶民の間で広まっていき，観光客でにぎわう街も生まれました。

その後，(キ)明治政府による近代化が進められる中でヨーロッパの文化が持ち込《こ》まれた一方，日本古来の文化を見直す動きも起こりました。(ク)大正時代から昭和初期にはモガと呼ばれる女性たちなどの間では洋服の着用が進み，流行歌の誕生やスポーツ観戦が盛んになるなど現在の文化につながる大衆文化が生み出されていきます。

戦後間もないころに流行した「リンゴの唄《うた》」は，戦中の軍歌とは違《ちが》う新しい時代を感じさせるものでした。さらにはテレビ放送が始まり，テレビを通じて新たな映像文化が発展しました。高度経済成長期は居間のテレビを通じて，多くの人が同じものを楽しむ時代でした。しかし，近年ではテレビに代わってインターネットが若い世代の情報収集の中心になっているといわれています。そこでは個人の興味関心に基づいて情報が提供されるため，その人が望む作品には容易に触《ふ》れられる一方，関心のないものについては目に触《ふ》れる可能性は低くなっています。これから先，同時代の多くの人が興味を抱《いだ》く文化作品は生みだされるのでしょうか。

問１．下線部(ア)について，都が飛鳥に置かれていたのは奈良平城京へと遷都《せんと》される前ですが，その時期の数年，都が飛鳥から他の場所に移り，また飛鳥に戻ってくるということがありました。次の出来事のうち，**都が飛鳥に置かれていなかった時に起きたもの**を一つ選び番号で答えなさい。

1. 聖徳太子によって冠位十二階が制定された。
2. 中大兄皇子（天智天皇）が蘇我蝦夷・蘇我入鹿を滅《ほろ》ぼした。
3. 大海人皇子（天武天皇）が壬申の乱で大友皇子を破った。
4. 藤原不比等らによって大宝律令が制定，施行《しこう》された。

問２．下線部(イ)に関連して，仏像や仏画となる仏にも様々な種類があります。平安時代中期以降に多くの人々からの信仰《しんこう》を集め，次のページのようなくじの語源ともなっている仏の名称《めいしょう》を，解答らんにある「仏」を含《ふく》めて４字で答えなさい。

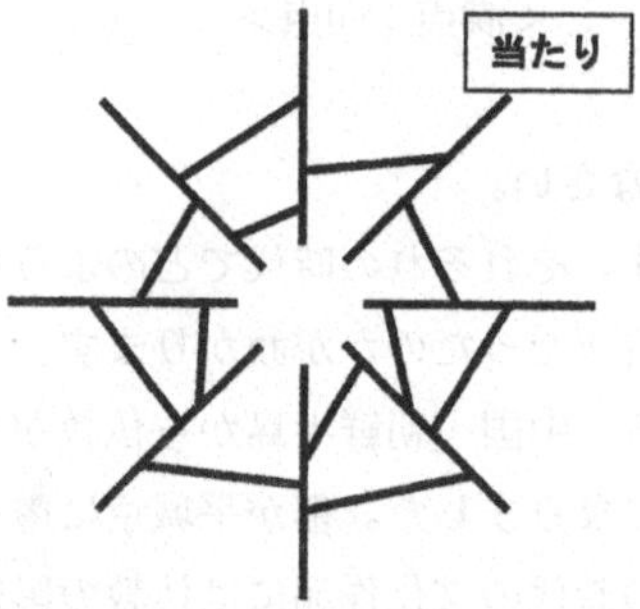

問３．下線部(ウ)に関連して，遣唐使のころは大宰府が大陸との窓口でしたが，遣唐使廃止《はいし》後に貿易港として発展し，モンゴル軍が襲来《しゅうらい》したり，日明貿易の拠点《きょてん》となった九州の都市名を答えなさい。

問４．下線部(エ)に関連する次の出来事を，時代の古い順に並べ番号で答えなさい。

1. オランダ船の来航場所が長崎の出島に限定された。
2. 種子島に漂着《ひょうちゃく》したポルトガル人が鉄砲《てっぽう》を伝えた。
3. フランシスコ＝ザビエルがキリスト教を伝えた。
4. ポルトガル船の来航が禁止された。

問５．空らん（オ）にあてはまる語句を漢字で答えなさい。

問６．下線部(カ)について，おもに江戸時代に街道沿いの宿泊《しゅくはく》地として発達した町を一般《いっぱん》に何といいますか，漢字で答えなさい。

問７．下線部(キ)について説明した次の文のうち，**あやまっているもの**を一つ選び番号で答えなさい。

1. 官営の工場が各地で作られ，製糸業や紡績《ぼうせき》業などの産業が発展した。
2. 全国に同じ料金で手紙を届ける郵便制度が始まった。
3. 土地の所有者に地券を発行し，税を定額の金納とした地租改正が行われた。
4. 農民も含《ふく》めた満20歳《さい》以上の男女に兵役の義務を負わせる徴兵《ちょうへい》令が発せられた。

問８．下線部(ク)に起きた出来事について説明した次の文のうち，正しいものを一つ選び番号で答えなさい。

1. 第一次世界大戦が始まったことをきっかけに日本は山東半島に進出し，中国に二十一か条の要求を出した。
2. 三・一独立運動が起きたことにより米価が高騰《こうとう》したため，米騒動《そうどう》へと発展した。
3. 関東大震災《だいしんさい》の発生後の社会的混乱の中，伊藤博文が暗殺され政局はいちだんと混迷した。
4. 盧溝橋事件後，日本は国際連盟から脱退《だったい》し国際的な孤立《こりつ》を深めた。

２ 次の各問いに答えなさい。

問１．右の図は，東京からおもな都市へ鉄道を利用した場合の所要時間を示したものです（東京を中心とする）。営業キロ（線路の長さ）で比較《ひかく》すると，遠い鹿児島の方が近い宮崎よりも東京からの所要時間が短いのはなぜですか，理由を解答らんの文頭に続くように10字程度で答えなさい。

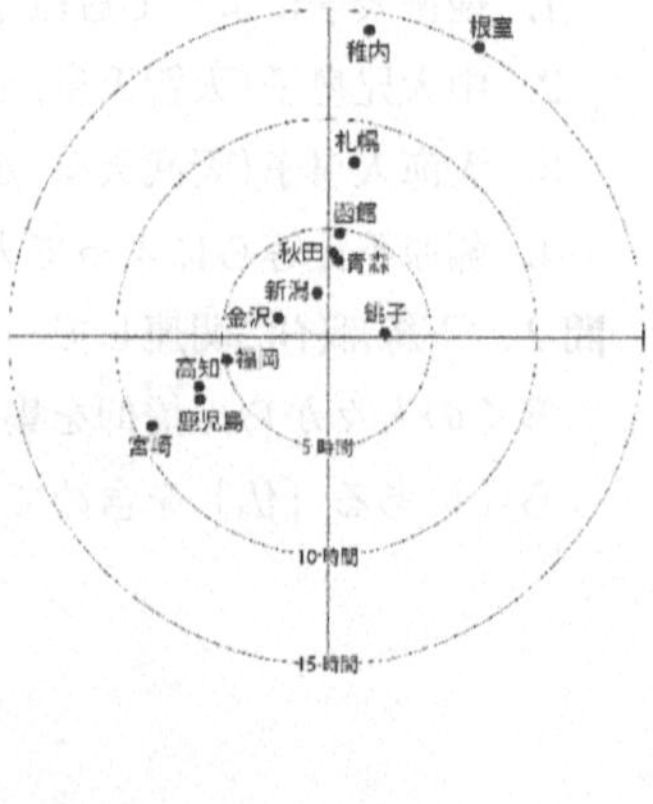

（ジョルダンホームページより作成）

問２． 次の図は，日本の三つの都市と宮古市（岩手県）における1991年から2020年までの月別の日照時間の合計の平均値を表したものです。図をみて以下の問いに答えなさい。

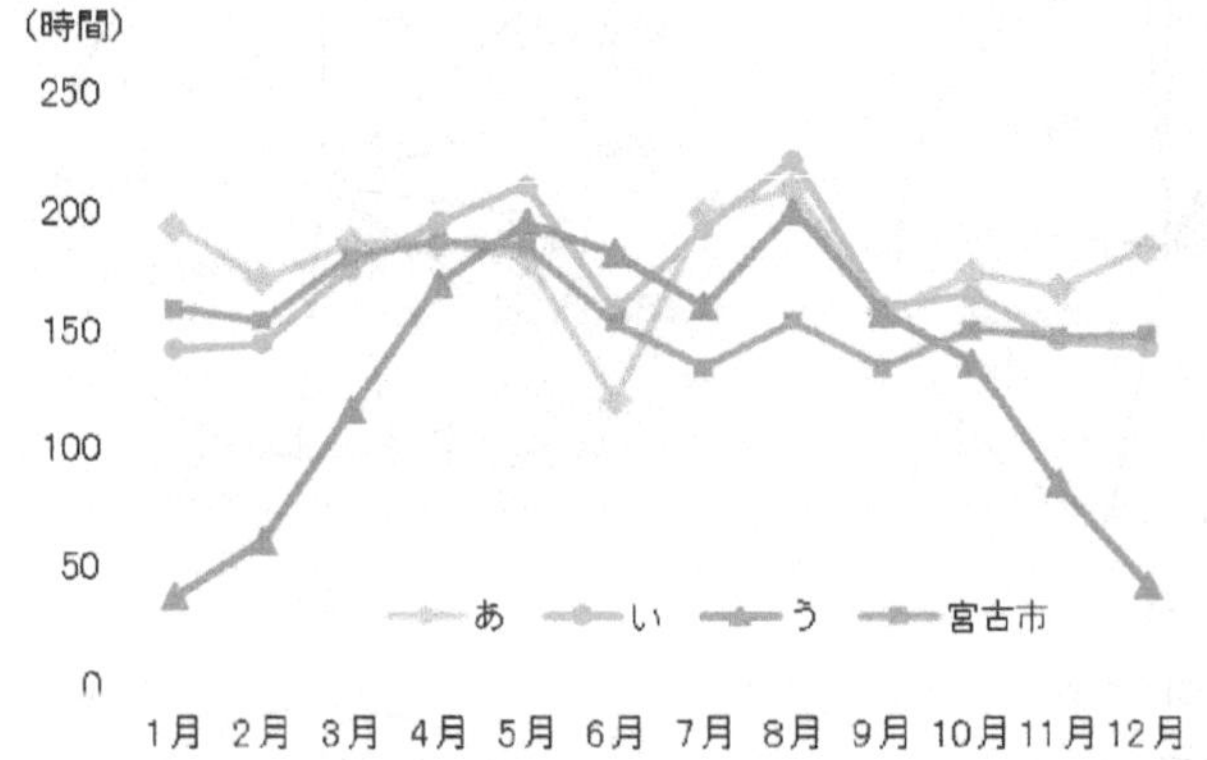

（気象庁ホームページより作成）

(1) 図の**あ**～**う**は，酒田市（山形県），高松市（香川県），宮崎市（宮崎県）のいずれかです。**あ**～**う**の都市名の組み合わせとして，正しいものを下の表の１～６から選び番号で答えなさい。

	1	2	3	4	5	6
あ	酒田市	酒田市	高松市	高松市	宮崎市	宮崎市
い	高松市	宮崎市	酒田市	宮崎市	酒田市	高松市
う	宮崎市	高松市	宮崎市	酒田市	高松市	酒田市

(2) 宮古市は７～９月にかけて他の都市より日照時間が短い傾向《けいこう》がみられます。この特徴《とくちょう》をもたらす気団の名前を答えなさい。

問３． 次の表は，都道府県別の産業別就業者数の上位５道府県を示したもので（2017年），表中の１～４は，漁業，金融《きんゆう》・保険業，製造業，農林業のいずれかです。このうち，農林業にあたるものを選び番号で答えなさい。

	1	2	3	4
１位	愛知県	東京都	北海道	北海道
２位	東京都	神奈川県	長崎県	長野県
３位	大阪府	大阪府	愛媛県	千葉県
４位	神奈川県	千葉県	福岡県	茨城県
５位	埼玉県	埼玉県	青森県	愛知県

（『データでみる県勢 2022』より作成）

問４． 次ページの円グラフは日本の輸出入額の品目別の割合を示したもので，１～４は1990年の輸出額と輸入額，2020年の輸出額と輸入額のいずれかです。このうち1990年の輸入額にあたるものを選び番号で答えなさい。

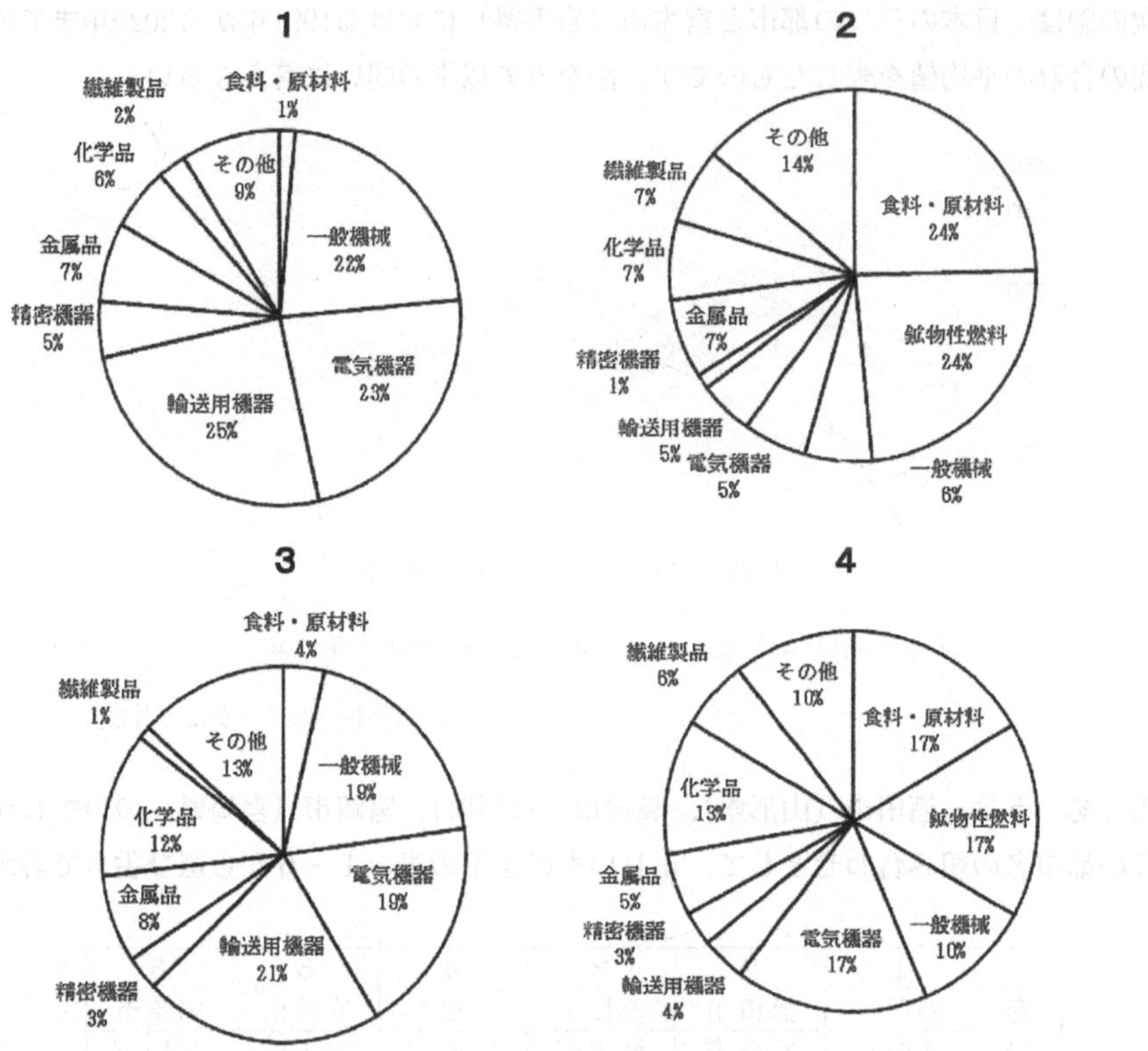

（『データブックオブザワールド2022』より作成）

問５．右の図は三角グラフといい，例えば図中の●は，要素**あ**が15パーセント（%），要素**い**が10%，要素**う**が75%を示していて，割合の合計が必ず100%になっています。図中の■□▲は，日本の1950年・1980年・2018年の三つの年における０～14歳《さい》，15～64歳，65歳以上の人口割合を表しています。**あ**～**う**の年齢《ねんれい》の組み合わせとして，適当なものを下の表の１～６から選び番号で答えなさい。

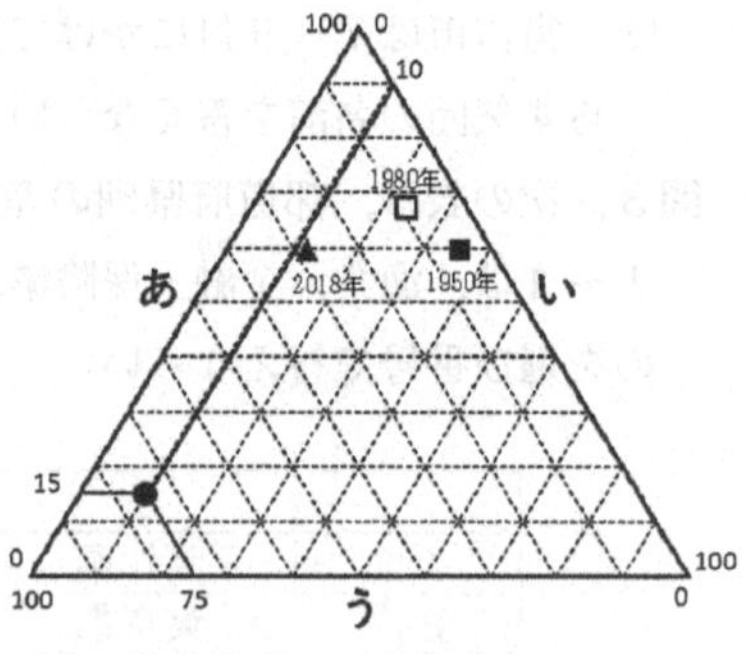

（『数字でみる日本の100年 改訂第７版』より作成）

	1	2	3	4	5	6
あ	0～14歳	0～14歳	15～64歳	15～64歳	65歳以上	65歳以上
い	15～64歳	65歳以上	0～14歳	65歳以上	0～14歳	15～64歳
う	65歳以上	15～64歳	65歳以上	0～14歳	15～64歳	0～14歳

問６．次のページの図は，都県別の人口増減率を表したもので，**あ**～**う**は沖縄県，高知県，千葉県のいずれかです。**あ**～**う**の組み合わせとして，正しいものをあとの表の１～６から選び番号で答えなさい。

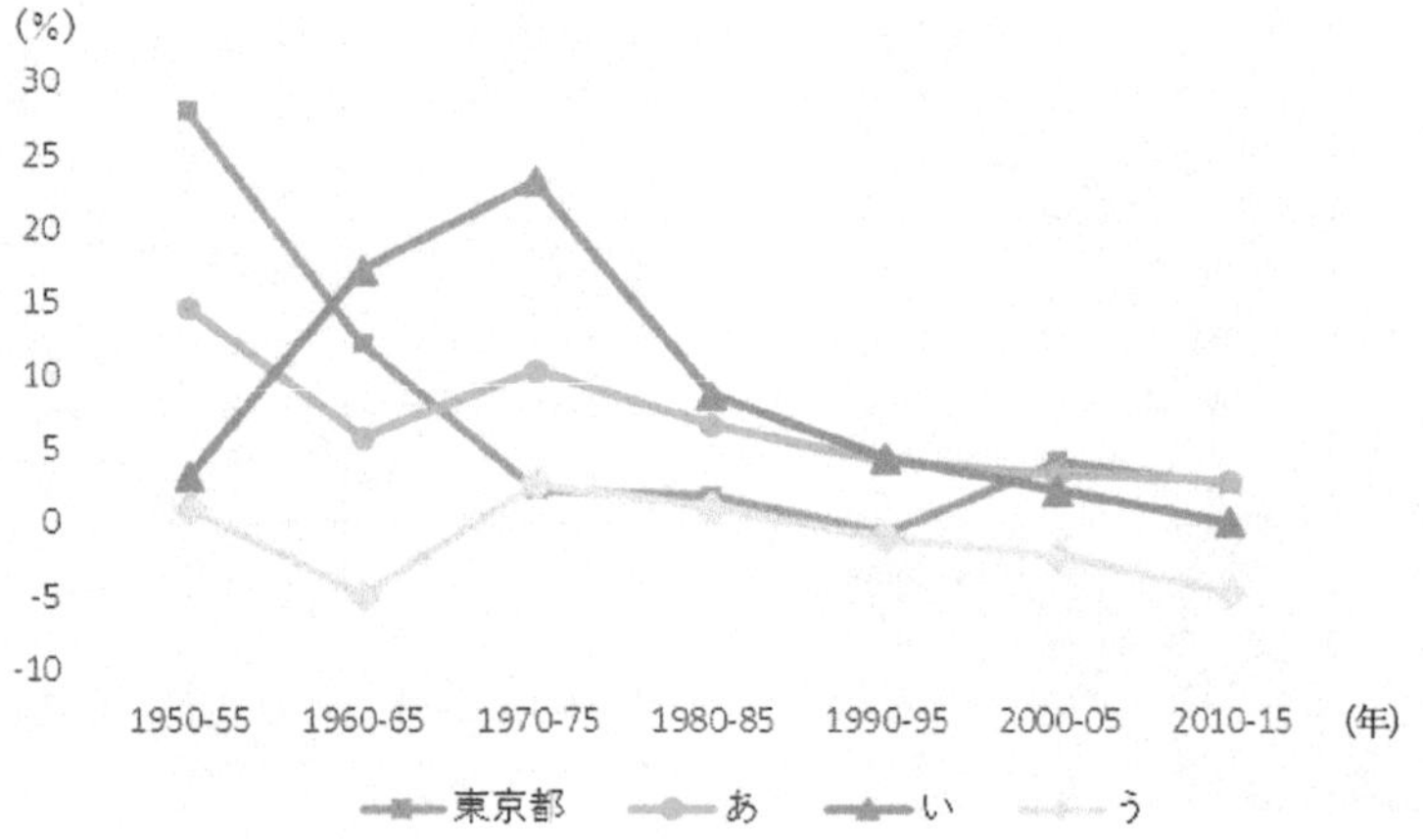

（『数字でみる日本の100年 改訂第７版』より作成）

	1	2	3	4	5	6
あ	沖縄県	沖縄県	高知県	高知県	千葉県	千葉県
い	高知県	千葉県	沖縄県	千葉県	沖縄県	高知県
う	千葉県	高知県	千葉県	沖縄県	高知県	沖縄県

問７． 次の図１は２万５千分の１地形図「大和郡山」（平成19年発行）の一部を拡大したもので，次のページの図２・図３は同じ範囲《はんい》の大正14年・昭和44年発行の地形図になります。この三つの地形図を見て，図１中の**あ**～**う**の道路が作られた順番を記号で答えなさい。

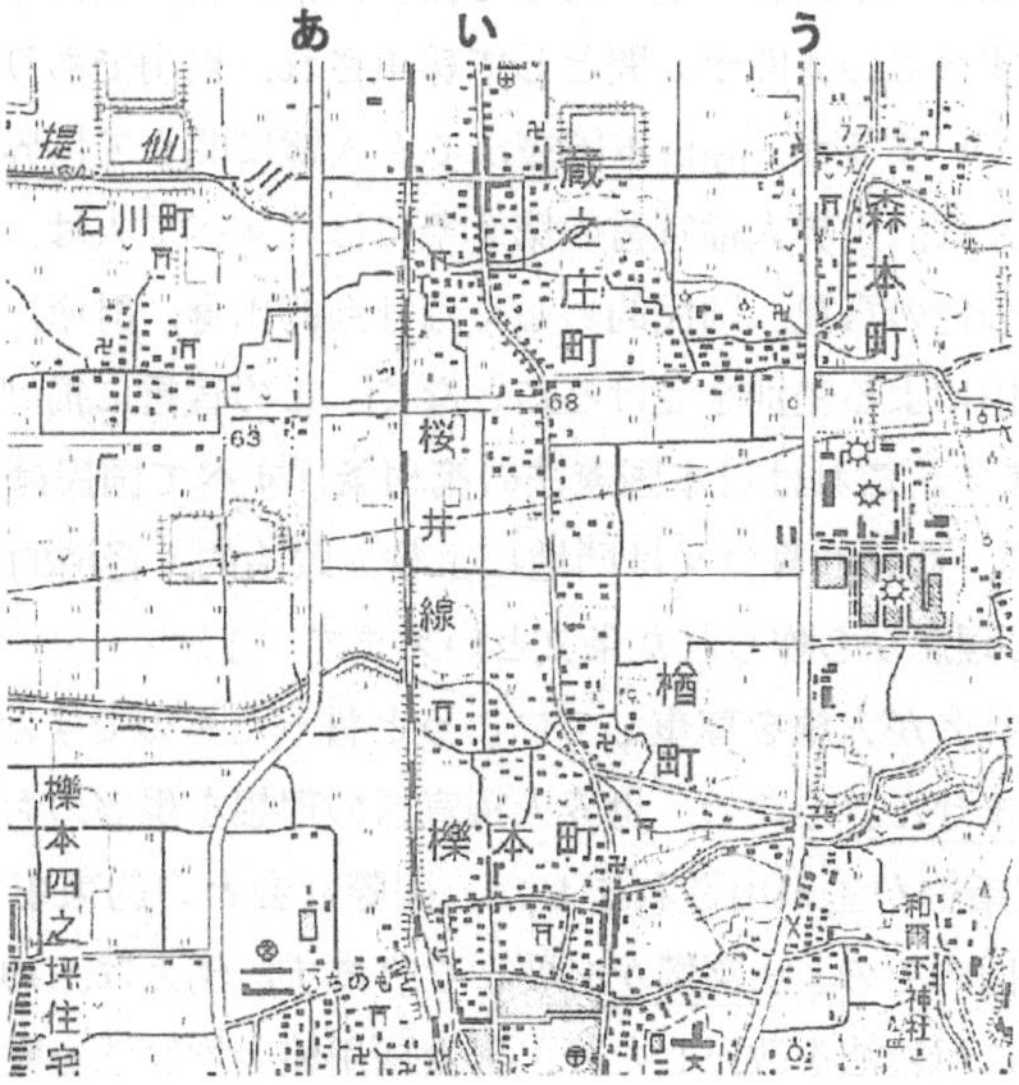

図１　平成19年

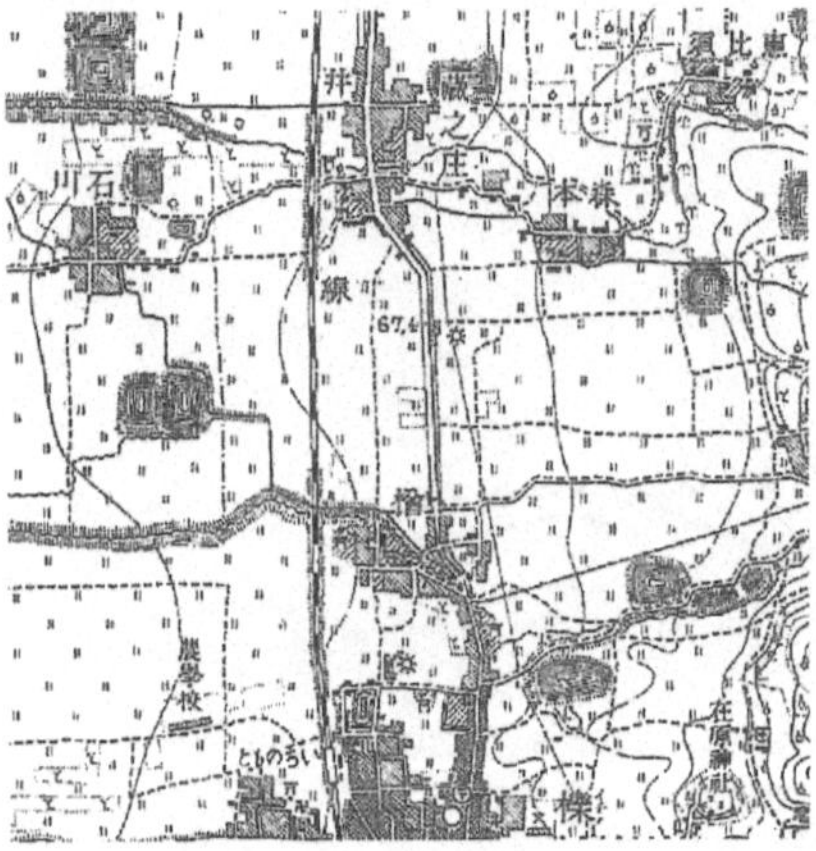

図２　大正14年

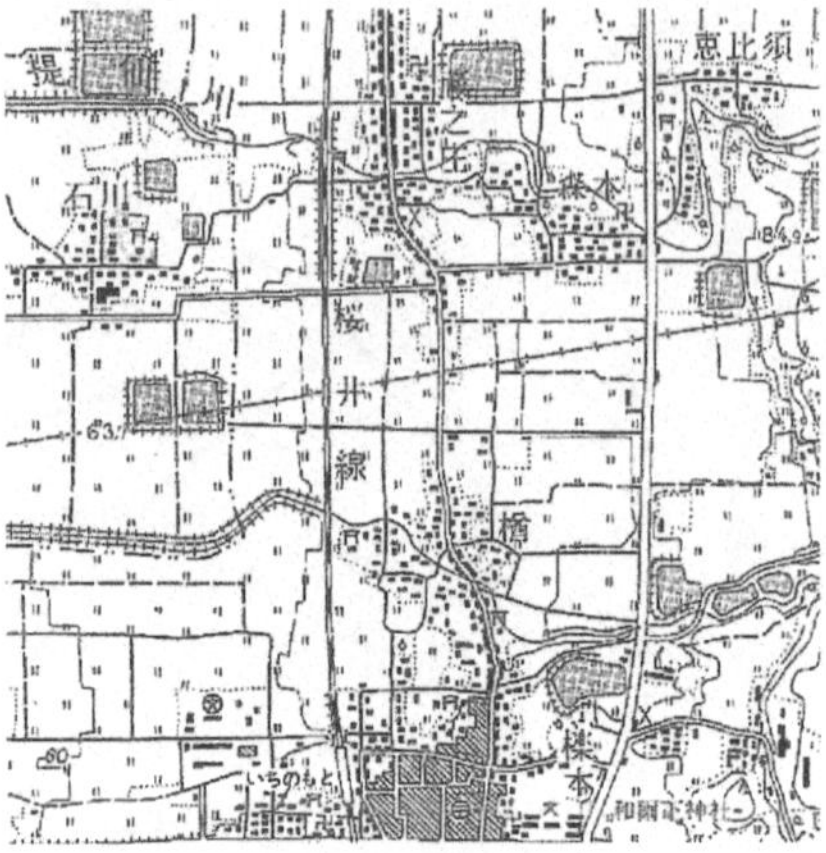

図３　昭和44年

3　次の文章を読んで問いに答えなさい。

「第１条【みんな仲間だ】わたしたちはみな，生まれながらにして自由です。ひとりひとりがかけがえのない人間であり，その値打ちも同じです。だからたがいによく考え，助けあわねばなりません。」

これは，1948年に(ア)国連で採択《さいたく》された世界人権宣言を，詩人の谷川俊太郎さんが意訳した条文です。20世紀には２度の世界大戦があり，特に第二次世界大戦中においては，(イ)特定の民族の迫害《はくがい》や大量虐殺《ぎゃくさつ》など，人権侵害《しんげん》と人権抑圧《よくあつ》が横行しました。この経験から，人権問題は国際社会全体にかかわる問題で，世界平和のためには人権の保障が必要であると考えられるようになり，すべての人民とすべての国とが達成すべき共通の基準として世界人権宣言が採択されました。

世界人権宣言では，すべての人間が人間として尊重され，自由であり，平等であり，差別されてはならないことを定めていますが，(ウ)日本国憲法でも人権に関して世界人権宣言とほとんど同じ内容を定めています。例えば，世界人権宣言の第２条には「すべて人は，（　エ　），皮膚《ひふ》の色，性，言語，宗教，政治上その他の意見，国民的もしくは社会的出身，財産，門地その他の地位またはこれに類するいかなる事由による差別を受けることなく，この宣言に掲《かか》げるすべての権利と自由とを享有《きょうゆう》できる。」とあります。これは日本国憲法の第14条「すべて国民は，法の下に平等であって，（　エ　），信条，性別，社会的身分又《また》は門地により，政治的，経済的又は社会的関係において，差別されない。」と同じ理念から作られた条文といえます。

世界人権宣言は国際社会が人権を尊重していこうと誓《ちか》ったものですが，実は，(オ)守らなくても罰《ばっ》則《そく》があるわけではありません。そこで，世界人権宣言の理想を現実のものにするための様々な約束事として，多くの人権条約が生み出されました。国際社会との約束事である(カ)条約を批准《ひじゅん》した国は，約束を守るために国内での(キ)法整備が必要になります。例えば，1985年に女子差別撤廃《てっぱい》条約を批准した日本はその年に戸籍《こせき》法を改正したり，男女雇用《こよう》機会均等法を整備したりしました。それでもなお，(ク)衆議院における女性議員の割合や(ケ)経済分野における大企業《だいきぎょう》の女性役員の割合など，女性参画の低さが指摘《してき》されています。

今年の12月，世界人権宣言は採択75周年を迎《むか》えます。75年前とくらべると，わたしたちの人権は大切にされるようにはなりましたが，世界人権宣言が掲げる理想的な社会が実現しているとは言い難い状況《じょうきょう》であります。「この宣言が口先だけで終わらないような世界を作ろうとする権利もまた，わたしたちのものです」谷川俊太郎さんによる世界人権宣言の第28条には，このように書かれています。理想を理想のままに終わらせないために，みなさんも自分の身の回りや世界の人権問題に関心を寄せてみませんか。

問１．下線部(ア)について，2015年に国連サミットで採択《さいたく》された「持続可能な開発のための2030アジェンダ」に記載《きさい》された国際目標について説明した次の文のうち，正しいものを一つ選び番号で答えなさい。

1. 17のゴールと169のターゲットから構成されている。
2. 「かけがえのない地球」をスローガンとして掲《かか》げている。
3. 先進国のみが目標達成を義務付けられており，先進国からは不満が出ている。
4. 経済成長を優先する立場からは負担になる政策しかなく，実現は難しいといわれている。

問２．下線部(イ)について，ナチス＝ドイツによって大量虐殺《ぎゃくさつ》された民族として，最も適当なものを次から一つ選び番号で答えなさい。

1. アラブ人　2. ギリシャ人　3. トルコ人　4. フランス人　5. ユダヤ人

問３．下線部(ウ)について，日本国憲法において保障されている人権について説明した次の文のうち，**あやまっているもの**を一つ選び番号で答えなさい。

1. 集会を開くことや出版することなどを含《ふく》め，広く表現の自由が認められている。
2. いかなる奴隷的拘束《どれいてきこうそく》も受けず，犯罪による処罰《しょばつ》以外では，自分の意思に反する苦役に服させられない。
3. 国民としての責務に反しない限り，住む場所や職業を自由に選択《せんたく》することができる。
4. 労働者は，労働組合を組織し，労働条件の維持《いじ》や改善のため使用者と交渉《こうしょう》することができる。

問４．空らん（**エ**）にあてはまる語句を答えなさい。

問５．下線部(オ)に関連して，世界人権宣言と違《ちが》い，国内の刑法《けいほう》は守らない場合は罰則《ばっそく》があります。そして刑法を犯した人が裁かれる裁判を刑事《けいじ》裁判といいます。刑事裁判にかかわる説明として，正しいものを次から一つ選び番号で答えなさい。

1. 第一審《だいいっしん》の裁判は簡易裁判所から始まることになっている。
2. 有罪となってもすぐに刑が執行《しっこう》されないことがある。
3. 唯一《ゆいいつ》の証拠《しょうこ》が本人の自白である場合も有罪となる。
4. 刑事裁判の第二審（控訴《こうそ》審）は裁判員裁判で行われる。

問６．下線部(カ)について，条約の批准《ひじゅん》を行うのは内閣ですが，内閣が政治方針を決める会議を一般《いっぱん》に何といいますか，漢字で答えなさい。

問７．下線部(キ)について，次の法律が制定される手続きを順に並べたとき，２番目にあたるものを選び番号で答えなさい。

1. 内閣が署名する。
2. 法案が議長に提出される。
3. 法案が衆参両議院の本会議で可決される。
4. 法案が常任委員会または特別委員会で審議《しんぎ》される。

問８．下線部(ク)について，現在の衆議院において女性議員が占《し》める割合（％）として，最も近いものを次から一つ選び番号で答えなさい。

1. 3%　2. 10%　3. 25%　4. 33%　5. 40%

問9．下線部(ケ)について，下の図は，家計（消費者）・企業《きぎょう》（生産者）・政府の三者における経済活動の流れを示したものです。例えば，家計は企業に代金を支払《しはら》い商品を受け取ります。このように考えたときに，社会保障はどの矢印にあたりますか，図中の１～４から一つ選び番号で答えなさい。

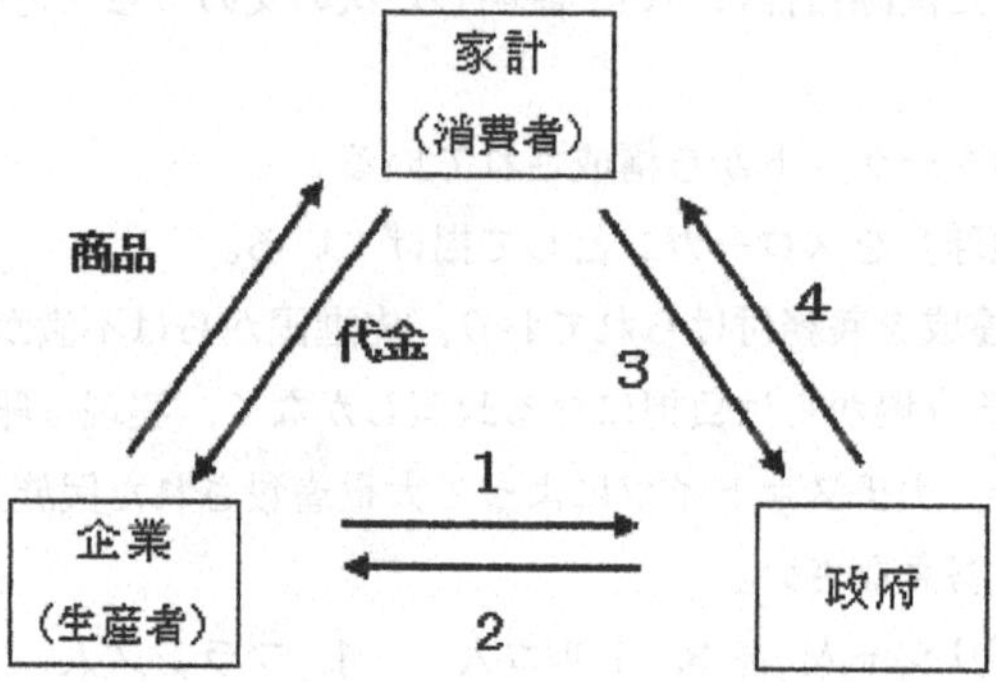

ら一つ選び、記号で答えなさい。

ア　技官が桃《もも》を見に来るという連絡《れんらく》をもらって、失礼のないように準備をしなくてはならず緊張《きんちょう》する様子。

イ　長年の夢がいよいよかなうというこれ以上ない歓喜《かんき》に浮《う》かれ、足取りさえも危うくなっている様子。

ウ　人に見せられるまでに桃《もも》が育ち、長い間陰口《かげぐち》を言っていた村人たちの驚《おどろ》く姿を想像して喜ぶ様子。

エ　長年追い求めてきた夢の実現まで、あと一歩のところまで来たという喜びで舞《ま》い上がっている様子。

オ　品種改良を重ねて時間をかけて育てた桃《もも》が公に認められ、資金援《えん》助《じょ》にまでこぎつけた達成感に浸《ひた》る様子。

問八　――線⑧「六人は正座し、リーダーは正座した上に蒼白《そうはく》になって震《ふる》えていた」とありますが、それはなぜですか。その理由を具体的に五十字以上八十字以内で説明しなさい。

問九　――線⑨「『桃《もも》』の向こう側がどんなかまだよくはわかりません」とありますが、この言葉が意味することとして最も適当なものを次のア～オの中から一つ選び、記号で答えなさい。

ア　桃《もも》は村にとって本当に意味のあるものだったのかどうかは、いまだに分からないということ。

イ　自分にとってはつまらない物でも、それを大切にして生きている誰《だれ》かが必ずいるだろうということ。

ウ　相手の身になって考えることには到達《とうたつ》点はなく、分かることは永遠にあり得ないだろうということ。

エ　人の気持ちを大切にして思いやりを持って生きることは、かえって誰《だれ》かを傷つけているということ。

オ　自分がかつて犯した過ちは決して許されることはなく、生涯《しょうがい》を神に捧《ささ》げるしかないということ。

くしてしまうという思い。

ウ　ようやく自分や村人たちの長年の苦労が報われ、新しい産業が軌《き》道《どう》に乗ったという思い。

エ　いつかはこの村の魅力《みりょく》を見せつけ、田舎《いなか》を軽んじる都会の人々の鼻をあかしてやるという思い。

オ　近いうちに豊かな自然を強みとして、観光業を中心にした豊かな村に再生させたいという思い。

問四　――線④「プラネタリウムでしか、星の輝《かがや》きを見たことのない娘《むすめ》たち」とありますが、ここに描《えが》かれている女子学生の姿の説明として最も適当なものを次のア～オの中から一つ選び、記号で答えなさい。

ア　牧歌的な自然に触《ふ》れることで心が躍《おど》り、都会から離《はな》れた非日常的光景を心から楽しむ姿。

イ　初めて見る大自然の雄大《ゆうだい》さに感動し、その美しさにただただ圧倒《あっとう》されている従順な姿。

ウ　時に人間に大きな被害《ひがい》をもたらす自然の力を確認し、ひれ伏《ふ》し祈《いの》りを捧《ささ》げる真摯《しんし》な姿。

エ　寒村で暮らす厳しさを知らず、都会が失った美しさに見とれるだけの無邪気《むじゃき》な姿。

オ　都会では見られなくなった星空に目を奪《うば》われながらも、この村の貧困に同情する姿。

問五　――線⑤「朝の陽光を浴びて金色に輝《かがや》く実」とありますが、この表現の説明として最も適当なものを次のア～オの中から一つ選び、記号で答えなさい。

ア　耐寒《たいかん》性のなさが改良され、東北で育った新しい品種の桃《もも》の強さを暗示している。

イ　寒村を見下し、都会の便利な生活に価値を置く女子学生の優越《ゆうえつ》感を暗示している。

ウ　ここは東北の寒村で、注目すべきものが何もないという寂《さび》しさを暗示している。

エ　この桃《もも》の実が、やがて村に豊かな経済をもたらすという期待を暗示している。

オ　なかば諦《あきら》めかけていた桃栽培《ももさいばい》の事業を成功させた、村長の強運を暗示している。

問六　――線⑥「叱《しか》られるもんですか」とありますが、リーダーはなぜこのように言うのですか。その理由として最も適当なものを次のア～オの中から一つ選び、記号で答えなさい。

ア　自分たちがこの地に恩恵《おんけい》をもたらす存在であるという、誤った自負心を持っていたから。

イ　この桃《もも》の味をほめてあげれば、きっとお土産《みやげ》をもらえるという期待を持っていたから。

ウ　この桃《もも》は公演の報酬《ほうしゅう》として、私たちのために残されていたものだという傲《おご》りを抱《いだ》いていたから。

エ　この桃《もも》が誰《だれ》かのものであっても、後でお金を払えば許されるという甘《あま》さを持っていたから。

オ　木になっている桃《もも》を生まれて初めて見て、食べてみたいという強い欲求を抱《いだ》いていたから。

問七　――線⑦「村長が踊《おど》るような足どりで戻《もど》ってきた」とありますが、この時の村長の様子の説明として最も適当なものを次のア～オの中か

だけれど、相手にはどんな意味があるのだろう〉ということばかり考え、とうとう*7童貞《どうてい》女になり子どもたちの世話をするところまで、深みにはまってしまいました。それでも⑨「桃《もも》」の向こう側がどんなかまだよくはわかりません。おそらく一生、わからぬだろうとおもいます。

くどいようですが、「一日母親」の件はもういちどよくお考えくださいますように。

八月二十八日　　白百合《しらゆり》天使園長

テレジア小原純子

片桐枝美子様

（『十二人の手紙「桃《もも》」』井上《いのうえ》　ひさし）

〔注〕
*1　老吏員《ろうりいん》＝年をとった役場の職員。
*2　健啖《けんたん》＝盛んに食べること。多く食べること。
*3　復員＝招集を解かれた兵士が帰郷すること。
*4　道楽＝本職以外の趣味《しゅみ》などにふけり楽しむこと。
*5　土間＝家の入り口で床《ゆか》を張らず土のままになっている所。
*6　ねくなって＝なくなって。
*7　童貞《どうてい》女＝修道女。

問一　――線①「善意の権力」とありますが、ここでの意味として最も適当なものを次のア～オの中から一つ選び、記号で答えなさい。

ア　他者に対して善意を示す自分たちの姿に酔《よ》いしれ、自分たちを批判する言動を悪と決めつけ、必要以上に攻撃《こうげき》すること。

イ　精神的に豊かな生活を認めようともせず、物質的に豊かであることに優越《ゆうえつ》感を持ち、経済的に貧しい者を見下すこと。

ウ　善意を大上段に振《ふ》りかざし、ひとりよがりで相手の迷惑《めいわく》を考えず、相手に有無を言わせず自分の思いを押《お》し通すこと。

エ　一度相手の要望をかなえたことを恩に着せ、その後は相手の都合を考えず、自分の思いを相手に押《お》しつけていくこと。

オ　自分の行動は自己満足に過ぎないと知っているが、相手が断りにくいということにつけこんで善意を押《お》しつけること。

問二　――線②「この村にとって大した事件」とありますが、この表現から分かることとして最も適当なものを次のア～オの中から一つ選び、記号で答えなさい。

ア　この村が、集落として発展することがなく、限界を迎《むか》えた村であるということ。

イ　この村が、よそ者を受け入れることがなく、閉鎖《へいさ》的な村であるということ。

ウ　この村が、若者が訪れることなどなく、活気のない村であるということ。

エ　この村が、残っている若者がとても少なく、過疎《かそ》化に苦しむ村であるということ。

オ　この村が、都会の文化に触《ふ》れることもほとんどなく、遅《おく》れた村であるということ。

問三　――線③「いまのところは……」とありますが、この時の村長の気持ちの説明として最も適当なものを次のア～オの中から一つ選び、記号で答えなさい。

ア　もうすぐ長年の夢がかない、自慢《じまん》できるものが新たにこの村に根付くはずだという思い。

イ　やがて機械文明における開発がこの村を侵食《しんしょく》し、この星空さえな

んす。ところが、みなさんは知っとられるかどうか、桃《もも》には耐寒《たいかん》性がない。寒いところじゃ育ちにくい。日本じゃ、山形、宮城以北では無理ということになっとる。だもんで失敗の連続でなあ」

　汚《よご》れた食器をまとめて小川の洗い場に運ぼうとしていた村長の妻が、ここで合《あい》の手を入れた。

「ところが桃《もも》ぐるいなどと陰口《かげぐち》を叩《たた》かれて、ずいぶん肩身《かたみ》の狭《せま》い思いをしたもんでやんす」

「けど、わしゃ挫《くじ》けなかった。寒さに強い桃《もも》の台木を探して日本国中ほっつき歩きましたわ。そりゃ何度もやめようと思った。が、これはわしひとりの道楽*4じゃねえ。村のためにもなることだと考え直し、とうとう山形で《カネナカモモ》という寒さに強い桃《もも》の台木を見つけた。台木が見つかりゃあとは根気と丹精《たんせい》でねえ。その台木にいろんな種類の桃《もも》の芽つぎ、切りつぎをし、四年前にとうとうわしは、これならこの村ででも桃《もも》の栽培《さいばい》が出来るだろうという品種をつくることに成功しやした。裏の畑に立っているのが、その桃《もも》の木なんだが……」

　村長は二本目の煙草《たばこ》に火をつけた。

「この村の生業はいまのところたいしたものはないが、ここで桃《もも》が育てば、村の暮《くら》しはすこしは楽になる、そう思いつめて辛抱《しんぼう》したのが実ったんでやんす。桃《もも》の木は一昨年三個、昨年六個、そうして今年は十個の実をつけた。今年のはまだ食っちゃいないが、昨年のも一昨年のもいい味でねえ。そりゃ、あの上海水蜜《しゃんはいすいみつ》にはとても太刀打《たちうち》できないが、商売には充分《じゅうぶん》になる味でやんした。さて、しかしでやんす。村の生業にするにはまず金がいる。そこで県に補助金の申請《しんせい》をしたら、県の技官がこう言ったもんだ。『なにを馬鹿《ばか》こく。この県で桃《もも》の実がなるわけねえでねえか』。わしはだから言い返してやった。『わしが馬鹿《ばか》かどうか、桃《もも》がなっているかどうか、あんたの目ン玉でたしかめてから決めてもらいてえ』とね」

　村長は心から嬉《うれ》しそうに笑った。六人の女子学生たちはもう寝《ね》ころんではいなかった。⑧六人は正座し、リーダーは正座した上に蒼白《そうはく》になって震《ふる》えていた。

「で、きょう技官がはるばるやってくるってことになったわけで。裏の桃《もも》の木を見、あの桃《もも》の実に触れ、桃《もも》の実を喰《く》ったら技官殿《どの》も腰《こし》を抜《ぬ》かし、補助金の申請《しんせい》を認めてくださるにちがいねえ。いつか近いうち、この村は桃源境《とうげんきょう》になるんでやんす。……はて、みんな、どうなすったかね。いやに改まっちまって」

　このとき、村長の妻がばたばたと土間*5に駆《か》け込《こ》んできた。

「ねえよ、桃《もも》の実がねえよ。あんたあ、桃《もも》の実がねく*6なってこったよ」


（中略）

……賢明《けんめい》なみなさまのことですから、もうわたしがなにを言いたいのか、おわかりになったはずです。村長にとって、村の人たちにとってその桃《もも》がどういう意味を持っているのか、そういうところをきちんと踏《ふ》まえていない善意などは、ものの役にも立たない。それどころかかえって邪魔《じゃま》になる……。この小説の舞台《ぶたい》となった東北の寒村へわたしも足を踏《ふ》み入れたことがありますので、しみじみそれがわかります。ええ、もうここでなにもかも白状してしまいましょう。この小説はほとんど事実です。作者の舟倉さんは人形劇研究会のメンバーのひとりで、自己批判のためにこれを書いたといっていました。そして、この生意気なリーダーはわたしです。それからのわたしは〈この桃《もも》は自分にとってはただの桃《もも》

「熟しているみたいよ。とても柔《やわら》かい」

他の五人も桃《もも》の実を指で弾《はじ》いたり、つまんだりした。

「これ勝手にもいでたべちゃったら、村長さんに叱《しか》られるかしら」

だれかがそんなことをいいながら、もう桃《もも》をもいでしまっていた。

リーダーも桃《もも》をもぎ、両手の掌《てのひら》でごしごしこすった。

「⑥叱《しか》られるもんですか。去年、山形を公演旅行したとき、やっぱり宿舎の隣《となり》に洋梨《ようなし》がなっていてね、無断でたべて、あとで洋梨《ようなし》おいしかったわと言ったら、帰りに持ち切れないほど洋梨《ようなし》をくれたわよ」

もうすでに六人は六個の桃《もも》を手にしていた。一口、がぶりとやってリーダーは果汁《かじゅう》が多いのに驚《おどろ》いた。そして口尻《くちじり》を掌《てのひら》で拭《ぬぐ》いながら言った。

「おいしいわよ。とても甘《あま》い。ただ、繊維質《せんいしつ》がずいぶん多いわ。まあ、中級品てとこね」

若い娘《むすめ》たちの*2健啖《けんたん》はたちまち桃《もも》の木を裸《はだか》にした。二個たべたものもおり、一個しかたべられなかったものもいたが、一個しかたべられなかったものは、二個たべたものの幸運を羨《うらや》んだ。

六人は、それから、学校に機材や人形を運び、教室の窓を暗幕で覆《おお》い、にわか仕立ての人形劇場をこしらえた。作業中にときどき、歯をせせる音がしたのは、桃《もも》の果肉の繊維質《せんいしつ》が、だれかの歯に引っかかっていたせいであろう。

あらかた準備が終《おわ》って、朝食になった。リーダーが、村長さんの姿が見えないけどもうお出かけですかと、村長の妻に訊《き》いた。

「へえ、ついさっき役場へ行きやした」

村長の妻は、六人に茶を注ぎながら答えた。

「なんでも、昨夜遅《おそ》く役場に県庁から電話があって、急に偉《えら》い技官の先生が今日の午後、この村さおいでなさることになったとかで、今朝はずっと役場さ出はって行ったきりで……」

「わたしたちの公演のことが県庁にまで伝《つたわ》ったのよ」

リーダーは冗談《じょうだん》を言った。

「それでわざわざ県庁から見物にやってくる……」

女子学生たちがリーダーの冗談《じょうだん》に自負心をすこし擽《くすぐ》られてにこにこしているところへ、⑦村長が踊《おど》るような足どりで戻《もど》ってきた。村長の妻が、

「おかえりやんし。朝飯《あさはん》どうしやす」

とたずねる。しかし村長はそれには答えず、炉端《ろばた》にどっかと腰《こし》を据《す》えると、煙草《たばこ》に火をつけうまそうに一服喫《す》いつけた。

「どうなさったのかね」

「とうとうくるぞ。県庁から技官がやってくるぞ」

「それはいま奥《おく》さんから伺《うかが》いましたわ。でも、村長さん、ずいぶん嬉《うれ》しそうね。技官がくるのがどうしてそんなに……」

リーダーにみなまで言わせず村長は喋《しゃべ》りはじめた。

「わしは若い頃《ころ》、兵隊にとられて中国大陸に行っとったんだが、上海《しゃんはい》に上陸して最初に口にしたのが桃《もも》だったんでやんす。上海水蜜《しゃんはいすいみつ》というやつでねえ。汁気《しるけ》も甘味《かんみ》もたっぷりで、世の中にこんな旨《うま》いもんはまずふたつとあるまいと思った」

どうやら長い話になりそうな気配である。六人の女子学生は、両手を後《うしろ》に身体を支えたり、寝《ね》っころがったりして、村長の話に聞き入った。

「*3復員して帰ってきてからも、どうしてもあの桃《もも》の味が忘れられねえ。それでいっそのこと自分で桃《もも》を作ってみようということになったんでや

八方山ばかり、テレビ塔《とう》を三つも四つも立てないとこの村には電波は届かんという話だわ。じゃからこの村で自慢《じまん》できるのはうまい空気と小鳥の囀《さえず》りぐらいなものよ、③いまのところは……」

「まあ、きれい」

そのとき、だれかが感嘆《かんたん》の声を放った。

「ねえ、みんな空を見て。世界中の宝石をひとつ残らず集めて、それを全部、空に貼《は》りつけたみたい」

たしかにそれは美しい星空だった。④プラネタリウムでしか、星の輝《かがや》きを見たことのない娘《むすめ》たちは、しばし立ちどまって、光の洪水《こうずい》に心を奪《うば》われていた。思わず手を伸《のば》して星を摑《つか》もうとした女子学生もいた。

「きれいな星空だことはたしかだ」

村長は提灯《ちょうちん》の火で煙草《たばこ》をつけながら苦笑した。

「だけども、わしらは星の光を吸って命をつなぐわけには行かねえんだわ。ずーっと昔からこの村は炭焼きで喰《く》ってきたが、それはもうはやらん。なんとかして新しい方途《みち》を見つけねえとどうにもならんところまで村は追い込《こ》まれとるんでやんして、村長としても頭の痛えところだべあ。おっと足許《あしもと》さ気を付けて。小川が流れておりやんす。小川を渡《わた》ればわが家でさ」

村長の家で出た夕食は、干《ほし》わらびと干《ほし》ぜんまいの味噌汁《みそしる》に、干《ほし》にしんと昆布《こんぶ》の煮付《につけ》で、村の貧しさがこの夕餉《ゆうげ》からも窺《うかが》われるようであった。

夕食後、女子学生たちは、明日の公演に使う胴使《どうづか》い人形を組み立てたり、背景幕の皺《しわ》をのばしたりしはじめたが、ふとひとりが言った。

「重い人形や道具を担いで山道を登っていたときは、どうしてあたしはこんな地の涯《はて》みたいなところへ来てしまったのかしら、と正直いって後《こう》悔《かい》していたのよ。こんな苦労をすると知っていたら、海の家なんかでアルバイトをしていた方がよっぽどよかった、お金が稼《かせ》げてその上遊べるし、なんてね。でも、やはり来てよかった。だってすてきな星空が見れたんだもん。ほんとうにこのへんは天が近いのね」

「明日のいまごろは、その十倍も来てよかったと思うはずよ」

人形の胴串《どぐし》の針金をまっすぐにのばしていたリーダーが言った。

「あなた、公演旅行に参加したのははじめてでしょ。だからわからないでしょうけど、わたしいまから予言してもいい。児童文化に飢《う》えた貧しい子どもたちが人形劇にわれを忘れて夢中になっている光景を自分の眼でたしかめるときの喜び――。その喜びは一生忘れられないものになるはずよ」

そのとき、まただれかが感嘆《かんたん》の声をあげた。

「流れ星だわ」

六人の女子学生たちは息をのんで光の尾を見つめ、それが消え去ったあとも、長い間、夜空から目を落《おと》そうとしなかった。びっくりするほど近くで、杜鵑《ほととぎす》が一声啼《な》き、続いてどこかで、山竹の裂《さ》ける音がした。

あくる朝、六人の女子学生たちは、数十数百の小鳥たちの啼《な》き声で目を覚《さま》した。

小川の水で洗面を済ませた六人は村長の家のまわりを散歩した。村長の家の裏手は痩《や》せた畑で、畑の向《むこ》うが小学校になっており、畑の中央に、貧弱な桃《もも》の木が一本、⑤朝の陽光を浴びて金色に輝《かがや》く実を十個ほどつけて、立っていた。純白の地に淡紅色《たんこうしょく》のぼかしを浮《うか》びあがらせた桃《もも》の実は、六人になんとなく、この寒村にふさわしくないという印象を与《あた》えた。リーダーは手近《てぢか》の桃《もも》を掌《てのひら》で包みこむようにして触《さわ》った。

ことを指摘《してき》している。

オ　日本が凋落《ちょうらく》した原因を韓国《かんこく》が指摘《してき》していたことを紹介《しょうかい》しながら、そこに筆者独自の視点を加味することで問題をより詳《くわ》しく分析《ぶんせき》し、日本が失っていたものの中に今後の活路を見出し得るという可能性を示唆《しさ》している。

問九　――線①「なぜ、日本は凋落《ちょうらく》したのか?」とありますが、日本が凋落《ちょうらく》した理由を筆者はどのように考えていますか。[I]の文章全体を踏《ふ》まえて七十字以内で答えなさい。

[二]　次の文章を読んで、後の一から九までの各問いに答えなさい。
（ただし、字数指定のある問いはすべて句読点・記号も一字とする。）

養護施設《しせつ》「白百合《しらゆり》天使園」園長の小原純子は、ある日上流階級の婦人方で構成される社交クラブ「サロン・ド・シャリテ」の代表片桐枝美子から、クラブの活動の一環《いっかん》として、「サロン・ド・シャリテ」のメンバーが施設《しせつ》の子どもたちの一日母親となるという申し出を手紙で受け取る。園の方針に照らして、丁重にお断りしたところ、片桐からは「私たちの厚意を受け取らないのは傲慢《ごうまん》である。」との返事があった。次の文章はそれに対する小原園長の返信である。

お手紙ありがとうございます。わたしの筆の拙《つたな》さがみなさまのご立腹を招いたようで、ほんとうに申しわけございません。わたしの言いたかったのは、ことばは熟しませんが、①善意の権力というようなことで、こんども上手《じょうず》に説明できるかどうか自信がなく、便箋《びんせん》を前にだいぶ長いあいだ考え込《こ》んでしまいました。が、そのうちにふと、十二、三年前にある東京の女子大の校友会雑誌に、わたしのいまの気持ちをほとんど完《かん》璧《ぺき》に代弁してくれる小説が載《の》っていたことを思い出し、修道院の屋根裏の物置のトランクの中から持ってまいりました。お忙《いそが》しいところを恐縮《きょうしゅく》ですが、ここにその小説の部分を切り取って同封《どうふう》いたしますので、ひと通りお読みになってください。

創立三十周年祭記念創作募集《ぼしゅう》第一席

桃《もも》

舟倉道子

東京のある女子大の児童文化研究会の一行六名が、東北でも最も遅《おく》れているといわれる寒冷地の小村の村役場に辿《たど》りついたのは七月のとある夕方のことだった。

（中略）

*1老吏員《ろうりいん》の用意してくれた役場の名入りの提灯《ちょうちん》で道を照《てら》して先導しながら、村長は女子学生たちに言った。

「あんたがたが村へ見えられたということは、こりゃ②この村にとって大した事件でやんすよ。というと大袈裟《おおげさ》な男だとお笑いになるかも知れんがこれは誓《ちか》ってほんとうで。一年に一度か二度、県庁から巡回《じゅんかい》映画班がまわってくるぐらいで、村の連中にとっちゃ人形劇を見るなんぞ生《うま》れてはじめてのことなんでやんすから……」

「でも、テレビはあるでしょう」

リーダーの質問に村長は提灯《ちょうちん》を横に振《ふ》って、

「ＮＨＫは日本全土の九十八パーセントを電波で覆《おお》ったと豪語《ごうご》しとるが、この村は残り二パーセントの最難聴《なんちょう》地域のひとつなんじゃて。四方

問二　空らん［X］に入る言葉として最も適当なものを次のア～オの中から一つ選び、記号で答えなさい。

ア　指して　イ　射て　ウ　見すえて　エ　絞《しぼ》って

オ　描《えが》いて

問三　――線Y「奇《く》しくも」のここでの意味として最も適当なものを次のア～オの中から一つ選び、記号で答えなさい。

ア　意外にも　イ　かろうじて　ウ　偶然《ぐうぜん》にも

エ　誇《ほこ》らしいことに　オ　幸運にも

問四　――線②「まだ誰《だれ》もみていないその先の風景を描《えが》けなかった」とありますが、「まだ誰《だれ》もみていないその先の風景」と同じ意味で使われている言葉を[I]の文章中から十二字で探し、抜《ぬ》き出しなさい。

問五　――線③「管理された組織や、日本的大企業《だいきぎょう》の典型である硬直《こうちょく》した統制型マネージメント」はどのような考え方に陥《おちい》りやすいと言えますか。[I]の文章中から答えとして適当な言葉を十字以内で探し、最初の四字を抜《ぬ》き出しなさい。

問六　――線④「ぼくはいま本の森のなかで暮らしています」とありますが、その説明として最も適当なものを次のア～オの中から一つ選び、記号で答えなさい。

ア　所狭《ところせま》しと大量の本をあちらこちらに積み上げ、その中で自由に読書にふけりながら生活している。

イ　無駄《むだ》だと判断した本であっても捨てることなく、他の多くの本と同じく大切にして生活している。

ウ　大量の本を身近に置き、それらを常に十分に活用し、様々な気づきを得ながら生活している。

エ　自分にとって役立ちそうな本か否かに関係なく、様々な数多くの本に囲まれて生活している。

オ　便利さ一辺倒《いっぺんとう》の社会から距離《きょり》を取り、大量の本の中で多くの時間を読書に費やしながら生活している。

問七　――線⑤「散らかしの神様の偉大《いだい》な力」とありますが、「散らかしの神様」の意義を説いた表現を[I]の文章中から四字で探し、抜《ぬ》き出しなさい。

問八　[I]の文章の構成を説明したものとして最も適当なものを次のア～オの中から一つ選び、記号で答えなさい。

ア　日本の経済成長の停滞《ていたい》の理由を平田《ひらた》オリザ氏の指摘《してき》を交えながら筆者なりに分析《ぶんせき》し、その中で浮上《ふじょう》した日本人のなかなか遊びに馴染《なじ》むことができない国民性を紹介《しょうかい》し、歴史的に支持されてきた遊びの価値を主張している。

イ　日本が凋落《ちょうらく》したという事実をたんに紹介《しょうかい》するにとどまらず、韓国《かんこく》の詳細《しょうさい》な分析《ぶんせき》と筆者独自の考えを示すことで、「失われた三〇年」が人為的《じんいてき》に作られたものであることを指摘《してき》し、日本特有の統制型の経営を批判している。

ウ　日本の凋落《ちょうらく》の内実を平田《ひらた》オリザ氏の独自の分析《ぶんせき》を交え紹介《しょうかい》するとともに、テクノロジーだけを信奉《しんぽう》した日本人の思想的未熟さを指摘《してき》し、かつて持っていたはずの、遊びや楽しみを通じた精神的おおらかさの復活を提言している。

エ　日本の経済成長の停滞《ていたい》という事実をきっかけに、韓国《かんこく》の研究心の旺盛《おうせい》さと相対化するかたちで日本人の安易な人まねにおける器用さを紹介《しょうかい》し、それだけでは世界に通用する文化的成熟さを示し得ない

リベラルアーツは、いわば無用の用です。履歴書《りれきしょ》に書けるような資格でもなければ、出世に役立つとか、そのような意味での有用性はありません。けれども、そのいっけん無用に思えることが、もしかすると人類の未来を救うことになるかもしれない。それほどまでに謎《なぞ》めいていて奥《おく》深《ぶか》く、汲《く》めども尽《つ》きぬ魅力《みりょく》を秘めているのです。

（『リベラルアーツ「遊び」を極めて賢者《けんじゃ》になる』　浦久《うらひさ》 俊彦《としひこ》）

Ⅱ

僕《ぼく》の場合、小さい頃《ころ》から「散らかしの神」に支配されていた。ときどき、その神様が降りてきて、僕《ぼく》をして僕《ぼく》の周辺を散らかすのである。僕《ぼく》自身はまったくの無意識で、「おやっ」と気づいたときには、周りは散らかり放題、悲惨《ひさん》な状態になっている。身に覚えがないので、「犯人は僕《ぼく》じゃない！」と愕然《がくぜん》とするのであるが、幸い、僕《ぼく》の両親は子供に「ちょっと片づけなさいよ」などと言うことは一度もなかった。それはたぶん、＊10エントロピィ増大というか、宇宙の原則を両親が正しく理解していたためだと思われる。物理学の理解は、このように日常を豊かにする。ありがたいことである。

なにかに熱中しているからこそ、知らないうちに散らかってしまうわけである。だから、もしもその熱中の真《ま》っ直中《ただなか》で「片づけなさい」なんて叱《しか》られると、子供はその瞬間《しゅんかん》に、物理法則への素敵な予感を断ち切られ、「親の支配」という卑近《ひきん》な現実に引き戻《もど》されることになる。そして僕《ぼく》のように⑤散らかしの神様の偉大《いだい》な力を肌で感じることもできなくなるという寸法だ。

（『工作少年の日々』　森《もり》　博嗣《ひろし》）

〔注〕＊1　凋落《ちょうらく》＝おちぶれること。

＊2　それをいま、テクノロジーだけを追い求めて、リベラルアーツの精神を顧《かえり》みなかったからと書きましたが＝筆者はこの箇所《かしょ》より少し前の記述で、日本凋落《ちょうらく》の原因としてこのように指摘《してき》している。

＊3　リベラルアーツ＝「教養」とか「教育カリキュラム」のような一《いっ》般的《ぱんてき》な理解とは異なり、筆者（浦久俊彦《うらひさとしひこ》）は「人生を遊びつづけるためのわざ」と定義している。

＊4　シンクタンク＝様々な分野の研究をしたり助言を行ったりするために専門家を集めた研究機関。

＊5　冒頭《ぼうとう》のスティーブ・ジョブズの「テクノロジーとリベラルアーツの交差点に立つ」という言葉＝筆者（浦久俊彦《うらひさとしひこ》）は本書、序章の冒頭《ぼうとう》で故スティーブ・ジョブズ（＝米アップル社の創業者の一人）の言葉を紹介《しょうかい》している。

＊6　失われた三〇年＝一九九〇年代から今日までの、日本において経済の停滞《ていたい》が指摘《してき》されている期間。

＊7　ファンタスティック＝ここでは、「非常にすばらしいさま」ということ。

＊8　マネージメント＝経営などの管理をすること。

＊9　イノベーター＝イノベーションを起こす人。

＊10　エントロピィ増大＝ここでは、「ものごとは放っておくと乱雑になっていく」ということ。

問一　――線A「テイメイ」・B「ヨケイ」のカタカナを正しい漢字に直しなさい。

（一画一画ていねいにはっきりと書くこと。）

あえて「ソウゾウリョク」とカタカナで記しましたが、それにしても日本語がすばらしい言語だと感心するのは、英語では「クリエイティビティ」と「イマジネーション」という人間のあらゆる創造活動の核《かく》をなすふたつの言葉が、日本語では、Y奇《く》しくも同じ発音をもつ言葉だということです。それを外国人に話すと、たいていは驚愕《きょうがく》して称賛《しょうさん》されます。

彼《かれ》らには、クリエイティブとイマジネーションを同じ言葉で表現できる言語というものを想像することすらできない。そして「日本語はなんとファンタスティック*7な言語なんだ！」と感嘆《かんたん》するというわけです。そして、このふたつの「ソウゾウリョク」こそ、リベラルアーツによってもたらされる最大の果実なのです。

ふたつの「ソウゾウリョク」が躍動《やくどう》すれば、それが「イノベーション（＝新機軸《しんきじく》、新結合。新たなアイデアによって社会的意義のある価値を創造すること）」につながる。

現代は、イノベーションの時代といわれます。いま、世界を変えている数々のイノベーションや斬新《ざんしん》なアイデアは、③管理された組織や、日本的大企業《だいきぎょう》の典型である硬直《こうちょく》した統制型マネージメント*8からは、けっして生まれないということは、もはや明らかです。

かつて世界を席巻《せっけん》した「メイド・イン・ジャパン」が次々と生み出されていた時代、日本はもっと「遊ぶ国」であり「楽しむ国」でした。それがいつのまにか、日本はただの窮屈《きゅうくつ》な国になり、つまらない国になったという声が聞こえるようになると、日本からふたつの「ソウゾウリョク」がどこかに消えてしまったのです。

この章の冒頭《ぼうとう》に登場したスティーブ・ジョブズもそのひとりですが、偉大《いだい》なイノベーター*9は例外なく「ホモ・ルーデンス（遊ぶ人）」です。「無駄《むだ》なことをできる人」であり、「人生を遊ぶ人」であるともいえます。

元日本マイクロソフト社長の成毛眞《なるけまこと》はこう書いています。

遊びや趣味《しゅみ》というのは、意外に仕事の成果につながっていたりする。日本人は真面目《まじめ》に働きすぎて、遊ばないからイノベーションを起こせないと、私は事あるごとにいっているが、実際そうなのだ。

（『アフターコロナの生存戦略』成毛眞《なるけまこと》著、ＫＡＤＯＫＡＷＡ）

あまりにも合理主義、効率主義に偏《かたよ》った社会は、無駄《むだ》なもの、Bヨケイなものを極力排除《はいじょ》しようとします。ところで「無駄《むだ》なもの」とは何でしょうか？　たとえば、④ぼくはいま本の森のなかで暮らしていますが、一万冊以上の本のなかに埋《う》もれて片隅《かたすみ》で埃《ほこり》をかぶって記憶《きおく》にもない一冊の「無駄《むだ》に思えた本」が、あるとき、なぜかすっと視界に入り、偶然《ぐうぜん》開いたページが人生のピンチを救ってくれたことが何度もあります。そのような不思議を経験してみると、人間の浅知恵《あさぢえ》だけで「無駄《むだ》」を選別しようとしたことが、何とも浅はかで傲慢《ごうまん》にすら思えてくるのです。

古代中国の賢者《けんじゃ》・老子《ろうし》に、「無用の用」を説いた有名な言葉があります。

（故に）有の以《もっ》て利を為《な》すは、無の以《もっ》て用を為《な》せばなり。

目先の利益で有用・無用を決めつけてはならない。いまは無用にみえても、のちに必要になることもある。何の役に立っていないようにみえても、どこかで大事な役に立っていることもある、という意味です。

【国　語】（五〇分）〈満点：一〇〇点〉

一　次のⅠとⅡの文章を読んで、後の一から九までの各問いに答えなさい。
（ただし、字数指定のある問いはすべて句読点・記号も一字とする。）

Ⅰ

①なぜ、日本は*1凋落《ちょうらく》したのか？

ここでいう「凋落《ちょうらく》」とは、何も経済力のAテイメイだけを指しているのではありません。高度成長期の日本には、活力もあれば文化発信力もあった。それがいまや、何もかもがすっかり影《かげ》を潜《ひそ》め、自信を失い、まるで坂道をただ転げ落ちているようにもみえます。

なぜ、このようなことになってしまったのか？

*2それをいま、テクノロジーだけを追い求めて、*3リベラルアーツの精神を顧《かえり》みなかったからと書きましたが、さらに具体的に、『街場《まちば》の日韓論《にっかんろん》』（内田樹《うちだたつる》編、晶文社《しょうぶんしゃ》）という本の中で劇作家の平田《ひらた》オリザが、その原因は「創造力の欠如《けつじょ》」であるという鋭《するど》い分析《ぶんせき》結果を紹介《しょうかい》しています。

それを指摘《してき》したのは、日本政府でも日本の学会でも*4シンクタンクでもなく、お隣《となり》の韓国《かんこく》です。韓国《かんこく》は、二一世紀初頭に、テイメイする日本経済と日本社会を徹底的《てっていてき》に研究、分析《ぶんせき》してその原因を探りました。それは韓国《かんこく》が日本のようにならないためであり、「一説によると、２０００年代の十年だけで、日本経済や日本社会の停滞《ていたい》に関するレポートが、様々なシンクタンクから2千本も書かれたと聞いたことがある」（前掲書《ぜんけいしょ》）というのです。

日本経済はとにかく西洋に追いつけ追い越《こ》せで、人まねもうまく勤勉で器用だったために西洋に追いつくところまでは行った。だが追いついた次の段階として、②まだ誰《だれ》もみていないその先の風景を描《えが》けなかった。そして完全に自分を見失い、失速した。なぜか？

「そのレポートに書かれている結論の一つが『クリエイティビティの欠如《けつじょ》』だった」（同書）と平田《ひらた》は言います。

（中略《ちゅうりゃく》）

ここでふたたび、*5冒頭《ぼうとう》のスティーブ・ジョブズの「テクノロジーとリベラルアーツの交差点に立つ」という言葉を思い起こしてみます。

高度成長期の日本は、たしかにテクノロジーでは世界をリードできたものの、テクノロジーだけを信奉《しんぽう》してリベラルアーツの精神が欠落していた。そのアンバランスさこそが「*6失われた三〇年」の正体です。その原因を、韓国《かんこく》は「クリエイティビティ（＝創造力）の欠如《けつじょ》」と分析《ぶんせき》したわけです。

その分析《ぶんせき》はたしかに的を〔　X　〕います。でもぼくはそれだけではないと思っています。「創造力」だけではない。日本語にはもうひとつの「ソウゾウリョク」もある。そのふたつともが欠けていたのではないかと思うのです。

もうひとつの「ソウゾウリョク」とは何か？

「想像力」です。

「創造力」と「想像力」というふたつの「ソウゾウリョク」。そして、未来へのグランドデザインを描《えが》くために何よりも必要なエンジンは、このふたつの「ソウゾウリョク」ではないのか？　ぼくはそう考えています。

ここまで「創造力」も「想像力」も、まったく同じ発音の語として、

MEMO

大切なことはメモしておこうネ！

第1回

2023年度

解　答　と　解　説

《2023年度の配点は解答欄に掲載してあります。》

＜算数解答＞

1　(1)　$\frac{1}{280}$　　(2)　$\frac{20}{23}$　　(3)　ア　1　　イ　6　　(4)　24

2　(1)　ア　A　　イ　1　　(2)　8通り　　(3)　810人　　(4)　81度

3　(1)　1200　　(2)　775　　4　(1)　1：2　　(2)　$\frac{1}{21}$倍

5　(1)　24秒後　　(2)　右2段　　(3)　102

6　(1)　$\frac{23}{27}\mathrm{cm}^3$　　(2)　$\frac{77}{108}\mathrm{cm}^3$　　(3)　$\frac{9}{16}\mathrm{cm}^3$

○推定配点○

1，2　各5点×8（1(3)，2(1)各完答）　他　各6点×10　　計100点

＜算数解説＞

基本　1　（四則計算，数の性質，規則性，演算記号）

(1)　$\left(\frac{1}{15}+\frac{5}{4}\right)\times\frac{6}{7}-\frac{9}{8}=\frac{79}{60}\times\frac{6}{7}-\frac{9}{8}=\frac{79}{70}-\frac{315}{280}=\frac{1}{280}$

(2)　$\frac{\triangle}{\square}\times\frac{46}{5}$，$\frac{\triangle}{\square}\times\frac{161}{4}$より，△は5，4の最小公倍数の20，□は46，161の最大公約数の23

(3)　アイ…2回で36，3回で16，4回で96，5回で16
したがって，奇数回ではアイがそれぞれ16

(4)　4△6…$2\div\left(\frac{1}{4}+\frac{1}{6}\right)=2\div\frac{5}{12}=\frac{24}{5}$

$2\div\left(\frac{5}{24}+\frac{1}{\square}\right)=8$　　$\frac{1}{\square}=\frac{2}{8}-\frac{5}{24}=\frac{1}{24}$　　したがって，□＝24

重要　2　（速さの三公式と比，割合と比，場合の数，消去算，平面図形）

(1)　AさんとBさんの速さの比…100：90＝10：9
Aさんが110m走ると，Bさんは110÷10×9＝99(m)走る。

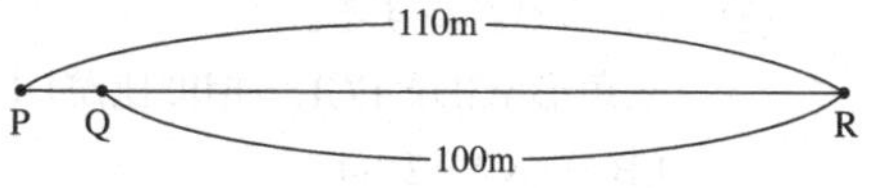

したがって，Aさんが110－(10＋99)＝1(m)の差をつけてゴールする。

(2)　以下の8通りがある…一定の規則によって配列を考える。

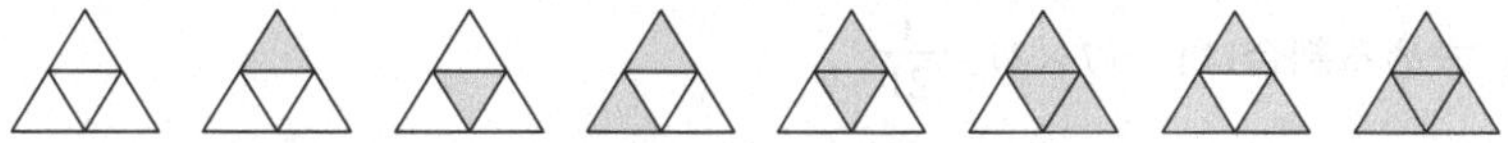

(3)　男女の人数の比…5：4　　電車通学者と非電車通学者の人数の比…10：17
男子の人数…180＋□　　女子の人数…⑳＋240（⑳は他の数でも解ける）

女子の人数×$\frac{5}{4}$…㉕＋300

180＋□＝㉕＋300より，□＝㉕＋120…ア

電車通学者の人数…180＋⑳　　非電車通学者の人数…□＋240

電車通学者の人数×$\frac{17}{10}$…306＋㉞

306＋㉞＝□＋240より，□＝㉞＋66…イ

イとアより，㉞－㉕＝⑨が120－66＝54であり，⑳は120

したがって，全校生徒は(120＋240)÷4×(5＋4)＝810(人)

(4) 右図において，正十角形の1つの外角は360÷10＝36(度)，

1つの内角は180－36＝144(度)

角PCE…144－(36＋90)＝18(度)

したがって，角CPEは(180－18)÷2＝81(度)

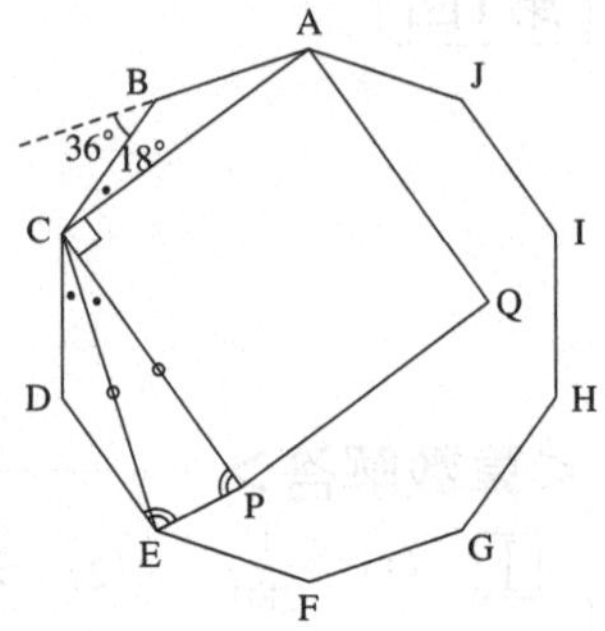

重要 3 (割合と比，売買算)

(1) 仕入れ値×1.5×0.8＝仕入れ値×1.2

したがって，仕入れ値は240÷0.2＝1200(円)

(2) 定価…120×1.5＝180(円)

700個の利益…(180－120)×700＝42000(円)

2割引きで売る1個の利益…180×0.8－120＝24(円)

したがって，仕入れ個数は700＋(43800－42000)÷24＝775(個)

やや難 4 (平面図形，相似，割合と比)

(1) 図1より，1×2が○＋○－1に等しいので○×2＝2＋1＝3，○は1.5であり，BE：ADは1：1.5＝2：3

三角形BEKとDAK…相似比が2：3，面積比は4：9

三角形AGDとGKD…面積比は(9－4)：4＝5：4

AG＝5のとき…GKは4，AKは9，KEは9÷3×2＝6

したがって，AG：GEは5：(4＋6)＝1：2

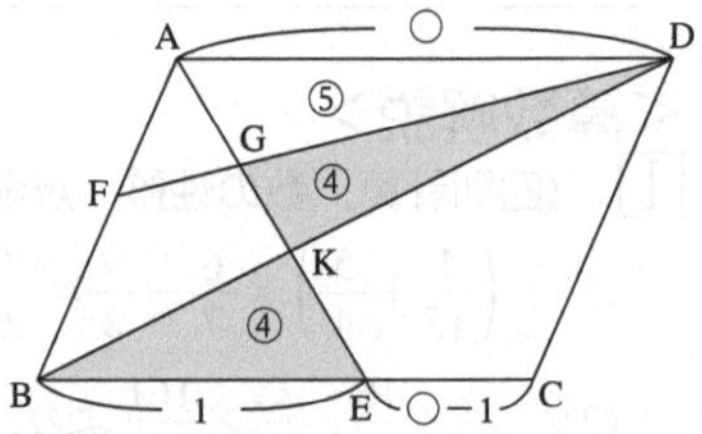

図1

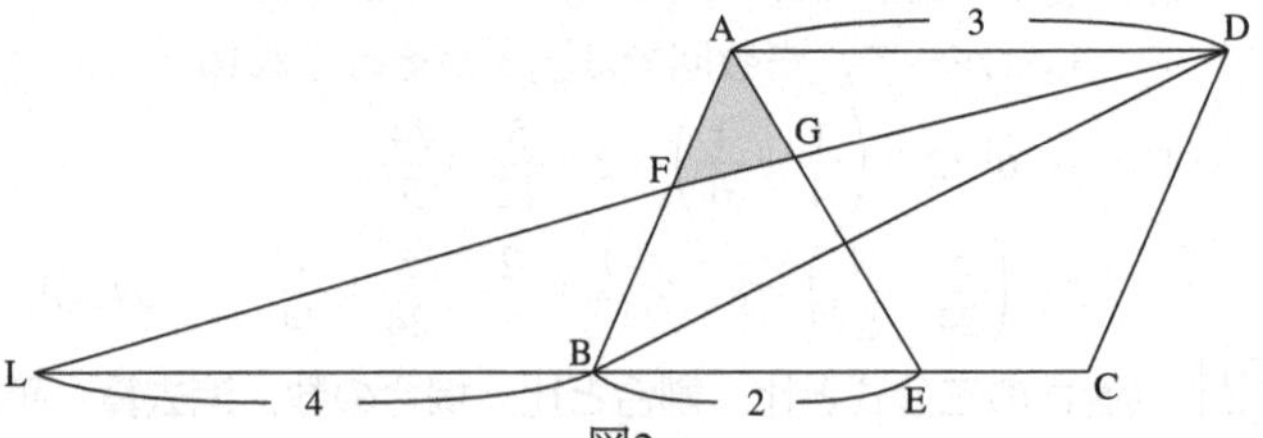

図2

(2) 図2より計算する。

三角形AGDとEGL…相似比が1：2

LB…3×2－2＝4

三角形AFDとBFL…相似比が3：4

三角形AFGとABE…AG：AE＝1：3，AF：AB＝3：7より，面積比が(1×3)：(3×7)＝1：7

したがって，求める割合は1÷(7×3)＝$\frac{1}{21}$

重要 5 (規則性)

(1) 8秒後…Aさんは右1，Bさんも右1

16秒後…Aさんは右1，Bさんは左1

したがって，この後に同じ段にいたのは24秒後

(2) 13秒後…Aさんは左3，Cさんは右3

したがって，Cさんは右2段から出発した。

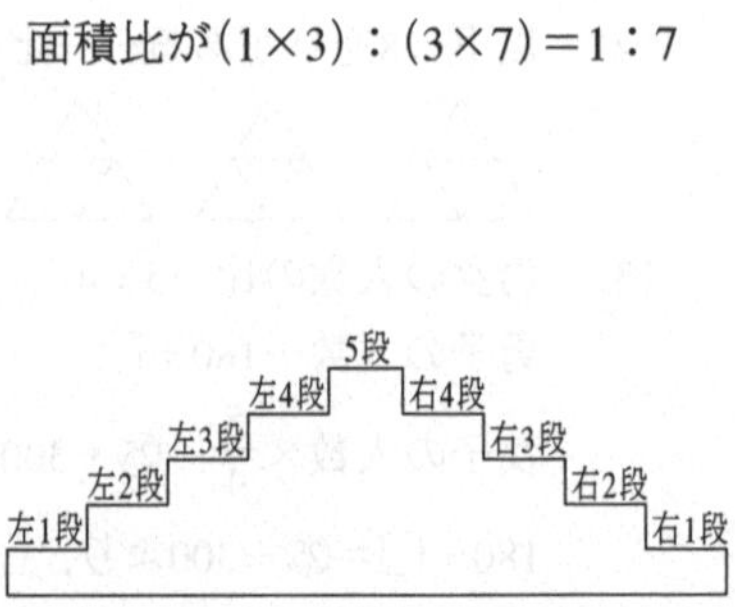

(3)　右表より，Dさんがどこから出発しても6秒後，14秒後，22秒後，～にはAさんと同じ高さの段にはいない。
したがって，求める時刻は$8\times13-2=102$（秒後）

秒	1	2	3	4	5	6	7	8
A	右3	5	左3	左1	左3	5	右3	右1
D1	右2	右3	右4	5	左4	左3	左2	左1
D2	右3	右4	5	左4	左3	左2	左1	左2
D3	右4	5	左4	左3	左2	左1	左2	左3
D4	5	左4	左3	左2	左1	左2	左3	左4
D5	左4	左3	左2	左1	左2	左3	左4	5

6　（立体図形，平面図形，相似，割合と比）

重要　(1)　図アより，計算する。
正三角形BSPとBCA…相似比が2：3，面積比が4：9
したがって，求める体積は$1-\frac{4}{9}\times1\div3=1-\frac{4}{27}=\frac{23}{27}$（cm³）

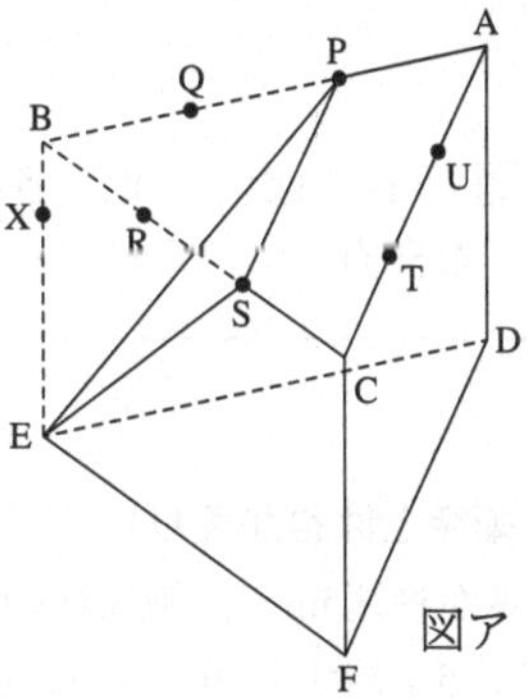

図ア

(2)　図イより，計算する。
三角錐K－GRS…三角錐E－PBSとF－URCを除去するとき，重複して除去することになる部分
正三角形GRS…図1より，正三角形ABCの面積の$\frac{1}{9}$
二等辺三角形KSRとKEF…相似比1：3，二等辺三角形KSRの高さは全体の三角柱の$\frac{1}{4}$
したがって，(1)より，求める体積は$1-\frac{4}{27}\times2+1\times\frac{1}{9}\times\frac{1}{4}\div3=\frac{77}{108}$（cm³）

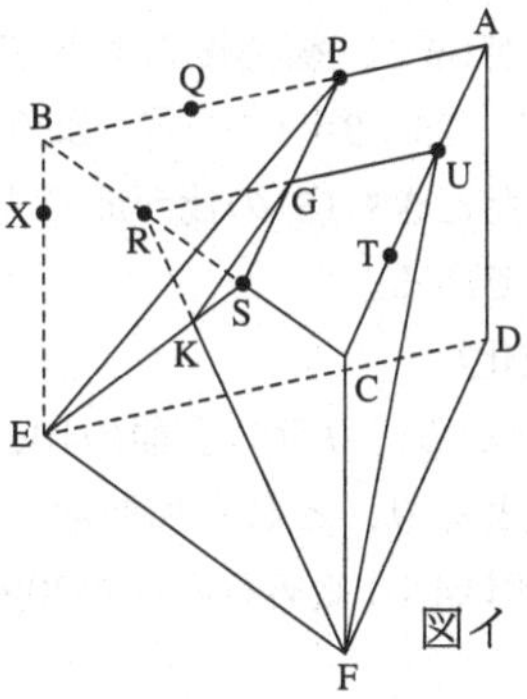

図イ

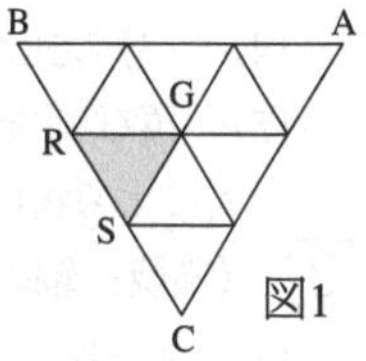

図1

やや難　(3)　図ウより，計算する。
三角柱XYZ－EFDの体積…$\frac{3}{4}$cm³
三角錐E－XKMの体積…図2より，$\frac{1}{4}\times\frac{3}{4}\div3=\frac{1}{16}$（cm³）
したがって，求める体積は$\frac{3}{4}-\frac{1}{16}\times3=\frac{9}{16}$（cm³）

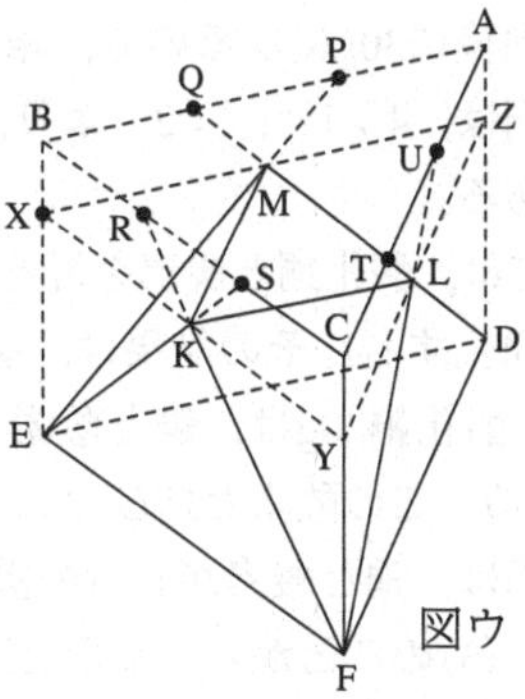

図ウ

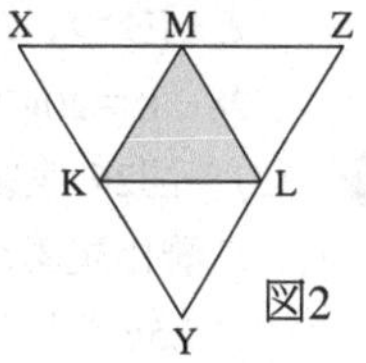

図2

★ワンポイントアドバイス★

2(1)「ゴールしたときの距離の差」は，スタート位置が異なるので最後に確認しないと正解にならない。(3)「全校生徒の人数」は簡単ではなく，4「平行四辺形と相似」の問題も，簡単ではなく差がつきやすい。

＜理科解答＞

1　(1)　5：3　(2)　秒速15m　(3)　25：9　(4)　0.54m　(5)　0.19m

2　(1)　5g　(2)　20g　(3)　1.5g　(4)　42g　(5)　64g　(6)　い
(7)　3g　(8)　27.5g

3　(1)　40倍　(2)　16倍　(3)　あ　(4)　あ・え　(5)　ゾウリムシ　(6)　う
(7)　あ

4　(1)　火山の噴火[火山活動]　(2)　西　(3)　い　(4)　い・う・お　(5)　お
(6)　不整合

○配点○

1　各2点×5　2　(1)　1点　他　各2点×7　3　(1)　1点　他　各2点×6
4　各2点×6　計50点

＜理科解説＞

1　(物体の運動─衝突とはねかえり)

(1)　衝突前の速さが秒速5mで，衝突後の速さが秒速3mだから，その比は5：3である。

基本　(2)　(1)の比から，5：3＝□：9　より，□＝15で，秒速15mである。

(3)　最初の高さが1mで，衝突後の高さが0.36mだから，その比は1：0.36＝25：9である。

(4)　(3)の比から，25：9＝1.5：□　より，□＝0.54で，0.54mである。

(5)　再び衝突したときも(3)の比が成り立つので，25：9＝0.54：□　より，□＝0.1944で，四捨五入により0.19mである。

2　(燃焼─銅の酸化)

(1)　A→Bの重さから，ガラス容器の10gを除くと，1回目は0.8g→1.0g，2回目は1.0g→1.25g，3回目は1.2g→1.5gとなり，どれも加熱前：加熱後の重さの比は4：5である。よって，銅と結びつく酸素の重さの比は4：1である。銅が20gの場合，結びついた酸素は，4：1＝20：□　より，□＝5gとなる。

重要　(2)　銅28gが加熱後に30gになるので，結びついた酸素の重さは30－28＝2gである。その2gの酸素と結びついた銅は，4：1＝□：2　より，□＝8gである。よって，反応せずに残った銅の重さは，28－8＝20gである。

重要　(3)　図2の実験では，酸化銅と炭素を混ぜて加熱すると，銅と酸素が離れ，炭素と酸素が結びつき，二酸化炭素が発生する。その結果は，酸化銅20gがすべて銅に変わるとき，発生する二酸化炭素は5.5gである。酸化銅20gは，銅と酸素が4：1の重さの比で結びついているので，酸素の重さは20÷5＝4gである。この酸素と結びついた炭素は，5.5－4＝1.5gとなる。

(4)　50gの酸化銅は，銅と酸素が4：1の重さの比で結びついているので，酸素の重さは50÷5＝10gである。一方，(3)のことから，炭素と酸素が結びつく重さの比は，1.5：4＝3：8と分かる。よって，3gの炭素と8gの酸素が結びついた11gの二酸化炭素が，試験管の外に逃げていき，できた銅と余った酸化銅が試験管に残る。残った固体の重さは，50＋3－11＝42gとなる。なお，残った固体は，できた銅が8×4＝32gと，余った酸化銅が10gである。

(5)　酸化銅と水素を加熱すると，銅と酸素が離れ，水素と酸素が結びつき，水が生成する。2gの水素から18gの水ができたので，水素と結びついた酸素は16gである。酸化銅は，銅と酸素が4：1の重さの比で結びついていたので，16gの酸素と結びついていた銅は，4：1＝□：16　より，□＝64gとなる。

(6)　試験管の中にある空気の中には酸素が含まれている。そのため，酸素が炭素と結びついたり，できた銅が再び酸素と結びついたりしてしまうと，実験結果の重さが正しく得られない。窒素を入れることで，酸素を追い出すことができる。

やや難 (7)　220gの酸化銅は，銅と酸素が4：1の重さの比で結びついているので，酸素の重さは220÷5＝44gである。また，(3)のことから，炭素と酸素が結びつく重さの比は3：8であり，(5)のことから，水素と酸素が結びつく重さの比は2：16＝3：24である。つまり，炭素3gと水素3gでは，結びつく酸素の量が24－8＝16gちがう。もし10.5gのすべてが炭素だったとすると，結びつく酸素は，3：8＝10.5：□　より，□＝28gである。酸素は44gあるので，44－28＝16gの差がある。よって，10.5gのうち3gが水素で，残る10.5－3＝7.5gが炭素である。

(8)　(7)のことから，炭素7.5gが酸素と結びついた。炭素と酸素が結びつく重さの比は3：8だから，酸素の重さは3：8＝7.5：□　より，□＝20gであり，できた二酸化炭素は7.5＋20＝27.5gである。これが石灰水に吸収され，石灰水が重くなる。

3　(動物―ゾウリムシの観察)

(1)　顕微鏡全体の倍率は，接眼レンズの倍率と対物レンズの倍率の積である。15×□＝600　より，□＝40倍である。

重要 (2)　倍率が100倍のときに比べると，400倍のときは4倍に拡大したことになる。視野の中の正方形は，縦も横も4倍になるので，面積は16倍になる。

(3)　顕微鏡では，上下左右が逆に見える。問題の左図のように視野の左上に見えている生物は，実際には右下にあるので，中央に持ってくるには左上に動かせばよい。

(4)　接眼レンズは，筒の短い方が倍率が高い。だから，**あ**が15倍，**い**が10倍，**う**が5倍である。一方，対物レンズは，筒の長い方が倍率が高い。だから，**え**が4倍，**お**が10倍，**か**が40倍である。よって，倍率の低い順は，5×4，10×4，5×10，15×4，10×10，15×10，5×40，10×40，15×40となる。4番目に低いのは，15×4のとき，つまり，**あ**と**え**の組み合わせのときである。

重要 (5)　図はゾウリムシである。大きさ0.1mmほどの単細胞生物で，タオルを絞ったような，ねじれた円柱のような形をしている。

(6)　ゾウリムシの細胞のまわりには多数の繊毛があり，繊毛を動かすことで，からだをねじるように回転させながら動かす。図では，繊毛が右から左へなびいており，うの向きに動いている。

(7)　ゾウリムシの体内の濃度は0.2％に近い。体外の濃度が低いほどと，多くの水が体内に入ってくるため，濃度を保つように収縮胞をより多く収縮させて水を外に出す。つまり，実験では食塩水の濃度が低いほど，収縮の回数が多くなる。

4　(地層と岩石―地質柱状図)

重要 (1)　地層を構成する粒の多くは，ふつう川を流されて海底などに堆積したため，けずられたりぶつかったりして丸みを帯びている。しかし，層アのように，粒が角ばっている地層もある。これは，川を流されてきたのではなく，空気中を飛んできたものである。つまり，層アは火山活動によって噴出した火山灰などの層である。

(2)　アの層は火山灰層なので，A～Eの地点には同時に堆積したと考えてよい。アの層の上下は，Aでは直径2mm以上のレキ，B～Dは2mm以上のレキと2mm～0.06mmの砂，Eは2mm～0.06mmの砂と0.06mm以下の泥である。つまり，A→Eの向きに粒が小さくなっており，Aは陸に近く流れが速い海底，Eは陸から遠く流れが遅い海底だといえる。つまり，地層ができた当時，Aの西方に陸地があり，川が流れ込んでいたと考えられる。

(3)　まず，Xよりも上の地層はA～Eでそろっているので，断層が動いたのはXより古い時代である。次に，Xよりも下の地層を見ると，同時に堆積したアの層が，Bだけ深さが異なっている。よって，Bとそれ以外の間に断層があると考えられる。

(4)　Dのaは2mm～0.06mmの砂で，bは0.06mm以下の泥である。つまり，a→bの向きに粒が小さくなっており，この場所の水の流れは徐々に遅くなっていったことがわかる。これは，陸から遠ざかり，水深が深くなったことを意味する。原因は，土地が沈降したか，海水面が高くなったかである。また，地球全体が温暖化すると，大陸の氷河や氷床が融けて海水が増えるので，海水面が高くなる。

(5)　ホタテガイは，水温20℃未満の寒冷な海の，水深10～70m付近の水底に生息している。このように，ホタテガイの化石は冷たい海水を示す示相化石である。

基本　(6)　地層の上下で，堆積時期に隔たりがある関係を，不整合という。地層はふつう海底などの水底でできるが，いったん陸地になると風化や侵食によって削られる。このように，不整合は過去にいったん陸地になった証拠となる。

★ワンポイントアドバイス★

実験や観察の結果をよく読んで把握し，それが何を意味しているのかよく考え，基礎知識を利用して答えを導こう。

＜社会解答＞

1　問1　漢[後漢]　　問2　2　　問3　3・4　　問4　5　　問5　織田信長　　問6　4→1
問7　4→1→3→2　　問8　2

2　問1　5　　問2　3　　問3　(1)　2　　(2)　アイヌ　　問4　4　　問5　3
問6　全国に広がった。　　問7　(1)　対馬　　(2)　4

3　問1　1　　問2　1→3→4→2　　問3　3　　問4　3・4・5　　問5　違憲立法審査権
問6　4　　問7　3　　問8　若者のための政策を考えてもらえなくなる。

○配点○

各2点×25(3問4完答)　　計50点

＜社会解説＞

1　(日本の歴史―古代から現代までの「印」を起点とした問題)

基本　問1「漢委奴国王」と記載された金印は，1784年に福岡県の志賀島で発見された。この金印については，中国の歴史書「後漢書東夷伝」に記載がある。「漢書地理志」や「魏志倭人伝」についてもおさえておきたい。

問2　古代日本の律令制は，中国の制度を模範としていた。大宝律令は701年に藤原不比等らによって編纂された。

問3　藤原氏の摂関政治は，道長・頼通父子の頃全盛期であった。この摂関政治は，天皇家との外戚関係が基盤となっていたといえる。

問4　鎌倉新仏教については，宗派名・開祖者・活動拠点をしっかりセットでおさえる必要がある。鎌倉新仏教は，従来からある旧仏教とは一線をかくしたものであり，旧仏教勢力からの弾圧も受けたりした。

問5　織田信長はじめ戦国大名は権威づけのために「印」を使用していた。

問6　三井越後屋は，いわゆる「現金掛け値なし」という商法を確立していった。現在の三越は三井越後屋が由来となっている。

問7　1は1889年，2は1910年，3は1890年，4は1885年である。

重要　問8　2　日本で女子普通選挙が実現するのは1945年のことである。平塚雷鳥や市川房枝らによる婦人参政権運動はあったが，戦前の段階で普通選挙が実現したのは男子だけであった。

2　(日本の地理―日本地理の総合問題)

重要　問1　1960年代の食生活の多様化によって，米の消費量は減少傾向にある。

問2　「乗用自動車」がもっとも手がかりになりやすいといえる。

問3　(1)　砂州は，対岸へ達した細長い砂礫の堆積地形である。　(2)　昨今,「多様性」が尊重されてきている風潮があるが，少数民族等マイノリティに対する配慮も必要である。

問4　「65歳以上」に注目すると判断しやすいといえる。

問5　地形図内の等高線の数値を注意深く確認する必要がある。

問6　読み取り問題である。

基本　問7　海流に関しては，太平洋側・日本海側それぞれの暖流・寒流を区別して覚える必要がある。

3　(政治―「年度」を起点とした政治総合問題)

問1　明治初期から現在に至るまで，太陽暦が使用されている。日本も明治初期まで月の満ち欠けを基準とした「太陰暦」が使用されていた。

問2　「法案の再議決」は，衆議院の優越の一つとなる。その他，「予算の先議権」や「内閣不信任決議権」がある。衆議院は参議院よりも議員の任期が短く解散もあるため，その時々の民意が反映されやすいことからこのような優越が認められている。

問3　3　「教育を受ける権利」に関する記述ではない。

問4　「国税と地方税」の分類以外にも,「直接税と間接税」についても区別する必要がある。

基本　問5　違憲立法審査権は，憲法の最高法規としての位置づけを保証する制度である。

問6　4　「効率性」や「迅速性」は，二院制のメリットと反する。

重要　問7　社会保障関係費の増大は急速な高齢化の影響を受けたものとなる。また，日本の財政は他の先進国と比較しても国債依存度が高く，硬直的な資金運用を余儀なくされている。

重要　問8　いわゆる「若者の政治離れ」の傾向を是正することが望まれている。選挙権を20歳から18歳に引き下げたのも，若者の政治参加を促すことが狙いとしてあったが，まだまだ効果は充分には出ていない。

★ワンポイントアドバイス★

制限時間が比較的短めなので，時間内にしっかり解き切るための実践的なトレーニングを積んでおこう。

＜国語解答＞

一　問一　A　従事　　B　就き　　C　根底　　問二　オ　　問三　ウ　　問四　ア
問五　X　アメ　　Y　ムチ　　問六　エ　　問七　イ　　問八　ア　　問九　(例)　ある行動を引き起こして，それを持続させる源であり，行動そのものが目的となる「内からのやる気」と，行動することが目的を達成する手段である「外からのやる気」とに区別されるもの。

二　問一　a　息子　　b　家庭教師　　問二　ウ　　問三　ウ　　問四　エ　　問五　A・C
問六　ア　　問七　(例)　借りた本の話題に自分が触れてしまったことで，先生が研究内容に夢中になって絵を忘れてしまい，和也が傷つくことになったから。
問八　Ⅲ　イ　　Ⅳ　オ　　問九　ア・オ

○配点○

一　問一　各2点×3　　問五　3点(完答)　　問九　9点　　他　各5点×6

二　問一・問二　各4点×2(問一完答)　　問七　9点　　他　各5点×7(問五・問八各完答)

計100点

＜国語解説＞

一　(論説文―要旨・大意・細部の読み取り，空欄補充，慣用句，漢字の書き取り，記述力)

基本　問一　――線Aはそのことにたずさわること。Bの音読みは「シュウ・ジュ」。熟語は「就任(しゅうにん)」「成就(じょうじゅ)」など。Cの「底」の画数は8画であることに注意。

問二　「ルンバが動く……」から続く3段落で，ルンバは外部からの力によって動くのに対し，人間は内部に存在している力である「やる気」によって行動を起こすということを述べているので，このことをふまえたオが適当。「やる気」が人間の内部に存在している力であることを説明していない他の選択肢は不適当。

問三　――線②直後で②は「行動を引き起こすことに重点」をおかれているものとして説明しているので，ウが適当。「やる気」の説明であるエは不適当。②直後の説明をふまえていない他の選択肢も不適当。

問四　「このように……」から続く2段落で述べているように，――線③は「他に何か目的があって行動しているわけでは」なく，「新しいことを知りたいから勉強している，あるいは，楽しいから，好きだから勉強している」ということなので，このことをふまえたアが適当。この2段落の内容をふまえていない他の選択肢は不適当。

問五　「アメ(＝X)とムチ(＝Y)」は甘い面と厳しい面のたとえで，「親に褒められたい」ことや「報酬(多くはエサ)」を「アメ」，「親に叱られる」ことや「罰(多くは電気ショック)」を「ムチ」にたとえている。

重要　問六　――線④は，義務と命令は「外部(他人や環境)」によるものなので，「『やる気』というと違和感がある」すなわち「やる気」とは関係がないと考えられるが，心理学では「動機づけ」すなわち行動を引き起こすため，義務や命令から生じるものも「やる気」と考えられる，ということなのでエが適当。義務と命令は「やる気」と関係ないため「違和感がある」ということをふまえて説明していない他の選択肢は不適当。

問七　――線⑤の「分類」は，「内からのやる気」として「行動そのものが目的となっており」「行動することが目的であ」ることと，「外からのやる気」として「何らかの目的を達成するための手段である」ことで「やる気」を区別するということなのでイが適当。⑤直前と「このように……」で始まる段落,「外からの…」で始まる段落の内容をふまえていない他の選択肢は不適当。

やや難 問八 「答えは……」から最後の段落までで,一九五〇年代までは,ねずみを用いたオペラント条件づけの実験結果からも,動物と同様に人間が行動を起こすのは,外からの働きかけによるやる気と考えられていて,一九七〇年代に入ってから内からのやる気が認められるようなったと述べている。「転換点」となった「アカゲザル」による実験は,内からのやる気が認められる結果となり,それまでの「やる気」の考え方をくつがえすものであることが推測できるので,外からの働きかけであるオペラント条件づけがなくても行動を起こしたことを説明しているアが適当。報酬も罰も与えていないことを説明していないイは不適当。他の動物と比べている他の選択肢も不適当。

重要 問九 「つまり……」で始まる段落,「『内から……』」で始まる段落内容から,2つある「やる気」すなわち「内からのやる気」と「外からのやる気」を具体的に説明する。

二 (小説―心情・情景・細部の読み取り,空欄補充,ことばの意味,記述力)

基本 問一 藤巻先生を「『お父さん』と和也が呼んで」いるのでaには「息子」,後半で「『僕が家庭教師を頼まれたとき……』」と「僕」が話しているのでbには「家庭教師」がそれぞれ入る。

問二 二十四節気を季節で分けると,アの立春~穀雨までが春,立夏~イの大暑までが夏,立秋~ウの「処暑」を含む霜降までが秋,エの立冬~オの冬至を含む大寒までが冬になる。

問三 ――線②直前の「『いつもこうなんだ』」という言葉には「和也が呼んでも応えない」父に対して呆れている気持ちが読み取れ,「目を見かわして」母親に同意を求めている様子が描かれているのでウが適当。「『いつもこうなんだ』」の心情をふまえていない他の選択肢は不適当。

問四 ――線③前後で描かれているように,「天気の研究」をしている藤巻研究室で,「僕」は台風被害の惨事を報道するニュースから得た知識を披露したのに対し,研究室の院生は台風の構造と進路を考えていたことがわかり,同じ研究室にいる者として恥ずかしくなって③のようになっているのでエが適当。恥ずかしくて顔を赤くするという意味の「赤面した」をふまえていない他の選択肢は不適当。

問五 Aは和也の「『なんのために研究してるの?』」という問いかけに対する藤巻先生の返答→B=さらに突っこむ和也の問いかけ→C=Bに対する藤巻先生の返答→D・E=「僕」の発言→F=「僕」にも問いかける和也の発言→G=奥さんの発言,になっている。

問六 ――線④の「まんざらでもなさそう」は,幼いころ父に見せるために描いた空の絵のことを父が珍しくほめてくれたことで,照れくさくなって「冗談めかし」ている様子を描いているのでアが適当。イの「楽しいこともなくたいくつな日常」,ウの「今まで父親にほめられたことがない」,エの「不安もあり」,オの「気が急いている」はいずれも不適当。

やや難 問七 ――線⑤前で,藤巻先生に借りていた本のことを「切り出したところ,先生は目を輝かせ」て「盛りあがっ」てしまい,和也がスケッチブックを持ってきても「見向きもしな」かったことで,和也は「自室にひっこんでしまった」ことが描かれている。「僕」が借りた本の話題に触れてしまったことで,先生が研究内容に夢中になって絵を忘れてしまい,和也が傷ついてしまったことを⑤の理由として説明する。

重要 問八 二重線Ⅲは,Ⅲ前の藤巻先生の「『知りたいからだよ。気象のしくみを』『わからないことだらけだよ,この世界は』」という発言からイが適当。Ⅳは,和也の家庭教師を頼まれたときのことを思い返しながら,藤巻先生に対して「僕」が感じていることなのでオが適当。アの「違和感を覚えている」,和也に対する説明であるウ,エの「社会的価値がある」はいずれも不適当。

重要 問九 空を眺めて息子の呼びかけにも応えなかったり,「僕」が借りていた本に夢中になって和也の絵のことを忘れてしまったりする藤巻先生の様子からアは適当。父に対して「『おれのことなんか興味がない』」と傷ついている和也を見て，和也と同じ十五歳の時のことを思い出している「僕」の様子が描かれているのでオも適当。イの「荒々しく粗雑な性格」，ウの「研究を優先しなければならない，科学者としての姿勢」，エの「嫉妬の感情」，カの「中止となり……暗示されている」はいずれも不適当。

★ワンポイントアドバイス★

2つの事がらを対比させながら考察している論説文では，それぞれの事がらを明確に区別して読み進めよう。

第2回

2023年度

解　答　と　解　説

《2023年度の配点は解答欄に掲載してあります。》

＜算数解答＞

1 （1） 11　（2） $\frac{7}{30}$　（3） 時速87.12km　（4） 54組

2 （1） 33人　（2） 357　（3） 18：7　（4） 16cm^2

3 （1） 2：3　（2） 1500m　4 （1） 4.7%　（2） 1.7%

5 （1） 91枚　（2） 16通り　（3） 7通り　6 （1） 2cm　（2） 2　（3） 49個

○推定配点○

1，2 各5点×8　他 各6点×10　計100点

＜算数解説＞

1 （四則計算，速さの三公式と比，通過算，単位の換算，割合と比，数の性質）

（1） $6.5\times4.5\div3.25+2=13\times9\div13+2=11$

（2） $\square=2.4\div(3\times8)+\frac{2}{15}=\frac{1}{10}+\frac{2}{15}=\frac{7}{30}$

基本 （3） 秒速…$(154+330)\div20=24.2$(m)　したがって，時速は$24.2\times3.6=87.12$(km)

重要 （4） $3\times5=15$までに2組あり，$400\div15=26\cdots10$より，390までに$2\times26=52$(組)
したがって，この後，(395，396)(399，400)があり，合計$52+2=54$(組)

2 （数の性質，演算記号，平面図形，立体図形，割合と比）

重要 （1） $7\times3+4=25=5\times5$のとき，$3+5=8$
$7\times8+4=60=5\times12$のとき，$8+12=20$
したがって，$7\times$A$+4=5\times$B，A＋B＝80のとき，Aは$3+(8-3)\times(80-8)\div(20-8)=33$(人)

（2） A＝アイウとする。
ア×イ×ウ＋15＝ア×イ×(ウ＋1)＝ア×イ×ウ＋ア×イより，ア×イ＝15…①
ア×イ×ウ＋21＝ア×(イ＋1)×ウ＝ア×イ×ウ＋ア×ウより，ア×ウ＝21…②
①，②より，ア＝3，イ＝5，ウ＝7
したがって，A＝357

やや難 （3） 図1において，正三角形KBAの面積が9のとき，等脚台形ABLPの面積が7，等脚台形PLQMのの面積が9であり，PL：MQが4：5であるから，四角形ABQPの面積は7＋4＝11
正六角形ABCDEFの面積…図2より，9×6＝54
したがって，正六角形ABCDEF

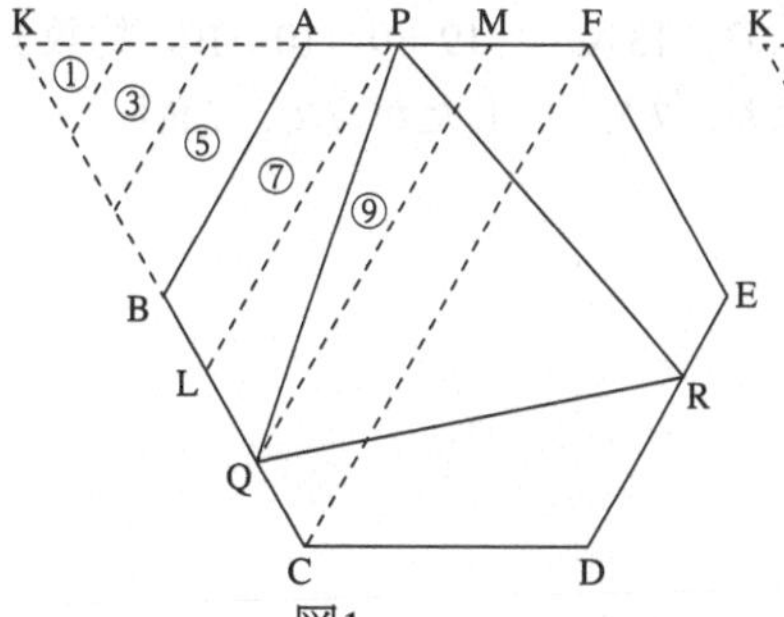

図1

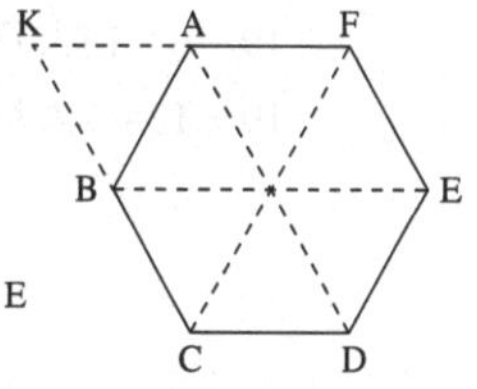

図2

と正三角形PQRの面積比は54：(54－11×3)＝18：7

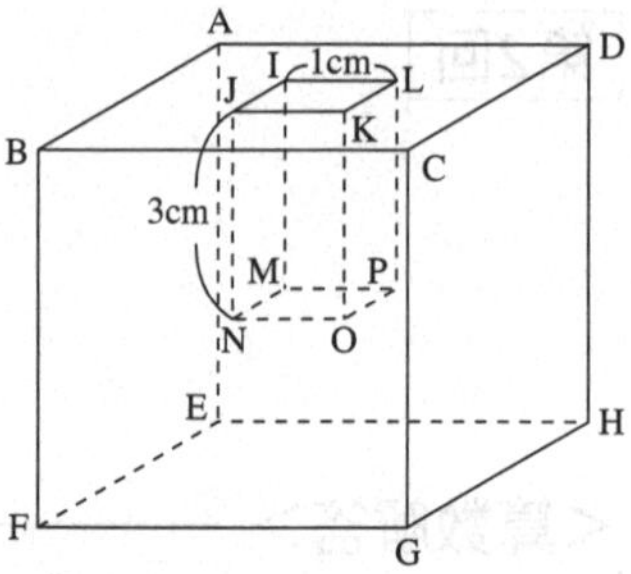

(4)　右図より，立体Tの表面積は立方体の表面積より，3×4＝12(cm^2)大きい。
立方体の表面積…12÷(9－8)×8＝96(cm^2)
したがって，立方体の1面は96÷6＝16(cm^2)

3　(速さの三公式と比，旅人算，割合と比)

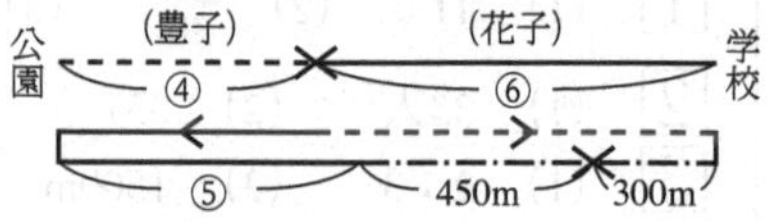

(1)　右図より，豊子さんと花子さんの速さの比は
300：450＝2：3
(2)　右図より，豊子さんが⑥進む時間に花子さんは
⑥÷2×3＝⑨進む。
したがって，求める距離は750×(4＋6)÷5＝1500(m)

重要　4　(割合と比，濃度，消去算)

食塩水Aの濃度をア，食塩水Bの濃度をイとする。

食塩水Cの濃度…ア×120÷(120－20)＝$ア\times\frac{6}{5}$

食塩水Dの濃度…イ×180÷(180－45)＝$イ\times\frac{4}{3}$

(1)　食塩水CとDの重さの比…100：135＝20：27
濃度×重さの式…$ア\times\frac{6}{5}\times20+イ\times\frac{4}{3}\times27=6\times(20+27)$より，
ア×24＋イ×36＝282…①
①÷12…ア×2＋イ×3＝282÷12＝23.5＝4.7×(2＋3)
したがって，AとBを120：180＝2：3で混ぜると4.7％
(2)　AとBを200：50＝4：1で混ぜると2.7％になり，ア×4＋イ×1＝2.7×5＝13.5…②
②×3…ア×12＋イ×3＝40.5
したがって，この式と①÷12の式の差より，
アは(40.5－23.5)÷(12－2)＝1.7(％)

重要　5　(数の性質，場合の数)

(1)　捨てられないカードの数…1，2，4，5，7，8，10，13，16
したがって，100－9＝91(枚)→右表を利用する。

①	1	~~9~~	~~17~~
②	2	10	~~18~~
③	~~3~~	~~11~~	~~19~~
④	4	~~12~~	~~20~~
⑤	5	13	~~21~~
⑥	~~6~~	~~14~~	~~22~~
⑦	7	~~15~~	~~23~~
⑧	8	16	~~24~~

(2)　50までの3の倍数…48÷3＝16(通り)→3人，6人，～，48人
(3)　19－3＝16…16の約数より，3以上の4人，8人，16人
19－6＝13より，13人　　19－9＝10…10の約数より，3以上の5人，10人
19－12＝7より，7人　　したがって，7通り

6 （立体図形，平面図形）

(1) 図1より，FIは2cm

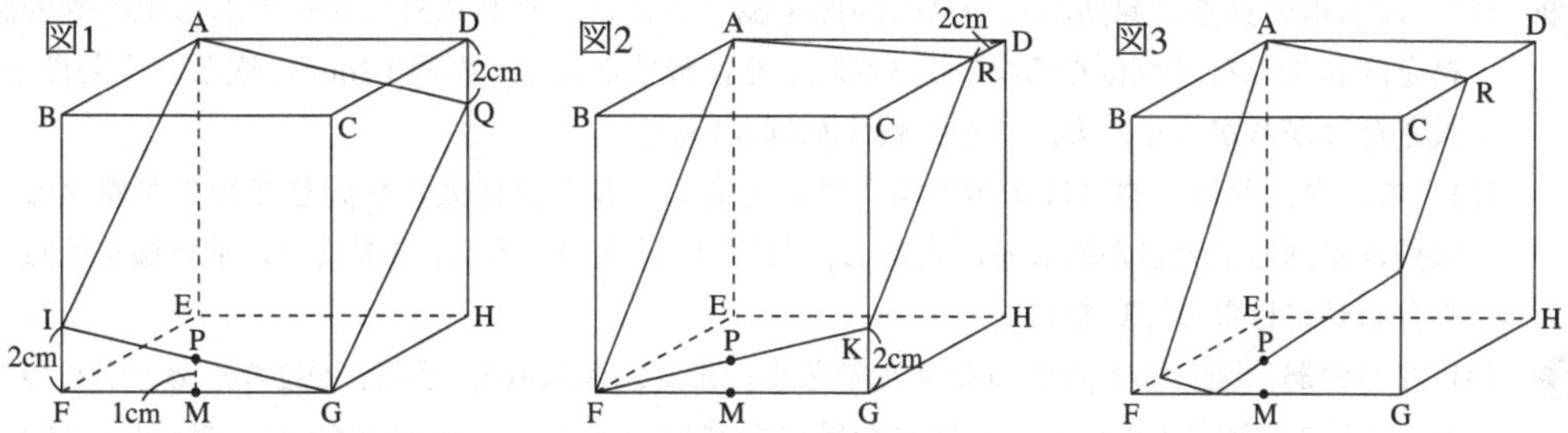

(2) 図2・3より，DRは2cmより長い。

やや難 (3) 図1・2より，右図においてSの個数は81－(3×2＋4×4＋5＋2＋1＋2)＝81－32＝49(個)

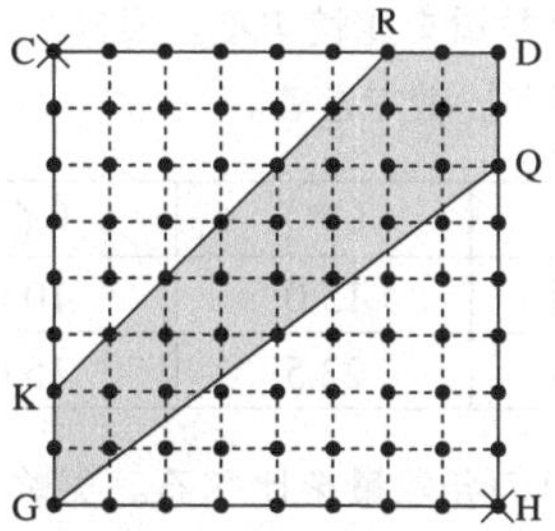

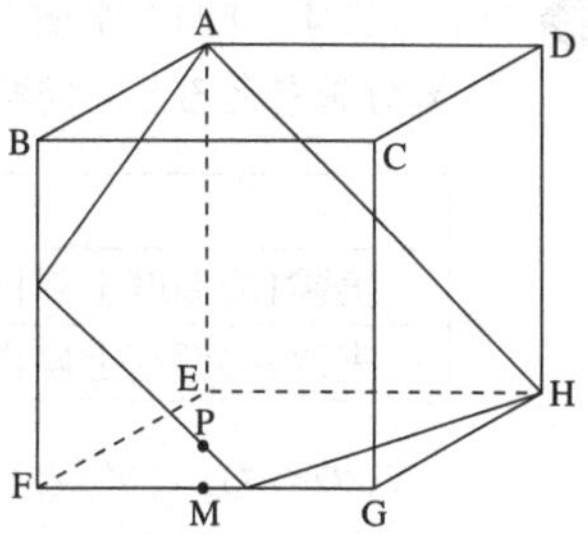

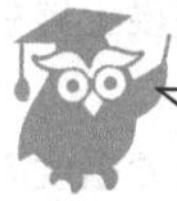

★ワンポイントアドバイス★

2以下の問題で得点しやすいのは2(4)「立方体の表面積」，3「公園と学校の間」，5「100枚のカード，6(1)「FIの長さ」である。6(3)「Sの個数」は，(1)・(2)の図をヒントにすることに気づけば難しくいない。

＜理科解答＞

1 (1) イ・カ・コ　(2) お　(3) あ　(4) 28.1℃　(5) 30.7℃

2 (1) い・う　(2) ① 銀　② 酸素　(3) ① 0.12g　② 67%　(4) お

3 (1) (ア) 受精卵　[イ] あ　[ウ] ち　[エ] と　[オ] き

(2) ① へそのお，お　② たいばん，あ　③ ようすい，い・き

(3) あ・う・き　(4) う

4 (1) カルデラ　(2) え　(3) シラス台地　(4) う，お　(5) 黒潮

○配点○

1 (1)・(3) 各2点×2　他 各3点×3　2 (1)・(3)① 各2点×2((1)完答)
他 各3点×3((2)完答)　3 (3) 2点　他 各1点×11((1)[エ]・[オ]完答)
4 (4) 3点　他 各2点×4　計50点

<理科解説>

1 (電流と回路―電熱線の発熱量)

基本 (1) 電熱線の長さと発熱のしかたの関係を調べるには，それ以外の条件である電熱線の直径や素材を同じにしなければならない。3本以上を比較するには，直径0.2mmの鉄という条件をそろえ，長さだけがちがうイ，カ，コを比較すればよい。

(2) エ，ク，サは，素材はすべてニクロムである。エとクは太さが同じで長さが異なる。クとサは長さが同じで太さが異なる。ただし，(1)の問題文のように，3本以上の電熱線を比較できる組み合わせにはなっていない。

重要 (3) 図3の**あ**は図2のbと同じつなぎ方である。また，図3の**い**，**う**は，図2のc，dと同じつなぎ方である。図2で発泡スチロールが切れた順に発熱量が多く，a＝e＞b＝f＞d＞cだから，図3の発熱量は，**あ**＞**う**＞**い**となる。

やや難 (4) まず，図4の水槽の発熱量を比較する。表2は，もとの温度が20℃での結果なので，温度の上昇分を考えると，発熱量が比較できる。

	(ア)	(イ)	(ウ)	(エ)
実験1の温度上昇[℃]	15.0	10.0	2.4	3.6
実験2の温度上昇[℃]	22.5	15.0	3.6	5.4

このうち，(ア)と(イ)の発熱量を比べる。実験1，実験2ともに，温度の上昇分の比は(ア)：(イ)＝3：2である。つまり，同じ時間での発熱量は3：2である。次に，図5では温度が20℃から33.5℃へ13.5℃上がっているが，この温度上昇も，電熱線AとBが3：2の割合で関わっている。Aだけの温度上昇は，13.5÷5×3＝8.1℃である。よって，図5と同じ時間である図6での温度上昇も8.1℃となり，温度は20＋8.1＝28.1℃となる。

やや難 (5) 図4の水槽(ウ)と(エ)は直列つなぎであり，合計の発熱量を考える。(4)の解説の表で温度の上昇を見ると，実験1，実験2の発熱量の比は，(ア)：(イ)：(ウ)＋(エ)＝15：10：(2.4＋3.6)＝22.5：15.0：(3.6＋5.4)＝15：10：6である。次に，図7と図8の発熱量の比は，図7：図8＝15：(10＋6)＝15：16である。図7では温度が20℃から30℃へ10℃上がっている。よって，図8での温度上昇分は，10÷15×16＝10.66…で，四捨五入により10.7℃であり，温度は20＋10.7＝30.7℃となる。

2 (燃焼―物質の酸化されやすさ)

基本 (1) **い**は水素が酸素と結びついて水ができている。**う**は含まれる鉄が酸素と結びつくときの熱が利用されている。これらが酸化である。一方，**あ**は中和であり酸素は結びついていない。また，**え**は過酸化水素が分解して酸素が発生するが，二酸化マンガンは分解を助けているだけで，そのものは変化しない。

(2) 文章3では，酸化銀から発生した気体によって，スチールウールが激しく燃焼しているので，この気体は酸素である。つまり，酸化銀は何も混ぜずに加熱するだけで，酸素が離れて銀ができており，その銀は電流を流す性質を持つ。

(3) ① 酸化銀2.32gから銀2.16gができたとき発生する酸素の重さは，2.32－2.16＝0.16gである。つまり，酸化銀と酸素の重さの比が2.32：0.16だから，酸化銀が1.74gのときにできる銀の重さは，2.32：0.16＝1.74：□ より，□＝0.12gとなる。

重要 ② 酸化銀と酸素の重さの比が2.32：0.16だから，酸素が0.08g発生したときに反応した酸化銀は，2.32：0.16＝□：0.08 より，□＝1.16gである。最初にあった酸化銀は1.74gなので，反応した割合は，1.16÷1.74＝0.666…で，四捨五入により67%である。

(4) 酸化銅と炭を混ぜると，銅と酸素が離れ，炭(炭素)と酸素が結びつき，二酸化炭素が発生する。つまり，炭は銅に比べて酸化されやすい。また，酸化銀は炭がなくとも，加熱しただけで酸素と離れるので，銀は最も酸化されにくい。よって，酸化されやすい順は，炭＞銅＞銀となる。

3 (人体ーヒトの胎児の成長)

(1) ヒトの受精卵の大きさは，およそ0.14mmである。受精卵は子宮で育ち，個人差は大きいものの，平均38週間ほどで生まれ出る。誕生時の平均的な身長は50cm，体重は3000gほどである。

(2) 胎児は，①のへその緒(臍帯さいたい)で②の胎盤とつながっている。へその緒は，太さが約1～2cm，長さが約50cmほどであり，胎児の血管が通り血液が流れている。胎盤では，胎児の血管と母親の血管が接近しており，母親から胎児へ酸素と栄養分が，胎児から母親へ二酸化炭素と不要物が渡される。血液どうしは直接には混ざらないので，母親の血液は胎児に流れない。胎児は子宮を満たす③の羊水の中で育っており，外からの衝撃を和らげている。胎児ではじん臓もできて成長するので，出産直前の羊水には，胎児の尿が多く混ざっている。ただし，不要物は胎盤から出すので，尿にはあまり含まれない。

(3) それぞれの胎児が子宮にいる期間は，ヒトが約10か月なのに対し，それぞれおよそ，ウマは11か月，イヌは2か月，シロナガスクジラは11か月，オランウータンは9か月，ハムスターは2～3週間，ライオンは4か月，ゾウは22か月である。おおむね，大型のホ乳類ほど期間が長い傾向にある。

(4) 誕生直後の子どもの体重は，種類による差や個体差も大きいものの，おおむね，ヒトは3kg，ゾウは100kg，アザラシは10kg，イルカは25kg程度で，親の数％から数十％程度の重さである。ところが，カンガルーは母体の中にいる期間が約1か月しかなく，誕生時の大きさが1～2cm，重さはほんの数gである。そのため，しばらくは母体の袋の中で生活をし，育てられる。

4 (大地の活動ー日本の火山)

(1) 火山の噴火に伴い，内部に空洞ができて上部が崩落してできるくぼ地をカルデラという。小規模なものは各地の火山にある。大規模なものは，九州の阿蘇や姶良などが有名である。

(2) 榛名湖(群馬県)，十和田湖(青森県，秋田県)，洞爺湖(北海道)は，いずれも火山で形成されたクレーターに水がたまってできたカルデラ湖である。浜名湖(静岡県)は，海沿いの入り江の海側に堆積物がたまって，陸地で閉じられてできた。

(3) 九州南部に広く厚く分布する，火山灰や軽石などからなる地層は，白っぽいことからシラスとよばれている。現在の錦江湾のうち桜島以北の部分が，かつての火山がつくった姶良カルデラであり，そこで発生した巨大な火砕流で噴出した火山灰や軽石などがシラスである。

(4) 関東の地下には，富士や箱根などをはじめ，阿蘇なども含む火山灰の地層がいくつもある。これらの火山はそれぞれ何度も活動しているので，火山灰層も何枚ずつもある。これらの火山は，関東の西にあり，日本の上空につねに吹いている偏西風によって火山灰が運ばれてきた。マグマの本体や溶岩が固まったのではない。また，火山灰には酸化鉄を含むため，赤土とよばれるように赤っぽい色をしており，また，風化して粒が小さい粘土質となっている。

(5) 南西諸島から，西日本の南岸を通って関東沖へ流れる強い海流は黒潮である。黒潮の東側には，逆向きに流れる弱い黒潮反流がある。図1の△で噴出した軽石は，まず黒潮反流に流されて沖縄方面に到達し，そこから黒潮に乗って四国や本州の方へ運ばれた。

★ワンポイントアドバイス★

日ごろから，身のまわりの現象やニュースになった事象を科学の視点で見て，活きた知識を広く吸収しよう。

＜社会解答＞

1 問1 3 問2 阿弥陀仏 問3 博多 問4 2→3→4→1 問5 浮世
問6 宿場町 問7 4 問8 1

2 問1 (鹿児島は)新幹線が通っているから。 問2 (1) 6 (2) オホーツク海気団
問3 4 問4 2 問5 3 問6 2 問7 い→う→あ

3 問1 1 問2 5 問3 3 問4 人種 問5 2 問6 閣議 問7 4
問8 2 問9 4

○配点○
各2点×25 計50点

＜社会解説＞

1 (日本の歴史―古代から現代までの文化史)

問1 壬申の乱(672年)が起こったときは，都は近江にあった。

問2 阿弥陀仏は阿弥陀如来ともいわれている。

重要 問3 室町時代において，博多と堺は自治都市であり，商業の大きな拠点となっていた。博多の年行司，堺の会合衆はその象徴的な存在である。

問4 1は1633年，2は1543年，3は1549年，4は1639年である。

問5 「浮世」は浮き浮きと享楽的に生きるべき世の中や人生を指していった言葉である。

問6 宿場町は，宿場を中心として発達した町であるが，明治初期の鉄道開通まで内陸交通の中心として繁栄していたところが多い。

基本 問7 女子は徴兵の対象とはならなかった。また男子についても免役項目があった。

問8 2 米騒動は三・一独立運動の前に起こった。 3 伊藤博文の暗殺は，関東大震災よりも前である。 4 日本の国際連盟脱退は，盧溝橋事件の前である。

2 (日本の地理―日本地理の総合問題)

重要 問1 九州新幹線のルートをイメージできるかがポイントとなる。

基本 問2 (1) 酒田市は日本海側，宮崎市は太平洋側，高松市は瀬戸内である。 (2) 日本列島周辺には，オホーツク海気団，小笠原気団，揚子江気団，シベリア気団がある。

問3 「都市」と「地方」という切り口で注目すれば判別しやすい。

問4 「日本のエネルギーの海外依存度の高さ」や「食料自給率の低さ」をイメージできるかがポイントとなる。

問5 65歳以上の人口割合が手がかりにしやすいといえる。

問6 千葉県から判定してしていくのがやりやすいといえる。

問7 思考力が試されている問題であるといえる。

3 (政治―人権等を起点とした問題)

重要 問1 「SDGs」は環境問題にとどまらず，様々な分野・業界でひとつの「指標」となってきている。

問2 ユダヤ人については，イスラエルとパレスチナとの宗教戦争の当事者でもある。

問3 3 「国民の責務」ではなく「公共の福祉」である。

問4 人種間の対立は歴史的にも世界中でみられるが，特にアメリカでの公民権運動や南アフリカでのアパルトヘイト等はよく知られている。

問5 「刑事裁判」と「民事裁判」の区別をしっかり踏まえる必要がある。

基本 問6 閣議には，内閣総理大臣のほかに各国務大臣が出席する。

問7　「委員会」と「本会議」の位置づけを踏まえる必要がある。
問8　日本の政界の女性比率は国際的にみても決して高いとはいえない。
問9　社会保障には，社会保険や公的扶助などが含まれる。

★ワンポイントアドバイス★

制限時間が比較的短めなので，時間内にしっかり解き切るための実践的なトレーニングを積んでおこう。

＜国語解答＞

[一]　問一　A　低迷　　B　余計　　問二　イ　　問三　ウ　　問四　未来へのグランドデザイン　　問五　合理主義　　問六　エ　　問七　無用の用　　問八　オ
問九　(例)　テクノロジーを追い求め，遊びという一見無駄なことをしなくなった結果，創造力と想像力を失い，社会的意義のある価値を生み出せなくなったから。

[二]　問一　ウ　　問二　オ　　問三　ア　　問四　エ　　問五　エ　　問六　ア　　問七　エ
問八　(例)　村長の話を聞きながら，軽い気持ちで桃を食べてしまったことが，村の将来の発展や村長の長年の夢を壊すことになってしまったことに気づき，自責の念にさいなまれたから。　　問九　ウ

○配点○

[一]　問一　各2点×2　　問二・問三　各3点×2　　問九　12点　　他　各5点×5
[二]　問八　12点　　問九　6点　　他　各5点×7　　　計100点

＜国語解説＞

[一]　(論説文―要旨・大意・細部の読み取り，空欄補充，ことばの意味，漢字の書き取り，記述力)

基本　問一　――線Aはよくない状態からぬけ出せないでいること。Bは必要な度を超えてむだなこと。

問二　「的を射る」は放った矢などが的に命中するということから「的確に要点をとらえる」という意味。

問三　――線Yは，思いがけず偶然に起こったことに対して不思議に思うことを表し，偶然にも，不思議にもという意味。

問四　――線②の「まだ誰もみていないその先の風景」は日本が「描けなかった」もので，「その分析は……」から続く4段落で，日本が②のように失速したのは「創造力」と「想像力」が欠けていたことが原因であり，このふたつの「ソウゾウリョク」は「未来へのグランドデザイン(12字)」を描くために何よりも必要なエンジンであることを述べている。

重要　問五　――線③からは数々のイノベーションや斬新なアイデアは生まれず，日本が窮屈でつまらない国になったことをふまえて「あまりにも……」で始まる段落で，「合理主義，効率主義(9字)」に偏った社会と述べている。

問六　――線④の「本」には「一万冊以上の本のなかに埋もれて……記憶にもない一冊の『無駄に見えた本』」もあるので，エが適当。④直後の内容をふまえていない他の選択肢は不適当。

問七　――線⑤前までの説明から，散らかっていることで物理法則への素敵な予感が断ち切られずに日常を豊かにするということなので，[Ⅰ]の「古代中国の……」～最後までで，目先の利益で有

用・無用を決めつけてはならないという意味で老子の言葉として述べている「無用の用」が,「散らかしの神様」の意義を説いた言葉である。

重要 問八 Ⅰは,なぜ日本は凋落したのか?→韓国がその原因は「創造力の欠如」であると指摘したことに加えて,「想像力」も欠けていたと筆者独自の視点で分析→ふたつの「ソウゾウリョク」が未来に必要であり,リベラルアーツによってもたらされる最大の果実である→かつて「遊ぶ国」「楽しむ国」だった日本からふたつの「ソウゾウリョク」は消えてしまったが,いっけん無用に思えるリベラルアーツが未来を救うことになるかもしれない,ということを述べているのでオが適当。日本の凋落の原因を韓国が指摘していたことに加えて筆者独自の視点で分析していること,ふたつの「ソウゾウリョク」という日本が失ったものから未来を救う可能性を述べていることを説明していない他の選択肢は不適当。

やや難 問九 ——線①の説明として,①後で「テクノロジーだけを追い求めて,リベラルアーツの精神を顧みなかったから」であり,後半で,創造力と想像力は社会的意義のある価値を創造する「イノベーション」につながるが,「遊び」などの「無駄なもの」を排除したことで,「ふたつの『ソウゾウリョク』」を失ってしまったことを述べている。これらの内容をふまえ,テクノロジーだけを追い求め→遊びという一見無駄なことをしなくなった→その結果,創造力と想像力を失い,社会的意義のある価値を生み出せなくなったから,というような形で,①の理由を説明する。

二 (小説—心情・情景・細部の読み取り,記述力)

問一 最後の「……賢明な」で始まる段落で,—線①を小説の内容にたとえて「……そういうところをきちんと踏まえていない善意などは,ものの役にも立たない。それどころかかえって邪魔になる」と書いているので,ウが適当。勝手なひとりよがりの善意を相手に押し通すことを説明していない他の選択肢は不適当。

基本 問二 村長が話しているように「この村」は「『人形劇を見るなんぞ生まれてはじめてのこと』」であり,「『四方八方山ばかり……(テレビの)電波は届かん』」地域なのでオが適当。村長の話をふまえ,都会から遅れた村であることを説明していない他の選択肢は不適当。

問三 「『けど,わしゃ……』『この村の生業は……』」で始まる言葉で,長年苦労した桃の栽培に成功し,この村の生業にするために県の技官に来てもらうことになったことを,村長が「心から嬉しそうに」話している様子が描かれているのでアが適当。桃を村の生業とする話をふまえていない他の選択肢は不適当。

重要 問四 ——線④と対照的に,④後で村長が「『わしらは星の光を吸って命をつなぐわけには行かねえんだわ。……どうにもならんところまで村は追い込まれとる』」と話していることから,エが適当。村の厳しい暮らしと対比させて説明していない他の選択肢は不適当。

問五 「『この村の生業は……』」で始まる言葉で「『ここで桃が育てば,村の暮しはすこしは楽になる』」と村長が話していることからエが適当。桃によって村の暮しが楽になることをふまえていない他の選択肢は不適当。「金色」がお金を連想させることも手がかりにする。

問六 「『あなた,公演旅行に……』」で始まる言葉で,児童文化に飢えた貧しい子どもたちが自分たちの人形劇に夢中になるとリーダーが話していることからアが適当。この村にとって,自分たちが素晴らしいものをもたらすという,誤った考えを持っていることを説明していない他の選択肢は不適当。

問七 「『県庁から技官がやってくる』」ことで,村長は——線⑦のようになっており,「『この村の生業は……』」で始まる言葉でも,桃をこの村の生業とするために県の技官が来てくれることになったことを話しているのでエが適当。アの「緊張する」,イの「足取りさえも危うくなっている」,ウの「陰口を……喜ぶ」,オの「公に認められ,資金援助にまでこぎつけた達成感」はいずれも不適当。

やや難　問八　自分たちが軽い気持ちでも桃を「『勝手にもいでたべ』」たことで，村の生業にするという村長の長年の夢を壊すことになってしまったため，一線⑧のようになっているので，⑧までの展開と，村長の話から自分たちがしたことの責任を感じていることを具体的に説明する。

重要　問九　——線⑨は，⑨前の〈この桃は自分にとってはただの桃だけれど，相手にはどんな意味があるのだろう〉ということに対するもので，それは「おそらく一生，わからぬだろうとおもいます」とも書いているのでウが適当。⑨前後の心情をふまえていない他の選択肢は不適当。

★ワンポイントアドバイス★

小説や物語の記述では，本文に直接描かれていなくても，その心情を表す言葉を考えながら説明していこう。

MEMO

大切なことはメモしておこうネ！

2022年度

★★★★★★★★★★★★★★★★★★★★★★★★

入　試　問　題

2022年度

豊島岡女子学園中学校入試問題（第１回）

【算　数】（50分）　＜満点：100点＞

【注意】　１．円周率は3.14とし，答えが比になる場合は，最も簡単な整数の比で答えなさい。
　　　　　２．角すい・円すいの体積は，(底面積)×(高さ)÷３で求めることができます。

１　次の各問いに答えなさい。

⑴　$4\frac{1}{6}-\left(2\frac{1}{3}-1.75\right)\times 1\frac{1}{7}\div 1.6$ を計算しなさい。

⑵　１以上216以下の整数のうち，216との公約数が１だけである整数は何個ありますか。

⑶　５％の食塩水60ｇと10％の食塩水60ｇと水を空《から》の容器に入れ，よくかき混ぜたところ，２％の食塩水になりました。容器に入れた水は何ｇでしたか。

⑷　２つの円Ａ，Ｂがあり，円Ｂの半径は円Ａの半径の1.4倍です。円Ａ，Ｂの円周の合計が75.36cmであるとき，円Ｂの半径は何cmですか。

２　次の各問いに答えなさい。

⑴　コップを１個800円で何個か仕入れ，２割の利益を見込んで定価をつけて販売しました。しかし，全体の５％が売れ残ったため，利益は17920円でした。仕入れたコップは全部で何個でしたか。

⑵　ある仕事を２種類の機械ＡとＢで行います。この仕事を終わらせるのにＡを１台とＢを６台で行うと24分かかり，Ａを２台とＢを１台で行うと45分かかります。Ａを４台とＢを４台で行うとこの仕事を終わらせるのに何分かかりますか。

⑶　下の図のように，１辺の長さが４cmの正方形があり，点Ｅ，Ｆはそれぞれ辺AD，DCの真ん中の点，点Ｇは直線BFの真ん中の点です。また，点Ｈ，Ｉは直線BE上でBH：HI：IE＝２：１：１となる点，点Ｊ，Ｋは直線EF上でEJ：JK：KF＝２：１：１となる点です。このとき，色のついた部分の面積は何cm^2ですか。

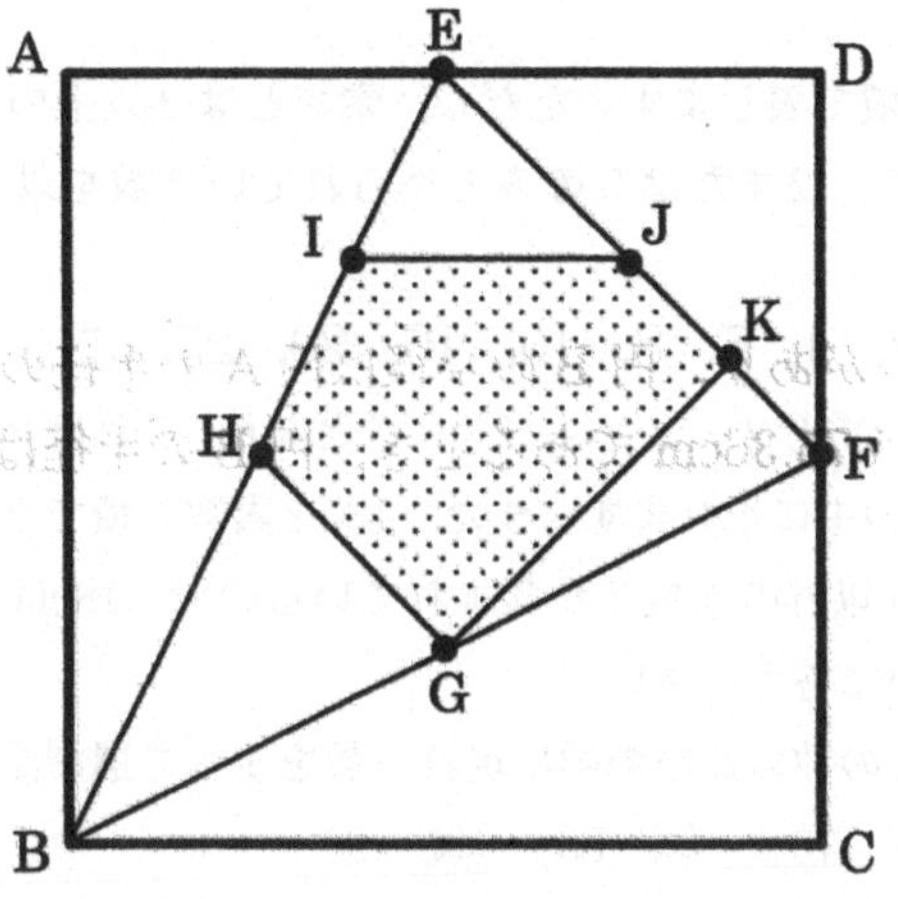

⑷　右の図のように，正三角形を６つ用いてできる立体ABCDEがあり，点P，Q，Rはそれぞれ辺AB，BC，CEの真ん中の点です。直線PRと平面BCDの交わる点をSとするとき，点D，S，Qは一直線上に並びます。このとき，DS：SQを答えなさい。

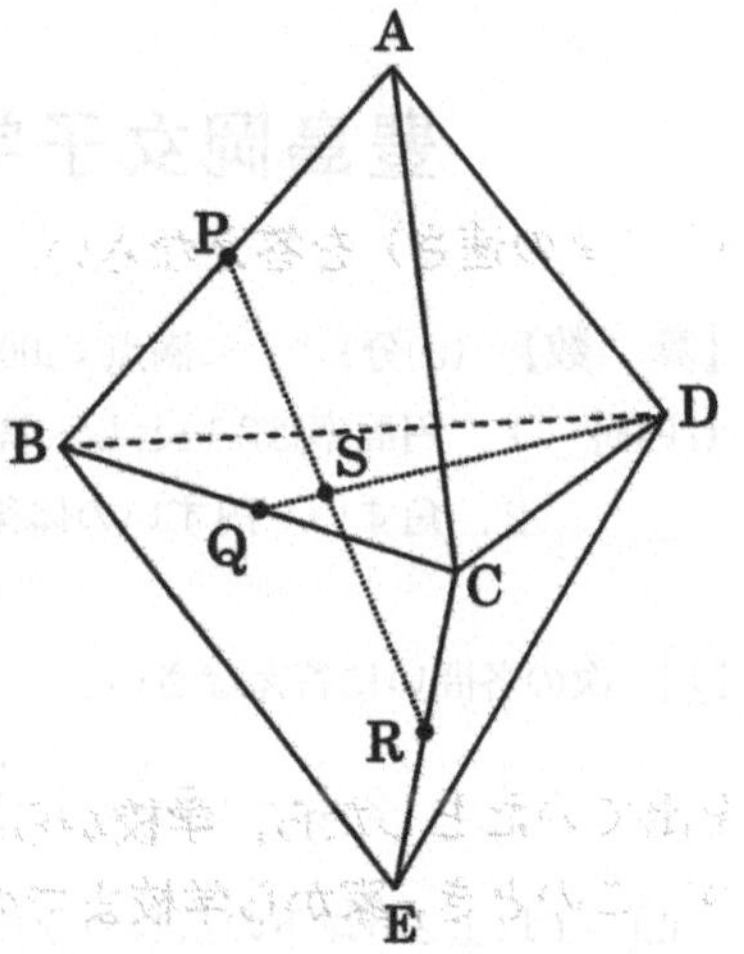

3　豊子さんは，学校から家まで下校するときはいつも，15時ちょうどに学校を出発し，一定の速さで歩いて15時30分に家に着きます。ある日，家にいた母が，15時10分に一定の速さで車で学校に向かいました。母は途《と》中で豊子さんと出会い，すぐに車に乗せ，行きと同じ速さで家に帰ったところ，家に着いた時刻は15時14分でした。このとき，次の各問いに答えなさい。

⑴　（豊子さんの歩く速さ）：（車の速さ）を答えなさい。

⑵　母が15時３分に家を出ていたとしたら，学校から342mの地点で２人は出会っていたそうです。このとき，家から学校までの距離《きょり》は何mですか。

4　部品Aが120個，部品Bが80個，部品Cがたくさんあります。部品Aが４個と部品Bが３個で製品Xを，部品Bが２個と部品Cが３個で製品Yを，部品Aが２個と部品Cが４個で製品Zを作ることができます。このとき，次の各問いに答えなさい。

⑴　製品X，製品Yを合わせて35個作り，製品Zをいくつか作ったところ，部品A，部品Bはすべて使い切ることができました。部品Cは何個使いましたか。

⑵　製品X，製品Y，製品Zを合わせて65個作ったところ，部品A，部品Bはすべて使い切ることができました。部品Cは何個使いましたか。

5　すべての整数を素数の積で表します。ただし，素数とは２以上の整数で，１とその数の他に約数がない数です。このとき，２または５のみで作られている数を以下のように小さい順に並べます。

2，4，5，8，10，16，20，25，32，…

例えば，200を素数の積で表すと$2\times2\times2\times5\times5$となり，これは２または５のみで作られているので，200はこの数の並びの中に現れます。また，180を素数の積で表すと$2\times2\times3\times3\times5$となり，この中には２または５以外の素数３が含まれているので，180はこの数の並びの中に現れません。このとき，次の各問いに答えなさい。

⑴　次の㋐～㋔の中で，この数の並びの中に現れる数をすべて選び記号で答えなさい。

㋐　50　　㋑　60　　㋒　70　　㋓　80　　㋔　90

⑵　この数の並びの中に300以下の数は何個ありますか。

⑶　この数の並びの中の２つの数A，Bに次のような関係があります。

A－B＝7392

このとき，Bの値を１つ答えなさい。

6　＜図１＞のように，１辺の長さが８㎝の立方体ABCD-EFGHがあり，点Mは辺ABの真ん中の点，点Pは辺BC上でBP：PC＝１：３となる点，点Qは辺DC上でDQ：QC＝１：３となる点，点Rは辺GC上でGR:RC＝１：３となる点です。＜図２＞は，立方体ABCD- EFGHから，辺PC，辺QC，辺RCを３辺とする立方体を切り取った図形です。このとき，次の各問いに答えなさい。

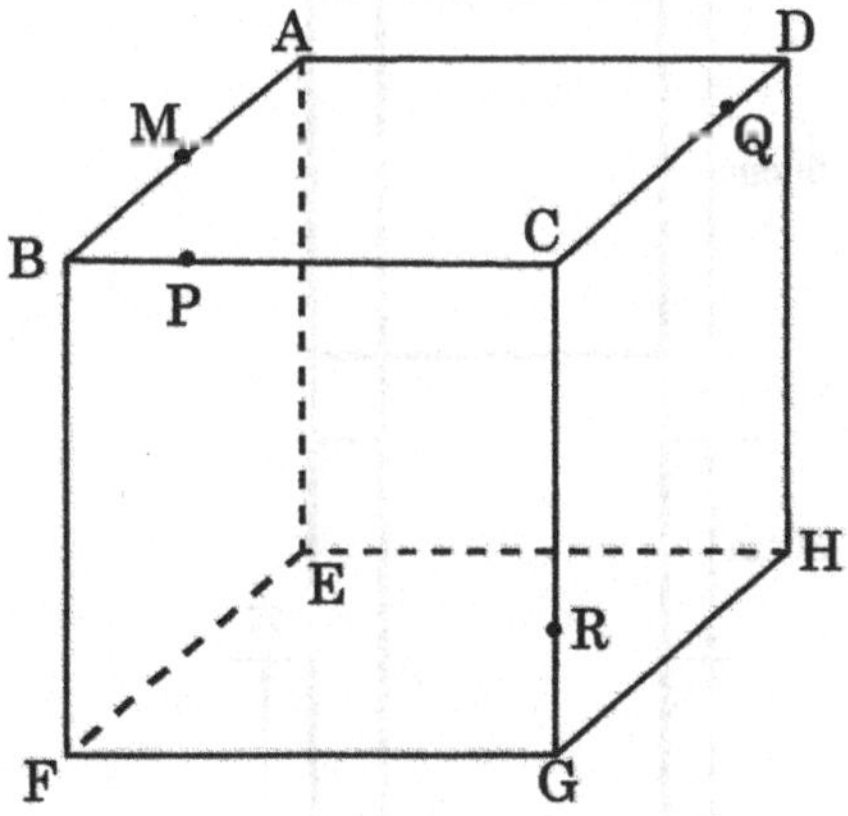

＜図１＞

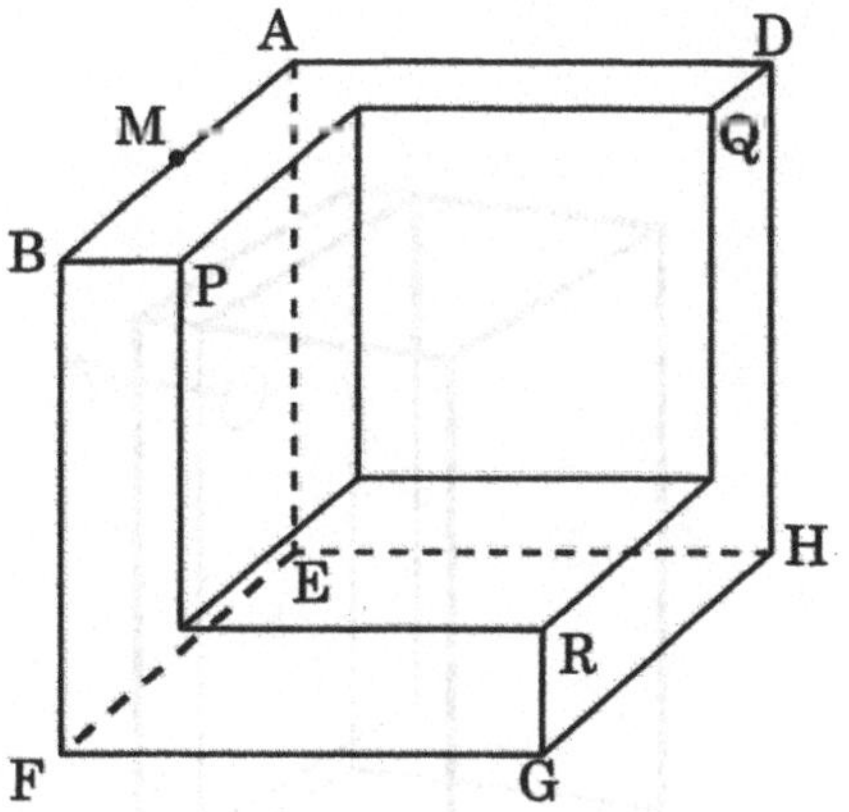

＜図２＞

⑴　＜図２＞の立体を３点A，F，Gを通る面で切断したとき，点Eを含む立体の体積は何㎤ですか。

⑵　＜図２＞の立体を３点M，F，Hを通る面で切断したとき，点Eを含む立体の体積は何㎤ですか。

⑶　＜図２＞の立体を３点M，D，Fを通る面で切断したとき，点Eを含む立体の体積は何㎤ですか。

【理　科】（社会と合わせて50分）　　＜満点：50点＞

1　以下の問いに答えなさい。

図１のような側面に穴の開いた容器があります。容器には厚さの無視できる仕切りがあり，仕切りの下側には10㎝のすき間があります。また，穴が開いていない側の上面からは，液体を注ぐことができるようになっています。ただし，水の密度（１㎝³あたりの重さ）を１ｇ/㎝³，油の密度を0.8ｇ/㎝³とします。

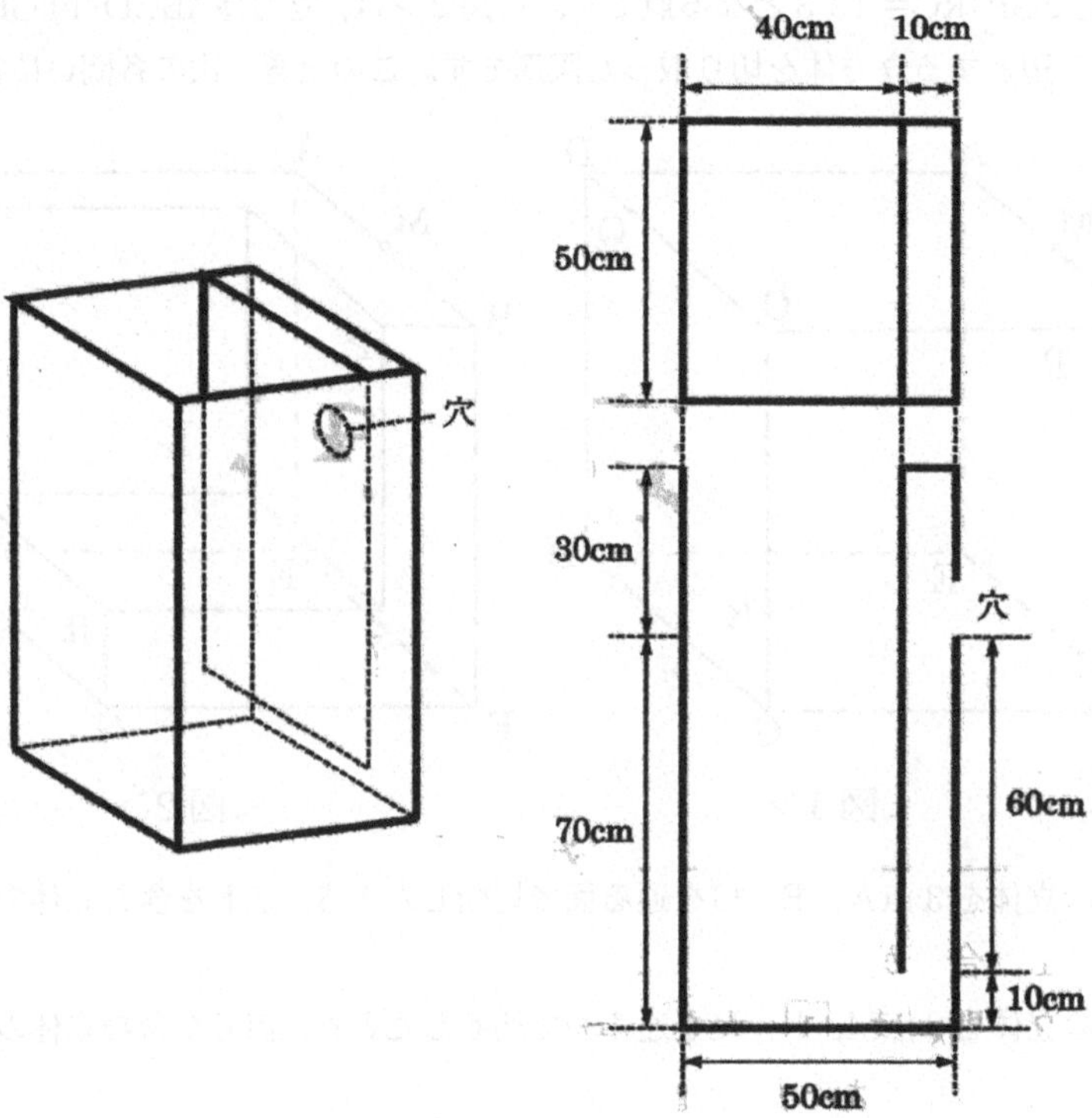

図１

(1)　水が穴からあふれないようにいっぱいに注いだとき，図２のようになりました。このとき注いだ水は何Ｌですか。**四捨五入して整数で求めなさい。**

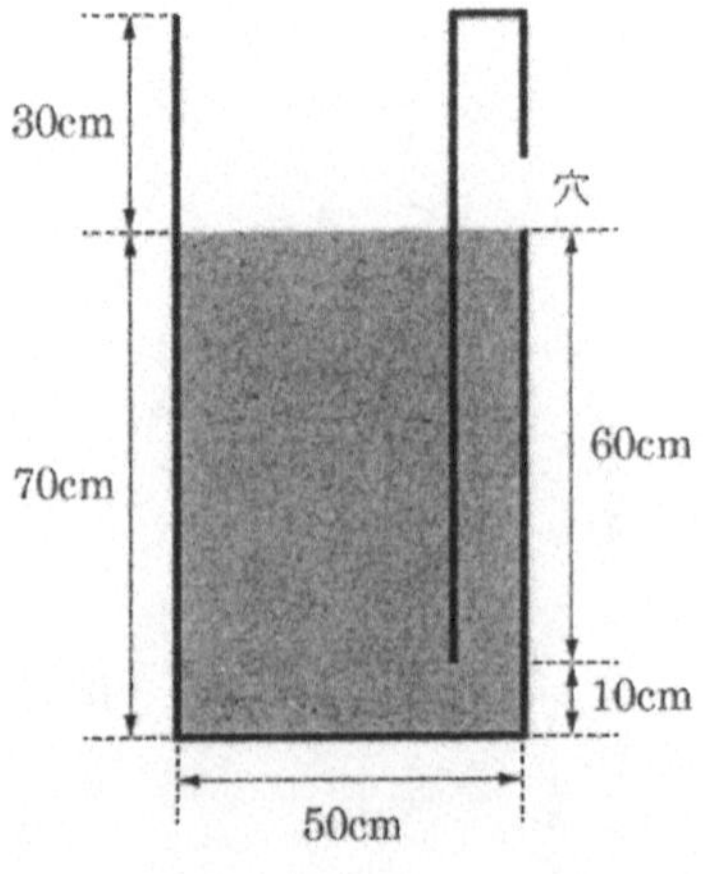

図２

図２の状態から油を容器にゆっくりと注ぐと，容器の穴から水があふれ，図３のようになりました。このとき，油には，おしのけてあふれた水の重さと同じ大きさの浮力《ふりょく》がはたらきます。

⑵　ある量の油をゆっくり注いだとき，穴からは48Ｌの水があふれました。注いだ油は何Ｌですか。**四捨五入して整数で求めなさい。**

⑶　⑵のとき，容器の底から測った前面の高さＸは70㎝よりも大きくなります。この高さＸは何㎝ですか。**四捨五入して整数で求めなさい。**

⑷　図２の状態から，油が穴からあふれないようにしながら，油をゆっくりと注ぎました。注げる油は最大何Ｌですか。**四捨五入して整数で求めなさい。**ただし，油が穴からあふれる前に，油が容器の上面からあふれることはありません。

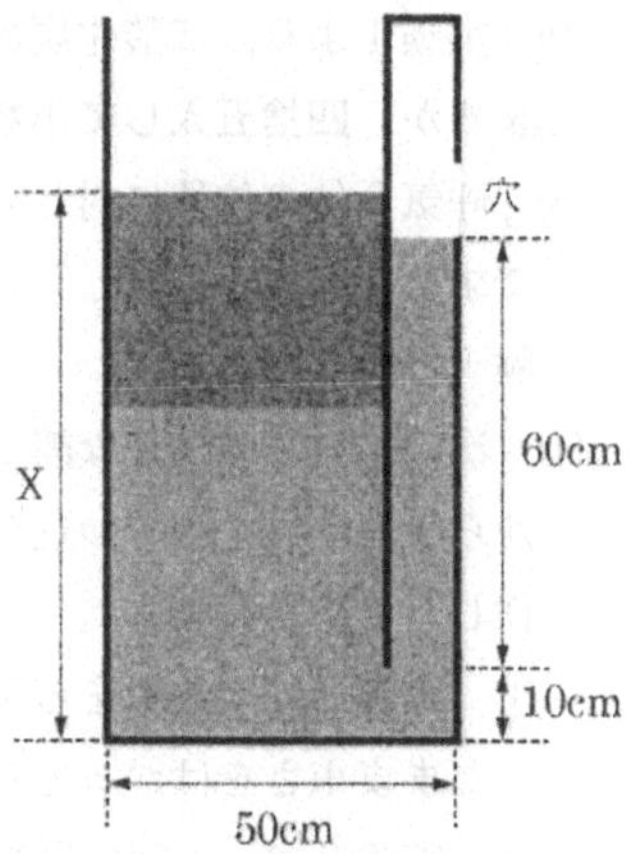

図３

図２の状態から水と油が混ざった液体をゆっくりと注ぐと，水だけが穴からあふれ，油と水を分離《ぶんり》することができます。このような水槽《すいそう》は，油と水を分離することができるので，油水分離槽《ゆすいぶんりそう》といいます。

⑸　油と水が混ざった液体250Ｌをゆっくり注いだとき，穴からは240Ｌの水があふれました。油と水が混ざった液体250Ｌのうち，油は何Ｌ含《ふく》まれていましたか。**四捨五入して小数第１位まで求めなさい。**

2　以下の問いに答えなさい。

二酸化炭素を石灰水に通すと，その溶液は白くにごります。これは炭酸カルシウムができたためで，しばらくすると底に沈《しず》みます。この底に沈んだものを沈殿《ちんでん》といいます。二酸化炭素2.4Ｌを十分な量の石灰水と反応させると，10ｇの沈殿ができます。

沈殿の量から呼気（ヒトが口からはく息）に含まれる二酸化炭素の割合を調べるために，次の実験をしました。

実験１：二酸化炭素を石灰水に吹《ふ》きこむと，一部が逃げましたが，残りは沈殿になりました。沈殿をろ過によって取り出し，よく乾《かわ》かして重さをはかりました。吹きこんだ二酸化炭素の体積とできた沈殿の重さの関係は，次のようになりました。

吹きこんだ 二酸化炭素の体積〔Ｌ〕	0.5	0.8	1.2	1.5	2
沈殿の重さ〔ｇ〕	1.25	2	3	3.75	5

実験２：息を１回はくと２Ｌはき出されました。石灰水に２Ｌの呼気を３回吹きこみました。沈殿をろ過によって取り出し，よく乾かして重さをはかりました。できた沈殿の重さは0.55ｇでした。

⑴　二酸化炭素１Ｌをどこにも逃げないようにして十分な量の石灰水と反応させたとき，何ｇの沈殿ができますか。**四捨五入して小数第１位まで求めなさい。**

⑵　実験１より，二酸化炭素１Ｌを石灰水に吹きこんだときに逃げる二酸化炭素は何Ｌと考えられますか。**四捨五入して小数第１位まで求めなさい。**

⑶　呼気全体の体積に対して，二酸化炭素の体積の割合は何％ですか。**四捨五入して小数第１位まで求めなさい。**ただし，呼気を石灰水に吹きこむとき，二酸化炭素の一部は逃げ，その割合は実験１と同じとします。

⑷　次の①～③のような誤った操作をした場合，⑶で求めたものはどうなりますか。以下の**あ～う**からそれぞれ１つずつ選び，記号で答えなさい。ただし，それぞれの誤った操作以外は正しく操作したものとします。

①　実験２で，沈殿をろ過によって取り出すとき，沈殿はよく乾いていたが，ろ紙に沈殿を残したまま重さをはかってしまった。

②　実験２で，１回で息を２Ｌはいたのに，1.6Ｌはいたと記録してしまい，その数字で計算した。

③　実験１で，石灰水の量が十分ではなく，次のようになってしまった。

吹きこんだ 二酸化炭素の体積〔L〕	0.5	0.8	1.2	1.5	2
沈殿の重さ〔g〕	1.25	2	3	3	3

実験２では，石灰水の量が十分だったので，できた沈殿の重さは0.55ｇで変わらなかった。

あ．大きくなる　　**い**．小さくなる　　**う**．変わらない

3　豊子さんは，夏になるとよく蚊《か》に刺《さ》されます。今年の夏は，蚊に刺されないよう，自由研究で蚊について調べてみました。

蚊は，いろいろな感染症《かんせんしょう》をもたらす昆虫《こんちゅう》で，その代表的な例として，日本脳炎《のうえん》，ウエストナイル熱，デング熱などがあげられます。日本脳炎はブタから蚊を介《かい》してヒトへ，ウエストナイル熱は鳥から蚊を介してヒトへ，デング熱はヒトから蚊を介してヒトへ感染します。

二酸化炭素の排出量《はいしゅつりょう》の多いヒト，体臭《たいしゅう》の強いヒト，体温の高いヒトは，蚊に刺されやすいといわれています。蚊はふだん，花のみつや果汁《かじゅう》などを食物としていますが，産卵前のメスは吸血もします。よく見かける蚊としては，アカイエカ，ヒトスジシマカがいます。その２種の生態をまとめて表にしました。

	活動期間	活動時間	活動気温〔℃〕	飛行可能距離《きょり》	冬ごし
アカイエカ	4月～11月	夜間	20～30	200ｍ～1km	成虫
ヒトスジシマカ	5月～11月	昼間（朝・夕）	25～30	数ｍ	卵

⑴　蚊に関する特徴《とくちょう》として，最も適当なものをあとの**あ～か**から１つ選び，記号で答えなさい。

あ．蚊は，ハエと同じで２枚のはねを持ち，さなぎはオニボウフラと呼ばれ，不完全変態をする昆虫である。

い．蚊は，アブと同じで２枚のはねを持ち，幼虫はオニボウフラと呼ばれ，不完全変態をする昆虫である。

う．蚊は，ハチと同じで４枚のはねを持ち，さなぎはオニボウフラと呼ばれ，完全変態をする昆虫である。

え．蚊は，アブと同じで２枚のはねを持ち，さなぎはボウフラと呼ばれ，完全変態をする昆虫である。

お．蚊は，ハエと同じで２枚のはねを持ち，幼虫はボウフラと呼ばれ，完全変態をする昆虫である。

か．蚊は，ハチと同じで４枚のはねを持ち，幼虫はボウフラと呼ばれ，不完全変態をする昆虫である。

⑵　下線部の感染症以外の「蚊を介した感染症」を次の**あ**～**え**から１つ選び，記号で答えなさい。

あ．ペスト　　**い**．マラリア　　**う**．インフルエンザ　　**え**．結核《けっかく》

⑶　ヒトの活動を考えると，蚊に刺されやすいのはどのようなときですか。次の**あ**～**え**から最も適当なものを１つ選び，記号で答えなさい。

あ．起床後《きしょうご》　　**い**．食事前　　**う**．運動後　　**え**．就寝前《しゅうしんまえ》

⑷　前ページの表の活動期間を見ると，２種とも春から秋にかけて活動しますが，アカイエカの方が１カ月ほど早く活動を開始します。その理由として適当と考えられるものを次の**あ**～**え**から**2つ**選び，記号で答えなさい。

あ．アカイエカの活動時間が夜間だから。

い．アカイエカの活動気温の最低温度が，ヒトスジシマカより低いから。

う．アカイエカの飛行可能距離がヒトスジシマカより長いから。

え．ヒトスジシマカは卵で冬ごしをするのに対して，アカイエカは成虫で冬ごしするから。

⑸　次の**あ**～**か**のうち，**下線部が誤っている**ものを**3つ**選び，記号で答えなさい。

あ．日本には約110種の蚊が記録されている。温暖化の影響《えいきょう》により，ヒトスジシマカは分布を南へ広げている。

い．蚊の吸った血から，吸血していた動物を調べた研究がある。ある種類の蚊が吸血する動物の種類は，１種類とは限らない。

う．ヒトスジシマカは土の中に卵を産む。よって，公園や広場にある空き缶やペットボトル，古タイヤなどが放置されないように注意すると，幼虫の発生を防ぐことができる。

え．メスの蚊を解剖《かいぼう》して産卵回数を調べることができる。産卵の回数が多いほど，伝染病のヒトに伝わる危険が小さくなる。

お．殺虫剤の効き方を実験するため，蚊の飼育をしている会社がある。実験では殺虫剤の効き方が体重の差によって変わらないように均一な蚊をたくさん用意して行う。

か．蚊を飼育するために，エサとしては食塩水よりも砂糖水を与えた方がよい。

4　地球は季節によって太陽光の当たり方が異なります。そのため，季節によるさまざまな違《ちが》いが現れます。以下の問いに答えなさい。

⑴　図１（次のページ）で，Ａ～Ｅの地点の夜の長さを比べるとどうなりますか。次の**あ**～**か**から１つ選び，記号で答えなさい。ただし，Ａ＞Ｂ＝Ｃは，Ａの地点の夜の長さが最も長く，Ｂの地点とＣの地点の夜の長さは同じであることを示しています。

あ．Ａ＝Ｂ＝Ｃ＝Ｄ＝Ｅ　　**い**．Ｂ＝Ｃ＞Ａ＝Ｄ＝Ｅ

う．Ａ＝Ｄ＝Ｅ＞Ｂ＝Ｃ　　**え**．Ａ＞Ｂ＝Ｃ＞Ｄ＝Ｅ

お．Ｄ＝Ｅ＞Ｂ＝Ｃ＞Ａ　　**か**．Ｂ＝Ｄ＞Ａ＞Ｅ＞Ｃ

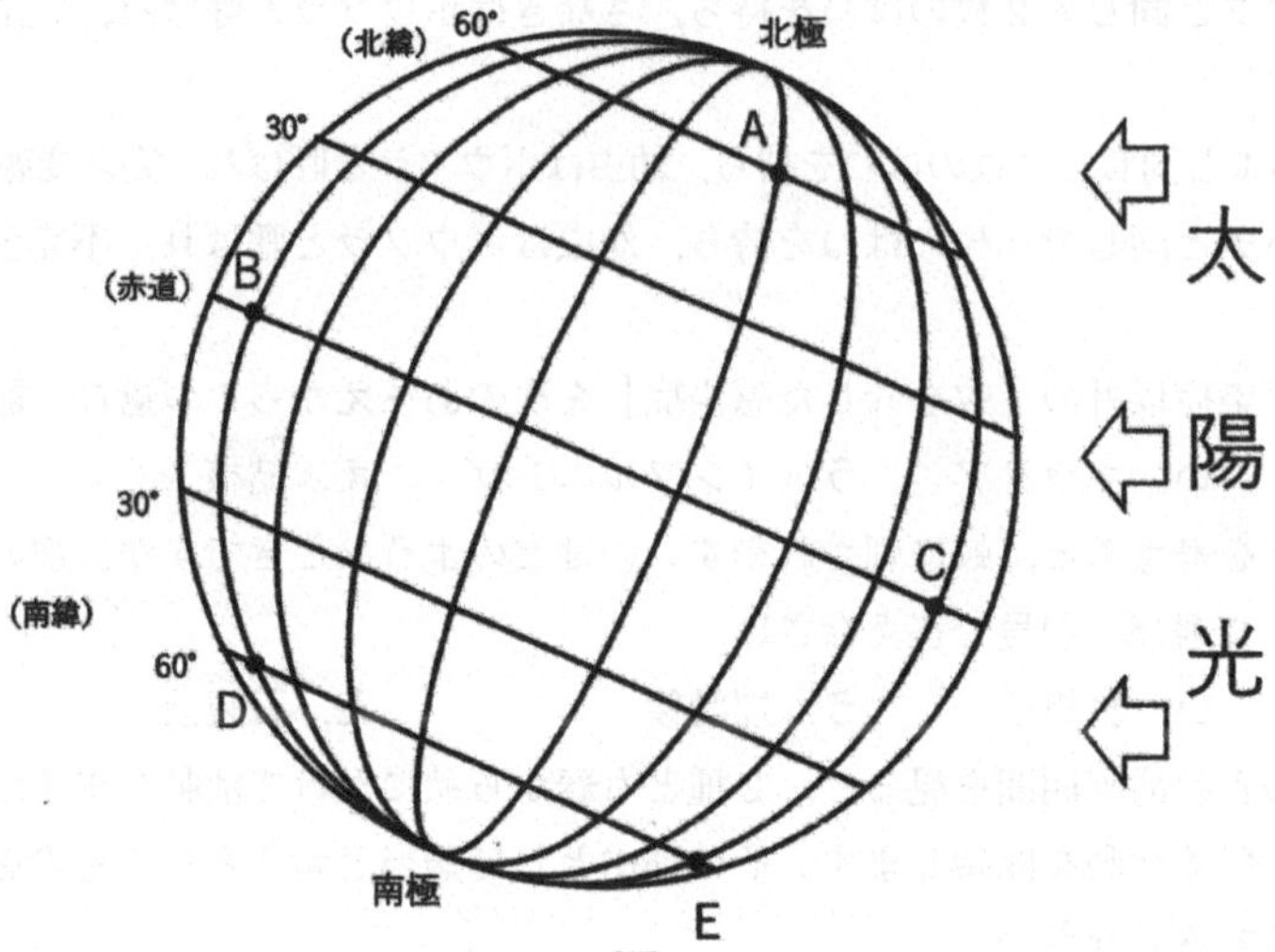

図１

⑵ 図１の季節から半年後，ＢとＤの地点で日の出の時刻が早いのはどちらですか。**あ**～**う**から１つ選び，記号で答えなさい。

あ．Ｂのほうが早い

い．Ｄのほうが早い

う．ＢとＤはほぼ同じ

⑶ 赤道上のＣ地点について説明した，次の**あ**～**か**の文から**誤っているもの**を**２つ**選び，記号で答えなさい，

あ．日本における春分のとき，Ｃでは真東から太陽が昇《のぼ》る。

い．日本における夏至のとき，Ｃでは真東より北寄りから太陽が昇る。

う．日本における冬至のとき，Ｃでは真西より北寄りに太陽が沈《しず》む。

え．日本における夏至のとき，Ｃでは太陽が最も高い位置にきたときの高度は90°より低い。

お．日本における春分のとき，Ｃでは太陽が最も高い位置にきたとき，地面に垂直に立てた棒のかげができない。

か．日本における春分から夏至にかけて，Ｃでは昼の長さが長くなる。

⑷ 日本の冬では「北西の季節風」と呼ばれる風がよく吹《ふ》きます。この風に関係することについて，適する文の組み合わせとして最も適当なものを次のページの表の**あ**～**く**から１つ選び，記号で答えなさい。

ア　シベリア大陸の温度が太平洋の温度に比べて下がりやすい

イ　シベリア大陸の温度が太平洋の温度に比べて下がりにくい

ウ　大陸上の空気が上昇《じょうしょう》する（上昇気流になる）

エ　大陸上の空気が下降する（下降気流になる）

オ　シベリア大陸から太平洋へ空気が流れる

カ　太平洋からシベリア大陸へ空気が流れる

解答する記号	適する文		
あ	ア	ウ	オ
い	ア	ウ	カ
う	ア	エ	オ
え	ア	エ	カ
お	イ	ウ	オ
か	イ	ウ	カ
き	イ	エ	オ
く	イ	エ	カ

⑸　日本の夏では「南東の季節風」と呼ばれる風がよく吹《ふ》きます。この風と同じようなしくみ（原理）で吹く風として最も適当なものを次のあ～かから１つ選び，記号で答えなさい。

あ．朝夕に吹く海風　　い．朝夕に吹く陸風
う．昼間に吹く海風　　え．昼間に吹く陸風
お．夜間に吹く海風　　か．夜間に吹く陸風

⑹　気温や気圧のように気象を表現するためのさまざまな要素を気象要素といいます。次の①～③の気象要素について，最も適当な単位を下のあ～おから１つずつ選び，記号で答えなさい。

［気象要素］

①　気圧　　②　降水量　　③　風速

［単位］

あ．％（パーセント）　　い．hPa（ヘクトパスカル）
う．mm（ミリメートル）　え．m/秒（メートル毎秒）
お．単位なし

【社　会】（理科と合わせて50分）　＜満点：50点＞

1　次の文章を読んで問いに答えなさい。

人間の体はそのほとんどが水でできています。子どもで体重の約70パーセント（％），成人では約65％が水分であるといわれています。しかし，地球上に存在する水のうち，97.5％を占《し》めるのが海水で，飲み水や生活用水として利用できる淡水《たんすい》はたった2.5％ほどです。しかも人間が実際に取水して利用できるのは，(ア)地中のごく浅い所にある地下水か，(イ)川，湖，沼《ぬま》など地表にあるものだけで，これは，地球全体の水の0.02％程度の量にすぎません。ですから，古来より水の確保は人類にとって最優先の事柄《ことがら》でした。

多摩の羽村から四谷までつながる玉川上水は(ウ)17世紀に築かれ，江戸市中へ飲料水を供給していました。その一部区間は，現在でも(エ)東京都水道局の現役の水道施設《しせつ》として活用されています。(オ)近代日本の水道事業の始まりは1887年に横浜で敷設《ふせつ》された近代水道で，1890年に(カ)水道条例が制定されました。戦後には公衆衛生の改善が進むなかで，1957年には水道法が制定されて水道の整備が進み，現在の日本の水道普及《ふきゅう》率は98％となり(キ)国民皆水道《こくみんかいすいどう》がほぼ実現しています。

生活のための水を供給する施設である水道は，長らく政府の管理下で整備・運営されてきました。しかし，2018年12月に(ク)衆参両院で水道法改正法案が可決され，水道事業の民営化が可能となりました。水道法の改正の目的について（　ケ　）省は，「人口減少に伴《ともな》う水の需要《じゅよう》の減少，水道施設の老朽《ろうきゅう》化，深刻化する人材不足等に対応し，水道の基盤《きばん》強化を図るため」であると説明しています。水道事業は市区町村単位で運営されているため，人口が少ない自治体では水道を管理する人手が足りなかったり，水道事業が大きな負担となっていたりすることも少なくありません。水道料金がとても高くなってしまった自治体もあります。そのため，もっと広い範囲《はんい》で水道事業を運営できるようにしたり，民間企業《きぎょう》による競争を取り入れたりすることで，水道事業の抱《かか》える課題に対応し，水道環境《かんきょう》を維持《いじ》していこうというわけです。

水道法の改正を受けて，水道事業の運営権を民間に売却《ばいきゃく》する議案が可決された自治体もあります。しかし，水道事業の民営化による水質の悪化や料金の大幅《おおはば》な値上げへの不安を訴《うった》える声もあり，1990年代に水道事業を民営化したフランスやドイツなどが近年になって再公営化している事例を挙げて，民営化に反対する意見もあります。そのようななかで，岩手県矢巾《やはば》町では住民参画の水道サポーター制度を発足させ，住民と職員とで意見を重ねながら水道事業にあたっています。彼らは今の水質を維持し，未来の子どもたちに安全な水道を残すためにこのような決断に至ったということです。(コ)一般《いっぱん》の人々が自治体とともに水道事業に参画するという動きは，民営化とはまた違《ちが》った選択肢《せんたくし》といえるでしょう。

(サ)水道は私たちが生きていくためになくてはならないものです。今後どのような形であっても，安全な水を安定的に供給していくことが求められています。私たちの命の水を守っていくために水道事業はどうあるべきか，皆《みな》が考え，話し合っていかなければなりません。

問１．下線部(ア)について，地下水を生活用水などに利用するために，おもに地面に垂直な穴を掘《ほ》って作る，水を得るための設備を何といいますか，漢字２字で答えなさい。

問２．下線部(イ)について，流域が一つの県のみで他県にまたがっていない河川を，次から一つ選び番号で答えなさい。

１．北上川　　２．神通川　　３．利根川　　４．長良川　　５．最上川

問３．下線部(ウ)に関連して，同じころに江戸の市街地では，広い道路や空き地が作られました。これはある災害《さいがい》に関連して作られたものですが，そのような場所が作られた目的を，20字以内で説明しなさい。

問４．下線部(エ)について述べた次の文のうち，**あやまっているもの**を一つ選び番号で答えなさい。

1．衆議院議員選挙における小選挙区の数は，47都道府県のうちで最も多い。

2．生活に便利な街なので人口が集中しているが，2021年には人口が減少した月もみられた。

3．西部は山地や丘陵《りょう》地が多く，東部は台地や低地が多い。

4．都庁がある千代田区には，行政機関，金融《きんゆう》機関や大企業《きぎょう》の本社などが集中している。

問５．下線部(オ)について，日本の近代化は江戸時代の終わりごろから始まっていましたが，そのころの状況《じょうきょう》について説明した次の文のうち，正しいものを一つ選び番号で答えなさい。

1．ペリーが来航して開国を求めたため，日本はその翌年に日米修好通商条約を締結《ていけつ》してアメリカとの貿易を開始した。

2．吉田松陰らを処罰《しょばつ》した安政の大獄《たいごく》を行った井伊直弼は，桜田門外の変によって水戸藩出身の浪人たちに暗殺された。

3．尊王攘夷《そんのうじょうい》の考えを持っていた薩摩藩は，下関海峡《かいきょう》を通る外国船を砲撃《ほうげき》してイギリスとの戦争につながった。

4．鳥羽・伏見の戦いで敗れた徳川慶喜は，薩長両藩からの批判をかわすために朝廷に対して大政奉還を行った。

問６．下線部(カ)は現在の条例とは異なり元老院でその審議《しんぎ》が行われました。これに対して，日本国憲法下における現在の条例について説明した次の文のうち，最も適切なものを一つ選び番号で答えなさい。

1．内閣の閣議決定により制定されるもので，法律の範囲《はんい》内で定めることができる。

2．特定の地方公共団体にのみ適用されるもので，衆参両院で可決した後に住民投票での賛成を経て制定される。

3．地方公共団体が各地域の抱《かか》える課題に対応するため，地方議会において制定される。

4．国家間や国家と国際機関との約束事を文書化したもので，法的拘束《こうそく》力を持つ。

問７．下線部(キ)に関連して，「国民皆《こくみんかい》○○」とは，すべての国民がその制度を利用可能となっている状態を表していますが，このような状態になっているといえる制度を，次から**二つ**選び番号で答えなさい。

1．育児休業手当　　2．健康保険　　3．国民年金　　4．雇用《こよう》保険　　5．児童手当

問８．下線部(ク)について述べた次の文のうち，正しいものを一つ選び番号で答えなさい。

1．法律案について，衆参両院の議決が異なり，両院協議会でも合意が得られない場合は，衆議院の議決が国会の議決となる。

2．最高裁判所の裁判官は，任命後の衆議院議員総選挙または参議院議員選挙の際に，国民により審査《しんさ》される。

3．衆参両院の議員の定数は法律によって定められているので，定数変更の際に憲法の改正は必要ない。

4．内閣不信任の決議権は衆議院のみに付与《ふよ》されているが，参議院には法的拘束力のある内閣問責決議権がある。

問９．空らん（ケ）にあてはまる語句を漢字で答えなさい。

問10. 下線部(コ)のように，一般《いっぱん》市民の意見を統治に取り入れる制度の一つに裁判員制度があります。裁判員裁判が行われる裁判所を，次から一つ選び番号で答えなさい。

１．簡易裁判所　２．高等裁判所　３．最高裁判所　４．地方裁判所　５．特別裁判所

問11. 下線部(サ)について，飲み水が私たちのところに来るまでに，次の１～４の過程をすべて通るとしたら一般にどのような順番になりますか，番号で答えなさい。

１．浄水《じょうすい》場　２．水源林　３．ダム　４．取水施設《しせつ》（取水堰《せき》・取水塔《とう》）

２　次の問いに答えなさい。

問１． 大雨が降った時に発生する可能性のある災害《さいがい》として，**適切でないもの**を次から**二つ**選び番号で答えなさい。

１．液状化現象　２．がけ崩《くず》れ　３．洪水《こうずい》　４．津波　５．土石流

問２． 次のグラフは１年間の東京中央卸売《おろしうり》市場におけるレタスの月別入荷先（2020年）を示したものです。このグラフから推定されるレタスの栽培《さいばい》適温（℃）として，最も適切なものを下から一つ選び番号で答えなさい。

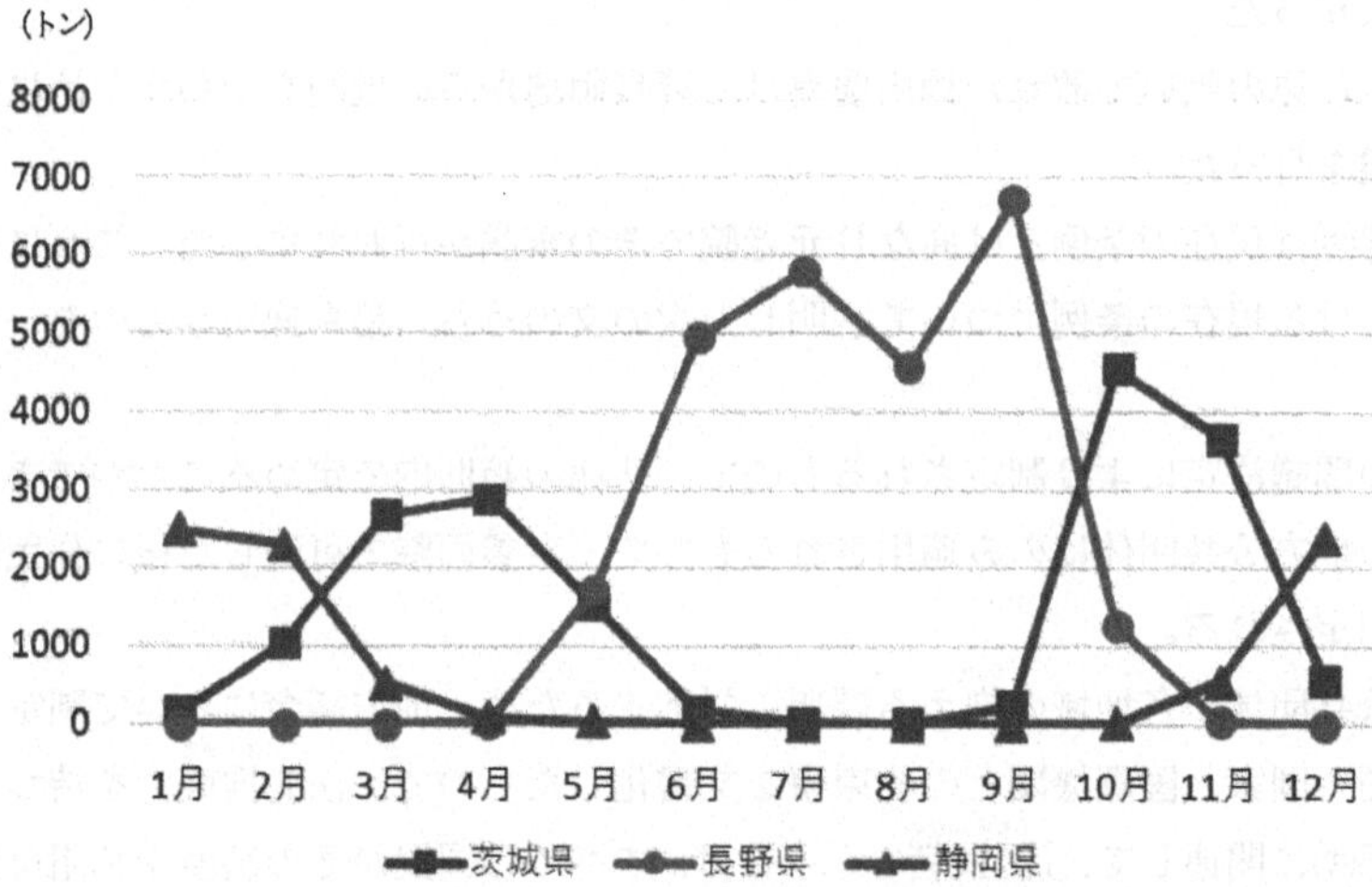

（東京都中央卸売市場「市場統計情報」より作成）

１．０℃未満　２．５℃～10℃　３．15℃～20℃　４．25℃～30℃

問３． 右の地図中の**あ**～**う**の地域は，いずれも稲作があまり行われていない地域ですが，その要因としてそれぞれの地域に特徴的《とくちょうてき》な土・岩石が分布していることがあげられます。その組み合わせとして，最も適切なものを下の表の１～６から選び番号で答えなさい。

	1	2	3	4	5	6
火山灰土	あ	あ	い	い	う	う
石灰岩	い	う	あ	う	あ	い
泥炭《でいたん》	う	い	う	あ	い	あ

問４．次の表は都府県別の国宝の指定件数（2021年９月１日時点）です。国宝は美術工芸品と建造物に分けられ，表中の１～４は，大阪府，京都府，東京都，奈良県のいずれかです。このうち，東京都にあたるものを選び番号で答えなさい。

	1	**2**	**3**	**4**
美術工芸品	281	185	142	57
建造物（棟《とう》数）	2	73	71	8

（文化庁ホームページより作成）

問５．鉄鋼の主な原料は鉄鉱石，コークス，石灰石です。このうちコークスは，ある鉱産資源を加工して作られるものですが，その資源の名称を答えなさい。

問６．次の図は，国土地理院発行２万５千分の１地形図「砂川」の一部です。図中の砂川遊水地は，石狩川の洪水《こうずい》を防ぐための工事の結果，石狩川から切り離《はな》されることで生まれたある地形を利用して作られました。その地形を何といいますか，漢字で答えなさい。

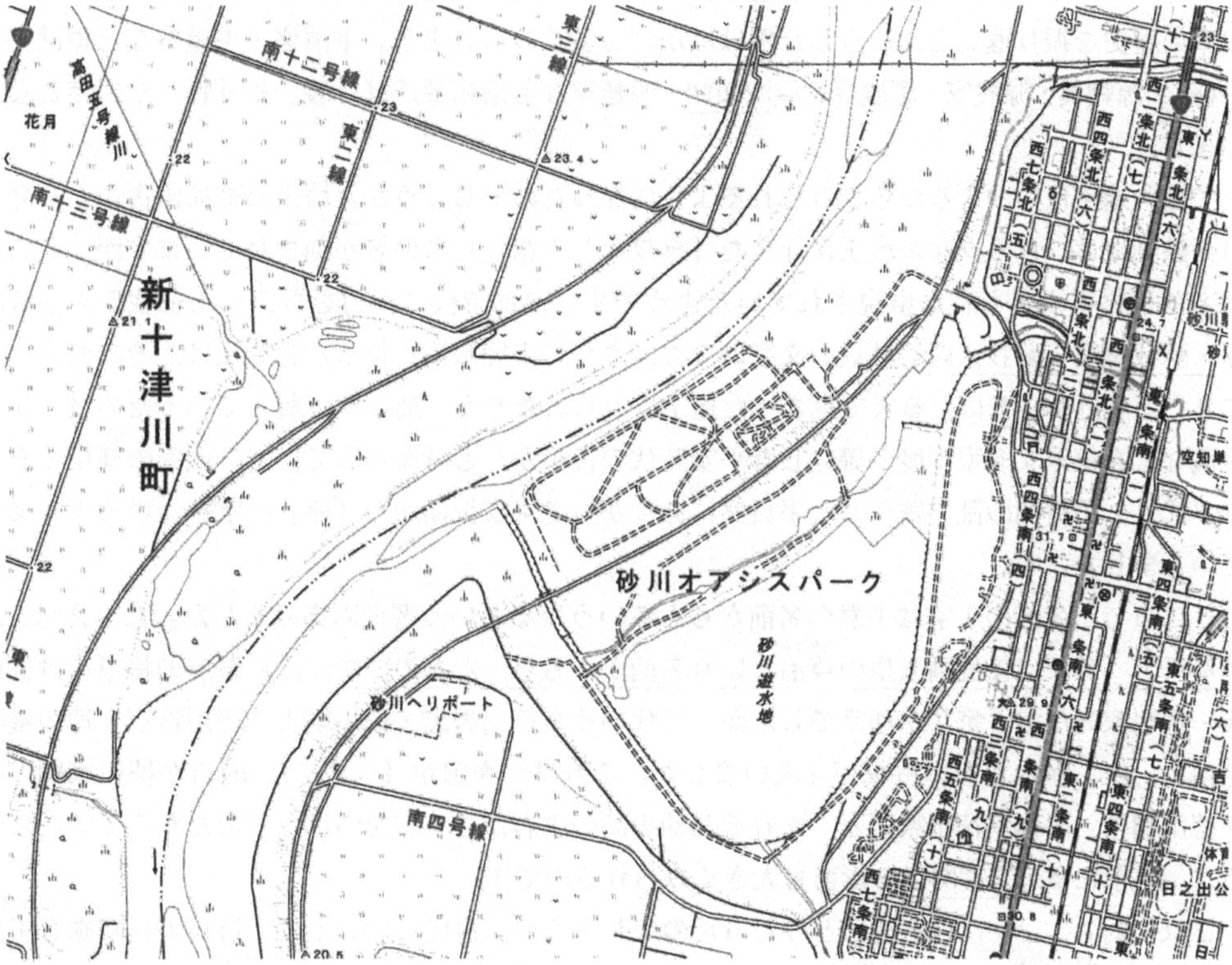

問７．次のページのグラフは，コーヒー豆と衣類における日本の輸入金額の貿易相手国ごとの割合（2019年）を示したものです。グラフの**あ**にあてはまる国を，下から選び番号で答えなさい。

１．アメリカ　　２．イタリア
３．エジプト　　４．ベトナム
５．メキシコ

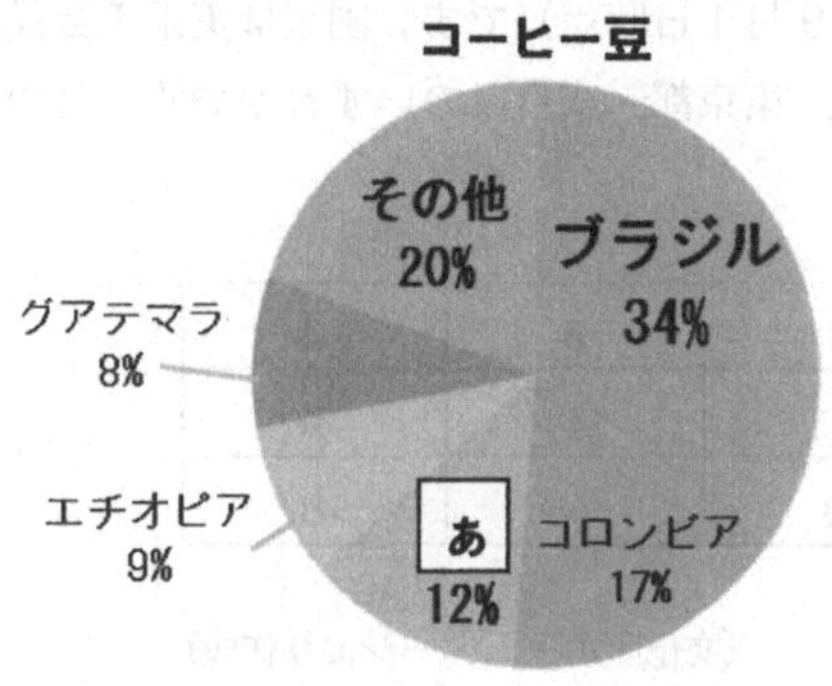

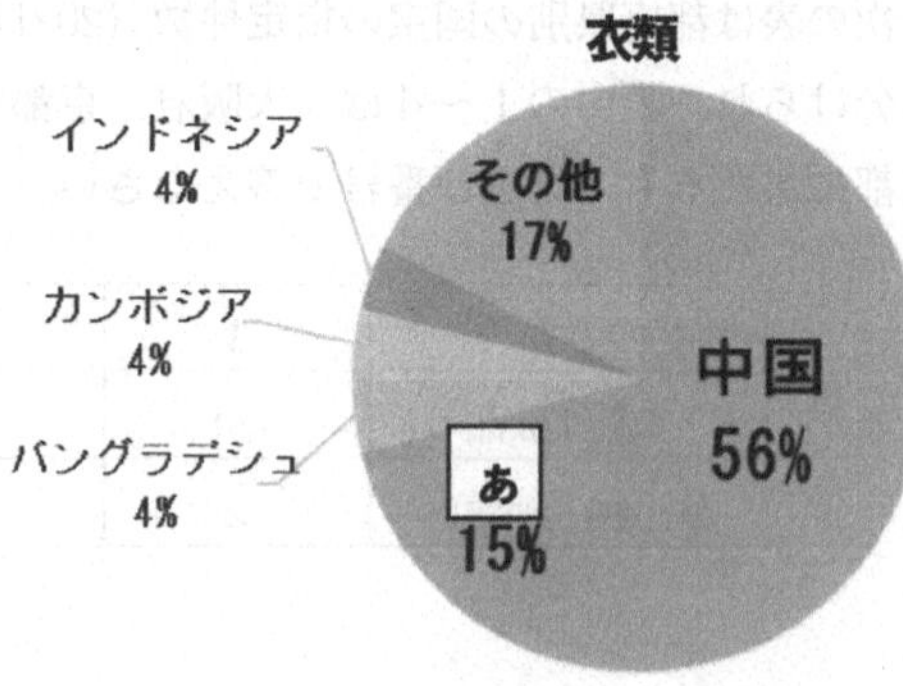

（『データブックオブ・ザ・ワールド2021』より作成）

3 **次の文章を読んで問いに答えなさい。**

承久の乱で勝利したのに北条義時，御成敗式目を制定したのは北条泰時，蒙古襲来《しゅうらい》で御家人をまとめたのは北条時宗と，鎌倉時代に権力を握《にぎ》った北条氏の人物は，「時」の字が名前につけられています。このように，一族で代々名前に継承《けいしょう》していく文字を通字（とおりじ・つうじ）といいます。日本の歴史を振《ふ》り返ると，こうした例はほかにも多くみられます。平清盛・平重盛など桓武平氏は「盛」，源頼義・源義家・源義経や(ア)源頼朝・源頼家など清和源氏は「義」や「頼」が通字となっています。

では，通字はいつごろからつけられるようになったのでしょうか。埼玉県稲荷山古墳から発見された鉄剣には，ワカタケル大王に仕えた「ヲワケ」の祖先たちの名が刻まれていますが，この時期の名前は文字よりも音が重視されていたようです。飛鳥時代に権力を振《ふ》るった蘇我氏も(イ)蘇我馬子・蘇我蝦夷・蘇我入鹿と共通の文字はなく，さらに摂関政治を担った藤原氏は，その直系の子孫にあたる(ウ)近衛文麿《このえふみまろ》に至るまで定まった通字はみられません。通字が定着していったのは，領地や役職などを継承する家制度が確立した平安時代の後半からと考えられていて，武家の棟梁《とうりょう》である桓武平氏も，平将門の乱を鎮圧《ちんあつ》した平貞盛にあやかって平安後期から「盛」の字をつけるようになっていきました。

ところで，名前の１字は主君の名前からもらいうけるという習慣もありました。たとえば，(エ)足利尊氏の「尊」は後醍醐天皇の尊治《たかはる》という名前からもらったものです。江戸幕府の将軍家は徳川家康・徳川家光など「家」が通字でしたが，15代のうち徳川秀忠・徳川綱吉・徳川吉宗・徳川慶喜と名前に「家」がつかない将軍が４人いました。これは，秀忠が（　オ　），綱吉が徳川家綱，吉宗が徳川綱吉，慶喜が徳川家慶と，それぞれ幼少時の主君から１字をつけたものだからです。このように，名前には(カ)主従関係の影響《えいきょう》も大きくみられるのです。

これに対し，(キ)女性の名前はどうだったのでしょうか。古代においては，持統天皇が鸕野讃良《うののさらら》，光明皇后が安宿媛《あすかべひめ》などという名前でしたが，平安時代になると皇女や貴族の娘《むすめ》に「子」の字をつけることが定着していきました。

近代になると，上流の女性への憧《あこが》れから庶民《しょみん》にも「子」の字が広まっていった一方で，男性の通字はあまり目立たなくなりました。さらに現在は，男性の通字や女性の「子」は減少し，名前も多様化しています。これは，戦後になって家制度や主従関係が急激に薄《うす》まっていったことも影響《えいきょう》しているのでしょう。このように，名前は社会の状況《じょうきょう》を反映するものでもあります。将来は，どのような社会となり，どのような名前が使われているのでしょうか。

問１．下線部(ア)と同じ時に平家打倒《だとう》の兵を挙げた源義仲は，育った地にちなんで□□義仲とも呼ばれています。□□にあてはまる地名を漢字２字で答えなさい。

問２．下線部(イ)の人々が生きていた時期について説明した次の文のうち，**あやまっているもの**を一つ選び番号で答えなさい。

１．冠位十二階や憲法十七条が定められた。

２．遣唐使がはじめて派遣《はけん》された。

３．戸籍に基づいて民衆に土地を配分するようになった。

４．四天王寺や法隆寺などの寺院が建立された。

問３．下線部(ウ)は太平洋戦争の直前まで首相をつとめた人物ですが，日中戦争開戦から太平洋戦争開戦までの時期のことについて説明した次の文のうち，**あやまっているもの**を一つ選び番号で答えなさい。

１．アメリカは，ドイツと同盟を結んだ日本がインドシナ半島へ進出したことを批判し，日本へ石油などの輸出を禁止した。

２．国の方針に協力する大政翼賛会《たいせいよくさんかい》が結成され，選挙で立憲政友会などの他の政党に勝利して一党独裁となった。

３．国家総動員法を定め，議会の承認がなくても天皇の命令によって戦争に必要な物資や人を動員できるようにした。

４．日本は中国の首都であった南京を占領《せんりょう》したが，アメリカの参戦を期待する中国は抵抗《ていこう》を続けて日中戦争は長期化した。

問４．下線部(エ)について，後醍醐天皇の倒幕の呼びかけに応じた足利尊氏が攻め落とした京都の組織（役所）を何といいますか，漢字で答えなさい。

問５．空らん（**オ**）にあてはまる人物の氏名を漢字で答えなさい。

問６．下線部(カ)について説明した次の文を，時代の古い順に並べ替《か》えて番号で答えなさい。

１．家臣が主君を倒す事件が起こるなど下剋上《げこくじょう》の風潮が強まり，全国的な戦乱が長期にわたって続いた。

２．幕府と大名との主従関係を維持《いじ》するために参勤交代の制度を定めて，大名を領地と幕府所在地との間で往復させた。

３．東国を中心に将軍と主従関係を結んだ武士は御家人と呼ばれ，各地の地頭に任じられ，先祖伝来の土地を守った。

４．天皇家が分裂《ぶんれつ》して同時に二人の天皇が存在し，各地で対立していた武士がそれぞれに結びついて争った。

問７．下線部(キ)に関連して，歴史上の女性について説明した次の文のうち，正しいものを一つ選び番号で答えなさい。

１．天皇の后《きさき》となった紫式部は，現代でも高い評価を受けている仮名文学を著《あらわ》した。

２．将軍の妻であった北条政子は，朝廷との戦いで武士たちをまとめた。

３．戦国時代の出雲の阿国は，人形浄瑠璃《にんぎょうじょうるり》の芸能を創始した。

４．津田梅子は，雑誌『青鞜《せいとう》』を発刊して女子教育に力を注いだ。

の中から一つ選び、記号で答えなさい。

ア　不器用ながらも菊池《きくいけ》さんが自分への思いを伝えてくれ、より彼女《かのじょ》と親密になれたことに驚《おどろ》いている。

イ　自分の才能に気が付けなかったことに半ば呆《あき》れつつ、菊池《きくいけ》さんが自分をよく見てくれていて、驚《おどろ》いている。

ウ　ストーリー展開や描写《びょうしゃ》の妙《みょう》を生き生きと伝える菊池《きくいけ》さんの姿に、自分と相容《あいい》れないものを感じ、驚《おどろ》いている。

エ　まさか自分が書いた物語を菊池《きくいけ》さんが読んでくれ、そのうえ評価もしてくれているとは思わず、驚《おどろ》いている。

オ　菊池《きくいけ》さんとのやりとりを通して、自分の感じていた怖《こわ》さが薄《うす》らいでいることに気づき驚《おどろ》いている。

問八　御蔵《みくら》さんの目には菊池《きくいけ》さんはどのように映っていますか。御蔵《みくら》さんから見た菊池《きくいけ》さんの人物像に触《ふ》れながら、六〇字以内で説明しなさい。

るな。――線⑤「背中が温かい」のは窓から光を受けたからだけでなく、御蔵《みくら》さんの心が解きほぐされていくことも表していると思う。

エ　生徒Ｄ　――線⑥の「あはっ」は、エサを取り合う鳥たちの多様なふるまいを見て、菊池《きくいけ》さんが思わずこらえられなくなった笑いだね。生き物たちが時として意外なふるまいをすることってある気がする。

オ　生徒Ｅ　御蔵《みくら》さんは、人が見過ごしがちな鳥の生態に興味を持ってよく観察しているね。菊池《きくいけ》さんが御蔵《みくら》さんのこの独特なありようを好意的にとらえておもしろがったのが、――線⑦の「あははは」だと思う。

カ　生徒Ｆ　御蔵《みくら》さんは、初めて目にした菊池《きくいけ》さんの笑う姿を――線⑧「柔《やわ》らかくてかわいらしかった」と評しているけれど、ここで菊池《きくいけ》さんへの憧《あこが》れが恋心に切り替《か》わったことが見て取れると思う。

問五　――線④「やっぱりだね」とありますが、菊池《きくいけ》さんはなぜここでこのように述べているのですか。その説明として最も適当なものを次のア～オの中から一つ選び、記号で答えなさい。

ア　御蔵《みくら》さんの書いた『森の王国』をすでに読んでいたから。

イ　人よりも鳥に興味のある御蔵《みくら》さんの様子がうかがえたから。

ウ　御蔵《みくら》さんが中庭で餌《えさ》を取り合う鳥たちをじっとみていたから。

エ　好きなことを語る御蔵《みくら》さんは生き生きとしていて楽しそうだから。

オ　御蔵《みくら》さんが自身の祖母から聞いた話をわざわざしてくれたから。

問六　本文では、歩く描写《びょうしゃ》が多く見られます。それぞれの描写《びょうしゃ》の効果の説明として最も適当なものを次のア～オの中から一つ選び、記号で答えなさい。

ア　先を歩く菊池《きくいけ》さんを「わたし」が追《お》いかける冒頭《ぼうとう》の描写《びょうしゃ》では、他者の目線を気にせず、大人びたように見える菊池《きくいけ》さんの背中を追《お》いかける「わたし」の菊池《きくいけ》さんへの感情の高まりが表現されている。

イ　「わたし」が菊池《きくいけ》さんに追《お》いついて、横に並んで歩きながら、鳥について語る描写《びょうしゃ》では、二人の心的距離《きょり》が近づき、実際の位置関係と心的な距離《きょり》感を関連づけるような表現がなされている。

ウ　菊池《きくいけ》さんがグラウンドを歩く際、「わたし」との歩調がそろい、同じような行動をする部分は、「わたし」が菊池《きくいけ》さんの話にしっかり耳を傾《かたむ》けようとしていることが効果的に伝わるように表現されている。

エ　菊池《きくいけ》さんが「わたし」に「おもしろいよ」と言った後、二人が足を止める場面では、歩くことをやめて会話に集中しようとしていることや思いを打ち明けるときの緊張《きんちょう》感や物語としての高まりを表現している。

オ　終末部で、再び足取りを速めて「わたし」の前を歩く菊池《きくいけ》さんの描写《びょうしゃ》には、菊池《きくいけ》さんが「わたし」をほめることの照れくささや、顔を見られることの恥《は》ずかしさから話を変えようとする様子が表現されている。

問七　――線⑨「我ながら間抜《まぬ》けな返事をしてしまった」とありますが、この時の御蔵《みくら》さんについての説明として最も適当なものを次のア～オ

問一　二重線Ａ「白《しら》けない」Ｂ「ちゃっかりした」とありますが、「白《しら》ける」「ちゃっかり」のここでの意味として最も適当なものを次のア～オの中からそれぞれ一つ選び、記号で答えなさい。

Ａ「白《しら》ける」

ア　間がのびる　イ　冷たく接する

ウ　気まずくなる　エ　場を盛り上げる

オ　気がぬける

Ｂ「ちゃっかり」

ア　抜《ぬ》け目ないさま　イ　おどけたさま

ウ　冷静なさま　エ　落ち着かないさま

オ　物怖《ものお》じしないさま

問二　空らん［あ］～［う］に入る言葉の組み合わせとして最も適当なものを次のア～オの中から一つ選び、記号で答えなさい。

ア　あ＝しゃん　い＝ぽつぽつ　う＝ぷちぷち

イ　あ＝しゃん　い＝さらさら　う＝ぷちぷち

ウ　あ＝しゃん　い＝ぽるぽつ　う＝そわそわ

エ　あ＝ゆらり　い＝さらさら　う＝そわそわ

オ　あ＝ゆらり　い＝ぽつぽつ　う＝そわそわ

問三　――線①「怖《こわ》い。やっぱり怖《こわ》い。」とありますが、御蔵《みくら》さんは何を「怖《こわ》い」と感じているのですか。その説明として最も適当なものを次のア～オの中から一つ選び、記号で答えなさい。

ア　クラスの輪から離《はな》れて一人で過ごさざるを得ない状況《じょうきょう》になると、学校という集団生活を学ぶ場で、昼食を一緒《いっしょ》にとったり、楽しく会話したりすることができなくなるということ。

イ　出る杭《くい》は打たれるというように、突出《とっしゅつ》して優れていることによってねたみや反感を買うことになり、クラスメイトから嫌《きら》われたり、仲間外れにされたりするということ。

ウ　均質な集団になりがちな学校という場において、みんなと違《ちが》う行動をすることによって、周囲から変わっていると思われて、嫌《きら》われたり孤立《こりつ》したりしてしまうこと。

エ　学校生活の中で、友達を積極的に作らないでいると、クラスメイトから一人でいることを好む者として見られてしまい、仲間にいれてもらえないということ。

オ　限りなく単一に近い学校という場では、周囲に合わせなかったり、変わった性質を持っていたりすると、それが原因となってみんなから協調性がないと思われてしまうということ。

問四　以下は本文を読んだ六人の生徒の発言です。文章の内容を踏《ふ》まえたものとして適当なものを次のア～カの中から二つ選び、記号で答えなさい。ただし、解答の順番は問いません。

ア　生徒Ａ　――線②の「目を細めた」は、御蔵《みくら》さんが持っている鳥への知識量に対して、菊池《きくいけ》さんが驚《おどろ》く様子を表しているね。御蔵《みくら》さんみたいな友達が近くにいたら、学校生活も楽しくなりそう。

イ　生徒Ｂ　――線③の「笑った」は、鳥が必死に自分の子を守っているときの様子をおもしろおかしく感じて笑っているわけだけど、ここはちょっとくすっと笑ってしまう場面なのかな。

ウ　生徒Ｃ　「笑い」を通して親密な関係になっていくことがうかがえ

菊池《きくいけ》さんの笑い声が震《ふる》えながら響《ひび》く。

こんな風に笑う人なんだ。

初めて耳にした菊池《きくいけ》さんの笑い声は、思いの外、⑧柔《やわ》らかくてかわいらしかった。

「おもしろいね、御蔵《みくら》さんは」

「えっ！」

「何？　なんでそんなに驚《おどろ》くの」

「あたし、おもしろいって言われたこと、今まで一度もなかった気がして……。ううん、間違《まちが》いなく一度もなかった」

一度もなかった。初めてだ。

おとなしいねとか、静かだねとはよく言われてきた。でも、〝おもしろい〟は、なかった。わたし自身もわたしを知っている他人も、わたしをおもしろいなんて思わない。

「おもしろいよ」

菊池《きくいけ》さんは前を向《む》いたまま、口を軽く開けた。風を吸《す》い込《こ》もうとしているみたいだ。

「御蔵《みくら》さんはおもしろいよ。それに鳥が好きだ。だから、『森の王国』*6みたいな物語が書ける。でしょ」

足が止まった。

菊池《きくいけ》さんも立ち止まる。でも、それはほんの二、三秒に過ぎなかった。瞬《まばた》きをして、前を向《む》き、菊池《きくいけ》さんはすぐにまた歩き出した。

「あ、あの……、待って、あの」

心持《こころもち》、足取りを速めた菊池《きくいけ》さんから、半歩遅《おく》れて歩いた。風が真正面から吹き付けてくる。強くはないけれど、埃《ほこり》っぽい。でも、清々とした葉っぱの匂《にお》いがした。

「あの、菊池《きくいけ》さん」

「おもしろかったよ」

歩きながら、菊池《きくいけ》さんが言った。わたしの方は見ていない。前だけを見ている。

「ストーリーはファンタジーなのに、鳥たちの生態がすごくリアルで、ヒヨドリの兵士が酔《よ》っぱらって暴れるところとか、卵を鴉《からす》に奪《うば》われそうになった小鳥たちが力を合わせて追《お》い払《はら》うところなんて、迫力《はくりょく》があって、読んでてどきどきした。何より、鷹《たか》の王がかっこよくて、凛々《りり》しくて、でもドジなところもあって個性的ですごいなって感じたの」

「あ、はい」

⑨我ながら間抜《まぬ》けな返事をしてしまった。でも、恥《は》ずかしいとは少しも感じない。驚《おどろ》きの方が何倍も勝っていた。

（『ハリネズミは月を見上げる』あさの　あつこ）

〔注〕＊1　フォルム＝形。

＊2　指導室にいたとき＝「私」と菊池《きくいけ》さんは、指導室で今朝遅刻《ちこく》した理由を先生に話し終わって、帰宅しようとしている。

＊3　名郷《なごう》先生＝菊池《きくいけ》さんの担任の先生。

＊4　オーラ＝ある人や物が発する、一種独特な雰囲気《ふんいき》。

＊5　さっき＝指導室に向《む》かう階段の踊《おど》り場で居合わせたときのこと。

＊6　『森の王国』＝「私」が国語の課題で書いた物語。小冊子に載《の》せる作品の一つとして選ばれて、学年全体に配られていた。

す。今はわたしが踊《おど》り場に立っている。⑤背中が温かい。窓からの光を受けているからだ。＊5さっきとは逆に、わたしが明かりを背負い、黒い影《かげ》になっているはずだ。

　鳥は好きだ。

　鶏《にわとり》でも鴉《からす》でもヒヨドリでも、燕《つばめ》も雁《かり》も雀《すずめ》も好きだ。羽のある生き物は見ていて飽《あ》きない。祖母は自分の家の庭木に、半分に切ったリンゴやミカンを突《つ》き刺《さ》していた。いろんな鳥がやってきて、さかんにつつき、リンゴもミカンも皮だけを薄《うす》く残してきれいにたいらげていた。

「ほら、今、飛んできた緑の鳥はメジロ、頭と喉《のど》が黒いのはシジュウカラ、あっちの大きな灰色の鳥がヒヨだよ。おや、根本にいるのはツグミだね」

　祖母が教えてくれた。

　枝から枝に軽やかに飛び回るメジロが愛らしくて、シジュウカラのピッピッと鳴き交わす声がかわいくて、小鳥たちを追《お》い払《はら》ってリンゴやミカンを独《ひと》り占《じ》めするヒヨドリが腹立たしくて、でも、憎《にく》めなくて、わたしはいつまでも鳥たちを眺《なが》めていた。

「うん、好き。昔、お祖母《ばあ》ちゃんの家でね……」

　わたしは階段を降りて菊池《きくいけ》さんと並んだ。そして、同じ歩調で歩き出した。間をもたすためではなく、話したくて、聞いてもらいたくて、わたしはしゃべった。自分さえも忘れていた鳥たちとの記憶《きおく》を思い出すままに、［　い　］としゃべった。

　この人は鳥になんか興味を持つだろうかとか、こんな話をしてA白《しら》けないだろうかとか、あたしのこと変人だと決めつけないだろうかとか、いつもは頭の中で［　う　］音を立てる危惧《きぐ》を、ほとんど感じないまま話し続けた。話しながら校舎を出た。

　菊池《きくいけ》さんは相槌《あいづち》を打つことも首を傾《かし》げることもしなかった。でも、歩く速度はゆっくりになる。

　聞いてくれているんだ。

　確信できた。

　グラウンドの端《はし》をなぞるように歩きながら、わたしはおしゃべりを続けた。

「じっと見てると、鳥ってすごく個性的なんだってわかるの。気が強くて挑戦的《ちょうせんてき》というか、生意気で意地悪なやつもいるし、臆病《おくびょう》で用心深いのもいるの。要領のいいやつも、のんびりしたのもいる。餌《えさ》を置いといてやると、気の強いのが真っ先に飛んできてばくばく食べちゃうのね。その後、臆病《おくびょう》なのが様子見ながら地面に落ちたリンゴのクズなんかを、すっごくびくつきながらつっついてるの。けど強いのが気が付くと、ぴいぴい怒《おこ》っちゃって、弱いのを追《お》い払《はら》うんだ。で、その隙《すき》に要領のいいのが横から残りのリンゴを持って行っちゃったりするの」

　⑥あはっ。

　不意に、菊池《きくいけ》さんが噴《ふ》き出した。

　少し前屈《まえかが》みになって、口元にこぶしを当て、くすくすと笑う。

「いるよね。人間にもそういうBちゃっかりしたやつ……」

　笑いに言葉を途切《とぎ》らせながら、言う。

「あ、そうかな」

　〝ちゃっかりしたやつ〟を思い起こそうとしたけれど、誰《だれ》の顔も浮《う》かばなかった。

　⑦あはははは。

わたしは怖《こわ》かった。今でも、怖《こわ》い。

集団の場で独りになることを恐《おそ》れている。一緒《いっしょ》にお昼を食べる友だちがいない。おしゃべりをする相手がいない。ラインの仲間に入れない。クラスメイトから距離《きょり》を置かれ、「あの子は独りだ」と烙印《らくいん》を押《お》される。
①怖《こわ》い。やっぱり怖《こわ》い。
学校という場は限りなく単一に近い。異物を嫌《きわ》う。突出《とっしゅつ》したものを、独特のものを、規格外のものを厭《いと》う。わたしは誰《だれ》にも嫌《きら》われたくないし、厭《いと》われたくない。

独りになりたくない。

菊池《きくいけ》さんは平気なんだろうか。独りでいることにも、他人に嫌《きら》われることにも耐《た》えられるんだろうか。

制服の背中を目で追《お》いながら、考える。

わからない。

菊池《きくいけ》さんは謎《なぞ》だ。菊池《きくいけ》さんの背筋は［　あ　］と伸《の》びて、背中の*1フォルムは強くてきれいだ。でも、内側はどうなのか。恐《おそ》れや怯《おび》えを抱《かか》え込《こ》んで震《ふる》えたりしていないのか。

菊池《きくいけ》さんには「？」がたくさんたくさん付きまとう。

ピイーッ。

甲高《かんだか》い鳥の声が響《ひび》いた。

菊池《きくいけ》さんが階段を降り切ったところで、顔を上げた。辺りに視線を巡《めぐ》らせる。*2指導室にいたときより心持《こころもち》、幼く見えた。

「ヒヨドリだよ」

わたしは言った。

菊池《きくいけ》さんが振《ふ》り向《む》き、首を傾《かし》げる。この仕草《しぐさ》も幼い。

「今の、ヒヨドリの声」

「ヒヨドリ？　ああ、さっき*3名郷《なごう》先生も言ってたね」

「うん。灰色っぽい、これくらいの」

わたしは両手を二十センチほど開いてみせた。

「大きさ。鳴き声がうるさいの。中庭にピラカンサの木があるでしょ。その枝によく止まってる」

「ピラカンサって、秋にきれいな実を付けるやつ？」

「そう、それ。冬まで実がなってるから、ヒヨドリのやつが餌《えさ》にしてるの。取り合いの喧嘩《けんか》なんかもしょっちゅうやってる」

菊池《きくいけ》さんが僅《わず》かに②目を細めた。知らなかったと呟《つぶや》く。

「うん、誰《だれ》も知らないと思う。中庭の鳥なんかに興味もたないもんね。でもね、すごかったの」

「すごい？」

「すごいの。一度だけなんだけど鷹《たか》が来たことがあったんだ。小鳥を狙《ねら》って現れたらしいんだけど、その*4オーラがすごくて、ヒヨドリなんか完全にびびっちゃってた」

菊池《きくいけ》さんが③笑った。

声は立てない。唇《くちびる》がすっと横に広がって、歯がのぞいた。口元も眼もちゃんと笑っている。本物の笑みだ。

とても美しかった。

「④やっぱりだね、御蔵《みくら》さん」

「え？　やっぱりって？」

「鳥、好きなんだ」

わたしは顎《あご》を引いた。手すりに軽く手を置いて、菊池《きくいけ》さんを見下ろ

問五　本文後半では「不確実性」と「リスク」についての論点が出されていますが、それによってどのような効果がありますか。その説明として最も適当なものを次のア～オの中から一つ選び、記号で答えなさい。

ア　消費者がどれぐらいの費用を原価に上積みしているのかを、生産者の事情を出しつつ効果的に示している。

イ　生産者がより良い商品を作るために考えるべき点を、客観的に示すのに一役買っている。

ウ　生産者が損をしないよう、改善すべき点を挙げて値段をつける必要性に説得力をもたせている。

エ　生産者に的を絞《しぼ》っていた議論から消費者についても読者に注目させるはたらきがある。

オ　売る前の議論から売った後の議論に自然と筆を進め、値段について読者がより深く考えられるようにしている。

問六　空らん［a］に入る文として最も適当なものを次のア～オの中から一つ選び、記号で答えなさい。

ア　利益どころか大きな損失を被《こうむ》ることになるわけです。

イ　期待通りの結果にならなければ、リスクに耐《た》えられなくなるわけです。

ウ　消費者の求めに応じなければ、そもそも売ることもできないわけです。

エ　貯蓄《ちょちく》して次の生産に備えるためには、生産性を高める必要があるわけです。

オ　費用だけがかさみ、不確実性が高まってしまうわけです。

問七　本文の内容に合っているものを次のア～オの中から一つ選び、記号で答えなさい。

ア　貯蓄《ちょちく》を切り崩《くず》し費用を支払《しはら》うしか生産者に取り得る方法はない。

イ　ある程度の損失は、全体の利益のためには避《さ》けられない。

ウ　価格には先々の生産にかかる費用は含《ふく》まれていない。

エ　最も悩《なや》ましいのは、何をするにも費用がかかることである。

オ　消費者が生産者の不確実性を高めてしまうところがある。

問八　二重線「商品を供給する～どう判断しているか」とありますが、「商品を供給する生産者」はどのようなことを考え「値段」を判断していますか。四十五字以内で答えなさい。

問九　――線X「フタン」・Y「テントウ」・Z「ホショウ」のカタカナを正しい漢字に直しなさい。（一画一画ていねいにはっきりと書くこと。）

［二］　次の文章は、あさのあつこの小説『ハリネズミは月を見上げる』の一節である。御蔵《みくら》さんと菊池《きくいけ》さんは同じ高校に通う同学年の生徒である。これを読んで、後の一から八までの各問いに答えなさい。

（ただし、字数指定のある問いはすべて句読点・記号も一字とする。）

菊池《きくいけ》さんは待ってくれなかった。

とんとんとリズムよく階段を降りていく。

菊池《きくいけ》さんを見ていると、揺《ゆ》らぐ。独りでもいいんだと、ふっと思ってしまう。独りになることを怖《こわ》がらなくていいんじゃないかと、考えてしまう。

怖《こわ》がらなくていい？　ほんとに？

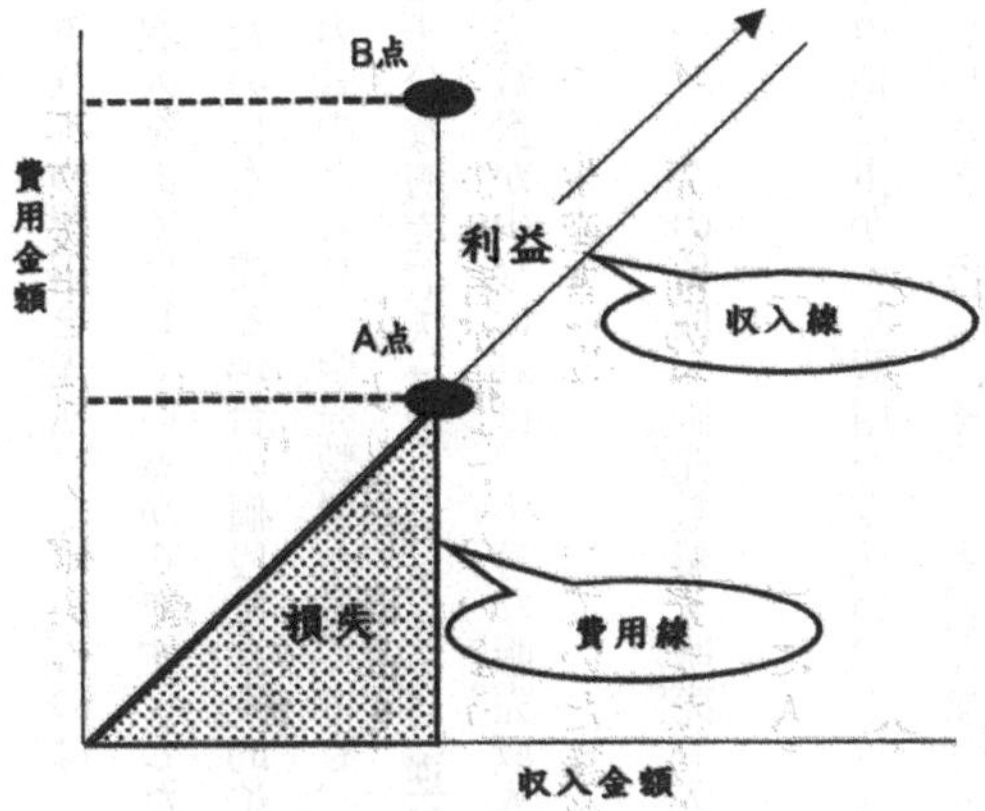

【図エ】 収入と費用、利益の関係

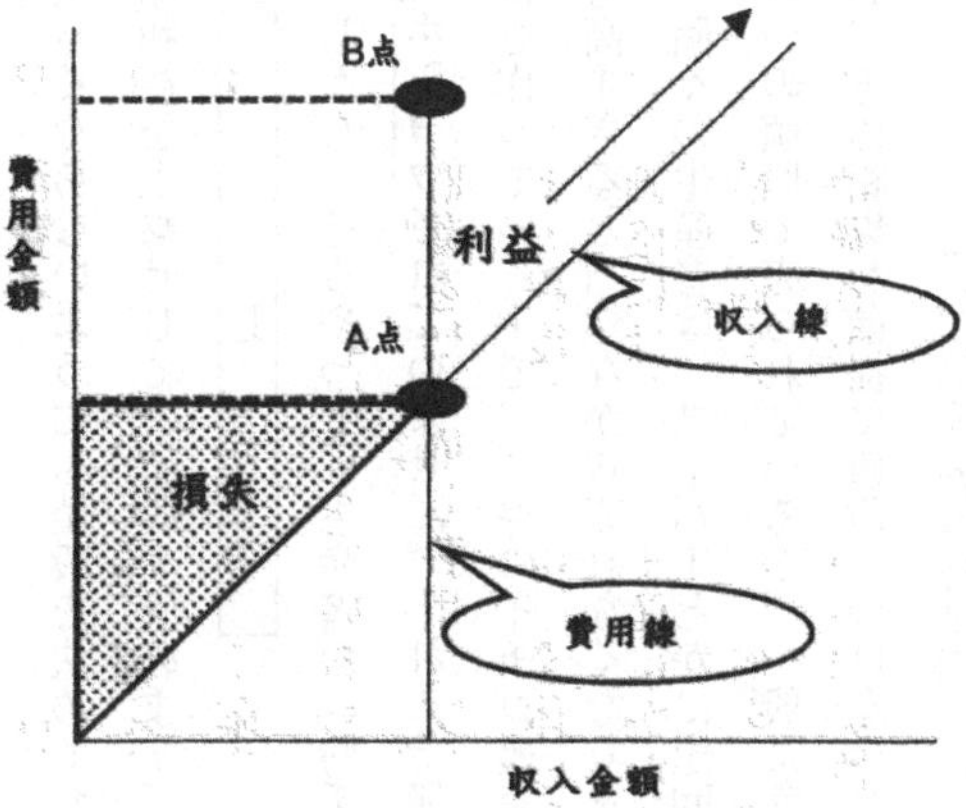

【図ア】 収入と費用、利益の関係

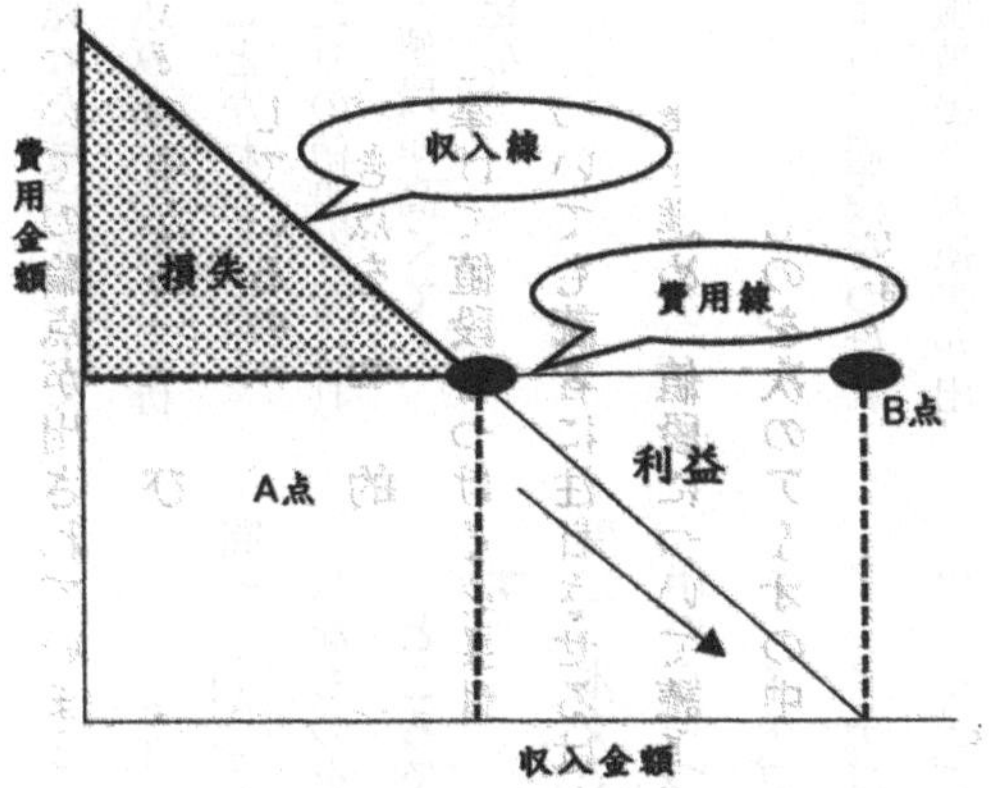

【図オ】 収入と費用、利益の関係

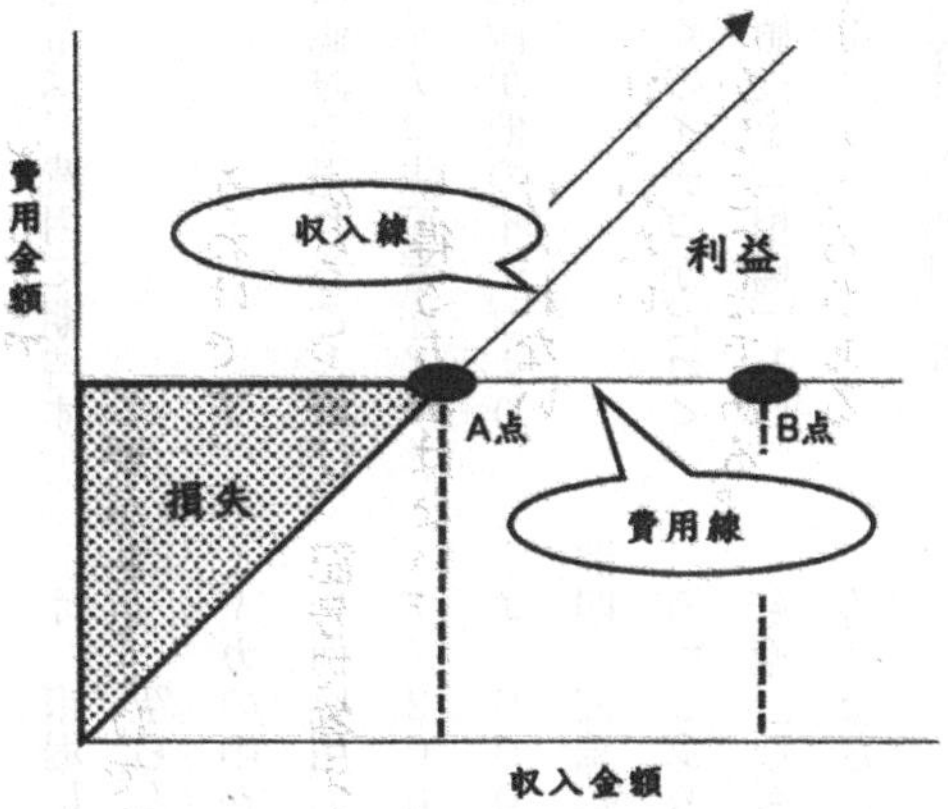

【図イ】 収入と費用、利益の関係

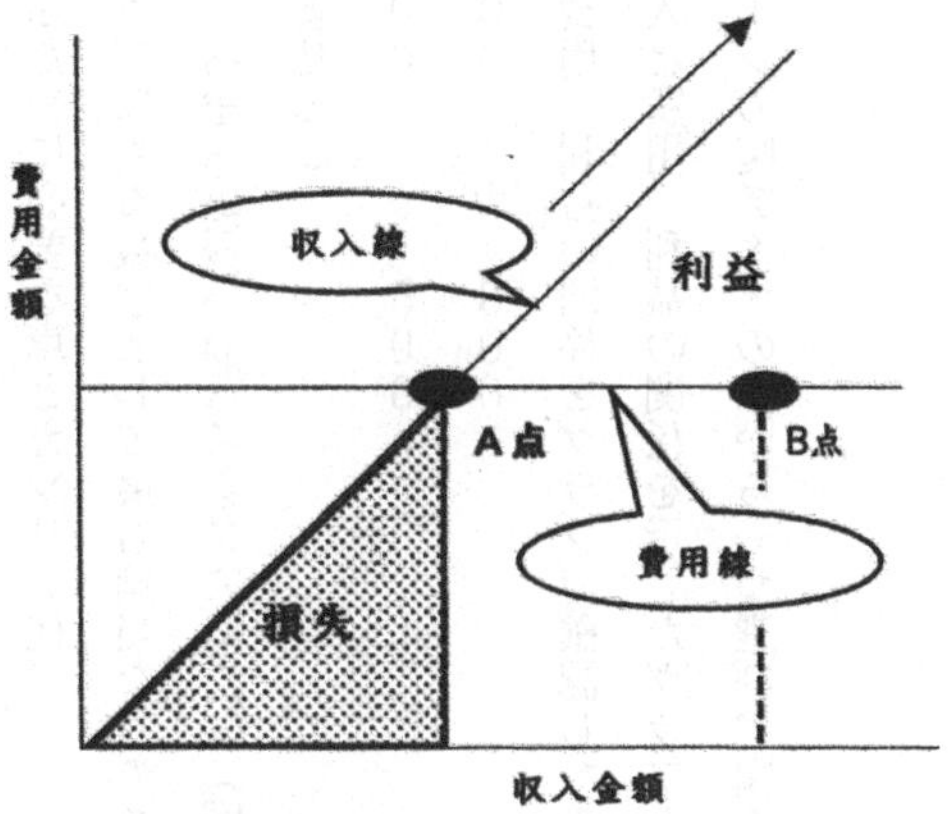

【図ウ】 収入と費用、利益の関係

れています。

それらの費用を先払《さきばら》いしているのは、もちろん、売れた後に入ってくる収入をあてにしているからです。したがって、見込《みこ》み通りの収入を得るためにも、売る場合の値段は決定的に重要であることがわかります。次の式のとおり、販売《はんばい》数量が多くても、一パックあたりの値段が安ければ十分な販売《はんばい》収入は得られません。逆に一パックの値段が高くても、販売《はんばい》数量が少なければ、十分な販売《はんばい》収入を得られません。

一パックの値段×販売《はんばい》数量＝販売《はんばい》収入

単純に掛《か》かった費用を支払《しはら》い、十分な利益が出るように値段をつければいいかというと、そうとも言えません。仮に、台風被害《ひがい》で大損害が出た場合など、予期しがたい生産できなくなるリスクも＊3勘案《かんあん》して、損害が大きくならないようにも値段を決めておきます。通常は、費用に期待する利益を上乗せして、値段を決めます。

Ｅ

しかし、そうやって、生産者が「勝手に」つけた値段で売れることはＺホショウされていません。それこそ無数、多数のイチゴ生産者がイチゴを作っている中で、一件のイチゴ農家がつけた値段が他のイチゴよりも高すぎると当然ながら売れなくなります。

個々の生産者は、スーパーとかに出回っている多くのイチゴがどれくらいの値段で売られているか、一般《いっぱん》に売られている値段を「相場」といい、その相場を前提に値段をつけなければなりません。

（『値段がわかれば社会がわかる　はじめての経済学』徳田《とくだ》賢二《けんじ》）

［注］＊1　パイプハウス＝パイプを骨組みとしたビニールハウスのこと。
＊2　第1章＝問題文は第3章である。
＊3　勘案《かんあん》＝あれこれ考え合わせること。

問一　Ａ～Ｅのうち、次の一文を入れるべき箇所《かしょ》として最も適当なものを一つ選び、Ａ～Ｅの記号で答えなさい。

ところで、利益とは、売り上げた収入から費用を差し引いたものです。

問二　本文で言う「費用」の具体例として不適当なものを次のア～オの中から一つ選び、記号で答えなさい。

ア　イチゴを作る生産者が日々過ごし、生活するための費用。
イ　イチゴを作るための防水設備や棚《たな》など、資材を揃《そろ》えるお金。
ウ　イチゴの生産に必要な情報収集のための通信費。
エ　イチゴ栽培《さいばい》を趣味《しゅみ》とする人たちが集まる団体への寄付金。
オ　市場にイチゴを運ぶために必要な車とガソリン代。

問三　空らん［あ］～［う］に入る数字として最も適当なものを次のア～カの中からそれぞれ一つずつ選び、記号で答えなさい。（同じ記号を何度用いてもかまいません。）

ア　２００　イ　４００　ウ　５００
エ　６００　オ　７００　カ　８００

問四　波線「この収入と費用、利益の関係をグラフで確認してみましょう」とありますが、収入と費用、利益の関係を示したグラフとして最も適当なものを次のページの図ア～オの中から一つ選び、図の記号で答えなさい。

こうして見ると、売れない、期待より売れないことが最も生産者にとって困ることであることがわかります。売れなければ、十分な収入が入らず、事前に掛《か》かった費用を払《はら》えなくなります。〔　a　〕

しかも、イチゴであれば、最初の親株《おやかぶ》（最初の苗《なえ》）を植えるのは、収穫《しゅうかく》の一年前です。Yテントウに出るまで一年間掛《か》けて、最終的に売れるかどうかはまだわかりません。栽培《さいばい》したイチゴの先行きはまだまだ不透明《ふとうめい》です。

［　D　］

*2第1章では、このように将来がどうなるかわからないことを「不確実性」、また将来、損をするかもしれない危険性を「リスク」と呼びましたが、生産者は日々、その不確実性とリスクをどう克服《こくふく》していくかという難しい仕事をしているのです。

ところが、生産者にとって、やっかいな不確実性とリスクを生み出しているのは、他ならぬ私たち消費者なのです。

私たちの何げない消費行動がどのような不確実性とリスクを生み出しているのでしょうか。そもそも、イチゴであれば、一年間栽培《さいばい》し、出荷して、テントウに並ぶのはちょうど完熟するころの二、三日前に過ぎません。そもそも「不確実な」将来に向けて生産をしているのです。そして、その短期間に売り切れるかどうかもわかりません。困ったことに、私たちはそのイチゴについて、買うか、買わないかまたはどちらとも決めないという三つの異なる態度を取っています。

第一の「買う」場合。問題ないように思われますが必ずしもそうとは言えません。全部を買わないで、結果として売れ残りが出る場合、十分な販売《はんばい》収入を得られない「リスク」があります。また売れたとしても、想定していた値段で売れない「リスク」もあります。

売れ残りが出る場合、それだけ無駄《むだ》な生産をしたこと、また逆に売り切れて足りなくなった場合には、せっかくの収入を増やす機会をみすみす失ってしまうことにもなります。

第二の「買わない」場合。当然ながら、必要な収入を得られない大きな「リスク」につながります。その一年間に、消費者の好み、嗜好《しこう》が変わったり、経済環境《かんきょう》が変わり、不況《ふきょう》になったりすることで、売れなくなるリスクは常に存在しています。

第三の「買うか、買わないか、よくわからない」という曖昧《あいまい》な態度も、生産者には困りものです。例えば、出始めのまだ需要《じゅよう》が小さいときには、市場に出していいかどうかも、迷わせる「不確実」な話になります。しかし、生産者は、不確実な先行きでも生産を止めるわけにはいかないのです。

このように消費者に関わるリスク以外にも、他の生産者、他店との競争や、栽培途中《さいばいとちゅう》で台風とか自然災害に遭《あ》うリスクもつきものです。生産者は、多種多様なリスクと不確実性に囲まれています。

それと言うのも、イチゴを売って収入が得られるのが生産を始めてから一年後という点にあります。その一年間に何が起こるか、事前には把握《はあく》しきれません。

特に問題なのは、イチゴの生産、栽培《さいばい》過程では、苗代《なえだい》、肥料代、電気・水道代、資材費、人件費等々《などなど》、様々な費用が掛《か》かっており、おまけにそれらは、既《すで》に支払《しはら》い済《ず》みになっていることです。イチゴの販売《はんばい》価格の大体四割ぐらいが、その生産に掛《か》かった費用、「原価」になると言わ

ないでしょうか。

①５００円
②６００円
③８００円

答えは③の８００円です。計算式は次のとおりになります。

今年度の支払《しはら》い費用＝栽培《さいばい》費用２００円＋くらしの費用２００円

来年度に必要な費用＝栽培《さいばい》費用２００円＋くらしの費用２００円

来年度の費用を利益で賄《まかな》うとすると、利益は〔　あ　〕円必要になります。

来年度以降もイチゴを生産し続けるためには、今年度の収入で利益を出し、その利益で来年度の生産費用を賄《まかな》えるようにしなければなりません。したがって、今年度の利益は来年度の費用を超《こ》える金額にならなければなりません。

したがって、（今年度に必要な）収入は、

利益〔　あ　〕円＋費用〔　い　〕円＝〔　う　〕円

ここから、イチゴは一パック８００円としなければならないことがわかります。これが目標とする販売《はんばい》金額になります。

この収入と費用、利益の関係をグラフで確認してみましょう。

ところで、このようなグラフは、これからよく出てくるので、読み方を説明しておきましょう。わかっている人は、とばしてもかまいません。

縦軸《たてじく》は「費用金額」となっていますが、これは、上に行けば行くほど、金額が大きくなることを示しています。一方、横軸《よこじく》は「収入金額」となっていますが、これは右に行けば行くほど収入金額が大きくなることを表しています。また、収入線上のある点は、その左側に延ばした線が縦軸《たてじく》にぶつかるところにある「費用金額」と、下方に延ばした線が横軸《よこじく》にぶつかるところにある「収入金額」の組み合わせになります。

このグラフでは、A点の費用は４００円、収入が４００円と等しくなっています。費用と収入が等しくなっていることがわかります。

ここでは仮に費用は収入金額とは関係なく、同じ金額だけ掛《か》かる、つまり金額が固定されているとします（厳密に言えば、収入金額が増えるのに連れて増える費用もあります）。また収入金額は、供給量を増やすことで、右側に行けば行くほど収入額は増えていきます。

このグラフのポイントは、A点４００円よりも左側では、固定された費用に対して収入金額がまだ小さいので、利益が出ない、損失が出ている状況《じょうきょう》であること、逆にA点より右側では、費用より収入が大きくなって、利益が出ている状況《じょうきょう》を表している、ということにあります。

さらに、翌年にかかる費用のことを考えて、それを賄《まかな》える十分な利益を出すためには、B点８００円以上の収入金額が必要になることがわかります。

【国　語】（五〇分）　〈満点：一〇〇点〉

一 次の文章を読んで、後の一から九までの各問いに答えなさい。
（ただし、字数指定のある問いはすべて句読点・記号も一字とする。）

この章では、商品を供給する生産者が、どのように生産する力、生産量と値段をどう判断しているかを学びます。

まず、そもそものを作るとは何でしょう。イチゴを例にとると、次の手順で進められます。まず、土地の上にイチゴを栽培《さいばい》するハウスを作ります。イチゴの苗《なえ》を植えて、肥料を与《あた》え、病害虫を防ぐために農薬を使い、生育していく。途中《とちゅう》では、日々、順調に生育しているかどうか、人手を使って確認します。収穫《しゅうかく》の時期を迎《むか》えると、一粒一粒《ひとつぶひとつぶ》でき具合を見て、収穫《しゅうかく》し、検査して、出荷のための包装をしていきます。

[A]

このように、ものを作るとは、最初は土地やパイプハウス*1などの設備を用意し、栽培《さいばい》の段階では、苗《なえ》、水、肥料などの原材料を、人手や機械を使って生育し、最終的に出荷できる商品に作り上げていくことです。

しかし、問題は何をするにもお金が掛《か》かるという点にあります。土地がなければ、土地を買う、パイプハウスも作る。その設備が出来たら、今度は苗《なえ》や肥料、農薬を買ってくる。栽培《さいばい》中の生育の管理とか収穫《しゅうかく》時など人手や機械の手を借りるところでは、お願いした人たちへの賃金の支払《しはら》い、機械が必要であれば、その購入《こうにゅう》費用や借りる費用も用意しなければなりません。水や電気代の支払《しはら》いも必ずついてきます。これらの栽培《さいばい》、供給に掛《か》かるお金を「費用」と呼んでいます。

もう一つの問題は、この費用をどう支払《しはら》うかにあります。その支払《しはら》いのためのお金をどう用意するか。①これまでに蓄《たくわ》えた貯蓄《ちょちく》を崩《くず》すか、②その商品を売った収入の中から支払《しはら》うか、または③借金して払《はら》うなど、いろいろ考えられます。しかし、②の収入はまだ入っていない段階であり、③の借金も後々のＸフタンになるので避《さ》けたい。とすれば、①の自分の貯蓄《ちょちく》から支払《しはら》うのがいいことになります。

[B]

それでは、この貯蓄《ちょちく》とは何でしょうか。貯蓄《ちょちく》は、それまで何年にもわたって栽培《さいばい》、出荷してきたことで得られた利益が積み重なったものです。例えば、昨年度５００万円の利益が出れば、それを貯蓄《ちょちく》として蓄《たくわ》えて、今年度の費用の支払《しはら》いに使うということになります。

イチゴの栽培《さいばい》にせよ、商品を供給することは、これからもずっと続けていく計画のもとで、行っているのは間違《まちが》いありません。とすれば、続けていくためには、どうしても利益を出さなければならないことになります。さらに農家であれば、くらしを支えるための費用も入ってきます。したがって、翌年のそれらの費用の支払《しはら》いができるように収益を出す必要があります。

[C]

このことからわかるのは、費用を上回る収入がないと、利益が出ないということです。費用は栽培《さいばい》の始めから出荷までに掛《か》かるものですから、あらかじめ、その費用総額はわかります。したがって、その明らかになっている費用総額を超《こ》えて必要な利益を出すためには、どれだけの収入が必要かはこの段階で明らかになっています。

仮に、イチゴの栽培《さいばい》費用が一パックあたり２００円、必要なくらしの費用が同じく２００円とすると、どれくらいの値段で売らなければなら

MEMO

大切なことはメモしておこうネ！

2022年度

豊島岡女子学園中学校入試問題（第２回）

【算　数】（50分）　＜満点：100点＞

【注意】　１．円周率は3.14とし，答えが比になる場合は，最も簡単な整数の比で答えなさい。
　　　　　２．角すい・円すいの体積は，(底面積)×(高さ)÷３で求めることができます。

1　次の各問いに答えなさい。

(1)　$2.5-4\div\left(1\frac{2}{3}+1.25\right)$ を計算しなさい。

(2)　体積0.01m^3の金属Ａの重さは18kgです。4000cm^3の金属Ａと360cm^3の金属Ｂは同じ重さです。このとき，金属Ｂの１cm^3あたりの重さは何ｇですか。

(3)　３で割って２余り，５で割って３余り，７で割って１余る整数のうち，2022に一番近い数はいくつですか。

(4)　２つの整数ＡとＢについて記号「△」を次のように約束します。

Ａ△Ｂ＝Ａ × Ｂ－Ａ＋Ｂ

このとき，次の □ に当てはまる数を答えなさい。

（５△ □ ）△３＝17

2　次の各問いに答えなさい。

(1)　１周2.4kmの池の周りのＡ地点から，兄は歩いて，弟は走ってそれぞれ一定の速さで時計回りに進みました。兄は分速60ｍで進み，弟は兄より８分遅れて出発したところ，兄が１周する前に弟は兄に追いつきました。弟は兄に追いつくとすぐに逆方向に進み，Ａ地点に戻ってきたときに兄と出会いました。弟の速さは毎分何ｍでしたか。

(2)　同じ濃度《のうど》の食塩水が容器Ａに100ｇ，容器Ｂに200ｇ入っています。それぞれの容器の食塩水から同じ量の水を蒸発させたところ，容器Ａの食塩水の濃度は容器Ｂの食塩水の濃度の1.5倍になりました。容器Ａから何ｇの水を蒸発させましたか。

(3)　ある時刻に，長針と短針がぴったりと重なっていました。この時刻から100時間後までに，長針と短針がぴったり重なることは何回ありますか。ただし，初めにぴったりと重なっているときは，数えないものとします。

(4)　次のページの図のように，同じ大きさの正方形が縦に３個，横に５個ぴったりとくっついて並んでいます。２つの点ＡとＣ，ＢとＤを結んだとき，図の角アの大きさは何度ですか。

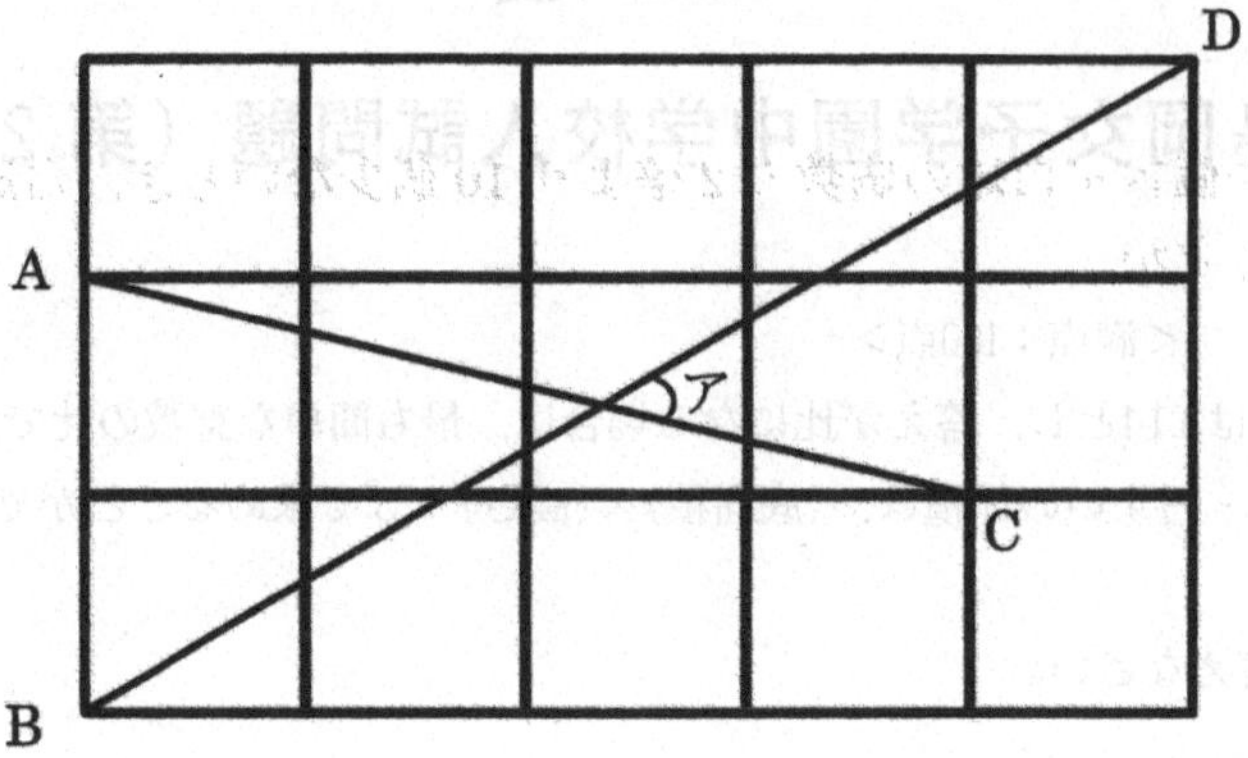

3　１個２ｇの赤球と１個３ｇの白球がそれぞれ何個かあり，赤球と白球の重さの合計は120ｇです。このとき，次の各問いに答えなさい。

⑴　赤球の個数と白球の個数を合わせると52個であるとき，白球の個数は何個ですか。

⑵　赤球の個数が白球の個数の２倍より10個少ないとき，白球の個数は何個ですか。

⑶　赤球の個数が白球の個数の３倍より多く，４倍よりは少ないとき，白球の個数は何個ですか。

4　次の各問いに答えなさい。

⑴　下の＜図１＞の四角形ABCDは正方形，三角形AEB，DCFは直角二等辺三角形です。直線EFの長さが20㎝のとき，色のついた部分の面積は何㎠ですか。

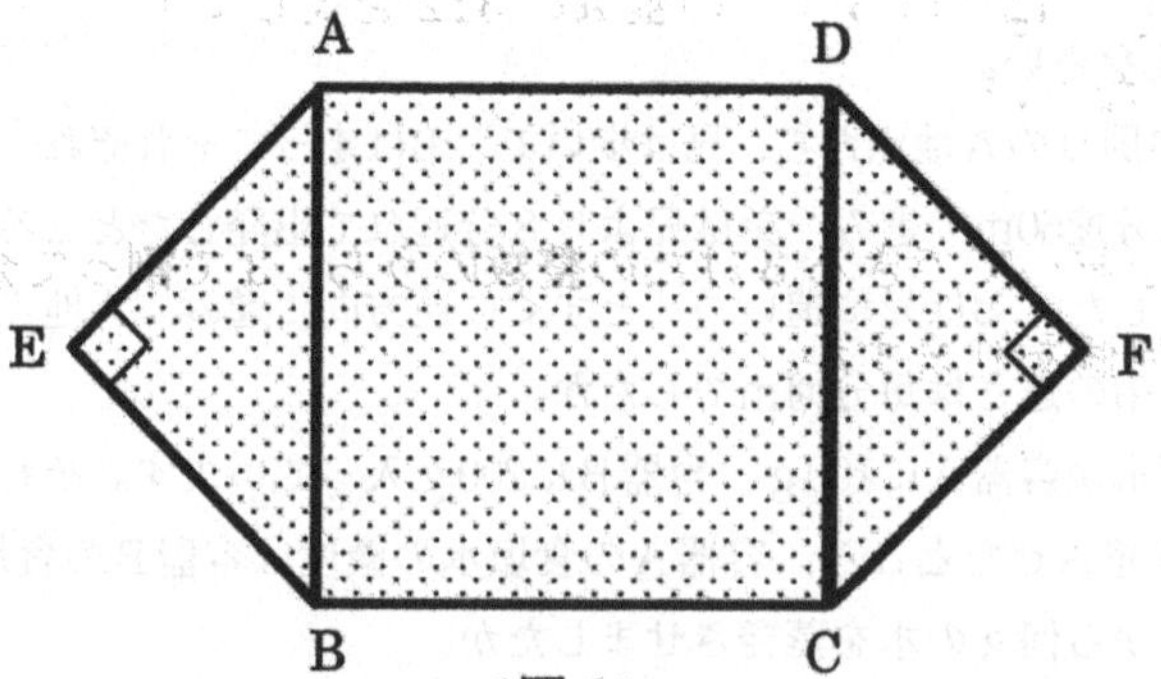

＜図１＞

⑵　右の＜図２＞の四角形GHIJは正方形，三角形GKH，JILは正三角形です。直線KLの長さが20㎝のとき，色のついた部分の面積は何㎠ですか。

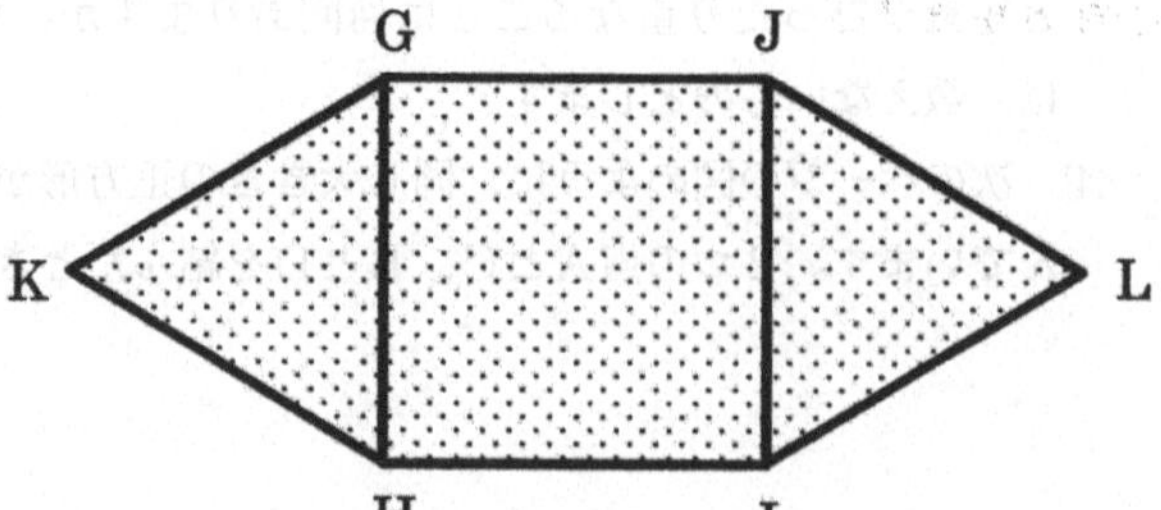

＜図２＞

[5]　３種類のカード[1]，[3]，[12]がたくさんあります。これらのカードを並べて整数を作ります。例えば，１けたの整数は[1]，[3]で１，３の２個作ることができます。２けたの整数は[1][1]，[1][3]，[3][1]，[3][3]，[12]で11，13，31，33，12の５個作ることができます。
また，[3][12]は３けたの整数の312を表します。このとき，次の各問いに答えなさい。

⑴　カードを並べてできる３けたの整数のうち，３で割って余りが１となる整数は何個ありますか。

⑵　カードを並べてできる５けたの整数のうち，３で割って余りが１となる整数は何個ありますか。

[6]　下の図のような直方体ABCD－EFGHがあり，直線DGの長さは$6\frac{1}{4}$cmです。このとき，次の各問いに答えなさい。

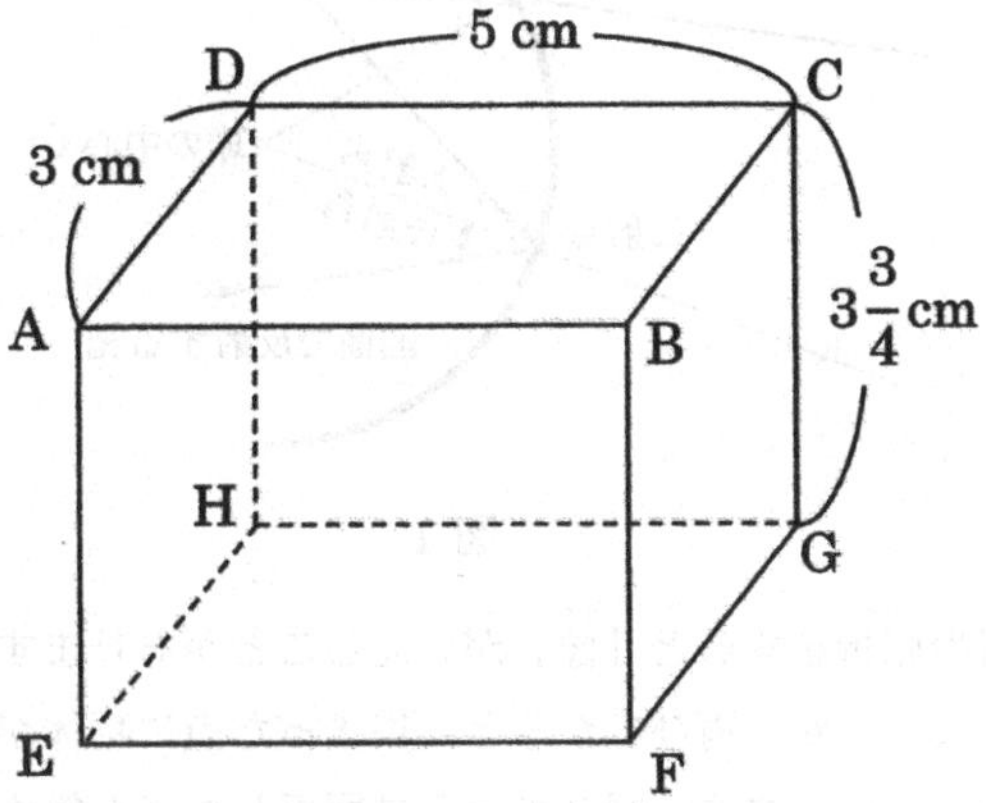

⑴　面ABCDを辺BCの周りに１回転させるとき，面ABCDが通る部分の体積は何cm^3ですか。

⑵　直方体を３点A，D，Fを通る平面で切った切り口を辺BCの周りに１回転させるとき，切り口が通る部分の体積は何cm^3ですか。

⑶　直方体を３点A，C，Fを通る平面で切った切り口を辺BCの周りに１回転させるとき，切り口が通る部分の体積は何cm^3ですか。

【理　科】（社会と合わせて50分）　　＜満点：50点＞

1　鏡と像について，以下の問いに答えなさい。

光が鏡に入射《にゅうしゃ》し，はね返ることを反射といいます。図１のように反射面が球の一部となっている鏡を球面鏡といい，その外側を凸面鏡《とつめんきょう》，内側を凹面鏡《おうめんきょう》といいます。光は入射角と反射角が等しくなるように反射します。球面鏡の場合は，図１の点線のように球の中心Ｏと反射点を通る直線と，光との間の角度が入射角と反射角になり，これらが等しくなるように反射します。

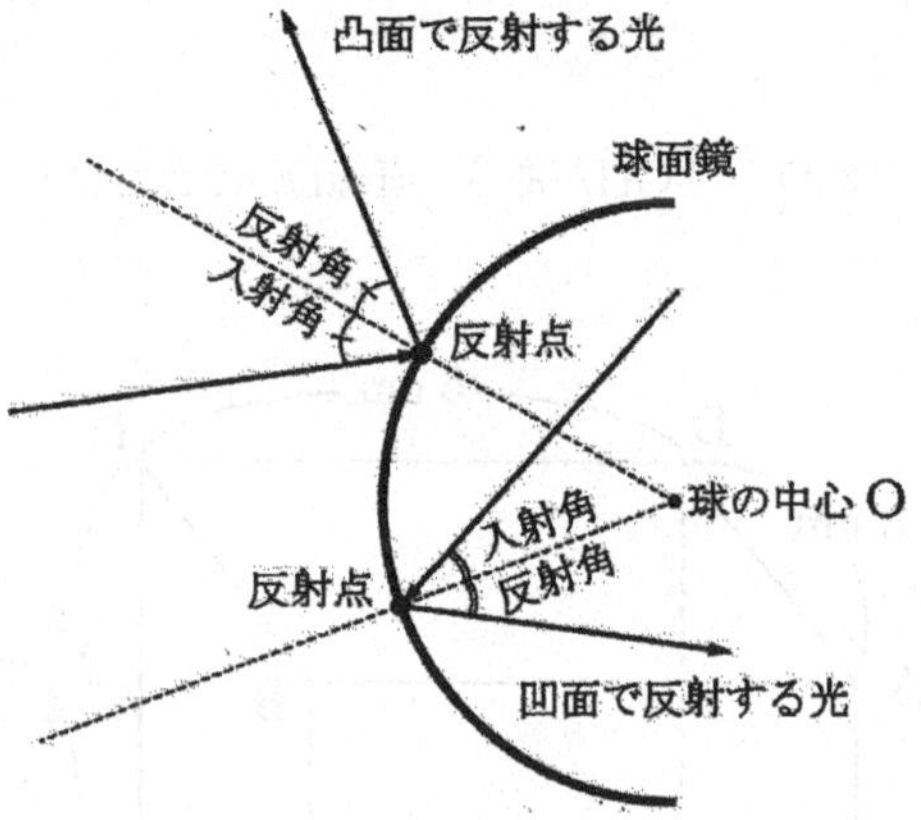

図１

物体から出た光が反射や屈折《くっせつ》をすると「像《ぞう》」が見えることがあります。図２のように物体から出た光が屈折し，１点に集まってから再び広がると，集まった点に物体があるように見えます。このときに見える像を「**実像**」といいます。図３のように屈折した光が集まらないとき，光を逆向きに延長すると１点で交わり，そこに物体があるように見えます。このときに見える像を「**虚像**《きょぞう》」といいます。また，物体に対して上下がそのままの像を「**正立像**」，上下が逆の像を「**倒立像**《とうりつぞう》」といいます。鏡での反射の場合も同様に，光の作図によって「像」の見え方が分かります。

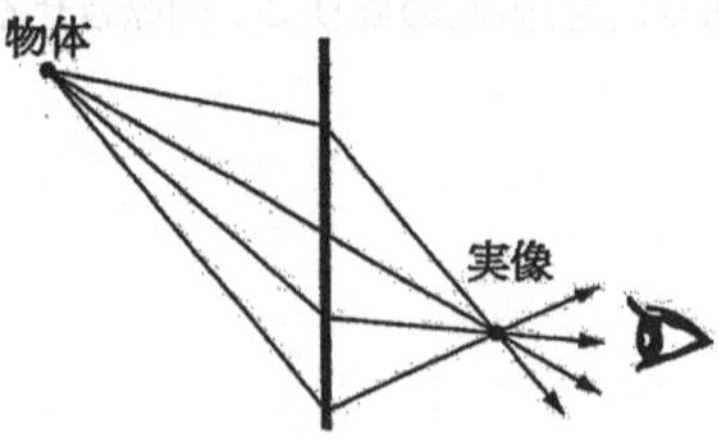

図２

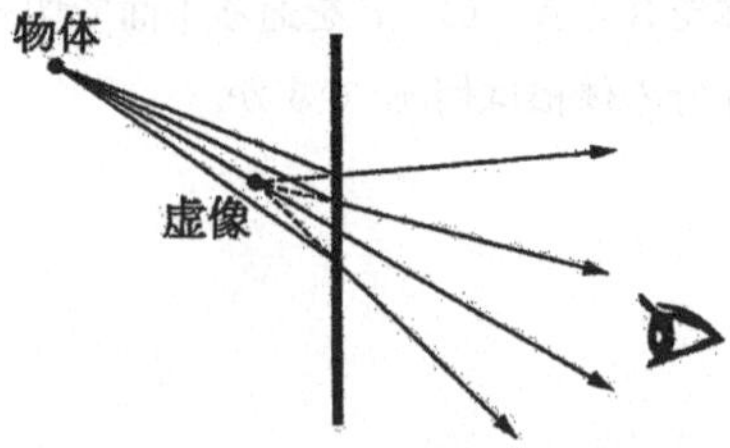

図３

図４（次のページ）のように凸面鏡の前に矢印の形をした物体を置きました。物体の上端《じょうたん》と下端《かたん》から出る光のうち，凸面鏡に入射する光を２本ずつ描《か》いてあります。点線は作図用の補助線です。

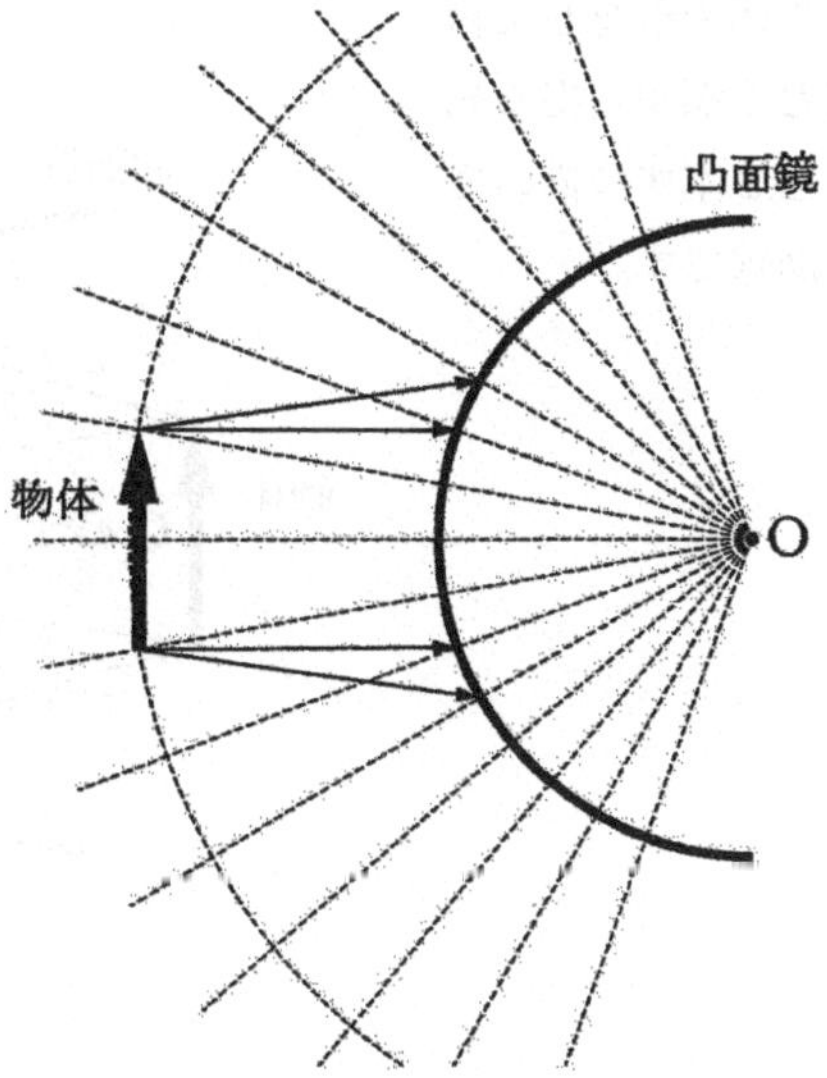

図４

⑴　以下の文の空欄《くうらん》①，②に入るものの組み合わせとして適当なものを表中の**あ**～**え**より１つ選び，記号で答えなさい。

図４で凸面鏡のつくる像は，物体の位置から見て鏡より（　①　）の位置にでき，この像は実像と虚像のうち（　②　）である。

	①	②
あ	手前	実像
い	手前	虚像
う	奥《おく》	実像
え	奥	虚像

⑵　以下の文の空欄《くうらん》①，②に入るものの組み合わせとして適当なものを表中の**あ**～**え**より１つ選び，記号で答えなさい。

図４で凸面鏡《とつめんきょう》のつくる像《ぞう》は，物体の大きさと比べて（　①　）像であり，この像は正立像と倒立像《とうりつぞう》のうち（　②　）である。

	①	②
あ	大きい	正立像
い	大きい	倒立像
う	小さい	正立像
え	小さい	倒立像

図5のように凹面鏡《おうめんきょう》の前に矢印の形をした物体を置きました。物体の上端《じょうたん》と下端から出る光のうち，凹面鏡に入射する光を2本ずつ描《か》いてあります。点線は作図用の補助線です。

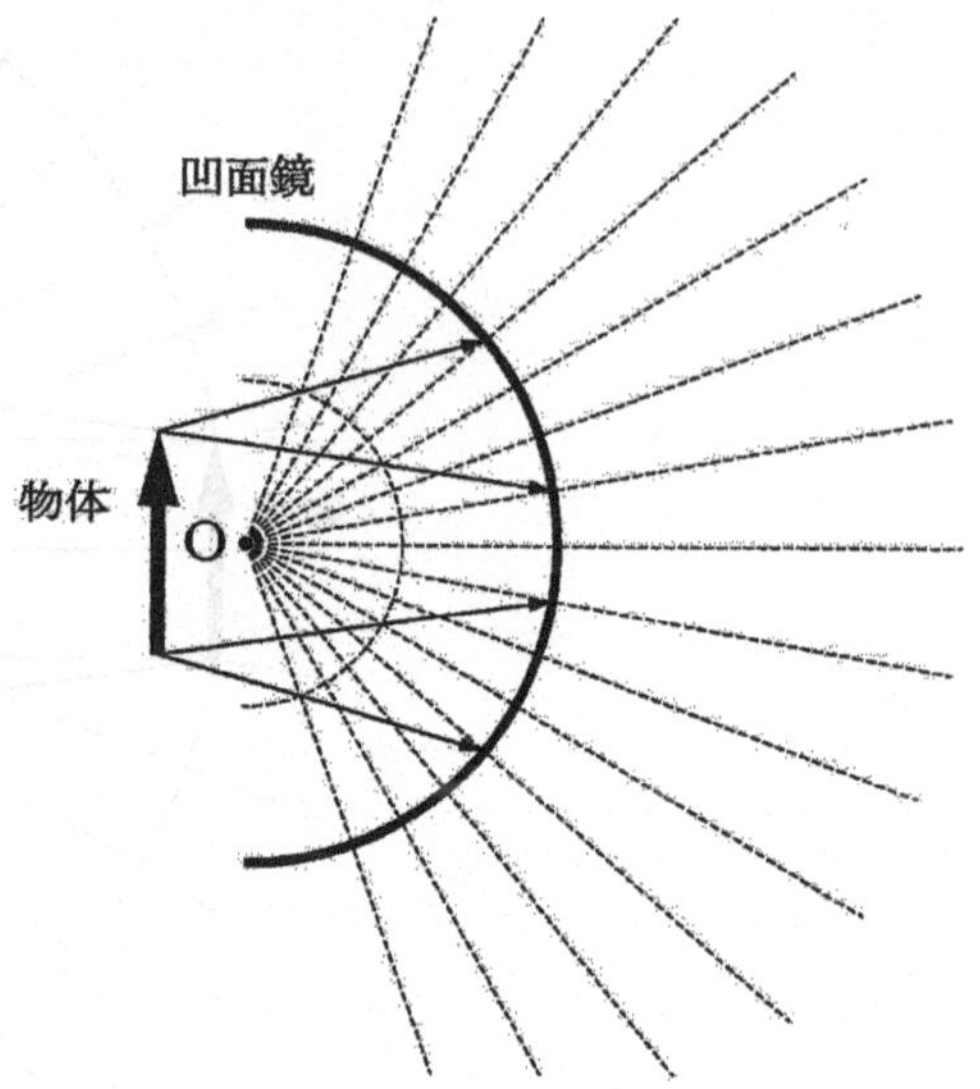

図5

⑶　以下の文の空欄①，②に入るものの組み合わせとして適当なものを表中の**あ**～**え**より1つ選び，記号で答えなさい。
図5で凹面鏡のつくる像は，物体の位置から見て鏡より（　①　）の位置にでき，この像は実像と虚像《きょぞう》のうち（　②　）である。

	①	②
あ	手前	実像
い	手前	虚像
う	奥《おく》	実像
え	奥	虚像

⑷　以下の文の空欄①，②に入るものの組み合わせとして適当なものを表中の**あ**～**え**より1つ選び，記号で答えなさい。
図5で凹面鏡のつくる像は，物体の大きさと比べて（　①　）像であり，この像は正立像と倒立像のうち（　②　）である。

	①	②
あ	大きい	正立像
い	大きい	倒立像
う	小さい	正立像
え	小さい	倒立像

⑸　道路上に設置されている一般的《いっぱんてき》なカーブミラー（道路反射鏡）に使われているのは平面鏡・凸面鏡《とつめんきょう》・凹面鏡《おうめんきょう》のどれですか。最も適当なものを**あ**～**う**より1つ選び，記号で答えなさい。
あ．平面鏡　　**い**．凸面鏡　　**う**．凹面鏡

⑹　⑸の答えの鏡が使われている理由として適当なものを**あ**～**え**より**2つ**選び，記号で答えなさい。
あ．広範囲《こうはんい》のものの像を見ることができるから。　　**い**．像が正立像となるから。
う．像が物体よりも大きくなるから。　　**え**．像が鏡よりも手前に映るから。

(7)　図６のような丁字路にカーブミラーが置かれています。矢印の向きからカーブミラーを見ると，図７のように人が映っていました。この人は図６のどの位置にいるでしょうか。最も適当なものを図６の**あ**～**え**より１つ選び，記号で答えなさい。

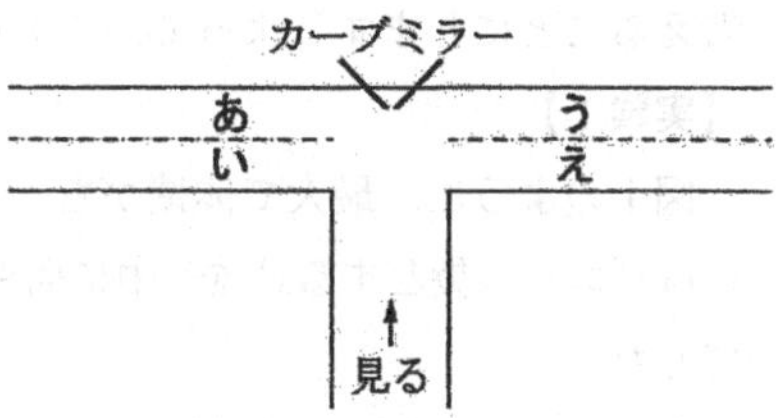

図６

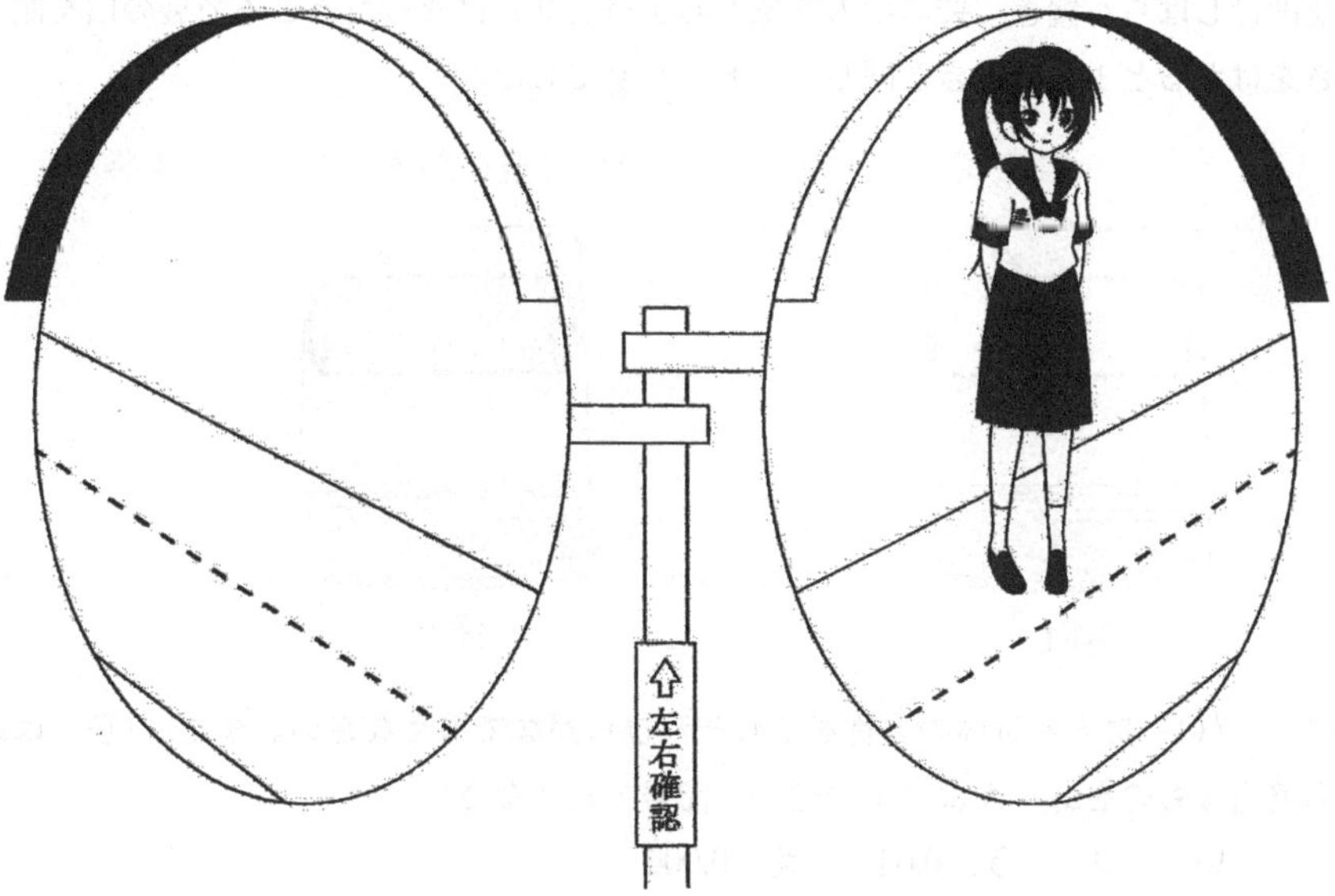

図７

２　空気に関する実験について，以下の問いに答えなさい。

空気は，何種類かの気体が混ざりあったものです。それらの気体はとても小さな粒の集まりであると考えることができます。

かわいた空気中に最も多く存在する気体は（　A　）で体積の割り合いが全体の約80%，次に多く存在するのは（　B　）で約20%です。また，全体の約１%程度存在する（　C　）や，地球温暖化で問題になっている二酸化炭素も全体の約（　D　）%含《ふく》まれています。

空気中に含まれている気体１粒の重さは以下のような簡単な整数比で表されます。

水素：A：B：C：二酸化炭素＝１：14：16：20：22

これらの気体24Lの重さは以下の表のとおりです。

水素	2g
A	28g
B	32g
C	40g
二酸化炭素	44g

また，これ以降は，空気の重さは，（　A　）が80%と（　B　）が20%の気体の重さと同じと

考えることにします。よって，１Ｌの空気の重さは（　Ｅ　）ｇです。

【実験１】

図１のように，最大で体積がちょうど２Ｌまでふくらむ，厚さの無視できるビニール袋（これ以降はビニール袋とする。）を，中に何も入っていない状態になるまでつぶしてから重さをはかると１ｇでした。

次にビニール袋の口を開けてしばらく置き，袋の中の空気がちょうど１Ｌになったところで袋の口を閉じました。図２のように，その重さをはかると（　Ｆ　）ｇでした。さらに図２のビニール袋の口を開けしばらく置き，袋の中の空気がちょうど２Ｌになったところで袋の口を閉じました。その重さをはかると１Ｌのときと同じ（　Ｆ　）ｇでした。

図１

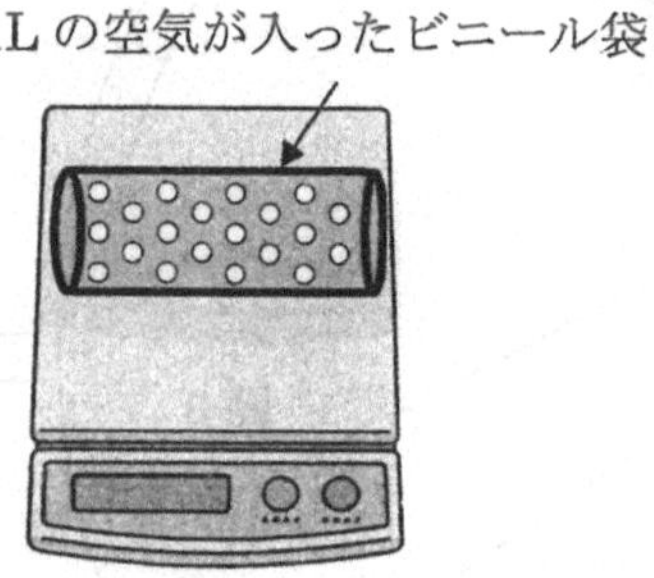

図２

⑴　（Ａ）～（Ｃ）に入る気体の名称《めいしょう》をそれぞれ**ひらがな**で答えなさい。また，（Ｄ）は以下の中から最も適当なものを**あ**～**え**より１つ選び，記号で答えなさい。

あ．4　　**い**．0.4　　**う**．0.04　　**え**．0.004

⑵　80％が（Ａ），20％が（Ｂ）である空気24Ｌの重さは何ｇでしょうか。**四捨五入して小数第１位まで求めなさい。**

⑶　（Ｅ），（Ｆ）に当てはまる数値として最も適当なものをそれぞれ**あ**～**こ**より１つずつ選び，記号で答えなさい。

あ．0.8　　**い**．1.0　　**う**．1.2　　**え**．1.4　　**お**．1.6　　**か**．1.8
き．2.0　　**く**．2.2　　**け**．2.4　　**こ**．2.6

【実験２】

図３のような厚さの無視できる，体積がちょうど１Ｌの密閉することができる頑丈《がんじょう》な金属の空き缶《かん》を用意しました。缶の中に入っていた空気をすべて取り除き，中に何も入っていない状態で重さをはかると20ｇでした。

図４の缶は，図３の缶を一度開けて，しばらく置いてから閉じたものです。その重さをはかると（　Ｇ　）ｇでした。

（図３～図５次のページにあります。）

⑷　（Ｇ）の値を**四捨五入して小数第１位まで求めなさい。**

⑸　図５は図４の缶にさらに空気を押し込んだものです。その重さをはかると26ｇでした。缶の中に入っている空気を缶の外に取り出し，空気中で体積をはかると何Ｌになるでしょうか。**四捨五入して整数で求めなさい。**

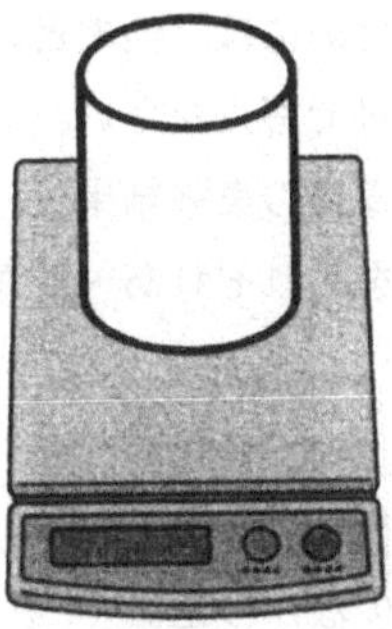
図３

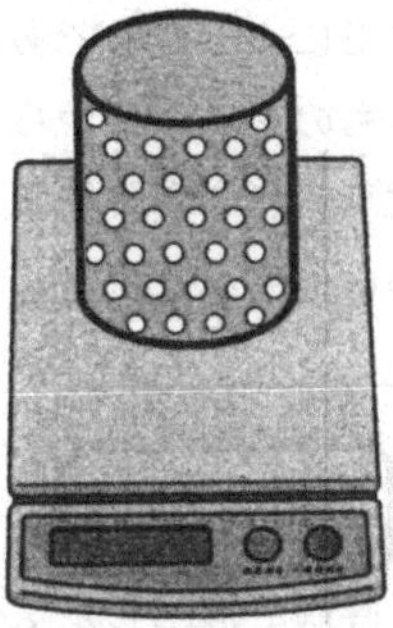
図４

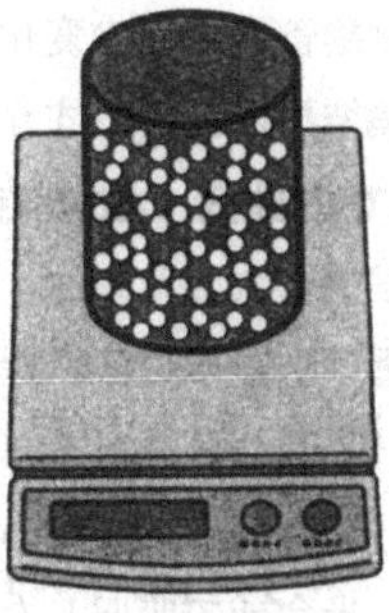
図５

3 光合成や呼吸について，以下の問いに答えなさい。

【実験１】

下図のように，まず，水の入った４本の試験管Ａ～Ｄを用意し，試験管ＡとＢにオオカナダモを入れました。次に，試験管Ａ～Ｄに同じ色のBTB溶液《ようえき》を数滴《すうてき》ずつ入れ，緑色になるまで息を吹《ふ》き込《こ》んだ後，ゴム栓《せん》で密閉しました。そして，試験管ＢとＤはアルミはくで包みました。

それぞれを日当たりのよい窓際にならべて日光を当てました。

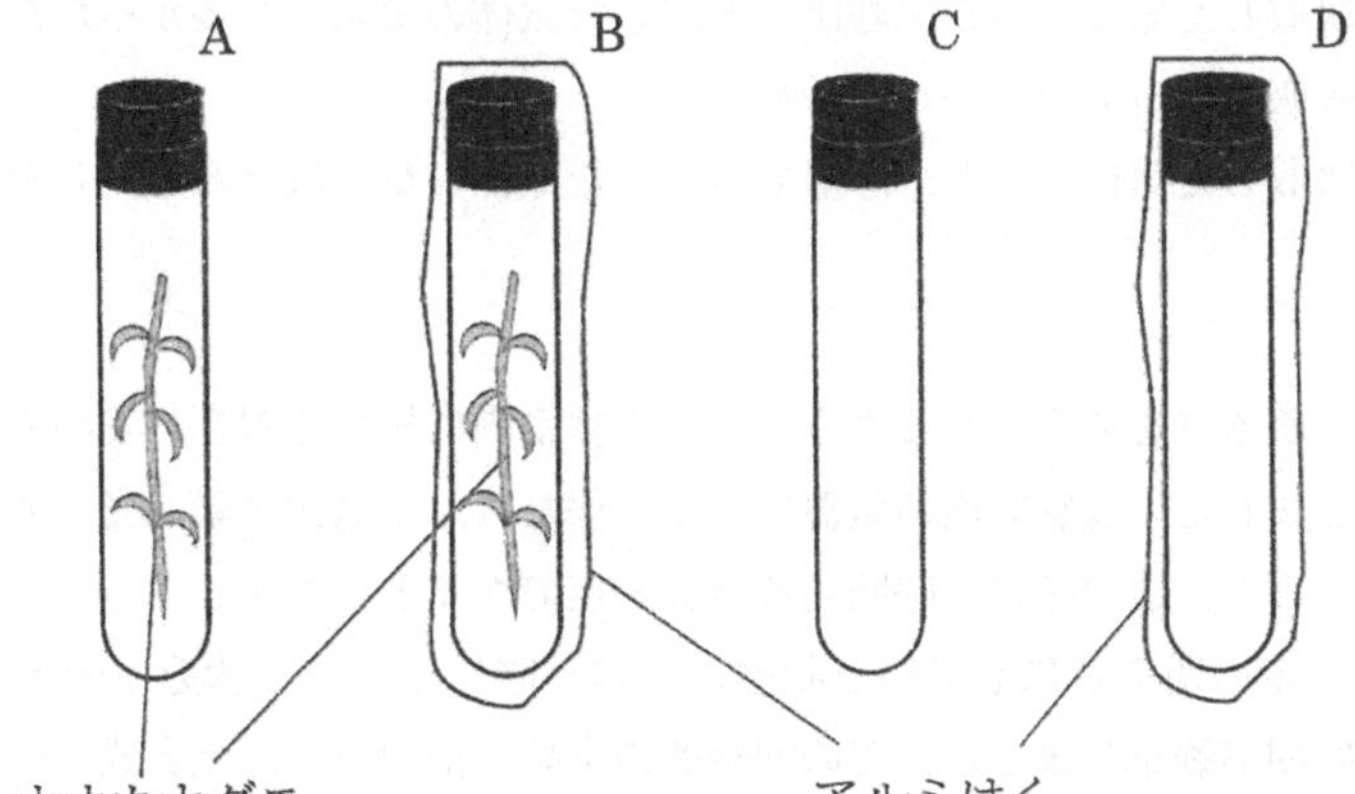

(1) 日光を６時間当て続けた直後に観察すると，試験管Ａ，ＢのBTB液の色が変化しました。それぞれの色の変化を表した組み合わせとして最も適当なものを表中の**あ～け**から１つ選び，記号で答えなさい。

	A	B		A	B
あ	無色	無色	**か**	青色	黄色
い	無色	青色	**き**	黄色	無色
う	無色	黄色	**く**	黄色	青色
え	青色	無色	**け**	黄色	黄色
お	青色	青色			

(2) 試験管Ａでは，オオカナダモの表面から小さな気泡《きほう》がたくさん出ていました。この気泡に含《ふく》まれる主な気体の名称《めいしょう》を**ひらがな**で答えなさい。

⑶　試験管Ｂの色の変化がオオカナダモによるものであると判断するためには，他のどの試験管の実験結果が必要ですか。最も適当なものを**あ～う**から１つ選び，記号で答えなさい。

あ．試験管Ａの実験結果　　**い**．試験管Ｃの実験結果　　**う**．試験管Ｄの実験結果

⑷　試験管ＡとＢのオオカナダモについて述べた文として正しいものをそれぞれ**あ～か**から１つずつ選び，記号で答えなさい。

あ．呼吸のみを行っていた。

い．光合成のみを行っていた。

う．光合成で吸収した気体の量が，呼吸で放出した気体の量よりも少なかった。

え．光合成で吸収した気体の量が，呼吸で放出した気体の量よりも多かった。

お．光合成も呼吸も行っていなかった。

か．光合成で吸収した気体の量と，呼吸で放出した気体の量が同じだった。

⑸　同じ実験を曇《くも》りの日の日中に行ったところ，試験管Ａは緑色のままでした。その理由として最も適当なものを**あ～か**から１つ選び，記号で答えなさい。

あ．呼吸のみを行っていたから。

い．光合成のみを行っていたから。

う．光合成で吸収した気体の量が，呼吸で放出した気体の量よりも少なかったから。

え．光合成で吸収した気体の量が，呼吸で放出した気体の量よりも多かったから。

お．光合成も呼吸も行っていなかったから。

か．光合成で吸収した気体の量と，呼吸で放出した気体の量がほとんど同じだったから。

【実験２】

照明を使って，明るさを変えられるようにした実験室内に植物を置き，実験室内の二酸化炭素の量の変化を測定しました。実験室内の気温は一定に保たれ，二酸化炭素は光合成を行うのに十分にある状態でした。また，この植物が呼吸する量は一定であるとします。

⑹　実験室内を一定の明るさにしている状態か，真っ暗にしている状態かのどちらかの状態にして，合計で24時間実験をしました。この24時間の実験の前後では，光合成と呼吸による二酸化炭素の増減はありませんでした。このとき，実験室内をある一定の明るさにした場合，60分間で0.8ｇの二酸化炭素が減少しました。また，真っ暗にした場合，60分間で0.4ｇの二酸化炭素が増加しました。一定の明るさにしていたのは何分間でしょうか。**四捨五入して整数で求めなさい。**

4　川のはたらきや地層について，以下の問いに答えなさい。

⑴　流水のはたらきに関する説明として適当なものを**あ～え**から**すべて**選び，記号で答えなさい。

あ．川の同じ場所で，水の量が増えると流れは速くなる。

い．川の同じ場所で，水の量が増えると流れは遅くなる。

う．川の同じ場所で，川の流れが速くなると，けずったり押し流したりするはたらきは大きくなる。

え．川の同じ場所で，川の流れが速くなると，けずったり押し流したりするはたらきは小さくなる。

⑵　**あ～え**の地形を川の上流のものから順にならべ，記号で答えなさい。

あ．Ｖ字谷　　**い**．三角州　　**う**．三日月湖　　**え**．扇状地《せんじょうち》

⑶　たい積作用で川底が変化し川が氾濫《はんらん》することを防ぐために，てい防を高くすることを繰り返した結果，川底が人家よりも高くなった川を特に何というか**漢字**で答えなさい。

図のように上流から下流に向かって川に水が流れています。

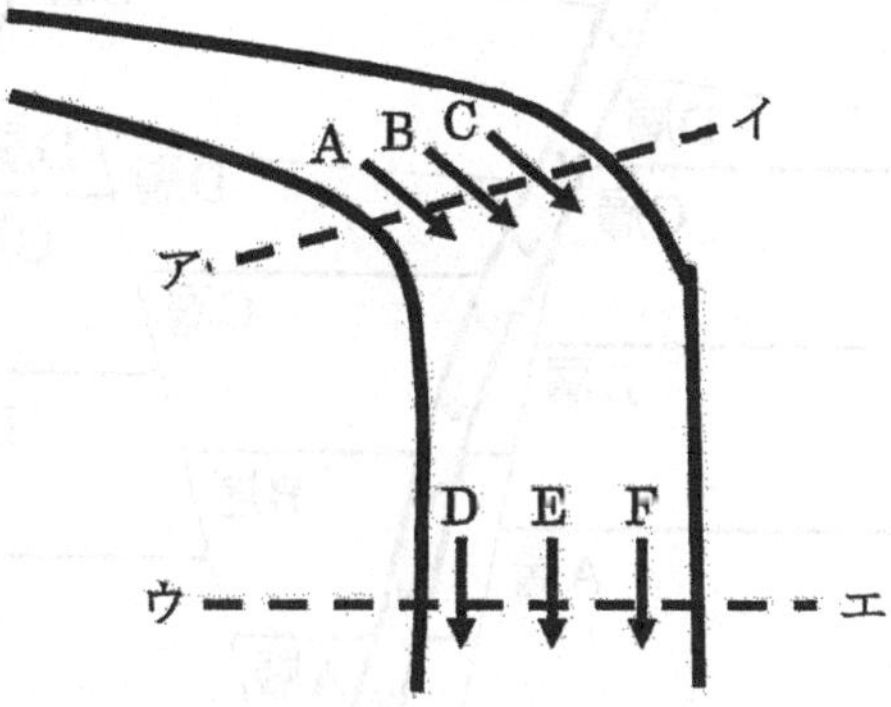

⑷　アーイ，ウーエの直線で切った，下流側から見た川底の断面の様子として最も適当なものを**あ**～**か**からそれぞれ１つずつ選び，記号で答えなさい。また，最も流速が速いと推測できるものを，アーイの断面はＡ～Ｃから，ウーエの断面はＤ～Ｆからそれぞれ１つずつ選び，記号で答えなさい。

あ.

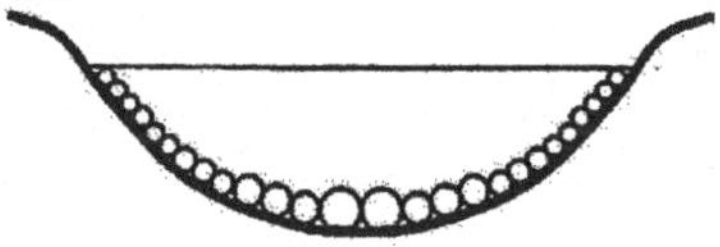

い.

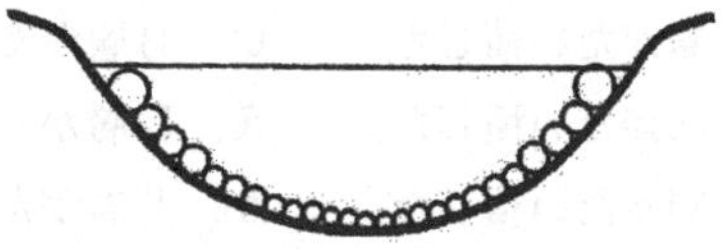

う.

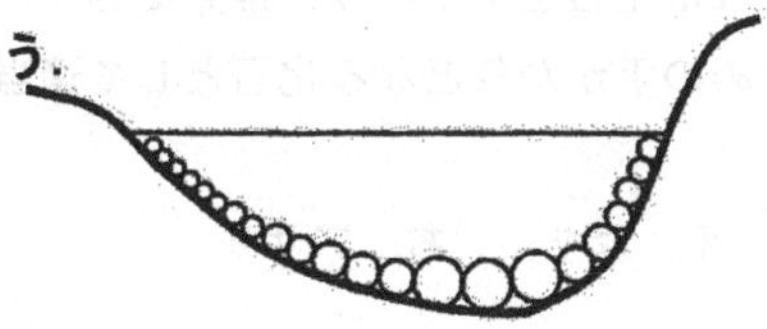

え.

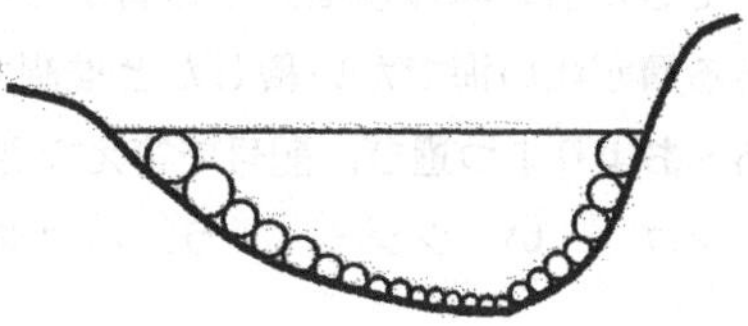

お.

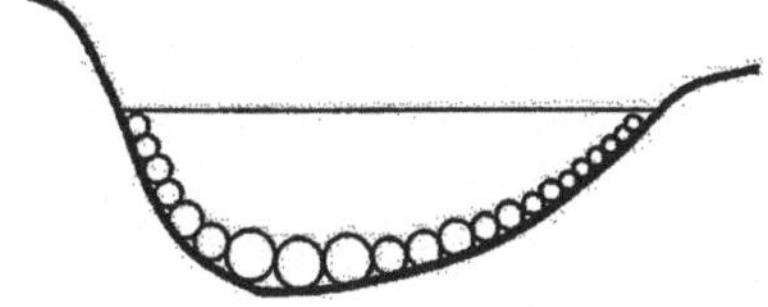

か.

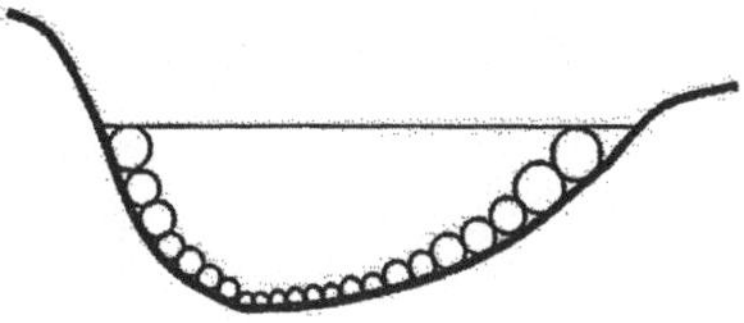

下図は，川原を歩いているときに見られた地層を模式的に表した図です。

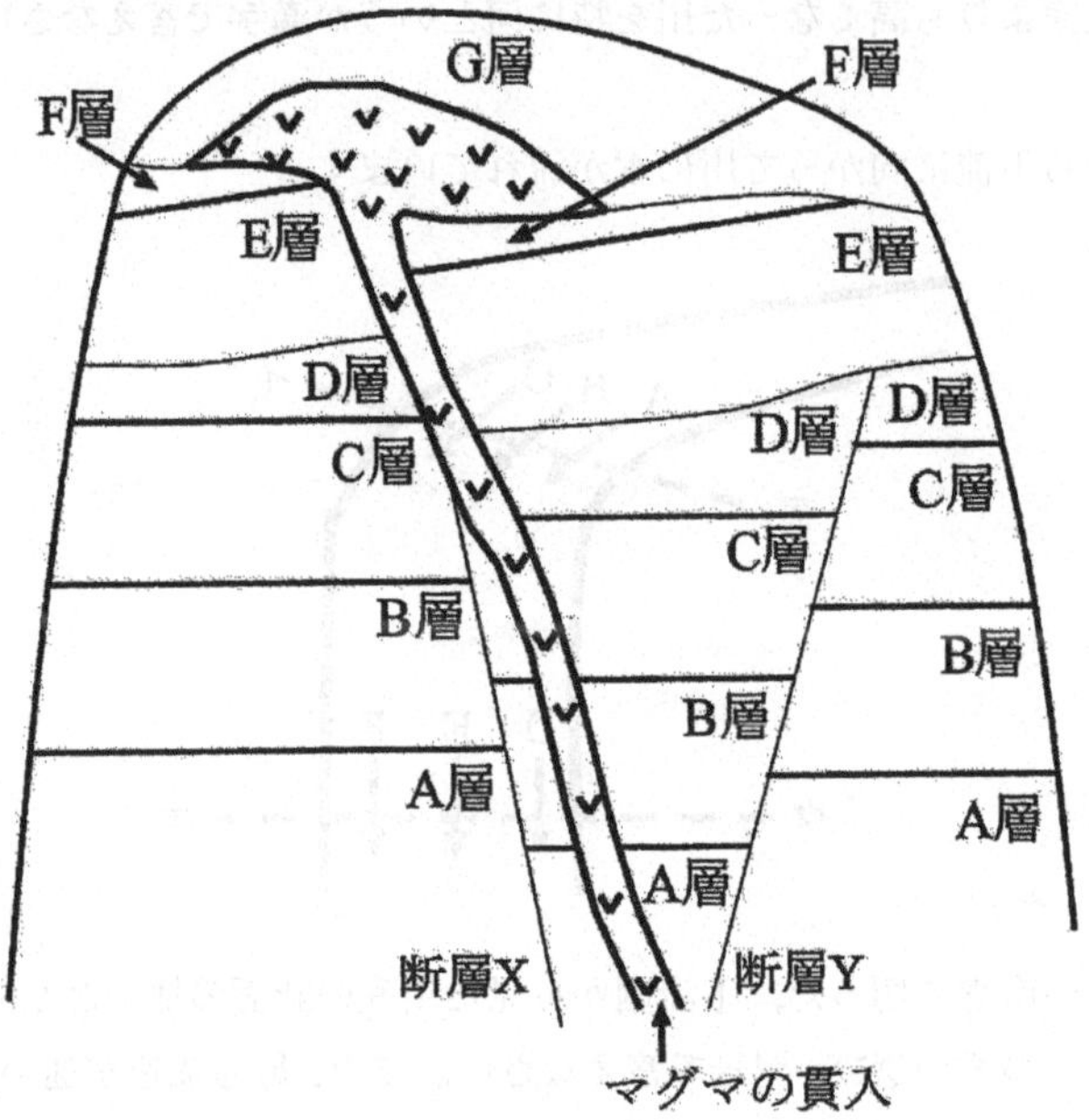

⑸　この地層ができる過程で起きた**あ**～**こ**の事象を，起きた順番に並べたとき，5番目，6番目，8番目に起こる事象を，それぞれ記号で答えなさい。

あ．A層がたい積した。　**い**．B層がたい積した。
う．C層がたい積した。　**え**．D層がたい積した。
お．E層がたい積した。　**か**．F層がたい積した。
き．G層がたい積した。　**く**．断層Xができた。
け．断層Yができた。　**こ**．マグマが貫入《かんにゅう》した。

⑹　層ができた当時の環境は，その層から発見された化石を手がかりに推測できることがあります。ある層が浅い海でたい積したと推測するための手がかりとなる化石として**適当でない**ものを，**あ**～**お**より1つ選び，記号で答えなさい。

あ．サンゴ　**い**．シジミ　**う**．ハマグリ　**え**．カキ　**お**．アサリ

【社　会】（理科と合わせて50分）　＜満点：50点＞

1　次の文章を読んで問いに答えなさい。

近年，インターネット上において他人をことさらに非難して傷つける誹謗《ひぼう》中傷が顕著《けんちょ》になっています。昨年には，(ア)オリンピックに参加した選手に対してＳＮＳ《エスエヌエス》などを通じた誹謗中傷が相次いだことが問題になりました。

このような行為が横行するようになったのはなぜでしょうか。一般的《いっぱんてき》には，インターネットにおける匿名性《とくめいせい》があげられます。名前を明かさないために，自らの発信に対する責任意識が薄《うす》くなっていったというのです。確かに，個人のうっぷんを晴らすために他人に過激な発言をしてしまうことは今までもありましたが，その発言は私的なその場限りの狭《せま》い範囲《はんい》にとどまるものでした。しかし，インターネットは公共性があるもので，自分がいくら内輪での発信のつもりでも，拡散されて公《おおやけ》のものとなります。そして，自分にそれほどの意図はなかったとしても，誹謗中傷した相手の人格を否定し(イ)個人の尊厳を貶《おとし》めることにもなりかねません。また，行き過ぎた正義感も指摘《してき》されています。自分は正しいことをしている，間違《まちが》っている者を懲《こ》らしめなければならない，という意識を強く持ち，発信や行動がどんどんエスカレートしていくというものです。しかしこれも，自分の一方的な価値観から他人を断罪するものであり，相手にいわれのない不利益を及《およ》ぼす可能性があります。

この問題について，行政や情報通信を扱《あつか》う総務省が有識者会議を設置して審議《しんぎ》を重ね，それにもとづいて誹謗中傷を行った人物を特定しやすくするための，いわゆるプロバイダ責任制限法の改正案が，昨年１月に(ウ)閣議で決定されました。その後，(エ)国会での可決を経て昨年４月に(オ)公布され，遅《おそ》くとも今年の９月までには施行《しこう》される予定です。この改正プロバイダ責任制限法により，今までは誹謗中傷を行った人物の情報開示を(カ)裁判所に請求《せいきゅう》しても開示されるまで１年以上かかったものが，半年から数か月で特定できる見込《みこ》みとなりました。一方で，これは(キ)表現の自由を奪《うば》うことにつながるおそれがあるという意見もあり，インターネット上での誹謗中傷対策においては，被害《ひがい》者の保護だけでなく表現の自由とのバランスが十分に考慮《こうりょ》される必要があります。

インターネットは便利な通信手段であり，もはやそれなしの生活は考えられないでしょう。しかし，以前から(ク)情報社会の問題点は指摘されているところであり，インターネットによる危険性も例外ではありません。皆《みな》さんも，インターネットにおける発信にはくれぐれも気をつけ，正しく有効に使うことを心がけていってほしいです。

問１．下線部(ア)について，昨年開かれた東京オリンピック閉会後に国内の政権が倒《たお》れた影響《えいきょう》で，パラリンピックの開会式には選手団が参加することができなかった国があります。その国はどこですか，国名を答えなさい。

問２．下線部(イ)は，日本国憲法で定める基本的人権にかかわることですが，そこで保障される自由や権利はみだりに使ってはならず，社会に役立つように利用しなければならないとされています。人権と人権との衝突《しょうとつ》を調整するための原理であり，社会全体の幸福や利益のことを日本国憲法では何といいますか，答えなさい。

問３．下線部(ウ)について説明した次の**あ**・**い**の文が，正しい（○）かあやまっている（×）かの組み合わせとして，正しいものをあとから一つ選び番号で答えなさい。

あ．閣議とは内閣における会議であり，総理大臣と国務大臣で構成される。

い．閣議は原則として非公開で，全会一致《いっち》制がとられている。

１．あ．○　い．○　　２．あ．○　い．×　　３．あ．×　い．○　　４．あ．×　い．×

問４．下線部(エ)について，内閣が召集《しょうしゅう》を決定することができ，また衆議院・参議院のいずれかの総議員の４分の１以上の要求があれば召集しなければならないと日本国憲法に規定されている国会を何といいますか，漢字で答えなさい。

問５．下線部(オ)について，法律を公布することは内閣の助言と承認によって行われる天皇の仕事の一つですが，憲法に規定された天皇の仕事として，正しいものを次から**すべて**選び番号で答えなさい。

１．国会を召集する　　２．衆議院を解散する　　３．条約を締結《ていけつ》する
４．内閣総理大臣を指名する　　５．予算案を提出する

問６．下線部(カ)について説明した次の文のうち，正しいものを一つ選び番号で答えなさい。

１．最高裁判所は終審《しゅうしん》裁判所であるため，たとえ新たな証拠《しょうこ》が見つかったとしても最高裁判所での有罪判決が覆《くつがえ》ることはない。
２．地方裁判所や高等裁判所などは，最高裁判所に対して下級裁判所と呼ばれている。
３．裁判官をやめさせるかどうかを裁判する弾劾《だんがい》裁判所は，各都道府県に置かれている。
４．簡易裁判所は，家庭内のもめごとの調停や少年犯罪の審判《しんぱん》のほか，交通違反《いはん》や軽犯罪などの審判も行う。

問７．下線部(キ)について，表現の自由は日本国憲法の条文に明記された自由権の一つです。同様に，日本国憲法の条文に明記された自由権として，**適切でないもの**を次から一つ選び番号で答えなさい。

１．学問の自由　　２．居住・移転の自由　　３．自己決定の自由
４．職業選択《せんたく》の自由　　５．信教の自由

問８．下線部(ク)について説明した次の文のうち，正しいものを一つ選び番号で答えなさい。

１．あやまった情報が伝わらなくなったかわりに，多量の情報のなかで必要な情報が埋《う》もれてしまうおそれがある。
２．完全に情報を管理できるようになったので，もれなく監視《かんし》され個人の自由が失われる危険性がある。
３．情報を簡単にコピー（複製）することが難しくなるので，著作権や知的所有権が軽視されるおそれがある。
４．情報を素早く処理することができるようになったが，システムの故障によって多大な不便・不利益が生じる可能性がある。

２　**次の各問いに答えなさい。**

問１．次の**表あ**は，ＪＲ《ジェイアール》東日本の五つの駅における１日平均の乗車人員（人）と2020年度の前年比を示したもので，表中の**ア～オ**は，大宮，渋谷，立川，平塚，舞浜のいずれかです。また，**図い**は関東地方南部の鉄道路線の一部を示したもので，**図い**中の１～５は，**表あ**中の**ア～オ**のいずれかの位置です。**表あ**中の**エ**の駅にあたるものを，**図い**中の１～５から選び番号で答えなさい。

（**表あ**，**図い**は次のページにあります。）

表あ

	2019年度	2020年度	2020年度の前年比 (2020年度÷2019年度)
ア	366128	222150	60.7%
イ	257344	188576	73.3%
ウ	166636	122033	73.2%
エ	78811	38395	48.7%
オ	60941	45546	74.7%

（ＪＲ東日本「各駅の乗車人員」より作成）

図い

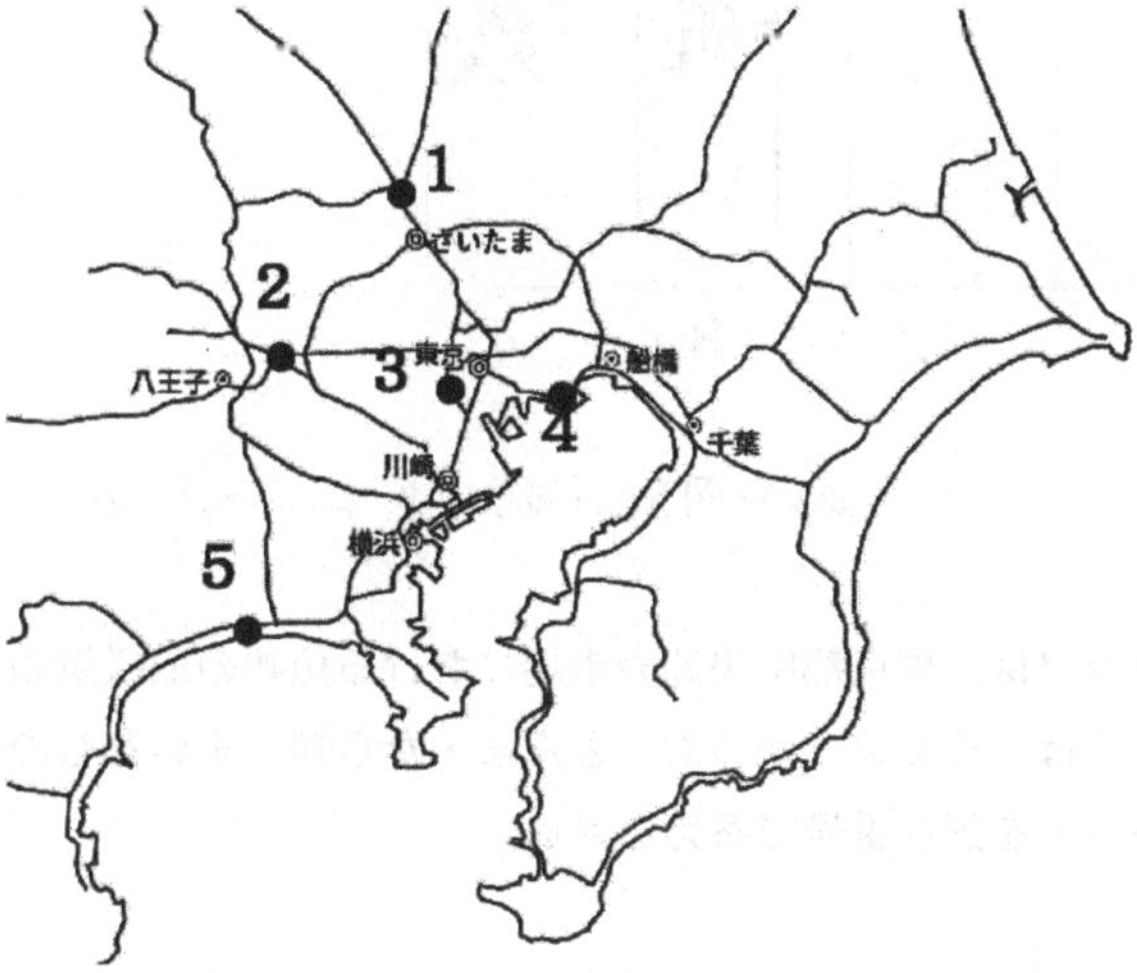

問２． 次の**図あ**は，潮岬《しおのみさき》・高松・敦賀《つるが》・松本の場所，**図い**はその４都市における年降水量の平均値（1991～2020年），**図う**はその４都市における１月と８月の平均気温（1991～2020年）を示したものです。**図い**と**図う**の１～４の番号は，同じ数字が同一の地点を表しています。このうち，高松にあたるものを選び番号で答えなさい。　　　　　　（**図い**，**図う**は次のページにあります。）

図あ

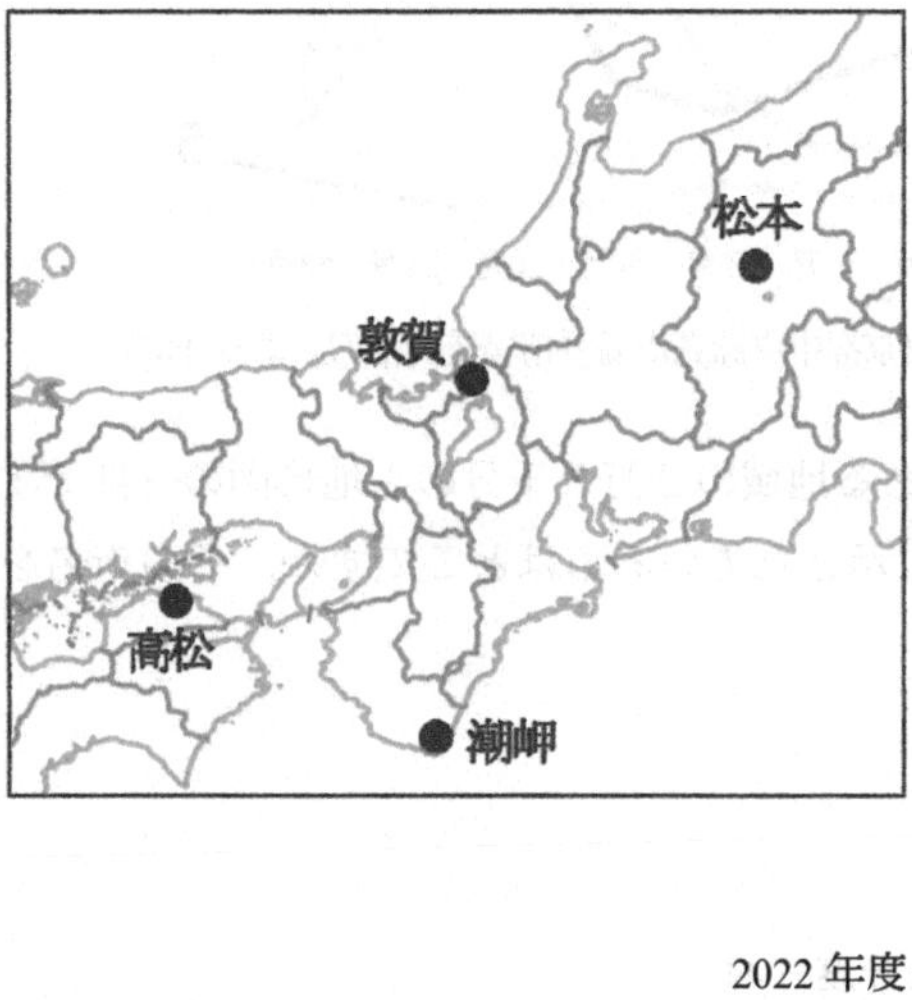

図い

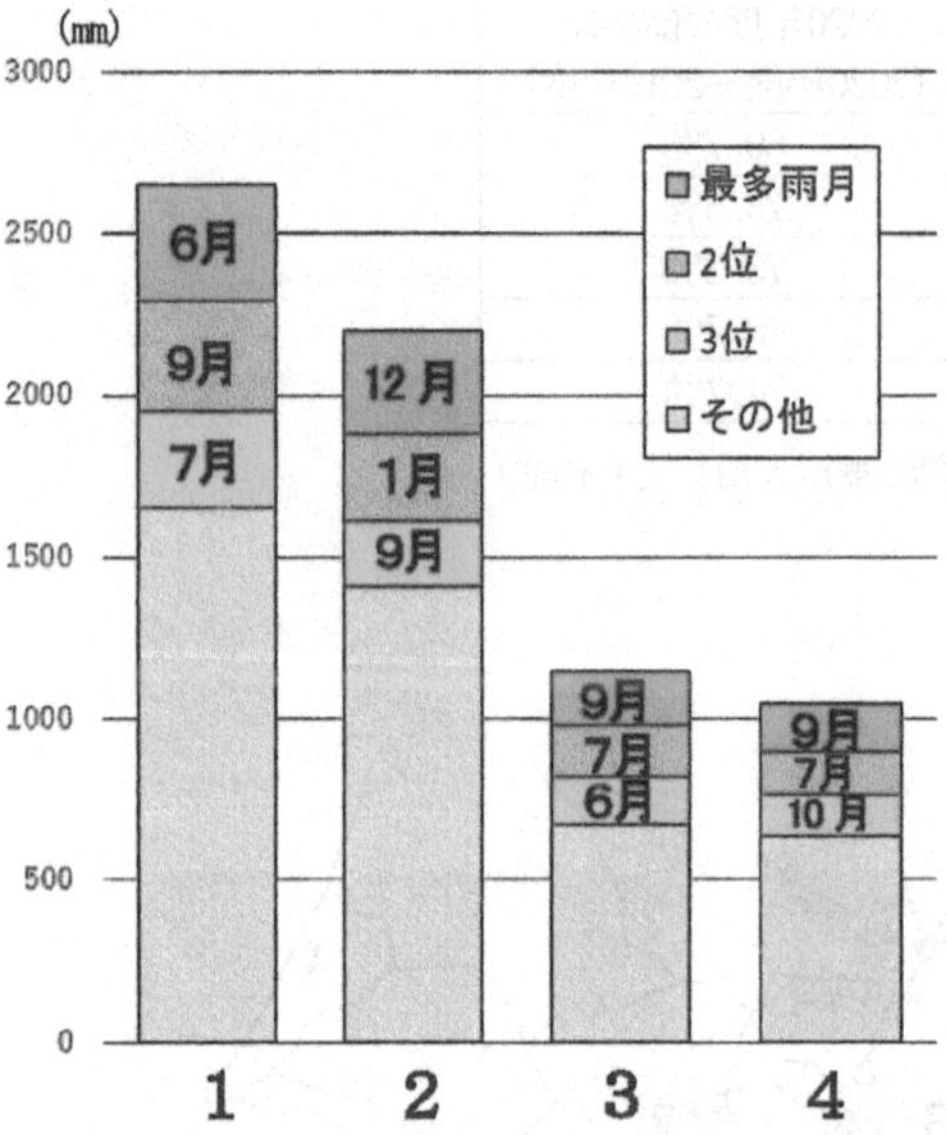

図う

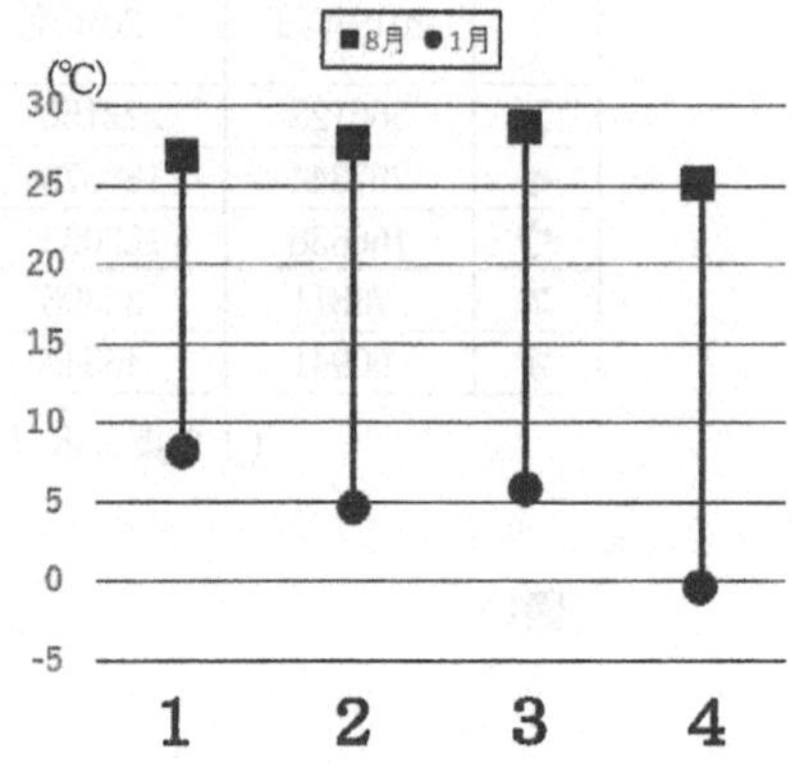

（**図い**・**図う**は「気象庁ホームページ　過去の気象データ検索」より作成）

問３． 次のグラフは，東京都中央卸売《おろしうり》市場における魚類の取扱《とりあつかい》量の月別数量（2020年）を示したもので，１～５は，うなぎ・かつお・さんま・たら類・まいわしのいずれかです。このうち，たら類にあたるものを選び番号で答えなさい。

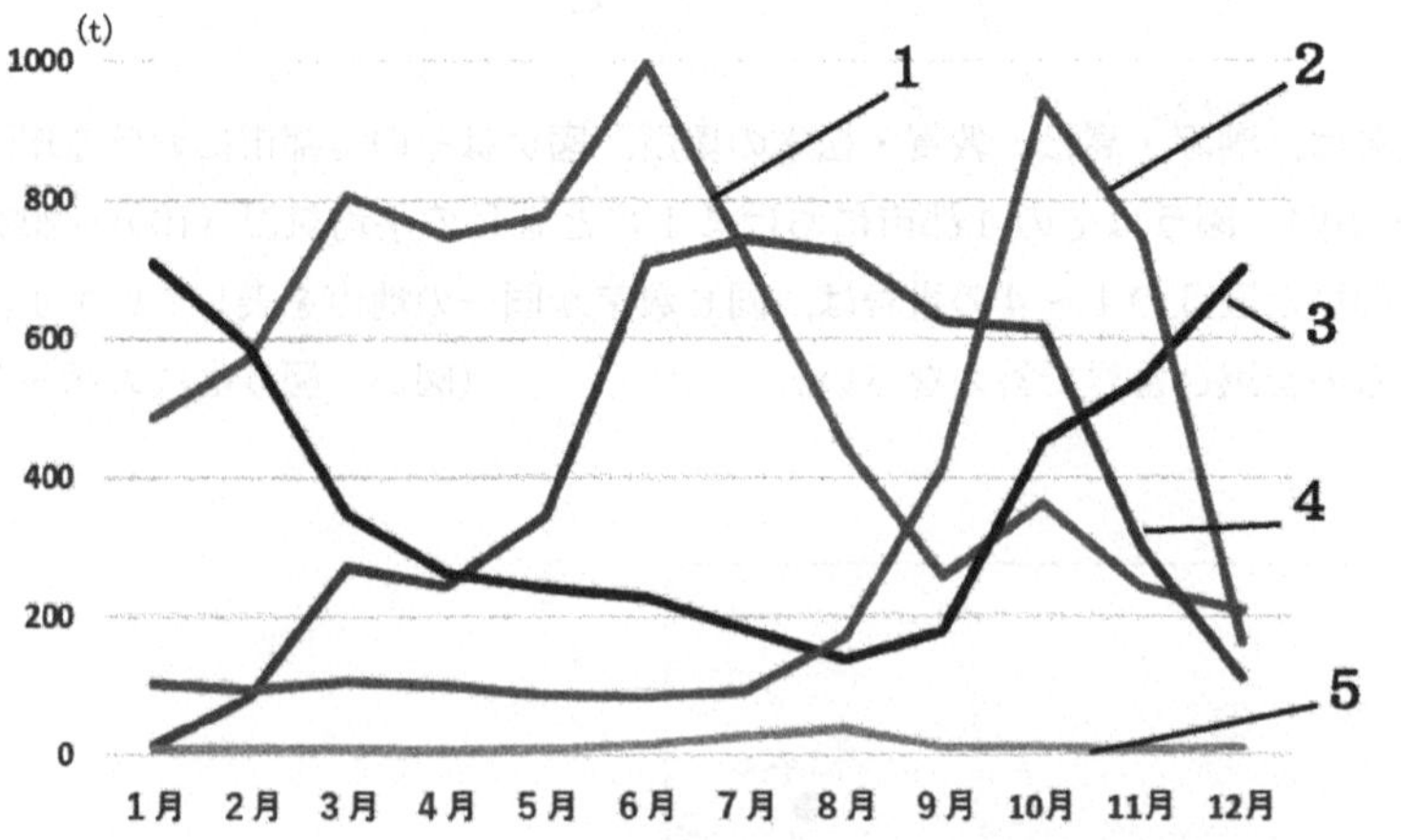

（東京都中央卸売市場「市場統計情報」より作成）

問４． 次のページの図は，国土地理院発行のある地域の２万５千分の１地形図の一部です（図幅名《ずふくめい》は作問の都合により伏《ふ》せてあります）。図に示されている市はどこですか，その市名を答えなさい。

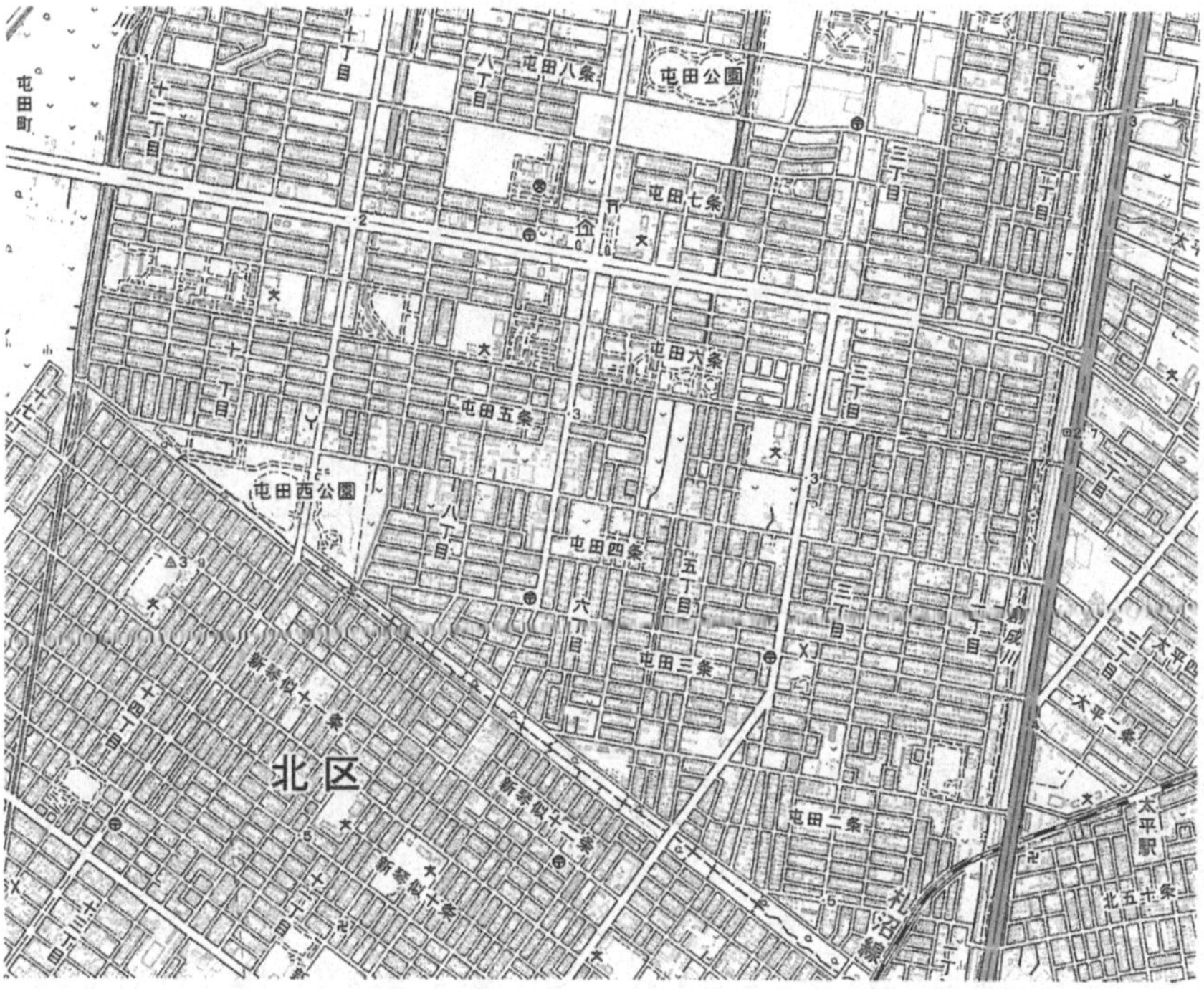

問５．下の図は，北海道周辺の海底の深さを表したものです（陸地は黒く塗《ぬ》りつぶしています）。図中の**ア**の部分のような，白色で示される海底の地形を一般《いっぱん》に何と呼びますか，漢字で答えなさい。

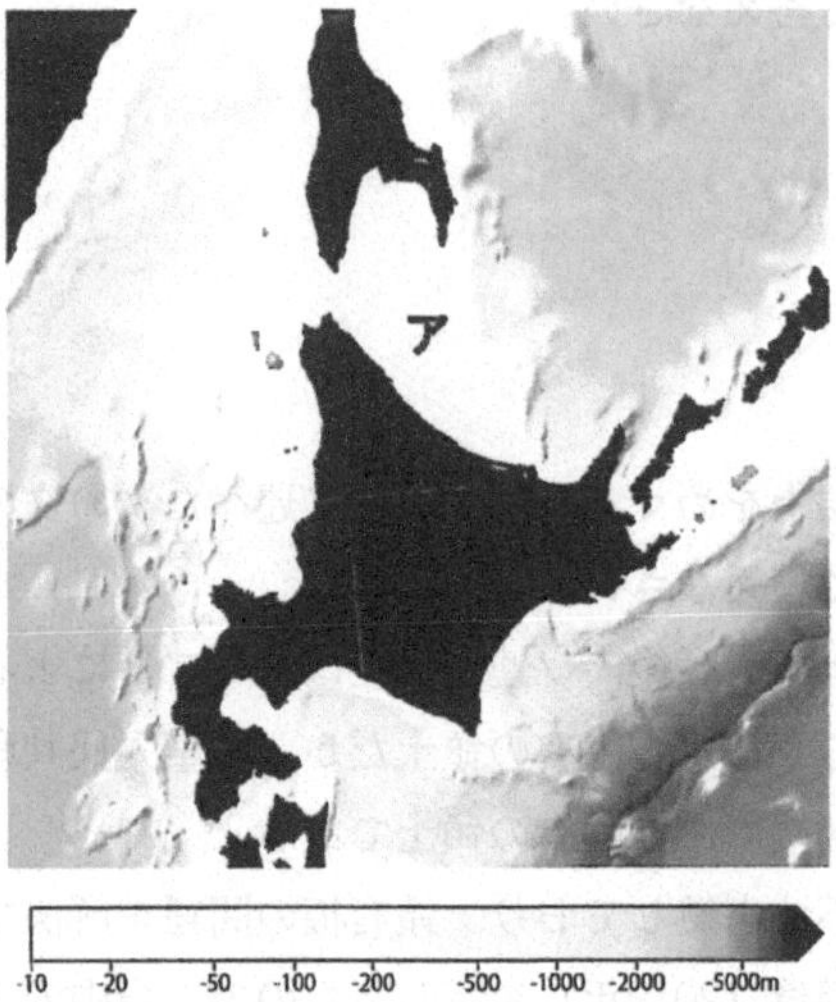

（アメリカ海洋大気庁のデータより作成）

問６．次のページの地図は，国土地理院発行５万分の１地形図「丸亀」の一部です。自分がいる地点の近くには神社があり，飯野山（讃岐富士）の山頂が南東の方位に見えているとき，自分の現在地はどこですか。地図上から判断して最も可能性の高い地点を，１～６から選び番号で答えなさい。

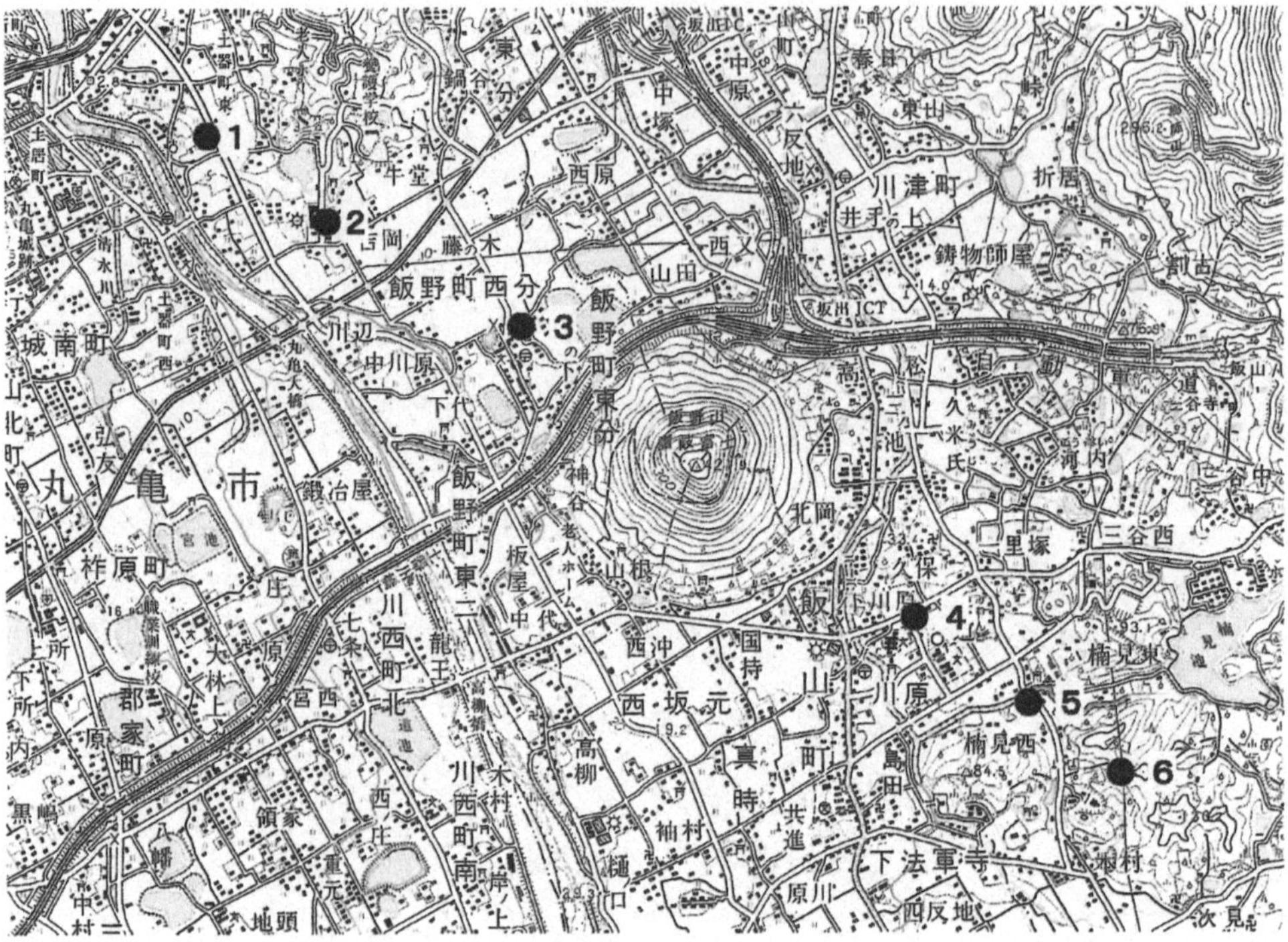

問7．伝統的な音楽，舞踊《ぶよう》，演劇，工芸技術などの無形の文化を保護するために，ユネスコでは無形文化遺産の登録が行われています。その中で，日本の無形文化遺産として登録されているものを，次から一つ選び番号で答えなさい。

1．阿波踊《あわおど》り

2．茶道

3．相撲《すもう》

4．花火

5．和食

問8．日本と近隣《きんりん》諸国との領土をめぐる情勢について述べた次の文のうち，日本政府の見解と合致《がっち》するものを一つ選び番号で答えなさい。

1．北方四島は，第二次世界大戦後，ソ連（現在はロシア）による不法占拠《せんきょ》が続いている。

2．竹島は，国際法上明らかに日本固有の領土だが，中華人民共和国が不法占拠している。

3．尖閣諸島は，日本最西端《せいたん》にある固有の領土である。

4．尖閣諸島は，韓国が不法占拠しており，領有権の問題を解決する必要がある。

問9．次の表は，野菜の収穫《しゅうかく》量（2019年）を示したもので，表中の1～5は，しゅんぎく，だいこん，たまねぎ，トマト，ほうれん草のいずれかです。このうち，ほうれん草にあたるものを選び番号で答えなさい。

品目	1	2	3	4	5
収穫量（千t）	1334.0	1300.0	720.6	217.8	26.9

（『日本国勢図会 2021/22』より作成）

3 **次の文章を読んで問いに答えなさい。**

新型コロナウイルス感染症《かんせんしょう》の拡大を受け，社会ではオンライン上でつながる機会が増えてきました。直接会わずに仕事に取り組んだり，友人と交流したりと，遠く離《はな》れている人ともインターネットを通じて時間を共有するようになりました。では，遠く離れた人とどのようにつながりを築いてきたのか，歴史の中で振《ふ》り返《かえ》っていこうと思います。

遠く離れた人とのやり取りの手段の一つは，手紙です。(ア)古代律令国家においては(イ)主要道路に駅制が設けられ，文書を迅速《じんそく》に目的地まで届ける体制が作られていました。江戸時代には，宿場町の役割の一つに，手紙を次の宿場町に届けることもありました。明治時代になると，手紙よりもより早く情報を伝える手段として，（　ウ　）が用いられるようになります。現代でも，（　ウ　）柱は各地で見ることができます。

一方，遠くの人とやり取りをする際に，仲立ちとなる人が存在することも多くありました。(エ)中世の荘園の支配において，都にいる荘園領主から派遣《はけん》された使者が地方で大きな影響《えいきょう》力を持つこともありました。江戸時代には，（　オ　）藩の宗氏が(カ)日本と朝鮮との関係を回復させるために，国書の偽造《ぎぞう》なども行いながら，日朝両国が満足するようなやり取りを実現させました。近代においても，(キ)条約改正を目指して欧米に派遣された使節団では，岩倉具視が全権大使とされました。

このように仲立ちとなる人は，単に情報を伝えていたわけではありませんでした。例えば，明智光秀が(ク)本能寺の変を起こした要因の一つには，光秀が交渉《こうしょう》の仲立ちの役割を担っていた四国の長宗我部氏に対し織田信長が攻撃することを決定したため，光秀がそれに反発したという点も指摘《してき》されています。近代の外交における全権大使は，条約の内容を交渉する権限が与《あた》えられていました。このように，歴史の出来事のいくつかには，仲立ち役の存在が確認できます。

情報社会となり，遠くに離れている人同士が直接やり取りできるようになる中で，このような仲立ちの存在は消えていってしまうのでしょうか。はたまた，その存在に価値が認められ，形を変えて残り続けるのでしょうか。

問１．下線部(ア)について説明した次の文のうち，正しいものを一つ選び番号で答えなさい。

１．上級貴族の子どもが高い位につきやすいという，貴族を優遇《ゆうぐう》する制度があった。

２．都の道路は碁盤《ごばん》の目のようになっており，内裏は都の南部の中央におかれた。

３．土地に対する税として租が課せられたが，女性には納める義務がなかった。

４．朝廷の支配は，九州から現在の北海道にまで及《およ》んでいた。

問２．下線部(イ)について，当時の駅制のもとでは，文書を運ぶ人は，駅で食料を得る他にも，少しでも早く文書を届けるために，駅でどのようなことをしたでしょうか，10字程度で答えなさい。

問３．空らん（ウ）にあてはまる語句を，漢字２字で答えなさい。

問４．下線部(エ)について，中世の荘園の支配と，江戸時代の農村の支配とを比較《ひかく》したときに，両方に共通してあてはまる説明として，最も適切なものを次から一つ選び番号で答えなさい。

１．税は，貨幣《かへい》で納められることはなかった。

２．村落独自の決まりが作られていた。

３．土地の所有者が誰《だれ》なのかが，戸籍に記載《きさい》されていた。

４．武士は農村に住んでいなかった。

問５．空らん（オ）にあてはまる語句を，漢字で答えなさい。

問６．下線部(カ)について，日本と朝鮮半島の歴史的な関係について説明した次のページの文のうち，正しいものを一つ選び番号で答えなさい。

1．倭の五王は，朝鮮半島の国々に対して優位な立場になるために，中国の魏にたびたび使いを送った。

2．室町幕府は，倭寇の取り締《し》まりの要求を受けて朝鮮との貿易を開始し，多くの木綿を輸入した。

3．日本の進出に対して朝鮮半島で三・一運動が起こると，これを鎮圧《ちんあつ》した日本は，韓国併合《へいごう》を行った。

4．日本は，中華人民共和国との国交を正常化させた後に，日韓基本条約で大韓民国との国交も正常化させた。

問７．下線部(キ)について，この使節団が派遣《はけん》されていた期間に日本国内で起こった出来事として，**あやまっているもの**を次から**二つ**選び番号で答えなさい。

1．学制の公布　　2．新橋・横浜間の鉄道開通　　3．西南戦争

4．富岡製糸場の操業開始　　5．民選議院設立建白書の提出

問８．下線部(ク)について，次にあげた寺院または神社のうち，当時の本能寺から最も近くに位置するものを一つ選び番号で答えなさい。

1．出雲大社　　2．伊勢神宮　　3．中尊寺　　4．鶴岡八幡宮　　5．平等院

を得てどうにか期限内に課題を提出し、ボーリング場のトイレで一人になったとたんに緊張《きんちょう》が解け、これで友人たちと一緒《いっしょ》に卒業できると急に安心したから。

問七　――線⑦「『あめ玉ひとつで～甘《あま》くないよ』」とありますが、老婆《ろうば》のこの言動を最後に書くことで、作品にはどのような変化が生じますか。その説明として最も適当なものを次のア～オの中から一つ選び、記号で答えなさい。

ア　老婆《ろうば》の誘《さそ》いに乗って店の菓子《かし》を口にした客に、後になって金銭《きんせん》を要求する老婆《ろうば》の欲深さを描《か》くことで、作品全体に緊張感《きんちょうかん》が生まれる。

イ　飴《あめ》を味わった私に、甘《あま》い思いも必要だと言いながら「世の中甘《あま》くないよ」と金銭《きんせん》を要求する老婆《ろうば》の言葉遊びが、軽やかさとおかしみを加える。

ウ　それまで不愛想だった老婆《ろうば》が金銭を要求するときだけ笑顔を見せることで、すべて商売のための作り話だったという意外な結末を導く。

エ　最後にからかわれることで、「私」は大人になっていても老婆《ろうば》から見たら未熟だということが描《えが》かれ、今後の「私」の成熟を期待させる。

オ　深刻に悩《なや》んでいても、たった三十円で気持ちが晴れるという事実を示すことで、人生において悩《なや》むことは実は価値のないことだと気付かせる。

問八　本文中における、現在の「私」の人物像の説明として最も適当なものを次のア～オの中から一つ選び、記号で答えなさい。

ア　辛《つら》い目にあっても文句ひとつ言わずに、思い出を支えに乗《の》り越《こ》えている人物。

イ　現実の問題を直視できず、子供のころの体験にとらわれている人物。

ウ　苦しい時でも人に頼《たよ》ろうとせず、一人で孤独《こどく》に頑張《がんば》っている人物。

エ　孤独《こどく》でいることに耐《た》えられず、人とのつながりを自ら求めている人物。

オ　周囲に頼《たよ》れない環境に疲《つか》れ、甘《あま》い菓子を食べて現実逃避《げんじつとうひ》ばかりしている人物。

問九　＝＝線「店を出る子供は皆《みな》、なんとも晴れやかな顔をしている」とありますが、最終的に「私」はその理由をどのようなものだと考えましたか。本文全体をふまえて六十字以内で説明しなさい。

体験できる「あめ玉」だから。

オ　口にすると、苦しいものだった「想《おも》い出」を温かいものに塗《ぬ》り替《か》えてくれる「あめ玉」だから。

問四　――線④「対象年齢《たいしょうねんれい》は十五歳《さい》以上」とありますが、これは「十五歳《さい》」という年齢《ねんれい》がどのような年齢《ねんれい》だと考えられるからですか。「～するようになる年齢《ねんれい》。」につながる形で二十五字で探し、最初と最後の三字をそれぞれ抜《ぬ》き出しなさい。

問五　――線⑤「情けない気持ちと安心感がないまぜになった」とありますが、その説明として最も適当なものを次のア～オの中から一つ選び、記号で答えなさい。

ア　ほとんどのことは自分一人でできるつもりになっていたが、実際には父に助けてもらわないと何もできないことを悔《くや》しく思い、同時に、複数人相手にひるまず戦える父親の強さにあこがれた。

イ　父親のことは誰《だれ》よりもよく知っているつもりでいたが、温和で優しいが頼《たよ》りない人だと誤解していた自分を恥《は》ずかしく思い、同時に、自分も父のように頼《たの》もしい人間になれるかもしれないと希望を持った。

ウ　大人の助けがなくても一人で何でもできると思っていたが、本当に困ったときには大人の力を借りないといけない現実にがっかりし、同時に、困っている子どもにすぐに助けを出せる父親を心強く感じた。

エ　自分は誰《だれ》から見ても一人前だと思っていたが、不良たちからはおとなしく言うことを聞きそうな子どもだと思われてしまったことに傷つき、同時に、不良が逃《に》げるほど父親は強いのだとわかって嬉《うれ》しかった。

オ　自分では、もう大人なので親に守られる必要はないと思っていたが、父に危機を救われたことで、自分が未だに無力な子どもであることを痛感し、同時に、自分を守ってくれる父親に対する頼《たの》もしさを感じた。

問六　――線⑥「私はボーリング場のトイレで一人、声を殺して泣いたのだ」とありますが、その理由として最も適当なものを次のア～オの中から一つ選び、記号で答えなさい。

ア　遊びに夢中になりすぎて単位を取れなくなりそうだったことが恥《は》ずかしく、またその危機を友人の助けなしには乗《の》り越《こ》えられなかった自分がふがいなく、悔《くや》しさを抑《おさ》えきれなかったから。

イ　大学の友人たちは、頼《たの》まれなくても「私」の危機を救いに来てくれる優しい人たちなのに、「私」からはどうしても心を開けずにいることが申し訳なく、どうしようもなく辛《つら》い気持ちになったから。

ウ　「私」は大学の友人たちに対して心を許しきれていなかったにもかかわらず、彼《かれ》らが「私」の危機に自ら駆《か》けつけ救ってくれたことで、真の友情があったことに気が付き、嬉《うれ》しく思うとともに深く感謝したから。

エ　大学の友人たちも自分と同じように遊んでいたのに、自分だけが単位を取れなくなりそうだったことに傷つき、課題の提出後すぐにボーリングに連れ出されてしまったため次の課題のことが不安で仕方なかったから。

オ　教授から課題を出されたときは留年を覚悟《かくご》したが友人たちの助け

た。

私はいつから他人に頼《たよ》る甘《あま》さが悪だと決めつけたのか。苦しい事も黙《だま》って、一人で耐《た》えなければならないと自分に強いたのだろうか。

苦しい事や辛《つら》い事は、放っておいてもやってくる。しかし、世の中には自分を救ってくれる甘《あま》さもあるという事は、誰《だれ》かに教わるものだ。

この駄菓子屋《だがしや》は、甘《あま》さに餓《う》えた子供たちの拠《よ》り所《どころ》なのかもしれない。魅力的《みりょくてき》な駄菓子《だがし》と、優しいお婆《ばあ》ちゃん。こんな場所が、あってもいいのかもしれないな……。

「また来てもいいですか」

私が尋《たず》ねると老婆《ろうば》は、

「店を閉めた後ならね。話を聞くぐらいならしてやるさ。ただし、菓子《かし》はやらないよ。やたらと食べるもんじゃないからね」

と言って背を向けて店の奥《おく》へと引《ひ》っ込《こ》んだ。

誰《だれ》かが話を聞いてくれる。それだけで、十分だ。

礼を言ってから、店を出る事にしてドアへ向かう。そんな私を老婆《ろうば》が「ちょっと待ちな」と呼び止めた。

⑦「あめ玉ひとつで三十円。ただでやると思ったかい。世の中、そんなに甘《あま》くないよ」

いたずらっぽく笑いながら、老婆《ろうば》が手の平をこちらに差し出していた。

（『ふしぎな駄菓子屋《だがしや》』小狐《こぎつね》 裕介《ゆうすけ》）

問一 ――線①「一瞬《いっしゅん》にして不安げな表情に変わる」とありますが、その理由として最も適当なものを次のア～オの中から一つ選び、記号で答えなさい。

ア　子供だけの秘密の店に入店しようとしている大人に対して敵対心を持ったから。

イ　駄菓子屋《だがしや》の秘密が大人にばれたらもう来店できなくなるのではないかと心配になったから。

ウ　晴れ晴れとした気分になっていたのに知らない大人に台無しにされて不満に感じたから。

エ　知り合いでもない大人が自分たちに何の用があるのかわからず不思議に思ったから。

オ　子供達のための駄菓子屋《だがしや》の前で声をかけてくる見知らぬ大人を警戒《けいかい》しているから。

問二 空らん〔②〕に入れるのに最も適当な表現を次のア～オの中から一つ選び、記号で答えなさい。

ア　子供が聞きたくない言葉　　イ　子供がおもしろがる言葉

ウ　子供が思いもしない言葉　　エ　子供に都合の良い言葉

オ　子供には不相応な言葉

問三 ――線③「『想《おも》い玉』」とありますが、この商品名である理由として最も適当だと考えられるものを次のア～オの中から一つ選び、記号で答えなさい。

ア　口にすると、いつの間にか忘れつつあった大切な「想《おも》い出」を思い出させる「あめ玉」だから。

イ　口にすると、それまで知らずにいた身近な人たちの「想《おも》い」に気づかされる「あめ玉」だから。

ウ　口にすると、周囲の人々に対して自分が抱《いだ》いていた本当の「想《おも》い」に気づく「あめ玉」だから。

エ　口にすると、強い「想《おも》い」を残している相手との「想《おも》い出」を追

ここは、家から自転車で二十分程の距離《きょり》にあるファミリーレストランで、当時中学生だった私はここの隅《すみ》の席で勉強をしていた。すると、高校生らしき男数人が私のテーブルに腰掛《こしか》け、

「何してんの？　勉強？　えらいねー」

等《など》と言いながら金を要求したのだった。

なんとか逃《に》げ込んだトイレで、扉《とびら》の前に男たちの気配を感じながら私は携帯電話《けいたいでんわ》で父に助けを求めた。

間もなく、店にやって来た父は普段《ふだん》の温厚な性格からは想像もできないような大声をあげて不良たちを一喝《いっかつ》し、会計を済ませて私の前を歩いた。父の背中を見つめ、私はいまだ大きなものに守られている存在なのだと思い知って、⑤情けない気持ちと安心感がないまぜになったのをよく覚えている。

父の背中が段々と薄《うす》れていくと、今度は目の前に大量のレポート用紙とコンビニのおにぎりが現れた。あぁ、このおにぎりは……。

当時大学生だった私は、勉強以外の遊びに夢中になりすぎて進級の危機に立たされていた。「今日中にレポートを出せなければ留年とする」そう担当教授から言《い》い渡《わた》された私は目の前が真っ暗になった。とてもその日中に仕上げられる量のレポートではなかった。

私が構内にある休憩《きゅうけい》スペースで頭を抱《かか》えていると、話を聞きつけた友人たちが次々に集まって来た。

「間に合うだろ。やるぞ」

そう言って友人たちは「汚《きた》ねぇ字だなぁ」等《など》と文句を言いながら私の字を真似《まね》てレポートを書き始めた。パソコンが得意な奴《やつ》はデータをまとめ、資料をプリントアウトした。

日が暮れて、次々と他の学生が帰っていく中、私たちはコンビニで買って来たおにぎりやスナック菓子《がし》をかじりながらレポートを作った。そしてようやくできあがったレポートを提出し私は留年をまぬがれたのだった。

手伝ってくれた友人たちになんと言ったらいいか分からない私に、彼《かれ》らは「ボーリング行くぞー」と言って肩《かた》を組み、尻《しり》を蹴《け》った。

大学入学と共に親元を離《はな》れ、新しい土地でできたこの友人たちに私は、それまでの地元の友人たちと比べてある種のよそよそしさのようなものを感じていた。

しかしそんな私に彼《かれ》らは手を差《さ》し伸《の》べてくれた。

⑥私はボーリング場のトイレで一人、声を殺して泣いたのだ。

はっと気がつくと、今の私も涙《なみだ》を流していた。目の前にいる老婆《ろうば》の姿がぼやけている。

「気にせず泣くといい。それを舐《な》めると、どうせみんな泣くからね」

老婆《ろうば》はティッシュ箱を差し出しながら言った。

「あたしは不思議だよ。あんたたち大人はそういう想《おも》い出《で》をなぜか忘れようとする。親の愛を疎《うと》ましく思ったり、友情をないがしろにしたりね。そういうものに頼《たよ》るのは、甘《あま》ったれていると決めつけるのさ。昔は大好きだったくせにね。子供の頃《ころ》より、今の方がずっと大変なんだろ？　だったら、たまには甘《あま》い思いもしなさい。周りに頼《たよ》って、自分を甘《あま》やかしたってあたしはいいと思うがね」

ティッシュを一枚引き出し、涙《なみだ》と鼻水をふく。一枚では足りず二枚、三枚とティッシュを引《ひ》き抜《ぬ》くと老婆《ろうば》がティッシュ箱ごと渡《わた》して寄越《よこ》し

あめ玉、ガム、チョコ菓子《がし》、子供が喜びそうな駄菓子《だがし》が所せましと並んでいる。どの菓子《かし》も私が子供の頃《ころ》見た事のあるような、懐《なつ》かしいものだった。

ガムを手に取ってみると、おかしな点が一つあった。各種成分表や賞味期限の下に「対象年齢《たいしょうねんれい》」の表記がある。駄菓子《だがし》の対象年齢《たいしょうねんれい》……？

「いらっしゃい」

唐突《とうとつ》に声をかけられ、私は手に持っていたガムを取り落とした。慌《あわ》てて拾いながら声のした方を見ると、店の奥《おく》、恐《おそ》らく店の主が生活をしているのであろうスペースから、老婆《ろうば》が顔を出していた。

「表の貼《は》り紙《がみ》は見えなかったかね」

『大人入店禁止』という貼《は》り紙《がみ》の事を言っているのだろう。

私はガムを棚《たな》に戻《もど》しながら答えた。

「すみません、どうしても気になったもので」

「まぁ、いいけどね」

（中略）

老婆《ろうば》は店の奥《おく》に引《ひ》っ込《こ》み、籠《かご》いっぱいの菓子《かし》を持って戻《もど》って来た。そして、

「選びな」

と言ってこちらに籠《かご》を差し出してくる。

「結構です」

「いいから、選びな。ただし一つだけ。これは大人用の駄菓子《だがし》だよ」

駄菓子《だがし》に大人用と子供用があるなんて聞いた事もない。しかし確かに、籠《かご》いっぱいの駄菓子《だがし》は店に並んでいるものと少しパッケージが違《ちが》っているようだ。

老婆《ろうば》が一向に籠《かご》を引《ひ》っ込《こ》める様子がないので仕方なく飴《あめ》を一つ取った。パッケージには③「想《おも》い玉《だま》」と書いてある。④対象年齢《たいしょうねんれい》は十五歳《さい》以上。

包み紙を開けると透明《とうめい》で水晶《すいしょう》のようなあめ玉が出てきた。もしおかしな味がしたら吐《は》き出《だ》してやろうと思いながら口にふくむと、ほんのりとした甘《あま》さが口いっぱいに広がった。そしてそれと共に、頭の中に、あるイメージがゆっくりと浮《う》かび上《あ》がってきた。

私は布団《ふとん》に横たわっているようで、目の前には天井《てんじょう》がある。この見覚えのある天井《てんじょう》は、実家のものだ。布団の脇《わき》には水の張ってある洗面器と子供の頃《ころ》何度も読み返した漫画本《まんがぼん》が数冊置いてある。母親が布団《ふとん》の側に腰《こし》をおろし、テレビを観《み》ながら私の頭をなでていた。

昔、私が熱を出すとよく母親がこうして看病してくれた。

じっと見つめられながらだと迷惑《めいわく》をかけている気がして落ち着かなかったが、こうして何かをしている最中の母親に頭をなでられるのが、私は大好きだった。

母の手の温《ぬく》もりを感じていると、段々とそのイメージは薄《うす》れていき、今度はいつのまにかファミリーレストランのレジに立っていた。目の前で父親が会計を済ませている。父は今よりも随分《ずいぶん》と若い。

店員の差し出すレシートを手振《てぶ》りで断った父親は、私に声をかけた。

「行くぞ。自転車で来ているんだろう。後ろから車でついていってやる」

父の言葉を聞いて、ようやくここがどこなのか思いだした。

子《し》を買ったのだから当たり前か」と思っていたのだが、店に入る前、この世の終わりかという風に落《お》ち込《こ》んでいるように見えた子供さえも、店から出てくる時には不自然なくらい晴れ晴れとした表情をしているのだ。

一体、店の中はどうなっていて、どんなものが売られているのだろう。

ついに我慢《がまん》ができなくなった私は、店を出てきた子供たちに声をかける事にした。

「ねぇ、君たち」

晴れやかだった子供たちの顔が、①一瞬《いっしゅん》にして不安げな表情に変わる。

「ここのお店、何屋さんなの？」

私がそう聞くと、一番背の高いガキ大将風の少年が、

「駄菓子屋《だがしや》」

と答えた。彼《かれ》の手には、昔私も好んでよく食べていたチョコ菓子《がし》が握《にぎ》られている。私がそれを指さして、

「それ、おいしそうだね」

と言うと、少年はチョコ菓子《がし》を背中の方へと隠《かく》してしまった。

「一つ食べてみたいなー」

できるだけ怖《こわ》がらせないよう、笑顔を作りながらお願いしてみたが、少年は、

「これ、大人は食べちゃだめだから」

と言って走り去ってしまった。他の子供たちがばたばたと彼《かれ》に続く。

すると、一番背の低い女の子のポケットからあめ玉が一つ、コロリと落ちた。女の子は気づかずに行ってしまう。拾い上げてみると、これも昔ながらのあめ玉だった。パッケージに懐《なつ》かしいキャラクターが印刷されている。包み紙を開けると、琥珀色《こはくいろ》のおいしそうなあめ玉が出てきた。やはり、普通《ふつう》のあめ玉だ。

私は店の方を窺《うかが》い、誰《だれ》も見ていない事を確認するとあめ玉を口に入れた。

すると、頭の中に、

「たまには、よふかしもたのしいよ！」

という声が響《ひび》いた。驚《おどろ》いて辺りを確認したが、周りには誰《だれ》もいない。

しばらくすると、今度は、

「まんがだって、たいせつなべんきょう！」

と、甲高《かんだか》い声が頭の中に響《ひび》いた。昔なにかのテレビ番組で聞いたことのあるような声だ。

一体これはどうなっているのだ。その後も、

「おとうさんもおかあさんも、じつはなきむし！」

「あそびはだいいち！　べんきょうはそのつぎ！」

等《など》といった、「　②　」が頭に鳴《な》り響《ひび》いた。

あめ玉が小さくなるにつれて、頭の中に響《ひび》く声も小さくなっていき、最後には完全に消えた。

なんだったのだ、今のは……。

私はこのあめ玉の正体がどうしても気になり、『大人入店禁止』の貼《は》り紙《がみ》を横目に店の中に足を踏《ふ》み入《い》れた。

そこには、昔懐《なつ》かしい光景が広がっていた。

よってその場に応じた振《ふ》る舞《ま》いへと改善された。

エ　理性的言動が求められる現代人は、本来制御《せいぎょ》不可能であるはずの感情を、制御《せいぎょ》することが正しいと思い込《こ》んでいる。

オ　感情は、本来どうにも表せない根が深いものだったのに、言葉で説明できるような手軽なものに成り下がっている。

問六　――線⑥「『腹に落ちる』『腹を割る』『腹が据《す》わる』といった慣用句」とありますが、この三つの慣用句それぞれの意味の組み合わせとして最も適当なものを次のア～カの中から一つ選び、記号で答えなさい。

	「腹に落ちる」	「腹を割る」	「腹が据《す》わる」
ア	同意する	打ち明ける	落ち着く
イ	同意する	信頼する	激怒《げきど》する
ウ	同意する	信頼する	落ち着く
エ	納得する	打ち明ける	激怒《げきど》する
オ	納得する	打ち明ける	落ち着く
カ	納得する	信頼する	激怒《げきど》する

問七　――線⑦「慣れの問題」とありますが、なぜ「慣れの問題」となってしまうのですか。その説明として最も適当なものを次のア～オの中から一つ選び、記号で答えなさい。

ア　自分の感情の正体がつかめないので、自身の行動の基準が定められず、周りに合わせるしかできなくなるから。

イ　辛《つら》く苦しい環境《かんきょう》に置かれた場合は、自分が変わるだけでは意味がなく、周りが変わるのを待つことも必要だから。

ウ　現代人として社会全体の生産性を向上するためには、感情を抑《おさ》えるべきだという合理的な体感が求められるから。

エ　息苦しく感じる集団の中で、感情は自然と湧《わ》き上《あ》がるものであり、周囲の状況によって左右されるものではないから。

オ　周りの空気がどれほど重苦しいとしても、自分の感覚は他人の感覚と共有されず、個人的なものでしかないから。

問八　筆者は怒《いか》りの感情を説明するにあたり、「腹が立つ」という表現を使っていますが、「腹が立つ」という言葉によって「怒《いか》り」がどのようなものであると言っているのですか。本文全体の内容をふまえて六十字以内で答えなさい。

問九　――線A「キョクメン」・B「ヨチ」・C「シシン」のカタカナを正しい漢字に直しなさい。

（一画一画ていねいにはっきりと書くこと。）

二　次の文章を読んで、後の一から九までの各問いに答えなさい。

（ただし、字数指定のある問いはすべて句読点・記号も一字とする。）

我が家の近所には、不思議な店がある。

その店は、今ではあまり見る事のできなくなった昔ながらの駄菓子屋《だがしや》なのだが、店の入り口にでかでかと、

『大人入店禁止』

と書かれた貼《は》り紙《がみ》がしてある。普通《ふつう》の駄菓子屋《だがしや》にこんなものはないだろう。

そしてもう一つのおかしな点。それは、店を出る時の子供たちの表情だ。

店を出る子供は皆《みな》、なんとも晴れやかな顔をしている。最初は「駄菓《だが》

問一　――線①「古人の感じていた腹」とありますが、これを筆者はどのようにとらえていますか。その説明として最も適当なものを次のア～オの中から一つ選び、記号で答えなさい。

ア　ときに激しく発露《はつろ》される感情が根ざしているところ。
イ　自らの思考の支えとなり、怒《いか》りをこらえるためのところ。
ウ　東洋の古い医学で説明される生命全体の重要なところ。
エ　感情を他人に見せないように隠《かく》しておくためのところ。
オ　心理的な負担が痛みなどの身体的な症状《しょうじょう》として現れるところ。

問二　――線②「クラウド化している傾向《けいこう》」とありますが、「クラウド化」とはどういうことですか。その説明として最も適当なものを次のア～オの中から一つ選び、記号で答えなさい。

ア　本来自分の意思で制御《せいぎょ》できるはずの感情が、他人の感情によって支配されてしまうようになるということ。
イ　感情が自己の身体から離《はな》れ他者と共有されることで、自分の感情の実感が弱まってしまうようになるということ。
ウ　個人の経験した感情が社会で共有され、他者の感情も自分の感情として実感が得られるようになるということ。
エ　自分だけのものであるはずの実感が全《すべ》て他者に共有されてしまうので、個人的な秘密を誰《だれ》も持てなくなるということ。
オ　抑《おさ》えきれない激しい感情でも、自身と距離《きょり》を置くことで、客観的な視点で自己分析《ぶんせき》ができるようになるということ。

問三　――線③「他者の経験を社会的に価値付けられるようにしている」とありますが、「社会的に価値付ける」とはどういうことですか。その説明として最も適当なものを次のア～オの中から一つ選び、記号で答えなさい。

ア　一部の人にしか評価されていない個人の感情を、多くの人と共有して社会の中から価値がわかる人を探し出すこと。
イ　誰《だれ》にも分かるはずのない主観的な感情を、共通の言語を通して伝えることで客観的な理解を得ようとすること。
ウ　ある個人の感情を、受け手がそれぞれの価値基準に照らして判断することによって感覚的に受け入れていくこと。
エ　輪郭《りんかく》の曖昧《あいまい》な個人の感情を、周囲の人々が明確な言葉にして共有可能とすることで、社会的意義が与えられること。
オ　個人的な感情を否定するのではなく、言語化することによって他者からの客観的な肯定《こうてい》を得ようとすること。

問四　空らん［④］に当てはまる語として最も適当なものを次のア～オの中から一つ選び、記号で答えなさい。

ア　そして　イ　なぜなら　ウ　しかし　エ　だから
オ　つまり

問五　――線⑤「いま私たちが～なっています」とありますが、「装置めいたもの」という表現を使うことで筆者はどのようなことを言いたいのですか。その説明として最も適当なものを次のア～オの中から一つ選び、記号で答えなさい。

ア　かつて感情は制御《せいぎょ》できなかったが、現代社会の発展に伴《ともな》って理性や言葉によって自由に表現できるようになった。
イ　現代人は、情報化社会において必要がなくなった感情を刺激《しげき》することのないように、自ら身体感覚を手放した。
ウ　衝動的《しょうどうてき》で単純な感情の爆発《ばくはつ》が、理性的な思考を働かせることに

く、つまりは身体がない。「腹が立つ」といった怒《いか》りの表明は「いま・ここ」にいる私の身体に根ざしています。しかし、身体のないイメージの感情なら私の怒《いか》りは表していいかもわからない、常に曖昧《あいまい》なものにならざるをえないでしょう。

　他人からの理不尽《りふじん》な攻撃《こうげき》や不快な言動を受けてすら、怒《おこ》っていいかどうかわからなくなるのは「怒《おこ》ると相手に嫌《きら》われる」とか「場所をわきまえないといけないのではないか」といった社会性を優位に置こうとする意識が瞬時《しゅんじ》に介入《かいにゅう》するからでしょう。私だけの怒《いか》りを味わいもせず、体験もしない。それは冷静さとは呼べず、*8ネグレクトに近いかもしれません。

　私の基盤《きばん》が身体になく、怒《いか》りの輪郭《りんかく》が明らかでないのであれば、何が自身の行動のCシシンになるかと言えば空気との同調でしょう。そのとき「どういう空気であるか」を問わなくていいのは、何より空気であることだけが大事だからです。

「本当は嫌《いや》だけど周囲に合わせた」といったことで自分の行動を説明することがあるかと思います。この言い分が示すのは、雰囲気《ふんいき》が息苦しくても本質的には構わないということです。「居心地《いごこち》が良い」とはそこに馴染《なじ》めるかどうかの⑦慣れの問題であって、体感として心地良いとは限らないかもしれません。そうでもなければ嫌《いや》なことをし続けられないはずだからです。

　ここまで話を進めると次第に明らかになってくることがあります。*9パワハラに見られるような、些細《ささい》なミスであっても暴言を吐《は》く機会と捉《とら》えるような*10執拗《しつよう》さで怒《いか》りが表明されるとしたら、これは本当に身体に根を持った怒《いか》りなのか？　ということです。衝《つ》き動《うご》かされるとは、そのときその場でしか起こらない一回性の出来事のはずです。だから「抑制《よくせい》できず、つい衝動《しょうどう》で言ってしまう」が執拗《しつよう》に繰《く》り返《かえ》されるとしたら、それは慣習化された反応にほかなりません。いわば「レモンを思い浮《う》かべたら唾《つば》が出る」といった条件反射であって、怒《いか》りとは別の企《くわだ》てがあることになります。そのことに気づかないからこそ、私たちは無闇《むやみ》に怒《いか》りを避《さ》けたがるのかもしれません。

（『モヤモヤの正体——迷惑《めいわく》とワガママの呪《のろ》いを解く』尹《ゆん》　雄大《うんで》）

〔注〕
*1　炎上騒《えんじょうさわ》ぎ＝ある出来事や、それにかかわった人物・団体などに対して、主にインターネット上で、激しい批判や中傷が広がり収拾がつかなくなってしまった状態のこと。
*2　サーバー＝ここでは、主に、インターネット上で情報を集積する倉庫のような役割を果たすところ。
*3　ダウンロード＝サーバーから個々の情報を受け取ること。
*4　逸脱《いつだつ》＝本来の意味や目的からはずれること。決められた範囲《はんい》からはみ出すこと。
*5　不文律＝互《たが》いが、暗黙《あんもく》のうちに了解し合っているきまり。
*6　激昂《げっこう》＝はげしく怒《おこ》ること。
*7　悲憤慷慨《ひふんこうがい》＝世の有様や、自己の運命などについていきどおり、嘆《なげ》き悲《かな》しむこと。
*8　ネグレクト＝無視すること。
*9　パワハラ＝組織において、地位や職権を利用して部下に嫌《いや》がらせを行い、心身に苦痛を与《あた》える「パワーハラスメント」の略語。
*10　執拗《しつよう》＝しつこいこと。

くなり、体感を抑圧《よくあつ》することになっていくでしょう。ただでさえ空気を読むことが*5不文律の掟《おきて》になっているのであれば、なおさらみんなとの和合のために自分の感情を封殺《ふうさつ》するほうに向かうでしょう。

「みんながそう言っている」「みんなのため」「普通《ふつう》は～でしょう？」と様々な言い方はされても、「あなたはどう思う、どう感じる？」と大事なAキョクメンであればあるほど聞かれることはありませんでした。そうして間接的に、体感を否定することが社会を生きる上で大事だと教えられてきたのです。

感情が確実に身体を伴《ともな》わなくなっており、⑤いま私たちが「感情」と呼んでいるものは、もはや意識でコントロールできる装置めいたものになっています。セクシャリティや人種など属性を差別するような言動であっても、それがビジネスパートナーや友人の発言であれば、関係にヒビを入れたくないからという理由で甘受《かんじゅ》すべきでしょうか。「ここは怒《いか》りを抑《おさ》えるべきだ」と自分に下す命令で感情を抑《おさ》え込《こ》むことができるとしたら、それは冷静というよりは意識的に操作できるものになっているはずです。そうなると*6激昂《げっこう》や*7悲憤慷慨《ひふんこうがい》は野蛮《やばん》の証《あかし》と受け取る感性が常識となっていくのも当然です。感情は庭師が手入れした木のようにきれいに切り揃《そろ》えられ、荒々《あらあら》しさは趣向《しゅこう》としてはよくても、本当に自然そのままの発露《はつろ》であってはならないのです。

けれども本来ならば感情は表れるものであって、封《ふう》じたり我慢《がまん》するものではありません。意識的にコントロールするため表出にならず、突然《とつぜん》キレたりといった逸脱《いつだつ》や暴走になってしまうのではないでしょうか。

身体が必要なだけ訴《うった》えている感情の輪郭《りんかく》を把握《はあく》する術を私たちは失いつつあります。そこでみなさんに試みて欲しいことがあります。先ほど「身体を伴《ともな》う感情表現の場所はどんどん上昇《じょうしょう》しています」と記しました。逆にこれを下降させていくとどうなるでしょう。想像してみてください。クラウド化された空間上の怒《いか》りから頭、胸、腹へと感覚を徐々《じょじょ》に降ろしていったとします。どこまで実感が持てるでしょうか。先人と現代人では腹が感覚的に同じ場所かわからないと言いましたが、⑥「腹に落ちる」「腹を割る」「腹が据《す》わる」といった慣用句から連想されるのは、腹による体感は意識が介入《かいにゅう》し、コントロールしてはあれこれと迷うといったBヨチが生じにくいらしいということです。

そうなると「腹が立つ」には「なんだかモヤモヤする」といった不透明《ふとうめい》さはなく、明確に「立つ」感覚が伴《ともな》うということがわかります。立っているのだからどうしようもない。意識的に「冷静になれ」などと言ったところで紛《まぎ》らわしようがない。だから腹いせに何をするかといったら暴飲暴食とか路傍《ろぼう》の石を蹴《け》り上げるとかの八つ当たりです。言葉による沈静《ちんせい》ではなく、必ず行為《こうい》が生じることで腹立ちも紛《まぎ》れるわけです。

何かものごとが起きたことを受けて感情が生じます。そういう意味では受け身かもしれませんが、確固とした身体から発した感情には能動性があります。だから、「自分が怒《おこ》ると周りの迷惑《めいわく》になるだろうか」といった社会性が登場するヨチはあまりありません。なぜなら立腹は至って個人的な出来事であり、だからこそ本人にとって大事な感情だからです。

いつでも感情の抑制《よくせい》を利かすことができるとしたら、それは他人に受け入れられる「あるべき姿」として仕付けられ、選ばれた「意識的感情」とでもいうべきものです。発火するような、ものごとに直接応じるような感情表現ではありません。想定された感情なので拠点《きょてん》となる主体がな

【国語】（五〇分）〈満点：一〇〇点〉

一 次の文章を読んで、後の一から九までの各問いに答えなさい。
（ただし、字数指定のある問いはすべて句読点・記号も一字とする。）

怒《いか》りは身体から発します。「腹が立つ」という言葉を聞けば、怒《いか》りの感情表現だとすぐにわかると思います。とはいえ、頭では意味を理解できたとしても、本当に腹が「立つ」という感覚が怒《いか》りそのものであると体験し、納得している人はどれくらいいるでしょうか。

『平家物語』で「ふくりふ（腹立《ふくりゅう》）」と表記されていることからわかる通り、「腹が立つ」という身体を伴《ともな》った表現はこの島で暮らす住民にはおおむね馴染《なじ》みがあるかと思います。

長らく親しまれた慣用句のためつい見逃《みのが》してしまいますが、ここで言う「腹」は西洋の解剖《かいぼう》学の知見が輸入される以前から人々が口にしていたことなので、腹腔《ふくこう》だとか腹筋だとかが指す部位ではありません。では、①古人の感じていた腹はいったいどこを指しているのでしょう。腹と言えば力を込《こ》められる腹筋を想像しがちな現代人とは感覚的に隔《へだ》たりがあるかもしれません。さらにはその腹が「立つ」に至ってはどうでしょうか。私たちは「立つ」という尖《とが》りをまざまざと感じられるでしょうか。「立つ」の実感が難しいのであれば、「腸《はらわた》が煮《に》え繰《く》り返《かえ》る」など体感するにはなかなかハードルが高いと言えるでしょう。どちらかと言えば「腹が立つ」よりは「ムカつく」や「キレる」「頭に来る」のほうがわかりやすい。ムカつくのは胸であり、「キレる」は脳の血管、「頭に来る」は文字通り頭部です。

ここからわかる通り、身体を伴《ともな》う感情表現の場所はどんどん上昇《じょうしょう》していきます。そして、いまでは怒《いか》りは頭を通《とお》り越《こ》して空間に漂《ただよ》っており、②クラウド化している傾向《けいこう》が多分にあるようです。*1炎上騒《えんじょうさわ》ぎがいい例ですが、自分の身に起きたことではない出来事に対して多くの人が怒《いか》りを募《つの》らせるのは、あたかも*2サーバーに上げられたデータを*3ダウンロードしているのにも近いように思えます。

このように身体を離《はな》れ、実感を伴《ともな》わない一方で、怒《いか》りはなだめるべきものだし、中和させていくのが望ましいという見解が広まりつつあるのは興味深い現象です。

怒《いか》りをなだめる人たちは怒《いか》りの感覚を本当に味わい、体験しているでしょうか。怒《いか》りの発露《はつろ》にあるべき姿からの*4逸脱《いつだつ》のサインを読み取り、それをともかく正そうとする人は、冷静さや平和、穏《おだ》やかさを愛するからではなく、激した姿や怒《おこ》らざるをえない生々しい現実を受け止めきれないだけかもしれません。

また「まあまあ、言いたいことはわかるけど」と怒《いか》りに理解を示し、あたかも翻訳《ほんやく》するかのように、言い分を説明してみせる人もいます。③他者の経験を社会的に価値付けられるようにしているとしても、その人の怒《いか》りと向き合っていると言えるでしょうか。

常に冷静で穏《おだ》やかであるのは、生物としては極めて不自然でも社会的には望ましい姿です。職場環境《かんきょう》も一定の調子に揃《そろ》えることができますし、感情に煩《わずら》わされない分、生産性もよくなるというわけです。〔　④　〕、人間は工作機械や人工知能ではないし、常に効率を考えたり職場の人間関係に受け入れられるために生きているわけではありません。

感情的になっても有意義なことはないし、生産性がない。そうして感情を意識的に抑制《よくせい》していけば、いつしか感じていることに価値を置けな

MEMO

大切なことはメモしておこうネ！

第1回

2022年度

解　答　と　解　説

《2022年度の配点は解答欄に掲載してあります。》

＜算数解答＞

1　(1)　$3\frac{3}{4}$　(2)　72個　(3)　330g　(4)　7cm

2　(1)　160個　(2)　18分　(3)　$3cm^2$　(4)　5：1

3　(1)　1：9　(2)　1800m

4　(1)　235個　(2)　185個

5　(1)　(ア)・(エ)　(2)　20個　(3)　800

6　(1)　$208cm^3$　(2)　$140\frac{1}{3}cm^3$　(3)　$214\frac{2}{3}cm^3$

○配点○

1, 2　各5点×8　他　各6点×10（5(1)完答）　計100点

＜算数解説＞

1　(四則計算，数の性質，割合と比，濃度，平面図形)

(1)　$4\frac{1}{6}-\left(\frac{7}{3}-\frac{7}{4}\right)\times\frac{5}{7}=4\frac{1}{6}-\left(\frac{5}{3}-\frac{5}{4}\right)=4\frac{1}{6}-\frac{5}{12}=3\frac{3}{4}$

重要　(2)　216＝2×2×2×3×3×3より，2の倍数は216÷2＝108(個)，3の倍数は216÷3＝72(個)，6の倍数は216÷6＝36(個)

したがって，1を除いて公約数がない数は216－(108＋72－36)＝72(個)

重要　(3)　5％と10％の食塩水を混ぜると(5＋10)÷2＝7.5(％)の食塩水が60×2＝120(g)できる。

右図により，色がついた部分が等しく加えた水は120×(7.5－2)÷2＝330(g)

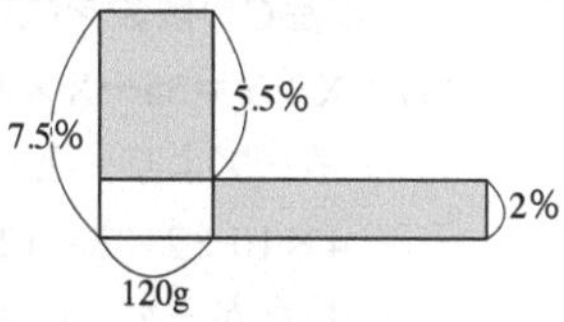

重要　(4)　円Aの半径が5cm，円Bの半径が5×1.4＝7(cm)のとき，直径の和は(5＋7)×2＝24(cm)

したがって，75.36÷3.14＝24(cm)より，実際の円Bの半径は7cm

2　(割合と比，売買算，仕事算，消去算，平面図形，立体図形，相似)

重要　(1)　1個の利益は800×0.2＝160(円)，仕入れた個数と売れ残った個数の比は100：5＝20：1

仕入れた個数が20個のとき，全体の利益は160×(20－1)－800＝2240(円)

したがって，実際に仕入れた個数は20×17920÷2240＝160(個)

重要　(2)　全体の仕事量を24と45の最小公倍数の360にする。

A1台とB6台，1分の仕事量…360÷24＝15→A2台とB12台，1分の仕事量…15×2＝30

A2台とB1台，1分の仕事量…360÷45＝8

B12－1＝11(台)，1分の仕事量…30－8＝22→B1台，1分の仕事量…22÷11＝2

A1台，1分の仕事量…（8－2)÷2＝3

したがって，A，B4台ずつでは360÷{(3＋2)×4}＝18(分)

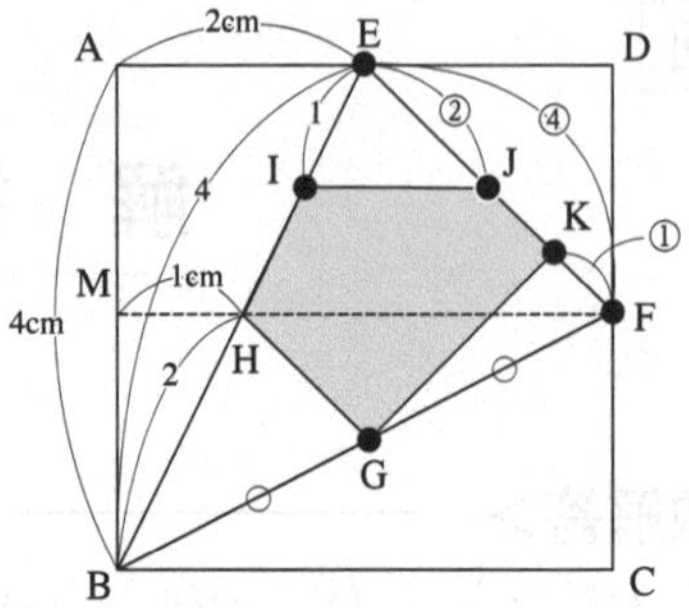

重要 (3) 右図において，三角形EBFの面積は
4×(4−1)÷2＝6(cm^{2})
三角形BGH…6÷2÷2＝1.5(cm^{2})
三角形GFK…6÷2÷4＝0.75(cm^{2})
三角形EIJ…6÷2÷4＝0.75(cm^{2})
したがって，五角形HGKJIの面積は
6−(1.5＋0.75×2)＝3(cm^{2})

やや難 (4) 右図において，Gは正三角形の重心であり，
DS：SQは(3＋2)：1＝5：1
…DG：GQは2：1＝4：2

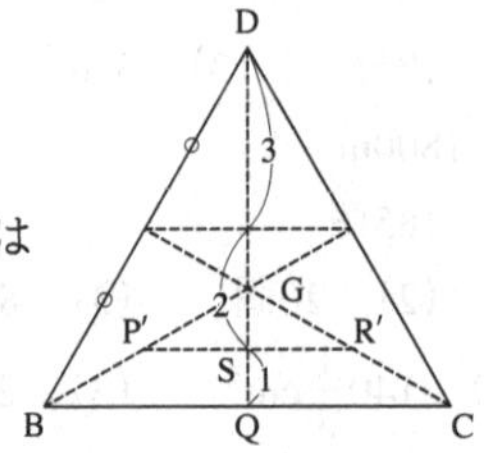

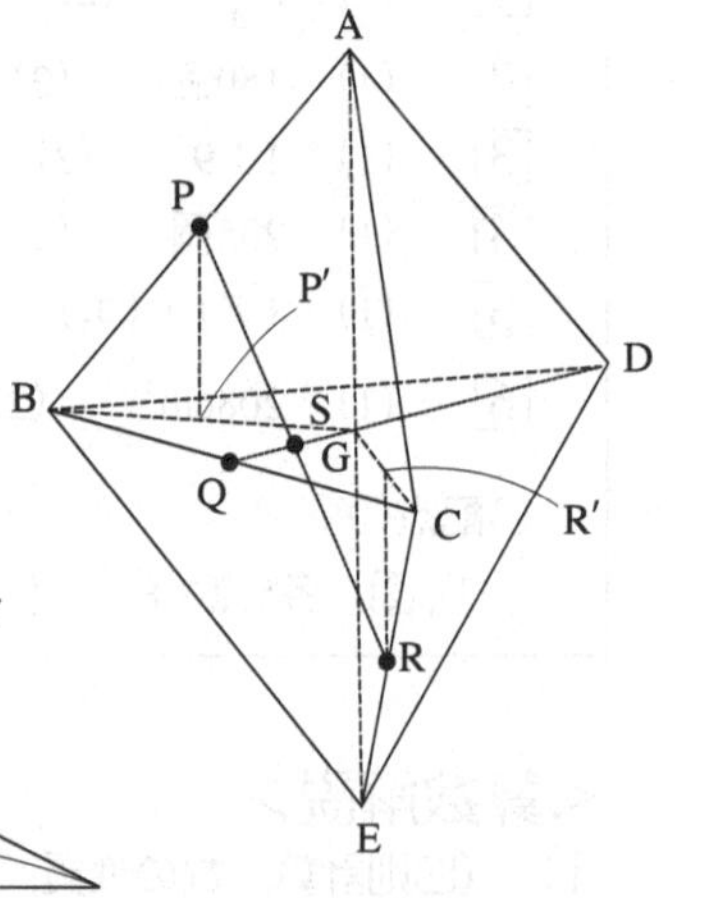

重要 3 (速さの三公式と比，割合と比)

(1) 図アより，豊子さんが車と出合った時刻は
(10＋14)÷2＝12(分)
したがって，豊子さんと車の速さの比は
(12−10)：(30−12)＝1：9

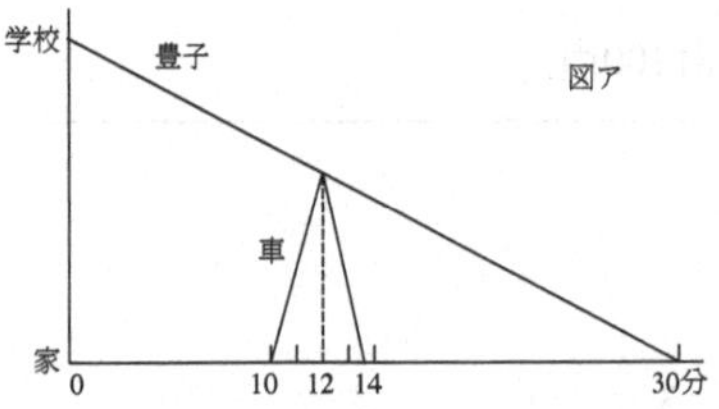

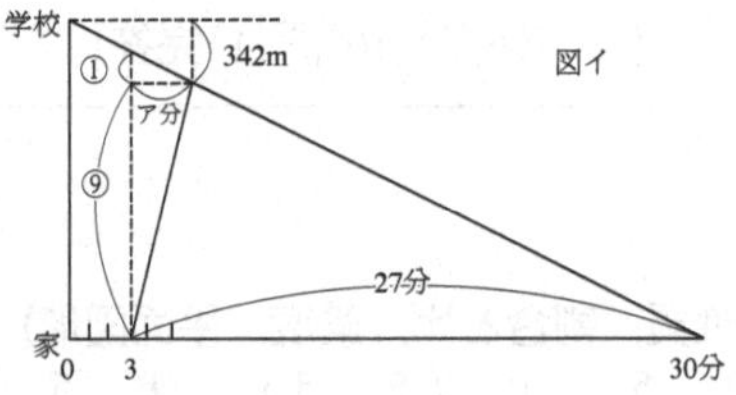

(2) 図イにおいて，(1)より，ア分：27分＝1：(1＋9)＝1：10より，弟は3＋27÷10＝5.7(分)で342m進む。したがって，求める距離は342÷5.7×30＝1800(m)

重要 4 (割合と比，消去算)

部品Cの個数をC，各製品の個数をX，Y，Zで表す。

(1) X＋Y＝35→X×2＋Y×2＝35×2＝70…ア　3×X＋2×Y＝80…イ
イ−アより，X＝10(個)，Y＝35−10＝25(個)
4×10＋2×Z＝120より，Zは(120−40)÷2＝40(個)
したがって，Cは3×25＋4×40＝235(個)

(2) X＋Y＋Z＝65…カ　4×X＋2×Z＝120→2×X＋Z＝60…キ
カ−キより，Y−X＝5…ク→3×Y−3×X＝15…ケ　3×X＋2×Y＝80…コ
ケ＋コより，5×Y＝95，Y＝95÷5＝19(個)　クより，X＝19−5＝14(個)
カより，Z＝65−(14＋19)＝32(個)
したがって，Cは3×19＋4×32＝185(個)

5 (数の性質，場合の数)

基本 (1) (イ)60，(オ)90は3の倍数，(ウ)は7の倍数であり，(ア)・(エ)を選ぶ。

重要 (2) 1個…2，5(2個)　2個の積…2×2＝4，2×5＝10，5×5＝25(3個)
3個の積…2×2×2＝8，2×2×5＝20，2×5×5＝50，5×5×5＝125(4個)
4個の積…2×2×2×2＝16，2×2×2×5＝40，2×2×5×5＝100，2×5×5×5＝250(4個)
5個の積…2×2×2×2×2＝32，2×2×2×2×5＝80，2×2×2×5×5＝200(3個)
6個の積…2×2×2×2×2×2＝64，2×2×2×2×2×5＝160(2個)
7個の積…2×2×2×2×2×2×2＝128(1個)

8個の積…$2\times2\times2\times2\times2\times2\times2\times2=256$(1個)

したがって，全部で$2\times2+3\times2+4\times2+1\times2=20$(個)

やや難 (3) $7392=2\times2\times2\times2\times2\times231=2\times2\times2\times2\times2\times(256-25)=2\times2\times2\times2\times2\times$ $(2\times2\times2\times2\times2\times2\times2\times2-25)$より，$B=2\times2\times2\times2\times2\times25=800$

やや難 6 (立体図形，平面図形，相似，割合と比)

(1) 図アより，求める立体の体積は

$(4+8)\times2\times8+4\times4\div2\times2=192+16=208(\mathrm{cm}^3)$

(2) 図イより，三角錐台AMN－EFHの体積から

高さ6cmの三角錐の体積を引く。

三角錐O－EFHとO－AMNの体積比は

$(2\times2\times2):(1\times1\times1)=8:1$

したがって，求める立体の体積は

$8\times8\div2\times16\div3\div8\times(8-1)-3\times3\div2\times6\div3$

$=140\frac{1}{3}(\mathrm{cm}^3)$

(3) 図ウより，三角錐O－EFZとO－AMDの体積比も8：1

三角錐台AMD－EFZの体積…$8\times8\div2\times16\div3\div8\times7$

$=298\frac{2}{3}(\mathrm{cm}^3)$

三角錐D－HYZの体積…$4\times8\div2\times8\div3=42\frac{2}{3}(\mathrm{cm}^3)$

三角錐L－GXWとL－JKSの体積比は

$(4\times4\times4):(1\times1\times1)=64:1$

三角錐台JKS－GXWの体積…$4\times8\div2\times8\div3\div64\times63$

$=42(\mathrm{cm}^3)$

三角錐T－UVWの体積…$1\times2\div2\times2\div3=\frac{2}{3}(\mathrm{cm}^3)$

したがって，求める体積は$298\frac{2}{3}-42\frac{2}{3}-\left(42-\frac{2}{3}\right)$

$=214\frac{2}{3}(\mathrm{cm}^3)$

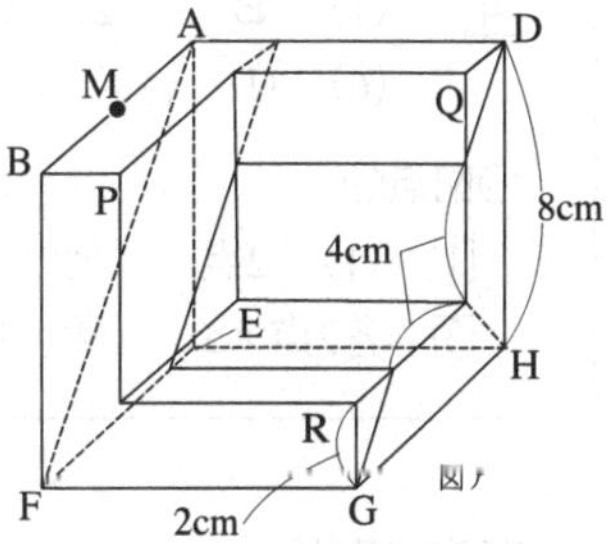

図ア

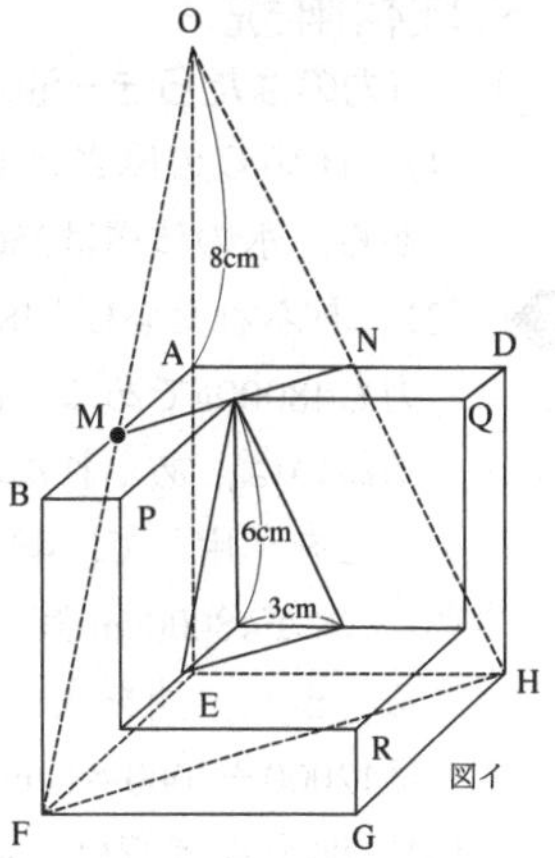

図イ

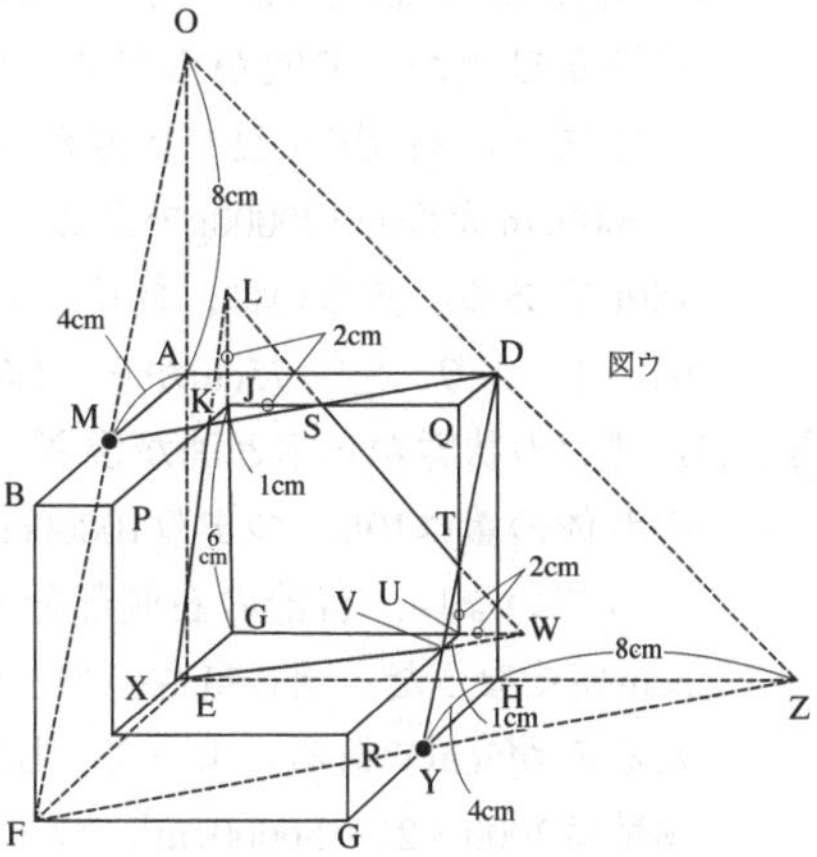

図ウ

★ワンポイントアドバイス★

1(2)「216の公約数」は，集合の考え方に気づかず数え上げようとすると面倒なことになる。2(4)「六面体と正三角形」は問題の図のままでは解けず，面BCD上で考えられるかどうか。6「立体図形」も難しい。

<理科解答>

1 (1) 175L　(2) 60L　(3) 76cm　(4) 150L　(5) 50L[50.0L]
2 (1) 4.2g　(2) 0.4L　(3) 3.7%　(4) ① い　② あ　③ う
3 (1) お　(2) い　(3) う　(4) い，え　(5) あ，う，え
4 (1) お　(2) い　(3) う，か　(4) う　(5) う
(6) ① い　② う　③ え

○配点○
1 (1) 2点　他　各3点×4　2 (1)，(4) 各2点×4　他　各3点×2
3 各2点×5　4 各2点×6((3)，(6)完答)　計50点

<理科解説>

1 (力のはたらき－油水分離槽のしくみ)

(1) 仕切りの厚さは無視できる。底面積は50×(40＋10)＝2500cm^2で，深さが(60＋10)＝70cmだから，水の体積は2500×70＝175000cm^3となり，これは175Lである。

重要 (2) あふれた48Lは48000cm^3であり，その重さは48000gである。よって，水が油を持ち上げる浮力も48000gである。油の密度は0.8g/cm^3だから，体積は48000÷0.8＝60000cm^3であり，60Lである。あるいは，あふれた水の重さと入れた油の重さは同じになるから，体積比が密度比の逆比になることを利用して，48：□＝0.8：1　より，□＝60Lと求めてもよい。

(3) 水が48000cm^3減って，油が60000cm^3増えたから，増えた体積は60000－48000＝12000cm^3である。また，油を入れた容器の左側部分の底面積は50×40＝2000cm^2である。よって，増えた深さは12000÷2000＝6cmである。求めるXは6＋60＋10＝76cmである。

(4) 油を注ぎ続け，油が底から10cm以内までくると，水より軽い油は容器の右側部分の水の上に浮かび上がって穴から出ていってしまう。よって，油を注ぎ続けられるのは底から10cmまでである。最初の図2の状態から出ていった水は，底面積2000cm^2，高さ60cmで，2000×60＝120000cm^3だから120000gである。これと同じ重さの油の体積は，120000÷0.8＝150000cm^2であり，150Lである。あるいは，仕切りのある部分の水と油の高さの比が，密度比の逆比で，60：□＝0.8：1　より，□＝75cmから，体積を2000×75＝150000cm^2と求めてもよい。

やや難 (5) 図2の状態から水と油が混ざった液体を250L注いで，水だけが240L出ていったので，容器内の液体の量は10L，つまり10000cm^3増えている。容器の右側部分には(4)と同じしくみで，油は入っていない。容器の右側部分の深さは変わらないので，左側部分の深さが，10000÷2000＝5cm高くなった。同じ重さの水と油の高さの比は，密度の逆比で0.8：1なので，比の差の0.2にあたるのが5cmである。よって，比の1にあたる5÷0.2＝25cmが油の高さである。以上より，油の体積は2000×25＝50000cm^3，つまり50.0Lとなる。

2 (気体の性質－呼気中の二酸化炭素量の測定)

(1) 二酸化炭素2.4Lをすべて充分な量の石灰水と反応させると10gの沈澱ができるので，二酸化炭素1Lの場合は，2.4L：10g＝1L：□　より，□＝4.166…で，4.2gとなる。

(2) 実験1では，表から1Lの二酸化炭素を吹き込んだときの沈澱の重さは2.5gとなる。一方，二酸化炭素2.4Lをすべて充分な量の石灰水と反応させると10gの沈殿ができるので，2.5gの沈澱ができるための二酸化炭素の体積は，2.4L：10g＝□：2.5g　より，□＝0.6Lである。つまり，1Lの二酸化炭素を吹き込んでも，反応する二酸化炭素は0.6Lだとわかる。よって，逃げる二酸化炭素は1－0.6＝0.4Lとなる。

重要 (3)　二酸化炭素2.4Lをすべて充分な量の石灰水と反応させると10gの沈澱ができるので，0.55gの沈殿ができるための二酸化炭素の体積は，2.4L：10g＝□：0.55g　より，□＝0.132Lである。ただし，(2)と同様に，二酸化炭素1Lあたり，逃げずに反応する二酸化炭素は0.6Lだから，呼気の場合も，もとの二酸化炭素の量は，1：0.6＝△：0.132　より，△＝0.22Lである。呼気全体の体積は2×3＝6Lだから，二酸化炭素の割合は，0.22÷6＝0.0366…で，3.7%となる。

(4)　①　呼気からできた沈殿量が本来よりも少なかったのだから，(3)で0.55より小さい数値で計算したことになる。すると，□や△も少なくなる。全体の体積6Lは変わらないので，求めた値は小さくなってしまう。　②　呼気からできた沈殿量が0.55gのままなので，(3)で△＝0.22Lも変わらない。全体の体積が6Lから4.8Lに減ってしまうので，求めた値は大きくなってしまう。

③　実験1の表と設問の表を見比べると，設問の表では二酸化炭素の量が1.2Lより多いときに石灰水が不足していることが分かる。(2)では，1Lの二酸化炭素を吹き込んだときについて逃げた量を計算しているので，設問の表だったとしても影響はない。よって，(3)の計算で求めた値にも影響はない。

3　(昆虫－カの生態)

(1)　カ(蚊)は，ハエやアブと同じくはねが2枚の昆虫である。ハチは4枚である。カは，池や水路，水たまりなどに卵を産み，完全変態をする。幼虫のボウフラ，さなぎのオニボウフラともに水中生活をする。

(2)　選択肢のうち，カが運ぶ病原体はマラリアである。現在でも熱帯や亜熱帯で感染者が多い。現在の日本では，帰国者以外での感染はない。ペストの菌はノミや小動物が運ぶ。結核の細菌は空気感染，インフルエンザのウイルスは飛沫感染が多いとされる。

(3)　問題文より，蚊に刺されやすいのは，二酸化炭素排出量が多く，体臭が強く，体温が高いヒトである。選択肢のうち，条件に最も当てはまりやすいのは，運動後の人である。

(4)　表より，ヒトスジシマカよりもアカイエカの方が低い気温でも活動できる。また，アカイエカは成虫の姿で越冬しており，気温が上がるとすぐに活動しやすい。他の選択肢は活動時期とは直接の関係がない。

重要 (5)　あ：誤り。日本は北半球にあり，温暖化が進むとカの活動範囲は北へ広がる。
い：正しい。カのメスは，植物の汁のほか，さまざまな動物から血液を吸っている。
う：誤り。ヒトスジシマカは，水たまりなどの小さな水面に産卵し繁殖する。
え：誤り。産卵回数が多いほど，その後に病原体を持った成虫が増加する。
お：正しい。実験では条件をそろえることが必要である。
か：正しい。飛ぶためのエネルギー源となるのは，有機物である砂糖の方である。

4　(太陽と月，気象－季節による諸現象)

(1)　図1は，北極側が太陽の方へ傾いているので，北半球の夏である。北半球にあるAでは夜の長さが12時間より短い。赤道上にあるB，Cでは，季節に関わらず夜の長さは12時間である。南半球にあるDとEでは夜の長さが12時間よりも長い。

(2)　図1から半年後は，南半球が夏である。赤道上にあるBは季節に関わらず昼の長さが12時間だが，南半球にあるDでは昼の長さが12時間より長いので，日の出は早く，日の入りは遅い。

重要 (3)　あ～う　太陽は春分と秋分のときは赤道の真上にあり，6月ごろは北半球，12月ごろは南半球の真上にある。そのため，A～Eのすべての場所で，春分と秋分には太陽は真東からのぼり真西にしずむ。また，A～Eのすべての場所で，6月ごろの日の出や日の入りはやや北寄り，12月ごろの日の出や日の入りはやや南寄りである。

え～か　赤道上では，季節によらず一年を通して，昼の時間と夜の時間は12時間ずつである。春分と秋分のときの太陽の南中高度は90°である。また，太陽の経路は春分から秋分までは北に偏り，秋分から春分までは南に偏る。

(4)　水でできている海洋に比べ，岩石でできている大陸は，温まりやすく冷めやすい。そのため，冬の大陸は海洋よりも低温で，下降気流が発達する高気圧になる。これにより，大陸から海洋に向けた季節風が吹く。

(5)　夏の季節風は海洋から大陸に向かって吹く。これと同じ原理なのは，温度が高い昼間に吹く海風である。どちらも，温まりやすい陸地で空気が上昇することで起こる。

(6)　①　気圧の単位はhPa(ヘクトパスカル)である。圧力の単位Paに，100倍を意味するhがついている。　②　降水量はふつうmmで表す。一方，積雪量はcmである。　③　風速はふつう秒速で測るので，単位はm/秒である。一方，風力は13段階で表し，単位を付けない。

★ワンポイントアドバイス★

問題文や図表の意味していることを正しくとらえ，問題用紙の余白に計算過程も残しながら，整理して解き進めよう。

＜社会解答＞

1　問1　井戸　　問2　5　　問3　火災が燃え広がることを防ぐため。　　問4　4
問5　2　　問6　3　　問7　2・3　　問8　3　　問9　厚生労働　　問10　4
問11　2→3→4→1

2　問1　1・4　　問2　3　　問3　4　　問4　1　　問5　石炭　　問6　三日月湖
問7　4

3　問1　木曽　　問2　3　　問3　2　　問4　六波羅探題　　問5　豊臣秀吉
問6　3→4→1→2　　問7　2

○配点○

1　各2点×11(問7・問11各完答)　　2　各2点×7(問1完答)
3　各2点×7(問6完答)　　計50点

＜社会解説＞

1　(総合－「さまざまな水」に関する問題)

基本　問1　井戸は広い意味では，地下資源を利用するための調査・観測などを行うために地中に向かって掘った設備のことである。ただし，一般的には地下水を生活用水などに利用するために地下の帯水層から水を汲み上げるための設備である。そのような井戸の多くは地面に垂直な穴を掘ることで地下深い水源から取水しており，水量も水質も安定していることが多い。

問2　最上川は，山形県をほぼ南北に貫流する全長約229kmの川である。この川は福島・山形両県の県境である西吾妻山に発した後は山形県内を流れ，米沢盆地を北上し，山形盆地で寒河江川などと合流し，新庄盆地を流れ，酒田市で日本海に注いでいる。

なお，1の北上川は岩手県・宮城県，2の神通川は岐阜県・富山県，3の利根川は長野県・群馬県・栃木県・埼玉県・東京都・茨城県・千葉県，4の長良川は岐阜県・愛知県・三重県にそれぞれまたがっている。

やや難　問3　明暦の大火(1657年)後に江戸幕府は大名たちの屋敷や大きな寺社などを郊外へ移転させ，江戸の町中に火よけ地や広小路と呼ばれる大きな通りや土手などを建設して，防災を重視した町づくりを始めた。これは，当時の火災の際に火が燃え広がることを防ぐための工夫であった。

問4　現在，都庁があるのは千代田区ではなく新宿区である。都庁は旧都庁舎が1957年に千代田区丸ノ内に建設されたが，1991年に現在の都庁舎が新宿区西新宿に完成し，丸ノ内から移転した。旧都庁舎の跡地は，東京国際フォーラムとなっている。

基本　問5　安政の大獄は，1858～1859年に大老の井伊直弼が幕府に反対する大名や公家を処罰し，長州藩士の吉田松陰や越前藩士の橋本佐内らを処刑した事件である。その後，井伊直弼は1860年に江戸城の桜田門外において，水戸藩を脱藩した浪人らによって登城中に彦根藩の行列が襲撃を受けたことで，暗殺された。　1　ペリー来航の翌年(1854年)に締結された条約は，日米修好通商条約ではなく日米和親条約である。日米修好通商条約は，1858年にアメリカ総領事のハリスと締結した条約である。　3　薩摩藩がイギリスとの戦争につながったのは下関海峡を通る外国船を砲撃したのではなく，生麦村(現在の横浜市鶴見区)で薩摩藩の行列の前を馬に乗ったまま横切ったイギリス人3名を殺傷した生麦事件である。下関海峡を通る外国船を砲撃したのは，長州藩である。

4　徳川慶喜が大政奉還を行った(1867年)のは，鳥羽・伏見の戦い(1868年)で敗れたからではなく，その戦いが起こる前である。

問6　条例とは地方公共団体(地方自治体)の議会が制定し，その地方公共団体内だけで適用される法令のことである。それぞれの地方公共団体の実情に合わせて定めることができるが，その効力は日本の法律の枠組みを越えることはできない。また適用はその地方公共団体の住民のみではなく，その地方公共団体内にいる他県からの来訪者にも適用される。　1　条例は内閣の閣議決定ではなく，地方公共団体の議会で制定される。　2　条例の制定において，衆参両院で可決が行われることはない。　4　国家間や国家と国際機関との約束事を文書化したものは，条例ではなく条約である。

重要　問7　現在，すべての国民がその制度を利用可能な状態になっているのは，健康保険(選択肢2)と国民年金(選択肢3)である。これは1961年4月に国民健康保険の全市町村での実施で「国民皆保険」，拠出制国民年金の開始で「国民皆年金」の状況になったことで始まった。なお，1の育児休業手当は育児休暇中に支給される給付金，4の雇用保険は労働者が失業などに備えて加入する保険，5の児童手当は児童の成長を助けるための国の支援策で，いずれもすべての国民を対象とした制度ではない。

問8　衆参両院の議員の定数は，公職選挙法によって定められている。そのため衆参両院の定数を変更する場合には公職選挙法の改正を行う必要はあるが，憲法を改正する必要はない。　1　法律案の衆参両院の議決が異なり，両院協議会でも合意が得られない場合は，衆議院の議決が国会の議決になるのではなく，衆議院で3分の2以上の多数で再議決された場合にはそれが国会の議決になる。　2　最高裁判所の裁判官は，参議院議員選挙の際には国民により審査されることはない。

4　参議院の内閣問責決議権には，法的拘束力はない。

重要　問9　厚生労働省は日本の行政機関の1つで，主に健康・医療・福祉・介護・雇用などに関する仕事を行っている省庁である。2001年の中央省庁再編によって，当時の厚生省と労働省が統合されて，厚生労働省となった。

問10　裁判員制度(2009年実施)は，地方裁判所(選択肢4)における殺人や放火などの重大な刑事裁判の第一審に国民が裁判員として参加する制度である。この裁判では，3人の裁判官とともに20歳以上の国民から選ばれた6人の裁判員が判決を下す。その目的は国民が主権者として裁判に参加することをうながすとともに，国民の感覚や視点を裁判に生かすことである。

問11　地球上の飲み水の大もとは，空から地上に降った雨である。地上の水源林(選択肢2)などに降った雨は，川の水などになって流れ出す。水をいつでも飲み水として供給できるように川の上流にはダム(選択肢3)が建設され，水を貯めておくようにする。そのような水を飲み水とするためには，川やダムの水(原水)を取水施設(選択肢4)から取り入れる必要がある。取水施設から取り入れられた水は，水路によって浄水場(選択肢1)に送られる。浄水場で処理されてきれいになった水道水は，一時的に配水場で貯めておかれる。その後，配水場から配水管によって，各家庭の蛇口に水道水が送られる。したがって，飲み水が私たちのところに来るまでの一般の経路は，2→3→4→1の順番となる。

2 (日本の地理―地形・産業等に関する諸問題)

問1　1　液状化現象とは地震の際に，砂や水分が多い低地や埋立地で地震の揺れによって砂や水が噴出することである。これにより地盤が沈下したり，建物が傾いたり，上下水道が寸断されたりする。したがって，液状化現象は，大雨が降った時に発生する可能性がある災害ではない。　4　津波は地震や海底火山の噴火などで海底や海岸の地形が急激に変化することで，海面が上下に変動して海で広範囲に発生する大規模な波の動きである。したがって，津波は大雨が降った時に発生する可能性がある災害ではない。

重要　問2　東京中央卸売市場にレタスの入荷先の中でグラフ中に示された3県からの入荷が多い月の平均気温を比べると，長野県は6月が20.1℃，7月が23.8℃，8月が25.2℃，9月が20.6℃である。また茨城県は10月が16.6℃，11月が10.8℃，静岡県は1月が6.7℃，12月が9.0℃である。これらの中で，入荷量が5000トン近くからそれを超えているのは，長野県の6月，7月，8月，9月，茨城県の10月の5ヵ月である。この5ヵ月の中で15℃～20℃に入るのが長野県の6月と9月，茨城県の10月の3例，25℃～30℃に入るのが長野県の8月である。このことからレタスの栽培適温で最も適切なものは，15℃～20℃ということになる。実際，レタスは寒さにも暑さにもそれ程強い作物ではないので，15℃～20℃が生育の適温となっており，気温が15℃以上になってから種まきをして，中性から弱アルカリ性の土で育てるのがよいとされる。

問3　あ　地図中の「あ」は根釧台地で，ここでは低温のために枯れた植物が十分に分解されないままの泥炭となって積もっている湿地となっている。　い　地図中の「い」はシラス台地で，ここではシラスと呼ばれる火山灰土や軽石で厚く覆われた養分が少なく，水持ちが悪い火山灰台地となっている。　う　地図中の「う」は沖縄島で，この島を含んだ南西諸島では造礁サンゴによって石灰岩がつくられ，島自体が成長を続けているので，これらの島の大部分は石灰岩でできている。

重要　問4　表中の1～4の中で，2・3は1・4に比べて建造物の数が非常に多いことから，この2つは古都保存法で指定されている京都市と奈良市を含んでいる京都府か奈良県のいずれかである。他方，1と4では，1は美術工芸品の数が4に比べて非常に多くなっているが，このことはそれらの美術工芸品を保存できる施設が多いことを意味する。したがって，現在の文化の中心でもあり，博物館や美術館などの施設も多い東京都が表中の1となる。なお，表中の2は京都府，3は奈良県，4は大阪府である。

問5　コークスは石炭を約1000℃で蒸し焼きにし，その揮発分の大部分を石炭ガスとして放出した後に残った炭素部分だけの固形燃料である。製鉄用のコークスは大部分が会社で独自に生産され，溶鉱炉に使用されて鉱石を溶かすために必要な熱量が確保されている。

基本　問6　三日月湖は河川の自然堤防帯における蛇行の進行の結果，河道が切断され，短絡化して形成された旧流路のことである。石狩川の中流域でよくみかけ，河跡湖ともよばれている。地図中の砂川遊水地は，そのような三日月湖を利用して作られたものである。

問7　現在の日本におけるコーヒー豆の輸入先(2019年)として，ブラジル・コロンビアに次いで多いのはベトナムである。また衣類の輸入先は中国が半分以上を占めているが，それに次いで多いのがベトナムとなっている。

3　(日本の歴史―日本人の名前に関連した問題)

問1　源義仲(1154～1184年)は，源頼朝の従兄弟にあたる信濃源氏の武将である。幼少時に父が殺害された後，乳母の夫によって木曽で育てられたので，木曽義仲とも呼ばれる。彼は以仁王の令旨によって挙兵し，倶利伽羅峠の戦い(1183年)で平氏の大軍を破って京都に入った。しかし京都の治安を回復できずに後白河法皇と不和になり，一時は後鳥羽天皇を幽閉して征東大将軍となったが，源頼朝が送った軍勢との粟津の戦いで敗死した。

問2　蘇我馬子(？～626年)・蘇我蝦夷(？～645年)・蘇我入鹿(？～645年)が活動した時期は6世紀後半から7世紀前半である。他方，戸籍は人民登録や氏姓確認のための基本台帳のことで，当時，戸籍は6年ごとに作成された。日本で最初の戸籍は，670年に天智天皇(位668～671年)により作られたとされる。その戸籍に基づいて班田収授法が行われ，民衆に口分田と呼ばれた土地が与えられた。農民の良民の6歳以上の男子に2段，女子にはその3分の2，奴婢にはそれぞれ良民の3分の1が支給された。したがって，戸籍に基づいて民衆に土地を分配するようになったのは，蘇我氏の人々が生きていた時期ではない。なお，1の冠位十二階は603年，憲法十七条は604年，2の遣唐使がはじめて派遣されたのは630年，4の四天王寺の建立は593年，法隆寺の建立は607年である。

重要　問3　日中戦争開戦から太平洋戦争開戦の時期とは，1937～1941年のことである。大政翼賛会は1940年に国論を統一するために，全政党が解散・合流して作られた組織であり，首相が総裁となり，隣組などを通して国民生活を統制した。したがって，選挙で立憲政友会などの他の政党に勝利して一党独裁になったのではない。

基本　問4　六波羅探題は，承久の乱(1221年)後に京都の警備，朝廷の監視，西国の御家人の統括のために鎌倉幕府が京都に設置した機関(役職)で，代々北条氏の一族が任命された。

問5　徳川秀忠(1579～1632年)は徳川家康の三男で，元服した時に徳川家が仕えていた豊臣家の主君であった豊臣秀吉の一字を賜って秀忠と名乗った。

問6　1の下剋上の風潮が強まり，全国的な戦乱が長期にわたって続いたのは戦国時代(1477～1590年)，2の幕府と大名との主従関係を維持するため参勤交代の制度を定めたのは江戸時代の1635年，3の将軍と主従関係を結んだ武士が御家人と呼ばれたのは鎌倉時代(1185～1333年)，4の同時に二人の天皇が存在し，各地で対立していた武士がそれぞれに結びついて争ったのは南北朝時代(1336～1392年)のことである。したがって，これらのことを時代が古い順に並び替えると3→4→1→2となる。

基本　問7　北条政子(1157～1225年)は北条時政の娘で，鎌倉幕府の初代将軍の源頼朝(位1192～1199年)の妻である。源頼朝の死後は尼となって政治をしきり，承久の乱の際には頼朝の御恩と奉公を訴え，朝廷側を打ち破った。　1　紫式部は一条天皇の中宮彰子に仕えた人物で，天皇の后になったのではない。　3　出雲の阿国が創始した芸能は，人形浄瑠璃ではなく歌舞伎踊りである。人形浄瑠璃を創始したのは竹本義太夫と近松門左衛門である。　4　雑誌『青鞜』を発刊したのは，津田梅子ではなく平塚らいてうである。津田梅子は，女子英学塾を設立した教育者である。

★ワンポイントアドバイス★

地理・歴史・政治の各分野の出題の割合はほぼ同じであるが，政治分野はやや少ない。全体の問題数が多いということはないが，解答時間もそれほど余裕があるわけではないので，時間配分には注意するようにしよう。

＜国語解答＞

一　問一　C　問二　エ　問三　あ　イ　い　イ　う　カ　問四　(図)イ
問五　エ　問六　ア　問七　オ　問八　(例)　生産にかかった費用を支払い，利益が出るよう，リスクと相場を考え合わせ値段を判断する。(42字)
問九　X　負担　Y　店頭　Z　保証

二　問一　A　ウ　B　ア　問二　ア　問三　ウ　問四　ウ・オ　問五　ア
問六　イ　問七　エ　問八　(例)　他の人とは違って独りを恐れていないように見え，私の書いた物語を理解し，ありのままの私を受け入れてくれる存在。(54字)

○配点○

一　問八　9点　問九　各3点×3　他　各5点×7(問三完答)
二　問一～問三　各3点×4　問八　10点　他　各5点×5　計100点

＜国語解説＞

一　(論説文－要旨・大意・論理展開・細部の読み取り，空欄補充，内容真偽，漢字の書き取り，記述力)

基本　問一　ぬけている一文の内容から，直前で「利益」について述べていることが読み取れるので，商品の供給には利益を出さなければならないと述べている空らんCに入る。

問二　冒頭の3段落などで，栽培や供給に掛かるお金を「費用」と呼ぶことを述べているので，栽培や供給に掛かる費用ではないエは不適当。

問三　空らん[あ]は「来年度に必要な費用＝栽培費用200円＋くらしの費用200円」をまかなうために必要な利益なので，イが入る。空らん[い]は[あ]と同じ金額だが，ここでの金額は「来年度に必要な費用」である。空らん[う]は[あ]＋[い]，また，直後でも述べているので，カが入る。

やや難　問四　グラフは「収入線上のある点は，その左側に延ばした線が縦軸にぶつかるところにある『費用金額』と，下方に延ばした線が横軸にぶつかるところにある『収入金額』の組み合わせ」で「費用と収入が等しくなっている」，「右側に行けば行くほど収入額は増えてい」く，「A点400円よりも左側では，固定された費用に対して収入金額がまだ小さいので……損失が出ている状況であること」を示しているので，【図イ】が適当。

問五　「ところが……」から続く6段落で，「やっかいな不確実性とリスクを生み出しているのは……消費者」であることを，3つの具体的な消費者の態度を挙げながら説明しているので，エが適当。「消費者」の消費行動をふまえて説明していない他の選択肢は不適当。

問六　空らんaのある段落では，これより前で説明している，「収入と費用，利益の関係」のグラフについての考察をしており，「十分な収入が入らず，事前に掛かった費用を払えなくくな」る，すなわちグラフで強調されている損失について説明しているアが適当。「損失」にふれていない他の選択肢は不適当。

重要　問七　オは「ところが……」から続く6段落で述べている。「費用」の支払いは「借金をして払う」ことも考えられると述べているので，「貯蓄を切り崩し費用を支払うしか……方法はない」とあるアは不適当。「収入と費用，利益の関係」のグラフで売れなければ損失が出ることを示しているが，イの「ある程度の損失は……避けられない」とは述べていないので不適当。「イチゴの販売価格の大体四割ぐらいが，その生産に掛かった費用，『原価』になると言われてい」ると述べているので，ウも不適当。「イチゴの生産，栽培過程では……様々な費用が掛かって」いることを述べているが，エの「最も悩ましい」とは述べていないので不適当。

やや難　問八　「単純に……」～最後までで，生産者は「掛かった費用を支払い，十分な利益が出るよう」

考えるだけでなく，「予期しがたい生産できなくなるリスク」や「相場」も前提に値段をつけなければならない，と述べているので，これらの要旨を指定字数以内にまとめて，「商品を供給する生産者」がどのように「値段」を判断しているかを説明する。

基本 問九　――線Xは義務や責任などを身に負うこと。――線Yは店の入り口やその付近，店先。――線Zは間違いなく大丈夫である，確かであるとうけおうこと。同音異義語で，安全や自由などを守ることという意味の「保障」と区別する。

二　**(小説－心情・情景・細部の読み取り，空欄補充，内容真偽，ことばの意味，記述力)**

基本 問一　二重線Aは，元は色があせるという意味で，盛り上がっていた気持ちが気まずくなる，という意味でも用いられるようになった。二重線Bは自分の利益になるように抜け目なく振舞うさま。

問二　空らん[あ]は姿勢などがきちんとしていて乱れがないさまという意味で「しゃん」が入る。空らん[い]は少しずつ話すという意味で「ぽつぽつ」が入る。空らん[う]は「危惧」があわのようにふくらんでいる様子を表す意味で「ぷちぷち」が入る。

問三　――線①直後で，限りなく単一に近く，異物を嫌い，突出したもの厭う学校という場で「わたしは誰にも嫌われたくないし，厭われたくない。独りになりたくない。」という御蔵さんの心情が描かれているので，ウが適当。学校が「限りなく単一に近い」こと，「異物を嫌う。……規格外のものを厭う。」＝みんなと違う行動をすることを周囲は嫌う，ということをふまえていないア，イ，エは不適当。オの「協調性がないと思われてしまう」も不適当。

やや難 問四　菊池さんとの会話をしながら――線⑤のように感じ，鳥の話などを通して「笑い」が起ることで御蔵さんと菊池さんが親密になっていく様子が描かれているのでウは適当。――線⑦は，祖母の家の庭に来ていた鳥や鳥の生態の話をする御蔵さんに感心しながら，面白がっている菊池さんの様子なのでオも適当。アの「御蔵さんみたいな……」以降は読み取れないので不適当。――線③は，鳥が好きな御蔵さんの鳥への愛情を感じてほほえんでいる様子なので，御蔵さんの話だけを説明しているイも不適当。――線⑥は，御蔵さんの話す鳥の話から同じような人間を想像して笑っている様子なので「鳥たちの多様なふるまい」と説明しているエも不適当。カの「憧れが恋心に切り替わった」ことも読み取れないので不適当。

問五　「おとなしいねとか……」で始まる場面で「御蔵さんは……鳥が好きだ。だから,『森の王国』みたいな物語が書ける」と菊池さんが話しており,――線⑦ではそのことを確信しているので,アが適当。御蔵さんが書いた『森の王国』を読んでいたことを説明していない他の選択肢は不適当。

重要 問六　冒頭では，階段を降りていく「菊池さんは待ってくれなかった」が，鳥の話をするうちに御蔵さんは「階段を降りて菊池さんと並ん」で「同じ歩調で歩き出し」，菊池さんの「歩く速度はゆっくりになる」ことで，御蔵さんは話を聞いてくれていることを確信できたことが描かれているので「実際の位置関係と心的な距離感を関連づけるような表現」と説明しているイが適当。アの「感情の高まり」，ウの「『わたし』が菊池さんの話にしっかり耳を傾けようとしている」，エの「歩くことをやめて会話に集中しよう」，オの「菊池さんが『わたし』をほめることの照れくささ……恥ずかしさから話を変えよう」はいずれも読み取れないので不適当。

問七　――線⑨は直前で描かれているように，菊池さんが『森の王国』を読んだ感想として内容を評価してくれたために,御蔵さんは驚いているのでエが適当。⑨前,『森の王国』の感想である「『ストーリーは……』」をふまえていない他の選択肢は不適当。

やや難 問八　御蔵さんは菊池さんに「菊池さんを見ていると，……独りになることを恐がらなくてもいいんじゃないかと，考えてしまう」という印象を持っている。また，いつもは鳥の話をして変人だと決めつけられないだろうかと危惧するが，そのようなことを感じないまま話し続け，菊池さんも面白がって興味深く聞いてくれている。御蔵さんが書いた『森の王国』の内容を高く評価してくれていることからも，菊池さんは御蔵さんありのままの存在を受け入れてくれている，と御蔵さんが感じていることが読み取れる。これらの内容をふまえながら，指定字数以内で説明していく。

★ワンポイントアドバイス★

論説文では，具体例から筆者が何を述べようとしているのか読み取っていこう。

第2回

2022年度

解答と解説

《2022年度の配点は解答欄に掲載してあります。》

＜算数解答＞

1 (1) $1\frac{9}{70}$ (2) 20g (3) 2003 (4) 2

2 (1) 毎分90m (2) 50g (3) 91回 (4) 45度

3 (1) 16個 (2) 20個 (3) 12個

4 (1) $150cm^2$ (2) $100cm^2$

5 (1) 5個 (2) 25個

6 (1) $235.5cm^3$ (2) $150.72cm^3$ (3) $50.24cm^3$

○推定配点○

1, 2 各5点×8　他 各6点×10　計100点

＜算数解説＞

1 (四則計算，割合と比，単位の換算，数の性質，演算記号

(1) $2.5-4\div\left(1\frac{2}{3}+1\frac{1}{4}\right)=2.5-4\times\frac{12}{35}=2\frac{35}{70}-1\frac{26}{70}=1\frac{9}{70}$

重要 (2) $0.01m^3=0.01\times100\times100\times100=10000(cm^3)$

金属A$4000cm^3$…$18000\div(100\times100)\times4000=7200$(g)

したがって，金属B$1cm^3$は$7200\div360=20$(g)

重要 (3) 7で割って1余る数…1，8　5で割って3余る数…3，8　3で割って2余る数…2，5，8

$8+7\times5\times3=8+105$，$8+105\times2$，～の数のうち，2022に一番近い数は$(2022-8)\div105=19$…19より，$8+105\times19=2003$

重要 (4) C△3＝C×3－C＋3＝17　C＝14÷2＝7，(5△□)＝5×□－5＋□＝7

したがって，□＝12÷6＝2

重要 **2 (速さの三公式と比，旅人算，時計算，割合と比，濃度，平面図形，規則性，単位の換算)**

(1) 兄が1周した時間…$2400\div60=40$(分)　弟が兄に追いついた時間…$(40-8)\div2=16$(分)

したがって，弟の分速は$60\times(8+16)\div16=90$(m)

(2) 蒸発した水の量が□gであるとする。A，Bの食塩水の濃度はそれぞれ$\frac{100}{(100-□)}$，$\frac{200}{(200-□)}$であり，これらの比は(200－□)：(200－□×2)である。

したがって，200－□が(200－□×2)×1.5＝300－□×3に等しいので，□は(300－200)÷(3－1)＝50(g)

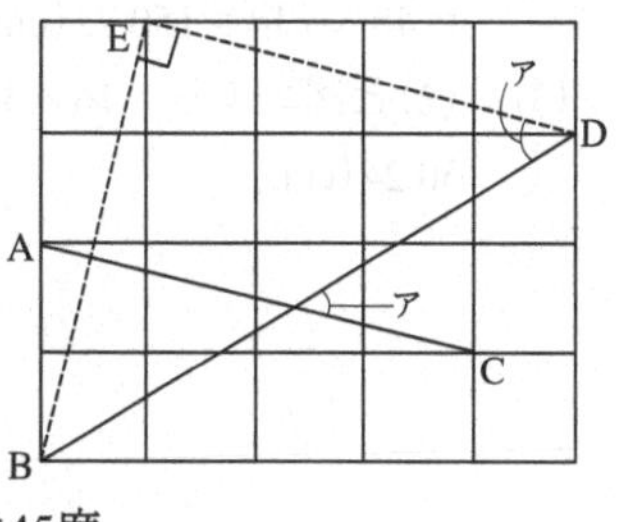

(3) 12時から考えると，12時間のうち，両針が重なる回数は1時台から10時台までと12時と11回ある。

したがって，100÷12＝8…4より，100時間後までには11×8＋4－1＝91(回)

※4時までには，3回重なる。

(4) 右図において，三角形EBDは直角二等辺三角形であり，角アは45度

重要 **3** （数の性質，消去算）

赤球と白球の個数をそれぞれ●，○で表す。

（1） 2×●＋3×○＝120…ア　2×●＋2×○＝52×2＝104…イ
したがって，アーイより，○は120－104＝16（個）

（2） ●＝2×○－10，2×●＝4×○－20…ウ　　アとウより，4×○－20＋3×○＝120，7×○＝140
したがって，○は140÷7＝20（個）

（3） 3×○＜●＜4×○より，6×○＜2×●＜8×○
したがって，2×●＝7×○のとき，アより，7×○＝120－3×○，○＝120÷（7＋3）＝12（個）

重要 **4** （平面図形，割合と比）

（1） 図1より，20÷4＝5（cm）　したがって，全体面積は5×5×6＝150（cm^2）

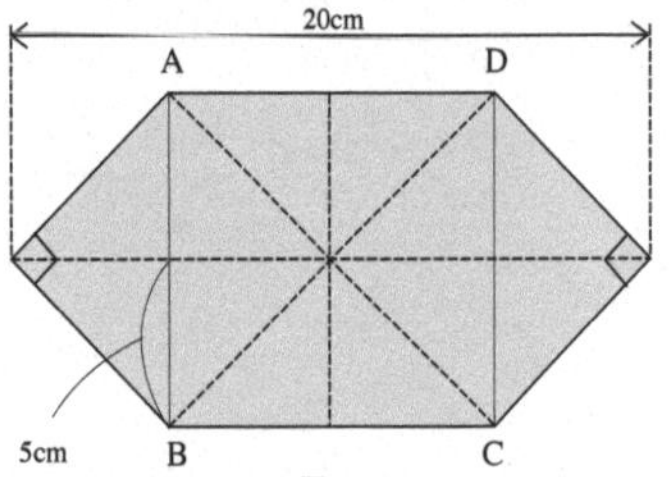

図1

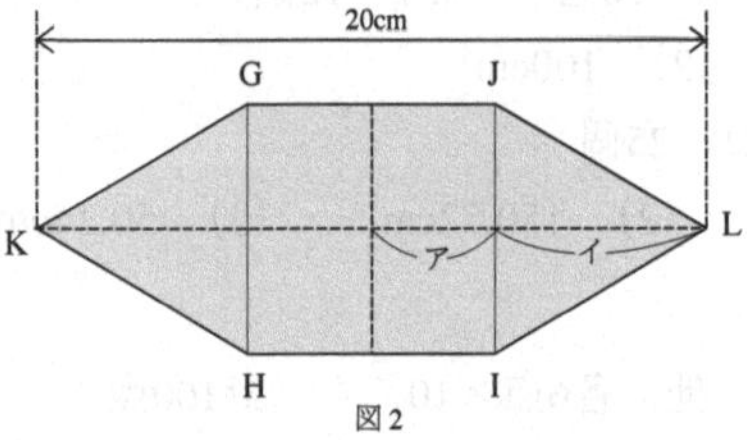

図2

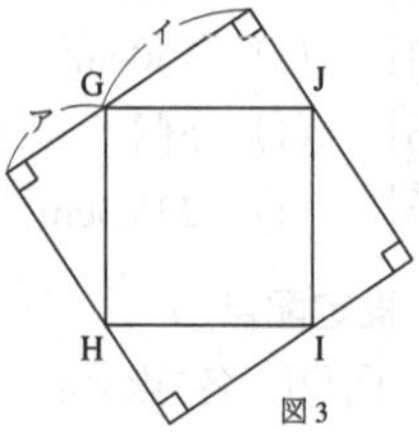

図3

（2） 図2と図3より，20÷2＝10（cm）　したがって，全体面積は10×10＝100（cm^2）

5 （数の性質，場合の数）

各位の数字の和を3で割って1余る整数の場合の数を求める。

基本 （1） 以下の5個がある。
112，121，133，313，331

重要 （2） 以下の25個がある。
11113，11131，11212，11311，12112，12121，12133，12313，12331，13111，13121，13123　13312，13333，31111，31123，31213，31231，31312，33112，33121，31333，33133，33313，33331

【別解】[1][1][1][1][3]…並べ方5通り　　[1][12][12]…並べ方3通り
[12][1][3][3]…並べ方4×3＝12（通り）　[1][3][3][3][3]…並べ方5通り

6 （立体図形，平面図形，相似，図形や点の移動）

基本 （1） 図アより，5×5×3.14×3＝235.5（cm^3）

重要 （2） 図イにおいて，三角形AFBとABHは相似であり，5：$\frac{15}{4}$＝4：3より，それぞれの3辺の比は5：4：3，BHは3cm　したがって，図ウより，
（5×5－3×3）×3.14×3＝16×3.14×3
＝48×3.14＝150.72（cm^3）

（3） （2）と図エより，16×3.14×3÷3＝50.24（cm^3）

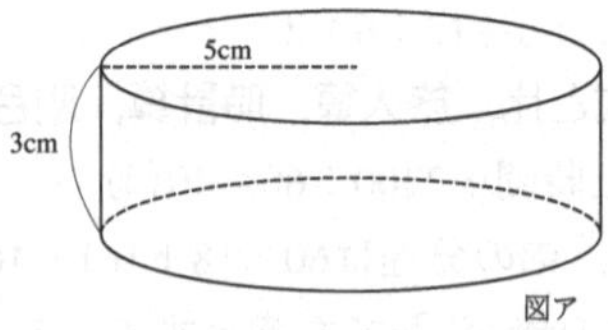

図ア

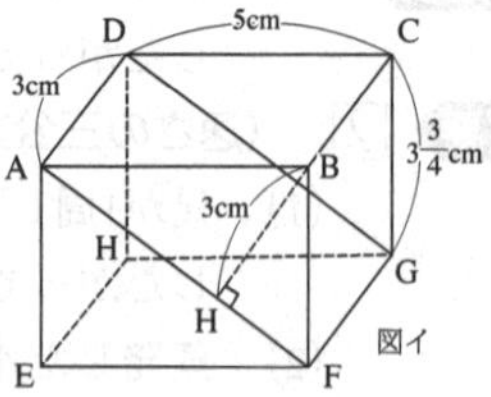

図イ

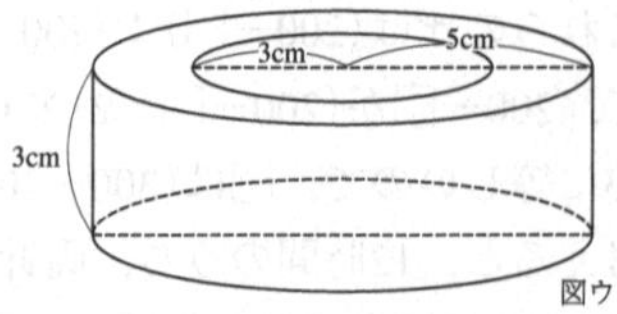

図ウ

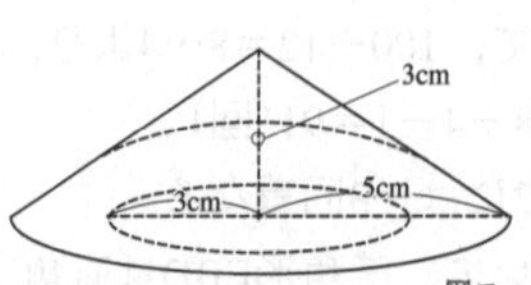

図エ

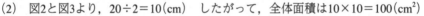

★ワンポイントアドバイス★

まず,[1]の4問で着実に得点しよう。[2](2)「蒸発した水量」は簡単ではなく,(3)「両針が重なる回数」もミスしやすい。[4](2)「正方形と正三角形」の問題は考え方に気づかないときは先へ進み,[6]「立体」でしっかり得点しよう。

<理科解答>

[1] (1) え (2) う (3) あ (4) え (5) い (6) あ, い (7) え

[2] (1) A ちっそ B さんそ C あるごん D う (2) 28.8g

(3) E う F い (4) 21.2g (5) 5L

[3] (1) か (2) さんそ (3) う (4) A え B あ (5) か (6) 480分

[4] (1) あ, う (2) あ, え, う, い (3) 天井川

(4) (アーイ) う, C (ウーエ) あ, E

(5) 5番目:け 6番目:お 8番目:く (6) い

○配点○

[1] 各2点×7 [2] (1)・(3) 各1点×6 他 各2点×3

[3] 各2点×6((4)完答)

[4] (4) 各1点×2(各完答) 他 各2点×5 計50点

<理科解説>

[1] (光の性質-凸面鏡と凹面鏡)

重要 (1)・(2) 問題の図4で,物体の上端と下端から出た2本ずつの光線について作図する。補助線の点線に対して入射角と反射角が等しいように反射光線を描く。下左図のように反射光線は集まらないので,逆向きに延長すると交わる。この点が像の位置である。作図では,光線を逆向きに延長したので虚像である。物体の位置から見て鏡の奥にあり,元の物体よりも小さい正立の虚像である。

重要 (3)・(4) 問題の図5で,物体の上端と下端から出た2本ずつの光線について作図する。補助線の点線に対して入射角と反射角が等しいように反射光線を描く。下右図のように反射光線が集まるので,この点が像の位置である。作図では,光線の向きで交わったので実像である。物体の位置から見て鏡の手前にあり,元の物体よりも小さい倒立の実像である。

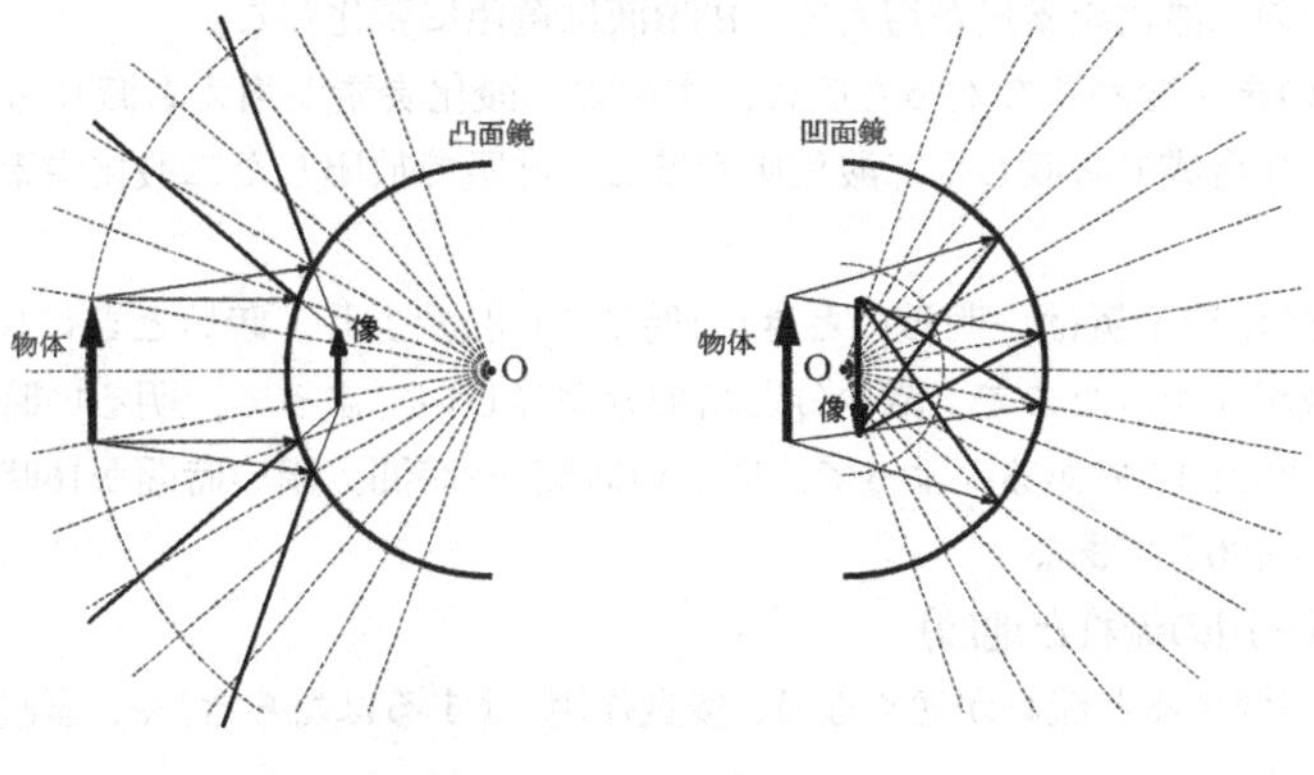

(5)・(6) カーブミラーは,広い範囲が見えるほうがよいので,凸面鏡が適している。凹面鏡だと,見える範囲が限られ,また倒立になるために見にくい。

(7) 鏡に映った人は,T字路の右側にいる。手前側が鏡の奥に映り,奥側が鏡の手前に映る。よって,鏡に映った人は奥に見えるので,道路の手前側にいる。

[2] (気体の性質－空気の重さ)

基本 (1) 地球大気は,約78％の窒素(A),約21％の酸素(B),約0.9％のアルゴン(C),約0.04％の二酸化炭素からなる。本問ではひらがなで答えることを指定されていることに注意する。

(2) 24Lのうち,Aが80％,Bが20％含まれるから,表の値より,28×0.8＋32×0.2＝28.8gとなる。

(3) (E) 空気24Lの重さは(2)で求めた28.8gだから,1Lの重さは,28.8÷24＝1.2gである。

やや難 (F) 空気を1L入れても2L入れても重さが同じ重さである。これは,まわりの空気からビニール袋に浮力がはたらいているためである。空気1Lのときは,まわりの空気1Lの重さぶんの浮力がかかる。空気2Lのときは,まわりの空気2Lの重さぶんの浮力がかかる。つまり,ビニール袋に入れた空気の重さは浮力で打ち消される。結局,重さをはかるとビニール袋のぶんの1.0gだけとなる。

(4) 実験2では,実験1とちがって,缶の中の空気を取り除いた真空の状態でも空気を入れた状態でも,まわりの空気からの浮力が同じだけはたらいているので,改めて考える必要はない。図4では,図3よりも空気1Lぶんだけ重くなっているので,(3)(E)で求めた値を利用して,20＋1.2＝21.2gとなる。

(5) 図5で押し込んだ空気の重さは全部で26－20＝6gである。押し込まない空気1Lの重さは(3)(E)で求めた1.2gだから,缶の外での体積は6÷1.2＝5Lである。

[3] (植物のはたらき－光合成と呼吸の量)

(1) BTB液はもともと青色に調整されていて,二酸化炭素を吹き込むことで緑色になった。試験管Aはオオカナダモの呼吸量よりも光合成量が多いので,水中の二酸化炭素が消費されて,BTB液はもとの青色に戻った。試験管Bはオオカナダモの呼吸によって水中の二酸化炭素が増えたために,酸性となりBTB液は黄色になった。

(2) 試験管Aでは,オオカナダモの光合成によって酸素が発生した。

(3) 試験管Bと比べ,オオカナダモの有無だけが異なり,他の条件が同じなのはDである。Dで色の変化がなく,Bで色の変化が起こったことから,色の変化の原因がオオカナダモであると証明できる。

重要 (4) BTB液の色の変化は,二酸化炭素の増減で決まり,酸素の増減は無関係である。試験管Aでは,光合成で吸収した二酸化炭素量が,呼吸で放出した二酸化炭素量よりも多かったので,水中の二酸化炭素量が減って,BTB液は青色に変化した。試験管Bでは,光合成を行わず呼吸のみを行ったので,水中の二酸化炭素量が増えて,BTB液は黄色に変化した。

(5) 色が緑色のまま変わらなかったのは,水中の二酸化炭素が増えも減りもしなかったためである。それは,光合成で吸収した二酸化炭素量と,呼吸で放出した二酸化炭素量が等しかったためである。

(6) 室内の二酸化炭素量は,明るいときに1時間で0.8g減少し,暗いときに1時間で0.4g増加する。24時間で増減がなかったので,減少分と増加分が等しい。よって,明るい時間と暗い時間の比は0.8：0.4の逆比で1：2である。よって,明るい時間が8時間,暗い時間が16時間となる。求める時間は,8時間＝480分である。

[4] (地層と岩石－川の流れと地層)

(1) 川の水量が増えると流れが速くなり,侵食作用(けずるはたらき)や,運搬作用(運ぶはたらき)がさかんになる。

(2) 川の上流の山地では,侵食作用により深いV字谷がつくられる。川が山地から平地に出てくるところでは，急に流れが弱まるために，れきや砂が堆積して扇状地ができる。平地を流れる川が蛇行すると，やがて流路が変わって三日月湖ができる。川が海に出る河口では，砂や泥が堆積して三角州ができる。

(3)　川底に堆積物がたまり続けると，川が周囲の土地よりも高いところを流れることがある。これを天井川という。各地にあるが，滋賀県をはじめ近畿地方に多数ある。橋の上を川が流れ，川の下を道路や線路がくぐる風景がみられる。

(4)　アーイのように川が曲がっているところでは，外側Cの流れが最も速く，水深も深い。ウーエのように川がまっすぐなところでは，中央Eの流れが最も速く，水深も深い。

重要　(5)　断層XによってA層～F層がずれている。断層YによってA層～D層がずれている。マグマはF層より上に出ているが，断層Xには切られておらず，G層におおわれている。以上より，この地層ができる過程は，A層～D層の堆積後に，断層Yが動き，E層とF層の堆積後に，断層Xが動き，その後にマグマが貫入し，最後にG層が堆積した。記号では，あ→い→う→え→け→お→か→く→こ→き，となる。

(6)　選択肢のうち，シジミだけは汽水や淡水の水域，つまり，川や湖に生息している。

★ワンポイントアドバイス★

問題文や図表にある手順やヒントをよく読み，てきぱきと作業して解答への道筋を見つけよう。

＜社会解答＞

1　問1　アフガニスタン　問2　公共の福祉　問3　1　問4　臨時会［臨時国会］
問5　1・2　問6　2　問7　3　問8　4

2　問1　4　問2　3　問3　3　問4　札幌市　問5　大陸棚　問6　2
問7　5　問8　1　問9　4

3　問1　1　問2　駅で馬を乗りかえていた。　問3　電信　問4　2
問5　対馬　問6　2　問7　3・5　問8　5

○配点○

1　各2点×8(問5完答)　2　各2点×9　3　各2点×8(問7完答)　計50点

＜社会解説＞

1　（政治―「インターネット上の問題」から見た日本）

問1　東京オリンピックが開かれたのは2021年7月23日～8月8日であり，東京パラリンピックが開かれたのは2021年8月24日～9月5日である。他方，アフガニスタンでアメリカ合衆国が軍の撤退をすすめる中で，ターリバーン勢力の攻撃を受けてアフガニスタン・イスラーム共和国が崩壊したのは，2021年8月15日である。したがって，アフガニスタン・イスラーム共和国の選手団は，パラリンピックの開会式に参加することができなかった。

基本　問2　「公共の福祉」とは社会全体の幸福や利益のことで，ある人が基本的人権を行使することで他人の人権を侵害することを防止するためのものである。「公共の福祉」の言葉は，日本国憲法で第12条，第13条，第22条，第29条の4ヵ所で使用されている。

問3　あ　この文は正しい。閣議は総理大臣が主宰する内閣の意思決定会議のことで，基本的に総理大臣と国務大臣で構成されている。　い　この文は正しい。閣議は原則として非公開で，かつ全会一致で決定が行われる。

基本　問4　臨時会(臨時国会)は内閣が必要と認めた時，また衆議院・参議院のいずれかの議院の総議員の4分の1以上の要求があった時に開催される国会である。この国会では，政治上の緊急を要する問題などが審議される。

問5　天皇は，日本国憲法の第6条と第7条で定められた天皇の形式的・儀礼的な国事行為を行う。その中には総理大臣の任命，法律の公布，国会の召集(選択肢1)，衆議院の解散(選択肢2)，国会議員の総選挙の公示，外国の大使や公使をもてなすことなどがあるが，この際には内閣の助言と承認が必要であり，内閣がその責任を負う。なお，選択肢3の条約を締結するのは内閣，4の内閣総理大臣を指名するのは国会，5の予算案を提出するのは内閣の仕事である。

問6　下級裁判所とは日本国憲法第76条第1項で定められた最高裁判所以外の日本の裁判所のことで，その種類は裁判所法第2条第1項で高等裁判所，地方裁判所，家庭裁判所，簡易裁判所と定められている。　1　最高裁判所は終審裁判所ではあるが，新たな証拠が見つかった場合には最高裁判所の有罪判決が覆ることはありうる。　3　弾劾裁判所は各都道府県ではなく，国会に設置される。　4　家庭内のもめごとの調停や少年犯罪の審判が行われるのは，簡易裁判所ではなく家庭裁判所である。

問7　自己決定の自由(自己決定権)とは自分の生き方や生活について国家などの干渉を受けることなく，自分の意思で決定を下す権利である。この自由は日本国憲法の条文にははっきり明記されていない新しい人権の1つで，その例として臓器提供の意思表示の他，尊厳死やインフォームド・コンセントなどがある。なお，1の学問の自由は日本国憲法第23条，2の居住・移転の自由と4の職業選択の自由は同第22条，5の信教の自由は同第20条に明記されている。

重要　問8　情報社会ではいつでも，どこでも，誰でもすぐに必要な情報を入手することができるようになり，素早く処理できるようになった。その一方で火災や停電などによる障害，ハッカーやコンピューターウイルスによる障害などのようにシステムの故障によってそのシステムにつながっていた様々な機能が使用できなくなり，多くの場所で多大な不便・不利益が生まれる可能性もある。　1　情報社会では，あやまった情報が伝わらなくなったということはない。　2　情報社会では情報を管理しやすくなった面はあるが，完全に情報を管理できるようになったことはない。　3　情報社会では情報を簡単にコピー(複製)することが難しくなるのではなく，むしろ簡単にできるようになった。そのため，著作権や知的所有権はむしろ重視され，軽視されるおそれはない。

[2]　(日本の地理―地形・気候・産業等に関する諸問題)

問1　舞浜は千葉県浦安市(図い中の4)に位置し，東京ディズニーランドや東京ディズニーシーなどで構成される東京ディズニーリゾートが存在する。舞浜の駅は東京ディズニーリゾートの近くにあり，この駅の乗車人員の多くは東京ディズニーリゾートの利用者と考えられる。東京ディズニーリゾートはレジャー施設であり，2020年度の新型コロナウイルス感染症の拡大による様々な政策の影響を一番多く受けたのはこのようなレジャー施設である。そのため新型コロナウイルス感染症の拡大前の2019年の1日の乗車人員と比べて，2020年度の乗車人員は大きく減っていると思われる。したがって，表あ中の他の地域と比べて，2020年度の前年比が最も小さい(48.7%)エが舞浜にあたる。なお，表あ中のアは渋谷(図い中の3)，イは大宮(図い中の1)，ウは立川(図い中の2)，オは平塚(図い中の5)である。

重要　問2　「図あ」中の4都市で松本は中央高地の気候，敦賀は日本海側の気候，潮岬は太平洋側の気候，高松は瀬戸内の気候である。これらの気候の中で年降水量が少ないのは中央高地の気候と瀬戸内の気候で，高松は典型的な瀬戸内の気候なので，「図い」中の4つのグラフの中で，高松は雨量が少ない3か4のいずれかになる。「図い」と「図う」の数字は一致しているので，「図う」中でも3か4のいずれかが高松となる。中央高地の気候と瀬戸内の気候で平均気温が高いのは瀬戸内の気候の方なので，「図う」中で平均気温が高い3が高松となり，4は松本になる。なお,「図い」・「図う」中の1は潮岬，2は敦賀である。

問3　たら類は主にマダラを指し，干し魚や練製品として重要な食用魚である。北日本に産する海水魚で，その漁期は主に12月～3月の厳冬期である。したがって，グラフ中で1月や12月の取扱量が最も多くなっているグラフ3がたら類にあたる。なお，グラフ中の1はうなぎ，2はさんま，4はかつお，5はまいわしの取扱量を示したものである。

重要　問4　地形図中に「屯田公園」・「屯田町」・「屯田七条」などのような「屯田」がついた地名が多くみられるので，この地形図は明治時代に北海道の開拓と北方の警備のために屯田兵が派遣された北海道であることがわかる。また地形図中に「北区」という地名がみられることから，この市は市内に行政区を設置できる政令指定都市であることがわかる。北海道内で政令指定都市となっているのは札幌市だけなので，地形図に示された市は札幌市となる。

基本　問5　大陸棚とは，大陸の周辺に広がる水深200m位までのなだらかな傾斜の比較的浅い海底のことである。大陸棚ではプランクトンが多く水産資源が豊富で好漁場となっている他，原油や天然ガスなどの海底資源も注目されている。オホーツク海は，図中のアのような大陸棚の部分が全海域の約40%を占めている。

重要　問6　設問中の地形図には方位記号がみられないので，この地形図の方位は真上が北ということになる。地形図上の1～6の地点の中で，地形図中のほぼ中央にある「飯野山」の山頂が南東の方位にみえているということは，その地点から「飯野山」の山頂が右下に位置することになり，逆に「飯野山」の山頂からはその地点が北西の方位，すなわち地形図上では左上の方位に位置することになる。そのような条件にあてはまる地点は，地形図中の1～3の3地点である。次いで「自分がいる地点の近くには神社があり」とあるので，これらの3地点の中で神社「⛩」の地図記号が近くにみられるのは，北方に神社がある2の地点である。したがって，自分の現在地は地形図上の地点2ということになる。

問7　世界遺産は建築物や遺跡などの文化遺産，自然などの自然遺産といった「形のある遺産」とは別に，芸能(音楽・舞踊・演劇)や祭り，伝統工芸技術などの「形がない遺産」がある。このような「形がない遺産」のことを無形文化遺産といい，無形文化遺産を保護するために2003年にユネスコで無形文化遺産条約が採択された。日本には21件の無形文化遺産が登録されており(2020年3月現在)，その中の1つが和食(選択肢5)である。和食は「和食―日本人の伝統的な食文化」という名称で，2013年に登録された。なお，1の阿波踊りは徳島県徳島市周辺で行われる盆踊り，2の茶道は中国伝来の喫茶の風習が日本独自に発達したもの，3の相撲は力わざによる格闘技の一種で日本の国技とされるもの，4の花火は黒色火薬を松脂などで固めて紙などに包んで，点火して燃焼・破裂させて音や光などを楽しむものである。

問8　北方四島に対する日本政府の見解は,「北方四島は歴史的に見ても一度も外国の領土となったことがない日本固有の領土であり，第二次世界大戦末期に日本がポツダム宣言を受諾した後にソ連軍が北方四島に侵攻して，現在に至るまで不法占拠している」というものである。　2　竹島を不法占拠しているのは，中華人民共和国ではなく韓国である。　3　日本最西端にある固有の領土は，尖閣諸島ではなく与那国島である。　4　尖閣諸島は2012年に日本が国有化しており，韓国が不法占拠していることはない。

問9　ほうれん草の収穫量は約21万7800t(2019年)であり，埼玉(11.0%)，群馬(9.3%)，千葉(8.6%),

茨城(7.4%)といった首都圏にある県の収穫量が多い。なお，表中の1はたまねぎ，2はだいこん，3はトマト，5はしゅんぎくの収穫量(2019年)にあたるものである。

3 (日本の歴史―「遠く離れた人とのやり取り手段」に関連した問題)

問1　上級貴族の子どもが，その父祖のお蔭で高い位につきやすいという貴族を優遇する制度のことを蔭位という。これは大宝律令によって制定され，父親か祖父が親王または五位以上の官職にあれば，その子は21歳になると自動的に従四位下または従五位下～従八位下の位階が与えられた。2　内裏は都の南部ではなく，北部の中央に置かれた。　3　土地に対する税である租は6歳以上の男女に課され，女性には納める義務がなかったということはない。　4　朝廷の支配は，九州から現在の北海道ではなく東北地方にまで及んでいた。

やや難　問2　駅制は，中央と地方との間を主に緊急の情報伝達のために設置された制度である。中央から地方へのびる幹線道路に一定の距離ごとに役人が行き来するための駅がつくられ，少しでも早く文書を届けるために乗りつぎ用の馬が用意され，彼らは駅で用意されていた馬に乗りかえていた。

問3　電信はモールス符号などによる符号の通信やそのシステムのことで，日本では明治維新後の1869年に横浜で電信回線が敷設され，1870年には東京・横浜間で電信による電報の取り扱いが開始された。明治政府は電信網の整備に力を入れ，東京・横浜間で電信の取り扱いが開始されてから数年後に電信網は全国に張り巡らされた。

重要　問4　中世の荘園と江戸時代の農村には，両方とも「村のきまり(村掟)」という村落独自の決まりが作られていた。中世の荘園では自立した村(惣村)も形成され，村民たちは村の決まり(村掟)をつくり，農作業や用水・共有地(入会地)の管理，村の自衛，紛争解決などを行った。このような状況は江戸時代の農村にも引き継がれ，村では村のきまり(村掟)と共同の運営費を持ち，村のきまりに背いた者には村八分などの厳しい処罰が課された。　1　中世の荘園では年貢が貨幣で納められていたが，江戸時代の農村では年貢は米で納められていた。　3　中世の荘園では土地の所有者が誰なのかが戸籍に記載されていたことはないが，江戸時代の農村では田畑や屋敷を持つ本百姓が戸籍に記載されていた。　4　中世の荘園では武士が農村に住んでいたが，江戸時代の農村では武士は農村に住んでいなかった。

問5　対馬藩は江戸時代の鎖国下で朝鮮との交流の窓口であるとともに，朝鮮との貿易を認められていた藩である。藩主は宗氏であり，朝鮮の釜山に倭館を設けて家臣を常駐させていた。この貿易で日本が朝鮮から主に輸入したものは木綿・朝鮮にんじん・絹織物であり，朝鮮へ主に輸出したものは銀・銅であった。

問6　朝鮮は日本の室町幕府に倭寇の取り締まりを要求する一方で，日本と国交を結んで，民間の貿易も行った。そのため室町幕府や守護大名が朝鮮に貿易船を送って貿易を行い，朝鮮からは綿織物や仏教の経典などが輸入され，日本からは銅や硫黄が輸出された。　1　倭の五王が朝鮮半島の国々に対して優位な立場になるために使いを送ったのは，中国の魏ではなく(南朝の)宋である。3　韓国併合は1910年，朝鮮半島で三・一運動が起こったのは1919年であるので，三・一運動を日本が鎮圧して韓国併合を行ったことはない。　4　中華人民共和国との国交を正常化させたのは1972年，日韓基本条約で大韓民国と国交を正常化させたのは1965年のことなので，中華人民共和国との国交を正常化させた後に，大韓民国と国交を正常化させたのではない。

基本　問7　条約改正を目指して欧米に派遣された使節団は岩倉使節団で，この使節団が派遣された時期は1871～1873年のことである。他方，3の西南戦争は1877年，5の民選議院設立建白書の提出は1874年のことで，いずれもこの使節団が派遣された期間に日本国内で起こった出来事ではない。なお，1の学制の公布，2の新橋・横浜間の鉄道開通，4の富岡製糸場の操業開始は全て1872年のことである。

問8　本能寺は1415年に「本応寺」として五条坊門に建てられたことに始まり，1433年に六角大宮に移転して本能寺となった。その後，1582年の本能寺の変で焼失した後に現在の京都市中京区に移ったが，いずれの場所も京都府京都市内にある。他方，1の出雲大社は島根県出雲市，2の伊勢神宮は三重県伊勢市，3の中尊寺は岩手県平泉町，4の鶴岡八幡宮は神奈川県鎌倉市，5の平等院は京都府宇治市にある。したがって，本能寺から最も近くに位置するものは，同じ京都府内にある平等院である。

★ワンポイントアドバイス★

文・文章のみで問題が構成されている歴史・政治の分野と対照的に地理分野では表・地図・グラフが多く使用されているので，日頃からそのようなさまざまな資料を使った問題にも取り組むようにしよう。

＜国語解答＞

一　問一　ア　問二　イ　問三　エ　問四　ウ　問五　エ　問六　オ
問七　ア　問八　（例）　確固とした身体を基盤とした明確かつ個人的な感情だからこそ，意思や言語などではコントロールすべきではないもの。(54字)
問九　A　局面　B　余地　C　指針

二　問一　オ　問二　エ　問三　ア　問四　親の愛　～　したり(するようになる年齢。)
問五　オ　問六　ウ　問七　イ　問八　ウ　問九　（例）　苦しい事や辛い事があっても，この店で甘い駄菓子を食べ，老婆に話を聞いてもらって甘やかされることで，救われるから。(56字)

○配点○

一　問八　9点　問九　各2点×3　他　各5点×7
二　問九　10点　他　各5点×8　計100点

＜国語解説＞

一　**(論説文－要旨・大意・細部の読み取り，接続語，空欄補充，ことばの意味，漢字の書き取り，記述力)**

問一　――線①の「古人」とは対照的な現代人のこととして「怒りをなだめる……」で始まる段落で，「怒りの発露にあるべき姿からの逸脱のサインを……正そうとする人は……激した姿や怒らざるをえない生々しい現実を受け止めきれないだけかもしれ」ないということ，また後半「いつでも……」で始まる段落で，「『腹が立つ』といった怒りの表明は『いま・ここ』にいる私の身体に根ざしてい」ると述べていることから，アが適当。「感情が根ざしている」ことを説明していない他の選択肢は不適当。

問二　――線②は「怒りは頭を通り越して空間に漂って」，「自分の身に起きたことではない出来事に対して多くの人が怒りを募らせる」状態のことなので，イが適当。感情が自己の肉体から離れて他者と共有すること，実感が弱まることを説明していない他の選択肢は不適当。

やや難　問三　――線③は「怒りに理解を示し……言い分を説明してみせる人」のことで，そのように個人の感情を言葉にして共有することで「社会的に価値付けられるようにしている」＝社会的な価値や意義が与えられる，ということなので，エが適当。言葉にすることを説明していないア，ウは不適当。イの「客観的な理解を得よう」，オの「客観的な肯定を得よう」も述べていないので不適当。

問四　空欄④は直前の内容とは相反する内容が続いているので，逆接のウが当てはまる。

重要　問五　——線⑤の説明として，私たち現代人は怒りは抑えるべきものであり，感情は自然そのままの発露であってはならないとし，封じたり我慢するものではなく表れるものである感情を意識的にコントロールしようとすることを述べているので，これらの内容をふまえたエが適当。コントロールすなわち制御できない感情を制御することをよしとすることを説明していない他の選択肢は不適当。

問六　「腹に落ちる」は納得する，理解すること。「腹を割る」は本心を打ち明ける，隠さずに心の中をさらけ出すこと。「腹が据わる」は物事に動じない，落ち着くこと。

問七　——線⑦は，自分の「基盤が身体になく，怒りの輪郭が明らかでない」ので，周囲に合わせることで自分の行動の説明をすることに「慣れ」ていく，ということなので「周りに合わせるしかできなくなるから」とあるアが適当。⑦直前の内容を踏まえていない他の選択肢は不適当。

やや難　問八　「けれども……」から続く3段落で，本来感情は表れるものであり，感覚を腹へ降ろすことで意識的にコントロールすることが生じにくくなって「腹が立つ」感覚が明確になること，「何かものごとが……」で始まる段落で，何かものごとが起きたことを受けて生じる感情は確固とした身体から発し，立腹は個人的な大事な感情である，と述べていることをふまえ，筆者が考える「腹が立つ」という言葉で表される「怒り」について説明する。

基本　問九　——線Aはその時の状況や状態。——線Bは物事を考えたり行なったりする機会。　線Cは物事を進めるうえでたよりとなるもの。

二　**(小説－心情・情景・細部の読み取り，空欄補充，記述力)**

基本　問一　——線①は『大人入店禁止』と貼り紙のある駄菓子屋から出てきた子供たちに「私」が声をかけた時の子供たちの様子なので，「見知らぬ大人を警戒している」とあるオが適当。「私」に警戒していることを説明していない他の選択肢は不適当。

問二　空らん②の指す言葉は，「よふかし」や「まんが」などふだん禁止されていることをすすめるような言葉なので「都合の良い言葉」とあるエが適当。

問三　「想い玉」をなめて，小さいころから大学生のころを想い出し涙を流している「私」に，「『大人はそういう想い出をなぜか忘れようとする。……たまには甘い思いもしなさい。……』」と店主の老婆が話していることから，「大切な『想い出』を思い出させる」とあるアが適当。「想い出」にふれていないイ，ウは不適当。エの「強い『想い』を残している相手との『想い出』」，オの「苦しいものだった『想い出』を温かいものに塗り替えてくれる」も描かれていないので不適当。

問四　——線④は「大人用の駄菓子」のことで，「『あたしは不思議だよ……』」で始まる老婆の言葉で「大人」のことを「親の愛を疎ましく思ったり，友情をないがしろにしたり(25字)」と話している。

重要　問五　——線⑤は，不良にからまれた中学生だった「私」を父が助けにきてくれたことで，自分はまだ父に守られている存在であると思い知り，守ってくれた父を頼もしく感じた，という心情なのでオが適当。「情けない気持ち」＝自分はまだ守られている子どもであると感じた気持ち，「安心感」＝自分を守ってくれる父親を頼もしく思う気持ちを説明していない他の選択肢は不適当。

問六　よそよそしさを感じていた大学の友人たちが，留年しそうな「私」に手を差し伸べ助けてくれたことに，大学生の「私」は——線⑥のようになっているので，ウが適当。大学の友人たちによそよそしさを感じていたのに，助けてくれたことで真の友情に気づき，感謝していることを説明していない他の選択肢は不適当。

問七　「想い玉」の飴で大切な想い出を思い出し，涙を流す「私」に「『たまには甘い思いもしなさい』」と話しながら「いたずらっぽく笑いながら」「『世の中，そんなに甘くないよ』」と言っているのは，老婆の言葉遊びで，深刻にならず，おかしみが加わっていることが読み取れるのでイが適当。「いたずらっぽく笑いながら」話す老婆のふんいきをふまえ，軽やかさとおかしみを説明していない他の選択肢は不適当。

重要 問八　最後の場面で「私はいつから他人に頼る甘さが悪だと決めつけたのか。苦しい事も黙って，一人で耐えなければならないと自分に強いたのだろうか。」という「私」の心情が描かれているので，このことをふまえたウが適当。この部分の「私」の心情をふまえていない他の選択肢は不適当。

やや難 問九　最後の場面で老婆のいる駄菓子屋について，「苦しい事や辛い事は，放っておいてもやってくる。しかし，世の中には自分を救ってくれる甘さもあるという事は，誰かに教わるものだ。この駄菓子屋は，甘さに飢えた子供たちの拠り所なのかもしれない。魅力的な駄菓子と，優しいお婆ちゃん。こんな場所があってもいいのかもしれないな……。」と思っている「私」の心情をふまえ，駄菓子屋に来る子供たちが駄菓子と老婆によって救われるというような内容で理由を説明する。

★ワンポイントアドバイス★

小説や物語では，現在の場面と回想場面など時間の経過を明確にして読み進めていこう。

MEMO

大切なことはメモしておこうネ！

2021年度

★★★★★★★★★★★★★★★★★★★★★★★

入　試　問　題

2021年度

豊島岡女子学園中学校入試問題（第１回）

【算　数】（50分）　＜満点：100点＞

【注意】　1．円周率は3.14とし，答えが比になる場合は，最も簡単な整数の比で答えなさい。
　　　　　2．角すいの体積は，(底面積)×(高さ)÷３で求めることができます。

1　次の各問いに答えなさい。

(1)　$6.2-\left(2.7\div\frac{3}{5}-\frac{9}{8}\times 2.4\right)$ を計算しなさい。

(2)　$\left(\boxed{}\times 4\frac{1}{6}-\frac{3}{4}\right)\div\frac{5}{6}-6=\frac{1}{10}$ のとき，$\boxed{}$ に当てはまる数を求めなさい。

(3)　７で割ると２余り，９で割ると３余る整数のうち，2021に最も近いものを求めなさい。

(4)　５種類のカード$\boxed{0}$，$\boxed{1}$，$\boxed{2}$，$\boxed{5}$，$\boxed{6}$ がそれぞれ１枚ずつあります。この中から３枚を選んで並べ，３けたの整数を作ります。このとき，３の倍数は全部で何通りできますか。

2　次の各問いに答えなさい。

(1)　４つの整数A，B，C，Dがあります。AとBとCの和は210，AとBとDの和は195，AとCとDの和は223，BとCとDの和は206です。このとき，Aはいくつですか。

(2)　豊子さんと花子さんは，同時にA地点を出発し，A地点とB地点の間をそれぞれ一定の速さで１往復します。２人はB地点から140mの場所で出会い，豊子さんがA地点に戻ったとき，花子さんはB地点を折り返しており，A地点まで480mの場所にいました。
このとき，(豊子さんの速さ)：(花子さんの速さ）を求めなさい。

(3)　下の図のように，円周を12等分した点をとり，点Aと点B，点Cと点Dをそれぞれまっすぐ結びました。直線ABの長さが６cmであるとき，色のついている部分の面積は何cm^2ですか。

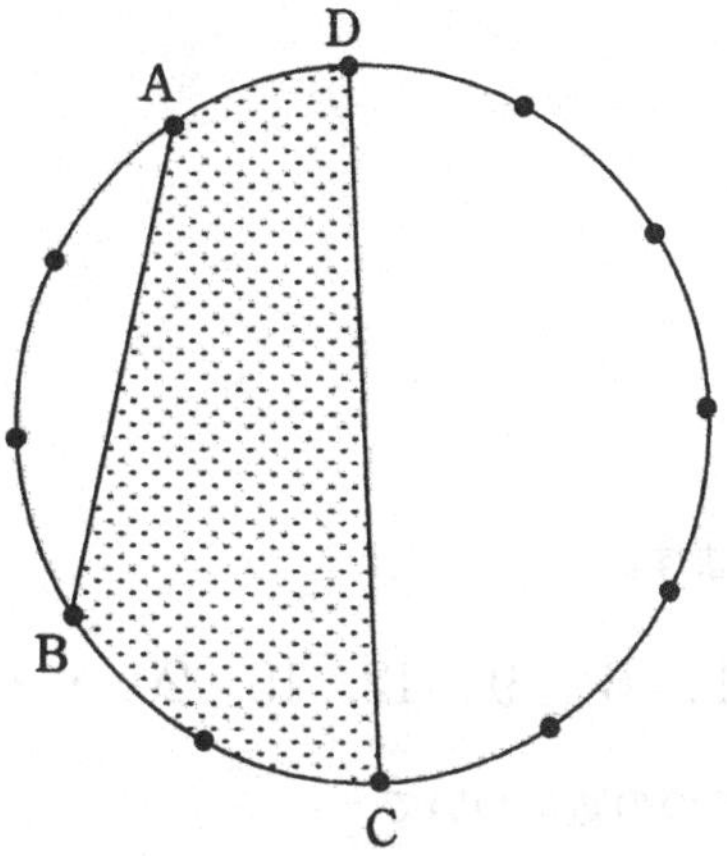

⑷　右の図の三角形ABCにおいて，AD＝９㎝，DB＝６㎝，AF＝８㎝，FC＝２㎝で，（三角形BDEの面積）：（三角形DEFの面積）＝２：３　です。このとき，（三角形CEFの面積）：（三角形ABCの面積）を求めなさい。

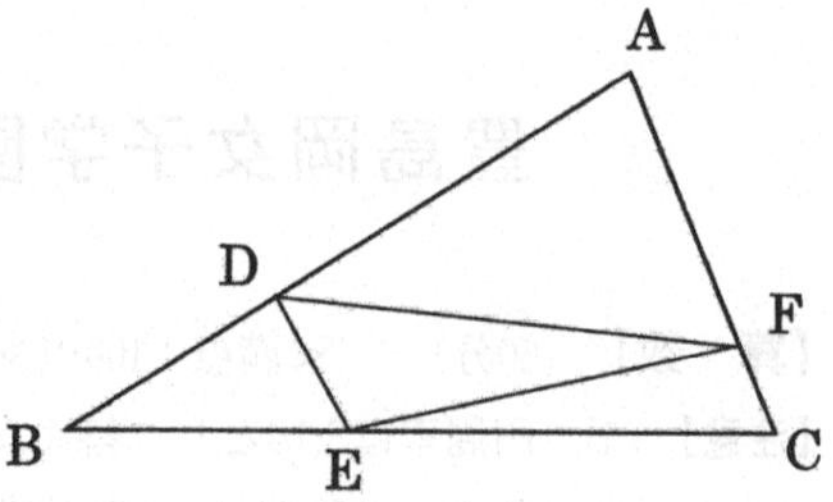

3　ある店では，同じ品物を360個仕入れ，５割の利益を見込《こ》んで定価をつけ，売り始めました。１日目が終わって一部が売れ残ったため，２日目は定価の２割引きで売ったところ，全て売り切れました。このとき，１日目と２日目を合わせて，４割の利益が出ました。次の各問いに答えなさい。

⑴　１日目に売れた品物は何個ですか。

⑵　３日目に同じ品物をさらに140個仕入れ，２日目と同じ，定価の２割引きで売り始めました。３日目が終わって一部が売れ残ったため，４日目は定価の２割引きからさらに30円引きで売ったところ，全て売り切れました。このとき，３日目と４日目を合わせて，48600円の売り上げになりました。もし，同じ値段のつけ方で３日目と４日目に売れた個数が逆であったら48000円の売り上げになります。このとき，この品物は１個当たりいくらで仕入れましたか。

4　右の図のように，１辺の長さが70㎝の正三角形ABCと正三角形DCBがあります。点Ｐは正三角形ABCの辺の上を，点Ａを出発して反時計回りに毎秒２㎝の速さで進み，点Ｑは正三角形DCBの辺の上を，点Ｄを出発して反時計回りに毎秒５㎝の速さで進みます。点Ｐと点Ｑが同時に出発するとき，次の各問いに答えなさい。

⑴　点Ｐと点Ｑが初めて重なるのは，この２点が出発してから何秒後ですか。

⑵　点Ｐと点Ｑが10回目に重なるのは，この２点が出発してから何秒後ですか。

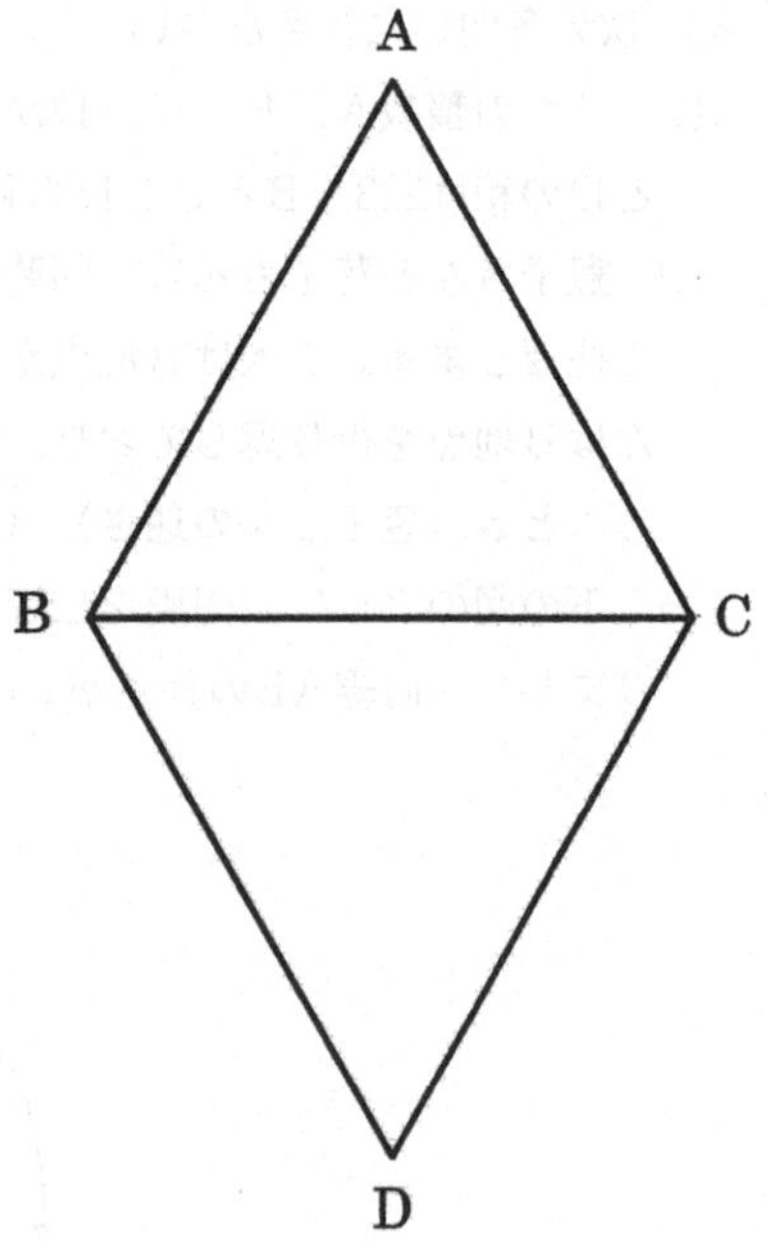

5　次のように整数が並んでいます。

４，６，９，12，15，20，・・・

この数の並びの中の隣《とな》り合う２つの数について，

左の数に，その数を割り切る最も大きい素数を加えたものが右の数となっています。

例えば，隣り合う２つの数４と６について，左の数４に，４を割り切る最も大きい素数２を加えたものが右の数６です。また，隣り合う２つの数６と９について，左の数６に，６を割り切る最も大きい素数３を加えたものが右の数９です。

このとき，次の各問いの □ に当てはまる数をそれぞれ答えなさい。

⑴　15番目の数は □ です。

⑵　この数の並びの中の数のうち，最も小さい47の倍数は □ です。

⑶　この数の並びの中の数のうち，3500に最も近い数は □ です。

6　下の図のように，１辺の長さが６㎝の立方体ABCD－EFGHがあります。辺BC，FGの上に，BI＝FJ＝２㎝となるような点Ｉ，Ｊをとります。

辺AD，BC，FG，EHの真ん中の点をそれぞれK，Ｌ，M，Nとするとき，次の各問いに答えなさい。

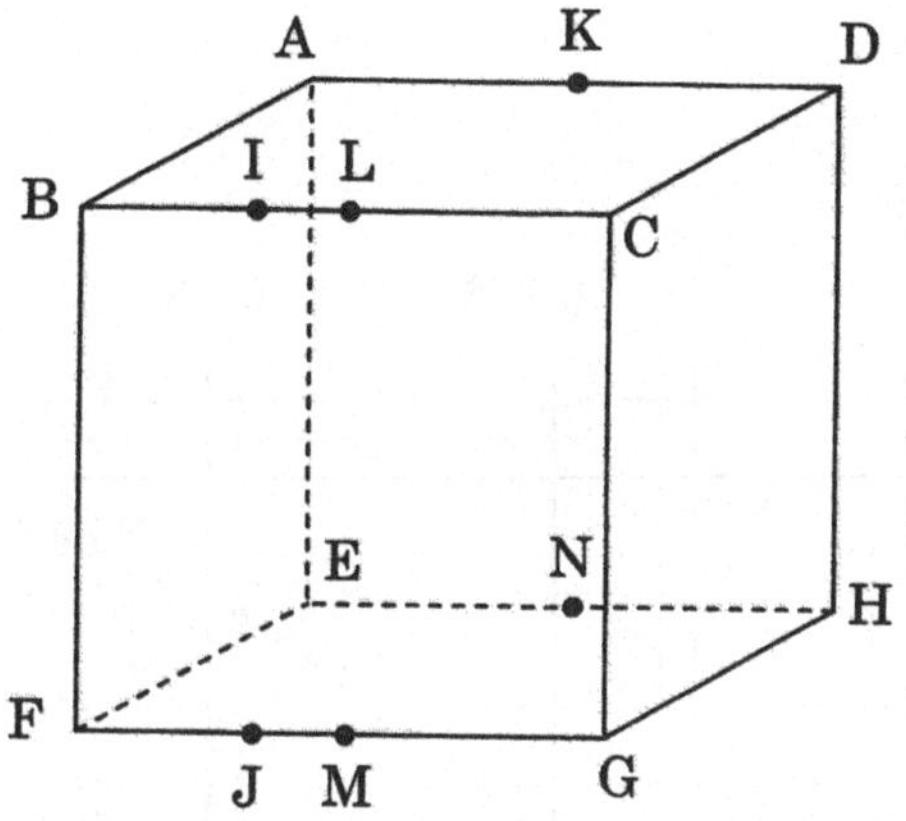

⑴　直方体ABLK－EFMNと三角柱ICD－JGHが重なった部分の体積は何cm^3ですか。

⑵　四角柱BFGL－AEHKと三角柱ICD－JGHが重なった部分の体積は何cm^3ですか。

⑶　四角柱BFGL－AEHKと三角すいD－JGHが重なった部分の体積は何cm^3ですか。

【理　科】（社会と合わせて50分）　＜満点：50点＞

1　電源装置や乾電池《かんでんち》が，電流を流そうとするはたらきを電圧といい，電流の単位はＡ（アンペア），電圧の単位はＶ（ボルト）で表します。図１のように，電源装置と豆電球またはLED（発光ダイオード）をつなぎ，豆電球またはLEDにかかる電圧を0.05Ｖずつ変化させたときの電流の強さをそれぞれ調べたところ，図２のようになりました。この結果をもとに，以下の問いに答えなさい。

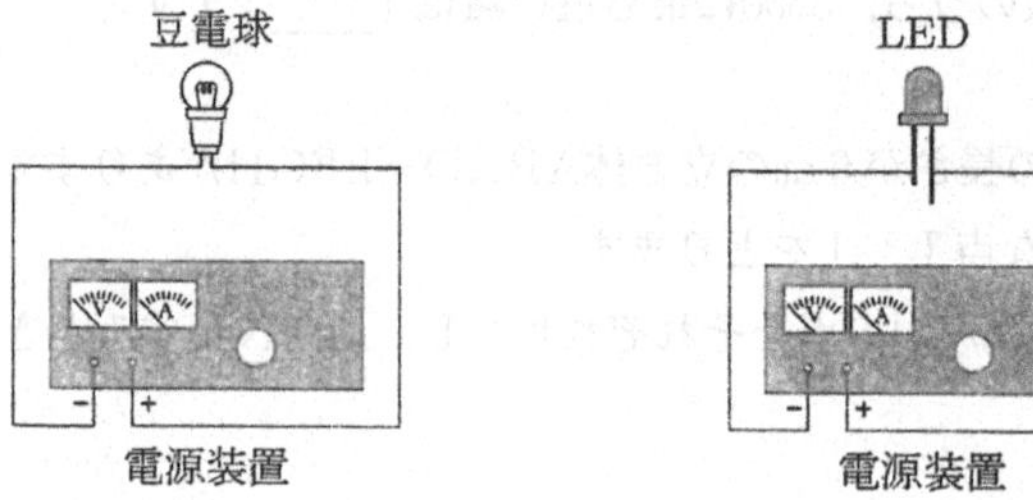

図１

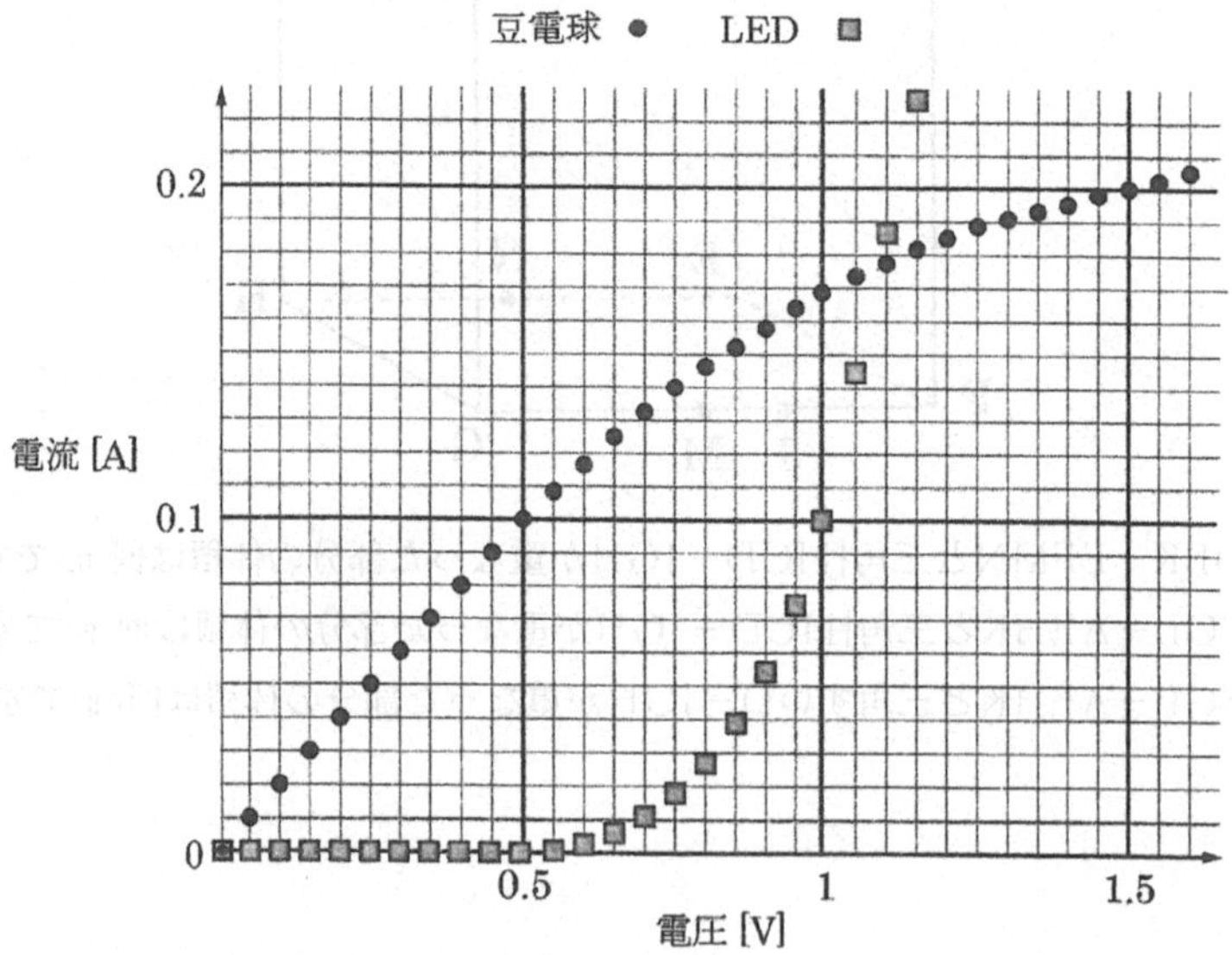

図２

(1)　電圧（単位Ｖ）を電流の強さ（単位Ａ）で割った値を抵抗《ていこう》といい，その値が大きいほど電流は流れにくくなります。抵抗の単位はΩ（オーム）で表します。豆電球に0.5Ｖと1.5Ｖの電圧をかけたときの豆電球の抵抗は，それぞれ何Ωになりますか。**割り切れない場合は四捨五入して小数第１位まで答えなさい。**

(2)　豆電球もLEDも，流れる電流が強くなるほど発熱して温度が上がります。**温度が上がるとそれぞれの抵抗はどうなりますか。**最も適当なものを，次の**あ**～**え**から１つ選び，記号で答えなさい。

あ．豆電球もLEDも抵抗が大きくなる。

い．豆電球は抵抗が大きくなり，LEDは抵抗が小さくなる。

う．豆電球は抵抗が小さくなり，LEDは抵抗が大きくなる。

え．豆電球もLEDも抵抗が小さくなる。

⑶　図３-A，図３-Bのように1.5Vの乾電池・同じ豆電球・電流計をつないだとき，すべての豆電球は同じ明るさで光りました。このとき，電流計の値は何Aになりますか。ただし，電流計にかかる電圧は無視できるものとします。

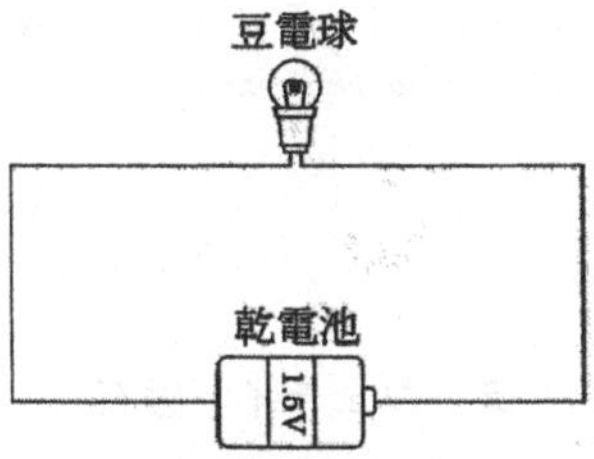

図 3-A

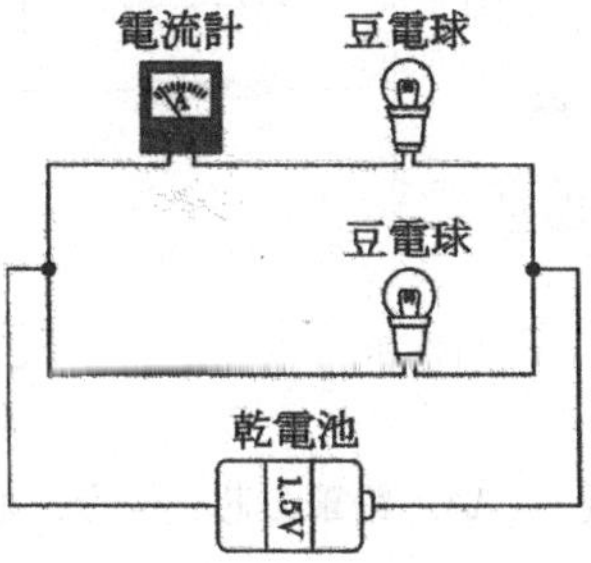

図 3-B

⑷　図４のように1.5Vの乾電池《かんでんち》・同じ豆電球・電流計・電圧計をつないだとき，２つの豆電球に同じ強さの電流が流れ，２つの電圧計の値を足すと1.5Vになりました。このとき，電流計の値は何Aになりますか。ただし，電流計にかかる電圧と，電圧計に流れる電流は無視できるものとします。

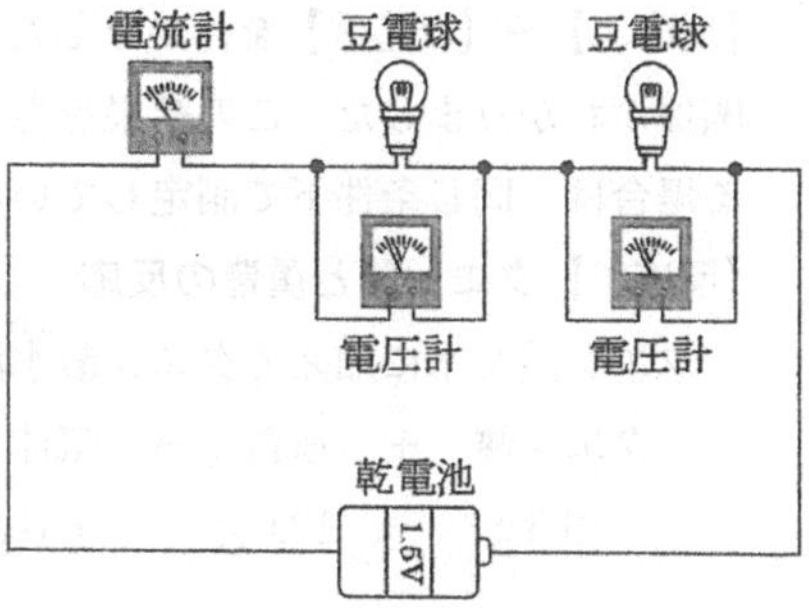

図４

⑸　図５のように1.5Vの乾電池・豆電球・LED・電流計・電圧計をつないだとき，豆電球とLEDに同じ強さの電流が流れ，２つの電圧計の値を足すと1.5Vになりました。このとき，電流計の値は何Aになりますか。ただし，電流計にかかる電圧と，電圧計に流れる電流は無視できるものとします。

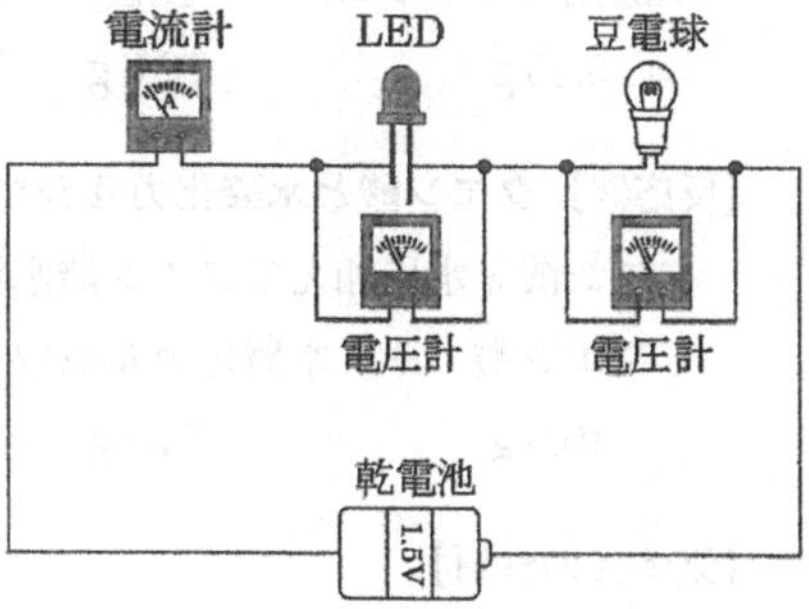

図５

⑹　２個の乾電池《かんでんち》・金色の折紙・鉛筆《えんぴつ》の芯《しん》・水銀・フェライト磁石・５円玉を組み合わせて，次のページの図のような回路をつくると，豆電球がつくとき（図６）とつかないとき（図７）がありました。

　この結果から，乾電池と豆電球からなる回路の間にはさんだときに，豆電球をつけることができると判断できるものを，次の**あ**～**お**から３つ選び，記号で答えなさい。

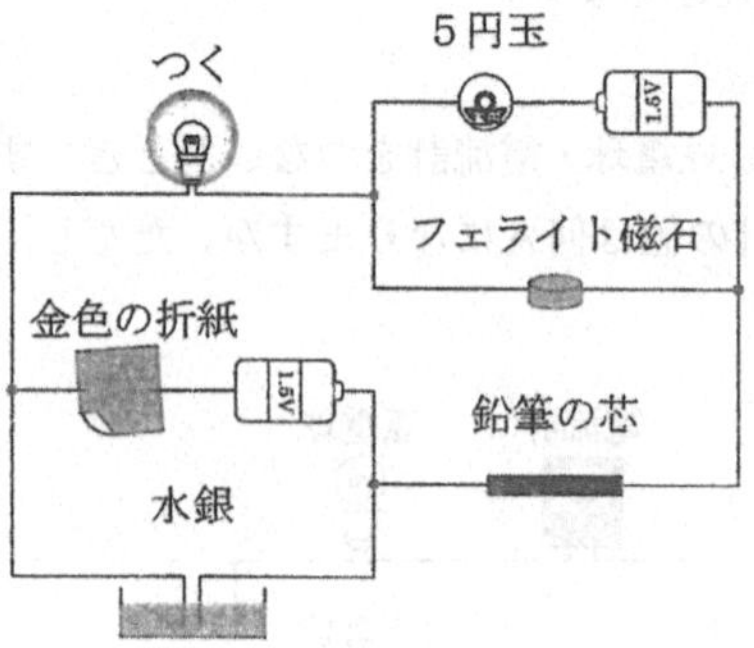

図６

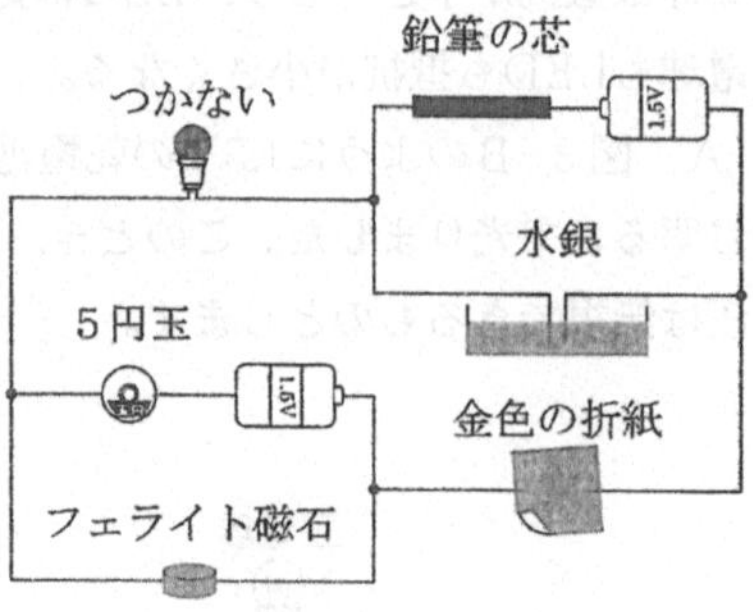

図７

あ．金色の折紙　**い**．鉛筆の芯　**う**．水銀　**え**．フェライト磁石　**お**．５円玉

2　クエン酸と重曹《じゅうそう》（炭酸水素《たんさんすいそ》ナトリウム）および水酸化カルシウムの３つの固体から２つを選んで【反応①】～【反応③】を行いました。それぞれの反応は過不足なく起こり，次に示すような量的な関係がわかりました。この結果をもとに，以下の問いに答えなさい。ただし，気体の体積を測定する場合は，同じ条件下で測定しているものとします。

【反応①】クエン酸と重曹の反応

クエン酸を水に加えてクエン酸水溶液《すいようえき》をつくり，ここに重曹を加えました。

クエン酸	＋	重曹	→	気体A	＋	クエン酸ナトリウム	＋	水
10.5 g		12.6 g		6.6 g				

【反応②】水酸化カルシウムと重曹の反応

水酸化カルシウムを水に加えて水酸化カルシウム水溶液をつくり，ここに重曹を加えました。

水酸化カルシウム	＋	重曹	→	沈殿《ちんでん》B	＋	水	＋	炭酸ナトリウム
5.55 g		12.6 g		7.5 g				

【反応③】クエン酸と水酸化カルシウムの反応

クエン酸を水に加えてクエン酸水溶液をつくり，ここに水酸化カルシウムを加えました。

クエン酸	＋	水酸化カルシウム	→	物質X	＋	水
10.5 g		5.55 g				

【気体Aの性質】

気体Aを石灰水に通じたところ石灰水は白くにごりました。気体Aは冷やすとドライアイスになります。

気体Aのみを250mL集め重さを測ったところ，0.44 gでした。また，22 gの気体Aを冷やしてドライアイスにしたところ体積は，13.75cm^3でした。

【物質Xの性質】

物質Xは重曹とは反応しません。

⑴　気体Aの１Lあたりの重さは何gですか。**四捨五入して小数第２位まで答えなさい。**

⑵　ドライアイスが気体になると，体積は何倍になりますか。**四捨五入して整数で答えなさい。**

⑶　レモン汁《じる》の中にはクエン酸が含《ふく》まれています。レモン汁の中で重曹と反応するのはクエン酸のみで，レモン汁15mLを十分な量の重曹と反応させ，発生した気体Aを集めると275mLでした。レモン汁15mL中にあるクエン酸の重さは何gですか。**四捨五入して小数第２位まで答えなさい。**

⑷　クエン酸12.6gを水に加えてクエン酸水溶液をつくり，ここに水酸化カルシウム8.88gを加えて十分に反応させました。この反応後の水溶液に，重曹10gを入れたとき，生じた気体Aと沈殿Bの重さはそれぞれ何gですか。**四捨五入して整数で答えなさい。生じなかった場合には０を記入しなさい。**

3　豊子さんは，「メダカの卵のふ化」を夏休みの自由研究のテーマにしました。そこで，メダカのオスとメスを購入《こうにゅう》し，$_a$屋内の水槽《すいそう》に入れて飼育し始めました。

ある日の夕方，水槽を見てみると卵が産みつけられていました。そこで卵を取り，別の容器に移して日付を書き$_b$卵の変化を観察することにしました。次の日の昼頃《ひるごろ》には，$_c$卵が付いているメスを見つけました。その後，毎日メダカの観察をしていると卵を産む前に必ず$_d$オスとメスの間で「ある行動」が見られることがわかりました。以下の問いに答えなさい。

⑴　下線部aに関して，メダカの飼い方を説明した次の**あ**～**き**の文章のうち，良好なメダカの飼育環境《かんきょう》づくりとして**誤っている**ものを**２つ**選び，記号で答えなさい。

あ．よく洗った小石や砂を水槽の底にしく。

い．くみ置いた水道水を入れる。

う．水槽は直射日光の当たるところに置く。

え．水草を植える。

お．えさは，毎日２回，食べ残しが出るくらいの量を入れる。

か．水が汚《よご》れたら，くみ置いた水道水か，きれいな池の水と半分くらい入れかえる。

き．タニシやモノアラガイを入れる。

⑵　下線部bの卵の変化に関して，次の**あ**～**お**は卵の変化をスケッチしたものです。卵を取った日からふ化する直前までの順番に並べかえ，記号で答えなさい。

あ．　**い．**　**う．**　**え．**　**お．**

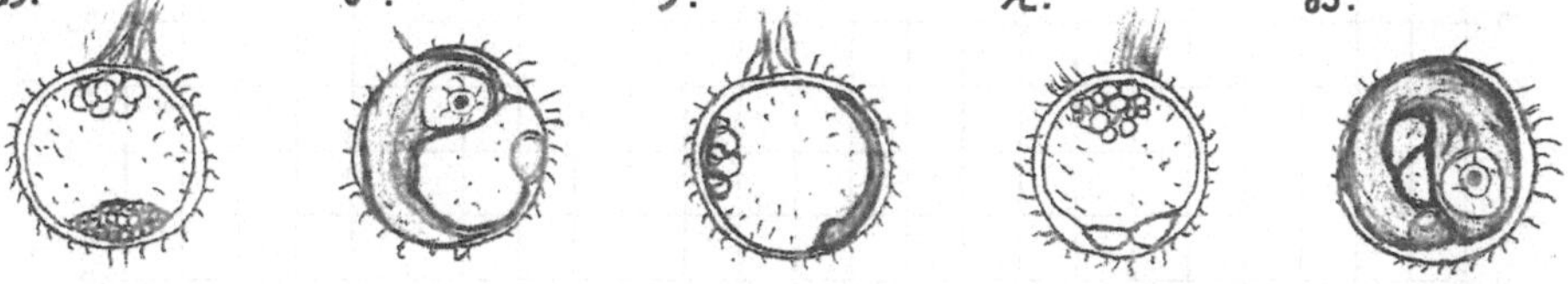

⑶　下線部Cの卵が付いているメスのスケッチとして正しいものを次の**あ**～**か**から１つ選び，記号で答えなさい。

あ．　**い．**　**う．**

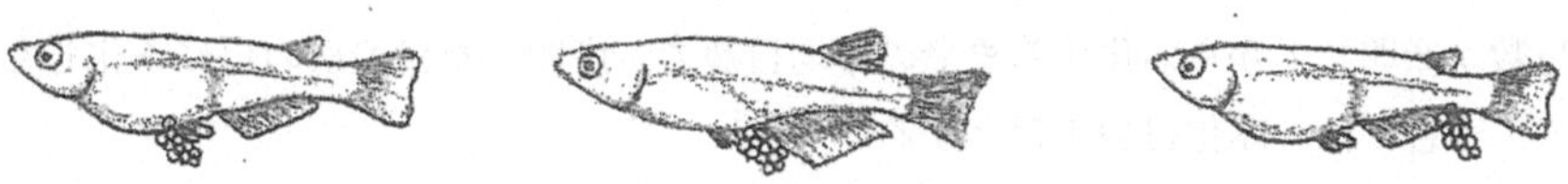

え.
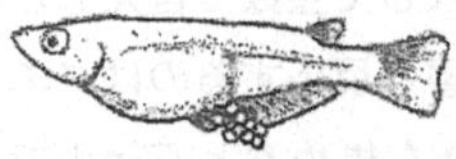
お.
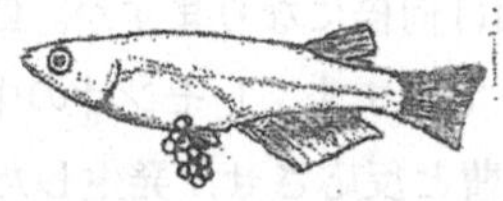
か.

⑷　下線部ｄのオスとメスの間でみられる「ある行動」を次の**あ**～**か**から**３つ**選び，見られる順番に並びかえ，記号で答えなさい。

あ. メスがオスの腹部を口でつつく。

い. メスがオスの周りを円を描《えが》くように泳ぐ。

う. メスとオスが並んで泳ぐ。

え. オスがメスを産卵場所へと誘導《ゆうどう》する。

お. オスが背びれと尻《しり》びれでメスをかかえて体をすりあわせる。

か. オスがメスの後を追うように泳ぐ。

⑸　豊子さんは，水温とふ化率，平均ふ化日数の関係を表す下のグラフを本で見つけました。このグラフを利用して，夏休みの最終日８月31日までに得られる稚魚《ちぎょ》の数を推測《すいそく》してみることにしました。方法は次の通りです。

【方法】

①　卵の採取は８月11日から８月17日までの毎日行う。

②　卵はすべて採取し，直ちに14℃，18℃，22℃，26℃，30℃ の各水温の容器に10個ずつ入れ日付を記入する。

③　８月31日までの各水温での稚魚の総数を数える。

８月31日に最も稚魚数が多くなると予想される水温と，この水温で得られる稚魚の総数を答えなさい。

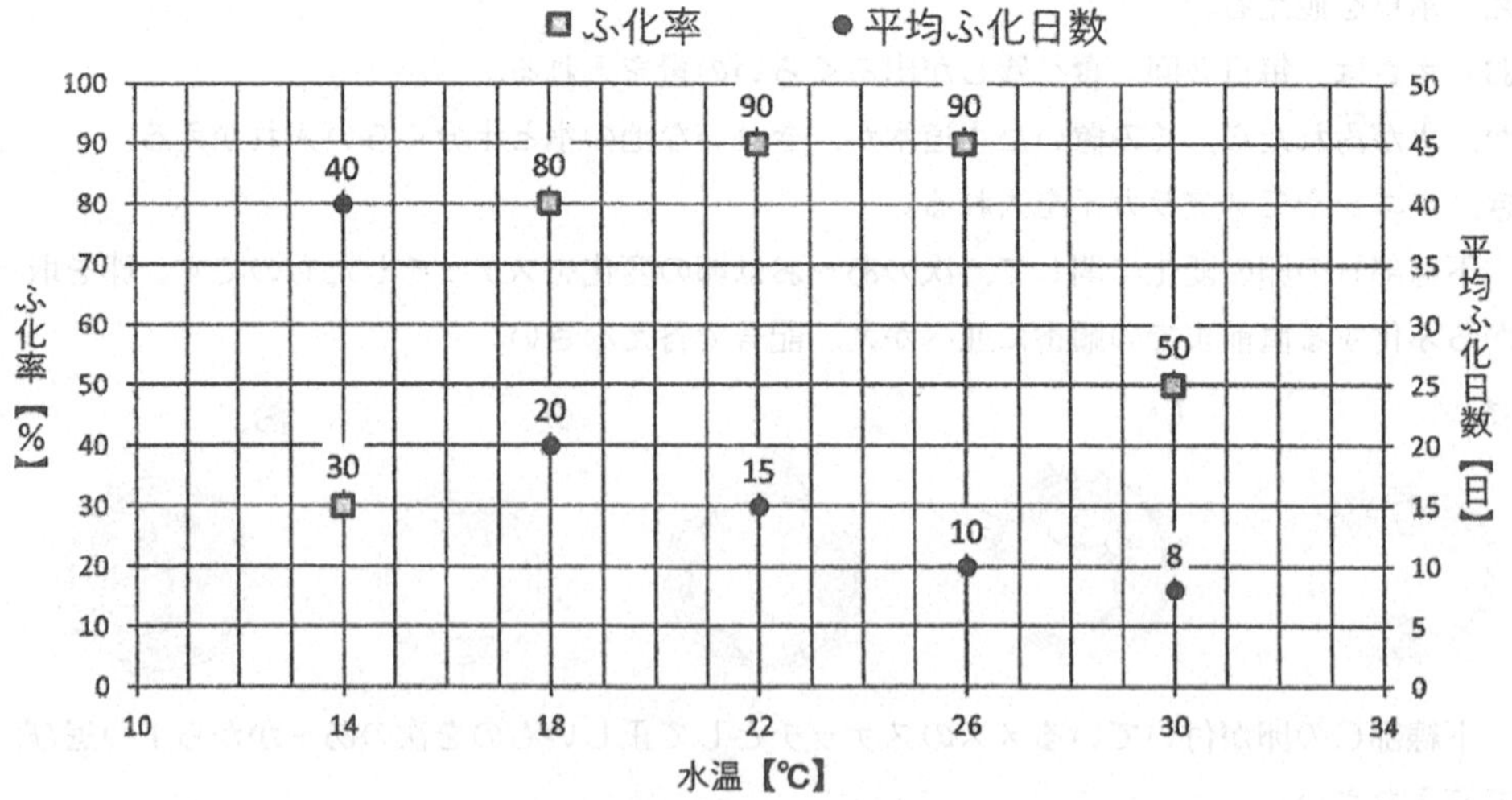

ふ化率：各水温のすべての卵の数に対するふ化した卵の数の割合。 平均ふ化日数：産卵してからふ化するまでの平均日数で，産卵した日の次の日にふ化した場合には，ふ化日数１日とする。

4 下の図は，地球の北極上空から見た太陽・地球・月の位置関係を模式的に表したものです。以下の問いに答えなさい。

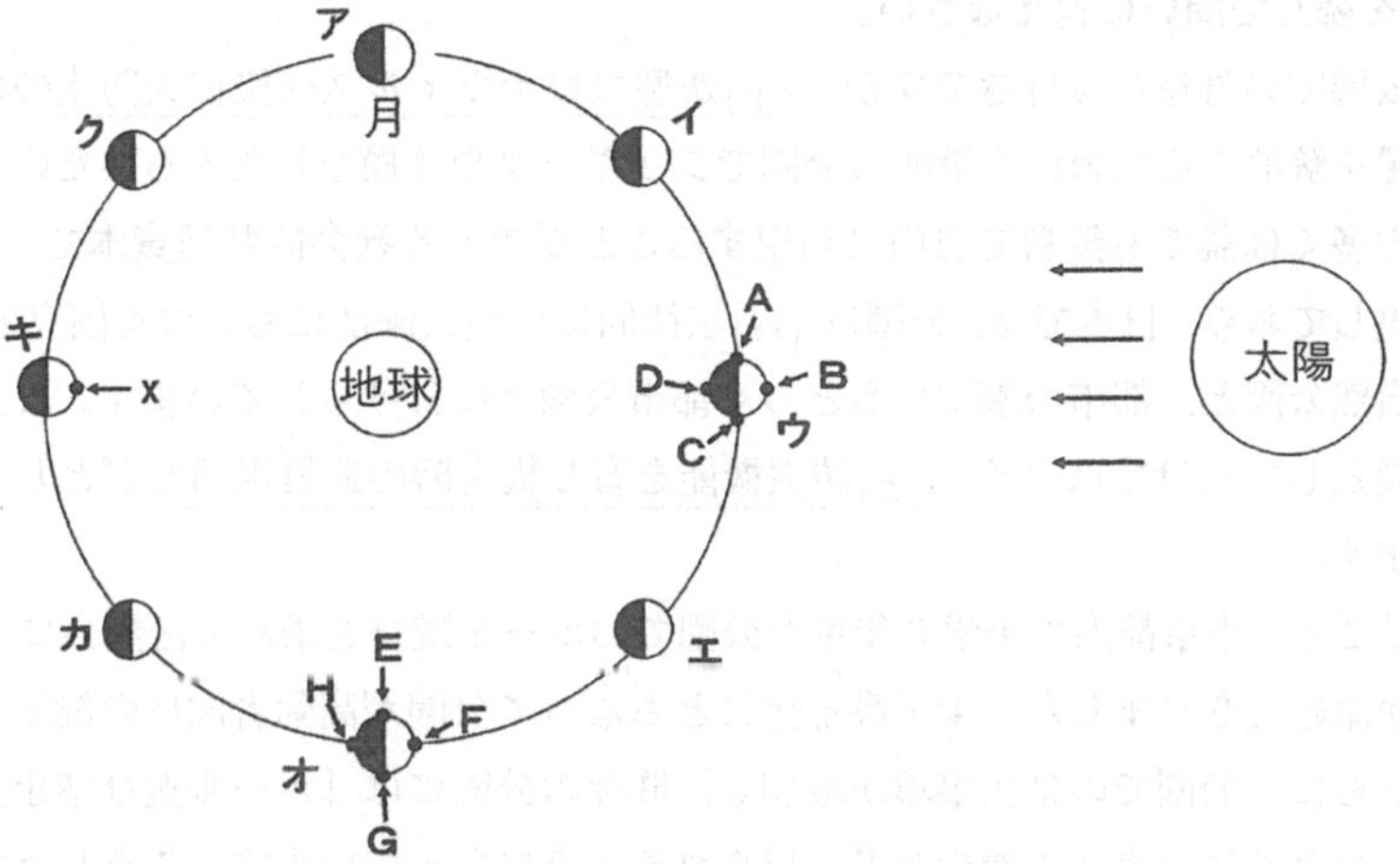

図

⑴ 月が図の**キ**の位置のときの月面上の点 x は，月が**ウ**，**オ**の位置のときでは，**A**～**D**，**E**～**H**のどの点にありますか。それぞれ選び，記号で答えなさい。

⑵ 東京の真南の空に，上弦《じょうげん》の月が見えました。この日から15日後の**【月の形】**を**あ**～**き**から，15日後の月が地平線からのぼってくる**【時刻】**を**く**～**そ**から，最も適当なものをそれぞれ選び，記号で答えなさい。

【月の形】 **あ.**　**い.**　**う.**　**え.**　**お.**　**か.**　**き.**

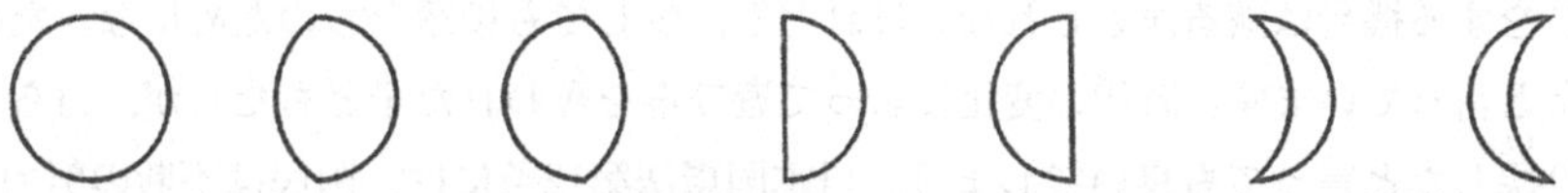

【時刻】 **く.** 午前３時頃《ごろ》　**け.** 午前６時頃　**こ.** 午前９時頃　**さ.** 正午頃
し. 午後３時頃　**す.** 午後６時頃　**せ.** 午後９時頃　**そ.** 真夜中頃

⑶ 次の文章の（①）～（④）に入る最も適当な語句をそれぞれの**【解答群】**から選び，記号で答えなさい。

月は27.3日で地球の周りを１周します。東京で翌日の同時刻に月を見ると，前日の位置より約（　①　）度，（　②　）へ移動して見えます。

また，月が南中する時刻は，翌日には約（　③　）分（　④　）なります。

【①の解答群】 **あ.** 1　**い.** 10　**う.** 11　**え.** 12　**お.** 13
か. 14　**き.** 15

【②の解答群】 **あ.** 東から西　**い.** 西から東　**う.** 南から北　**え.** 北から南

【③の解答群】 **あ.** 12　**い.** 13　**う.** 24　**え.** 26　**お.** 36
か. 39　**き.** 48　**く.** 52　**け.** 60　**こ.** 65

【④の解答群】 **あ.** 早く　**い.** 遅《おそ》く

【社　会】（理科と合わせて50分）　＜満点：50点＞

1　**次の文章を読んで問いに答えなさい。**

皆《みな》さんは公園での外遊びは好きですか。(ア)新型コロナウィルス感染拡大防止のための休校明間中，運動不足を解消するために，近所の公園でジョギングや体操をした人もいたのではないでしょうか。公園の多くは誰《だれ》でも無料で自由に利用することができる社会的共通資本で，(イ)国や地方公共団体が提供しており，日本では，公園は(ウ)法律的に自然公園法にもとづく国立公園，国定公園，都道府県立自然公園と，都市公園法にもとづく都市公園とに分けられています。また，現代の公園は，憩《いこ》いの場としてだけではなく，(エ)防災機能を有し災害時の避難《ひなん》場所などとしても重要な役割を担っています。

一昨年の秋ごろ，東京都内の小学６年生が公園でのボール遊びを求めて区議会に(オ)陳情《ちんじょう》書を提出したことが話題となりました。少子高齢《こうれい》化にともなって公園が高齢者向けの健康器具を備えるようになるとともに，公園での禁止事項《じこう》が増加し，昨今の公園には「ボール遊び禁止」「木登り禁止」「大声禁止」などの注意書きの看板が多く見られるようになっています。こうした状況《じょうきょう》に対し，遊ぶことや大声を出すことは子どもの権利であるとする声もあります。東京都は，環境《かんきょう》確保条例で子どもの声はもちろん，足音，遊具音，楽器音などについても規制の対象から除外しました。また，1989年に国連総会で，すべての子どもに人権を保障する法的拘束《こうそく》力のある国際条約『(　カ　)』が採択《さいたく》されましたが，その第31条には，休んだり遊んだりする権利というのが記載《きさい》されていて，子どもたちが元気に遊ぶことは健やかな発達のための当然の権利と認識されています。

小学生たちの陳情は区議会で審査《しんさ》され，彼らの要望の一部が認められてボール遊びのできる場所や時間帯が拡大したようです，その小学生らは，もうすぐ中学校に進学するので，自分たちがボール遊びをする機会は減るかもしれないけれども，少しでも後輩《こうはい》たちのためになったのならやってよかったと言っています。時代の変化によって遊び場を奪《うば》われた子どもたちが，自らの手で遊ぶ権利を取り戻《もど》したと言っても良いでしょう。日本国憲法第12条には，国民は不断の努力によって(キ)基本的人権を保持しなければならない，と規定されています。憲法に記されている基本的人権を絵に描《か》いた餅《もち》とせず，実現していくのは私たち自身なのです。

問１．下線部(ア)について，このような活動は各自治体で設置している保健所が中心となって行っています。保健所や保健センターの行っている業務について述べた次の文のうち，**適切でないものを一つ選び番号で答えなさい。**

１．飲食店が設置基準を満たしているか確認して営業許可を出している。

２．水質汚濁《おだく》の検査などの環境《かんきょう》衛生，大気汚染《おせん》などの環境保健対策を行っている。

３．乳幼児の発育状況や健康状態を定期的に検査している。

４．年金受給者の問い合わせに応じて受給資格の確認を行っている。

問２．下線部(イ)に関連して，国会と内閣について述べた次の文のうち，**あやまっているもの**を一つ選び番号で答えなさい。

１．内閣が国会に提出する予算の原案は，省庁が作成に関わっている。

２．衆参両院で可決して成立した法案は，内閣総理大臣によって公布される。

３．内閣総理大臣は，国会の指名にもとづいて天皇が任命する。

４．内閣は，不信任案が可決されなくても，衆議院の解散を決めることができる。

問３．下線部(**ウ**)にもとづいて，刑事事件では検察官が容疑者を裁判所に訴《うった》えることになっていますが，そのことを何といいますか，漢字２字で答えなさい。

問４．下線部(**エ**)に関連して述べた次の文のうち，最も適切なものを一つ選び番号で答えなさい。

１．大雨などで自治体から警戒レベル３と発表されたら，高齢者《こうれいしゃ》などは避難《ひなん》を開始する。

２．大雨や台風接近時には，川や用水路を直接見に行き様子を確認するほうが良い。

３．大きな揺《ゆ》れの地震《じしん》が発生した際にガスコンロを使用していた時は，いち早くその火を消す。

４．小学校・中学牧では，防災の日に避難場所まで避難する訓練が義務づけられている。

問５．下線部(**オ**)に関連して，国や地方公共団体に対して国民が請願《せいがん》する権利は憲法第16条で保障されています。このように，憲法の条文によって保障されている権利について述べた次の文のうち，**あやまっているもの**を一つ選び番号で答えなさい。

１．私有財産を公共のために収用されたときは，正当な補償《ほしょう》を求めることができる。

２．政府の過失によって損害を受けたときは，賠償《はいしょう》を求めることができる。

３．刑事被告人は，裁判所での裁判を非公開にすることを求めることができる。

４．無実の罪で抑留《よくりゅう》・拘禁《こうきん》されていた場合は，補償を求めることができる。

問６．空らん(**カ**)にあてはまる条約名を答えなさい。

問７．下線部(**キ**)に関連して，基本的人権の尊重のほか，国民主権と平和主義が日本国憲法の三大基本原理とされています。このうち，憲法第９条で定められている平和主義の要素は，戦争の放《ほう》棄《き》(武力の不行使)，交戦権の否認と，あと一つを何といいますか，５字または６字で答えなさい。

2　**次の文章を読んで問いに答えなさい。**

昨年は，(　ア　)が完成してから1300年でした。(　ア　)は中国にならって編纂《へんさん》された正式な歴史書で，天地の始まりから持統天皇の治世までが記されています。しかし，神話の時代のことが書かれ，初代の神武天皇が即位したのが現在の時代区分では(イ)縄文時代にあたる紀元前660年のこととされるなど，実際の出来事とは思えないことも多く記されています。それは，過去の事実を単に記すのではなく，天皇や朝廷《ちょうてい》の正当性を示すという意図があって作られたものだからです。(　ア　)に続いて朝廷では五つの歴史書が作成されましたが，887年の記事を最後に正式な歴史書は途絶《とだ》えます。

武家政権の時代になると，幕府でも歴史書が編纂《へんさん》されるようになります。鎌倉時代の『吾妻鏡《あずまかがみ》』は，源頼朝の挙兵から(ウ)北条政村が７代執権に就いていた1266年に将軍宗尊《むねたか》親王が京都に送り還《かえ》されるまでが記されてぃますが，幕府の事清によって事実が改められて記述されたところもあります。また，(エ)江戸幕府のお抱《かか》えの学者である林家によって『本朝通鑑《ほんちょうつがん》』が作成され，神武天皇から江戸幕府が成立した時の後陽成《ごようぜい》天皇まで，儒教《じゅきょう》の考えにもとづいて書かれてしているとされています。

このほか，個人の手による歴史書にも有名なものがあります。摂関家《せっかんけ》に生まれながら延暦寺の僧の長である(オ)天台座主《ざす》となった慈円《じえん》が著した『愚管抄《ぐかんしょう》』は，鎌倉時代の初めに書かれ，道理によって歴史の変化をとらえています。南北朝時代の北畠親房《きたばたけちかふさ》が著わした『神皇正統記《じんのうしょうとうき》』は，(カ)南朝の正統性を歴史的に説き明かそうとしたといいます。さらに江戸時代の学者で政治にも携《たずさ》わった新井白石は，『読史余論《どくしよろん》』において江戸幕府の成立に至る歴史を叙述《じょじゅつ》し，独自の時代区分を示しています。これらはいずれも，すぐれた歴史観によって書かれたものとして高く評価されています。

明治時代になると，(キ)欧米から多くの学者や技術者が招かれ，近代的な学問･技術がもたらされました。歴史学においても，(ク)文字で書かれた史料にもとづいて実証《じっしょう》的に研究する手法が採り入れられ，これによって，歴史の叙述も飛躍的《ひやくてき》に発展しました。その一方で，天皇制が強調されることにより，天皇の絶対性とその統治する日本の世界に対する優位性を説く皇国史観という歴史観も生まれ，それが(ケ)近代日本の海外進出を正当化する根拠《こんきょ》として利用されました。

歴史書における叙述は，過去の事実を客観的に記すのではなく，特定の意図をもって書かれることもしばしばです。現在の歴史学では，史料を利用するだけでなく，考古学・歴史地理学・文化人類学・民俗学《みんぞくがく》など関係諸学の成果を採り入れた研究が進展しています。これに対し，自分の思い描《えが》く歴史を都合よく語っている書物やインターネット情報が多くみられるのも事実です。何が正しいのか，歴史を批判的に読み解く姿勢が大切です。

問１．空らん(ア)にあてはまる歴史書を，漢字で答えなさい。

問２．下線部(イ)の特徴《とくちょう》を説明した文として，最も適切なものを次から一つ選び番号で答えなさい。

１．石を磨《みが》いて作った磨製《ませい》石器や，動物の骨や角で作った骨角器が使われた。

２．牛馬を利用した耕作が行われ，草や木を灰にしたものが肥料とされた。

３．日本列島は大陸と地続きで，ナウマン象やマンモスが渡《わた》ってきた。

４．当時の生活の様子が描かれた銅鐸が作られ，祭りに使われた

問３．下線部(ウ)よりも後に起こった出来事を，次から**すべて選び年代の古い順**に番号で答えなさい。

１．永仁の徳政令の発布　　２．御成敗式目の制定　　３．源実朝の暗殺

４．モンゴルの襲来《しゅうらい》　　５．六波羅探題の設置

問４．下線部(エ)に関連して，江戸時代の学問について説明した次の文のうち，**あやまっているもの**を一つ選び番号で答えなさい。

１．外国の影響《えいきょう》を受けていない日本古来の考え方を明らかにしようとする国学が発展した。

２．鎖国体制をとっていたため，西洋の学問は採り入れられなかった。

３．諸藩は家臣を育成する藩校を創設したり，庶民《しょみん》は寺子屋で読み書きを習ったりした。

４．身分の区別を説く儒学《じゅがく》が重視され，そのうちの朱子学が正学とされた。

問５．下線部(オ)について，天台宗と同じころに日本にもたらされた宗派として真言宗がありますが，その教えの内容を説明した文として，正しいものを次から一つ選び番号で答えなさい。

１．阿弥陀仏にすがることにより極楽浄土《じょうど》に往生《おうじょう》することができる。

２．座禅《ざぜん》に集中することにより悟《さと》りに至る。

３．三密の修行《しゅぎょう》をすることにより仏と一体化することができる。

４．南無妙法蓮華経と唱えることにより救われる。

問６．下線部(カ)に関連して，天皇の正統性を示す宝物と，戦後の高度経済成長期に人々の豊かさを象徴《しょうちょう》した家電製品は，同じ用語で総称《そうしょう》されましたが，それを何といいますか，答えなさい。

問７．下線部(キ)の一人で，大日本帝国憲法発布の様子を日記にも記しているドイツ人医学者を，次から一人選び番号で答えなさい。

１．クラーク　　２．コンドル　　３．ビゴー　　４．ベルツ　　５．モース

問８．下線部(ク)について，次のページの史料は江戸時代のある事件に関するものです（現代語訳

したものを一部省略）。この史料中の下線部について，その原因として最も適切なものを，下から一つ選び番号で答えなさい。

> この頃《ごろ》は米価はますます高騰《こうとう》しているが，大坂（阪）の町奉行や役人たちは，好き勝手の政治をしている。彼らは江戸に米を回しているが，天皇のいらっしゃる京都には米を回さない。……その上勝手なお触《ふれ》書《が》きなどを出し，大坂市内の大商人ばかりを大切に考えている。……隠居《いんきょ》している自分だが，もはや我慢《がまん》できず，……やむをえず天下のためと考え，……まず，民衆を苦しめてきた役人たちを討ち，さらにおごり高ぶってきた大坂の金持ちの町人たちも討つ。そして，彼らが持っている金銀銭や，蔵屋敷に隠《かく》している俵米を人々に配る。
> ……

１．上げ米の制　　２．浅間山の噴火《ふんか》　　３．天保の飢饉《ききん》
４．日米修好通商条約の調印　　５．明暦の大火

問９．下線部(**ケ**)について説明した次の文のうち，正しいものを一つ選び番号で答えなさい。
１．日清戦争に勝利した日本は，遼東半島と台湾を得てそれらを植民地とした。
２．日露戦争直前に日本は欧米諸国との不平等条約をすべて改正し，日英同盟を締結《ていけつ》した。
３．第一次世界大戦を機に日本は中国における利権を拡大させ，中国で反対運動が起きた。
４．国際連盟を脱退《だったい》した日本は，日独伊三国同盟や日ソ中立条約を結んで日中戦争を始めた。

3 次の問いに答えなさい。

問１．右の地図は，国土地理院発行２万５千分の１地形図「武蔵日原《にっぱら》」の一部です。図中の●１～４の地点のうち，降った雨が**◆のところを流れない**と読み取れる地点を一つ選び番号で答えなさい。
（編集の都合で90％に縮小してあります。）

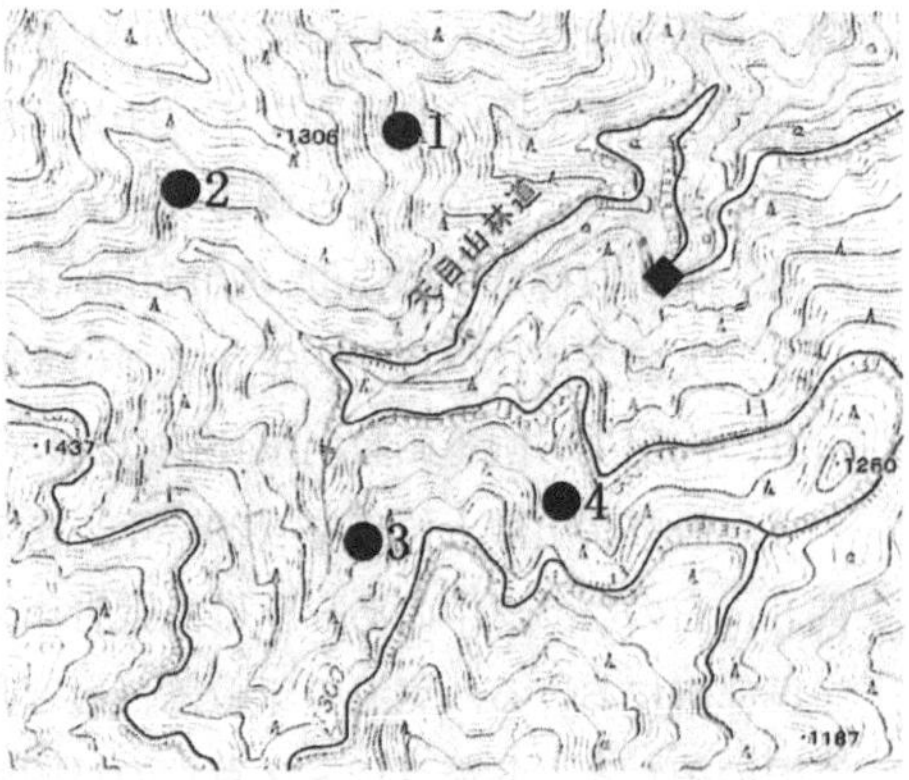

問２．豊田市のように，ある特定の大きな会社を中心に地域の経済が発展した自治体のことを何と呼びますか，漢字５字で答えなさい。

問３．春先に日本海で低気圧が発達し，南風が吹くことによって北陸地方で季節外れに気温が高くなることがあります。この時に起こっている現象を何といいますか，答えなさい。

問４．右のグラフは，都道府県別の海岸線の長さを割合で示したものです(2017年)。図中の**あ**にあてはまる都県を次から一つ選び番号で答えなさい。
１．岩手　　２．高知　　３．東京
４．長崎　　５．三重

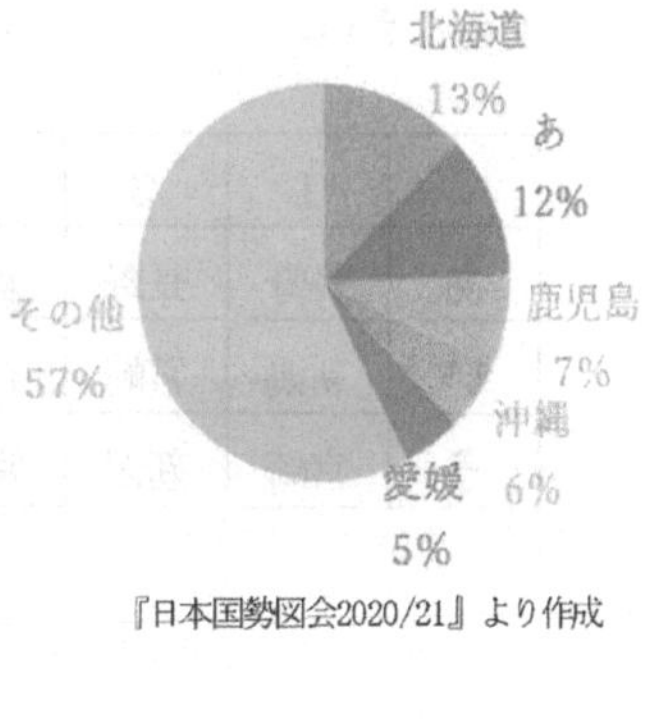

『日本国勢図会2020/21』より作成

問５．右の図中の点は，セメント工場所在地を示したものです（『日本国勢図会2020／21』より作成)。この図から読み取れるセメント工場が分布する条件として，最も適切なものを次から一つ選び番号で答えなさい。

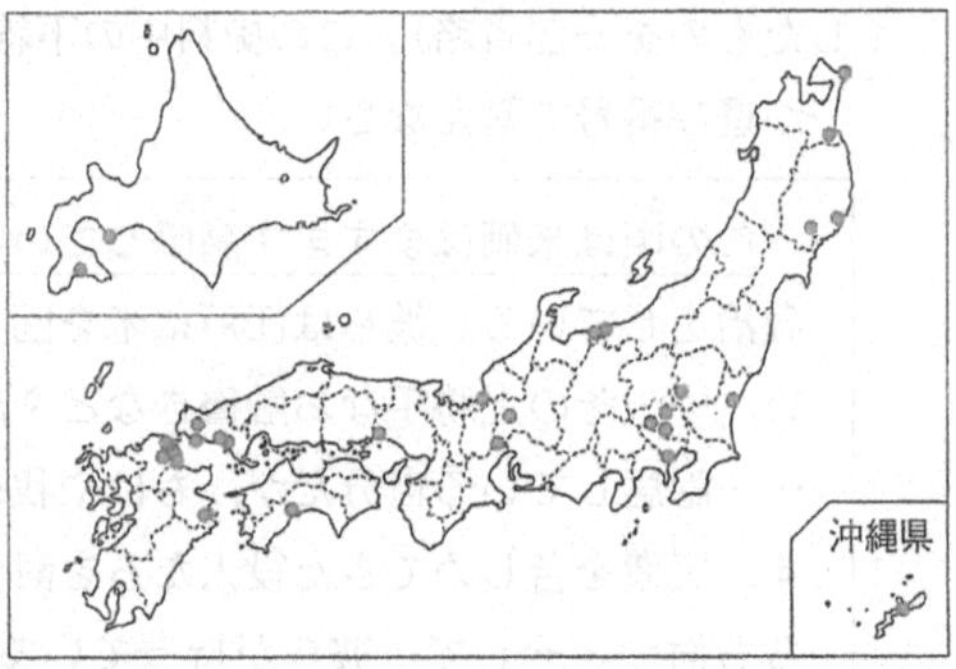

１．人口が多い大都市圏《けん》に分布する。
２．降雪量が多い地或に分布する。
３．石灰岩が採れるところに分布する。
４．大きな空港のそばに分布する。

問６．次の表は，沖縄県，神奈川県，広島県における旅客輸送量（2017年）を示したもので，表中の１～４は，海上（千人)，航空（千人)，営業用自動車（百万人：路線バス・観光バス・タクシーを含《ふく》む)，鉄道（百万人）のいずれかの旅客輸送手段です。このうち，海上輸送にあたるものを選び番号で答えなさい。

	1	2	3	4
沖縄県	10464	4885	66	18
神奈川県	—	598	806	2916
広島県	1221	9551	144	208

『データでみる県勢2020』より作成

問７．都道府県別の食料自給率が100パーセントを超《こ》える道県は北海道，秋田県，山形県，青森県，新潟県，岩手県の６道県です（2017年度，『データでみる県勢2020』以下出典同じ)。これらの道県の共通点として，最も適切なものを次から一つ選び番号で答えなさい。
１．米の収穫量《しゅうかくりょう》上位15位（2017年）までにすべて含まれる。
２．人口下位15位（2018年）までにすべて含まれる。
３．肉用牛の飼養頭数上位15位（2018年）までにすべて含まれる。
４．農業産出額上位15位（2017年）までにすべて含まれる。

問８．右のグラフ中の**あ**～**う**は，長野市，新潟市，宮崎市の三都市における，気温の年較差《ねんかくさ》（最寒月と最暖月の平均気温の差）と，冬季（12～２月）の日照時間を示したものです(どちらも1981～2010年平均)。**あ**～**う**の都市名の組み合わせとして，正しいものを下の表の１～６から選び番号で答えなさい。

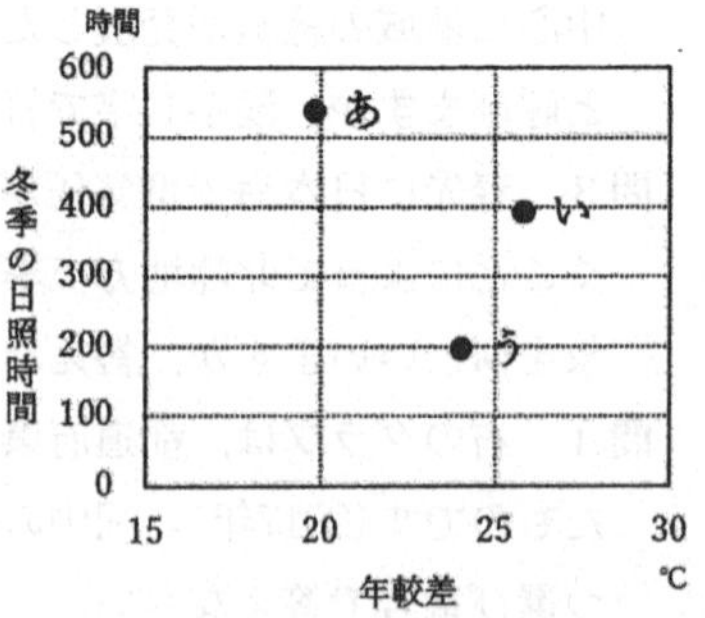

気象庁のデータより作成

	1	2	3	4	5	6
あ	長野	長野	新潟	新潟	宮崎	宮崎
い	新潟	宮崎	長野	宮崎	長野	新潟
う	宮崎	新潟	宮崎	長野	新潟	長野

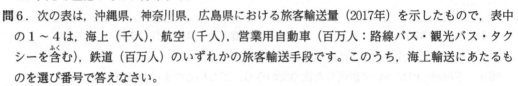

問９．近年，漁師が森に木を植える活動が各地でみられますが，それは林業だけでなく漁業にとっても大きな利点があるからです。漁業にとって植樹をする利点を30字以内で説明しなさい。その際，次の用語を必ず使用しなさい。

「河川」　［好漁場］

ウ　何をしてもうまくいかない辛《つら》い現状を共有しようとした。

エ　現状を打開すべく自分の思いを打ち明けようとした。

オ　好意を寄せている相手の気持ちを確認しようとした。

問八　――線⑤「そんな答え」とありますが、この部分についての説明として最も適当なものを次のア～オの中から一つ選び、記号で答えなさい。

ア　自分のもやもやした気持ちを晴らそうととりあえず言葉をかけたが、表情をあまり見せない相手に戸惑《とまど》い、苦し紛《まぎ》れでぶしつけな言い方をしてしまった。その結果得られた、好きな人が心に抱《いだ》く悩《なや》みが伺《うかが》える応答。

イ　ようやく辛《つら》い内面を理解してくれる友達と出会えてうれしかったが、はっきりうれしさを伝えるのも無粋《ぶすい》に思われた。そこでその場の雰囲気《ふんいき》を壊《こわ》さないよう、聞かれたことに対し簡潔に答えている応答。

ウ　自分が置かれた状況《じょうきょう》に耐《た》え切れず意を決して言葉をかけたが、親密な関係が築けていないのに内面に触《ふ》れるようなことを聞いてしまった。にもかかわらず素直に答えてくれている応答。

エ　クラスが同じだとはいえ、ほとんど話したこともない相手から突《とつ》然《ぜん》理不尽《りふじん》な言葉を投げかけられた。怒《いか》るべき部分は多々あるが、好意を不器用な形で表現してくる相手をかわいらしく思って出た応答。

オ　とにかく息苦しい状況《じょうきょう》から解放されるために言葉をかけたが、思いがけずある種の秘密を共有することができた。結果、お互《たが》いの息苦しさが解き放たれていくことに小気味よさがそこはかとなく感じられる応答。

問九　══線X・Yの表現の効果について、心情の変化に触《ふ》れながら四十五字以内で説明しなさい。

B「ぼそっと」
ア　小声でつぶやくように言うさま
イ　暗い表情でひとり過ごしているさま
ウ　何もしないでぼんやりしているさま
エ　穴があいたかのように空白の部分ができるさま
オ　事情がのみこめず目を見開いているさま

問三　――線①「どうして～のかな」の答えとして最も適当なものを次のア～オの中から一つ選び、記号で答えなさい。
ア　表情豊かに人と接することがそもそも得意ではないから。
イ　学校には遠足と運動会という避《さ》けたい行事があるから。
ウ　授業では漢字を覚えなければならず乗り気がしないから。
エ　人間関係を築いていくのがわずらわしく嫌《いや》になるから。
オ　学校自体好きではなくのびのびとふるまえないから。

問四　――線②「中村を見ていると～腹が立ったりした」の説明として最も適当なものを次のア～オの中から一つ選び、記号で答えなさい。
ア　なぜだか分からないが中村を好きになってしまい、思いを伝えられずに辛《つら》い。
イ　中村の気をひいても反応がとぼしく、どうすればいいのか途方《とほう》に暮れている。
ウ　親しい友達とは距離《きょり》が生まれたが、中村に好意を寄せることをやめられない。
エ　中村と話している友達を見て、うらやましく思うと同時に妬《ねた》ましく思っている。
オ　中村を好きになって以来、感情が制御《せいぎょ》できなくなり心がかき乱されている。

問五　――線③「どうして～わからない」とはどのような心情ですか。次の説明文の空らんに入る最も適当な言葉を本文中よりそれぞれ二字で探し、抜《ぬ》き出しなさい。

好きになるというのは思いが（　A　）深まり告白するという（　B　）をとると思っていたのに、中村を（　C　）好きになってしまった自分自身がいて、落ち着けないでいる。

問六　本文中には「ぼく」とその友だちとのかけあいが挿《はさ》まれています。その効果の説明として最も適当なものを次のア～オの中から一つ選び、記号で答えなさい。
ア　友だちとの会話や遊びに集中できない様子を書くことで、恋《こい》する自分に酔《よ》う「ぼく」の内面を暗に示そうとしている。
イ　眼鏡《めがね》を外《はず》したり遊びの輪から外れる様子が、中村に夢中になる「ぼく」の様子を連想させる関係になっている。
ウ　友達に無愛想に応じる「ぼく」と対照させることで、中村の虜《とりこ》となっている「ぼく」を浮《う》き彫《ぼ》りにしようとしている。
エ　眼鏡《めがね》を外してもなお中村がはっきり見えてしまう「ぼく」の様子を描《えが》く呼び水のような役割を果たしている。
オ　落ちつかない言動を繰《く》り返す「ぼく」を描《えが》くことで、中村のことで地に足がつかない「ぼく」の様子を印象づけている。

問七　――線④「校門で中村に声をかけた」意図の説明として最も適当なものを次のア～オの中から一つ選び、記号で答えなさい。
ア　どうしようもなく続く息苦しさをやりすごそうとした。
イ　自分が苦しむ状況《じょうきょう》にこれ以上逃《に》げずに向き合おうとした。

一体ぼくはどうなってしまったんだ。好きになるって、変な能力をアップさせてしまうのだろうか?

五、六時間目の授業をなんとかクリアしたぼくだったけど、遠くから眺《なが》めていたり、背中を見ないように下を向いたり、このままの状態が続いていくのはなんだか耐《た》えられなくなってきた。

Y好きって、きついよ。

決心をしたぼくは、④校門で中村に声をかけた。

「中村、え～と」

「何?」

中村の無表情に、逃《に》げ出したくなったぼくは、何を言ったらいいかわからなくなった。

そしてぼくの口から出た言葉は、「なんで、いつも思い切り笑わないの? なんでいつもほほえんでいるの?」だった。

最低だ、ぼく。失礼だ、ぼく。好きになるって、きつすぎる。

中村はぼくを見つめて、ほほえみを浮《う》かべ、答えた。

「だって、学校、嫌《きら》いだから。嫌《きら》いな場所で心から笑うなんてできないよ、西山」

え?

⑤そんな答えが返ってくるなんて思ってもみなかった。って、ぼくはどんな答えを期待していたんだろう。

「中村、勉強がきらいなの?」

「好きなのも嫌《きら》いなのもあるよ。算数は好き。国語は嫌《きら》い」

「そっか。ぼくも算数は割と好きだな。成績は悪いけど。国語は、漢字を覚えるのがたるいな。中村、勉強が嫌《きら》いってわけじゃないんだ」

「そう。学校が嫌《きら》いなだけ」

「え～と。じゃあ、学校の外では、ギャハハとか笑うの?」

だめだ。ぼくは何を言っているんだろう。ああ、もう、早くこの場から立ち去りたい。

でも、ぼくは中村から目をそらさなかった。ってか、やっぱり見ていたかった。

「ギャハハはないよね、西山」と中村はぼくをにらみつけた。

「ないか。ごめん」

「ハハハだったらあるかも」

「そっか。それ、見てみたい」

「なんだ、それ。西山、大丈夫《だいじょうぶ》?」

どうなんだろう。ぼくは答えた。

「大丈夫《だいじょうぶ》じゃないかも」

（ひこ・田中《たなか》『好きって、きつい。』）

問一 「ぼく」の氏名を五字で答えなさい。表記は本文中のものに従うこと。

問二 ――線A「目新しい」、B「ぼそっと」の本文中の意味として最も適当なものを次のア～オの中から一つ選び、それぞれ記号で答えなさい。

A 「目新しい」

ア もの慣れない感じである　イ いまの世にあった風である

ウ 清らかでけがれのない　エ 本当にまったく新しい

オ いままで見たことがない

い。

X好きって、きつい。

十日も過ぎた頃《ころ》、いつも目で追ったり、写真を眺《なが》めたりする自分ってストーカーみたいだって思った。

やっぱり、本当に好きになるって、段々気になり始めて、好きって告白するっていう順番に進むことで、ぼくのはおかしいんじゃないかって不安になり始めた。

中村ばかり見ている自分がいやで、ぼくは中休みに眼鏡《めがね》を外した。みんなの顔がボーッとしか見えない。

「イオリ、なんで眼鏡《めがね》を外しているの？」とルイ。

「こうしていたら、目ががんばって見ようとするから近視がよくなる」

「眼科で、そう言われたの？」とルイ。

「言われてない」

「なんだよそれ」とタクト。

「ぼくが考えた」

「なんだよ、それ。で、どうよ」とまたタクト。

ぼくは二人の間から教室のみんなを見た。輪郭《りんかく》がぼんやりしていて、誰《だれ》が誰《だれ》かはあんまりわからない。だけど、そのぼんやりとした輪郭《りんかく》の中のどれが中村かはわかった。いつも上野の席に座っているからかなと思ったけど、上野と高木はどっちがどっちかよくわからない。

「イオリ、聞いてる？」

ルイがぼくの顔を覗《のぞ》き込《こ》んでいた。

「あ、ごめん。やっぱり思いつきだったわ」

「あっさり、自分の仮説を引っ込《こ》めるのな」とタクトが笑った。

「間違《まちが》いはすぐにあらためるのが、ぼくの良いところ」

と言いながらぼくは、眼鏡《めがね》をかけた。

昼休み、校庭でぼくたちはいつものようにパス回しをして遊んだ。桜の木の下に、中村と上野と高木が集まって話をしているのが見える。ぼくの視線はまた中村に貼《は》り付いてしまった。

だめだ。

「イオリ、パス」

タクトの声がして、ぼくの横をサッカーボールが転がっていった。

「まじめに遊ぼうな」とルイが言って、「まじめに遊ぶのは変だろ」とタクトが笑った。

「あ、悪いけど、ぼく、疲《つか》れたから休憩《きゅうけい》」とぼくが言うと、「体力なさすぎだろ」とタクトが言いながら手を振《ふ》った。

ぼくはベンチに移動して座った。やっぱりぼくは中村から目を離《はな》せない。

ぼくはまた、眼鏡《めがね》を外してみた。そして中村たちのいる方を見た。上野と高木は、どっちがどっちか全然わからないけど、こんなに離《はな》れていても中村はわかった。中村だけにピントがあっているわけじゃない。中村もボーッとしか見えないけれど、あれが中村だってことはわかった。

そんなの、理屈《りくつ》に合わないって、ぼくの中のぼくが主張する。そして、ぼくも、そっちの意見の方が正しいと思う。だけど、ぼくの裸眼《らがん》は中村を他の人と区別できている。

思っていなかった。

　アイドルをテレビやネットで見て、可愛《かわい》いなと思ってすぐに好きになるっていうのはあるかもしれない。でも、中村とは五年生から一緒《いっしょ》で、どんな女子かは詳《くわ》しく知らなくても、クラスのメンバーとして、見慣れた女子の一人だった。中村はぼくにとって、そしてぼくは中村にとって、別にA目新しい存在ではない。ぼくが六年二組のクラスの一員っていうのと同じように、中村もクラスの一員。それだけだった。それが、③どうして、こんな気持ちになるか、ぼくにはわからない。

　好きになったとしても、ぼくは中村と付き合いたいとか、そんなことを全然思っていない。ただ、中村が気になって、中村を探して、中村を見ていたいだけだ。

　だいたい、ぼくは中村のことをどれだけ知っているだろうか？

　クラスの一員。大声で笑わない。話すときは小さな声。授業の時に自分から手を挙げたことはないような気がする。ぼくはこれまで中村を気にとめていなかったから、もしかしたら自分から手を挙げるのをぼくが知らないだけかもしれないけど。髪《かみ》はツインテール。これだって今まではどうだったか、ぼくは知らない。記憶《きおく》にない。

　ぼくが持っている中村の情報はそれくらいだ。それなのにぼくは、中村を好きになっている。

　十一年も生きてきたのにぼくは、好きになるってことを、全く誤解していたのだろうか？

　家に帰ってからのぼくは、アルバムを広げて、遠足や運動会でのクラス写真を眺《なが》めるようになった。写真の中の中村を眺《なが》めていたかった。

　五年生の遠足で行った科学館の前での集合写真の中村は右端《みぎはし》二列目に立っていて、無表情だ。小さな写真なのでぼくは、虫眼鏡《めがね》を出してきて拡大したけど、間違《まちが》いなく無表情だった。五年生の運動会クラス対抗《たいこう》で勝ったときの写真ではみんながはしゃいでいろんなポーズを決めて笑っているけど、中村はBぼそっと立って無表情。実はぼくもそうなんだけど、ぼくの場合は運動会が苦手だからだ。中村もそうなんだろうか？中村は遠足も運動会も嫌《きら》いなんだろうか？

　写真を見てわかったのは、中村は遠足でも、運動会でもツインテールだったってこと。それだったら今までも、ずっとツインテールなのかもしれない。

　無表情で無愛想でも、ぼくは写真の中の中村も好きだった。

　中休み、タクトとルイの隙間《すきま》から中村を眺《なが》め始めて一週間が過ぎた。ぼくはなるべく見ないように、見てしまってもすぐに目をそらすように努力したけど、それでも、すぐに見たくなった。ツインテールの左側に時々触《ふ》れるのとか、長いまつげがパチパチ動くのとか、ちょこっとだけ肩《かた》をすくめるのとか、そして薄《うす》いほほえみとか、それら全部が好きだった。

　授業中、中村のツインテールも、首も、肩《かた》も、みんな見たいし、でも見たくないし、見るのが怖《こわ》いし、ぼくは下を向いたり、黒板に集中したりして、時間を過ごしていた。

　ぼくは、誰《だれ》かを好きになると、浮《う》き浮《う》きして、楽しくなって、幸せになって、飛び回りたくなる、そんな想像をしていたけど、これってそういうのとは全然違《ちが》った。

　いつも、落ち着きがなくて、友だちとの会話にも乗れなくて、息苦し

ら。

ウ　相手がどのような形態で情報を伝達してきても、師弟関係の基盤《きばん》を整えていく上で特に問題にしなければならないことではないから。

エ　一見意味のないように見えても先生からのメッセージというだけで価値が生まれ、そこに学びがあるかどうかは問題ではないから。

オ　師弟関係において先生という存在は絶対的であり、どんな些細《ささい》なことからも教えを汲《く》み取ろうと努めることは弟子として当然だから。

問八　筆者は「学び」をどのようなものと考えていますか。五十字以内で説明しなさい。

二　次の文章を読んで、後の一から九までの各問いに答えなさい。

（ただし、字数指定のある問いはすべて句読点・記号も一字とする。）

授業が終わってぼくは、逃《に》げるように家に帰った。リュックをダイニングのフローリングに投げ出して、コップに水を入れて一気に飲んだ。それから自分の部屋に入ってベッドに仰向《あおむ》けにひっくり返った。

「どう考えても、これは好きってことだよな」とぼくは口にだして言ってみた。それだけでまたぼくの心臓はトクトクと勢いよく血を流し始めた。

目を閉じると中村のほほえみが浮《う》かんでくる。まずいと思ったぼくは目を開けた。

ぼくは、中村が好きだ……。

今日の中休み、ほほえみかけられるまでぼくは、中村を好きとか嫌《きら》いとか思ったことはなかったと思う。①どうしていつも大声で笑わないで、ほほえむのかなって気になっていたけど、それは好きとは関係ないだろう。違《ちが》うのかな？

なんだかよくわからなくてぼくは不安だった。

この日から、ぼくは自分がすっかり別の人間になってしまったような気がした。

ぼくの頭の中は中村のことで一杯《いっぱい》になり、気づくとすぐに中村を見ていた。教室でも廊下《ろうか》でも運動場でも、中村を探していた。

②中村を見ているとドキドキするけど、ホッとして、ちょっと泣きたくなって、そんな自分に腹が立ったりした。

タクトたちとは、今まで通り、話をしているつもりだけど、すぐに会話から離《はな》れてしまう。「イオリ、集中力をどこに置き忘れてしまったんだよ」とタクトにあきれられ、「調子の波は誰《だれ》にもあるし、イオリは今テンションが低い時期なんだよ」とルイになぐさめられた。

ルイにはそう言われたけど、ぼくのテンションはきっと高い。だって、中村のことで頭がいっぱいで、いつも熱いのだから。仲の良いタクトやルイより、中村のことの方が気になる。ぼくは友だちに冷たくなってしまった。

誰《だれ》かを好きになるっていうのは、少しずつ、ああ、いいなと思っていくのから始まるって考えていた。それから、付き合ってくださいって告白して、ＯＫなら、休みの日に一緒《いっしょ》に遊びに行ったりする。そんな風に考えていた。

まさか、ちょっとほほえまれただけで、突然《とつぜん》好きになってしまうとは

いますか。最も適当な言葉をこれより後の本文中より五字で探し、抜《ぬ》き出しなさい。

問三　——線②「愛の告白」を説明した以下の文の空らんに入る最も適当な言葉を本文中より七字で探し、抜《ぬ》き出しなさい。ただし、空らんには同じ言葉が入ります。

愛の告白は、相手の（　　　　　）を伝える言葉であるとともに、相手に対する自分の（　　　　　）を確認するものである。

問四　空らん ③ に入る言葉として最も適当なものを次のア～オの中から一つ選び、記号で答えなさい。

ア　人生の意義を教えられている
イ　師への否定的評価を覆《くつがえ》している
ウ　師への感謝を表している
エ　教育の真の意味を理解している
オ　自分の存在を根拠《こんきょ》づけている

問五　——線④「先生というのは、『みんなと同じになりたい人間』の前には決して姿を現さない」とありますが、これについて以下の問に答えなさい。

Ⅰ　「みんなと同じになりたい人間」の前に現れる人とはどのような人ですか。その説明として最も適当なものを次のア～オの中から一つ選び、記号で答えなさい。

ア　誰《だれ》もが教えられるようなある種の情報や技術を提示できる人。
イ　検定試験の合格や免状《めんじょう》の取得にも学びの価値を見い出せる人。
ウ　学びの副次的な事柄《ことがら》と本質的なものとを正しく区別できる人。
エ　他の誰《だれ》によっても代替《だいたい》できないような仕事を追い求める人。
オ　先生の人格を通して生きる上での現実的な知恵《ちえ》を学ぼうとする人。

Ⅱ　「先生」とはどのような人間の前に現れるのですか。次の説明文の空らんに入る最も適当な言葉を本文中より五字で探し、抜《ぬ》き出しなさい。

自己の（　　　　　）を求める人間。

問六　——線⑤「日本の高校生の前でソクラテスがギリシャ語で哲学《てつがく》を語っても」とありますが、ここでの「日本の高校生」とはどのような人間ですか。その説明として最も適当なものを次のア～オの中から一つ選び、記号で答えなさい。

ア　集中力が持続せず居眠《いねむ》りをする人間。
イ　ギリシャ語を理解できない人間。
ウ　人生における哲学《てつがく》の意義を理解できない人間。
エ　様々な学説に耳を傾《かたむ》けない人間。
オ　高尚《こうしょう》な哲学《てつがく》を学びたいと思っていない人間。

問七　——線⑥「『教え』として受信されるのであれば、極端《きょくたん》な話、そのメッセージは『あくび』や『しゃっくり』であったってかまわないのです」とありますが、なぜこのように言えるのですか。その理由として最も適当なものを次のア～オの中から一つ選び、記号で答えなさい。

ア　相手からのメッセージを「教え」として盲信《もうしん》している以上、どのような情報であれ何らかの価値を認めないわけにはいかないから。
イ　相手を真に理解しているのは自分だけだと思い込《こ》んでいれば、情報伝達の形態を問わず自ら学び、必ず何らかの価値を発見できるか

試験に受かるとか、免状《めんじょう》を手に入れるとか、そういうことは、「学び」の目的ではありません。「学び」にともなう*2副次的な現象ではありますけれど、それを目的にする限り、そのような場では、決して先生に出会うことはできません。

④先生というのは、「みんなと同じになりたい人間」の前には決して姿を現さないからです。

だって、そういう人たちにとって、先生は不要どころか邪魔《じゃま》なものだからです。

先生は「私がこの世に生まれたのは、私にしかできない仕事、私以外の誰《だれ》によっても代替《だいたい》できないような責務を果たすためではないか……」と思った人の前だけに姿を現します。この人のことばの本当の意味を理解し、このひとの本当の深みを知っているのは私だけではないか、という幸福な誤解が成り立つなら、どんな形態における情報伝達でも師弟関係の基盤《きばん》となりえます。

書物をBケイユしての師弟関係というのはもちろん可能ですし、TV画面を見て、「この人を先生と呼ぼう」と思うことだって、あって当然です。

要するに、先方が私のことを知っていようが知っていまいが、私の方に「このひとの真の価値を知っているのは私だけだ」という思い込《こ》みさえあれば、もう先生は先生であり、「学び」は起動するのです。

「学びの主体性」ということばを私はいま使いましたが、このことばが意味するのは、生徒が*3カリキュラムを決定するとか、生徒の人気投票で校長先生を選ぶとか、授業中に出入り自由であるとか、そういうことではありません。まさかね。

生徒自身を教育の主体にするというのは、そういう制度的な話ではありません。「学びの主体性」ということで私が言っているのは、人間は自分が学ぶことのできることしか学ぶことができない、学ぶことを欲望するものしか学ぶことができないというCジメイの事実です。

当たり前ですよね。

どんなにえらい先生が教壇《きょうだん》に立って、どれほど高尚《こうしょう》なる学説を説き聞かせても、生徒が居眠《いねむ》りをしていては「学ぶ」という行為《こうい》は成就しません。⑤日本の高校生の前で*4ソクラテスがギリシヤ語で哲学《てつがく》を語っても、それこそIt's Greek to me《ちんぷんかんぷん》です。

学びには二人の参加者が必要です。送信するものと受信するものです。そして、このドラマの主人公はあくまでも「受信者」です。

先生の発信するメッセージを弟子が、「教え」であると思い込《こ》んで受信してしまうというときに学びは成立します。⑥「教え」として受信されるのであれば、極端《きょくたん》な話、そのメッセージは「あくび」や「しゃっくり」であったってかまわないのです。「嘘《うそ》」だってかまわないのです。

（『先生はえらい』内田《うちだ》　樹《たつる》）

〔注〕　*1　ロジック＝論理。　*2　副次的＝二次的なさま。
*3　カリキュラム＝教育内容の計画。
*4　ソクラテス＝古代ギリシャの哲学者《てつがく》。

問一　――線A「チケン」・B「ケイユ」・C「ジメイ」のカタカナを正しい漢字に直しなさい。（一画一画ていねいにはっきりと書くこと。）

問二　――線①「この先生の真の価値を理解しているのは、私しかいない」とありますが、このようなとらえ方を筆者はどのように表現して

【国　語】〈五〇分〉〈満点：一〇〇点〉

[一] 次の文章を読んで、後の一から八までの各問いに答えなさい。

（ただし、字数指定のある問いはすべて句読点・記号も一字とする。）

学ぶというのは創造的な仕事です。

それが創造的であるのは、同じ先生から同じことを学ぶ生徒は二人といないからです。

だからこそ私たちは学ぶのです。

私たちが学ぶのは、万人向けの有用な知識や技術を習得するためではありません。自分がこの世界でただひとりのかけがえのない存在であるという事実を確認するために私たちは学ぶのです。

私たちが先生を敬愛するのは、先生が私の唯一《ゆいいつ》無二性の保証人であるからです。

もし、弟子たちがその先生から「同じこと」を学んだとしたら、それがどれほどすぐれた技法であっても、どれほど洞察《どうさつ》に富んだAチケンであっても、学んだものの唯一《ゆいいつ》無二性は損なわれます。だって、自分がいなくても、他の誰《だれ》かが先生の教えを伝えることができるからです。

だから、弟子たちは先生から決して同じことを学びません。ひとりひとりがその器に合わせて、それぞれ違《ちが》うことを学び取ってゆくこと。それが学びの創造性、学びの主体性ということです。

「この先生のこのすばらしさを知っているのは、あまたある弟子の中で私ひとりだ」という思いこみが弟子には絶対に必要です。それを私は「誤解」というふうに申し上げたわけです。

それは恋愛《れんあい》において、恋人《こいびと》たちのかけがえのなさを伝えることばが「あなたの真の価値を理解しているのは、世界で私しかいない」であるのと同じことです。①この先生の真の価値を理解しているのは、私しかいない。

でも、「あなたの真価を理解しているのは、世界で私しかいない」という言い方は、よく考えると変ですよね。

それは、「あなたの真価」というのは、たいへんに「理解されにくいもの」であるということですから。つまり、あなたは、誰《だれ》もが認める美人や誰《だれ》にも敬愛される人格者ではないということですから。

不思議な話ですけれど、②愛の告白も、恩師への感謝のことばも、どちらも「あなたの真価は（私以外の）誰《だれ》にも認められないだろう」という「世間」からの否定的評価を前提にしているのです。

でも、その前提がなければ、じつは恋愛《れんあい》も師弟関係も始まらないのです。「自分がいなければ、あなたの真価を理解する人はいなくなる」という前提から導かれるのは、次のことばです。

だから私は生きなければならない。

そのような*1ロジックによって、私たちは[　③　]のです。

私たちが「学ぶ」ということを止《や》めないのは、ある種の情報や技術の習得を社会が要求しているからとか、そういうものがないと食っていけないからとか、そういうシビアな理由によるのではありません。

もちろん、そういう理由だけで学校や教育機関に通う人もいますけれど、そういう人たちは決して「先生」に出会うことができません。だって、その人たちは「他の人ができることを、自分もできるようになるため」にものを習いにゆくわけですから。資格を取るとか、ナントカ検定

2021年度

豊島岡女子学園中学校入試問題（第２回）

【算　数】（50分）　＜満点：100点＞

【注意】　１．円周率は3.14とし，答えが比になる場合は，最も簡単な整数の比で答えなさい。

２．角すい・円すいの体積は，（底面積）×（高さ）÷３で求めることができます。

1　次の各問いに答えなさい。

(1)　$\left(2.5+\frac{2}{3}\right)\times\frac{5}{38}\div\left(\frac{3}{8}-0.25\right)+4\frac{2}{3}$　を計算しなさい。

(2)　５円玉と50円玉が合わせて30枚あり，合計金額は330円です。このとき，５円玉は何枚ありますか。

(3)　素数を小さい方から順に並べたとき，和が90となる隣《とな》り合う２つの素数があります。この２つの素数の積はいくつですか。

(4)　２つの整数ＡとＢについて，記号「◎」を次のように約束します。

Ａ◎Ｂ＝Ａ×Ｂ＋Ｂ÷Ａ

このとき，次の □ にあてはまる整数を答えなさい。

□ ◎（２◎６）＝226

2　次の各問いに答えなさい。

(1)　はじめ，ＡさんとＢさんの所持金の比は　５：４　でした。２人は買い物に出かけてＡさんは200円，Ｂさんは500円使ったところ，ＡさんとＢさんの所持金の比は　５：３　になりました。Ａさんのはじめの所持金はいくらでしたか。

(2)　容器Ａには７％，容器Ｂには４％の食塩水がそれぞれ300ｇずつ入っています。容器Ａには水を毎分25ｇずつ，容器Ｂには □ ％の食塩水を毎分25ｇずつ同時に入れ始めます。□ 分後に容器Ａと容器Ｂの食塩水の濃度《のうど》が同じになったとき，□ にあてはまる数を答えなさい。ただし，□ には同じ数が入ります。

(3)　貫（かん），kg（キログラム），斤（きん），両（りょう），匁（もんめ）はすべて重さの単位です。これらの間には次のような関係があります。

「１貫は3.75kgと同じ，３kgは５斤と同じ，１斤は16両と同じ，１両は10匁と同じ」

このとき，次の □ にあてはまる数を答えなさい。

『１貫は □ 匁と同じ』

(4)　半径が10cmの円の周上に，円周の長さを８等分する点があり，それらを次のページの図のように直線で結びます。このとき，色のついている部分の面積は何cm^{2}ですか。

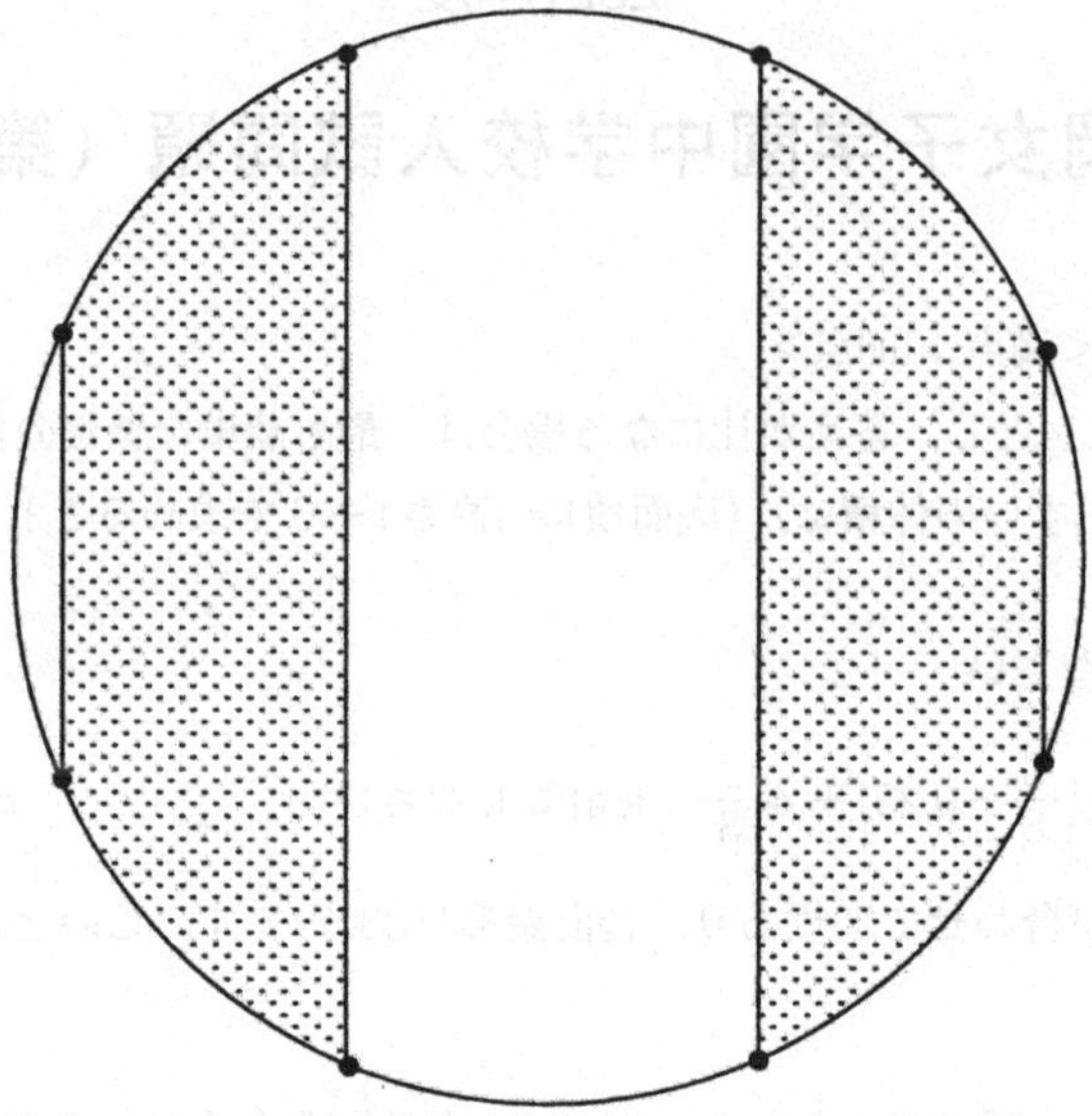

3 次の各問いに答えなさい。

⑴ 下の<図１>の正方形ABCDと正方形DEFGは合同です。三角形BDFが正三角形となるとき，角EBCは何度ですか。

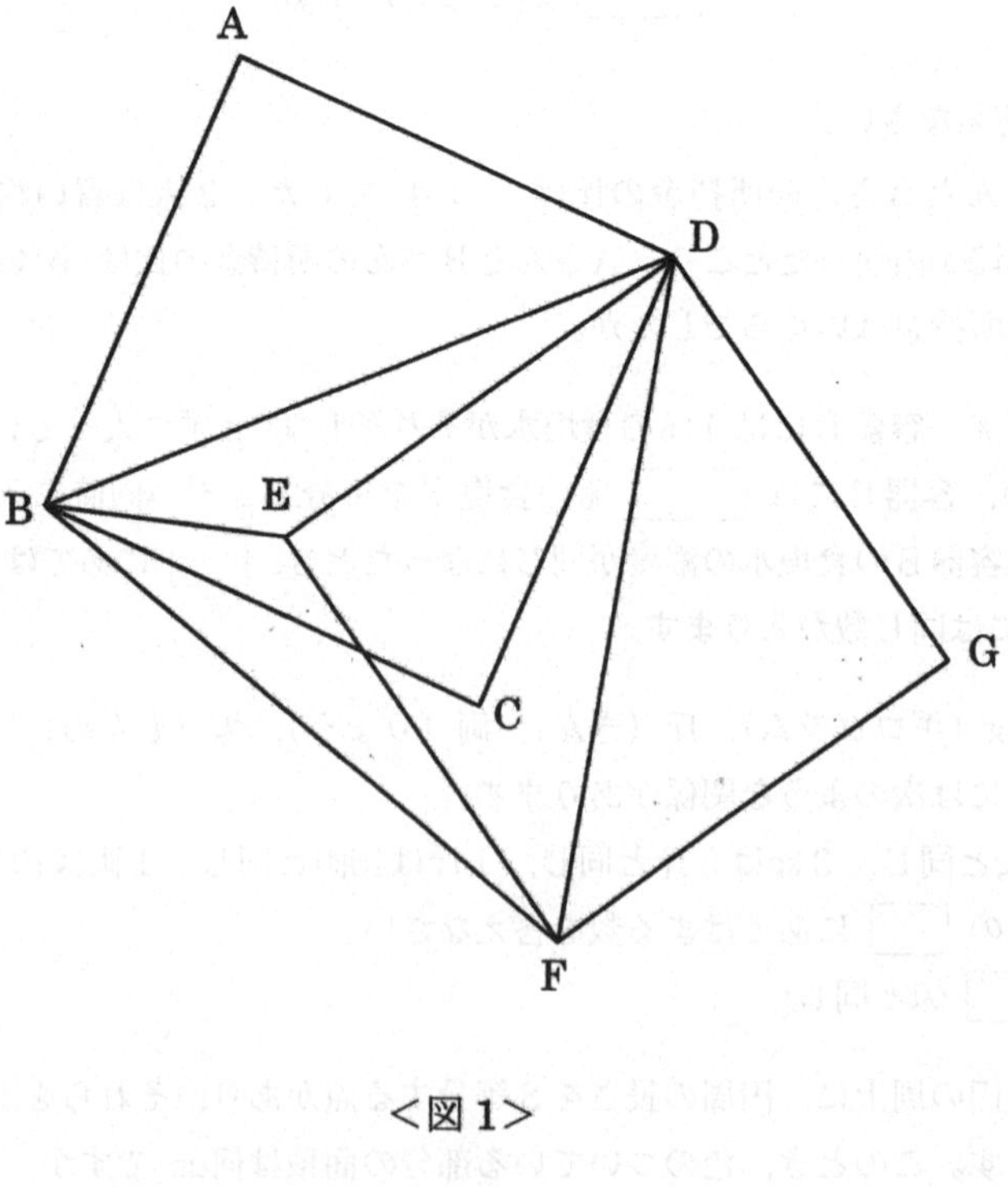

<図1>

⑵　下の＜図２＞の正八角形ＡＢＣＤＥＦＧＨと正八角形ＨＩＪＫＬＭＮＯは合同です。三角形ＤＨＬが正三角形となるとき，角ＪＤＥは何度ですか。

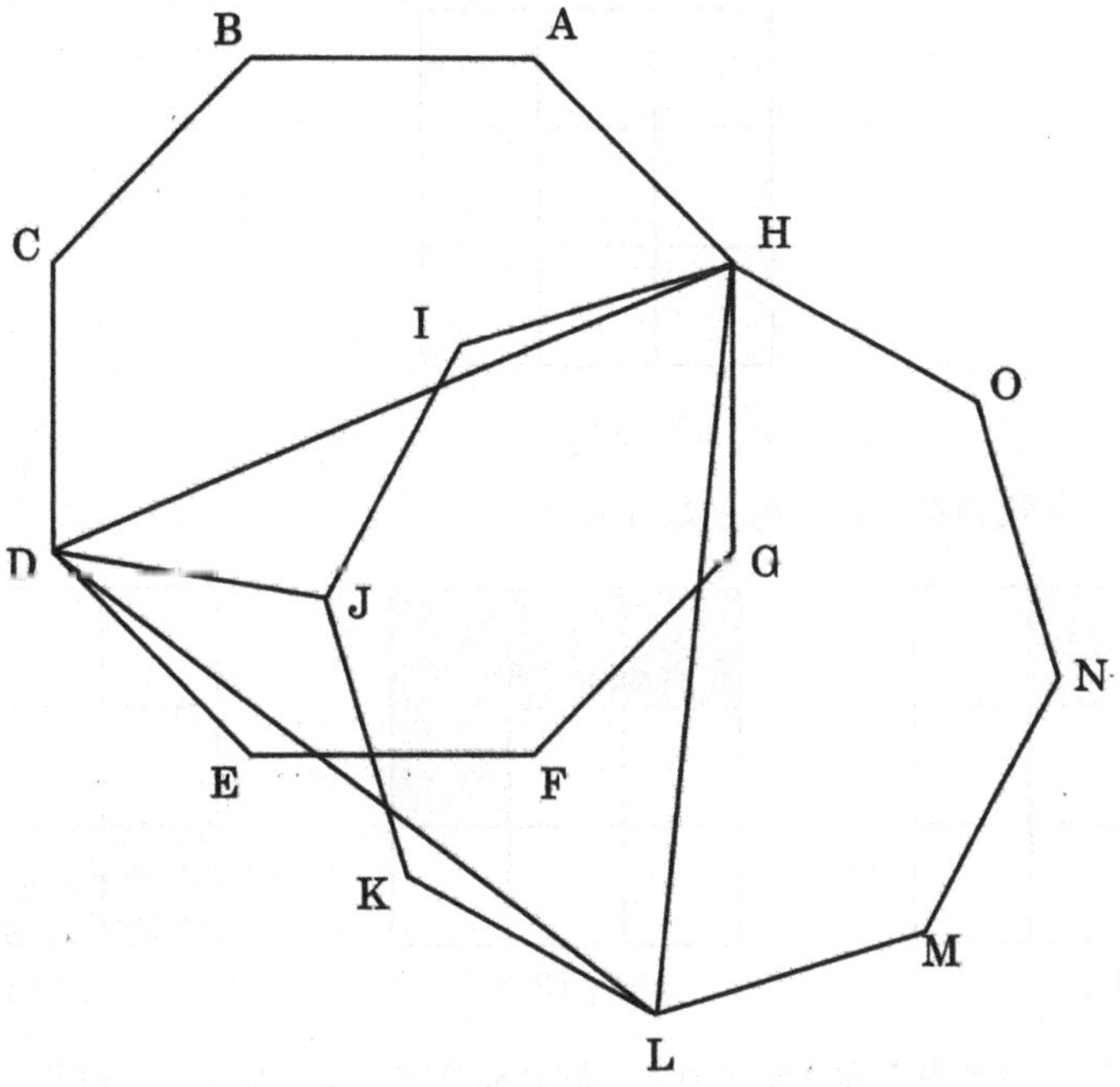

＜図２＞

4　下の図のように，１辺の長さが20㎝の正方形と正三角形を組み合わせた図形があり，点Ｐと点Ｑは点Ａから同時に出発します。点Ｐは秒速４㎝の速さでＡ→Ｅ→Ｂ→Ａ→…の順に，正三角形AEBの辺の上を進みます。また，点Ｑは秒速５㎝の速さでＡ→Ｂ→Ｃ→Ｄ→Ｅ→Ａ→…の順に，五角形ABCDEの辺の上を進みます。このとき，次の各問いに答えなさい。

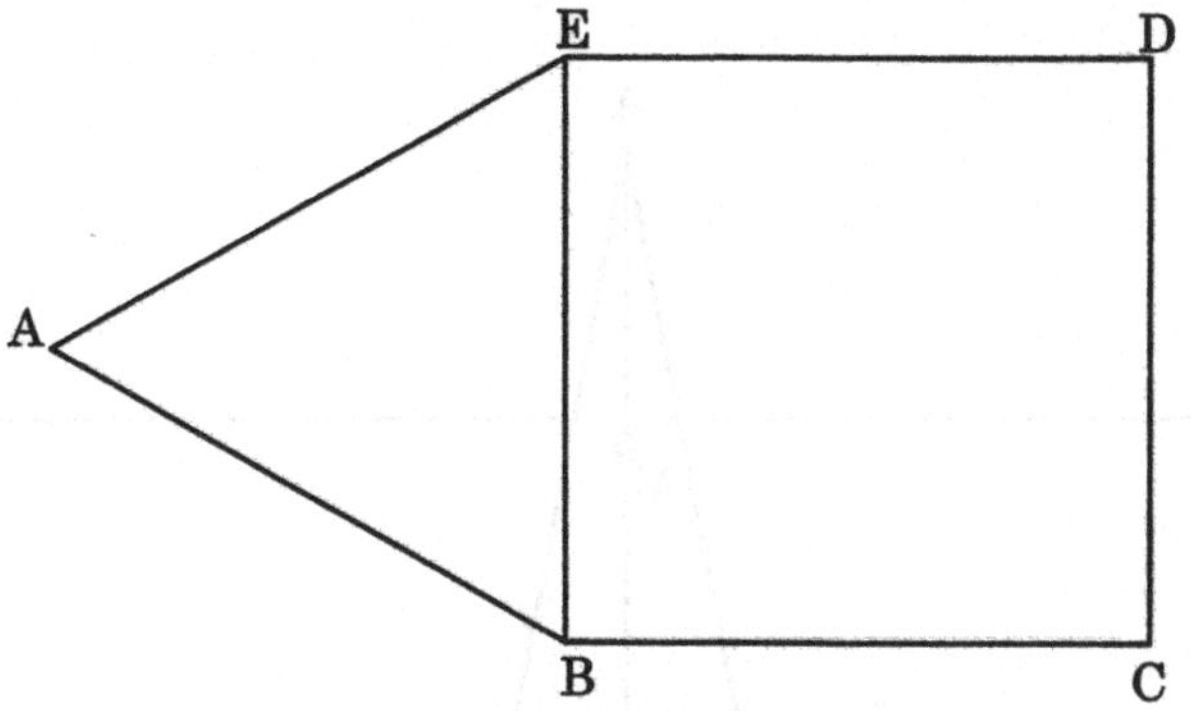

⑴　点Ｐと点Ｑが初めて重なるのは，出発してから何秒後ですか。

⑵　点Ｐと点Ｑが２回目に重なるのは，出発してから何秒後ですか。

⑶　点Ｐと点Ｑが50回目に重なるのは，出発してから何秒後ですか。

5 下の<図１>のように，同じ大きさの正方形のタイルが９枚並んでいます。これらのタイルに色をぬる方法が何通りあるかを考えます。

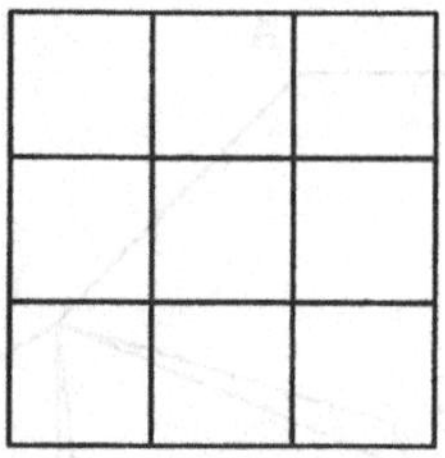

<図1>

例えば，４枚のタイルに色をぬる場合，

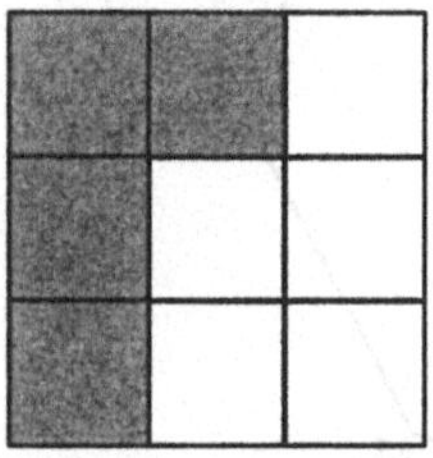

<図2>

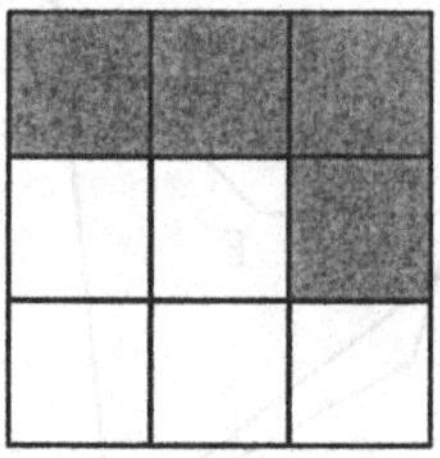

<図3>

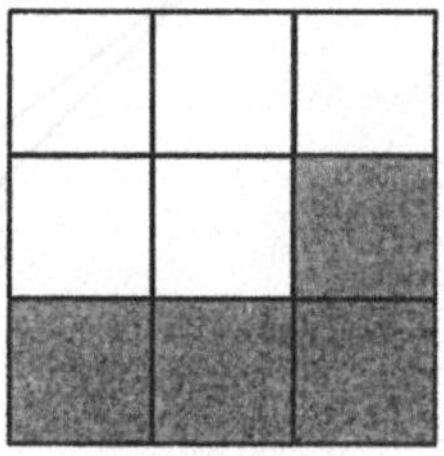

<図4>

<図２>と<図３>は違う向きから見ると同じぬり方になるので，１通りと数えます。また，<図２>と<図４>は違う向きから見ても同じぬり方にはならないので，それぞれ異なるぬり方と考えます。このとき，次の各問いに答えなさい。

⑴　２枚のタイルに色をぬる方法は何通りありますか。

⑵　３枚のタイルに色をぬる方法は何通りありますか。

6 下の図のように，底面が半径５cmの円で，高さが30cmの円すい（あ）が机の上にあります。円すい（あ）の頂点をＡ，底面の円の中心をＰ，ＡＰの真ん中の点をＭとするとき，次の各問いに答えなさい。

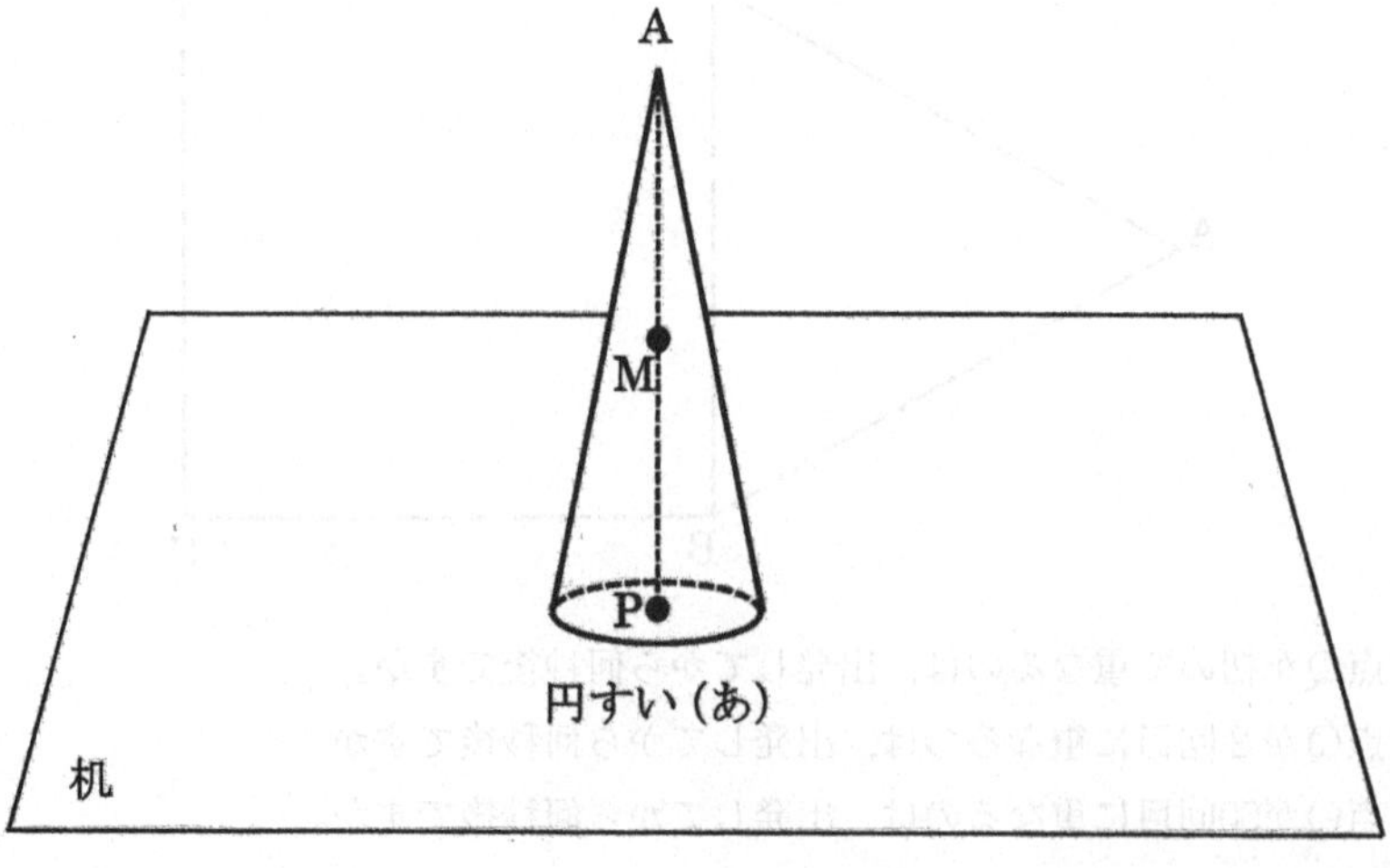

⑴　円すい（あ）を机から６㎝の高さのところで円すいの底面に平行に切ったとき，切り口の面積は何㎝^{2}ですか。

底面が点Ｐを中心とする半径15㎝の円で，頂点がM，高さが15㎝の円すい（い）を考えます。このとき，円すい（あ）と円すい（い）が重なった部分を立体（う）とします。

⑵　立体（う）の体積は何㎝^{3}ですか。

⑶　立体（う）を，点Ｐが机の上から離《はな》れないように40㎝まっすぐに動かしたとき，立体（う）が通った部分の体積は何㎝^{3}ですか。

【理　科】（社会と合わせて50分）　＜満点：50点＞

1　次の文章を読み，以下の問いに答えなさい。

図のように，三角フラスコと断面積が10cm^2のシリンジを管で繋《つな》いだ装置を作りました。シリンジの中のピストンは，なめらかに動かすことができます。図のように，ピストンの位置はシリンジの左端《ひだりはし》からピストンの先端《せんたん》までの距離《きょり》（以下，「ピストンまでの距離」と呼ぶことにします）で表すことにします。「ピストンまでの距離」が０cmのとき，装置内の空気の体積は50cm^3でした。装置内の空気の温度は自由に設定し，一定に保つことができるように作られています。

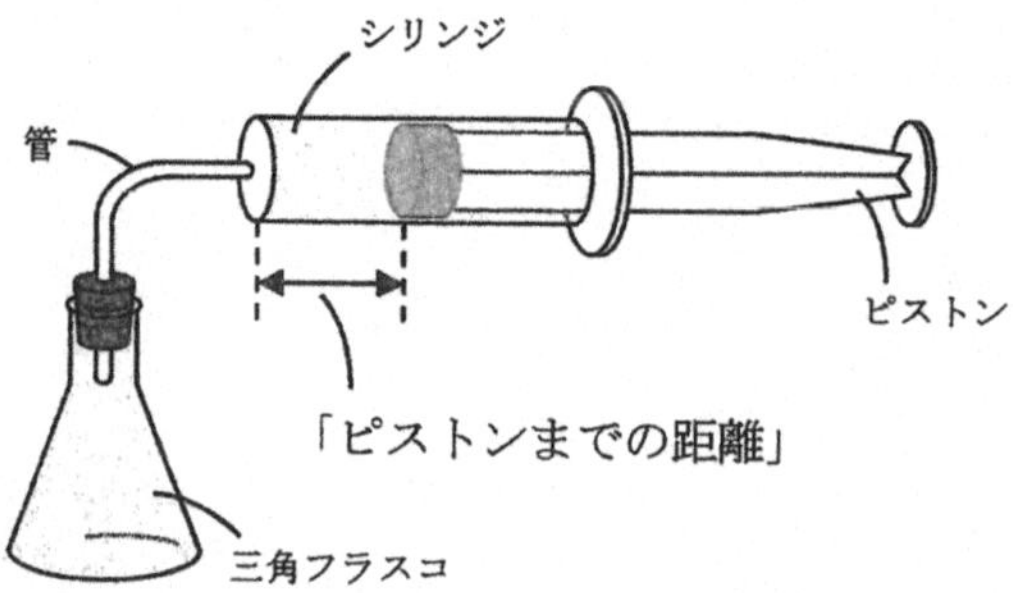

図

【実験１】

装置内の空気の温度を27℃にしたとき，「ピストンまでの距離」は７cmでした。この状態から装置内の空気の温度を変化させたところ，「ピストンまでの距離」は表１のようになりました。

表１

装置内の空気の温度［℃］	27	42	72	87
「ピストンまでの距離」［cm］	7	7.6	8.8	9.4

(1)　装置内の空気の温度を57℃にすると，「ピストンまでの距離」は何cmになるでしょうか。**四捨五入して小数第１位まで答えなさい。**

(2)　装置内の空気の温度を変えたところ，装置内の空気の体積は127.2cm^3になりました。このときの装置内の空気の温度は何℃でしょうか。**四捨五入して整数で答えなさい。**

気体の入ったビニール袋《ぶくろ》を密閉し山に登ると，高度が上がるにつれ袋がふくらむ様子を観察することができます。これは，袋のまわりにある空気が薄《うす》くなることで，袋の中の気体の体積が大きくなるためです。このように，気体の体積を変化させる要因には気体の温度のほかにも，気体のまわりにある「空気の濃《こ》さ」があります。

「空気の濃さ」は「気圧」という単位を用いて表すことができます。例えば海抜《かいばつ》０ｍの地点の「空気の濃さ」はおよそ１気圧であるのに対して，富士山の山頂付近ではおよそ0.63気圧となります。

【実験２】

上の図の，装置内の空気の温度を27℃に保ち，装置外の「空気の濃さ」を変化させたところ，「ピストンまでの距離」は次のページの表２のようになりました。

表２

装置外の「空気の濃さ」[気圧]	0.5	0.8	1	1.25	1.5
「ピストンまでの距離」［cm］	19	10	7	4.6	3

⑶　**【実験２】**から分かることとして最も適切なものを，次の**あ**～**か**から１つ選び，記号で答えなさい。

あ．「空気の濃さ」が２倍，３倍になると，「ピストンまでの距離」も２倍，３倍になる。

い．「空気の濃さ」が２倍，３倍になると，「ピストンまでの距離」は$\frac{1}{2}$倍，$\frac{1}{3}$倍になる。

う．「空気の濃さ」が２倍，３倍になると，「ピストンまでの距離」は$\frac{1}{4}$倍，$\frac{1}{6}$倍になる。

え．「空気の濃さ」が２倍，３倍になると，装置内の空気の体積も２倍，３倍になる。

お．「空気の濃さ」が２倍，３倍になると，装置内の空気の体積は$\frac{1}{2}$倍，$\frac{1}{3}$倍になる。

か．「空気の濃さ」が２倍，３倍になると，装置内の空気の体積は$\frac{1}{4}$倍，$\frac{1}{6}$倍になる。

⑷　装置外の「空気の濃《こ》さ」が0.6気圧のとき，「ピストンまでの距離《きょり》」は何cmになるでしょうか。**四捨五入して整数で答えなさい。**

⑸　装置外の「空気の濃さ」を0.8気圧，装置内の空気の温度を87℃にすると，「ピストンまでの距離」は何cmになるでしょうか。**四捨五入して整数で答えなさい。**ただし，**【実験１】**は装置外の「空気の濃さ」を１気圧にして行ったものとします。

［２］　次の文章を読み，以下の問いに答えなさい。

何種類かの物質が混ざっているとき，その中の特定の物質が全体に対してどの程度の量を占めているのかを考えます。

全体の重さに対する，着目した物質の重さの割合を百分率で表したものを「質量パーセント濃度《のうど》」といいます。質量パーセント濃度は，次のようにして計算し，単位は「％」で表します。

$$\text{質量パーセント濃度}=\frac{\text{着目した物質の重さ}}{\text{全体の重さ}}\times 100$$

何種類かの気体が混ざっている混合気体の中のある気体に着目して，その割合を表すときには，「体積パーセント濃度」を用いることもあります。

体積パーセント濃度とは，混合する前の気体の合計の体積に対する，混合前の着目した気体の体積の割合を百分率で表したもので，次のようにして計算し，単位は「％」で表します。ただし，気体の体積は同じ条件で測定したものを用います。

$$\text{体積パーセント濃度}=\frac{\text{混合前の着目した気体の体積}}{\text{混合前の気体の合計の体積}}\times 100$$

たとえば，窒素《ちっそ》４Ｌと酸素１Ｌを混合してできた混合気体があるとき，窒素の体積パーセント濃度は80％となります。

⑴　50ｇの水に食塩を溶《と》かして，質量パーセント濃度が20％の食塩水を作るためには，食塩を何ｇ溶かせばよいですか。**四捨五入して小数第１位まで答えなさい。**

⑵　水素と酸素を体積パーセント濃度がそれぞれ50％になるように混合します。気体の酸素の重さは，同じ体積の気体の水素の重さの16倍です。このときの，酸素の質量パーセント濃度は何％ですか。**四捨五入して小数第１位まで答えなさい。**

⑶　⑵の条件で水素を燃焼させると水素のすべてと酸素の半分が反応して水18ｇだけができました。残っている酸素は何ｇですか。**四捨五入して整数で答えなさい。**

窒素《ちっそ》と酸素からなる混合気体①が125mLあります。次の手順で混合気体①に含まれる窒素や酸素の量を調べました。

【手順１】

混合気体①に炭素を入れて燃やしたあとに残った気体は125mLでした。この気体は窒素と酸素と二酸化炭素からなる混合気体であり，この気体を混合気体②とします。このとき，炭素はすべてなくなり，反応した酸素の体積とできた二酸化炭素の体積は同じでした。

【手順２】

続いて混合気体②を石灰水に通し，石灰水を白くにごらせる気体のみをすべて取り除きました。その後，残った気体を集めると，気体の体積は80mLになりました。この気体を混合気体③とします。ただし，混合気体③には水蒸気は含まれていないものとします。

【手順３】

さらに続けて混合気体③の中でマグネシウムを入れて燃やすと，酸素は完全に反応し，酸化マグネシウムという固体になりました。残った気体の体積は65mLでした。ただし，窒素とマグネシウムは反応しないものとします。

⑷　混合気体①の酸素の体積パーセント濃度は何％ですか。**四捨五入して整数で答えなさい。**

⑸　混合気体②の酸素の体積パーセント濃度は何％ですか。**四捨五入して整数で答えなさい。**

３　次の文章を読み，以下の問いに答えなさい。

植物は根から水を吸収しています。根から取り入れた水は，植物の体のすみずみまで行きわたります。葉まで届いた水は水蒸気となって植物の体から出ていきます。

⑴　切り花用の染色液で色を付けた水に，ホウセンカの根の先を入れました。しばらくしてから，茎《くき》を横や縦に切って，切り口の様子を観察しました。茎を横に切ったときの様子が**あ**～**え**で，茎の中心を通るように縦に切った様子が次のページの**か**，**き**です。それぞれの切り口の様子として最も適切なものを，それぞれの選択肢《せんたくし》から１つずつ選び，記号で答えなさい。ただし，色がついていた部分を灰色にぬって表しています。

【横の切り口】

あ．　**い．**　**う．**　**え．**

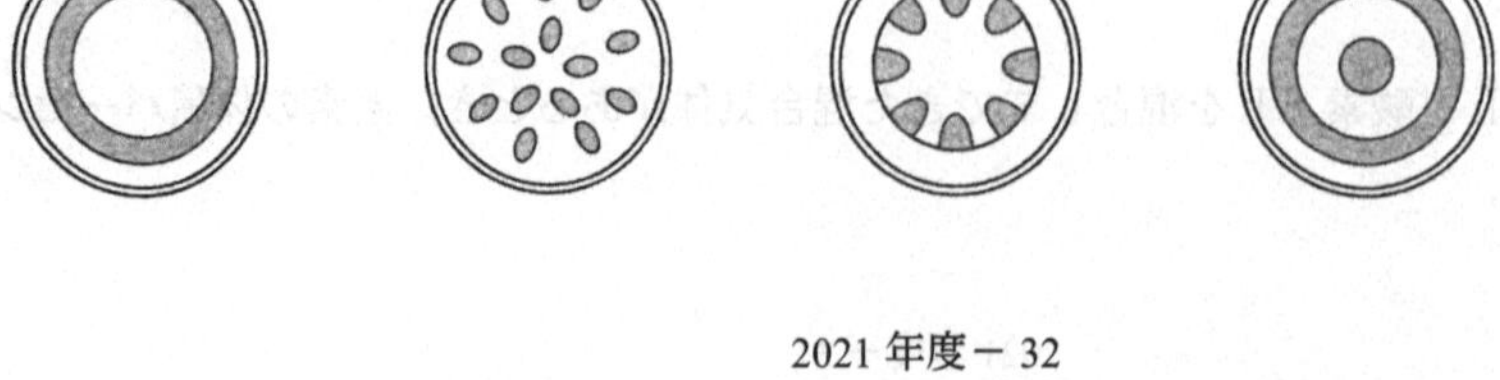

【縦の切り口】

か．

き．

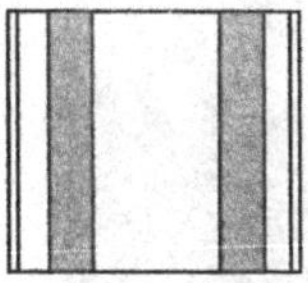

⑵　下線部について，植物の体から水が水蒸気となって出ていく現象を何といいますか。また，水蒸気が出ていく，葉の表面《ひょうめん》にある小さなあなを何といいますか。

同じ植物の枝を３本用意しました。これらの枝には，同じ大きさの葉が同数ついており，茎の太さと長さも同じでした。以下，それぞれの枝をＡ，Ｂ，Ｃと呼ぶこととします。Ａ，Ｂ，Ｃに下表に示した操作を行った後，それぞれを右図のように水が入っている３本の試験管に１本ずつさし，油を液面に少し浮《う》かべました。これらの試験管を明るい場所に置き，５時間後の水の減少量を測定しました。

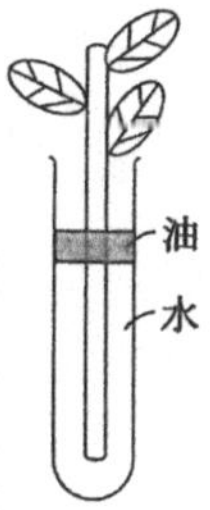

表

枝	操作
Ａ	葉の表側にワセリンをぬる。
Ｂ	葉の裏側にワセリンをぬる。
Ｃ	葉にワセリンはぬらず，そのままにする。

⑶　試験管の液面に油を少し浮かべた理由として最も適切なものを，次の**あ**～**え**から１つ選び，記号で答えなさい。

あ．液面の高さの変化を観察しやすくするため。

い．枝に栄養を与《あた》え，活動を活発にするため。

う．液面からの水の蒸発を防ぐため。

え．水が空気と接して，水に酸素が溶《と》け込むのを防ぐため。

⑷　Ａ，Ｂ，Ｃが入っている試験管の水の減少量をそれぞれａ，ｂ，ｃとしたとき，葉の表側から出た水の量を表す式を，次の**あ**～**え**から１つ選び，記号で答えなさい。

あ．ａ－ｂ　　**い**．ｃ－ａ　　**う**．ｂ－ｃ　　**え**．ｃ－ｂ

⑸　Ａ，Ｂ，Ｃが入っている試験管の水の減少量をそれぞれａ，ｂ，ｃとしたとき，茎から出た水の量を表す式を，次の**あ**～**え**から１つ選び，記号で答えなさい。

あ．（ｃ－ａ－ｂ）÷２　　**い**．（ａ＋ｂ－ｃ）÷２

う．ｃ－ａ－ｂ　　**え**．ａ＋ｂ－ｃ

4　以下の問いに答えなさい。

⑴　気象庁は，日本全国の気象状況を細かく監視《かんし》するために，降水量，風向・風速，気温，日照時間などの観測を全国にある観測所で自動的に行っています。このシステムを何といいますか。**カタカナで答えなさい。**

⑵　次のページの①～④の図は，３月のある４日間の日本付近における雲の様子を観測したもので

す。ただし，日付の順番に並んでいるとは限りません。

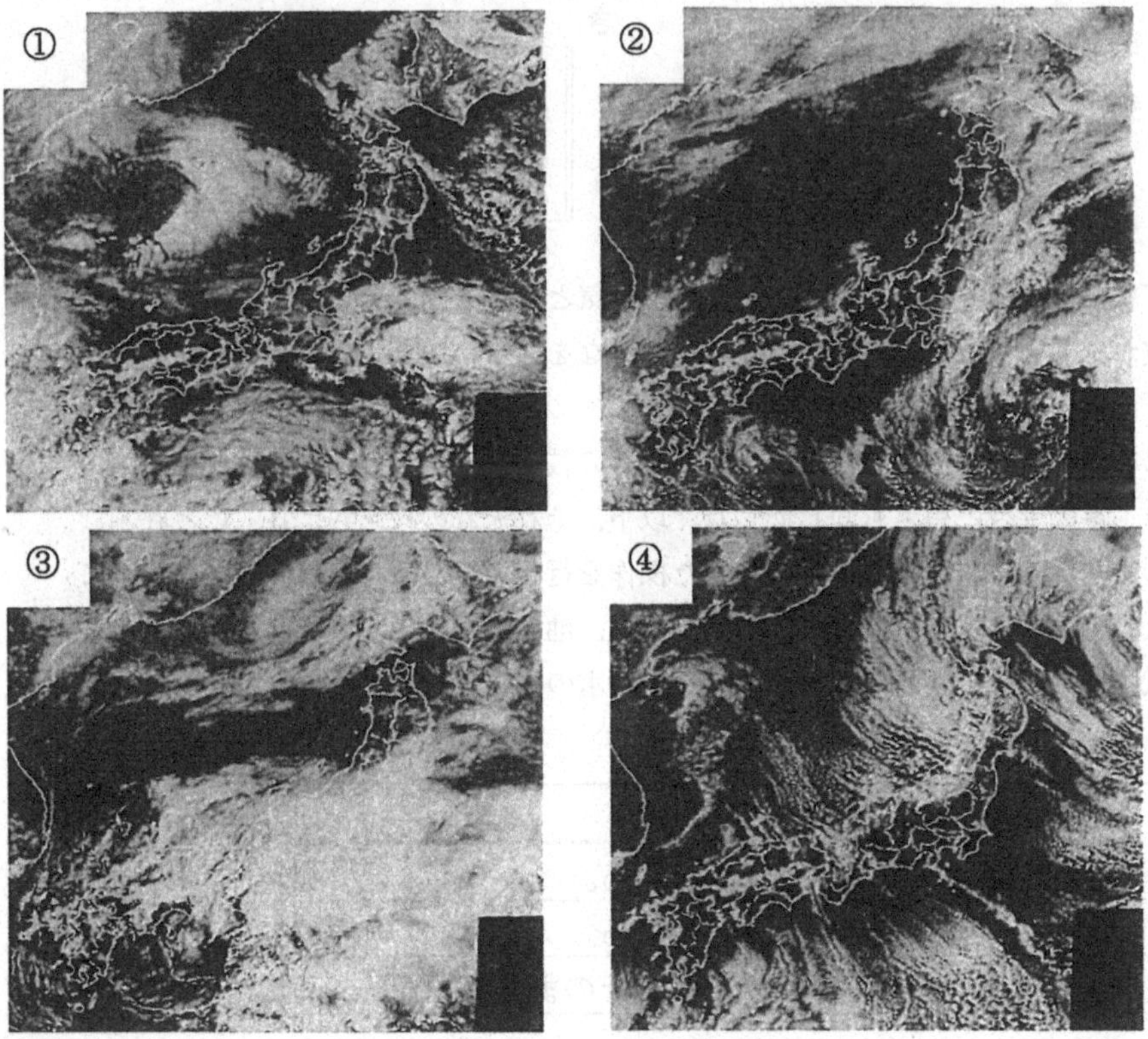

図１に示したA，B，Cの３つの観測所で，この４日間の天気の変化を記録したところ，下表のようになりました。雲の様子を日付の順番に並べ替《か》えたものとして最も適切なものを，次の**あ**～**え**から１つ選び，記号で答えなさい。

表

観測所	１日目	２日目	３日目	４日目
A	晴れ	雨	晴れ	くもり
B	くもり	晴れ	雨	晴れ
C	晴れ	くもり	くもり	くもり

図１

あ．③⇒①⇒④⇒②　　**い**．③⇒②⇒①⇒④
う．④⇒①⇒③⇒②　　**え**．④⇒②⇒①⇒③

⑶　降水量とは，「降った雨や雪がどこにも流れ去らずにそのまま溜《た》まった場合の水の深さ」と決められており，単位は「㎜」で表します。降水量を測定するための雨量計は次のページの図２のように，貯水ビンと漏斗《ろうと》が組み合わさった構造をしており，貯水ビンに溜まった水の量から降水量を計測しています。ある雨の日の１時間に降った雨の量を測定したところ，貯水ビンには底から1.5㎝の深さまで水が溜まっていました。次のページの図３のように，漏斗の直径が15㎝，貯水ビンの直径が10㎝であったとすると，この１時間の降水量は何㎜でしたか。**四捨五入して小数第１位まで答えなさい。**

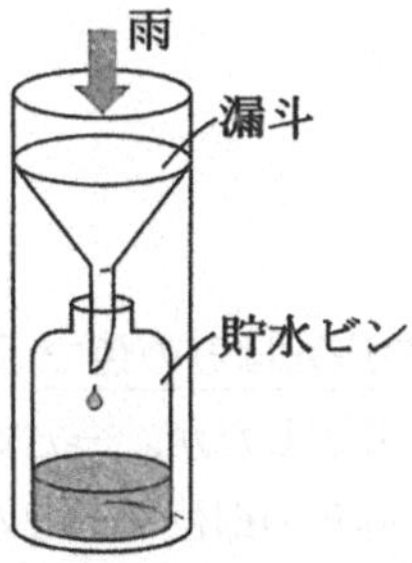

図２

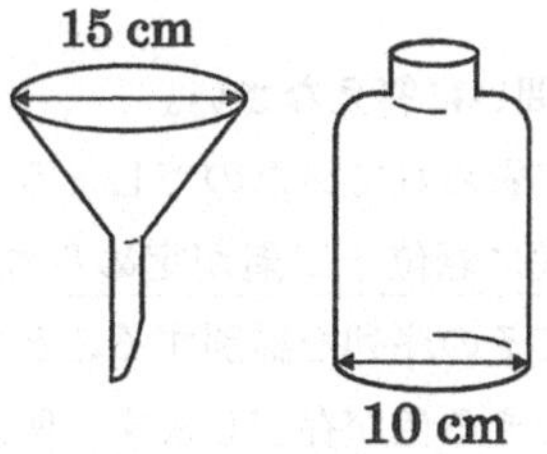

図３

⑷　次の文章のうち**誤っているもの**を，次の**あ**～**お**から１つ選び，記号で答えなさい。

あ．大雨が降ると，河川の増水や家屋の浸水だけでなく，山くずれなどの土砂災害も発生することがある。

い．河川の上流で大雨が降ると，雨の降っていない下流でも水位が急激に上昇《じょうしょう》することがある。

う．大規模な災害が予想される地域に発令される避難《ひなん》指示・避難準備情報・避難勧告《かんこく》のうち，最も緊急度《きんきゅうど》が高いのは避難指示である。

え．自分が住んでいる地域に避難指示が発令された場合には，自宅の付近にある河川が氾濫《はんらん》していたとしても，最寄りの避難所に避難しなくてはならない。

お．洪水《こうずい》ハザードマップでは，河川が氾濫した場合に浸水が予想される区域や避難することができる場所を確認することができる。

【社　会】（理科と合わせて50分）　＜満点：50点＞

1　次の文章を読んで問いに答えなさい。

歴史はどのような色で彩《いろど》られていたのでしょうか。

(ア)推古天皇の時代に冠位十二階が定められ，役人の序列は冠《かんむり》の色で示されるようになりました。その後，冠の色でその序列を識別することはなくなりましたが，一方で今でも特定の地位の人のみが用いることのできる色が存在します。例えば，一昨年の即位礼正殿の儀で天皇が着用していた黄櫨染《こうろぜん》は，天皇しか用いることのできない色とされてきたものです。

現存する文化財には元来，様々な色が施《ほどこ》されていましたが，長い時代が経つと多くの色はあせて失われてしまいます。しかし，長い年月その色を保ってきたものもあります。(イ)藤原京の時代に造られた高松塚古墳の壁画《へきが》や，聖武天皇の死後，光明皇后によって収められた正倉院宝物がその代表例です。

建造物も様々に彩られてきました。平泉の中尊寺金色堂や足利義満の建てた金閣の舎利殿は文字通り金色に彩られ，一昨年に焼失した(ウ)沖縄の首里城は，鮮《あざ》やかな朱色の柱や壁《かべ》が特徴的《とくちょうてき》でした。

戦いの際にも彩りがみられます。例えば，色が敵と味方を識別する手段ともなり，(エ)源平の合戦で源氏が白い色の旗を用いたことが有名です。また，戦場では母衣《ほろ》の色が目立ちました。母衣とは，体と同じくらいの大きさの袋のようなもので，弓矢による攻撃《こうげき》を防ぐために鎌倉時代ごろに生まれましたが，その後武器が変化する中で，実用性よりも装飾品《そうしょくひん》としての意味合いが強くなっていきました。

江戸時代になると，庶民《しょみん》の間で多くの色が広まっていきました。理由の一つは，染色が容易な（　オ　）が衣類の素材として用いられるようになったことです。また，(カ)浮世絵においても色彩《しきさい》豊かな多色刷り版画が生まれ，多くの人の手元に渡りました。

その後，1856年に(キ)イギリスの化学者が合成染料を生み出すと，自然由来の染料は徐々《じょじょ》に用いられなくなります。合成染料は，はじめはヨーロッパからの輸入に頼っていましたが，(ク)1910年代後半から日本国内の染料工業が発達していきます。しかし，合成染料の原料は火薬の原料としても重要だったため，第二次世界大戦中には火薬製造が優先され，染料工業の規模は縮小しました。

現代においても，色は様々な場面で登場します。入学式やお祭りなどのおめでたい場面では紅白幕が張られ，葬儀《そうぎ》には黒の服を着ます。環境《かんきょう》保護を訴《うった》える際に，緑色の羽根をつけている姿を目にすることもあるでしょう。歴史は無色だったのではなく，人々の生活は様々に彩られていました。過去に思いをはせる際には，ぜひその色も想像してみてください。

問１．下線部(ア)について，そのなかで最も高位とされた人物に与えられた冠は何色とされていましたか，漢字１字で答えなさい。

問２．下線部(イ)について，高松塚古墳壁画が描《えが》かれてから，正倉院に宝物が収められるようになるまでの間に起こった出来事を，次から**すべて**選び番号で答えなさい。

１．墾田永年私財法が制定された。

２．坂上田村麻呂がアテルイを降伏《こうふく》させた。

３．白村江の戦いが起こった。

４．藤原不比等の四人の息子が天然痘《てんねんとう》で亡くなった。

５．比叡山に延暦寺が建てられた。

問３．下線部(**ウ**)の歴史について説明した次の文のうち，正しいものを一つ選び番号で答えなさい。

１．モンゴル軍は，琉球王国の兵を引き連れて博多に襲来《しゅうらい》した。

２．江戸時代に琉球王国は，国王が代わる際に江戸幕府に使節を送った。

３．琉球王国の領有をめぐって，日本と清の間で江華島事件が起こった。

４．日米安全保障条約の調印と同時に，沖縄も日本に返還《へんかん》された。

問４．下線部(**エ**)について，その最後の戦いとなった場所はある海峡《かいきょう》の一部ですが，両岸の地名の一部が用いられているその海峡を何といいますか，漢字で答えなさい。

問５．空らん(**オ**)にあてはまる語句を漢字で答えなさい。

問６．下線部(**カ**)について，「見返り美人図」を描《か》いた人物の氏名を漢字で答えなさい。

問７．下線部(**キ**)について，日本とイギリスとの関わりを説明した次の文のうち，正しいものを一つ選び番号で答えなさい。

１．豊臣秀吉はバテレン追放令を出して，イギリスとの貿易を禁止した。

２．イギリスのラクスマンが来航し日本との通商を求めたが，幕府は通商を拒否《きょひ》した。

３．生麦事件が原因となって，薩摩藩はイギリスから砲撃《ほうげき》を受けた。

４．皇帝の権力が強いイギリスの憲法を模範《もはん》として，大日本帝国憲法が制定された。

問８．下線部(**ク**)について，日本国内の染料工業がこの時期に発達した主たる要因はどのようなことですか，30字程度で説明しなさい。

２　次の各問いに答えなさい。

問１．現在，活火山がある山脈や山地として，適当なものを次から一つ選び番号で答えなさい。

１．赤石山脈　　２．奥羽山脈　　３．関東山地　　４．紀伊山地　　５．四国山地

問２．次の表**あ**～**う**は，アメリカ，韓国，ロシアの空港別入国外国人数の上位３空港（2018年）を示したものです。**あ**～**う**の組み合わせとして，正しいものを下の表の１～６から選び番号で答えなさい。

あ

関西国際空港	2,163,370
福岡空港	1,456,622
成田空港	1,081,572

い

成田空港	833,682
羽田空港	392,000
関西国際空港	176,850

う

成田空港	77,433
新千歳空港	6,312
羽田空港	5,655

（単位：人）

「出入国管理統計　港別入国外国人の国籍・地域(2018年)」より作成

	1	2	3	4	5	6
あ	アメリカ	アメリカ	韓国	韓国	ロシア	ロシア
い	韓国	ロシア	アメリカ	ロシア	アメリカ	韓国
う	ロシア	韓国	ロシア	アメリカ	韓国	アメリカ

問３．次のページの表は，各供給区域別の７月と２月の最大需要《じゅよう》電力（一定期間に電力が最も多く使用された数値：万kW：2018年度）を示したもので，**あ**～**う**は北海道，中国，四国のいずれかです。**あ**～**う**の組み合わせとして，正しいものをあとの表の１～６から選び番号で答えなさい。

	7月	2月
あ	1106	964
い	536	426
う	442	542

供給区域の区分は以下の通り
「北海道」…北海道
「中国」…鳥取県・島根県・岡山県・広島県・山口県・兵庫県の一部・香川県の一部・愛媛県の一部
「四国」…徳島県・香川県（一部除く）・愛媛県（一部除く）・高知県

電力広域的運営推進機関「年次報告書」（2019年度）より作成

	1	2	3	4	5	6
あ	北海道	北海道	中国	中国	四国	四国
い	中国	四国	北海道	四国	北海道	中国
う	四国	中国	四国	北海道	中国	北海道

問４．次の図あ～うは，印刷業，食料品，繊維《せんい》工業の都道府県別の製造品出荷額（億円：2017年）を，円の大きさで示したものです。あ～うの組み合わせとして，正しいものを下の表の１～６から選び番号で答えなさい。

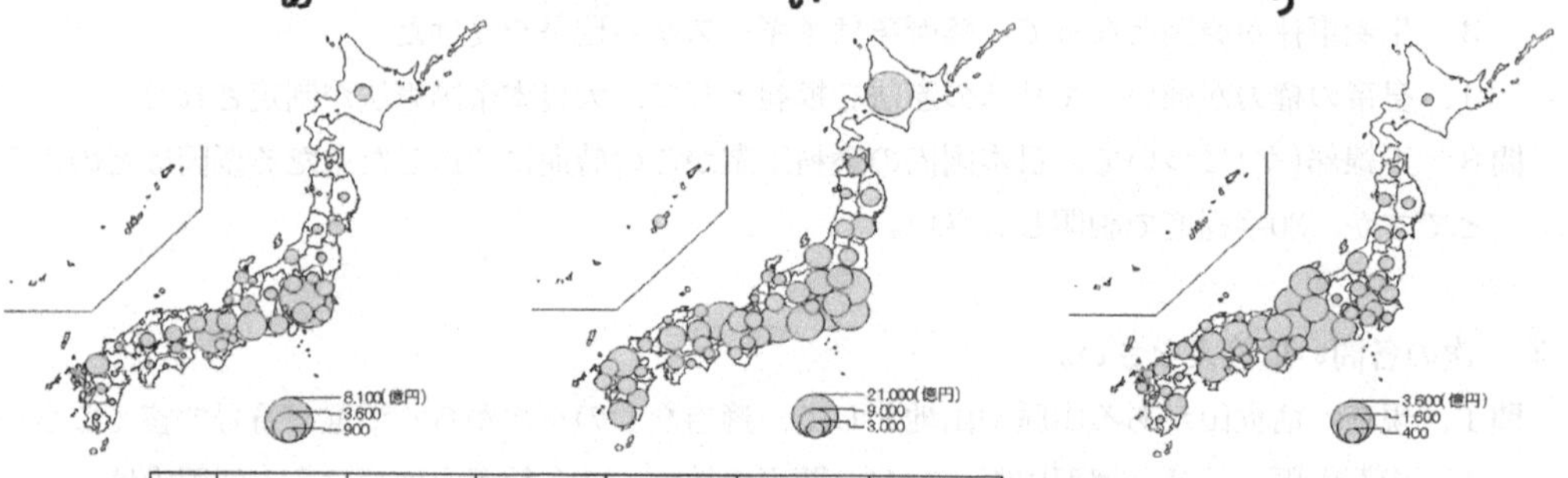

『データでみる県勢2020』より作成

	1	2	3	4	5	6
あ	印刷	印刷	食料品	食料品	繊維	繊維
い	食料品	繊維	印刷	繊維	印刷	食料品
う	繊維	食料品	繊維	印刷	食料品	印刷

問５．右の表は，都道府県庁の所在地における１世帯当たりの食料品等の年間購入額《こうにゅうがく》の上位３位（2016～18年平均）までを挙げたもので，１～４は，カステラ，かつお節・削《けず》り節，ヨーグルト，緑茶のいずれかです。このうち，かつお節・削り節にあたるものを選び番号で答えなさい。

1	沖縄・高知・京都
2	岩手・千葉・山形
3	静岡・鹿児島・長崎
4	長崎・石川・高知

『データでみる県勢2020』より作成

問６．右の地形図は，２万分の１地形図「高須」（明治26年発行）を縮小したものの一部です。図中の「松山中嶋村」は，集落を水害から守るために築かれた堤防《ていぼう》に囲まれていますが，このようにして形成された場所を何と呼びますか，漢字２字で答えなさい。

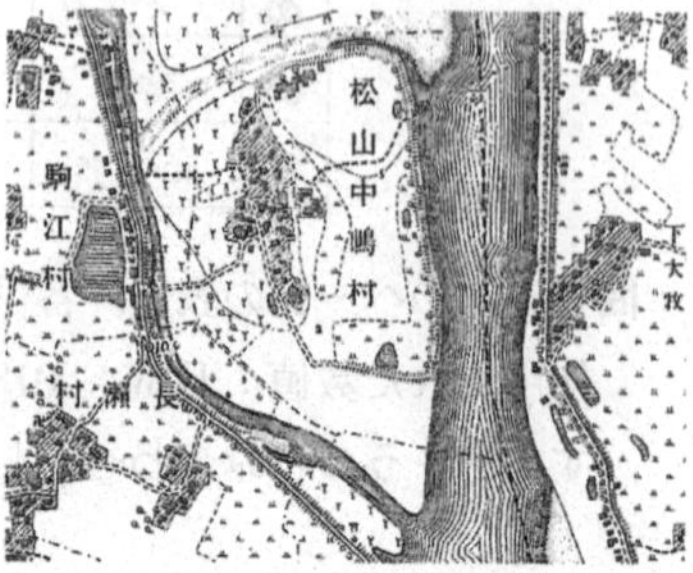

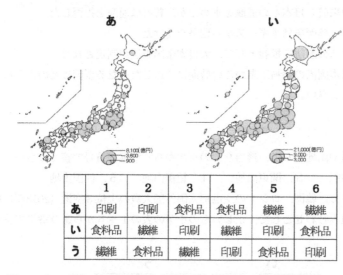

問７．近年，災害対策の一つとして高規格堤防（スーパー堤防）の整備が進んでいます。次の図は，高規格堤防が整備された後の堤防周辺のイメージ図です。高規格堤防を整備することで期待される点について説明した次の文のうち，**最も適当でないもの**を一つ選び番号で答えなさい。

国土交通省関東地方整備局
「宅地利用に供する高規格堤防の
整備に関する検討会」資料
『高規格堤防の概要』より作成

１．普通の堤防と比べて堤防の高さが非常に高いため，大規模な洪水《こうずい》でも防ぐことができる。
２．地盤《じばん》改良も行われることで，地震《じしん》発生時に液状化による被害《ひがい》を回避《かいひ》することができる。
３．火災などの災害時には，周辺住民等の避難《ひなん》場所として活用することができる。
４．洪水時に水があふれても，堤防上を緩《ゆる》やかに水が流れることで，堤防の決壊《けっかい》を防ぐことができる。

問８．下の地形図は，国土地理院発行２万５千分の１地形図「大和郡山」を拡大したものの一部です。このあたりは，古代の集落に起源をもつ住宅地があることが知られていますが，この中で，戦後整備された新しい住宅地として適当なものを，地図中の１～４のうちから一つ選び番号で答えなさい。

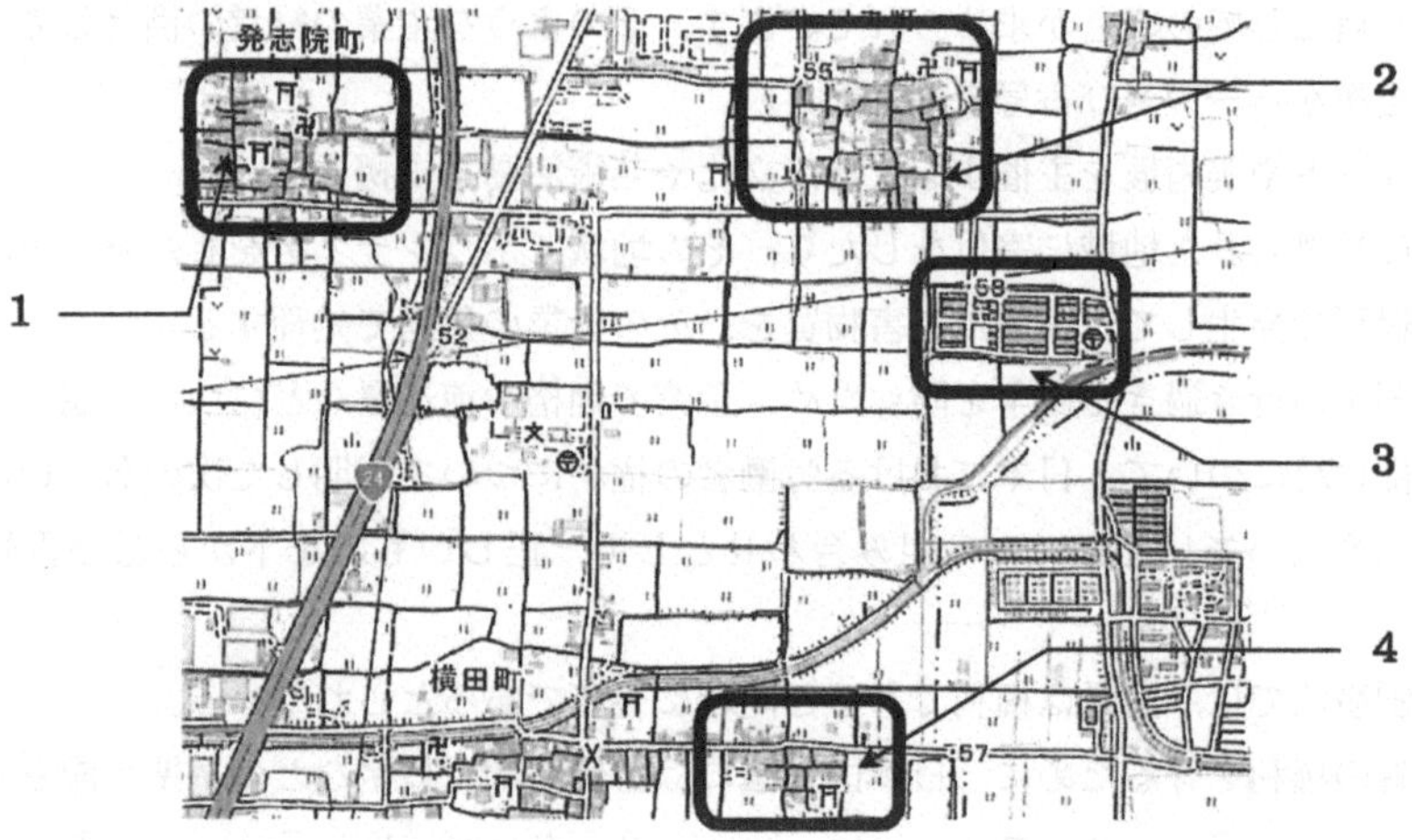

3 **次の文章を読んで問いに答えなさい。**

様々な技術が開発され，私たちの生活は便利になっています。新型コロナウイルス感染症《かんせんしょう》の流行をきっかけとして（　ア　）を行う(イ)<u>企業</u>が増え，学校ではオンラインでの授業が行われるなど，自宅にいながら(ウ)<u>労働</u>や学習ができるような社会になってきています。

このような世の中になったからこそ，「あえてしない」ということが重要になってくるのではないでしょうか。例えば，歩くと15分かかる駅へ行くことを考えてみましょう。皆《みな》さんは歩いて駅に向かいますか，それとも自転車で向かいますか。家に車を運転できる家族がいれば車で送ってもらうということを考える人もいるでしょう。しかし，地球環境《かんきょう》に配慮《はいりょ》するのであれば，車に頼らず自転車や徒歩を選択《せんたく》するほうがよいかもしれません。便利なものを知ると，便利な方を選択したい気持ちにもなりますが，(エ)<u>持続可能な開発</u>が求められる近年，私たちの生活を高め持続させていくためには，「することができる」けれども「あえてしない」ことが必要になっていくでしょう。

資本主義経済の移り変わりや国際政治を見ても，「あえてしない」選択が行われてきたことがわかります。世界恐慌《きょうこう》以降，ニューディール政策に代表されるように(オ)政府は経済政策を積極的に行ってきました。しかし，石油危機によって政府の経済政策は限界を迎《むか》えます。そこで，(カ)政府は経済に介入《かいにゅう》することができるけれども，それを最小限にとどめるという選択をし，これ以降，政府がどこまで経済に介入するのかということは議論が続けられています。他にも(キ)国際連盟は武力制裁ができませんでしたが，その反省を生かして(ク)国際連合は武力制裁を加えることができるようになりました。しかし，国連憲章にもとづいた国連軍がこれまでに編制されたことがないように，国連では武力制裁をせず，(ケ)平和維持《いじ》活動（PKO《ピーケーオー》）などの非軍事的措置《そち》で解決をめざしています。

このように，「あえてしない」という選択は社会を前進させてきました。オンラインでの授業などは非常に便利な技術ですが，それができるようになった今だからこそ，直接のコミュニケーションや授業の大切さを見つめなおしてみてもよいかもしれません。

問1．空らん(ア)にあてはまる語句は，ICT《アイシーティー》（情報通信技術）を利用し，自宅など職場から離《はな》れた所で働く働き方を意味する言葉です。それを何といいますか，カタカナ5字で答えなさい。

問2．下線部(イ)について，企業は利潤《りじゅん》を最大化させることが目的ですが，それだけにとらわれない社会の一員としての経営が求められています。そのような企業の経営の例として，**最も適当でないもの**を次から一つ選び番号で答えなさい。

1．コンサートや美術展を主催《しゅさい》するなど，文化や芸術活動を支援《しえん》する。
2．災害に見舞《みま》われた地域に寄付をしたり，その地域でボランティアをしたりする。
3．生産過程で発生してしまった有害物質を，その企業の負担で処理する。
4．企業同士の行き過ぎた競争を防ぐため，企業で価格や流通量などについて協定を結ぶ。

問3．下線部(ウ)について，日本における労働者の権利について説明した次の**あ・い**の文が，正しい(○)かあやまっている(×)かの組み合わせとして，正しいものを下から選び番号で答えなさい。

あ．日本国憲法では，勤労は権利であると同時に義務であるとされている。
い．労働者の権利を守るために，日本国憲法には労働時間や賃金などの基準が記されている。

1．**あ**．○　**い**．○　　2．**あ**．○　**い**．×　　3．**あ**．×　**い**．○　　4．**あ**．×　**い**．×

問4．下線部(エ)について，これを進めるために1992年に地球サミットが開かれましたが，その開《かい》催地《さいち》となった国の説明として，**あやまっているもの**を次から**二つ**選び番号で答えなさい。

1．2016年に夏季オリンピックが開かれた。
2．BRICS《ブリックス》の一つに数えられる。
3．世界で一番流域面積が広い川が流れている。
4．国際連合の安全保障理事会の常任理事国である。
5．国内ではイスラーム教徒の人口が最も多い。

問5．下線部(オ)について，政府を構成する内閣とその下の行政機関について説明した次の文のうち，**あやまっているもの**を一つ選び番号で答えなさい。

1．総理大臣が辞任した場合は，内閣は総辞職しなければならない。
2．内閣は，臨時国会の召集《しょうしゅう》を決定することができる。

３．各省庁に勤務する公務員は労働者であり，国民全体の奉仕者ではない。

４．各省庁は，国会の議決を経ずに行政上の命令を定めることができる。

問６．下線部(カ)について，石油危機以降，政府や日本銀行が行った経済政策について説明した次の**あ**～**え**の文のうち，正しいものの組み合わせを下の１～６から選び番号で答えなさい。

あ．バブル経済崩壊《ほうかい》後の不況《ふきょう》から回復するため，消費税を５％から３％に引き下げた。

い．1980年代の円高不況に対して，日本銀行は金利を引き下げた。

う．政府の支出を減らすため，行政改革の一環《いっかん》として郵便事業を民営化した。

え．インフレーションによる不況から回復するため，第２次安倍政権は物価の引下げを目指した。

１．**あ・い**　２．**あ・う**　３．**あ・え**　４．**い・う**　５．**い・え**　６．**う・え**

問７．下線部（キ）について，日本が国際連盟を脱退《だったい》した時期として，正しいものを右の年表中の１～５から一つ選び番号で答えなさい。

	1
1918	米騒動の発生
	2
1925	治安維持法の制定
	3
1931	柳条湖事件の発生
	4
1936	二・二六事件の発生
	5

問８．下線部（ク）について，国際連合で採択《さいたく》されたものとして，正しいものを次から**すべて**選び番号で答えなさい。

１．環《かん》太平洋経済連携《れんけい》協定

２．人種差別撤廃《てっぱい》条約

３．世界人権宣言

４．非核《ひかく》三原則

５．包括的《ほうかつてき》核実験禁止条約

問９．下線部(ケ)について，日本は平和維持《いじ》活動に自衛隊を派遣《はけん》していますが，自衛隊の最高指揮監督《かんとく》権は，「□□統制」という考え方にもとづいて内閣総理大臣がもっています。□□にあてはまる語句を，漢字２字で答えなさい。

エ　相手と自分を比べて相手にあこがれを抱《いだ》くのと同じように、相手も自分にあこがれを抱《いだ》くものであり、そのことがきっかけとなって両者とも自分自身の至らなさに気づくということ。

オ　自分に自信が持てていないために、相手が自分にあこがれを抱《いだ》いてくれてもそのことが自分への負い目となって、次第に自分で自分を否定しないではいられなくなってしまうということ。

問八　日本とヨーロッパやアメリカのビジネスに対するそれぞれの姿勢を四十五字以内で説明しなさい。

問九　――線Ａ「ゼッタイ」・Ｂ「カイホウ」を正しい漢字に直しなさい。（一画一画《いっかくいっかく》ていねいにはっきりと書くこと。）

二　※問題に使用された作品の著作権者が二次使用の許可を出していないため、問題を掲載しておりません。

（出典：梨木香歩『裏庭』）

ウ　機械に支配され携帯《けいたい》の両面ばかりに目がいくようになり、自立した一人の人間という感覚がなくなってしまうこと。

エ　自分がするべきことよりも相手への返信を送ることを優先してしまい、結果的に仕事が後手後手に回ってしまうこと。

オ　メールによって毎日の自分のスケジュールが管理され、人生の主体が自分からメールに取って代わられてしまうこと。

問四　空らん［④］・［⑧］に入る語の組み合わせとして最も適当なものを次のア～オの中から一つ選び、記号で答えなさい。

ア　④　孤立感《こりつ》　⑧　恐怖感《きょうふ》　イ　④　劣等感《れっとう》　⑧　喪失感《そうしつ》

ウ　④　罪悪感　⑧　虚無感《きょむ》　エ　④　疎外感《そがい》　⑧　焦燥感《しょうそう》

オ　④　孤独感《こどく》　⑧　挫折感《ざせつ》

問五　――線⑤「嘘《うそ》も方便」の意味として最も適当なものを次のア～オの中から一つ選び、記号で答えなさい。

ア　嘘《うそ》も使い方によって、人を幸福にすることもあれば不幸にすることもある。

イ　嘘《うそ》は持っている情報量の最も多い人がうまくつくことができるものである。

ウ　事をうまく運ぶためには、一つの手段として時には嘘《うそ》が必要なこともある。

エ　嘘《うそ》をつき続けているといつの間にか嘘《うそ》が嘘《うそ》でなくなってしまうこともある。

オ　嘘《うそ》であっても、相手のことを心から思いやったものであるならば許される。

問六　――線⑥「グレースおばさんは～拭《ふ》いていました」とありますが、その理由として最も適当なものを次のア～オの中から一つ選び、記号で答えなさい。

ア　揺《ゆ》るぎない「自分の宇宙」を持っていることで、自分が抱《いだ》いているコンプレックスを隠《かく》せているから。

イ　自分の仕事は決して誰《だれ》にも負けることはないという、自己への誇《ほこ》りに満ちあふれているから。

ウ　窓拭《ふ》きをすることで多くの人に感謝され、心から幸せな気持ちを味わうことができるから。

エ　誰《だれ》かと比較《ひかく》することなく、自己との会話を通して得られた確固たる自分を持っているから。

オ　自分を認めてくれる家族の存在のおかげで、誰《だれ》にも負けない自己肯定感《こうてい》を持てているから。

問七　――線⑦「憧《あこが》れや羨望《せんぼう》はコンプレックスと表裏一体」とありますが、どういうことですか。その説明として最も適当なものを次のア～オの中から一つ選び、記号で答えなさい。

ア　相手へのあこがれは自分の持っていないものを相手が持っていることに対して抱《いだ》くものであり、それはそのまま自分が相手より劣《おと》っているという自覚につながっているということ。

イ　相手へのあこがれは相手の人生と自分の人生を重ね合わせて見ることから出発しており、その結果として自分の人生よりも相手の人生の方が輝《かがや》いて見えてしまうということ。

ウ　自分のあこがれに向かって上を目指そうと思っても、自分への自信がなければ目標には到達《とうたつ》することができず、最終的には自分への失望という結果にいたってしまうということ。

の底に突《つ》き落とされたようなものすごい〔 ⑧ 〕を味わい、取り返しのつかない結果になってしまうこともあるからです。

「うちは金持ちじゃないし、自分は学校でトップの成績でもない。でも、誰《だれ》かの人生と取り替《か》えたいなんて思わない」

このような感覚を持っている人こそ、実は打たれ強く、また「自分の宇宙」を形作る潜在能力《せんざいのうりょく》に恵《めぐ》まれているのです。

（『自分力を高める』今北《いまきた》純一《じゅんいち》）

〔注〕＊1 F1レース＝高性能のレーシングカーによるスピードを競うレース。

＊2 バッテル研究所＝アメリカの理工学系研究所。

＊3 テクノ・エコノミクス＝科学技術と経済の両方の面を結びつけて研究する学問。

＊4 エア・リキード＝フランスにある産業ガス・医療《いりょう》ガスの世界大手のメーカー。

＊5 エクセレント・カンパニー＝超優良企業《ちょうゆうりょうきぎょう》。

＊6 ヘアリキッド＝男性用整髪《せいはつ》料。

＊7 フェース・トゥ・フェース＝直接会うこと。

＊8 オックスフォード＝イギリスにある総合大学。筆者はここに勤務していたことがある。

＊9 コンプレックス＝劣等感《れっとうかん》。

＊10 奈落《ならく》の底＝地獄《じごく》の底。抜《ぬ》け出すことのできない、どうにもならない状態。

問一 ――線①「自分で身につけ、自分で高めていくもの」とありますが、自分力について説明した次の文の空らん（A）・（B）に本文中からAは十五字、Bは九字で探し、抜《ぬ》き出しなさい。

筆者は自分白身の経験から、自分力とは、（ A 十五字 ）に身を置き（ B 九字 ）に気づくことで身についていくものだと考えている。

問二 ――線②「私は、いつしか、～なりました」とありますが、筆者はどのようなことを感じたというのですか。その説明として最も適当なものを次のア～オの中から一つ選び、記号で答えなさい。

ア 大切なのはこれまでの自分なのではなく、未来の自分がどうなのかだと感じた。

イ 自分が学歴やブランドを鼻にかけていることを相手に見透《みす》かされているのだと感じた。

ウ 自分は運命的に今自分が力をつけなければならないことを知る経験をしているのだと感じた。

エ 自分が体験していることは、今後の自分の成長にプラスになることだと感じた。

オ 自分はこの会社で力を発揮してこそ成功することが可能であるのだと感じた。

問三 ――線③「携帯《けいたい》メールのやりとり」について、筆者はどのような点を否定的に見ているのですか。その説明として最も適当なものを次のア～オの中から一つ選び、記号で答えなさい。

ア 絶えず人とつながっていることや周囲との関係に気を取られ、自分一人になって自分を見つめることができなくなること。

イ 相手に気に入られるために本心とは違《ちが》うことを述べてしまい、自分の本当の気持ちと向き合うことができなくなること。

朝の洗面の時だってそうです。一人きりでしょう？　鏡の中の自分の顔を見て、「昨日、友達と喧嘩《けんか》した。今日は普通《ふつう》に話せるかな」とか、「宿題やってない。当てられたらどうしよう」などといろんなことを思いながら、自分自身と会話をしているわけです。その時に携帯《けいたい》メールが気になるようなら、かなり問題です。

一人きりで自分と向き合う時空間には、友達と話したりメールしたりしている時とはまったく違《ちが》う、独特の感覚かおるはずです。

学校の成績や友達関係以外のことで、自分の興味はどんなことに向いているのか。あるいは、どんなことに自信をなくしているのか。成績に自信がないのか、生き方に張りがないのか、家族との毎日のやりとりがぎくしゃくしているのか、人とのコミュニケーションがうっとうしくなっているのか。そういうことをじっくり考えられるのも、一人で自分と向き合っている時です。

そういう時空間を、どうか大切にしていってください。

＊8オックスフォード時代に「名誉《めいよ》ある失業」の危機に見舞《みま》われた頃《ころ》、私が住んでいた教官用の共同住宅には、グレースという中年の女性が、週末ごとに掃除《そうじ》に来ていました。

⑥グレースおばさんは、いつも楽しそうに鼻歌を歌いながら窓を拭《ふ》いていました。きっと、家族や友人に恵《めぐ》まれていたのでしょう。そうでなければ、こんなはつらつとした表情はできないと感じるほど、彼女《かのじょ》は輝《かがや》いていました。

その姿を横目で見ながら、次の仕事が見つからない私は、「いつも楽しそうでいいな。この人のほうが僕《ぼく》よりはるかに幸せだ」と、うらやましさを感じたものです。

どうしてグレースの方が僕《ぼく》より幸せなのだろう。何が違《ちが》うのだろう――。一人でずっと考えたすえに得た答えは、「人生で大切なのは、学歴でも、社会的ステイタスでも、お金でもない。『自分の宇宙』を持っている人が幸せなんだ」という、ごく当たり前のことでした。

当時の私は、まだ自分力というものを何も確立していませんでした。そんな状態で次の仕事を見つけようともがいていたのだから、毎日がつらくて当然でした。

その点、グレースにはしっかりとした自分力があり、自分の仕事に対する誇《ほこ》りもあった。だから、いつも楽しげに掃除《そうじ》をしていたのだと思います。幸せな人達はみんな、そういう雰囲気《ふんいき》を持っていて、隠《かく》そうとしても隠《かく》せないのです。

「有名校や有名企業《きぎょう》のブランドなんて、幻《まぼろし》みたいなものだ。本当は自分以外に何もない。僕《ぼく》が今の自分の存在意義をちゃんと自覚できれば、毎日楽しみを見出《みいだ》すことができる。こうした小さな発見を積み重ねていけば、今までの後ろ向きのサイクルは前向きのサイクルに変わるはずだ」

私は、このことにようやく気付きました。そして、これが私の出発点となりました。

今思えば、私がグレースに感じたうらやましさは、いつまでたっても自分力を確立できないことへの、＊9コンプレックスの裏返しだったかもしれません。

⑦憧《あこが》れや羨望《せんぼう》はコンプレックスと表裏一体なので、「あの人の人生と私の人生を取り替《か》えたい」といった感情におちいるのは、とても危険です。なぜなら、その憧《あこが》れが実現不可能な幻想《げんそう》だと気づいた時、＊10奈落《ならく》

ん。

一方、ヨーロッパやアメリカでは、ビジネスも日常生活も、個人対個人の勝負です。特にヨーロッパでは、名刺《めいし》の肩書《かたがき》など何の役にも立たない。そのかわり、自分が訴《うった》えたいことを信念をもって相手に思いきりぶつければ、その思いが通じる可能性が開けてくる。

表面的な装飾《そうしょく》で人の中身を判断しがちになってきている日本と、個人の資質という中身で勝負のヨーロッパ。後者の世界で実力を試してみたい、そんな誘惑《ゆうわく》に駆《か》られませんか？

自分力を身につけ、高めよう――。こう言うと、何かとても大変なことをやらなければならないように感じるかもしれませんが、あまり難しく考える必要はありません。

まずは身近なことから見直していきましょう。たとえば、③携帯《けいたい》メールのやりとりです。

日本に来ると、電車の中はいうにおよばず、道を歩いている時でさえ携帯《けいたい》メールのやりとりをしている人を見かけます。こういうシーンを、私はできるだけ見たくない。なぜなら、携帯《けいたい》メールを四六時中やっている人の姿が、携帯《けいたい》電話に振《ふ》り回されて他のことを何も考えられなくなっている「機械の奴隷《どれい》」に見えてしまうからです。

携帯《けいたい》電話は確かに便利な道具です。ＩＴが便利なのはいいけれど、*7フェース・トゥ・フェースのコミュニケーションの重要さが、どんどん忘れられているような気がします。

ここで一つ、みなさんに質問をします。

「携帯《けいたい》メールのやりとりって、Aゼッタイに必要なの？」

もしもあなたの答えが「イエス」だとしたら、それは「　④　」あるいは淋《さび》しさの現れかもしれません。本当に緊急《きんきゅう》の用事があるわけではなく、「仲間とつながっている」という感覚をキープしたいために、携帯《けいたい》メールのやりとりをしているのではありませんか？

自分力を高めようと思うなら、まずそこから見直すべきだと思います。

もちろん私は、友達とのつながりを否定しているのではありません。携帯《けいたい》電話を持つなとか、メールをすべてやめろ、などと言っているのでもありません。緊急《きんきゅう》連絡が必要ということだってあるでしょう。

ただ、「自分一人きりになる」ということの重要さを知ってほしいのです。

携帯《けいたい》メールに振《ふ》り回され、他のことを考える余力もなくなって、「メールが来ないと淋《さび》しい」「携帯《けいたい》がなかったら生きていけない」「メールが来ないのはみんなに嫌《きら》われているからだ」といった強迫観念《きょうはくかんねん》に追い込《こ》まれてはいませんか？

もし思い当たる点があるなら、しばらくの間、携帯《けいたい》電話なしで生活してみたらどうでしょう。⑤嘘《うそ》も方便で「壊《こわ》れちゃった」ということにして、何日間か、携帯《けいたい》メールから自分をBカイホウしてみるのです。

そうすれば、自分一人だけの時空間を持ち、思索《しさく》することの大切さがわかると思います。

読書が好きな人もいるでしょう。日記を書くことに意味を見出《みいだ》している人もいるでしょう。あるいは公園のベンチに腰掛《こしか》けて考えることがリフレッシュにつながるという人もいるでしょう。それぞれにあった趣味《しゅみ》というものは、人間にとって大事なことです。しかし、どれも、誰《だれ》かにメールを打ちながらやるものではありません。

【国　語】（五〇分）〈満点：一〇〇点〉

一　次の文章を読んで、後の一から九までの各問いに答えなさい。

（ただし、字数指定のある問いはすべて句読点・記号も一字とする。）

今、日本では、「社会に出れば個人の能力が問われる」「個性を持たなきゃいけない」「組織に頼《たよ》らず個の自立をめざせ」などと、さかんに言われています。

この本のキーワードである自分力は、「自立」「個性」「能力」などを総合したものですが、誰《だれ》かから「持たなきゃいけない」と強制されるようなものではありません。自分力とは、その名の通り、①自分で身につけ、自分で高めていくものです。

ただ、今までバスしか乗ったことのない人に、いきなり＊1F1レースのドライバーになれといっても無理なように、自分力は大人になって急に身につくものではありません。

みなさんくらいの年齢《ねんれい》から、意識して自分力を高めていくのが一番確実な方法です。

（中略《ちゅうりゃく》）

「世界にはパワフルな天才や秀才《しゅうさい》がごろごろしているから、物理や数学のように何か一つの専門領域でトップになるのは無理だろう。でも、専門領域と専門領域が接する境界領域なら、世界的に見ても人材が手薄《てうす》だから勝負できるかもしれない。境界領域を自分の専門にしてしまえば、その第一人者になれるはずだ」

若い頃《ころ》の私はこう思い立ち、自分の専門分野として自信と誇《ほこ》りを持てる世界を見つけるための旅をはじめました。その過程で、学歴や職歴に寄りかかっていてはダメだということを思い知らされ、やがて＊2バッテル研究所の研究員となって＊3テクノ・エコノミクスという分野に到《とう》達《たつ》したわけです。

このバッテル研究所は欧米《おうべい》ではとても有名なのですが、日本では知っている人のほうが少数派です。私が在籍《ざいせき》していた頃《ころ》は、日本ではほぼ「無名」といっていいほどでした。研究員だった私が日本に出張し、ある企業《きぎょう》の人に自己紹介《じこしょうかい》をしたら、「ばってら寿司《ずし》とどういう関係のビジネスですか」と、お寿司《すし》のセールスマンだと思われてしまったくらいです。

そのあと入った＊4エア・リキードも、ヨーロッパではそれこそ＊5エクセレント・カンパニーとして知名度がありますが、アメリカに赴任《ふにん》した時、子会社（社名：リキッド・エアー）の名前を名乗ったとたん、「航空会社に用はない」と言われたり、日本では、＊6ヘアリキッドの会社と間違《まちが》われたりしました。

（中略《ちゅうりゃく》）

職場を変わるたびにいつもこのように、ブランド的に無名なことによるハンディを負わされるので、②私は、いつしか、「これは偶然《ぐうぜん》ではないな」と感じるようになりました。自分は仕事で他の人がやらないことをやろうとしている。だから会社のブランドに乗っかって勝負してはいけない。あくまでも、今北純一《いまきたじゅんいち》という「個人」の力で勝負すべきなのだ、という、これはまさしく天の配剤《はいざい》なのではないかと思っています。

とはいえ、ブランドなしで日本で勝負するのは大変です。なぜなら日本人の多くは、「個人」の力量をしっかり見ようとはしないからです。ブランドがあれば、日本ではあたかもそれが信用証明であるかのごとくに扱《あつか》われて、これまでの仕事の実績などについて細々《こまごま》と何も訊《き》かれませ

MEMO

大切なことはメモしておこうネ！

第1回

2021年度

解　答　と　解　説

《2021年度の配点は解答欄に掲載してあります。》

＜算数解答＞

1　(1)　4.4　(2)　1.4　(3)　2046　(4)　20通り

2　(1)　72　(2)　7：5　(3)　23.13cm^2　(4)　3：25

3　(1)　240個　(2)　300円

4　(1)　60秒後　(2)　990秒後

5　(1)　77　(2)　2021　(3)　3481

6　(1)　4.5cm^3　(2)　31.5cm^3　(3)　$13\frac{5}{7}$cm^3

○推定配点○

1, 2　各5点×8　他　各6点×10　計100点

＜算数解説＞

1　(四則計算，数の性質，場合の数)

(1)　6.2－(4.5－2.7)＝4.4

(2)　$\square=\left(\frac{61}{10}\times\frac{5}{6}+\frac{3}{4}\right)\times\frac{6}{25}=1.4$

重要　(3)　「9の倍数＋3」の数のうち，「7の倍数＋2」である最小の数は9×3＋3＝7×4＋2＝30
9，7の最小公倍数63より，(2021－30)÷63＝31…38
したがって，求める数は2021－38＋63＝2046　【別解】63×32＋30

重要　(4)　3枚の数の和が3の倍数…0＋1＋2，0＋1＋5，1＋2＋6，1＋5＋6
したがって，3けたの整数は(2×2＋3×2×1)×2＝20(通り)できる。

2　(消去算，速さの三公式，旅人算，割合と比，平面図形，相似)

基本　(1)　A＋B＋C＝210，A＋B＋D＝195，A＋C＋D＝223，B＋C＋D＝206
A＋B＋C＋D＝(210＋195＋223＋206)÷3＝278
したがって，A＝278－206＝72

重要　(2)　右図において，豊子さんがB地点に着いたとき，花子さんは480÷2＝240(m)手前にいる。
したがって，2人の速さの比は140：(240－140)＝7：5

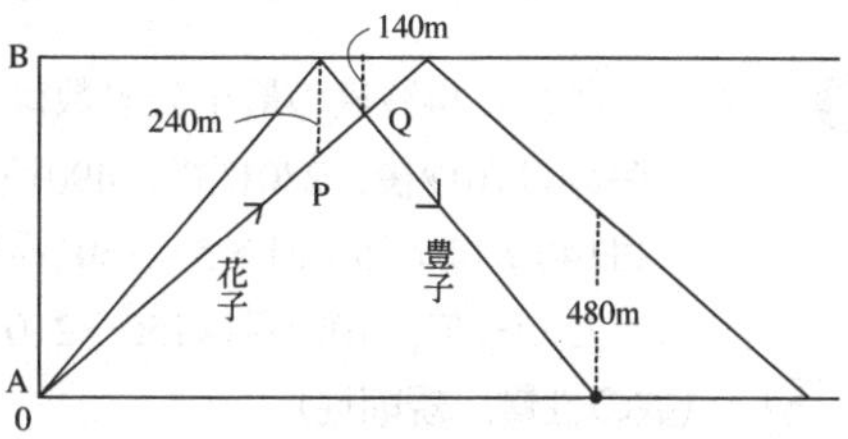

重要　(3)　右図において，直角二等辺三角形ABOは3×3＝9(cm^2)，半径×半径の面積は9×2＝18(cm^2)である。したがって，色がついた部分の面積は9＋18×3.14÷4＝23.13(cm^2)

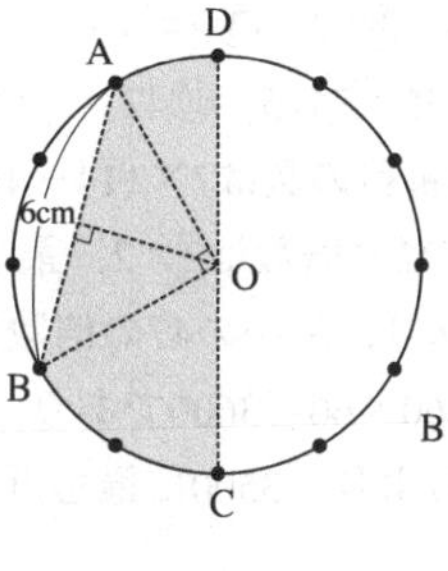

重要　(4)　図1において，三角形BEDとDEAの面積比は2：3であり，DEとACは平行である。図2において，三角形

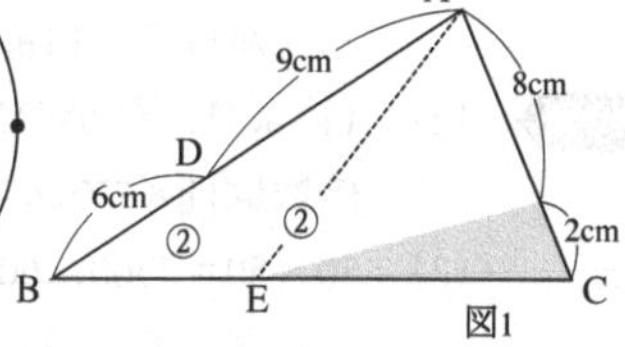

図1

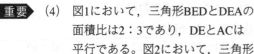

BEDとBCAは相似であり，相似比は2：5，面積比は4：25，CF：CAは2：(2＋8)＝1：5である。したがって，三角形CEFの面積は(25−4÷2×5)÷5＝3であり，求める比は3：25

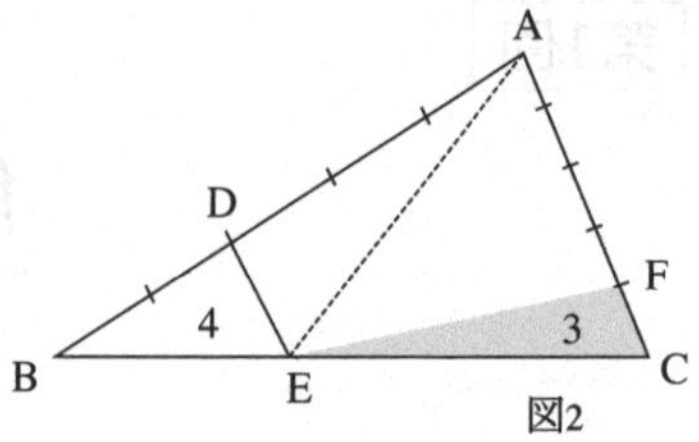

図2

3 (売買算，鶴亀算，和差算，割合と比)

重要 (1) 1個の仕入れ値を10，定価を10×1.5＝15，売り値を15×0.8＝12，利益を12−10＝2とする。
1日目の個数… (4×360−2×360)÷(5−2)＝
2×360÷3＝240(個)

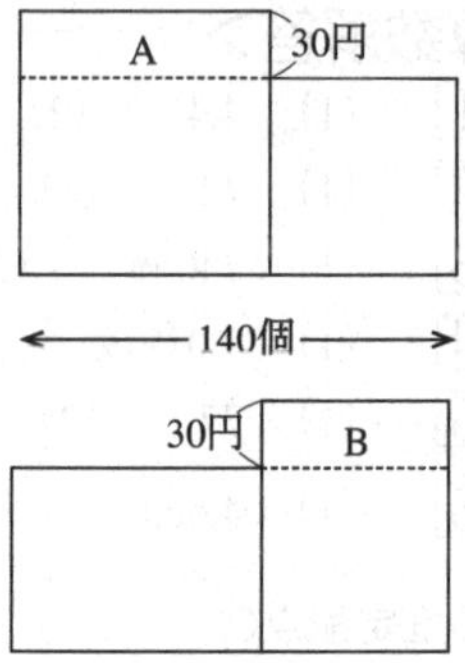

やや難 (2) 右図において，A−Bは48600−48000＝600(円)，A＋Bは30×140＝4200(円)であり，Bは(4200−600)÷2＝1800(円)，Bの個数は1800÷30＝60(個)である。
したがって，(1)より，売り値が12のとき，仕入れ値は{(48000−30×60)÷140＋30}÷12×10＝300(円)

4 (平面図形，図形や点の移動，速さの三公式と比，規則性，数の性質)

重要 (1) 点P…70÷2＝35(秒後)から35×2＝70(秒後)までBCを通り，再び35×4＝140(秒後)から175秒後までBCを通り，以下，反復する。

点Q…70÷5＝14(秒後)から14×2＝28(秒後)までCBを通り，再び14×4＝56(秒後)から70秒後までCBを通り，以下，反復する。

点Pが35～70秒後までBCを通るとき，点Qは2周目に56～70秒後までCBを通り，グラフにおいて頂点アを共有する2つの三角形は相似であり，相似比は35：14＝5：2である。

したがって，アの時刻は56＋14÷(5＋2)×2＝60(秒後)

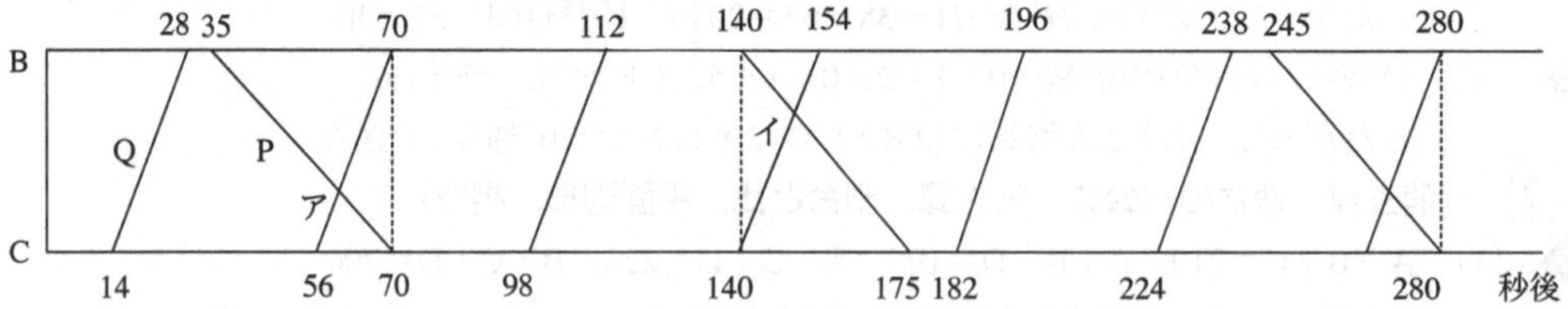

やや難 (2) 35秒後と14秒後の最小公倍数は70秒後であり，点P，点QがそれぞれC，Bを同時に過ぎる時刻は70秒後，280秒後，490秒後，…，と続く。(1)より，2点は1回目60秒後に重なり，2回目140＋14÷(5＋2)×5＝150(秒後)に重なる。
したがって，10回目は150＋210×4＝990(秒後)に重なる。

5 (数の性質，規則性)

重要 (1) ①4＝$\boxed{2}$×2 ②6＝$\boxed{3}$×2 ③9＝3×3 ④12＝3×4 ⑤15＝$\boxed{5}$×3 ⑥20＝5×4 ⑦25＝5×5 ⑧30＝5×6 ⑨35＝$\boxed{7}$×5 ⑩42＝7×6
したがって，14番目の数は7×(14−4)＝70，15番目の数は70＋7＝$\boxed{11}$×7＝77である。

やや難 (2) (1)より，最小の2の倍数は$\boxed{2}$×2，最小の3の倍数は$\boxed{3}$×2，最小の5の倍数は$\boxed{5}$×3，最小の11の倍数は$\boxed{11}$×7であり，最小の47の倍数は$\boxed{47}$×43＝2021…47の1つ前の素数が43

(3) 50×50＝2500，60×60＝3600であり，47の後に素数は53，59，61と続く。
したがって，(2)より，3500に最も近い数は59×59＝3481…59×53＝3127より大きく，61×59

$=3599$より小さい59の倍数であり，$59\times60=3540$よりも3500に近い。

6 (立体図形，平面図形，相似，割合と比)

基本 (1) 図1において，直角三角形PILとPDKは相似であり，相似比は1：3である。したがって，重なった部分の体積は$1\times6\div(1+3)\div2\times6=4.5(\mathrm{cm}^3)$

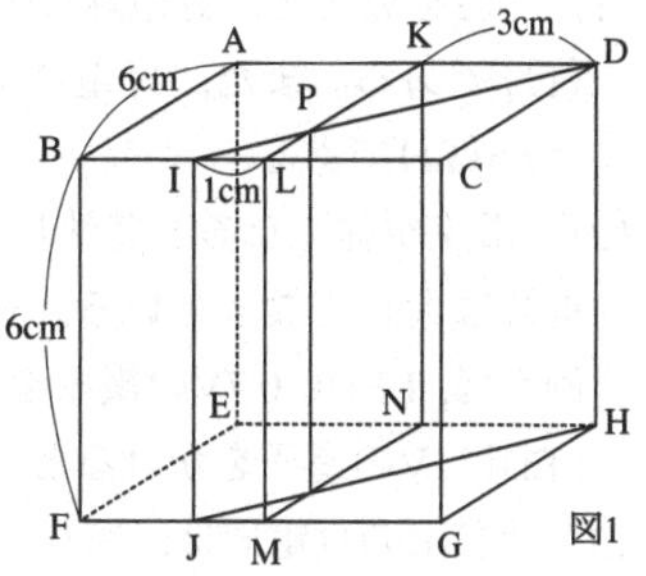

図1

重要 (2) 図2において，直角三角形OILとOJGは相似であり，相似比は1：4，体積比は1：64である。
したがって，三角錐台ILP－JGKは
$4\times6\div2\times8\div3\div64\times(64-1)=31.5(\mathrm{cm}^3)$

やや難 (3) 図3において，底面JGHは$4\times6\div2=12(\mathrm{cm}^2)$
図4より，Qの高さは$6\div(3+4)\times4=\frac{24}{7}(\mathrm{cm})$
したがって，求める三角錐は$12\times\frac{24}{7}\div3=\frac{96}{7}(\mathrm{cm}^3)$

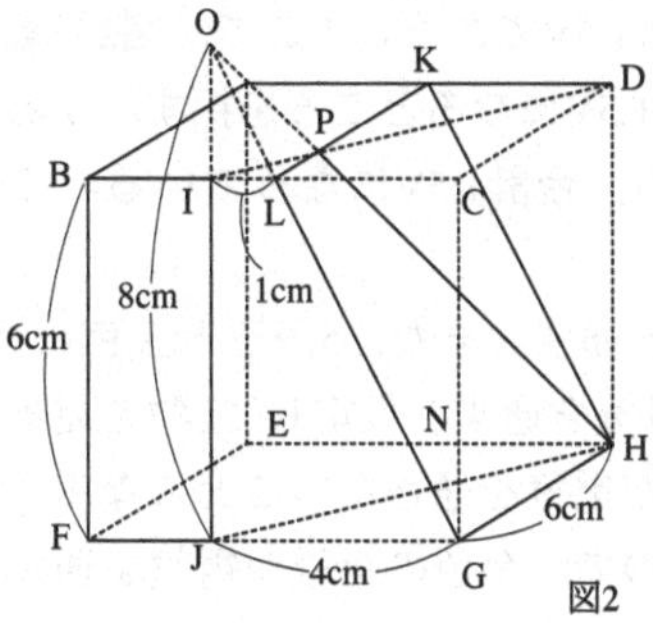

図2

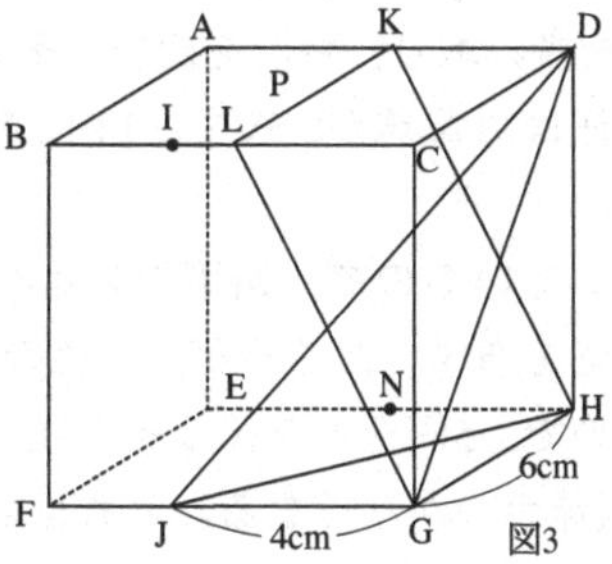

図3

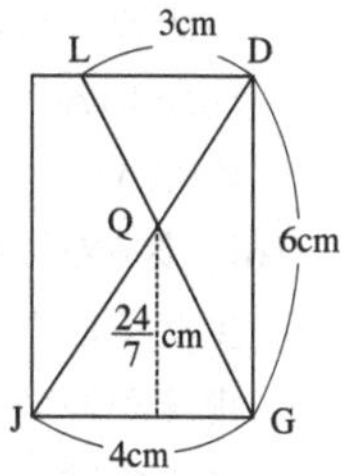

図4

★ワンポイントアドバイス★

2(2)「2人の速さの比」は，「往復」と「片道」のそれぞれの距離の差に気づくと簡単であり，(4)「面積比」は「平行線」がポイントである。5は，「素数」と「規則性」の融合であり，6「立体図形」は難しくはない。

＜理科解答＞

1 (1) (0.5V) 5Ω (1.5V) 7.5Ω (2) い (3) 0.2A (4) 0.14A
(5) 0.1A (6) い，う，お

2 (1) 1.76g (2) 909倍 (3) 0.77g (4) (気体A) 0g (沈殿B) 3g

3 (1) う，お (2) え→あ→う→い→お (3) え (4) か→う→お
(5) 26℃，63ひき

4 (1) (月がウ) D (月がオ) E (2) (形) お (時刻) そ
(3) ① え ② い ③ き ④ い

○推定配点○

1 各2点×7((6)完答) 2 各2点×5 3 各2点×6((1)完答)
4 (1) 各1点×2 (2)・(3) 各2点×6 計50点

<理科解説>

1 (電気－豆電球とLED)

(1) 図2を見ると，豆電球に0.5Vの電圧をかけたとき，電流が0.1A流れるので，抵抗は0.5÷0.1＝5(Ω)である。また，豆電球に1.5Vの電圧をかけたとき，電流が0.2A流れるので，抵抗は1.5÷0.2＝7.5(Ω)である。

(2) 電流が強くなると発熱して温度が上がる。豆電球は(1)からわかるように，電流が強くなると抵抗は大きくなっている。一方，LEDは急に電流が増えているので，抵抗は小さくなっている。例えば，LEDに0.7Vの電圧をかけると，電流が0.01A流れるので，抵抗は0.7÷0.01＝70(Ω)であり，LEDに1Vの電圧をかけると，電流が0.1A流れるので，抵抗は1÷0.1＝10(Ω)である

(3) 図3-Bの豆電球は，図3-Aの豆電球と同じ明るさであり，どちらも1.5Vの電圧がかかっている。よって，電流計の値は図2をみて0.2Aである。

(4) 2つの豆電球は同じ条件で光っているので，電圧も同じである。そのため，1つの豆電球にかかる電圧は，1.5÷2＝0.75Vである。よって，電流計の値は図2をみて0.14Aである。

やや難 (5) LEDと豆電球に流れる電流は同じ強さで，電圧の合計は1.5Vである。そこで，図2で電流を一つ決めて両方の電圧を読み取り，合計を出す。その合計が1.5Vになるところを探す。すると，電流が0.1Aのとき，電圧は豆電球が0.5Vで，LEDが1Vだから，合計1.5Vになっている。このときの0.1Aが答えである。

(6) 図6の豆電球がついているので，鉛筆の芯は必ず電気を通す。また，5円玉と金色の折紙は，少なくとも一方は電気を通す。ところが，金色の折紙が電気を通すと仮定して図7を見ると，豆電球がついていないので，5円玉とフェライト磁石の両方が電気を通さないことになる。そうだとすれば，図6も豆電球がつかなくなる。これはおかしいので，金色の折紙が電気を通さないことがわかる。よって，図6では5円玉と水銀が電気を通すことがわかる。なお，フェライト磁石が電気を通すかどうかは，この実験ではわからないが，図6がショートしていないので，抵抗なしで導線のように通すことはない。

2 (水溶液の性質－3種類の物質の反応)

基本 (1) 気体Aは二酸化炭素である。250mLの重さが0.44gだから，1Lの重さは，0.44÷0.25＝1.76(g)である。

(2) 22gの気体Aの体積は，(1)のことから22÷1.76＝12.5(L)である。これが固体のドライアイスになったとき，13.75(cm^3)＝13.75(mL)になったのだから，気体の体積は固体の体積に対して，12500÷13.75＝909.0…で，四捨五入により909倍となる。

(3) 反応①により，クエン酸10.5gから気体Aが6.6gできる。6.6gの気体Aの体積は，(1)のことから6.6÷1.76＝3.75(L)である。そこで，レモン汁15mL中のクエン酸の重さを□gとすると，10.5(g)：3.75(L)＝□(g)：0.275(L)　より，□＝0.77(g)となる。

やや難 (4) 反応③により，クエン酸12.6gと反応する水酸化カルシウムの重さ□gは，10.5(g)：5.55(g)＝12.6(g)：□(g)　より，□＝6.66(g)である。そのため，クエン酸は反応し尽くし，水酸化カルシウム8.88gのうち2.22gが残る。これに重曹を加えると，反応①は起こらず，反応②だけが起こる。重曹は余るので，沈殿の量は水酸化カルシウムの重さで決まる。できる沈殿Bの重さを△gとすると，5.55(g)：7.5(g)＝2.22：△　より，△＝3(g)となる。

3 (動物－メダカの飼育)

(1) あ：正しい。小石や砂に微生物がすみつき，メダカの排出物などを分解してくれる。
い：正しい。水道水にはカルキ(塩素)が含まれるので，くみおくことで塩素をなくす。
う：誤り。メダカは本来ある程度の日射は必要だが，狭い水槽に直射日光が当たると急激に水温

が上昇してしまう。強すぎる日射が入らないように工夫しながら，適度に日光に当てる。　え：正しい。水草が光合成することで，水中に酸素を送り込むことができる。　お：誤り。食べ残しがあると，水質が悪くなり，メダカの生活によくない。　か：正しい。水がよごれてきたら，急激な環境の変化を避けるため，半分程度入れ替える。　き：正しい。タニシなどは，水の汚れを食べて水槽をきれいに保つはたらきがある。

(2)　「え→あ」の図で，下の方に描かれているのが胚であり，からだへ成長する部分である。ここが細胞分裂を繰り返し，「う→い→お」のようにからだの形ができていく。

(3)　メダカのメスは，背びれに切れ込みがなく，尻びれがうしろにいくほど細い。選択肢の「い，お，か」のひれの付き方はオスである。また，卵は腹びれと尻びれの間から生み出されるので，選択肢の「え」が正しい。

重要 (4)　産卵の前には，オスがメスのまわりを回ったり，メスの後を追ったりしたあと(か)，メスと並んで泳ぐ(う)。そして，オスがメスを引き寄せて(お)刺激を与える。メスが産卵するとオスが精子を出して受精させる。その卵は，しばらくすると水草につけられる。

(5)　ふ化率が高いのは22℃と26℃のときで，どちらも90％がふ化するので，毎日10個の卵のうち9個がふ化する。しかし，22℃の場合は，ふ化に平均15日かかるので，最後の日である8月17日に採取した卵は，8月31日にはまだふ化していないものが多いと考えられる。一方，22℃の場合は，平均10日でふ化するので，7日間に採取した卵のうちふ化するものは，8月31日にはふ化したと考えられる。よって，9×7＝63(匹)となる。

4　(太陽と月－月の見え方)

(1)　月の公転周期と自転周期は等しいので，月は地球にいつも同じ面を見せている。キの位置のxは地球に面した側にあるから，月がア～クのどの場所にあっても地球に面した側を向いている。

(2)　上弦の月の約2週間後に見える月は下弦の月である。下弦の月は，真夜中0時ごろ地平線からのぼり，朝方6時ごろに南中して，太陽がのぼると見えなくなる。

(3)　①②　月の公転周期は27.3日だが，その間に地球も太陽の周りを公転しているため，月の満ち欠けの周期は29.5日である。よって，地球から見て1日あたりにずれる角度は，360÷29.5＝12.2…であり，四捨五入して12°だけ東側にずれる。なお，これはあくまで平均であって，実際の月の公転の速さは一周のうちでも変化するので，ずれる角度も毎日10°～15°程度の間で異なっている。　③④　空を動く天体の動きは，1°あたり4分なので，12°東にずれた月がのぼってくる時刻は，4×12＝48(分)遅れる。なお，上と同じ理由で，実際に遅れる時間は毎日40分～60分程度の間で異なっている。

★ワンポイントアドバイス★

問題文で与えられている条件について，書き出したり印をつけたりして手早く整理し，すぐに使えるようにしよう。

＜社会解答＞

1　問1　4　問2　2　問3　起訴　問4　1　問5　3　問6　子どもの権利条約
問7　戦力の不保持

2　問1　日本書紀　問2　1　問3　4・1　問4　2　問5　3　問6　三種の神器
問7　4　問8　3　問9　3

3　問1　1　問2　企業城下町　問3　フェーン現象　問4　4　問5　3　問6　2
問7　1　問8　5　問9　森林で生まれた養分が河川を通して海に流れ，好漁場となるから。

○推定配点○

1　各2点×7　2　各2点×9　3　各2点×9　計50点

＜社会解説＞

1　(政治－政治に関する様々な問題)

問1　4　国民年金の受給などに関する事柄は，その人の住んでいる地方公共団体の役所か日本年金機構が扱っている。

問2　2　国会で可決された法律案は，担当大臣及び天皇の署名捺印後，天皇によって交付される。

基本　問3　刑事事件で検察が裁判所に訴えるのが起訴。

問4　2　河川や用水路には大雨の際には近づかないのが鉄則。　3　現在のガスの燃焼器具は大きな揺れがあれば自動的にガスの流れを止めるので，まずは身の安全を確保し，地震が収まった段階でガスの火が燃えていたら消せばよい。　4　学校等での避難訓練は年間で計画して行うことが求められているが防災の日にやることの義務付けはない。

問5　3　裁判を非公開にすることは，裁判にかけられる人の人権を保護するためでもあるが，一方で裁判の内容が公序良俗に反する事柄などの場合には裁判官全員の賛成があれば裁判を非公開にすることもある。基本的には被告人の要求で非公開になるということはない。

問6　子どもの権利条約は，子どもの基本的人権を国際的に保障するために定められ，18歳未満の子どもを権利を持つ主体とし，大人と同様一人の人間としての人権を認め，大人になるまでの保護や配慮に関しても定めたものになっている。

重要　問7　日本国憲法第9条の内容は戦争放棄，交戦権の否認，戦力の不保持となっている。

2　(日本の歴史－歴史書に関する問題)

問1　日本書紀は舎人親王らが編纂した歴史書。漢文で書かれている。

基本　問2　2は鎌倉時代の内容，3は旧石器時代の内容，4は弥生時代から古墳時代の頃の内容。

問3　4が1274年，1281年，4が1297年。2は1232年，3は1219年，5は1221年で執権が2代目の北条義時や3代目北条泰時の時代のもの。

重要　問4　2　江戸時代には鎖国はあったが，吉宗の時代には漢訳の洋書が輸入されるようになり，その後オランダ語のものも入るようになり，オランダ語を学びオランダ語で西洋の技術を学ぶことが少しずつ広がった。

問5　3　三密の修行をして仏と一体化するというのが真言宗。1は浄土信仰，浄土宗，2は臨済宗や曹洞宗などの禅宗，4は日蓮宗。

問6　三種の神器は天皇の正統性を示すもので勾玉と剣と鏡。これになぞらえて，高度経済成長期に言われた三種の神器は白黒テレビと電気洗濯機と電気冷蔵庫。

問7　4　ベルツは明治政府の招きで来日した医者で，日本に滞在した間に書いた，「ベルツの日記」はこの頃の日本についての記録として有名。

問8　3　この史料は大塩平八郎の乱に関するもの。18世紀の天明の大飢饉や浅間山の噴火の際に，松平定信が寛政の改革で対応策をとったが，これに類するものが天保の飢饉の際にはなかったことで大塩平八郎が反乱を起こそうとした。

問9　1　日本は日清戦争で遼東半島を獲得したが，三国干渉を受けて清に返した。　2　日露戦争前に領事裁判権は撤廃にこぎつけたが，関税自主権を日本が取り戻したのは1911年の日露戦争後のこと。　4　日中戦争が始まるのは1937年だが，日独伊三国同盟は1940年で日ソ中立条約は1941年なのでいずれも日中戦争開戦よりも後のこと。

[3]　（日本の地理―地理に関する様々な問題）

やや難　問1　1　地形図の読図問題。等高線が高い側から低い側に出っ張っているところを結ぶと山の尾根となり，逆に高い方へ等高線がくぼんでいるところをたどると谷になっている。山では水は谷筋を通って流れるので，1の場所からだと右の方へ流れがそれていき，◆の位置よりも右に出るので◆の位置には流れ込まない。

問2　企業城下町は日本には比較的多く存在する。愛知県豊田市のトヨタ自動車の他にも，自動車関連なら，三重県鈴鹿市の本田技研や広島県府中町のマツダ自動車などが有名。

問3　風が山地を超える際，山の上へ上がっていくときは大体海抜高度が100m上がるごとに0.8度下がるが，下ってくるときは100mごとに1度上がるとされ，山を越えてくる風が温かい風となる。

問4　長崎県は県の面積こそさほど大きくはないが，海岸線が非常に複雑に入り組んでいるため，総延長にすると非常に長くなる。

問5　セメントの原料は石灰石なので，石灰石が採れる場所のそばにセメント工場が分布している。

問6　1は沖縄県が多く，神奈川県にはないので航空と考えられる。また4は沖縄県は非常に少なく，神奈川県が一番多いので鉄道と判断でき，2は4についで沖縄県が少なく，神奈川県が最多なので自動車と判断。残る2は沖縄県と広島県が多く神奈川県は少ないので海上となる。沖縄県や広島県は離島が多いのでその島々の間や島と本土の間はもっぱら海上交通になる。

問7　2　人口の少ない15県は順に鳥取県，島根県，高知県，徳島県，福井県，佐賀県，山梨県，和歌山県，香川県，秋田県，富山県，宮崎県，山形県，石川県，大分県となる。　3　肉用牛の飼養頭数上位15県は多い順に北海道，鹿児島県，宮崎県，熊本県，岩手県，栃木県，宮城県，長崎県，沖縄県，群馬県，青森県，福島県，佐賀県，兵庫県，茨城県となる。　4　農業産出額上位15県は多い順に北海道，茨城県，鹿児島県，千葉県，宮崎県，熊本県，愛知県，青森県，栃木県，新潟県，岩手県，群馬県，長野県，福岡県，静岡県となる。

重要　問8　5　宮崎は温暖なので気温の年較差は43の県の中では一番小さく，また冬季の日照時間は一番長くなるのであとなる。新潟県と長野県とでは，長野県は中央高地の気候になるので，寒暖の差が大きく，冬季でも日照時間は長くなるのでいになり，新潟は雪が降る日が多く冬季の日照時間が短いのでうと判断できる。

やや難　問9　漁業関係者が，漁場に流れ込む河川の流域の植林活動に積極的に取り組んでおり，こういう森林を魚付林という。森林の土地の中の栄養分が河川に流れ込み，その栄養分を求めてプランクトンが集まり，そのプランクトンを求めて魚が集まり，良い漁場となるとされている。

★ワンポイントアドバイス★

記号選択の問題は，問題が何を求めているのかを正しく把握しないと間違えやすいので，よく問題を読むこと。ストレートに答えを選べない場合には消去法で考えていくのもよい。

<国語解答>

一 問一 A 知見 B 経由 C 自明 問二 幸福な誤解
問三 かけがえのなさ 問四 オ 問五 Ⅰ ア Ⅱ 唯一無二性 問六 オ
問七 イ 問八 (例) 学びたいものを主体的に学ぶことを通して，自分がかけがえのない唯一無二の存在であると確認していくもの。

二 問一 西山イオリ 問二 A オ B ウ 問三 オ 問四 オ
問五 A 段々 B 順番 C 突然 問六 オ 問七 エ 問八 ウ
問九 (例) 中村への突然の恋心をもて余し，その苦しさが耐えきれないまでに募ってきたことを示す効果。

○配点○
一 問一 各2点×3 問八 9点 他 各5点×7
二 問二 各3点×2 問五 各2点×3 問九 8点 他 各5点×6 計100点

<国語解説>

一 (論説文－要旨・大意・細部の読み取り，空欄補充，漢字の書き取り，記述力)

基本 問一 Aは，実際に見て知ること。Bは，物事を行うときに，別の機関などを通すこと。Cは，くわしく説明しなくても明らかであること。

問二 傍線部①と同様のことを，「先生は『私がこの世に……』」で始まる段落で「この人のことばの本当の意味を理解し，このひとの本当の深みを知っているのは私だけではないか」と述べており，このことを「幸福な誤解」と述べている。

問三 「恩師への感謝のことば」と同様のものである傍線部②は，「『この先生の……』」から続く2段落で，先生に対する思いこみと同じこととして述べている，恋人たちの「かけがえのなさ」を伝えることばのことである。

問四 空らん③は，「『自分がいなければ，あなたの真価を理解する人はいなくなる』」のだから「私は生きなければならない」というロジックによって言えることなので，自分が存在する理由としているという意味のオが適当。③直後の2段落で，「学ぶ」ことを止めない理由にあてはまらないことを述べていることも参考にする。

重要 問五 Ⅰ 傍線部④前で，「ある種の情報や技術の習得を社会が要求しているからというようなシビアな理由だけで学校や教育機関に通う人たちが，決して「先生」に出会うことができないのは，「他の人ができることを，自分もできるようになるため」にものを習いにゆくからであることを述べており，このことを④のように述べている。すなわち，「みんなと同じになりたい人間」の前に姿を表すのは，「ある種の情報や技術の習得」を教えてくれる人，ということなので，アが適当。④前の内容をふまえて，④の「先生」が姿を現さない理由から，姿を現す人がどのような人であるかを読み取る。 Ⅱ 傍線部④後で，「先生は『……私以外の誰によっても代替できないような責務を果たすためではないか……』と思った人の前だけに姿を現し，「このひと(＝先生)の真の価値を知っているのは私だけだ」という思い込みさえあれば，先生は先生であり，「学び」は起動する，ということを述べている。また，「学ぶ」ことについては冒頭で，私たちが学ぶのは「自分がこの世界でただひとりのかけがえのない存在であるという事実を確認するため」であり，先生は「私の唯一無二性の保証人である」と述べていることから，「唯一無二性」が入る。

問六 傍線部⑤前で，「学びの主体性」ということばが意味するのは「……学ぶことを欲望するものしか学ぶことができない」という事実であることを述べており，このことの説明として，⑤は

「学び」にならないということを述べているので,「学ぶことを欲望」していないことを説明しているオが適当。「学びの主体性」＝学びたいと思っていること,に触れて説明していない他の選択肢は不適当。

重要 問七　傍線部⑥は,先生の発信するメッセージを「『教え』であると思い込んで受信してしまうときに学びは成立」する,ということである。「先生は『私がこの世に……』」で始まる段落で,「『幸福な誤解』が成り立つなら,どんな形態における情報伝達でも師弟関係の基盤となりえ」ること,さらに後で,「学ぶことを欲望するものしか学ぶことができない」というのが「学びの主体性」であることを述べていることから,これらの内容を説明しているイが適当。アの「認めないわけにはいかない」,ウの「特に問題にしなければならないことではない」,エの「学びがあるかどうかは問題ではない」,オの「弟子として当然だから」は,述べていないので不適当。

やや難 問八　冒頭で,私たちが学ぶのは「自分がこの世界でただひとりのかけがえのない存在であるという事実を確認するため」であり,学びにおける先生は「私の唯一無二性の保証人である」ということを述べている。また最後の6段落で,「学ぶことを欲望するものしか学ぶことができない」という「学びの主体性」を持つことで,学びは成立することを述べている。これらの内容をふまえて,主体的に学ぶという姿勢,その姿勢を通して,自分がかけがえのない唯一無二の存在であると確認していくもの,というような内容で,筆者が考える「学び」について説明していく。

二　**(小説－心情・情景・細部の読み取り,慣用句,記述力)**

基本 問一　「タクトたちとは,……」で始まる場面などで,「ぼく」は友人たちから「イオリ」と呼ばれていることが描かれている。また,「決心をした……」で始まる場面で,「なんで,いつも思い切り笑わないの？」と「ぼく」に聞かれた中村が,「ぼく」のことを「西山」と言っていることが描かれている。

問二　傍線部Aは,見たことがないような新しさがあり,めずらしいという意味。「ぼそっと」にはアの意味もあるが,傍線部Bは立っている様子なので,ウが適当。

問三　「決心をした……」で始まる場面で,「なんで,いつも思い切り笑わないの？」と「ぼく」に聞かれた中村は,その理由を「学校,嫌いだから」「学校が嫌いなだけ」と答えている。

問四　冒頭の場面で描かれているように,「中村が好きだ……。」という思いを抱いてから,「ぼく」は「自分がすっかり別の人間になってしまったような気がし」て,「ドキドキ」しながらも「ホッとして,ちょっと泣きたくなって」しまうという状態になっている。傍線部②後でも,中村を好きになったことで「いつも,落ち着きがなくて……息苦しい」という「ぼく」の心情が描かれており,自分の感情を自分でもコントロールできないことに「腹が立っ」ているので,オが適当。中村に「ほほえまれただけで,突然好きになってしま」ったので,アは不適当。自分の感情をコントロールできず,心が乱れていることを説明していない他の選択肢も不適当。

重要 問五　傍線部③は,③前で描かれているように,誰かを好きになるのは,少しずついいなと思っていくのから始まって告白して,と考えていたが,突然(＝C)好きになってしまうとは思っていなかった,ということである。このように自分の気持ちに戸惑っていることを,「十日も過ぎた……」で始まる場面でも「やっぱり本当に好きになるって『段々』(＝A)気になり始めて,好きって告白するっていう『順番』(＝B)に進むことで,ぼくの(＝中村を『突然』好きになること)はおかしいんじゃないかって不安になり始めた」と描かれているので,これらの内容を参考にする。

重要 問六　「この日から……」で始まる場面では,タクトたちとの会話から離れてしまう様子,「中村ばかり……」で始まる場面と次の場面でも,中村ばかり見ている自分がいやで,眼鏡を外した「ぼく」の落ち着かない様子や,タクトたちと遊んでいても中村から目を離せない「ぼく」の様子が描かれているので，オが適当。アの「恋する自分に酔う」は描かれていないので不適当。落ち着かない様子を説明していないイ，ウも不適当。眼鏡を外すと「中村もボーッとしか見えない」とあるので，エも不適当。

問七　傍線部④前で描かれているように，「ぼく」は中村を「遠くから眺めていたり，背中を見ないように下を向いたり，このままの状態が続いていくのはなんだか耐えられなくなってきた」という心情になり，決心して④のようにしていることから，中村に自分の思いを伝えるという「決心」をしたことが読み取れるので，エが適当。「決心」＝中村に自分の思いを伝えるということ，を説明していない他の選択肢は不適当。

重要　問八　傍線部⑤は，決心して声をかけたものの，失礼なことを聞いてしまったのに，「ぼく」の質問に素直に答えてくれた中村の答えに対するものなので，ウが適当。まだそれほど親しくないのに，「ぼく」のことをどう思っているかというようなことではなく，中村の内面にかかわるようなことを聞いてしまったが，素直に答えてくれたことに対して「ぼく」は意外に思っている，ということなので,「ぼく」の質問に素直に答えてくれたことを説明していない他の選択肢は不適当。

やや難　問九　二重傍線部Xでは，中村を突然好きになってしまい，自分でも自分の気持ちがわからず，落ち着きがなくなって息苦しくなっている「ぼく」の心情を表している。二重傍線部Yでは，そうした状態が続いていくのは耐えられなくなっている心情を表している。これらの心情の変化をふまえ，中村への突然の恋心を自分でもどうしてよいかわからずもて余して，その苦しさが耐えきれないまでに募ってきていることを説明していく。

★ワンポイントアドバイス★

論説文では，筆者の考えや意見をさまざまな角度でとらえていこう。

第2回

2021年度

解　答　と　解　説

《2021年度の配点は解答欄に掲載してあります。》

＜算数解答＞

[1]　(1)　8　　(2)　26枚　　(3)　2021　　(4)　15

[2]　(1)　1900円　　(2)　6　　(3)　1000　　(4)　157cm^2

[3]　(1)　15度　　(2)　37.5度

[4]　(1)　$17\frac{7}{9}$秒後　　(2)　$42\frac{2}{9}$秒後　　(3)　$1002\frac{2}{9}$秒後

[5]　(1)　10通り　　(2)　22通り

[6]　(1)　50.24cm^2　　(2)　643.7cm^3　　(3)　4843.7cm^3

○推定配点○

[1]，[2]　各5点×8　　他　各6点×10　　計100点

＜算数解説＞

[1]　（四則計算，鶴亀算，数の性質，演算記号）

(1)　$\frac{19}{6}\times\frac{5}{38}\times8+4\frac{2}{3}=\frac{10}{3}+4\frac{2}{3}=8$

基本　(2)　(50×30－330)÷(50－5)＝1170÷45＝26(枚)

重要　(3)　43＋47＝90　　43×47＝2021

重要　(4)　2◎6＝2×6＋6÷2＝15　□◎15＝□×15＋15÷□＝226

したがって，15×15＋15÷15＝226より，□＝15

[2]　（割合と比，消去算，平面図形）

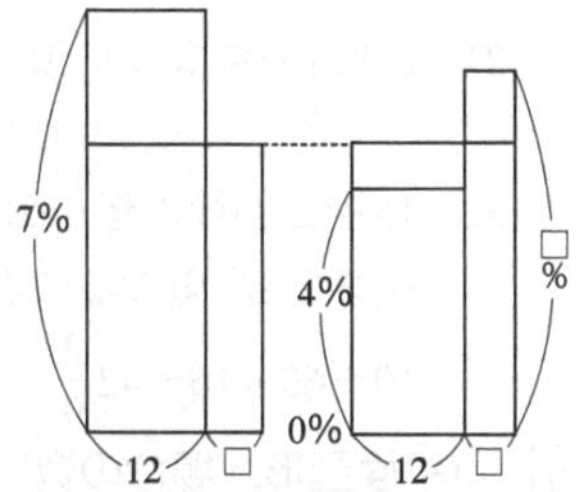

重要　(1)　AさんとBさんの所持金をそれぞれ⑤－200，④－500とする。

⑤－200の$\frac{3}{5}$倍である③－120が④－500に等しく，④－③＝①が500－120＝380(円)に相当する。

したがって，Aさんの初めの所持金は380×5＝1900(円)

やや難　(2)　右図において，300 g：(25 g ×□)＝12：□であり，

12×7＝12×4＋□×□

したがって，□×□＝12×3＝36より，□は6

重要　(3)　1貫＝3.75kg，3.75kg＝5斤÷3×3.75＝6.25斤，

6.25斤＝16両×6.25＝100両，100両＝10匁×100＝1000匁

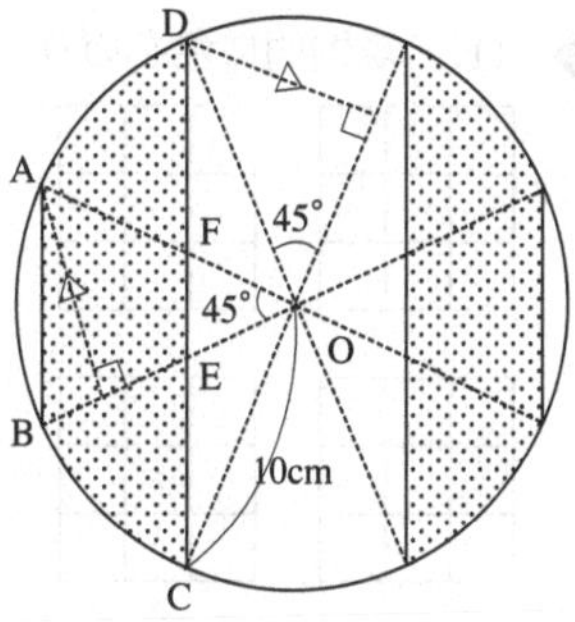

重要　(4)　右図において，二等辺三角形OABとODCの面積は等しく，

台形ABEFと三角形OEC＋ODFの面積がそれぞれ等しい。

したがって，色がついた部分の面積は10×10×3.14÷2＝157(cm^2)

重要　[3]　（平面図形）

(1)　図1において，角EDBは60－45＝15(度)，

三角形EDBとEFBは合同であり，

角FBEは$60 \div 2 = 30$（度）
したがって，三角形EDBとCBFも合同であり，角EBCは$30 - 15 = 15$（度）

（2） 図2において，角PDQは$60 \div 2 = 30$（度），二等辺三角形の底角PDEは$(180 - 45) \div 2 = 67.5$（度）
したがって，角JDEは$67.5 - 30 = 37.5$（度）

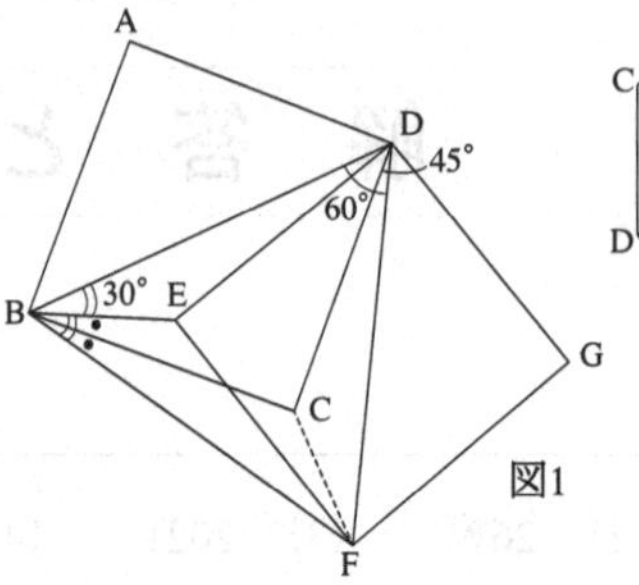

図1

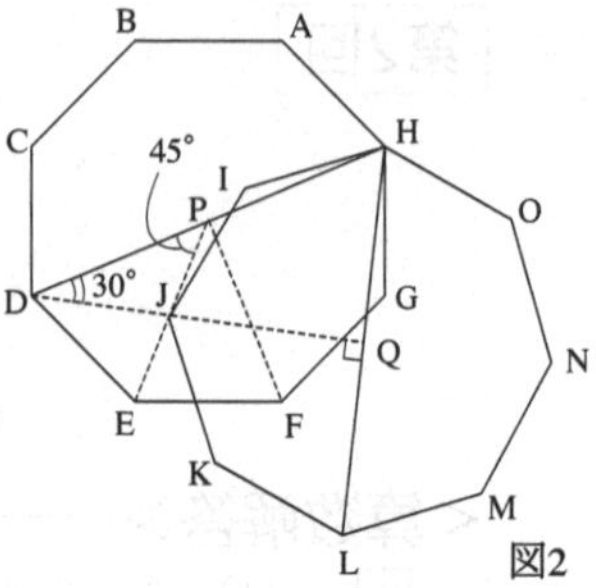

図2

重要 4 **（平面図形，図形や点の移動，速さの三公式と比，規則性，数の性質）**

（1） 点P…Aから出発してAEを$20 \div 4 = 5$（秒）で動き，BA，AEを10秒から20秒まで動いて，再度，BA，AEを25秒から35秒まで動き，以下，反復する。

点Q…Aから出発してABを$20 \div 5 = 4$（秒）で動き，EA，ABを16秒から24秒まで動いて，再度，EA，ABを36秒から44秒まで動き，以下，反復する。

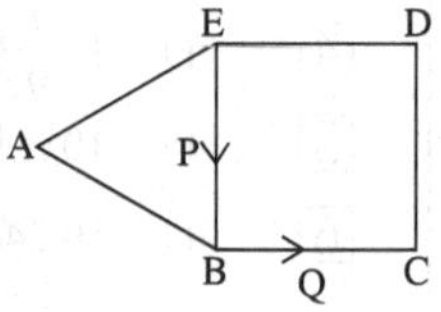

下のグラフにおいて，点Pは$20 \times 3 \div 4 = 15$（秒）おきにBからEまで動き，点Qは$20 \times 5 \div 5 = 20$（秒）おきにEからBまで動く。

1回目の重なり…頂点アを共有する2つの三角形は相似であり，相似比が$4 : 14 = 2 : 7$
したがって，時刻アは$10 + (20 - 10) \div (2 + 7) \times 7 = 17\frac{7}{9}$（秒後）

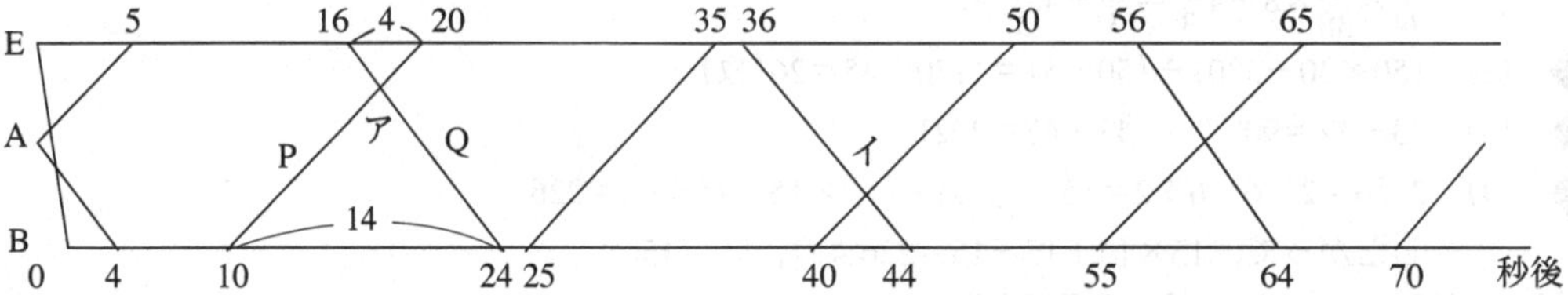

（2） 2回目の重なり…頂点イを共有する2つの三角形は相似であり，相似比が$7 : 2$
したがって，時刻イは$40 + (50 - 40) \div (7 + 2) \times 2 = 42\frac{2}{9}$（秒後）

（3） 15秒と20秒の最小公倍数60秒の周期で，10秒後から70秒後まで3回重なり，70秒後から130秒後まで3回重なることを反復する。したがって，50回重なるのは，$50 \div 3 = 16 \cdots 2$と（2）より，
$10 + 60 \times 16 + 42\frac{2}{9} - 10 = 1002\frac{2}{9}$（秒後）

5 **（平面図形，場合の数）**

重要 （1） 規則的に色をぬり，同じぬり方にならないように注意すると，以下の10通りがある。

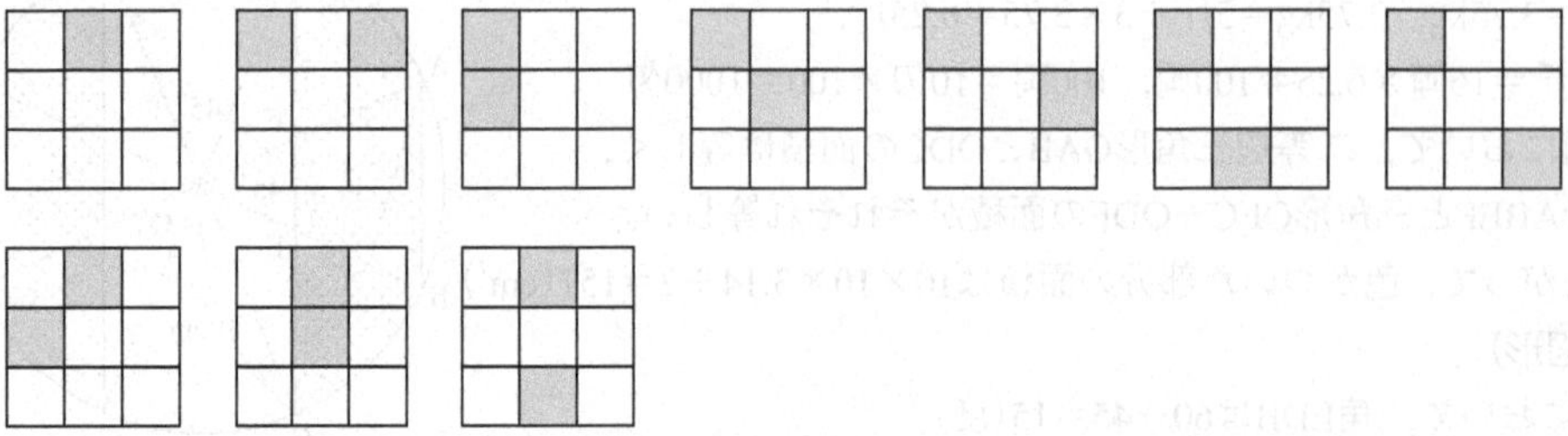

やや難 (2) 規則的に色をぬり，同じぬり方にならないように注意すると，以下の22通りがある。

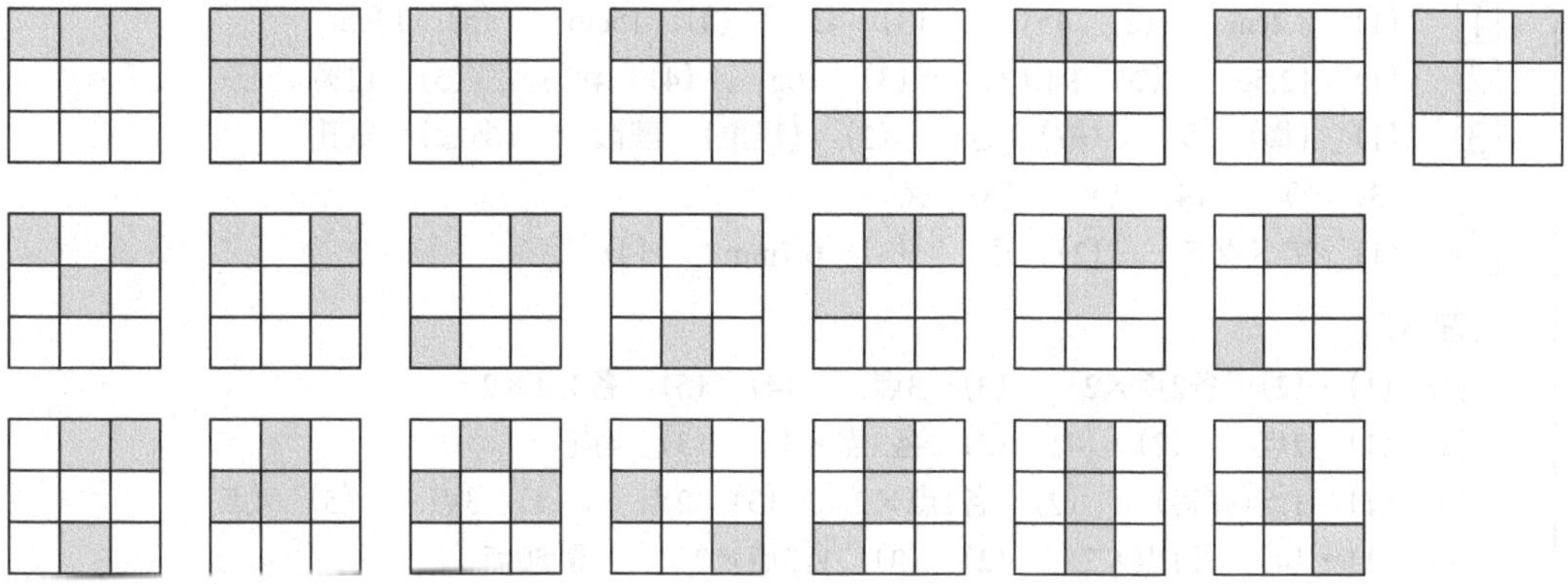

6 (立体図形，平面図形，相似，図形や点の移動)

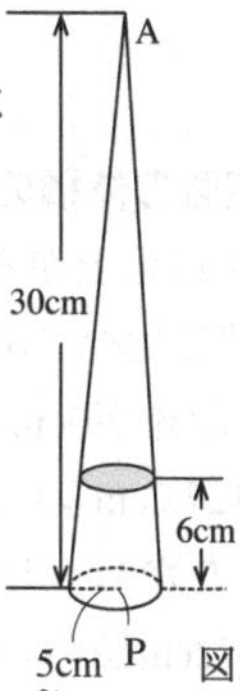

図1

重要 (1) 図1において，切断面の上の円錐と全体の円錐の相似比は(30－6)：30＝4：5，面積比は16：25である。
したがって，切り口の面積は5×5×3.14÷25×16＝16×3.14＝50.24(cm^2)

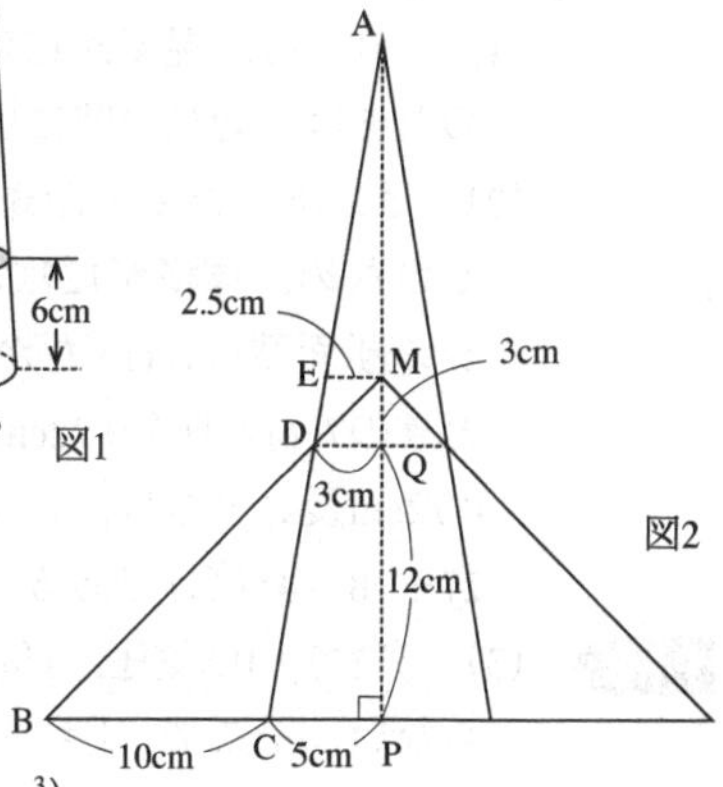

図2

やや難 (2) 図2において，三角形EDMとCDBは相似で相似比は(5÷2)：(15－5)＝1：4，三角形ADZとACPは相似で相似比は(5×2－4)：(5×2)＝3：5，体積比は27：125である。
半径3cm，高さ3cmの円錐…3×3×3.14×3÷3＝9×3.14(cm^3)
高さ12cmの円錐台…5×5×3.14×30÷3÷125×(125－27)＝196×3.14(cm^3)
したがって，求める体積は(9＋196)×3.14＝643.7(cm^3)

(3) 下図と(2)より，643.7＋{6×3＋(6＋10)×12}÷2×40＝4843.7(cm^3)

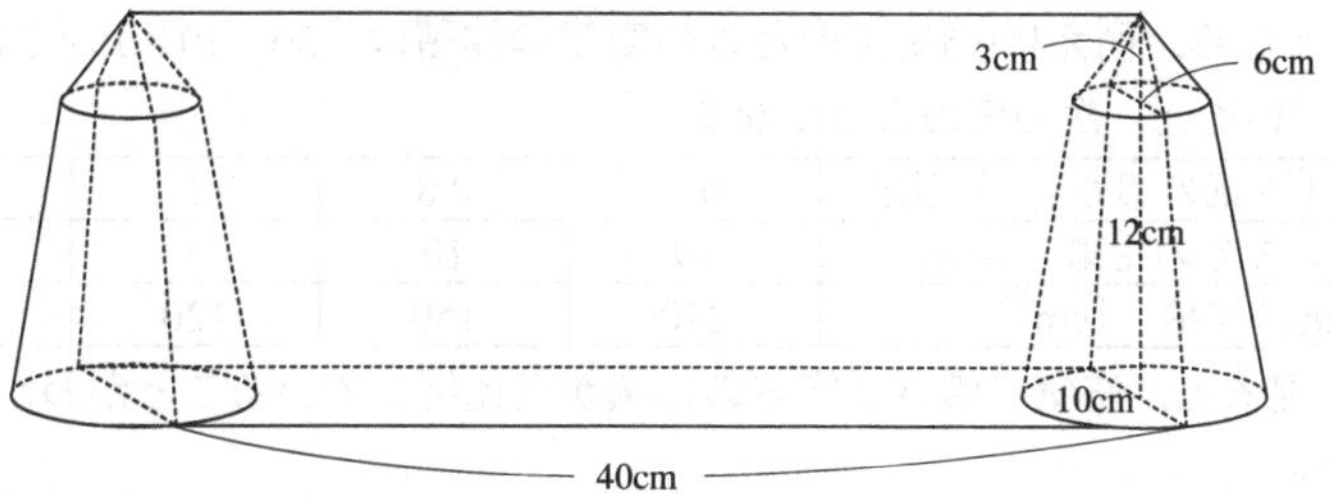

★ワンポイントアドバイス★

2(2)「□%，□分後」の計算が難しく，(4)「正八角形の面積」は二等辺三角形の利用に気がつけば難しくない。4「点の重なり」はダイアグラムを利用すると分かりやすく，5(2)「3枚のタイル」は，重複が出やすく難しい。

＜理科解答＞

1　(1)　8.2cm　(2)　45℃　(3)　お　(4)　15cm　(5)　13cm

2　(1)　12.5g　(2)　94.1%　(3)　16g　(4)　48%　(5)　12%

3　(1)　(横)　う　(縦)　き　(2)　(現象)　蒸散　(あな)　気孔
(3)　う　(4)　い　(5)　え

4　(1)　アメダス　(2)　う　(3)　6.7mm　(4)　え

○配点○

1　(1)・(2)　各2点×2　(3)　3点　(4)・(5)　各4点×2

2　(1)　2点　(2)・(4)・(5)　各3点×3　(3)　4点

3　(1)　1点(完答)　(2)　各1点×2　(3)　2点　(4)　3点　(5)　4点

4　(1)・(4)　各1点×2　(2)・(3)　各3点×2　計50点

＜理科解説＞

1　(力のはたらき－空気の体積の変化)

(1)　表1では，温度が15℃上がるごとに，ピストンまでの距離が0.6cm伸びている。よって，57℃のときは，42℃の時に比べて0.6cm長く，7.6＋0.6＝8.2(cm)となる。

(2)　ピストンまでの距離が0cmのとき，装置内(三角フラスコや管)の空気の体積は50cm^3である。そのため，体積が127.2cm^3のとき，シリンジにある空気は127.2－50＝77.2(cm^3)である。シリンジの断面積は10cm^2だから，ピストンまでの距離は77.2÷10＝7.72(cm)である。これは，27℃のときの7cmよりも0.72cm長い。温度が15℃上がると，ピストンまでの距離が0.6cm伸びることから，0.72cm長いときは，15：0.6＝□：0.72　より，□＝18　で，18℃高い。よって，空気の温度は，27＋18＝45(℃)である。

やや難　(3)　表2で，0.5気圧，1気圧，1.5気圧の値を読んでも，選択肢「あ～う」のような規則性は見当たらない。そこで，「え～か」の正誤を判定するために，空気の体積を求める。ピストンまでの距離が0cmのとき，装置内の空気の体積は50cm^3である。また，シリンジの断面積は10cm^2である。これらのことから，例えば0.5気圧のときの空気の体積は，50＋10×19＝240(cm^3)となる。同じように求めていくと，次の表のようになる。

装置外の「空気の濃さ」〔気圧〕	0.5	0.8	1	1.25	1.5
ピストンまでの距離　〔cm〕	19	10	7	4.6	3
空気の体積　〔cm^3〕	240	150	120	96	80

この表を見ると，空気の濃さと空気の体積が反比例していることがわかり，正しい選択肢は「お」となる。

(4)　装置外の空気の濃さが0.6気圧のときは，0.5気圧に比べて1.2倍である。(3)の反比例の関係から，空気の体積は240÷1.2＝200(cm^3)となる。よって，ピストンまでの距離は，(200－50)÷10＝15(cm)となる。

(5)　1気圧の表1で，87℃のときのピストンまでの距離は9.4cmであり，空気の体積を計算すると，50＋10×9.4＝144(cm^3)となる。これを0.8気圧にすると，(3)の反比例の関係から，空気の体積は144÷0.8＝180(cm^3)となる。よって，ピストンまでの距離は，(180－50)÷10＝13(cm)となる。

2　(燃焼－二種類の濃度)

(1)　食塩が20%だから，水は80%である。よって，水溶液の重さは50÷0.8＝62.5(g)である。このことから，溶かす食塩の重さは62.5－50＝12.5(g)となる。

(2) 重さが1の水素が0.5の体積だけあるときの重さは1×0.5＝0.5である。また，重さが16の酸素が0.5の体積だけあるときの重さは16×0.5＝8である。混ざった気体の重さは，0.5＋8＝8.5である。8.5のうち酸素の重さは8だから，質量パーセント濃度は8÷8.5×100＝94.11…で，四捨五入により94.1％となる。

(3) 反応したのは，水素が0.5の体積で，酸素が0.25の体積だから，その重さは1×0.5＋16×0.25＝4.5である。これが実際の18gにあたる。余った酸素の重さは，16×0.25＝4だから，これの実際の重さは，4.5：18＝4：□　より，□＝16gとなる。

やや難 (4)・(5) 手順1で，酸素が減った分と二酸化炭素が増えた分は同じ体積である。また，手順2では二酸化炭素がなくなり，手順3では酸素がなくなる。それぞれの混合気体を整理する。

混合気体①　125mL　…　窒素と酸素
混合気体②　125mL　…　窒素と酸素と二酸化炭素
混合気体③　80mL　…　窒素と酸素
最後の気体　65mL　…　窒素

以上から，窒素は最初から最後まで65mL，もともとあった酸素は125－65＝60(mL)，手順1でできた二酸化炭素は125－80＝45mL，手順1で残った酸素は60－45＝15(mL)，あるいは80－65＝15(mL)とわかる。よって，混合気体①の酸素の体積パーセントは，60÷125×100＝48(％)である。また，混合気体②の酸素の体積パーセントは，15÷125×100＝12(％)である。

3 (植物のはたらき－蒸散を調べる実験)

(1) ホウセンカのような双子葉類の植物の茎では，根からの水や養分の通り道である道管は，茎の内側に輪状に整列している。本問の実験では，道管の部分が色に染まる。

(2) 水が水蒸気となって植物の体から出ていくはたらきは蒸散とよばれる。主に葉の気孔でおこなわれ，多くの植物では葉の表側よりも裏側に多い。

(3) 葉から水が出ていく量を調べたい実験である。試験管の水が直接に蒸発すると，葉からの蒸散量が正しく測定できない。そのため，試験管の水面に油を浮かべて，水の蒸発を防ぐ。

重要 (4)・(5) ワセリンを塗ったところからは蒸散しない。蒸散する部分を書き出すと次の通りである。

a＝裏＋茎　　b＝表＋茎　　c＝表＋裏＋茎

よって，葉の表側からの蒸散量を求める式はc－a，葉の裏側からの蒸散量を求める式はc－bである。また，茎からの蒸散量を求める式はa＋b－cである。

4 (気象－季節と太陽の動き)

(1) 気象庁は，国内約1300か所で無人で自動の気象観測とデータの収集を行っており，そのシステムはアメダス(AMeDAS)とよばれる。

(2) 2日目にAの宮崎が雨であり，あてはまる画像は①②のうちでは①である。また，3日目はBの鳥取が雨であり，あてはまる画像は③である。つまり，2日目の①で九州にかかっていた雲が，西から東へ動いて，3日目の③では本州を広くおおい，4日目には②となって東の海上へ抜けていったと考えられる。

(3) 底面の直径が10cmの貯水ビンに1.5cm＝15mmの深さまで雨水がたまっている。これは，直径15cmの漏斗を通ってきた雨水である。つまり，底面の直径が15cmの容器に入れ替えたときの深さを求めればよい。5×5×3.14×15÷(7.5×7.5×3.14)＝$\frac{4}{9}$×15＝6.66… で，四捨五入により6.7mmとなる。

(4) 本問の選択肢「う，え」に使われている用語は，この入試がおこなわれた2021年2月の時点のものであり，この解説原稿を書いた後に変更が予定されているので，受験生は新しい用語を確認してほしい。誤りは「え」である。事態が切迫する前に避難場所に行くのが適切だが，すでに災害が起こっていて，避難場所などに避難する途中が危険な場合，自宅の二階などに避難する垂直避難をしたほうが，身の危険が少ないこともある。

★ワンポイントアドバイス★

問題文で使われている語句や，問題文の実験での設定は，早合点せずよく理解してから解き進めよう。

＜社会解答＞

[1]　問1　紫　問2　1・4　問3　2　問4　関門海峡　問5　綿[木綿]
問6　菱川師宣　問7　3　問8　第一次世界大戦によって，ヨーロッパから染料の輸入がとだえたから。

[2]　問1　2　問2　3　問3　4　問4　1　問5　1　問6　輪中　問7　1　問8　3

[3]　問1　テレワーク　問2　4　問3　2　問4　4，5　問5　3　問6　4
問7　4　問8　2・3・5　問9　文民

○配点○

[1]　各2点×8　[2]　各2点×8　[3]　各2点×9　計50点

＜社会解説＞

[1]　(日本の歴史－色に関連する歴史の問題)

問1　603年に聖徳太子が定めた冠位十二階の制度は，従来の氏姓制度に代えて，家柄にとらわれず能力で官位を授けるというもので，その官位を12の段階に分けた。この際に，官位を冠の色で分け，最上位の者が紫で次位との差は色の濃さであった。

基本　問2　藤原京は天武天皇の皇后であった持統天皇の時代の694年に遷都された都。また正倉院の御物は聖武天皇の遺品として光明皇后が756年に納めたのがものが中心なので，694年から756年の間のものを選ぶと1の墾田永年私財法が743年，4の藤原四子が天然痘で亡くなった737年の2つになる。2は802年，3は663年，5は788年の出来事。

問3　1　文永の役，弘安の役で日本に襲来した元寇は，元軍と高麗軍。　3　江華島事件は1875年に朝鮮半島のそばの江華島の近海にいた日本の軍艦を李氏朝鮮が砲撃したことを機に日本が李氏朝鮮を開国させた事件で琉球は関係ない。　4　日米安全保障条約の調印は1951年だが，沖縄返還は1972年で20年以上後のこと。

問4　壇ノ浦の合戦が行われたのは関門海峡のそば。関門海峡は山口県の下関と福岡県の門司の間にある海峡。

問5　綿はもともとは日本では一般的なものではなく，綿花の栽培が広がるのは安土桃山時代以後で江戸時代の頃には日本の中で木綿の生地も一般的なものになっていった。

問6　菱川師宣は江戸時代元禄文化の頃の画家。

重要　問7　1　豊臣秀吉がバテレン追放令を出した頃に日本に来ていた西洋人はスペインやポルトガルの人々。　2　1792年に根室に来航したラクスマンはロシアの人。　4　大日本帝国憲法を作成するにあたり，伊藤博文が手本としたのはプロシア(ドイツ)の憲法。

問8　第一次世界大戦の際，日本が東南アジアへの輸出を増やし，にわかに好景気となったことと関連づけて考えれば分かりやすい。第一次世界大戦でヨーロッパが戦場となっていたことで，ヨーロッパの植民地への輸出が減ったことで日本が代わりに輸出を伸ばしたもの。同様に，日本向けのヨーロッパからの合成染料の輸出も止まり，その結果日本の中で合成染料の工業が発達した。また，同じようなものとしては化学繊維もある。

2 （日本の地理―様々な問題）

問1 2 奥羽山脈には北から南まで，火山が点在している。他の選択肢の火山はなく，日本で火山が集中しているのは九州地方と東北から北海道の辺りと後は離島である。

重要 問2 3 地域的な事情で，韓国は九州，ロシアは北海道への訪問が比較的多い。

問3 4 電力の使用量が7月の方が2月よりも多い2地域は，主に冷房での使用が多いと判断でき，逆に2月の方が多い地域は冬の暖房などでの使用が多いと判断ができる。また，7月に冷房で使用している2地域の中で極端に量が違うのは，人口の差と考えればよく，あが中国地方，いが四国地方となる。

重要 問4 1 印刷業が多いのは大都市圏で官公庁や企業，学校が多い場所であ。食料品の工業が多い地域は，その地で採れるものの加工が多いと考えればよく，比較的農業や水産業が盛んな地域に近いところなのでい。繊維工業は現在日本ではさほど盛んではなくなってきており金額が一番低く，また西日本に多いうとなる。

問5 1 かつお節・削り節の消費量が多い所は，その生産が盛んな場所や，それを使う料理が盛んな場所と考えればよく，1になる。他のものも基本的にその生産地が消費も多いと考えられ，2がヨーグルト，3が緑茶，4がカステラになる。

基本 問6 輪中は集落や田畑を水害から守るためにその周りを堤防で囲んだもの。有名なのが濃尾平野の木曽川，長良川，揖斐川の流域。

問7 1 与えられている図をよく見れば分かるが，高規格堤防は従来の堤防と高さでは変わりがないので1が誤り。

やや難 問8 地図の中の1～4の地域を見ると，3以外はいずれも寺社がその中にあり，道などによる区画が不規則だが，3には寺社はなく，区画が整然となされているので，比較的新しく区画整備がなされ住宅地となった場所と判断できる。

3 （政治―様々な政治経済に関する問題）

問1 テレワークは情報通信技術が発達したことで可能となったもので，情報通信端末を仕事場から離れた場所に持ち出すか設置することで，官庁や企業などのオフィスでない場所からでも仕事を可能にするもの。リモートワークという言葉も使われている。

問2 4 企業同士の競争を避けるために，企業の間で協定などを結ぶ行為はカルテルといい，これは国民の利益になるものではなく，そのカルテルにかかわっている企業の利益のためでしかない。そのため，これは独占禁止法という法律で摘発されることもある。

重要 問3 2 日本国憲法には労働時間や賃金などの基準はなく，これを定めた法は労働基準法。

重要 問4 4 1992年の国連環境開発会議が開催されたのはブラジルのリオデジャネイロで，ブラジルは安全保障理事会の常任理事国ではない。 5 ブラジルはポルトガルの植民地であった国なので，キリスト教のカトリックの信者が多い。

問5 3 各省庁の公務員は国家公務員であり，国民全体の奉仕者となる。なお，4の各省庁は行政上の命令を国会の議決を経ずに定めることが可能というのは，その省庁が管轄範囲の中で監督している相手に対して出す命令である。

問6 4 石油危機で高度経済成長が止まり，日本の景気は停滞した。1990年代にバブル経済が崩壊し，景気が悪化したが，消費税率は3％から5％に引き上げられたのであは誤り。また，2012年に誕生した第二次安倍内閣はいわゆるアベノミクスを掲げ，デフレ状態からの脱却のために2%の物価上昇を目指したのでえは誤り。

問7　4　いわゆる満州事変に対して国際連盟がリットン調査団を派遣し，日本の行為を侵略行為とし満州から撤退が求められたことで1933年に日本は国際連盟を脱退した。

問8　2　1965年採択。　3　1948年採択。　5　1996年採択。

基本　問9　文民とは軍人に対しての言葉で，軍人以外が文民となる。文民統制は現在多くの国で制度化されているもので，軍隊を最終的に動かす権限を軍人ではなく文民が握るというもの。シビリアンコントロールともいう。

★ワンポイントアドバイス★

正誤問題では正しいものを答えるものもあれば誤りのものを答えるものもあるので注意が必要。誤りのあるものに関しては，その選択肢のどこがどのように誤っているのかを確実に判断していくことが大事。

＜国語解答＞

一　問一　A　一人きりで自分と向き合う時空間　B　今の自分の存在意義　問二　ウ　問三　ア　問四　オ　問五　ウ　問六　エ　問七　ア　問八　(例)　日本では相手の持つブランドで判断するが，アメリカやヨーロッパでは相手個人の資質で判断する。　問九　A　絶対　B　解放

二　問一　蓄糞を使わ　問二　オ　問三　ア　問四　エ　問五　ウ　問六　ア　問七　エ　問八　(例)　自分の名前を言ったつもりが，私に教えてと思われたのか，予想外の答えが返ってきたという展開。　問九　イ

○推定配点○

一　問八　8点　問九　各2点×2　他　各5点×8

二　問八　8点　他　各5点×8　計100点

＜国語解説＞

一　(論説文－要旨・大意・細部の読み取り，空欄補充，ことばの意味，漢字の書き取り，記述力)

問一　「自分力を身につけ……」～「そういう時空間を……」で始まる段落までで，「『自分一人きりになる』ということの重要さを」知り，「一人きりで自分と向き合う時空間(15字)」(＝A)を持つことの大切さを述べている。さらに「オックスフォード時代……」～「私は，このことに……」で始まる段落までで，グレースおばさんが楽しげに掃除をしていたのは，しっかりした自分力と自分の仕事に対する誇りもあったからであり，グレースおばさんを通して，「今の自分の存在意義(9字)」(＝B)を自覚することに気付いたことを述べている。

問二　傍線部②は，職場を変わるたびに，ブランド的に無名なことによるハンディを負わされるという経験は偶然ではなく，あくまでも自分「個人」の力で勝負すべきという天の配剤，すなわち運命的なめぐりあわせなのだということなので，ウが適当。自分の経験が天の配剤であることを説明していない他の選択肢は不適当。

重要　問三　傍線部③について，「もちろん私は……」から続く2段落で，携帯電話やメールを用いた友達とのつながりを否定しているのではなく，「自分一人きりになる」ことの重要さを知ってほしい，

と述べていることから，③では自分一人になって自分と向き合うことができなくなるということなので，アが適当。人とつながる③によって，自分一人きりで自分と向き合えないことを説明していない他の選択肢は不適当。

問四　空らん④は「淋しさ」と同じような意味なので，心を通い合わせる人もなくさびしい気持ちという意味の「孤独感」が入る。空らん⑧は「憧れが実現不可能な幻想だと気づき，奈落の底に突き落とされたような」気持ちなので，やりとげる意欲や気力を失うという意味の「挫折感」が入る。

問五　傍線部⑤の「方便」は，ある目的を達するために用いるのに都合のよい手段，という意味なので，ウが適当。

問六　傍線部⑥後で「グレースおばさん」について，筆者よりグレースの方が幸せなのは，「自分の宇宙」すなわち自分力を確立し，自分の仕事に対する誇りもあったからであることを述べている。また，⑥までで，自分力を高めるには，自分一人きりの時空間を持ち，自分自身と会話して自分と向き合う，ということを述べているので，エが適当。自分自身と会話して自分と向き合うという自分力を持っていることを説明していない他の選択肢は不適当。

重要　問七　傍線部⑦は，自分の持っていないものを持っている相手への「憧れや羨望(うらやましく思うこと)」の気持ちの裏には，自分が持っていないという「コンプレックス」がある，ということなので，アが適当。「憧れや羨望」と「コンプレックス」が，「表裏一体」すなわち密接に結びついているという意味で説明していない他の選択肢は不適当。

やや難　問八　「とはいえ，ブランド……」から続く3段落の内容は，日本ではブランドが信用証明のように扱われる，すなわち，相手の持つブランドで判断する姿勢であるということ，ヨーロッパやアメリカでは，個人の資質で判断する姿勢である，ということなので，これらの内容をふまえて，指定字数以内で説明する。

基本　問九　傍線部Aは，どうしても，なにがなんでも，という意味。傍線部Bは，制限などを解き放して自由にすること。同音異義語で，窓などを開け放すという意味の「開放」と区別する。

二　(小説－心情・情景・細部の読み取り，記述力)

基本　問一　傍線部①は「おじいちゃんが倒れる二，三日前に」おじいちゃんが話してくれた「自然農法の仕事をしたかったこと」である。①後の照美とおじいちゃんの会話の「『たい肥を……』」で始まる会話で，「『蓄糞を使わない，雑草のようにさわやかな，生命力にあふれた野菜をつくることが，おじいちゃんの夢だった。』」ということをおじいちゃんが話している。

問二　傍線部②直前の照美の言葉は，「理想に燃える生き方」をしてきたおじいちゃんと比べて，「……誇りをもって生きていない。楽しんでもいない。……」自分の両親に「どうにもならないやりきれなさ」を感じて，出た言葉である。子どもである照美がどうすることもできないもどかしさを感じて②のようになっているので，オが適当。両親に対する「どうにもならないやりきれなさ」を説明していないア，イ，エは不適当。ウの「絶望した」も不適当。

問三　傍線部③は，他の大人と同じパターンでおじいちゃんに「叱責されるものと予想していた」が，「無農薬野菜」を安定して収穫することの難しさなど，照美の予想とは違うことをおっとりと話してくれたため，緊張が解けて力がぬけた様子を表しているので，アが適当。イの「照美と同じ目線の高さで考えてくれた」，ウの「激しい口調」「肯定された」，エの「的外れでしかなかった」，オの「理解できないものだった」は，いずれも不適当。

重要　問四　傍線部④直前で，専門的なことや理想の野菜の話をおじいちゃんがていねいに話していることが描かれている。照美は両親の仕事にどうにもならないやりきれなさを感じていたが，おじいちゃんの話を聞いていくうちに，そうした思いがやわらいできたことを④は表しているので，エが適当。おじいちゃんの話を聞くうちに「どうにもならないやりきれなさ」がうすらいできて「心地よかった」ので，このことを説明していない他の選択肢は不適当。

問五　冒頭の説明にあるように，照美は弟の純を亡くしてからは，バーンズ屋敷の池から足が遠のいていた。傍線部⑤のある場面では，おじいちゃんは純のように死んでしまうのだろうか，というやりきれない気持ちでバーンズ屋敷へ向い，弟の死を連想させる池はおじいちゃんが死んでしまうかもしれないという状況と重なってしまうため，⑤のようにしているので，ウが適当。アの「実感がわき」，イの「確信された」，エの「弟と遊んだ思い出までもが嫌なものに思えて」は読み取れないので不適当。おじいちゃんのことに触れていないオも不適当。

重要　問六　傍線部⑥前で，屋敷のドアは「昔はとてもいかめしく恐ろしいものに見えた」が，おじいちゃんから屋敷に遊びに行ったときの思い出話を聞いていたことで，「なんとなく懐かしいもののように感じられ」たことが描かれているので，アが適当。「いかめしく恐ろしいもの」から「懐かしいもののように感じられ」たことを説明していない他の選択肢は不適当。

問七　傍線部⑦の「頂点」は「大鏡」が放っている「不思議な気配」ということで，⑦後で，大鏡に近づき，施されたレリーフに見とれている照美の様子が描かれていることから，エが適当。アの「厳粛で近寄りがたい印象」，イの「確かに生活していたことを感じさせ」，ウの「空っぽな部屋」，オの「長い時間をかけて強まってきた」は，いずれも読み取れないので不適当。

やや難　問八　鏡に「『フーアーユー？』(あなたはだれ？)」と聞かれた照美は，「『テ・ル・ミィ』」と自分の名前を答えたが，鏡に「『アイル・テル・ユウ』(話してあげよう，教えてあげよう)」と言われたため，戸惑っている。「テ・ル・ミィ」が「私に教えて」という意味にとられたのかもしれない，と照美が思っていることもふまえ，自分の名前を言ったつもりが，私に教えてと思われたかもしれず，予想外の答えが返ってきた，という「思いがけない展開」を具体的に説明する。

重要　問九　傍線部⑨のある場面で，鏡の表面に集まった霧のようなものが照美を包み込み，通路を作ろうとしているかのように流れてきて，霧の前方に歩いて行くおかっぱ頭の女の子に誘われるように，少しずつ進んでいく照美の様子が描かれているので，イが適当。アの「幼い頃のおじいちゃんに会うため」「過去の世界に入ろうとする」，ウの「逃げ道をふさぐように」「後には引けないので覚悟して」，エの「何も考えることなく足だけがぎこちなく動いている」，オの「教えてあげるため」は，いずれも読み取れないので不適当。

★ワンポイントアドバイス★

小説や物語では，登場人物の行動の背景にある心情もしっかり読み取っていこう。

データ対応

収録から外れてしまった年度の
問題・解答解説・解答用紙を弊社ホームページで公開しております。
巻頭ページ＜収録内容＞下方のQRコードからアクセス可。

※都合によりホームページでの公開ができない内容については，
　次ページ以降に収録しております。

エ　先生たちに要望を出せばなんでも通り、自分勝手なふるまいをすることができる陽向《ひなた》をうらやましく感じているから。

オ　レッスンを受けていないのに、楓《かえで》に認めてもらうほど陽向《ひなた》とひまわりの関係ができていることをひがんでいるから。

問九　本文を読んだ後に六人の生徒が会話をしています。本文の内容と合っているものを次のア～カの中から**二つ選び**、記号で答えなさい。

ア　生徒Ａ：この作品は、たくさんの人や馬が登場していたよね。芽《め》衣《い》がどういう人かわからないけど、彼女《かのじょ》をぬかしたら、しいの木ファームに通ってレッスンを受けている子は全部で八人だよね。

イ　生徒Ｂ：そんなにいたかなぁ。馬も四頭出ていて、人と同じような名前の子もいたね。どの子もみんなあまえんぼうで、腕《うで》に鼻づらをこすりつけたり、にんじんを要求したりしていたね。

ウ　生徒Ｃ：陽向《ひなた》は楓《かえで》に「やさしさパワー」があるってほめられていたよ。隼人《はやと》くんに陽向《ひなた》が自分の体重が重いから馬がかわいそうって発言をしたと楓《かえで》から聞いたときには、涼太《りょうた》もびっくりしていたね。

エ　生徒Ｄ：陽向《ひなた》の「やさしさパワー」については、悠斗《はると》は納得していなかったみたい。それどころか楓《かえで》に対して、陽向《ひなた》が自分勝手でわがままだと悠斗《はると》は言って、やさしくない人だと楓《かえで》に言われちゃったよ。

オ　生徒Ｅ：楓《かえで》に批判的なことを言われたことが悠斗《はると》はショックだったと思うなあ。楓《かえで》たちと別れた後も、陽向《ひなた》についてやマリモとの関係性についてなどいろいろ考えていたよね。

カ　生徒Ｆ：悠斗《はると》は、どんな性格の子だろう。楓《かえで》はシビアな人って言っていたけど、涼太《りょうた》たちと仲良いし、陽向《ひなた》のことも助けているよね。楓《かえで》もその良さを理解してくれたらいいのに。

オ　自分の腕《うで》にひまわりが鼻づらをこすりつけてくる仕草から親しみを感じ、うれしく思ったから。

問六　――線⑥「うらやましさを感じた」とありますが、その理由として最も適当なものを次のア～オの中から一つ選び、記号で答えなさい。

ア　ひまわりにあまえられていると喜んでいる陽向《ひなた》を見て、自分も乗馬を始めたばかりのころは馬に鼻づらをこすりつけられた時に喜びを感じたことを思い出したから。

イ　一緒《いっしょ》に競技をしている自分にも決してあまえてこない、人が苦手なマリモとは違《ちが》い、ひまわりは陽向《ひなた》に対して心から信頼しているように感じたから。

ウ　鼻づらがかゆいだけだとはわかっているが、ひまわりの人なつっこく見える態度を、マリモにも自分に対して見せてほしいという思いがよぎったから。

エ　小太郎《こたろう》はあまえたしぐさを見せていたことを思い出し、自分にあまえてくれないマリモにもっとなついてくれてもいいのにと不満を感じているから。

オ　マリモは鼻づらがかゆい時に鼻づらを自分にこすりつけてくることがないため、ひまわりに自分も鼻づらをこすりつけてあまえられてみたいと思ったから。

問七　――線⑦「微妙《びみょう》な空気」とありますが、ここでの三人はどのような様子ですか。その説明として最も適当なものを次のア～オの中から一つ選び、記号で答えなさい。

ア　楓《かえで》が急に陽向《ひなた》のことを「やさしい」と言い始めたことにおどろきはしたが、陽向《ひなた》と仲の良い楓《かえで》が言うことなので間違《まちが》いはないのだろうと考え、自分たちが陽向《ひなた》に否定的であったことを反省している。

イ　楓《かえで》も自分たちと同じように陽向《ひなた》のわがままなふるまいに対して不満を感じていると思っていたのに、楓《かえで》が陽向《ひなた》のことをかばうような発言をしたため、裏切られたような気持ちになっている。

ウ　陽向《ひなた》のことを「やさしい」と楓《かえで》が評価したことに反論しようと思ったが、隼人《はやと》くんとの会話を聞いているなど楓《かえで》が陽向《ひなた》のことをよく知っていることを知り、自分たちには何も言えないと考えている。

エ　自分たちは今までの陽向《ひなた》の態度を、楓《かえで》が言うような「やさしさ」ととらえるのは納得できない部分もあるが、否定するほどでもないと、今はとりあえず楓《かえで》に言い返さずにいようと思っている。

オ　ひまわりにあまえられていると勘違《かんちが》いしている陽向《ひなた》をばかにしていたことを楓《かえで》に注意され、その上陽向《ひなた》に対する考えを改めるように言われ不満を感じたが、楓《かえで》を怒《おこ》らせると怖《こわ》いため、だまっている。

問八　――線⑨「やさしくされているというより、あまやかされているってことにならないのだろうか」とありますが、悠斗《はると》がそのように考える理由として最も適当なものを次のア～オの中から一つ選び、記号で答えなさい。

ア　陽向《ひなた》を乗せることもしないのに、みんなにやさしくされ大切に扱《あつか》われているひまわりにいきどおりを感じているから。

イ　毎回サラダバーに連れて行ってもらっているのに、本来の仕事をしていないひまわりの扱《あつか》いが釈然《しゃくぜん》としないから。

ウ　マリモはなかなかサラダバーに行けないため、おいしい草をたくさん食べられるひまわりをずるいと思っているから。

ア　洗い場へ行き、すぐに汚《よご》れを落としてもらえないこと。
イ　レッスン後にサラダバーへ行き、草を食べられないこと。
ウ　隼人《はやと》くんが待っているところへ行き、遊んでもらえないこと。
エ　レッスンの時に馬場で、ひまわりと一緒《いっしょ》に走れないこと。
オ　ひまわりが毎回サラダバーに行くことになったこと。

問二　――線②「いちおうは～身につける」とありますが、ここで「いちおうは」と表現されている理由として最も適当なものを次のア～オの中から一つ選び、記号で答えなさい。

ア　陽向《ひなた》は服装だけ見ると乗馬が得意そうだが、実際は馬に乗ることが下手だったから。
イ　陽向《ひなた》は馬そのものに興味がないのに、乗馬するための服装をしているから。
ウ　陽向《ひなた》は馬の世話しかしないのに、競技大会で入賞しそうな服装をしているから。
エ　陽向《ひなた》は乗馬のための服装をしているものの、ひまわりに乗ることはなかったから。
オ　陽向《ひなた》は乗馬に興味があり服装も整えたが、馬が怖《こわ》くて近寄ることができないから。

問三　空らん〔③〕、〔⑧〕に入る言葉として最も適当なものを次のア～オの中からそれぞれ一つずつ選び、記号で答えなさい。

〔③〕ア　しおらしく　イ　あどけなく　ウ　なごやかに
エ　しなやかに　オ　ほがらかに

〔⑧〕ア　こまった　イ　ふざけた　ウ　やわらかな
エ　さわやかな　オ　しんらつな

問四　――線④「そればかりではない側面」とありますが、どういうことですか。その説明として最も適当なものを次のア～オの中から一つ選び、記号で答えなさい。

ア　みんながやりたがらない仕事をすることで、先生に気に入られて自分が自由にふるまうことができるようにすること。
イ　馬にふれあうことにこだわらず、文句ひとつ言わずに様々な雑用をこなしていくため、芽衣《めい》に気に入られていること。
ウ　厩舎《きゅうしゃ》のそうじやレッスン後のかたづけといった雑用などみんなが進んで行わない仕事を、みずから進んで行うこと。
エ　クラブのみんなが雑用よりも馬にふれあいたいだろうという思いを感じ取り、みんなのために雑用を進んで行うこと。
オ　雑用を通して馬との信頼関係を築いているため、実はクラブの誰よりも乗馬がうまく、入賞する可能性もあること。

問五　――線⑤「陽向《ひなた》は、笑顔になった」とありますが、その理由として最も適当なものを次のア～オの中から一つ選び、記号で答えなさい。

ア　ひまわりがほおずりをしてくれたことで自分が一番好かれていると思い、得意に感じているから。
イ　ひまわりに木や柵《さく》のかわりにされていると気付き、いらだちながらも平常心を保とうとしているから。
ウ　ひまわりがなでてもらうために頭をさげてきた仕草をうれしく思い、かわいいと感じたから。
エ　馬具を外したことでひまわりの喜んでいる様子があまえた仕草からわかり、安心したから。

どうしてって……どうしてとたずねる理由を、ききかえしたいくらいだ。

「だって、ここは、乗馬クラブなんだし、なんか、変だよ。あんなことしてるの。ひまわりだって、えこひいきされっぱなしだし、仕事しないと。ひまわりの仕事は人を乗せることだろ」

「悠斗《はると》くんって、意外とシビアなんだね」

楓《かえで》は、〔　⑧　〕口ぶりでいった。

「シビア？」

「きびしい？　まじめ？　優等生的？」

と、楓《かえで》は三つの単語を、語尾《ごび》を上げ気味にならべたてた。

ことばの意味がわからなくてききかえしたのではない。シビアでも、きびしくても、まじめでも、優等生的でも、なんといいかえられたって、悠斗《はると》は楓《かえで》に、そんな評価を下されたことが意外で、しかも批判的な意味で使われたことが、ショックでもあった。

ようするに、陽向《ひなた》とちがって、ぼくはやさしくないといいたいのだろうか。

でも、やさしくするのとあまやかすのはちがう。岡本《おかもと》先生もそういっていたではないか。ひまわりは、⑨やさしくされているというより、あまやかされているってことにならないのだろうか。

そんな思いがことばにならず、立ちつくしていると、あわてたように、拓也《たくや》が「じゃまた来週」といって厩舎《きゅうしゃ》を出ていった。涼太《りょうた》も、「またな」といいおいて、拓也《たくや》を追いかけていき、つづいて楓《かえで》も、なにごともなかったように、

「じゃあ、また来週ね」

といいながら、厩舎《きゅうしゃ》をあとにした。

悠斗《はると》の心のなかには、ざわざわと波風が立っていた。

どうやら、陽向《ひなた》は楓《かえで》の*9〈推しメン〉らしい。悠斗《はると》の意識のなかで、陽向《ひなた》の存在が急に大きくなってデンといすわったのを感じる。

そして、自分がどういう目でマリモを見ているのか、悠斗《はると》は今すぐにでも鏡を持ってきて、たしかめてみたくてたまらなかった。

（『馬と明日へ』　杉本《すぎもと》りえ）

〔注〕＊1　厩務員《きゅうむいん》＝馬を飼育する小屋である厩舎《きゅうしゃ》や馬のいる部屋である馬房《ばぼう》で働く人。

＊2　サラダバー＝雑木林の中にある木々が生えていないたいらな草地のこと。馬にとってはごちそうの、芽吹《めぶ》いたばかりのやわらかい草を好きなだけ食べられる場所のためこのように呼んでいる。

＊3　すばる＝涼太《りょうた》の乗っている馬の名前。

＊4　隼人《はやと》くん＝大学生で、指導の補助や厩務員《きゅうむいん》として馬の世話をしている。文中の「菅原《すがわら》くん」と「西田《にしだ》くん」は隼人《はやと》くんの友人で、しいの木ファームの卒業生。

＊5　楓《かえで》＝中学一年生の女の子。乗馬の技術レベルも高く、過去の競技大会で入賞したこともある。

＊6　初日＝陽向《ひなた》が初めて「しいの木ファーム」に来た日のこと。

＊7　無口＝馬具の一種。

＊8　道産子《どさんこ》＝北海道産の馬の品種。

＊9　〈推しメン〉＝自分が他人にすすめたいほど良いと思っている人。

問一　――線①「マリモ、残念だったなあ」とありますが、何が「残念だった」のですか。その内容として最も適当なものを次のア～オの中から一つ選び、記号で答えなさい。

きたものだ。

　マリモの馬房《ばぼう》の前で、ぼんやりとそんなことを思いめぐらせていると、その日同じレッスンに出ていた拓也《たくや》が声をかけてきた。

「ひまわりは、よくあれをやるよな」

　拓也《たくや》も見ていたのだ。厩舎《きゅうしゃ》のなかには、その日のレッスン仲間の、涼太《りょうた》と楓《かえで》もいて、それぞれの馬たちの馬房《ばぼう》の前で、馬装《ばそう》の道具をかたづけていた。

「だから、見学試乗会担当なんだよ。かわいいし、なつかれた気になるもんな」

と、涼太《りょうた》がわらいながらつづけた。

「ほんとは、かゆいだけなのに」

「そうかな。わたしは、ひまわりは陽向《ひなた》くんにあまえてるんだと思う」

　楓《かえで》が、きっぱりとした口調で自分の意見を主張した。

「どうしてそう思うの？」

と、悠斗《はると》がききたかったことを、涼太《りょうた》がたずねてくれた。

「見てると、そんな感じがする」

「そうかな」

と拓也《たくや》。百パーセント賛同しているわけではないといった口ぶりだ。

「陽向《ひなた》くんの、ひまわりを見る目、やさしいよ。あの子には、やさしさパワーがあるんだよ」

　拓也《たくや》と涼太《りょうた》が顔を見あわせた。ふたりを見ていた悠斗《はると》とも目が合った。男子三人に、⑦微妙《びみょう》な空気が流れた。

　やさしさパワーってなに？　なんとなくわかるような、わからないような……。でも、楓《かえで》がそういうのなら、きっとそうなんだよ。まあ、いいじゃん。やさしさパワーってことで……。

　ことばにすると、そんな空気だ。

「あの子、どうして乗らないのかきいてる？」

と、楓《かえで》がだれにともなくたずねた。

　こわいから、なんじゃないの？　と思いながら、悠斗《はると》はだまって楓《かえで》を見つめた。

「この前、いっしょに引き馬でサラダバーへいったとき、話していたのをきいたんだけど」

　話していたって、隼人《はやと》くんに？　では、話すことができるようになったってことだ。悠斗《はると》はまず、そのことにおどろいた。

「ぼくは重いから、馬がかわいそうだっていうの」

「はあっ⁉」

と、涼太《りょうた》がさけんだ。拓也《たくや》が、ガクッと肩《かた》を落として見せている。

「なら、おれ、どうすればいいんだ」

「隼人《はやと》くんは、馬は力持ちで、＊8道産子《どさんこ》は小さいけど、馬力があって、昔から陽向《ひなた》くんより重いもの、いっぱい運んできたんだよ。ぜんっぜん平気だよって、一生懸命《いっしょうけんめい》説得していたけどね」

「陽向《ひなた》はなんて？」

と、悠斗《はると》がきいてみると、

「だまってた」

とのこと。

「だけど、いつまでもこんなことをつづけているわけにもいかないよね」

「どうして？」

したり……。

そのうち、厩舎《きゅうしゃ》のそうじのほか、洗い場でほかの子どものレッスンのための馬装《ばそう》や、レッスンが終わったあとには、鞍《くら》をかたづけたり頭絡《とうらく》をたたんだりというような、雑用も進んでするようになった。

それから、毎回隼人《はやと》くんがつきそって、サラダバーへいく。多少の雨天は決行だ。

隼人《はやと》くんは、平等に連れを選んでくれたので、初日[*6]のあと、マリモが……したがって悠斗《はると》も……選ばれることはなかった。

ひまわりはもちろん、かならずいく。ひまわりにしてみれば「ラッキー！」とV《ブイ》サインを出して、スキップでもしたくなるようなできごとだけど、いつも変わらず首を下にむけて、陽向《ひなた》のあとをとことこと、［　③　］従順について歩いていく。

わがまま、といえばわがままなこと、勝手なことをしているといえば、そうともいえた。が、④そればかりではない側面があるのも事実だった。

悠斗《はると》は、馬房《ばぼう》や厩舎《きゅうしゃ》のそうじ、馬装《ばそう》用具のかたづけなどは、きらいではない。とはいえ、馬と直接ふれあったり、乗っているほうがもちろんもっと楽しい。たいていの子はそうだろう。

芽衣《めい》が、「っていうか……」といって、そのあと首をかしげながらわらった、その意味が、悠斗《はると》にもうすうすわかってきた。

陽向《ひなた》は、みんながやりたくない仕事を、みずから進んでやっているのだ。

しかも、会費をはらって。

陽向《ひなた》はそうとう変わっている。

（中略《ちゅうりゃく》）

陽向《ひなた》のお気に入りのひまわりは、野島《のじま》先生のクラスに出されることもあるし、洋子《ようこ》先生のクラスに出されることもあった。陽向《ひなた》は、馬房《ばぼう》から連れてきて、馬装《ばそう》を手伝い、また、終わったあとに馬装《ばそう》をとくという、ひまわりとのかかわり方をしたのちに、引き馬でサラダバーへ連れていく。

その日、悠斗《はると》が岡本《おかもと》先生のレッスンが終わったあとに、馬房《ばぼう》へマリモをもどしていると、陽向《ひなた》もちょうど、ひまわりを連れて帰ってきたところに出くわした。

陽向《ひなた》がひまわりの無口[*7]をはずし、馬房《ばぼう》を出ていこうとすると、ひまわりは鼻づらを陽向《ひなた》の二の腕《うで》あたりにこすりつけ、二、三回上下させた。

⑤陽向《ひなた》は、笑顔になった。ひまわりの頭を軽く下からかかえ、ほおずりをする。それから、「またね」と小さな声でつぶやきかけ、出ていった。

あまえたしぐさに見えるけど、ひまわりはただ鼻づらがかゆいだけで、そこにいた陽向《ひなた》を、木や柵《さく》のかわりにして、かいているだけだ。馬は、犬や猫《ねこ》のように後ろ脚《あし》を使えないから、体のどこか、歯が届かないようなところがかゆかったら、近くにあるものにこすりつけてかくしかない。

わかってはいても悠斗《はると》は一瞬《いっしゅん》、⑥うらやましさを感じた。

マリモは、あんなふうに、人との距離《きょり》をみずからちぢめるような行動はとらない。たった今も、悠斗《はると》が持ってきたにんじんを、当然の権利とばかりに前脚《まえあし》の合図でさいそくして、ボリボリ食べたところだ。

小太郎《こたろう》は、たまにやった。「ここ、かゆくってさ。ちょっとたのむよ」ということばがきこえてきそうなほどに、ごしごしと強くこすりつけて

ウ　科学が客観的で正しい答えを示すことを可能にするためには、長い時間をかけて論争して、様々な意見を統一する必要があるのだということ。

エ　未解明の問題に対する意見は科学者ごとに違《ちが》っており、結局のところ人々はそれぞれ信じたい科学者の説を信じることが合理的なのだということ。

オ　現在の問題については、皆《みな》が合意できる答えを議論を尽《つ》くして導くことができておらず、科学者ごとの見解を示している状況《じょうきょう》でしかないということ。

問八　――線⑦「成長するためには傷ついてナンボです」とありますが、そのように言える理由として最も適当なものを次のア～オの中から一つ選び、記号で答えなさい。

ア　他者との関わりを避《さ》けていては、異質な価値観を持つ相手とも柔軟《じゅうなん》に渡り合えなくなるから。

イ　自分が信じていなかった新たな「正しさ」を知ることが、自分の成長にもつながるから。

ウ　自分の感情に従ってばかりいては、周囲の人々とうまくやっていくことができないから。

エ　他者との対話を通して、今までの自分の価値観を否定した先に新たな自分を見出《みいだ》せるから。

オ　他者に目もくれず自分の感情を尊重してばかりいては、結局問題の解決にはならないから。

問九　筆者は、「正しさ」はどのように作られていくと考えていますか。四十五字以内で説明しなさい。

二　次の文章を読んで、後の一から九までの各問いに答えなさい。

（ただし、字数指定のある問いはすべて句読点・記号も一字とする。）

小学六年生の悠斗《はると》は地域の乗馬クラブ「しいの木ファーム」に通っている。悠斗《はると》はマリモという馬に乗り、中学二年生の拓也《たくや》や涼太《りょうた》というクラブの仲間と一緒《いっしょ》に競技大会に出るための練習に日々励《はげ》んでいる。そこにある日、物静かであまり話さない、小学五年生の陽向《ひなた》が入会してきた。陽向《ひなた》はひまわりという馬に乗ることになった。

次の週の土曜日は、陽向《ひなた》の要望がまたひとつ通った。

野島《のじま》先生のレッスンはうけず、したがって馬場にもはいらず、*1厩務員《きゅうむいん》としての仕事を手伝い、そのあとは、ひまわりを連れて、*2サラダバーにいきたいということ。

連れに選ばれたのは、涼太《りょうた》とすばる。*3岡本《おかもと》先生のレッスンが終わって、洗い場にもどると、*4隼人《はやと》くんがそれを伝えにきた。①マリモ、残念だったなあと、悠斗《はると》はマリモにそっとつぶやきかけた。

そして、それらはしだいに慣例化していった。すなわち、ひまわりを連れてのサラダバー通いと、厩務員《きゅうむいん》の手伝いだ。

陽向《ひなた》は、土日の二日ともかかさずやってきた。*5楓《かえで》でさえも、どちらか一日だけという週があったから、皆勤賞《かいきんしょう》のペースなのは、悠斗《はると》と陽向《ひなた》だけだった。

陽向《ひなた》はクラブにくると、②いちおう真新しいボディプロテクター、ヘルメット、乗馬靴《じょうばぐつ》などの乗馬用の道具を身につける。それから、厩舎《きゅうしゃ》へいき、厩務員用《きゅうむいんよう》のつなぎを着ている菅原《すがわら》くんと西田《にしだ》くんとともに、もくもくと仕事を手伝う。馬糞《ばふん》をつんだ一輪車を動かしたり、エサの調合を

オ　絶対的に正しいものはないと考え、自分とは異なる相手や文化を認め、その存在を重んじようとするもの。

問三　――線②「こうした場面では～よいでしょう」とありますが、そのように言える理由として最も適当なものを次のア～オの中から一つ選び、記号で答えなさい。

ア　それぞれ考えが異なっていたとしても、そのことによって深刻な問題が生じるわけではないから。

イ　取り上げている話題自体が、人間の根本的な性質には直接関係しない表面的なものであるから。

ウ　異なる意見のそれぞれに説得力があるため、どちらかだけを正しいとすることは難しいから。

エ　どんなに価値観が異なった人同士でも、すべての話題で意見が対立することなどありえないから。

オ　人それぞれ異なる意見を持っていることは、かえって多様な文化の形成につながっていくから。

問四　――線③「そんなとき」とありますが、ここで述べられている状況《じょうきょう》と同様の具体例として最も適当なものを次のア～オの中から一つ選び、記号で答えなさい。

ア　校内緑化を目的として花を植えるべきか、校内の清潔感を保つために掃除《そうじ》を徹底《てってい》するべきか、意見が分かれたとき。

イ　周囲の人に迷惑《めいわく》をかけないように犬をしつけるべきか、家族として犬を大切にするべきか、意見が分かれたとき。

ウ　安全のために監視《かんし》カメラを増設するべきか、プライバシー保護のために撤去《てっきょ》するべきか、意見が分かれたとき。

エ　施設《しせつ》内の混雑を解消するために入場制限をかけるべきか、施設《しせつ》を予約制にするべきか、意見が分かれたとき。

オ　感染防止のために講演を中止にするべきか、観客のためにオンライン開催《かいさい》にするべきか、意見が分かれたとき。

問五　空らん〔④〕に入る内容として最も適当なものを次のア～オの中から一つ選び、記号で答えなさい。

ア　皆《みな》が権力者の顔色をうかがって自分の行動を決める

イ　権力など持たない大多数の人々の意見が無視される

ウ　大声で主張した人々の意見だけが簡単にまかり通る

エ　それぞれの主観的な信念が何よりも尊重される

オ　皆《みな》が自分のことだけ考え、他者の存在を否定する

問六　空らん〔⑤〕に入る言葉として最も適当なものを次のア～オの中から一つ選び、記号で答えなさい。

ア　一人前　イ　一方的　ウ　一大事　エ　一枚岩

オ　一時的

問七　――線⑥「ある意味では、『科学は人それぞれ』なのです」とありますが、どういうことですか。その説明として最も適当なものを次のア～オの中から一つ選び、記号で答えなさい。

ア　定説をくつがえす新たな理論を提唱する科学者と、その理論の正当性を疑う科学者との間で、理論の是非《ぜひ》をめぐって激しい論争が起きているということ。

イ　科学者ごとに意見が異なる問題については、結局どの意見も信用できないので、政府主導で問題への対応を進めていくしかないということ。

このように考えてくると、科学者であっても、現時点で問題になっているような事柄《ことがら》について、「客観的で正しい答え」を教えてくれるものではなさそうです。ではどうしたらよいのでしょうか。自分の頭で考える？　どうやって？

この本では、「正しさ」とは何か、それはどのようにして作られていくものなのかを考えます。そうした考察を踏《ふ》まえて、多様な他者と理解し合うためにはどうすればよいのかについて考えます。ここであらかじめ結論だけ述べておけば、私は、「正しさは人それぞれ」でも「真実は一つ」でもなく、人間の生物学的Cトクセイを前提としながら、人間と世界の関係や人間同士の間の関係の中で、いわば共同作業によって「正しさ」というものが作られていくのだと考えています。それゆえ、多様な他者と理解し合うということは、かれらとともに「正しさ」を作っていくということです。

これは、「正しさは人それぞれ」とか「みんなちがってみんないい」といったお決まりの簡便な一言を吐《は》けば済んでしまうような安易な道ではありません。これらの言葉は、言ってみれば相手と関わらないで済ますための＊最後通牒《つうちょう》です。みなさんが意見を異にする人と話し合った結果、「結局、わかりあえないな」と思ったときに、このように言うでしょう。「まあ、人それぞれだからね」。対話はここで終了《しゅうりょう》です。

ともに「正しさ」を作っていくということは、そこで終了《しゅうりょう》せずに踏《ふ》みとどまり、とことん相手と付き合うという面倒《めんどう》な作業です。相手の言い分を受け入れて自分の考えを変えなければならないこともあるでしょう。それでプライドが傷つくかもしれません。しかし、傷つくことを嫌《いや》がっていては、新たな「正しさ」を知って成長していくことはできません。

最近、「正しさは人それぞれ」と並んで、「どんなことでも感じ方しだい」とか「心を傷つけてはいけない」といった感情尊重の風潮も広まっています。しかし、学び成長するとは、今の自分を否定して、今の自分でないものになるということです。これはたいへんに苦しい、ときに心の傷つく作業です。あえていえば、⑦成長するためには傷ついてナンボです。若いみなさんには、傷つくことを恐《おそ》れずに成長の道を進んでほしいと思います（などと言うのは説教くさくて気が引けますが）。

（『みんな違《ちが》ってみんないい』のか？　相対主義と普遍《ふへん》主義の問題』　山口《やまぐち》　裕之《ひろゆき》）

〔注〕＊　最後通牒《つうちょう》＝ここでは、話し合いを打ちきり、交渉《こうしょう》している相手に一方的に突《つ》きつける最終的な通達のこと。

問一　――線A「ルフ」・B「キカン」・C「トクセイ」のカタカナを正しい漢字に直しなさい。（一画一画ていねいにはっきりと書くこと。）

問二　――線①「そういう善意」とはどのようなものですか。その説明として最も適当なものを次のア～オの中から一つ選び、記号で答えなさい。

ア　自分とは絶対にわかりあえないものだとしても、自分と相手の考えに優劣《ゆうれつ》をつけずに平等に扱《あつか》おうとするもの。

イ　他文化との交流が避《さ》けられない現代社会でうまく他者と交流するために、相手の考えをよく聞こうとするもの。

ウ　異なる意見を交わすときにお互《たが》いが傷つかずに済むように、相手の立場に立って考え、思いやろうとするもの。

エ　世界中の多様な他者や他文化の存在を傷つけないために、あえて異なる考えの者とは距離《きょり》をとろうとするもの。

なぜなら、もしもさまざまな意見が「みんなちがってみんないい」のであれば、つまりさまざまな意見の正しさに差がないとするなら、選択《せんたく》は力任せに行うしかないからです。「絶対正しいことなんてない」とか「何が正しいかなんて誰《だれ》にも決められない」というのであればなおさらです。決定は正しさにもとづいてではなく、人それぞれの主観的な信念にもとづいて行うしかない。それに納得できない人とは話し合っても無駄《むだ》だから権力で強制するしかない。こういうことになってしまいます。

つまり、「正しさは人それぞれ」や「みんなちがってみんないい」といった主張は、多様性を尊重するどころか、異なる見解を、権力者の主観によって力任せに切り捨てることを正当化することにつながってしまうのです。これでは結局、「力こそが正義」という、困った世の中になってしまいます。それは、〔　④　〕社会です。

では、どうしたらよいのでしょうか。

よくある答えは、「科学的に判断するべきだ」ということです。科学は、「客観的に正しい答え」を教えてくれると多くの人は考えています。このように、さまざまな問題について「客観的で正しい答えがある」という考え方を、普遍《ふへん》主義といいます。探偵《たんてい》マンガの主人公風に言えば、「真実は一つ！」という考え方だといってもよいかもしれません。先ほどの相対主義と反対の意味の言葉です。「価値観が多様化している」と主張する人たちでも、科学については普遍《ふへん》主義的な考えを持っている人が多いでしょう。「科学は人それぞれ」などという言葉はほとんど聞くことがありません。

そして実際、日本を含《ふく》めてほとんどの国の政府は、政策を決めるにあたって科学者の意見を聞くためのBキカンや制度を持っています。日本であれば、各省庁の審議《しんぎ》会（専門家の委員会）や日本学術会議などです。「日本の経済発展のために原子力発電所は必要なのか」「どれぐらいの確率で事故が起こるのか、事故が起こったらどれぐらいの被害《ひがい》が出るのか」といった問題について、科学者たちは「客観的で正しい答え」を教えてくれそうに思えます。

ところが、実は科学は〔　⑤　〕ではないのです。科学者の中にも、さまざまな立場や説を取っている人がいます。そうした多数の科学者が論争する中で、「より正しそうな答え」を決めていくのが科学なのです。それゆえ、「科学者であればほぼ全員が賛成している答え」ができあがるには時間がかかります。みなさんが中学や高校で習うニュートン物理学は、いまから三〇〇年以上も昔の一七世紀末に提唱されたものです。アインシュタインの相対性理論や量子力学は「現代物理学」と言われますが、提唱されたのは一〇〇年前（二〇世紀初頭）です。現在の物理学では、相対性理論と量子力学を統一する理論が探求されていますが、それについては合意がなされていません。合意がなされていないからこそ、研究が進められているのです。

最先端《さいせんたん》の研究をしている科学者は、それぞれ自分が正しいと考える仮説を正当化するために、実験をしたり計算をしたりしています。つまり、科学者に「客観的で正しい答え」を聞いても、何十年も前に合意が形成されて研究が終了《しゅうりょう》したことについては教えてくれますが、まさしく今現在問題になっていることについては、「自分が正しいと考える答え」しか教えてくれないのです。⑥ある意味では、「科学は人それぞれ」なのです。

（中略《ちゅうりゃく》）

【国　語】（五〇分）〈満点：一〇〇点〉

一　次の文章を読んで、後の一から九までの各問いに答えなさい。
（ただし、字数指定のある問いはすべて句読点・記号も一字とする。）

昨今、「正しさは人それぞれ」とか「みんなちがってみんないい」といった言葉や、「現代社会では価値観が多様化している」「価値観が違《ちが》う人とは結局のところわかりあえない」といった言葉がAルフしています。このような、「人や文化によって価値観が異なり、それぞれの価値観には優劣《ゆうれつ》がつけられない」という考え方を相対主義といいます。「正しさは人それぞれ」ならまだしも、「絶対正しいことなんてない」とか、「何が正しいかなんて誰《だれ》にも決められない」といったことさえ主張する人もけっこういます。

こうしたことを主張する人たちは、おそらく多様な他者や他文化を尊重しようと思っているのでしょう。①そういう善意はよいものではありますが、はたして「正しさは人それぞれ」や「みんなちがってみんないい」という主張は、本当に多様な他者を尊重することにつながるのでしょうか。そもそも、「正しさ」を各人が勝手に決めてよいものなのか。それに、人間は本当にそれほど違《ちが》っているのかも疑問です。

たしかに、価値観の異なる人と接触《せっしょく》することがなかったり、異なっていても両立できるような価値観の場合には、「正しさは人それぞれ」と言っていても大きな問題は生じません。たとえば、訪ねることも難しい国の人たちがどのような価値観によって生活していても、自分には関係がありません。またたとえば、野球が好きな人とサッカーが好きな人は、スポーツのネタでは話が合わないかもしれませんが、好きなスポーツの話さえしなければ仲良くできるでしょう。サッカーが好きなのは間《ま》違《ちが》っていて、すべての人は野球が好きでなければならない、なんていうことはありません。

②こうした場面では、「人それぞれ」「みんなちがってみんないい」でよいでしょう。しかし、世の中には、両立しない意見の中から、どうにかして一つに決めなければならない場合があります。たとえば、「日本の経済発展のためには原子力発電所が必要だ」という意見と、「事故が起こった場合の被害《ひがい》が大きすぎるので、原子力発電所は廃止《はいし》すべきだ」という意見とは、両立しません。どちらの意見にももっともな点があるかもしれませんが、日本全体の方針を決めるときには、どちらか一つを選ばなければなりません。原子力発電所を維持《いじ》するのであれば、廃止《はいし》した場合のメリットは捨てなければなりません。逆もまたしかり。「みんなちがってみんないい」というわけにはいかないのです。

③そんなときには、どうすればよいでしょうか。「価値観が違《ちが》う人とはわかりあえない」のであれば、どうすればよいのでしょうか。

そうした場合、現実の世界では権力を持つ人の考えが通ってしまいます。本来、政治とは、意見や利害が対立したときに妥協《だきょう》点や合意点を見つけだすためのはたらきなのですが、最近は、日本でもアメリカでもその他の国々でも、権力者が力任せに自分の考えを実行に移すことが増えています。批判に対してきちんと正面から答えず、単に自分の考えを何度も繰《く》り返したり、論点をずらしてはぐらかしたり、権力を振《ふ》りかざして脅《おど》したりします。

そうした態度を批判するつもりで「正しさは人それぞれだ」とか「みんなちがってみんないい」などと主張したら、権力者は大喜びでしょう。

ウ　どんなに観客から温かい拍手《はくしゅ》をもらえなくてもそれに耐《た》え、根気よく路上で向日葵《ひまわり》の歌を歌い続けることで、弟への本当の愛情を伝えることができたような気がした。

エ　向日葵《ひまわり》の歌を歌ってほしいと言っていた弟に対して、いい加減に対応してきたことへの後悔《こうかい》がずっとあったが、今になって、天にいる弟にその歌が届いたような気がした。

オ　以前は弟を恨《うら》んでいたが、弟の方がよほど苦しかっただろうということがわかってきて、寒さに耐《た》えて歌った向日葵《ひまわり》の歌を通じて苦しみを分かち合えたような気がした。

問八　本文の表現の特徴《とくちょう》として最も適当なものを次のア～オの中から一つ選び、記号で答えなさい。

ア　現在と過去の時間が入り混じった形で描《えが》くことで、現在の僕《ぼく》の心境に至るまでの経緯《けいい》を暗示している。

イ　色を表す言葉を多く用いることで、弟の生前と死後における僕《ぼく》の心の微妙《びみょう》な変化を暗示している。

ウ　寒さを強調する表現を点在させることで、弟に対して次第に強まる僕《ぼく》の心の冷たさを暗示している。

エ　ひとり寂《さみ》しく路上で演奏する様子を描《えが》くことで、僕《ぼく》がむなしい日々を送っていることを暗示している。

オ　会話の形ではなくあえて一人語りの形で表現することで、弟を失ってしまった僕《ぼく》の孤独《こどく》感を暗示している。

問九　僕《ぼく》自身が考えている、僕《ぼく》がギターを弾《ひ》き始めるようになった理由と、本文全体から読み取れる、路上演奏をし続ける理由を九十字以内で説明しなさい。

なしさを感じさせるものとなっている。

エ　何も事情が分かっていない弟の純粋《じゅんすい》な笑顔は、高ぶった感情を弟に直接ぶつけてしまう母にとって、余計にその感情を刺激《しげき》するものとなっている。

オ　母の笑顔をその通りに受け止めて、優しく接してくれていると思っている弟の笑顔は、母にとって弟の聴覚《ちょうかく》障害という現実を突《つ》きつけられているようなものとなっている。

問五　――線⑤「それをトラウマだとか、～僕《ぼく》は信じたい」とありますが、この時の僕《ぼく》の気持ちの説明として最も適当なものを次のア～オの中から一つ選び、記号で答えなさい。

ア　向日葵《ひまわり》の歌を歌ってあげられなかったことを思い出すと、弟に責められている気がして胸が苦しくなるが、乗《の》り越《こ》えて気にしないことが弟への償《つぐな》いだと思いたい。

イ　向日葵《ひまわり》の歌を歌ってあげられなかったのは忘れられないことだが、そのことに縛《しば》られているからではなく今は自分の意思で歌っているのだと思いたい。

ウ　向日葵《ひまわり》の歌だと信じて喜んでいた弟の姿は強烈《きょうれつ》な印象として残っているが、それを忘れることなく生きていくことが自分の人生の戒《いまし》めになるのだと思いたい。

エ　向日葵《ひまわり》の歌を歌ってほしいという弟の望みは大したことのない日常的なものであったが、そんな日常の小さなことも自分は決して忘れてはいないと思いたい。

オ　向日葵《ひまわり》の歌と信じて手をたたく弟の姿が鮮明《せんめい》に残っているのは気重ではあるが、自分のかつての行動を導いてくれていた大切なものであったと思いたい。

問六　――線⑥「それはずるいよ。僕《ぼく》は喉元《のどもと》までかかった言葉をぐっと飲み込《こ》み、母親の震《ふる》える背中をさすった」とありますが、この時の僕《ぼく》の様子の説明として最も適当なものを次のア～オの中から一つ選び、記号で答えなさい。

ア　「ごめんね」の一言だけでは済まされないような、今までの弟に対する母の冷たい態度をひどいと思っている。

イ　一生懸命《いっしょうけんめい》弟のために駆《か》け回っていたのだから、謝罪する母を責めたらいっそう苦しめることになると思っている。

ウ　今ここで謝罪する姿に違和感《いわかん》を覚えながらも、苦労を知っているので、自らを責めている母を慰《なぐさ》めようとしている。

エ　弟の人生のはかなさを謝るだけで片づける母は、簡単にその場から逃《に》げているようだとがっかりしている。

オ　母が謝罪して先を越《こ》されたと思いつつも自分の気持ちも代弁してくれているのでありがたいと思っている。

問七　――線⑦「夜空へと吸《す》い込《こ》まれていった向日葵《ひまわり》の歌が聴《き》こえるような気がした」とありますが、どういうことですか。その説明として最も適当なものを次のア～オの中から一つ選び、記号で答えなさい。

ア　天の星になっている弟に向かって本当の向日葵《ひまわり》の歌を届けたことで、適当な歌でごまかしていたということを自白したことになるので、弟にやっと謝れたような気がした。

イ　弟に向日葵《ひまわり》の歌を歌ってあげられなかったということがずっと呪《のろ》いとしてのしかかってきていたが、天にいる弟に届いて、ようやくその呪《のろ》いから解放されたような気がした。

＊4　コード＝和音。
＊5　一瞥《いちべつ》＝ちらりと見ること。
＊6　シャープな＝鮮明《せんめい》な。
＊7　トラウマ＝ショックなどによる精神的な傷。
＊8　ギターストラップ＝ギターを持つ時に使う肩《かた》ひも。

問一　――線①「ただ黙《だま》って見守ることしかできなかった」とありますが、この時の僕《ぼく》の気持ちの説明として最も適当なものを次のア～オの中から一つ選び、記号で答えなさい。

ア　弟の聴覚《びょうかく》障害にショックを受けている母の取り乱した姿を見て、気の毒でならないと思っている。
イ　母を慰《なぐさ》めたところで弟の聴覚《ちょうかく》障害が治るわけではないので、どうすることもできないと思っている。
ウ　母の荒《あ》れた感情を無理に抑《おさ》えさせると弟が危ないので、気が済むまでぶつけさせようと思っている。
エ　母の奇声《きせい》は弟には聞こえていないのだから、自分が止めても止めなくてもあまり関係ないと思っている。
オ　なぜそれほどまでに荒《あ》れてしまっているのか事情がわからず、どうしたらよいものかと思っている。

問二　――線②「幸せものだな。僕《ぼく》は弟の表情を見てそう思っていた」とありますが、このような状況を表すことわざとして、最も適当なものを次のア～オの中から一つ選び、記号で答えなさい。

ア　寝耳《ねみみ》に水　　イ　七転び八起き　　ウ　災い転じて福となる
エ　知らぬが仏　　オ　渡《わた》りに船

問三　――線③「どこから聞いたのかわからない場所へと飛んでいく」とありますが、その向かった場所としてどのような場所が想定されますか。最も適当なものを次のア～オの中から一つ選び、記号で答えなさい。

ア　聴覚《ちょうかく》障害者が障害を乗《の》り越《こ》えて独り立ちできるように訓練し、最終的に社会に貢献《こうけん》できるようになる場所。
イ　聴覚《ちょうかく》障害者が完治を目指して治療《ちりょう》に専念し、一般《いっぱん》の人々以上に社会で活躍《かつやく》できるようになる場所。
ウ　聴覚《ちょうかく》障害者が障害者として快適に日常生活を送り徐々《じょじょ》に自立していけるよう、支援者《しえんしゃ》がそろっている場所。
エ　聴覚《ちょうかく》障害者が特別扱いされず他の子と一緒に過ごせたり、少しでも聴覚を回復できたりする場所。
オ　聴覚《ちょうかく》障害者が少しでも心の痛みを和らげられるよう、障害者同士がコミュニケーションをとれる場所。

問四　――線④「残酷《ざんこく》に笑ってみせる」とありますが、母にとってどういう意味で残酷《ざんこく》だと僕《ぼく》は感じているのですか。その説明として最も適当なものを次のア～オの中から一つ選び、記号で答えなさい。

ア　何も気づいていない弟の笑顔は、弟のために冷静に対処《たいしょ》する母にとって、少しも成果が出ないことを皮肉に責められているようなものとなっている。
イ　自分のために必死になってくれている母を励《はげ》まそうと笑顔を作る弟の姿は、時に苛立《いらだ》たしさを感じてしまう母にとって、心を締《し》め付けられるものとなっている。
ウ　状況《じょうきょう》を分かりつつも自分ではどうすることもできず笑顔を作るしかない弟の姿は、何もしてあげられない母にとって、いっそうむ

で擦《さす》りながら、自分ではない誰《だれ》かに語りかけるようにつぶやいた。後悔《こうかい》があるとすれば、心残りがあるとすれば、それは多分、弟に向日葵《ひまわり》の歌を歌ってあげられなかったこと。⑤それをトラウマ[*7]だとか、呪《のろ》いだとかって思えれば楽になれるのかもしれない。でも、それは違《ちが》う。たとえそれが事実だとしても、それは違《ちが》うと僕《ぼく》は信じたい。左手でギターの弦《げん》を押《お》さえる。視界の端《はし》っこで、一人の女性が立ち止まるのが見えた。僕《ぼく》は息を深く吸《す》い込《こ》み、最後の曲を弾《ひ》き始める。

弟は去年の夏に肺炎《はいえん》で亡くなった。葬式《そうしき》会場で母親は、弟の聴覚《ちょうかく》障害が発覚したあの日と同じくらいに乱れに乱れた。髪《かみ》をかきむしり、親戚《しんせき》に後ろから身体《からだ》を押《お》さえられながら、獣《けもの》のように泣き叫《さけ》んでいた。やがて疲《つか》れ果《は》て、よろけるように遺体が納められた棺《ひつぎ》へ寄りかかると、「馬鹿《ばか》なお母さんでごめんなさい」とかすれるような声でつぶやいた。⑥それはずるいよ。僕《ぼく》は喉元《のどもと》まででかかった言葉をぐっと飲み込《こ》み、母親の震《ふる》える背中をさすった。僕《ぼく》は顔をあげる。満面の笑みを浮《う》かべた弟の写真の周りを、弟の大好きな向日葵《ひまわり》の花が囲んでいた。

静まり返った商店街に乾《かわ》いた拍手《はくしゅ》が響《ひび》く。僕《ぼく》はたった一人の観客に頭を下げ、ギターストラップ[*8]を肩《かた》から外した。どうでした。世間話のつもりで何気なく彼女《かのじょ》に尋《たず》ねてみる。彼女《かのじょ》は戸惑《とまど》いながらも、酔《よ》いで少しだけ火照《ほて》った頬《ほお》をほころばせながら言う。

「もちろん悪くはなかったですけど……正直、あなたよりも歌が上手《うま》い人は他にも沢山《たくさん》いるって感じだし、それになによりも」

少しだけ間を空けた後、彼女《かのじょ》は少しだけ呆《あき》れたような口調で言葉を続けた。

「こんな真冬に向日葵《ひまわり》の歌って、季節外れも良いところじゃないですか？」

その通りですね。僕《ぼく》は可笑《おか》しくなって、笑いを漏《も》らす。マイクスタンドを折りたたみ、地面に脱《ぬ》ぎ捨てた上着を拾い上げる。ギターケースを開け、使い古され、所々穴の開いたクッションの上に自分のギターを横たえる。

「でも、一人くらい……一人くらいは、こういう町の隅《すみ》っこで、季節外れの歌を歌ってる人がいても良いと思いますよ」

僕《ぼく》は自分だけに聞こえる声で、そうつぶやいた。女性客は背を向け、そのまま立ち去っていく。僕《ぼく》は彼女《かのじょ》の背中を見送りながら上着を羽織《はお》り、その上からギターケースを背負った。ポケットに入れていた手袋《てぶくろ》を両手にはめ、無地のマフラーを首に巻く。身体《からだ》を揺《ゆ》り動かし、疲労《ひろう》のせいで重たく感じる背中のギターケースの位置をずらす。イヤホンを耳にはめ、昔から聞いているお気に入りのミュージシャンのアルバムを再生する。きっとまた来週のこの時間、同じ場所で、僕《ぼく》は歌うだろう。それがいつまで、そして何のためなのかはわからないまま。ふと上を見上げると、水銀灯の一つが明滅《めいめつ》し、切れかかっているのに気がつく。夜空の色は濃《こ》さをまし、星の瞬《またた》きが少しだけ良く見えるようになっていた。そして耳を澄《す》ませばかすかに、⑦夜空へと吸《す》い込《こ》まれていった向日葵《ひまわり》の歌が聴《き》こえるような気がした。

（『余命３０００文字』より「向日葵《ひまわり》が聴《き》こえる」村崎《むらさき》　羯諦《ぎゃてい》）

〔注〕
＊1　ペグ＝弦《げん》を調節する部分。
＊2　チューニング＝音の高さを調整すること。
＊3　ネック＝ギターを弾《ひ》く時に手で握《にぎ》る部分。

る。喉《のど》に刺《さ》すような痛みが走る。声帯をすり減らすように叫《さけ》ぶ歌の上に、アコースティックギターの繊細《せんさい》＊6でシャープな音色が覆《おお》いかぶさっていく。

なんでそんなこともできないの。母親は弟によくそう言っていた。その時の母親は決まってニコリと微笑《ほほえ》んでいた。自分の底知れぬ苛立《いらだ》ちを隠《かく》そうとしていたからなのか、歪《ゆが》んだ悪意がそうさせていたからなのか、それはもうわからない。耳が聞こえない弟は母親の優しい表情だけを見て、優しい微笑《ほほえ》みを返していた。

②幸せものだな。僕《ぼく》は弟の表情を見てそう思っていた。可哀想《かわいそう》だからという理由で、母親は弟を耳が聞こえる子と同じように育てようと必死に動き回っていた。色んな学校を回って、色んな病院を回って、結局何の成果も得られずに帰宅する。それでも母親は諦《あきら》められなかった。自分の部屋で声を押《お》し殺《ころ》して泣いていたかと思えば、次の日にはまた③どこから聞いたのかわからない場所へと飛んでいく。自傷行為《こうい》とも思える母親の行動を見ていたからこそ、僕《ぼく》は一層悲しかった。母親がそのような言葉をこぼしてしまうことが。弟が、その母親の真意を知ることができず、④残酷《ざんこく》に笑ってみせることが。

一曲目が終わり、少しだけ手を休める。右手を見てみると、指先が寒さで赤くなっているのがわかった。遠くから若い男女のはしゃぎ声が聞こえる。居酒屋帰りのサラリーマンのふざけた喋《しゃべ》り声が聞こえる。冬の風が商店街を吹《ふ》き抜《ぬ》けていき、誰《だれ》かが捨てたビニール袋《ぶくろ》が飛ばされていく。夜がふけるにつれ、人通りは少なくなっていく。ぐっと足に力を入れないと、この街の冷えきった底へと引きずりこまれそうになる気がした。僕《ぼく》はズボンの上から太ももの肉をつねる。自分がここにいることを確かめるため。自分を痛めつけるため。

誰《だれ》にも言うことはできなかったけれど、僕《ぼく》は弟のことが大嫌《だいきら》いだった。弟の聴覚《ちょうかく》障害が発覚してから家庭の雰囲気《ふんいき》は明らかに悪くなったし、母親の苛立《いらだ》ちが自分に向けられることもあった。だけど、ひどいことを言われても、ひどい仕打ちを受けても、いつもへらへらと笑ってみせる弟を見る度《たび》に、そんな自分の苦しみがとても小さくてくだらないもののような気がしてならなかった。僕《ぼく》がギターを始めたのは、決して晴れないもやもやをごまかすためだったのかもしれない。

僕《ぼく》が部屋で一人ギターを弾《ひ》いていると、不思議と弟はそのことを察知して、僕《ぼく》の部屋に勝手に入ってくる。弟はそのまま目の前に腰掛《こしか》け、目を輝《かがや》かせながら僕《ぼく》の指先をじっと見つめてくる。一曲弾《ひ》き終えたタイミングで僕《ぼく》が、なにか弾《ひ》いてほしい曲があるかと手話で尋《たず》ねると、弟は決まって、向日葵《ひまわり》の歌を歌ってほしいとリクエストしてきた。向日葵《ひまわり》をテーマにした歌なんて知らなかったから、僕《ぼく》はいつも適当に自分の好きな曲を演奏した。それでも弟は嬉《うれ》しそうに目を細め、一生懸命《いっしょうけんめい》両手で手拍子《てびょうし》をした。そのテンポのずれた、めちゃくちゃな手拍子《てびょうし》が、今も僕《ぼく》の耳の奥《おく》にこびりついて離《はな》れない。

二曲目を歌い終え、三曲目を歌い始める。ビデオの早送りをしているように時間が流れ、最後の曲を残すだけとなる。身体《からだ》が熱くなってきたので、ガウンを脱《ぬ》ぎ捨てる。ちょうどそのタイミングで北風が吹《ふ》きすさび、ぞくりと快感に似た震《ふる》えが身体《からだ》を駆《か》け上がった。大丈夫。両腕《りょううで》を手

生に貢献《こうけん》している。

オ　科学と我々の生の経験は相いれないものだが、共通の土俵を作ることで両者を融合《ゆうごう》できる。

問九　═══線「自然科学的な～分けてしまいました」について、筆者は「自然科学的なものの見方」が「わたしたちの世界を二つに分けてしま」ったことの問題点をどのようなことだととらえていますか。五十字以内で説明しなさい。

二

次の文章を読んで、後の一から九までの各問いに答えなさい。
（ただし、字数指定のある問いはすべて句読点・記号も一字とする。）

弟は生まれつき耳が聞こえなかった。だけど、そのことと、僕《ぼく》がこの場所で歌い続けていることとの間に、一体どういう関係があるのか。僕《ぼく》は未《いま》だにその答えを見つけられずにいる。

いつもと同じ時間、いつもと同じ店のシャッターの前で、僕《ぼく》は黙々《もくもく》と路上ライブの準備を進める。吐息《といき》は白く、手袋《てぶくろ》越しにマイクスタンドの金属の冷たさが伝わってくる。ボディに細かい傷がついたアコースティックギターを取り出し、ペグ＊1を締《し》めてチューニング＊2する。顔を上げると、水銀灯の淡《あわ》い青の光の向こうに、藍《あい》がかった夜空が広がっていた。帰路を急ぐ人々が寒さに背中を丸め、足早に僕《ぼく》の目の前を横切っていく。目をつぶって、まぶたの裏に浮《う》かぶ光の名残《なごり》を一つ一つ数えてみる。全部で三つあった光は、数えているうちに少しずつ小さくなり、姿を消す。僕《ぼく》は深く息を吸い込《こ》んだ。冷たい空気が肺の中に満ち、身体《からだ》がかすかに震《ふる》える。ギター＊3のネックを握《にぎ》りしめる力を強める。ゆっくりと息を吐《は》き出し、僕《ぼく》は最初のコード＊4をかき鳴らした。

弟の聴覚《ちょうかく》障害が発覚したのは、庭の向日葵《ひまわり》が咲《さ》きほこったある夏の日だった。病院から帰ってきた母親と父親の表情は暗く、父親に抱《だ》きかかえられた三歳《さんさい》の弟だけが嬉《うれ》しそうに顔をほころばせていた。お帰りなさい。僕《ぼく》がそう言おうとしたその時、母親は右手に持っていたカバンを壁《かべ》に投げつけ、大声で奇声《きせい》をあげた。そのままテーブルに置いてあった写真立てをなぎ払《はら》い、タンスの引き出しを片っ端《ぱし》から引きずり出してはそれらを床《ゆか》に叩《たた》きつけていく。

僕《ぼく》と父親は母親を止めることもできず、①ただ黙《だま》って見守ることしかできなかった。母親はひとしきり暴れた後、手で顔を覆《おお》いながらその場に崩《くず》れ落ちる。外から聞こえてくる蝉《せみ》の鳴き声に混じって、しゃっくりのような母親のすすり泣きが部屋にこだましていた。それから母親はぽつりと、「産まなきゃよかった」とつぶやく。胸がざわつき、僕《ぼく》は弟へと目を向けた。目が合った弟がにこりと笑ってみせる。弟は母親のそんな言葉でさえ聞くことができないという事実を知ったのは、それから数時間経《た》ってからだった。

かじかむ手でギターの弦《げん》をかき鳴らす。お世辞にも上手《うま》いとは言えない歌声が夜の街に溶《と》けていき形を失っていく。歌声に混じる白い息が夜空に吸い込《こ》まれていく。寒さで手の感覚がなくなっていく。指がもつれて、一瞬《いっしゅん》だけコードを間違《まちが》えてしまう。それでも、手の動きは止まらなかった。何度も何度も繰《く》り返《かえ》し弾《ひ》いた曲は身体《からだ》と指先に刻《きざ》み込《こ》まれていた。いつもと同じように、立ち止まって歌を聞いてくれる人は一人もいない。ちらりと一瞥《いちべつ》＊5したかと思えば、不愉快《ふゆかい》そうに眉《まゆ》をひそめるだけ。やりきれない気持ちをごまかすために、少しだけ声のボリュームを上げ

オ　ものの真の姿

問四　――線③「わたしたちが見たり、聞いたりするもの」とは何ですか。これを端的《たんてき》に表現している本文中の一単語を探し、抜《ぬ》き出しなさい。

問五　――線④「うまく説明することができます」とありますが、どういうことですか。その説明として最も適当なものを次のア～オの中から一つ選び、記号で答えなさい。

ア　一度に多くの人が同じ物を観察することができるので、説明にかかる時間を短縮させられるということ。

イ　対象を見ている人全員が同じ物を見ていると認識できるので、説明をする上で都合がいいということ。

ウ　観察者全員に様々な角度から同一の物を示すことができるので、説明が上手になるということ。

エ　誰《だれ》もが知っている物として対象を提示できるので、説明内容に現実味が生まれるということ。

オ　リアリティをもって大勢に説明できるので、より具体的な説明が可能になったということ。

問六　――線⑤「十分に意味のあることです」とありますが、どのような点において意味があるのですか。その説明として最も適当なものを次のア～オの中から一つ選び、記号で答えなさい。

ア　日常生活を送っている空間とは別に、自分たちの視点に左右されない空間の存在を発見したという点。

イ　多くの人が話し合いに参加しやすい環境《かんきょう》を整えることにつながり、近代科学の成立を助けたという点。

ウ　わたしたちが認識している世界は、主観的な世界と客観的な世界から成立していることを示したという点。

エ　対象となるものが発信している意味に関して、近代以前よりもいっそう解明しやすくなったという点。

オ　すべての人が同じ条件のもとで対象を語ることができ、そのことが科学の発展につながったという点。

問七　――線⑥「前者は、わたしたちの～位置づけられました」とありますが、「前者」及《およ》び「後者」はリンゴの場合どのようなことがあてはまりますか。その説明として最も適当なものを次のア～オの中からそれぞれ一つずつ選び、記号で答えなさい。

ア　リンゴには味覚を刺激《しげき》する物質が含《ふく》まれているということ。

イ　リンゴを見ると食べたくなってしまうということ。

ウ　リンゴは誰《だれ》にとってもおいしく感じられるということ。

エ　リンゴを食べておいしいと感じるということ。

オ　リンゴに含《ふく》まれる成分を分析《ぶんせき》するということ。

問八　本文の内容を説明したものとして最も適当なものを次のア～オの中から一つ選び、記号で答えなさい。

ア　科学は無視点的な三次元空間を想定したが、現実の世界との間で混乱が生じた。

イ　科学的な考え方のもとでは、わたしたちのその時々の主観は徹底的《てっていてき》に排除《はいじょ》される。

ウ　科学的に説明されたリンゴは、誰《だれ》が食べても同じおいしさのものとして認識される。

エ　科学は人類にとっての真実を追究することで、人々のよりよい人

たしたちの世界を、「もの」それ自体の世界と現象の世界に分けてしまうと、このわたしたちが具体的に経験していることがとらえそこなわれてしまうのではないでしょうか。

たとえばわたしがいま、われを忘れてピアノの美しい調べに聞きほれているような場合のことを考えてみましょう。その場合、そこにまさにその調べの美しさが出現しています。その美しさを説明しようとして、ピアノの響《ひび》きを空気の振動《しんどう》に還元《かんげん》し、その振動《しんどう》が聴覚《ちょうかく》を通して脳に伝わってわたしたちはピアノの音をピアノの音として認識しているのだと言うと同時に、その調べの美しさは雲散霧消《うんさんむしょう》してしまいます。わたしの経験のなかにあったリアリティ＊2がまったく失われてしまうのです。

わたしたちはまさにこのリアリティのなかで生きています。それがわたしたちの生を作りあげています。それがわたしたちの生活をいきいきとして張りのあるものに、また豊かなものにしてくれているのです。そこでこそわたしたちは生きる意欲を喚起《かんき》されます。わたしたちが生きる意味を感じ、生きがいを見いだすのも、そのような世界においてのことです。

そのような私たちの生の営み、そしてそこで感じられる生の充実《じゅうじつ》は、たしかに移ろい、変化するものです。変わることなく、ありつづけるものではありません。また、人によっても受けとり方が異なります。しかし、そうだからといって、それはあいまいなものとして真理の領域から排除《はいじょ》されるべきでしょうか。むしろ、自然科学が明らかにしてくれるさまざまな知見も、そのような私たちの生の営みに関係づけられて、はじめて意味をもってくるのではないでしょうか。

（『はじめての哲学《てつがく》』藤田《ふじた》　正勝《まさかつ》）

〔注〕＊1　三次元＝縦・横の平面に奥行《おくゆき》がプラスされた空間など。

＊2　リアリティ＝現実味・現実性。

問一　――線Ａ「シャクド」・Ｂ「ヒョウショウ」のカタカナを正しい漢字に直しなさい。（一画一画ていねいにはっきりと書くこと。）

問二　――線①「厳密な科学」とありますが、これはどのような学問だと考えられますか。その説明として最も適当なものを次のア～オの中から一つ選び、記号で答えなさい。

ア　その時々の条件や環境《かんきょう》によって現れる情報をできる限り平均化していく学問。

イ　研究者の期待や希望を一切取り除いたところに現れる真実のみを追っていく学問。

ウ　誰《だれ》に対しても分かりやすく理解を得られるような答えを示していく学問。

エ　過去に判明した事実を現代の発達した科学力で更《さら》に塗《ぬ》り替《か》えていく学問。

オ　何物にも左右されることのない絶対的な事実をどこまでも追究していく学問。

問三　――線②「考えたわけです」とありますが、この部分に対する主部として最も適当なものを次のア～オの中から一つ選び、記号で答えなさい。

ア　わたしたちの日常の経験

イ　観察者

ウ　近代の自然科学的なものの見方

エ　他の人

それ自体の世界と、わたしたちが見たり聞いたりするところに成立する現象の世界です。

　すでに述べましたように、わたしたちはわたしたちの視点からものを見、それをさまざまな仕方で受けとっています。その背後に共通の根拠《こんきょ》があると考えることは、⑤十分に意味のあることです。しかし問題なのは、一方が「もの」そのものの世界として、わたしたちの外にある客観的な世界として位置づけられ、他方が、それをそのときどきの仕方で受けとった主観的な世界として位置づけられた点です。

　前者は、わたしたちとは関わりなく存在している「外部世界」として、そして後者は、それをBヒョウショウする「意識」の世界として、二つの性格を異にした世界だと考えられるようになりました。そして⑥前者は、わたしたちの知覚を可能にしている共通の根拠《こんきょ》ですから、それこそが第一時的な存在であり、それに後者は、それをそれぞれの視点から「主観的」に、あるいは「私的」に受けとったにすぎないものとして、第二次的な存在として位置づけられました。

（中略）

　自然科学的なものの見方は、そういう「私的」であやふやなものを取り除いていけば、誰《だれ》からも同じように観察できる「ものの本体」だけがそこに残されると考えます。そうすれば、わたしたちのそのときどきの視点から見えるものの見え姿に惑《まど》わされることなく、ものを「客観的」に把握《はあく》することができると考えるのです。

　しかしわたしたちの、何かを見て美しいと感じたり、何かを食べておいしいと感じたりするといった具体的な経験について見てみますと、そこでは客観的な「ものの本体」と、それの一時的な現れというように、二つのものが別々のものになっているでしょうか。

　たとえばリンゴを食べておいしいと感じたときのことを考えてみましょう。無視点的な三次元空間のなかに置き直されたリンゴそれ自体には「おいしさ」はありません。わたしたちがそれを実際に食べ、味覚が刺激《しげき》されてはじめて「おいしさ」が生まれます。そのため、自然科学的な見方は、わたしたちはわたしたちの「私的」な世界のなかで、つまり意識のなかだけで「おいしさ」を感じていると言います。しかし、わたしたちはほんとうに外の世界から隔《へだ》たった意識の内側で、そのなかだけでおいしいと感じているのでしょうか。

　リンゴのおいしさの原因になるのは、リンゴのなかに含《ふく》まれるペクチンやポリフェノールやリンゴ酸などだと考えられます。そうした物質や、それらが味覚を刺激《しげき》するということが一方に考えられます。そしてその刺激《しげき》を受けとめて、わたしたちは「おいしさ」を感じます。この二つのことはまったく別の世界に属することとして考えられるべきでしょうか。わたしたちが「おいしい」と感じるのは、外的な世界から隔《へだ》てられた意識の内側だけで起こる出来事でしょうか。むしろリンゴを食べることが、そのまま「おいしい」という出来事なのではないでしょうか。つまり、リンゴのなかに含《ふく》まれるペクチンやポリフェノールがおいしいのではないでしょうか。簡単に言えば、リンゴがおいしいのではないでしょうか。

（中略）

　ものは単なるものとしてではなく、最初からたとえばわたしたちにおいしさを覚えさせるものとして、あるいはわれわれに恐怖《きょうふ》を与《あた》えるものとして現れてきています。そこに二つの世界の隔《へだ》たりはないのです。わ

【国　語】（五〇分）〈満点：一〇〇点〉

一　次の文章を読んで、後の一から九までの各問いに答えなさい。

（ただし、字数指定のある問いはすべて句読点・記号も一字とする。）

わたしたちの日常の経験のなかでは、ものは、観察者がどの位置に立つかによって、あるいは明るさとか光の当たり具合によって、またその人がそのときどういう気分であるかによって、それぞれ違《ちが》ったように見えます。近代の自然科学的なものの見方は、①厳密な科学を打ちたてるために、そのように視点や状況《じょうきょう》によって変化する一時的なものを真理の領域から排除《はいじょ》しました。ものが、見る視点によって円形になったり楕円形《だえんけい》になったり長方形になったりすれば、他の人といっしょにこのものについて語ることができなくなってしまいます。ものの真の姿は、そういう視点や気分に左右される一時的な現れのなかにではなく、それらをすべて取り除いたところにあると②考えたわけです。

わたしたちがものを見る場合には、視点が決定的な意味をもっています。たとえば同じ長さのひもでも、近くに置いてあるものは長く見えますし、遠くに置いてあるものは短く見えます。科学という学問が成立するためには、その二つのひもが同じ長さであるとされなければなりません。そのために科学は、特定の視点にはまったく左右されない、どの方向からもものが均一に観察されるような、言わば無視点的な空間、均等に無限に広がる三次元空間[*1]を想定したのです。そしてすべてのものをそのなかに置き直すということをしたのです。もちろん、わたしたちはこの無視点的な三次元空間のなかに置き直されたコインやひもを実際に見たり、触《さわ》ったりすることはできません。しかし、科学はそのようなものを想定することによって、ものを見たり、観察したりする主体（主観）の影響《えいきょう》をまったく受けない、もの本来のあり方を把握《はあく》しようとしたのです。

このように自然科学的なものの見方は、③わたしたちが見たり、聞いたりするものの背後に、そのときどきの視点や気分に影響《えいきょう》されない「ものそのもの」、「ものの本体」とでも言うべきものを想定しました。（中略）そうすることによって、わたしたちは実際、わたしたちの経験を④うまく説明することができます。たとえば、わたしが移動し視点をずらすことによって、同じコインが楕円《だえん》に見えたり、円形に見えたり、長方形に見えたりするわけですが、それにもかかわらず、わたしが、あるいは周りにいる人も含《ふく》めた全員が眺《なが》めているコインが同一のものであるということを、この「ものの本体」を想定することによってうまく説明できます。

しかもこの無視点的な三次元空間のなかに置き直されたものは、そのときどきの見え方（近くにあるものは大きく見えるが、遠くにあるものは小さく見えるといったこと）には関係なく、誰《だれ》が測っても同じ長さ、同じ重さになります。つまり、それについては共通のAシャクドで計ることができます。すべての人がそれについて共通の土俵の上で語ることができるのです。したがって対象となるものが何であるかを、多くの人と一緒《いっしょ》になって解明していくことができます。近代の自然科学が大きく発展したのは、そのように「ものの本体」について共通の土俵の上で語ることができたからです。

しかし、自然科学的なものの見方には問題点もあります。それはわたしたちの世界を二つに分けてしまいました。現象の背後にある、「もの」

いるようにしか思えない」とありますが、「僕《ぼく》」はこの時の「正也《まさや》」の様子をどのように受け止めていますか。その説明として最も適当なものを次のア～オの中から一つ選び、記号で答えなさい。

ア　放送部がこれからもっと活躍《かつやく》するためにも、全国大会へは三年生が行くべきであると信じ切っている。

イ　月村《つきむら》部長が自分に気を遣《つか》って犠牲《ぎせい》になろうとしていることが悲しくて、自分が身を引こうとしている。

ウ　自分が未熟であることを自覚して、今年は全国大会を我慢《がまん》すべきであると、自分を客観的に評価している。

エ　今のくだらない争いを収めるために、一生懸命《いっしょうけんめい》に自分が東京に行くべきではない理由をこじつけている。

オ　本心は全国大会に行きたいが、一年生として、三年生が気持ちよく全国大会に行けるように遠慮《えんりょ》している。

問八　――線⑧「部長は殴《なぐ》られたかのように顔をゆがめ、俯《うつむ》いた」とありますが、この時の「部長」の気持ちを八十字以内で詳《くわ》しく説明しなさい。

問九　――線⑨「そういうことじゃないでしょう！」とありますが、「月村《つきむら》部長」が「重要なこと」と考えている内容として最も適当なものを次のア～オの中から一つ選び、記号で答えなさい。

ア　全国大会に出場しやすい作品の傾向《けいこう》をつかんでくること。

イ　全国大会における『ケンガイ』の評価を確認してくること。

ウ　来年の作品のための糧《かて》となるものを持ち帰ってくること。

エ　『ケンガイ』を全国大会でしっかりとアピールしてくること。

オ　全国大会に出場する作品のレベルの高さを体験してくること。

「黙《だま》っていること」が、どのような点で「ズルイやり方」となるのですか。その説明として最も適当なものを次のア～オの中から一つ選び、記号で答えなさい。

ア　誰《だれ》かが根負けするのを待つことで、仲間同士の友情をとりつくろったまま、自分の思いをかなえようとしている点。

イ　全国大会出場に最も貢献《こうけん》した宮本《みやもと》を東京に行かせるべきだという主張を検討《けんとう》もせず、うやむやにしようとしている点。

ウ　黙《だま》り続けることで無駄《むだ》な時間の経過を周囲に意識させ、周囲に話し合いを持つことを諦《あきら》めさせようとしている点。

エ　内心では自分さえ東京に行ければいいと思っていながら、仲間を思いやっているという体裁を整えようとしている点。

オ　自分たちが黙《だま》っていることで宮本《みやもと》にも何も言わせない雰囲気《ふんいき》を作り、自分たちのわがままを正当化しようとしている点。

問五　――線④「そんなふうだから、自分たちだけでは、マトモな作品がつくれないんですよ」、――線⑤「……ドキュメント部門も、どっちか通過していればよかったのに」とありますが、このやり取りの説明として最も適当なものを次のア～オの中から一つ選び、記号で答えなさい。

ア　白井先輩《しらいせんぱい》は三年生を叱咤激励《しったげきれい》するつもりで厳しいことを口にしたが、アツコ先輩《せんぱい》は自分たちが否定されたと思い、はっきりと相手を傷つける意図をもって発言している。

イ　白井先輩《しらいせんぱい》は全国大会に臨む三年生の態度を非難しており、アツコ先輩《せんぱい》はまともに返す言葉が見つからず、今さら言っても仕方のないことを、つい口にしてしまっている。

ウ　白井先輩《しらいせんぱい》は三年生の自分勝手な姿勢に怒《いか》りを露骨《ろこつ》に表しているが、アツコ先輩《せんぱい》は上級生としての包容力《ほうようりょく》をもって、それとなく相手の誤りに気付かせようとしている。

エ　白井先輩《しらいせんぱい》は相手を論破する目的をもって、論理的に言葉を組み立てているが、アツコ先輩《せんぱい》は生意気な後輩《こうはい》に怒《いか》りを覚え、先輩《せんぱい》としての権威《けんい》を見せつけようとしている。

オ　白井先輩《しらいせんぱい》は正々堂々たった一人で三年生と向き合い論戦を仕掛《しか》けているが、アツコ先輩《せんぱい》は相手の正論にひるみ、周囲に同意を求めて味方を増やそうとしている。

問六　――線⑥「僕《ぼく》は正也《まさや》の言葉の中に、怒《いか》りや悲しみを感じる」とありますが、「僕《ぼく》」は「正也《まさや》」がどのような点に「怒《いか》りや悲しみ」を抱《いだ》いていると感じているのですか。その説明として最も適当なものを次のア～オの中から一つ選び、記号で答えなさい。

ア　放送部として出品し、評価を受けた『ケンガイ』が、今や東京行きの道具のように扱《あつか》われている点。

イ　『ケンガイ』に最も貢献《こうけん》したのは自分であるのに、三年生の自分に対する評価が十分になされていない点。

ウ　自分が東京行きを主張すれば誰《だれ》も反対できないとわかっているから、あえて話をさせないようにしている点。

エ　『ケンガイ』を作り上げたのは自分だということを無視して、皆《みな》が東京行きの話題しかしていない点。

オ　『ケンガイ』をより良い作品に仕上げるための反省会が、ケーキを食べながら話すという程度のものになっている点。

問七　――線⑦「僕《ぼく》には、正也《まさや》が自分自身を納得させようとがんばって

らったの。私たちはJコンを、少なくとも、Jコンでオンエアされた『ケンガイ』を、ここに持ち帰らなきゃならない。それが無理だと思うなら、五人の枠《わく》すべてを、後輩《こうはい》たちに譲《ゆず》ろう」

結局、Jコンには三年生の先輩《せんぱい》たち五人が行くことになった。

（『ブロードキャスト』 湊《みなと》かなえ）

〔注〕 ＊1 JBK＝作品中で用いられる放送に関する架空《かくう》の組織で、通称《つうしょう》Jコンを主催《しゅさい》している。

＊2 おととい＝県大会が行われ、ドラマ部門に出品した『ケンガイ』が第二位となり全国大会出場が決まった。

＊3 ケンガイ＝Jコンのドラマ部門に出品した、SNS上のいじめをテーマとした作品。

＊4 ドキュメント～よかったのに＝ドキュメント部門には二年生が二作品出品したが、全国大会へはいけなかったことを受けた発言。

＊5 ビギナーズラック＝初心者が幸運にめぐまれて好結果を収めること。

問一 文中の空らん〔A〕～〔C〕に漢字を一字ずつ入れて慣用句を完成させなさい。

問二 ――線①「曖昧《あいまい》に部長が頷《うなず》いた」とありますが、この時の月村《つきむら》部長の様子を「僕《ぼく》」はどのようなものと受け止めていますか。その説明として最も適当なものを次のア～オの中から一つ選び、記号で答えなさい。

ア 全国大会への参加をまるで旅行気分で捉《とら》えている三年生の緊張感《きんちょうかん》のなさにいら立つものの、三年生の仲間から孤立《こりつ》することをおそれ、それをこらえている。

イ 全国大会に行く気になっている三年生に、三年生は抽選《ちゅうせん》で二人しか行けないことを告げなければならない立場に追い込《こ》まれ、仲間を裏切るような罪悪感に打ちひしがれている。

ウ 全国大会には三年生五人で行けると確信してはしゃいでいる同級生に対し違和感《いわかん》を覚えるものの、それを口にすることにためらいも感じている。

エ 全国大会には一年生の宮本《みやもと》を連れていくべきであるが、それは毎回三年生が参加しているという伝統を覆《くつがえ》すことになり、どのように説明すればよいのか悩《なや》んでいる。

オ 全国大会には三年生五人で参加すると心に決めたが、同じように全国大会に行きたがっている二年生からの激しい批判の矢面に立つことを覚悟《かくご》し、緊張《きんちょう》している。

問三 ――線②「間違《まちが》ったこと」とはどのようなことですか。その内容の説明として最も適当なものを次のア～オの中から一つ選び、記号で答えなさい。

ア 三年生が二年生にあてつけるように全国大会の話をしていること。

イ 宮本の活躍《かつやく》が三年生の間で全く評価されていないこと。

ウ 三年生が全国大会時に自由時間を求めてはしゃいでいること。

エ 三年生が自分たちの活躍《かつやく》で全国大会出場を決めたと信じていること。

オ 宮本が全国大会に行かないということが前提となっていること。

問四 ――線③「黙《だま》っているのが一番。ズルイやり方だ」とありますが、

れたことを喜び合い、反省会をすればよかったのだ。

なのに、みんなの頭の中には東京に行くことしかなかった。『ケンガイ』を置き去りにした東京行きなんて、正也《まさや》にとっては何の価値もないのかもしれない。

それでも……。本当に東京に行かなくてもいいのか？　とまだ思ってしまう。全国から集まった高校生が『ケンガイ』を聴《き》いているときの顔を、見たくはないのか？　と。

「それに……」

正也《まさや》は続けた。

「今年は、僕《ぼく》、行っちゃいけないような気がするんです。＊5ビギナーズラックであっさり目標をクリアしてしまうと、来年、再来年、行き詰《づ》まったときに、まあいいや、って思ってしまいそうなんですよね。とりあえず、一回、行けたしって」

正也《まさや》はそう言って、ニッと笑った。そのまま、右手の人差し指で鼻の頭をポリポリとかく。

⑦僕《ぼく》には、正也《まさや》が自分自身を納得させようとがんばっているようにしか思えない。

（中略）

「宮本《みやもと》くん、本当にいいの？」

月村《つきむら》部長が神妙《しんみょう》な面持ちで訊《たず》ねた。

「はい。全国大会には、三年生の先輩《せんぱい》たちで行ってきてください。僕《ぼく》は今日、こういう話じゃなく、『ケンガイ』や他の作品の話を、先輩《せんぱい》たちとできることを期待していました」

さらりと放たれた正也《まさや》のひと言に、⑧部長は殴《なぐ》られたかのように顔をゆがめ、俯《うつむ》いた。

部長は部長なりに正也《まさや》のことを慮《おもんぱか》り、自分が引いて正也《まさや》を行かせる、という苦渋《くじゅう》の決断をしたのかもしれないけれど、それでも大切なことは見えていなかった。

何をしに全国大会へ行くのか。

Jコンは、田舎の高校生のご褒美《ほうび》旅行のために開催《かいさい》されるのではない。

「ありがとう、宮本《みやもと》くん……」

アツコ先輩《せんぱい》が目を真っ赤にして、鼻をぐずぐずとすすりながら言った。先輩《せんぱい》たちにも、正也《まさや》の思いは伝わったようだ。

「お土産《みやげ》買ってくるからね」

続いたヒカル先輩《せんぱい》の言葉に、僕《ぼく》はガクッとうなだれそうになった。ほおづえをついていなくてよかった。

何にも届いていない……。こんな人たち放っておいて、僕《ぼく》たちで東京に行こう。そう叫《さけ》んでやろうか。

「⑨そういうことじゃないでしょう！」

月村《つきむら》部長が自分の同級生たちの方を向き、言い放った。白井先輩《しらいせんぱい》よりも迫力《はくりょく》のある、腹の底にドカンと響《ひび》く声だ。

「宮本《みやもと》くんがJコンに行けば、全国から集まったラジオドラマ作品の、あらゆる長所を吸収して、短所でさえも自作のことのように真剣《しんけん》に捉《とら》えて、次の作品に反映させることができるはず。白井《しらい》さんが行けば、時間が許す限り、他の部門の見学もして、来年のための傾向《けいこう》と対策を分析《ぶんせき》してくるはず。町田《まちだ》くんや久米《くめ》さん、他の二年生、誰《だれ》が行っても、来年のための何かを得て帰ってくる。そんなチャンスを、私たちは譲《ゆず》っても

「あの、二年はこれから白井《しらい》のあとを追いかけます。多分、中庭か図書室だと思うので」

そう言って、シュウサイ先輩《せんぱい》が立ち上がった。それから、月村《つきむら》部長の方を向いた。

「二年が思ってることは、白井《しらい》がほとんど言ったので、あとは残った人たちで決めてください。でも、一つ補足させてもらうなら、がんばったのは宮本《みやもと》だけじゃない。一年生三人で確定して、残り二枠《にわく》をくじ引きでもして決めればいいんじゃないですか？　留守番組の方が多ければ、今ほどギクシャクしないだろうし。じゃあ」

じゃあ、が示し合わせた合図だったかのように、ラグビー部先輩《せんぱい》とミドリ先輩《せんぱい》も立ち上がり、中途半端《ちゅうとはんぱ》に残したケーキの皿をテーブルに置いたまま、放送室を出て行った。

シュウサイ先輩《せんぱい》の提案は僕《ぼく》が一番理想とするものだけど、三年生の先輩《せんぱい》たちが簡単に受け入れるとは思えない。

アツコ先輩《せんぱい》、ヒカル先輩《せんぱい》、ジュリ先輩《せんぱい》、スズカ先輩《せんぱい》が、無言のまま、どうするの？　と訊《たず》ねるような顔を月村《つきむら》部長に向けた。部長は少し空に目を遣《や》り、〔　C　〕を決したような表情で口を開いた。

「私の代わりに、宮本《みやもと》くん、行ってくれないかな」

えっ、と三年生四人だけでなく、僕《ぼく》も驚《おどろ》きの声を上げてしまった。

「私、実は、お兄ちゃんにＪＢＫに連れて行ってもらったことがあるの。だから……」

「やめてください！」

正也《まさや》は静かに、だけど、力強く遮《さえぎ》った。

「僕《ぼく》、東京に行きたいなんて、一度も言っていませんけど」

正也《まさや》は月村《つきむら》部長にまっすぐ向き合った。

「だけど……」

部長が口ごもる。確かに、僕《ぼく》も白井《しらい》先輩《せんぱい》も三年生の先輩《せんぱい》たちも、正也《まさや》の気持ちを確認していたわけじゃない。

「そりゃあ、何人でも参加可能なら、喜んで行くけれど、他に行きたい人を蹴落《けお》としてまで、とは思ってません。だから、くだらない言い争いを、宮本《みやもと》のために、なんていう理由で続けるのなら、今すぐやめてください」

「でも、いいの？　本当に」

「僕《ぼく》は東京に行くために『ケンガイ』を書いたんじゃありません。どうしても伝えたい思いがあって、それを応募作《おうぼさく》として物語にする機会をもらえたから書いたんです。もちろん、それが県大会の予選を通過して、決勝で二位になって、全国大会に行けることになったのは、夢みたいに嬉《うれ》しかった。だけど、その嬉《うれ》しさは物語が多くの人に伝わって、もっと多くの人に聴《き》いてもらえるチャンスを得たことに対してで、決して、東京に行けるからじゃない」

正也《まさや》は落ち着いた口調で語ってはいるけれど、⑥僕《ぼく》は正也《まさや》の言葉の中に、怒《いか》りや悲しみを感じる。そして、僕《ぼく》自身も物語に本当の意味で向き合っていなかったことに、気付かされる。

東京に行かれないかもしれないから。

そんなことを気遣《きづか》って、正也《まさや》に連絡《れんらく》を取らなかったのがその証拠《しょうこ》だ。大会終了《しゅうりょう》後、普通《ふつう》に作品の話をすればよかったのだ。『ケンガイ』のこと、他校の作品のこと。

この場でだって、ケーキを食べながら、純粋《じゅんすい》に『ケンガイ』が評価さ

なってもまだそう思っているなんて」

白井《しらい》先輩《せんぱい》の剣幕《けんまく》に押《お》され、三年生の先輩《せんぱい》たちは全員、フォークを置いた。

「できれば仲良し五人組全員で行きたい。その気持ちはわかります。でも、『＊3ケンガイ』は宮本《みやもと》くんがいたからできた作品です。どうして宮本《みやもと》くんが行くという選択肢《せんたくし》を、勝手に外しているんですか？」

三年生の先輩《せんぱい》たちは皆《みな》、俯《うつむ》いてしまった。だけど、今日ばかりは同情しない。そうだ、と口には出せないけれど、僕《ぼく》は大きく頷《うなず》いてみた。

「だって、毎年三年生が行ってるし……」

アツコ先輩《せんぱい》がモゴモゴと言い返した。さっきまでの歯切れの良さはどこにもない。

「それは、三年生が中心になって作ったからじゃないですか」

白井《しらい》先輩《せんぱい》の言うことはいつも正しい。アツコ先輩《せんぱい》は黙《だま》り込《こ》み、他の先輩《せんぱい》たちも口を開こうとしない。

ガマン大会だ。

三年生の先輩《せんぱい》たちは皆《みな》、正也《まさや》が一番貢献《こうりん》したことくらい理解している。だけど、それを少しでも口にして、話し合いが持たれることになってしまうと困るのだ。一人外れる誰《だれ》かを、決めなければならなくなるのだから。

私が行かなきゃいいんでしょ！　なんて気持ちを高ぶらせて、うっかり逆切れでもしてしまったら、即《そく》アウト。これ幸いと言わんばかりに周りは、ゴメンね、と泣きながらも、胸をなで下ろし、話を終わらせてしまうに違《ちが》いない。

③黙《だま》っているのが一番。ズルイやり方だ。

（中略）

「黙《だま》っていても解決しません。話し合いをしようともしないなんて。④そんなふうだから、自分たちだけでは、マトモな作品が作れないんですよ」

白井《しらい》先輩《せんぱい》は容赦《ようしゃ》ない。ちょっとそれは、と隣《となり》でシュウサイ先輩《せんぱい》が窘《たしな》めたものの、白井《しらい》先輩《せんぱい》は三年生の先輩《せんぱい》たちを睨《にら》みつけたままだ。

「⑤……＊4ドキュメント部門も、どっちか通過していればよかったのに」

アツコ先輩《せんぱい》がつぶやいた。普段《ふだん》おしゃべりな分、黙《だま》り続けていることに耐《た》えかねて、つい、うっかり、本音を漏《も》らしてしまったのだろう。決して、反撃《はんげき》するつもりで言ったのではない、はずだけど……、それはダメだ。

バン！　と白井《しらい》先輩《せんぱい》は両手をテーブルに思い切り打ちつけると、まだケーキの残っている紙皿をアツコ先輩《せんぱい》に向かって投げつけ、放送室から出て行った。

幸い、白井《しらい》先輩《せんぱい》が投げた食べかけのモンブランはアツコ先輩《せんぱい》の手前、テーブルの上に落下した。

どちらかのドキュメント部門で通過していれば、と僕《ぼく》だって考えた。二年生は四人だから、そこに正也《まさや》を入れてもらえたのに、と。だけど、そんなタラレバを言っても仕方ないということも、二年生の前で絶対に口にしてはいけないということだって、深く考えなくてもわかっている。

アツコ先輩《せんぱい》だって、しまった、と思っているはずだ。ケーキを投げられたことに文句を言わないのが、その証拠《しょうこ》だ。

まるものである。

ウ　人間関係を円滑《えんかつ》にしたいと願うならば、言葉の扱《あつか》い方はあくまでも一つの技術であるので、練習さえすれば誰《だれ》にでも習得可能なものだという認識を持つべきである。

エ　コミュニケーションにおいては聞く技術を高めることが大切であり、そのことが自分の成長のみならず豊かな人間関係の形成に役立つのである。

オ　人の心をつかむのは容易ではないが、辛抱《しんぼう》強く相手の話を聞く機会を重ねていくうちに、しだいにその人の真意がわかってくるようになるものである。

二　次の文章を読んで、後の一から九までの各問いに答えなさい。（ただし、字数指定のある問いはすべて句読点・記号も一字とする）

青海学院《せいかいがくいん》高校の放送部は高校一年生の宮本正也《みやもとまさや》以下三名の活躍《かつやく》で、＊1JBKの主催《しゅさい》するコンクールで、ドラマ部門において全国大会出場が決まり、東京のJBKホールで作品が放送されることになった。しかし学校の決まりで、東京に行けるのは一部門につき五人までとなっている。高校三年生は最後のチャンスであり、五人全員で東京に行けるものとはしゃいでいる。僕《ぼく》は三年生の様子に違和感《いわかん》を覚えている。

【登場人物】
三年生　月村《つきむら》部長　アツコ先輩《せんぱい》　ヒカル先輩《せんぱい》　ジュリ先輩《せんぱい》　スズカ先輩《せんぱい》
二年生　白井《しらい》先輩《せんぱい》　シュウサイ先輩《せんぱい》　ラグビー部先輩《せんぱい》　ミドリ先輩《せんぱい》
一年生　宮本正也《みやもとまさや》　僕《ぼく》（町田《まちだ》くん）　久米《くめ》さん

東京行きの話を、月村《つきむら》部長はどう切り出すのだろうと、緊張感《きんちょうかん》を持ってミーティングに臨んだはずなのに、ケーキを食べているあいだは気を緩《ゆる》めてしまっていた。気まずい話はそういうときに、突然《とつぜん》始まるものだ。

「これ、サイコー」

スズカ先輩《せんぱい》が三層に分かれたチーズケーキを食べながら、うっとりした表情でつぶやいた。どれどれ、と両隣《りょうどなり》のヒカル先輩《せんぱい》とジュリ先輩《せんぱい》が、そのケーキに自分のフォークを刺《さ》して、一口すくった。

「そういえば、昨日、ネットでちょっと調べてみたんだけど、JBKホールの近くにおいしいチーズケーキのお店があるんだって」

ジュリ先輩《せんぱい》が言った。

「えーっ、行きたい。みんなで行こうよ。それくらいの自由時間ってあるよね？」

アツコ先輩《せんぱい》がはしゃいだ様子で〔　A　〕を挟《はさ》み、月村《つきむら》部長に訊《たず》ねた。

「うん、まあ……」

①曖昧《あいまい》に部長が頷《うなず》いたそのときだった。

「それ、本気で言ってるんですか？」

厳しい声が響《ひび》いた。

正也《まさや》の友だちでも同級生でもない。だけど、正也《まさや》を全国大会に連れて行かないのはおかしいと思っている。そして、②間違《まちが》ったことは正さないといけない。そう考えているのだろうか。

白井《しらい》先輩《せんぱい》が立ち上がった。

「＊2おとといは、先輩《せんぱい》たち、〔　B　〕極まって深く考えずに、みんなで東京に行けるって喜んでいると思っていたんです。だけど、今日に

いうこと。

問四　空らん［②］に入れる言葉として最も適当なものを本文中から五字以内で探し、抜《ぬ》き出しなさい。

問五　――線③「自己内コミュニケーション」とありますが、その説明として**当てはまらないもの**を次のア～オの中から一つ選び、記号で答えなさい。

ア　自己内コミュニケーションは人間関係を良好にしていく社会生活上の知恵《ちえ》である。

イ　自己内コミュニケーションは個人が長年かけて作ってきた思考の習慣である。

ウ　自己内コミュニケーションは相手が初対面の人であっても生じるものである。

エ　自己内コミュニケーションは相手の話を正しく聞くことを困難にしがちなものである。

オ　自己内コミュニケーションは人を観察する際にも話を聞く際にも生じるものである。

問六　――線④「そのメガネを通して見ているのは～あるがままの相手ではありません」とありますが、「そのメガネを通して見ている」とはどういうことですか。その説明として最も適当なものを次のア～オの中から一つ選び、記号で答えなさい。

ア　相手の未来の姿まで見ているということ。

イ　相手が隠《かく》している部分まで見ているということ。

ウ　先入観を持って相手を見ているということ。

エ　何も考えずに相手を見ているということ。

オ　努力して相手を肯定的《こうていてき》に見ているということ。

問七　――線⑤「相手の話をどう『聞く』か」とありますが、筆者はどのような聞き方を良い聞き方と考えていますか。三十字以内で答えなさい。

問八　――線⑥「答え」とありますが、それは何に対する「答え」ですか。その内容として最も適当なものを次のア～オの中から一つ選び、記号で答えなさい。

ア　個人や会社におけるコミュニケーションの役割はどういうものかという問いに対する答え。

イ　個人と会社が一体となって発展を目指すための基本は何かという問いに対する答え。

ウ　人や組織においてなぜコミュニケーションが重視されるのかという問いに対する答え。

エ　人はコミュニケーションにおいてどのような点に注意すべきかという問いに対する答え。

オ　人や組織を成長させていくためにはどのようにすればよいのかという問いに対する答え。

問九　本文の内容として最も適当なものを次のア～オの中から一つ選び、記号で答えなさい。

ア　一般《いっぱん》に聞くことは話すこと以上に難しいものであり、努力して自己革新をしていくという強い意志なくしてはその能力が開花することはないのである。

イ　人は他人の本当の姿や言葉の真意を正しく把握《はあく》することは難しいが、自分の認識の間違《まちが》いに気づくだけでも相手に対する理解力は深

で、自分の考えをきちんともっている優秀《ゆうしゅう》な人物です。創造的な仕事のやり方がわかるからこそ、それをスタッフにも学んでほしいと自分のやり方を一生懸命《いっしょうけんめい》伝え、彼《かれ》らがその通りに動くことを望んでいたのです。

聞き方を変えることは複雑なことではありません。しかしそれは、自分と相手を完全に信頼《しんらい》することを意味しています。

「やらせてやっても自分は大丈夫《だいじょうぶ》」「任せても彼《かれ》は大丈夫《だいじょうぶ》」と自分と相手を信じることです。複雑なことではありませんが、簡単なことではありません。それは、相手のあるがままを受け入れることなのです。

Mさんの会社は上場を目指して順調に成長しています。Mさんは聞き方を変えて、社員の信頼《しんらい》と会社の成長という欲しいものを手に入れたのです。

人間も組織も常に成長を望んでいます。会社であれば、安定した業績を上げて働く人々の生活を守りたいと考えます。個人であれば常に幸せを望んでいます。それを実現する基本中の基本がコミュニケーションです。しかも⑤相手の話をどう「聞く」かということのなかに⑥答えはあります。ところがそのとき、私たちが翻訳器《ほんやくき》付きの耳しかもっていなかったら、私たちは人々と一体となって成長するチャンスを失ってしまいます。

自己内コミュニケーションに関しても、本当に大切なことは何かを聞き分ける耳をもつことが必要です。間違《まちが》った考えに耳を傾《かたむ》けてしまっては、せっかくのチャンスを逃《のが》してしまうことになるのです。

（『聞く技術・伝える技術』　菅原裕子《すがはらゆうこ》）

［注］　＊1　下駄《げた》を預ける＝すべてを相手に頼《たの》んで一任する。
　　　＊2　プロセス＝過程。

問一　――線A「ハッシン」・B「ユダン」・C「カゴン」のカタカナを正しい漢字に直しなさい。（一画一画ていねいにはっきりと書くこと。）

問二　本文からは次の一文が省略されています。どこに入れるのが正しいですか。最も適当な箇所《かしょ》を文中の【ア】～【オ】から一つ選び、記号で答えなさい。

《自分自身を成長させたり、自己革新するための情報が入ってこないのです。》

問三　――線①「コミュニケーションは～という考え方」とありますが、この考え方に当てはまるものとして最も適当なものを次のア～オの中から一つ選び、記号で答えなさい。

ア　聞くことにより周囲の情報を幅《はば》広く取り入れることは、他者への理解力のみならず話す能力の向上にもつながるものであるということ。

イ　周囲の情報をうまく用い、批判精神を失うことなく相手と向き合うことは、聞く技術や話す技術における根本的な姿勢であるということ。

ウ　話す能力以上に聞き方について注意を払《はら》い、自分の考えを冷静に分析《ぶんせき》することは、コミュニケーションを円滑《えんかつ》にするための出発点であるということ。

エ　様々な意見に耳を傾《かたむ》け知識を増やし、その上で相手を説得する力を養うことは、対人関係を上手に築いていく知恵《ちえ》であるということ。

オ　聞き取った情報をうまく活用し、人の話を正しく理解しようとすることは、コミュニケーションにおいて必要不可欠な姿勢であると

と自分に言い聞かせます。もちろん自己防衛は、社会で生きていく上においてとても重要な知恵《ちえ》ではあります。しかし、それによって人間関係が妨《さまた》げられていることもたくさんあるのです。〔　ウ　〕

そして、観念は人の話を聞くときにも働いています。あなたが「興味深く素敵だな」と思う人の話を聞くときと、「たいしたことがないな」と思う人の話を聞くときでは、聞こえてくるものが違《ちが》うのです。〔　エ　〕

また考え方の違《ちが》う人の話を聞くのも大変難しいものです。聞いているその瞬間《しゅんかん》にも、「いいや違《ちが》う」と思って聞いていますから、相手が〝聞いてもらった〟と感じる聞き方は非常に困難なのです。それどころか、私たちは人の話を〝まったく聞いてはいない〟と言ってもCカゴンではありません。さらに問題は、人の話を聞いていないとき、問題が解決しないだけではなく、私たちの知恵《ちえ》が深まらないところにあります。

〔　オ　〕

私たちは観念という名の独特なメガネと翻訳器《ほんやくき》を耳につけて生きています。④そのメガネを通して見ているのは〝色のついた〟相手であって、あるがままの相手ではありません。私たちに聞こえてくるのは、翻訳器《ほんやくき》を通して自分勝手に解釈《かいしゃく》した言葉であって、相手の気持ちをそのままを聞いている訳ではないのです。私たちは相手を見てはいません。私たちは相手を聞いてはいません。私が見ているのは、私のメガネに沿った相手で、私が聞いているのは、私の翻訳器《ほんやくき》が正しいと判断する内容だけなのです。

私には私の正しさのみを聞こうとする耳があり、相手には相手の正しさのみを聞こうとする耳があります。これでは、コミュニケーションが難しいのは当たり前です。だから人間関係は難しく、人の心をつかむのは一大仕事となるのです。それでは、どうしたら、その難しさを乗り越《こ》えて、コミュニケーション能力を自分の味方につけることができるのでしょうか？　それは、単純に自分勝手な耳に気づくことです。〝自分勝手な聞き方〟に気づくことができれば、それを変えることはそう複雑なことではありません。

ある経営者Mさんがこんな話をしてくれました。会社を設立して三年間、多くのスタッフが会社を辞めていったそうです。当時のMさんは自分の考え方や見方を一生懸命《いっしょうけんめい》スタッフに伝え、スタッフがそのように動くことを望みました。経営者としてスタッフに指示を出すのは、当たり前と言えば当たり前の話です。ところがスタッフは居つきませんでした。スタッフにはそのやり方が受け入れられなかったのです。

ところがあるとき、Mさんはスタッフにはスタッフの答えがあることに気づきます。そして彼《かれ》らの答えに耳を傾《かたむ》けるようになったのです。ああしろ、こうしろではなく、「どうするのがいいだろう？」と相手に＊1下駄《げた》を預けるようになりました。どうしてもスタッフにいい考えがないときにだけ、「こういう考え方もあるよね」と彼《かれ》の考えも披露《ひろう》しますが、最終的に何をどうするかを決めるのはスタッフです。

そのやり方を学んでからは、人が会社を辞めなくなったとMさんは言います。最初、Mさんが指示・命令でスタッフを動かそうとしたとき、スタッフは抵抗《ていこう》を示しました。ところが、スタッフ自身が何をしたいのかを聞くと、彼《かれ》らは自分からやる気を起こし、会社の業績は成長し始めたのです。

その＊2プロセスでMさんは葛藤《かっとう》したことでしょう。Mさんは天才肌《はだ》

【国 語】（五〇分）〈満点：一〇〇点〉

一 次の文章を読んで、後の一から九までの各問いに答えなさい。（ただし、字数指定のある問いはすべて句読点・記号も一字とする。）

私が初めてコミュニケーションワークショップ「聴《き》き方教室」を開講したところ、聞き方に関する本を随分《ずいぶん》探しました。ところが本屋に並んでいるのは、すべてが話し方に関する本で、聞き方に関する本はなかなか見つけることができませんでした。聞き方について書かれているのは、カウンセリングに関する本だけです。私はとくにカウンセリングという限られた領域だけではなく、広範囲《こうはんい》に「聞く」ことを学びたいと思っていました。二年程前に、ようやくタイトルに聞き方のついた本を見つけて喜んで買いましたが、中身はやはりほとんどが話し方で、聞き方についてはほんのちょっと書いてあるだけでした。どうやら①コミュニケーションは聞くことから始まるという考え方は、あまり一般的《いっぱんてき》ではなかったようです。さらに聞くという行為《こうい》は、私たちが学ぶことができる〝技術〟として認識されていなかったのです。「聞く」ことは心の問題であり、それは心理学や精神的な領域と捉《とら》えられてきたのです。ところがいまその認識が大きく変わりつつあります。

聞くことは話すことと同様の技術であり、話すことと同等、またはそれ以上にコミュニケーション能力として重要なものであると私は考えます。話す力は、私たちの理解力と比例しています。そしてその理解力は、聞くことにより、周りの情報をどれだけ取り入れることができるかによって決まってきます。

人の話に耳を傾《かたむ》けない人は、自分の考え方のみを信じているので、おのずとその理解力は制限されたものとなります。したがって、制限されたところからAハッシンされる話も柔軟性《じゅうなんせい》に欠けるものとなるでしょう。まるで酔《よ》ったかのように、自分の知識を話し続ける人に、うんざりしたことはありませんか？

一方、人の話をよく聞く人は、異なる価値観を吟味《ぎんみ》し、受け入れる努力をします。人の話を聞くときは、相手を理解しようと耳を傾《かたむ》けるので、自然と人に対する洞察《どうさつ》も深まります。単なる批判や判断を避《さ》け、異質なものを一つの見方として自分の中に取り入れます。このような聞き上手がいったん話す側に回ると、非常に説得力のある話し手となることができるのです。〔 ア 〕

聞く努力は、自己革新の努力です。常に自分を成長させ、より深い知恵《ちえ》を身につけたとき、伝える技術を高めることができるのです。聞き方を、〔 ② 〕と触《ふ》れがたいところに押《お》しやらず、積極的に学べることとして取り組んだとしたら、それはおのずと伝える技術の向上を促進《そくしん》することになるのです。〔 イ 〕

聞くことの難しさは、相手の言葉を聞く以前に、自分の言葉を聞いてしまっているということにあります。③自己内コミュニケーションです。私たちの心の中には生まれてこの方、長年かけて作ってきた自己内コミュニケーションがあります。私たちの人生を支配している〝観念〟です。観念は自分に対して、人に対して、物事に対して、あらゆる出来事に対して、「こんなものだ」という判断を下している思考の習慣です。「初対面の人に、観念なんてもちようがないじゃないか」と思うかもしれません。でもその瞬間《しゅんかん》でさえ私たちは、過去のデータを検索《けんさく》し「この目線の鋭《するど》さ、これはBユダンのならない人だぞ、心を開くと危険だぞ」

ではないという厳しさを表している。

ウ　大志《たいし》の積極的な行動に押《お》されてつい反応しそうになるが、踏《ふ》みとどまる志音《しおん》の冷静さを表している。

エ　志音《しおん》が心を開こうかどうかためらっているところで、あと一歩踏《ふ》み出すことを妨《さまた》げる働きをしている。

オ　周りの様子は少しも変わらないのに、大志《たいし》と志音《しおん》の関わりはだんだん変化していることを暗示している。

カ　大志《たいし》が熱心に説得しても志音《しおん》には戸惑《とまど》いがあり、いまだに二人の距離《きょり》が開いていることを暗示している。

問九　この文章では、「卵焼き」が人物の心情を表現しています。「卵焼き」についての説明として最も適当なものを次のア～オの中から一つ選び、記号で答えなさい。

ア　孤独《こどく》な志音《しおん》のさみしさを表すような、醤油《しょうゆ》で味付けされた志音《しおん》のしょっぱい「卵焼き」に対して、大志《たいし》の甘《あま》い「卵焼き」は大志《たいし》の優しさを表す。この二つの「卵焼き」を交換《こうかん》することで、二人の関係が近づくことを予感させている。

イ　大志《たいし》は優しい色をした自分の「卵焼き」よりも志音《しおん》の心の内のさみしさを表したようにしょっぱい「卵焼き」を好んでいる。この二つを交換《こうかん》することで、大志《たいし》が強引に志音《しおん》の心を開き、二人の仲が急激に深まることが暗示されている。

ウ　味が濃《こ》く、冷めてもおいしいという志音《しおん》の「卵焼き」に対して、大志《たいし》は自分の甘《あま》い「卵焼き」に不満を持っている。意志の強い志音《しおん》にあこがれる大志《たいし》が志音《しおん》の「卵焼き」を食べ、少しでも志音《しおん》に近づこうとしている様子が描《えが》かれている。

エ　大志《たいし》は、志音《しおん》の孤独《こどく》を象徴《しょうちょう》するような黒ずんだ「卵焼き」を食べた上に、自分の甘《あま》い「卵焼き」を半ば強引に押《お》し付けた。大志《たいし》の勢いに押《お》し負《ま》けた志音《しおん》が、優しいクリーム色の「卵焼き」を見つめたまま困惑《こんわく》する様子が描《えが》かれている。

オ　志音《しおん》の黒ずんだ「卵焼き」は志音《しおん》の心の辛《つら》さや暗さを表現しており、優しいクリーム色の「卵焼き」が示す大志《たいし》の底抜《そこぬ》けの明るさと対比される。お互《たが》いの「卵焼き」を食べることで、相手の気持ちを理解しようとする様子が表れている。

三　次の――線部のカタカナを正しい漢字に直しなさい。（一画一画ていねいにはっきりと書くこと。）

1　日ごろのごコウイに感謝します。

2　エイキを養う。

3　親コウコウな娘《むすめ》。

ア　どんなに良さを語っても入部しようとしない志音《しおん》の頑固《がんこ》さにいらだちを覚え、怒《いか》りの感情が大きくなっている。

イ　吹奏楽部《すいそうがくぶ》の魅力《みりょく》を志音《しおん》に伝えようと話しているうちに、何とか共感してもらおうと熱い思いになっている。

ウ　吹奏楽部《すいそうがくぶ》のことを最大限魅力的《みりょくてき》に説明することが、部長としての責任を全《まっと》うすることだと力んでいる。

エ　ドラムが入った演奏を思い浮《う》かべて興奮し、吹奏楽部《すいそうがくぶ》にとっていかに志音《しおん》が必要かを伝えようとしている。

オ　人数が少ないことは不利だと弱音をはいたままだと印象が悪いので、大声で明るい話をしようとしている。

問六　――線⑥「……ごめんなさい」とありますが、なぜ志音《しおん》は大志《たいし》の誘《さそ》いを断ったのですか。その理由として最も適当なものを次のア～オの中から一つ選び、記号で答えなさい。

ア　志音《しおん》は人付き合いを苦手としているため、大勢の人と一緒《いっしょ》に演奏する吹奏楽部《すいそうがくぶ》に入部して、新たな人間関係を構築することに対してどうしても勇気が持てないから。

イ　志音《しおん》は多くの人に注目されることが嫌《いや》なので、部長じきじきに誘《さそ》われて入部した一年生として他の部員に興味を持たれることに対して何となく抵抗《ていこう》があるから。

ウ　志音《しおん》は瑠璃《るり》以外の友達を作らないようにしているため、瑠璃《るり》と似ても似つかないような大志《たいし》の手を取ってしまうことに対して迷いが生じているから。

エ　志音《しおん》は人とかかわることに慣れていないため、大志《たいし》の「友達になってやる」との言葉が信じられず、差し出された手を取ることに対して決心できないから。

オ　志音《しおん》は他の部員よりもドラムの技術が高すぎるため、他の部員からの嫌《いや》がらせを受けるのではないかと入部することに対して恐怖《きょうふ》を抱《いだ》いているから。

問七　――線⑦「ああ、何て、何て名前だ」とありますが、この時の志《し》音《おん》の気持ちとして最も適当なものを次のア～オの中から一つ選び、記号で答えなさい。

ア　「大志《たいし》」という名前が、かつて父親に持てと言われたのに未《いま》だ自分が持てないものと同じだったので焦《あせ》っている。

イ　「大志《たいし》」という名前を見て、「大志を抱《いだ》け」と改めて大志《たいし》に言われているように感じてしまい、うんざりしている。

ウ　「大志《たいし》」という名前通りに志高く行動している大志《たいし》と、志を持てない自分を比較《ひかく》して、その違《ちが》いにうろたえている。

エ　「大志《たいし》」という名前が、どうしても父親の言葉を思い出させ、今の自分と向き合うことになりそうで、戸惑《とまど》っている。

オ　「大志《たいし》」という名前が、「志音《しおん》」という名前と同じ「志」という字を使っていることを知って親近感を覚えている。

問八　波線Ａ「自分と彼《かれ》の間を～鋭《するど》い風が」、波線Ｂ「そう思ったとき～音を立てた」とありますが、それぞれの「風」の説明として最も適当なものを次のア～カの中からそれぞれ一つずつ選び、記号で答えなさい。

ア　志音《しおん》の決断が、結局は期待とは違《ちが》ったことに対する、大志《たいし》の残念だという思いを強調する働きをしている。

イ　大志《たいし》と志音《しおん》の考え方の違《ちが》いは、時間をかけてもわかりあえるもの

かったのか理解できず恐怖《きょうふ》にとらわれている。

イ　急に近づいてきた人物が、自分に残された唯一《ゆいいつ》の居場所を奪《うば》ってしまうのではないかと不安になっている。

ウ　誰《だれ》も来ないだろうと思って安心していたのに、昨日から自分を探している人物が登場したためうろたえている。

エ　昨日と同じ人物に突然《とつぜん》声をかけられて、びっくりしたはずみで、危うく箸《はし》を落としそうになったため怒《おこ》っている。

オ　学校の中で落ち着ける自分だけの特別な場所に一人でいることを人に知られてしまって、恥《は》ずかしがっている。

問二　――線②「思わず、浮《う》かせた腰《こし》を元《もと》に戻《もど》した」とありますが、その理由として最も適当なものを次のア～オの中から一つ選び、記号で答えなさい。

ア　一度はこの場を去ろうと思ったが、志音《しおん》が抱《いだ》いている現在の生活への悩《なや》みを大志《たいし》が代弁してくれたように感じて、大志《たいし》の言葉の続きが気になったから。

イ　いきなり登場した大志《たいし》から離《はな》れようと立ち上がったが、大志《たいし》に一方的に責められるだけでなく、逃《に》げずに自分も何か言い返してやろうと思ったから。

ウ　大志《たいし》からの勧誘《かんゆう》を受けずにすむように屋上から逃《に》げようと思ったが、自分の悩《なや》んでいることを言い当てられた驚《おどろ》きにより、大志《たいし》と話したいと思うようになったから。

エ　大志《たいし》と一緒《いっしょ》に弁当を食べる気になれず、違《ちが》う場所に行こうと思ったが、自分の悩《なや》みを理解している大志《たいし》の話の続きを聞きながら一緒《いっしょ》に弁当を食べたくなったから。

オ　他人とは関わらないように生活を送っている志音《しおん》であったが、まるで自分の不満や悩《なや》みを解決してくれそうな大志《たいし》の口ぶりに、話を聞いてもらいたくなったから。

問三　――線③「高校でこそは、とは微塵《みじん》も思わなかった」とありますが、なぜですか。その理由を「高校でこそは、」の後に省略されている言葉が分かるように四十五字以内で説明しなさい。

問四　――線④「短く息を吐いて、少し頬《ほお》に力を込《こ》めた」とありますが、この時の大志《たいし》の気持ちとして最も適当なものを次のア～オの中から一つ選び、記号で答えなさい。

ア　まわりくどい表現はやめようと決意したが、素直な気持ちで勧誘《かんゆう》しても志音《しおん》に入部を断られるのではないかと不安に思っている。

イ　まずは志音《しおん》の心を解きほぐそうとしたが、心を開きそうにないので、いっそのこと直接熱心に勧誘《かんゆう》してみようと意気込《いきご》んでいる。

ウ　志音《しおん》の顔色をうかがいながら言わなくても、まっすぐな気持ちで勧誘《かんゆう》すれば、きっと入部してくれると自信に満ちあふれている。

エ　他者と関わろうとしない頑固《がんこ》な志音《しおん》の心を動かすのは難しいが、何とかして勧誘《かんゆう》して入部させようと部長としての責任を感じている。

オ　ただの世間話では志音《しおん》の反応が分からないので、吹奏楽部《すいそうがくぶ》への勧誘《かんゆう》に話題を変えようとするが、断られるかもしれないと緊張《きんちょう》している。

問五　――線⑤「声のトーンが上がった」とありますが、この時の大志《たいし》の気持ちや様子の説明として最も適当なものを次のア～オの中から一つ選び、記号で答えなさい。

なら安心しろ。彼《かれ》はそう笑って、自分の右手を差し出した。

「俺《おれ》が君の、高校生活最初の友達になってやるよ」

俺達《おれたち》を助けてくれないか。そう言って志音《しおん》に握手《あくしゅ》を求める。Ａ自分と彼《かれ》の間を風が吹《ふ》き抜《ぬ》けていった。山から湖に向かって、鋭《するど》い風が。

「ごめん。なってやるよなんて、いくら先輩《せんぱい》でも偉《えら》そうだな」

友達になってください。

再び差し出される手を、その掌《てのひら》を、しばらく見下ろしていた。

（中略）

目の前には、瑠璃《るり》ちゃんのものとは似ても似つかない男子生徒の掌《てのひら》があった。生命線が長い。大きくてごつごつとしているけれど、指が長くて爪《つめ》が綺麗《きれい》だ。

無意識に、箸《はし》を置いていた。あとちょっと、ちょっとだけ腕《うで》を上げれば、この手を取れる。Ｂそう思ったとき、風に揺《ゆ》れて箸《はし》がカチャリと音を立てた。

「⑥……ごめんなさい」

何とか、喉《のど》の奥《おく》から言葉を絞《しぼ》り出した。それでも彼《かれ》は粘《ねば》った。手を差し出し続けた。けれどもう、志音《しおん》の腕《うで》は上がらない。膝《ひざ》の上で石にでもなったように動かない。

「残念だな」

そんな声と共に、手が引っ込《こ》む。俯《うつむ》いたまま、志音《しおん》の目はそれを追った。

その手が生徒手帳を摑《つか》んで、再び志音《しおん》の目の前に現れる。一ページ目を広げてみせる。顔写真が貼《は》られ、氏名、生年月日、住所、発行年月日が書かれていた。

「三年一組二十七番。日向寺大志《ひゅうがじたいし》」

⑦ああ、何て、何て名前だ。

「吹奏楽部《すいそうがくぶ》の部長をやってます」

にいっと歯を見せて、彼《かれ》の手は、大志《たいし》の手は、志音《しおん》のスカートに落ちた卵焼きを拾う。ほんのり醤油《しょうゆ》の匂《にお》いがするそれを、ひょいと自分の口に放り込《こ》んだ。

「いいね、いい＊2あんべえのしょっぱさ」

お礼にこっちをやろう。そう言って、大志《たいし》は逆さ箸《ばし》で自分の卵焼きを志音《しおん》の弁当箱に入れた。

「また来るよ」

残っていたおかずを一気に平らげて、大志《たいし》は鞄《かばん》を持つ。志音《しおん》を見下ろして、笑った。笑ったまま、梯子《はしご》を下りていく。階段へ続くドアが開く音、閉まる音。階段を下りる音。どんどん、小さくなっていく。

屋上は変わらず風が吹《ふ》き抜《ぬ》ける。山から湖に向かって、迷うことなく流れていく。一人残され、志音《しおん》は弁当箱を見下ろしていた。彼《かれ》の卵焼きは、綺麗《きれい》な、優しい優しい、クリーム色をしていた。

（『屋上のウインドノーツ』額賀澪《ぬかがみお》）

〔注〕＊1　シンバル、バスドラ、スネア＝それぞれ打楽器の名称《めいしょう》。

＊2　あんべえ＝「あんばい」のこと。「あんばい」とは、ほどよい味かげんのこと。

問一　――線①「耳が熱くなった」とありますが、この時の志音《しおん》の様子を説明したものとして最も適当なものを次のア～オの中から一つ選び、記号で答えなさい。

ア　いきなり聞き覚えのある声が聞こえて、なぜ自分の居場所がわ

「卵焼き入ってるな。甘《あま》い奴《やつ》？　しょっぱい奴《やつ》？」

突然《とつぜん》そう言って、彼《かれ》は自分の卵焼きを箸《はし》で摑《つか》んで志音《しおん》に見せた。

「俺《おれ》、醤油《しょうゆ》とか出汁《だし》で作るしょっぱい卵焼きが好きなんだけど。うちの家族は全員甘《あま》い卵焼きが好きで、絶対に弁当に入れてもらえないのよ」

答えない志音《しおん》に、彼《かれ》は苦笑いを向ける。そして④短く息を吐《は》いて、少し頰《ほお》に力を込《こ》めたのがわかった。遠回りはやめた。直球で行こう。そんな顔だ。

「弁当、ずっとここで食べるの？」

雨の日も、風の日も？　ひどく悲しい顔で、彼《かれ》は志音《しおん》を見る。まるで自分自身が雨に打たれて弁当を食べているのを想像しているようだった。

「部活は無理って言ってたけど、他に何かやりたいことでもあるの。バイトとか」

もしあるなら、もう誘《さそ》うのは止めるよ。続けて発せられたその言葉に、胸が痛くなった。この言い方、覚えがある。父だ。懐《なつ》かしさと同時に、憎《にく》らしささえ覚える。大志を抱《いだ》いて生きろ。その言葉は確かに志音《しおん》に届いた。志音《しおん》を貫《つらぬ》いて、大きな大きな、修復しようのない穴を開けて、どこかに行ってしまった。

「別に、ないです」

卵焼きを持ち上げたまま、食べるでもなく弁当箱に戻《もど》すでもなく、くるくる回す。

「吹奏楽部《すいそうがくぶ》に、ほんのちょっとでもいいから、興味はない？　昨日も言った通り、うちの部には打楽器が必要なんだ。けれど人数が少ない。吹奏楽《すいそうがく》ってさ、どうしたって人数で勝負って部分があるんだ。うちの部はその点では、スタートからめちゃくちゃ不利なわけ」

そこでだ。⑤声のトーンが上がった。

「うちの部にドラムを叩《たた》ける奴《やつ》がいればどうだろうって考えた。そして昨日、君を見つけた」

まさにこれは運命なんだよ、とでも言いたげな、キラキラした目。

「＊1シンバル、バスドラ、スネア。一人で出来る奴《やつ》がいれば、演奏に厚みが出る。強い演奏になる」

気がついたら、彼《かれ》がさっきよりずっと近くに来ていた。弁当を床《ゆか》に置いて、志音《しおん》の顔を覗《のぞ》き込《こ》む。後退《あとずさ》りすると、また一歩近づいてくる。また後退《あとずさ》ったら、給水塔《とう》の柱に頭をぶつけた。衝撃《しょうげき》で箸《はし》から卵焼きが膝《ひざ》の上に落ちた。

「大丈夫？」

笑い混じりに聞かれる。答えられないのは、痛みのせいだけじゃない。

「ドラムはいいアイデアかもしれないですけど、誘《さそ》う相手を間違《まちが》ってます」

そんな言葉が口をついて出た。そうだ、間違《まちが》っている。少なくとも、そういう誘《さそ》いをする上で自分ほど相応《ふさわ》しくない人間はいない。志音《しおん》はスカートの上に落ちた卵焼きを見つめた。黒ずんだ黄色い卵焼きを。

「間違《まちが》ってます」

「何がどう間違《まちが》ってるんだ」

喰《く》い込《こ》み気味にそう返される。

「少なくとも、うちの打楽器パートの奴《やつ》よりドラムの技術はあると思う。入部しても、他の部員と仲良くやっていけないってことか？」

【国語】〈五〇分〉〈満点：一〇〇点〉

一 ※問題に使用された作品の著作権者が二次使用の許可を出していないため、問題を掲載しておりません。

二 次の文章を読んで、後の一から九までの各問いに答えなさい。（ただし、字数指定のある問いはすべて句読点・記号も一字とする。）

高校一年の給前志音《きゅうぜんしおん》は、父親を中学生の時に亡くしている。幼稚園《ようちえん》からの親友だった青山瑠璃《あおやまるり》と別々の高校に進学してから、志音《しおん》は毎日昼休みに屋上に行き、一人で弁当を食べている。一方、吹奏楽部《すいそうがくぶ》の部長の日向寺大志《ひゅうがじたいし》は、ある日屋上でドラムを叩《たた》くような動きをしていた彼女《かのじょ》を吹奏楽部《すいそうがくぶ》に勧誘《かんゆう》しようと思い立っていた。

母が持たせてくれた弁当箱を開ける。今日のおかずは醤油《しょうゆ》の入った茶色い卵焼きと、焼き鮭《じゃけ》。

その瞬間《しゅんかん》、多分、一年くらい忘れられないあの声がした。

「やっぱりここかあっ！」

箸《はし》を落としそうになった。

彼《かれ》は梯子《はしご》から顔を出し、昨日と同じように志音《しおん》を見ていた。

①耳が熱くなった。

「いいところで弁当食べてるじゃない。俺《おれ》も一緒《いっしょ》に食っていい？」

そう言って、安息の場に足を踏《ふ》み入れようとする。ああ、ここも駄目《だめ》だった。奪《うば》われた。眉間《みけん》に皺《しわ》を寄せて、広げたばかりの弁当箱をしまう。出来ることなら、死ぬまで顔を合わせたくなかったのに。

「一緒《いっしょ》に飯食う友達、いないの？」

志音《しおん》から少し距離《きょり》を取って彼《かれ》は腰《こし》を下ろした。弁当を広げ、本気で志《し》音《おん》と一緒《いっしょ》に昼ご飯を食べるつもりだ。場所を変えようと腰《こし》を浮《う》かせた瞬《しゅん》間《かん》、白米を口に運びながら彼《かれ》は言った。

「まだ学校始まってから一週間だし、スロースターターには厳しい時期だよな。仲良しグループとかできちゃって」

言葉の端々《はしばし》がちくりちくりと胸に刺《さ》さる。②思わず、浮《う》かせた腰《こし》を元に戻《もど》した。

「いきなりよく知りもしない奴《やつ》と仲良くしろ、なんてできない奴《やつ》だっているよ」

そうだ。そうなのだ。知らぬ間に仲のいいグループができあがっていく。自分はその輪に入って行くのが他の人より遅《おそ》い。踏《ふ》み込《こ》めないでいる間に、志音《しおん》が入るスペースはなくなってしまう。中学一年のときもそうだった。けれどあの頃《ころ》は、教室は違《ちが》えど同じ学校に瑠璃《るり》ちゃんがいた。

「気の合う奴《やつ》ってのは、どんなに時間がかかっても自然と引き合うもんだって」

確かに自分にもそう思っていた頃《ころ》があったはずだ。小学校では、中学校では、きっと瑠璃《るり》ちゃん以外にも友達ができるはずだと。

③高校でこそは、とは微塵《みじん》も思わなかった。

「弁当、食わないのか」

箸《はし》を持ったきり動かない志音《しおん》の右手に、彼《かれ》の視線が注ぐ。仕方なく、箸《はし》の先を卵焼きに突《つ》き刺《さ》した。醤油《しょうゆ》味の卵焼き。少し黒ずんだ黄色。味が濃《こ》くて冷めても美味《おい》しいのが母の自慢《じまん》だ。

発言をきっかけに読者をなだらかに母と息子《むすこ》の人間関係の描写《びょうしゃ》に誘《いざな》うことに成功している。

オ　メールを送るというゆうちゃんの申し出を拒否《きょひ》する場面を最後に置くことで、結局この作品のテーマは親子の和解であると暗に読者に示している。

三

次の――線のカタカナを漢字に直しなさい。

A　ニンイで事情の聞き取り調査を行う。

B　卒業文集の制作にヨネンがない。

C　弱い者ほどトトウを組みたがる。

問四　――線④「なんでって、なんでもだ」とありますが、ここには「俺《おれ》」のどのような本音が隠《かく》されていると考えられますか。その説明として最も適当なものを次のア～オの中から一つ選び、記号で答えなさい。

ア　母親にまで自分の存在を否定されたらもう生きていけないのではないかという絶望に似た思い。

イ　自分が問題児だということは充分わかっているが、せめて母親だけには許してもらいたいという思い。

ウ　母親にさんざん迷惑《めいわく》をかけ困らせていると思うものの、心の底では強く母を恋《こ》い慕《した》うという思い。

エ　周囲の人たちにどう思われようと、自分の存在には意味があるにちがいないという強い自負の思い。

オ　すべて「俺《おれ》」が悪いように見られるが、母親にも責任があるということを理解してほしいという思い。

問五　意に沿わない息子《むすこ》を前にして悲しみに打ちひしがれている母親の様子を、感情を示す言葉を一切用いず端的《たんてき》に表現した二十字程度の一文を本文中から探し、その最初の五字を抜《ぬ》き出しなさい。

問六　――線⑤「それは、きみが泣かせるからでしょう？　おまけにおばちゃんまで泣かせちゃって」とありますが、ここには二つの「泣かせる」動作があります。それらの意味の違《ちが》いを八十字以内で説明しなさい。解答に際しては、「泣かせる」対象の状況・背景を明確にすること。

問七　――線⑥「連帯のエールを送りたくなったな」とはどういうことですか。ゆうちゃんの心情として最も適当なものを次のア～オの中から一つ選び、記号で答えなさい。

ア　自分につばをかけようとするなど恐《おそ》れ知らずな「俺《おれ》」に対してゆうちゃんは昔の自分を見ているようで、将来に期待したくなったということ。

イ　子供のときから一人で戦って生きてきたという点でゆうちゃんは「俺《おれ》」と感情を共有でき、「俺《おれ》」を励《はげ》ましたくなったということ。

ウ　ゆうちゃんも「俺《おれ》」もきわめて戦闘的《せんとうてき》な性格であり、周囲とぶつかることも多々あるが、それだけに「俺《おれ》」を応援《おうえん》したくなったということ。

エ　「俺《おれ》」が孤独《こどく》に耐《た》えて一人でがんばって生きている姿にゆうちゃんは共感を覚え、なんとか「俺《おれ》」と母親の仲が良くなればと願いたくなったということ。

オ　「俺《おれ》」がゆうちゃんに嫌《いや》がらせをしたのは実は寂《さび》しさの裏返しだとわかり、自分なりに「俺《おれ》」を支えてやりたくなったということ。

問八　本文の解釈《かいしゃく》として明らかに**間違《まちが》っているもの**を次のア～オの中から一つ選び、記号で答えなさい。

ア　本文の最後の方で「連帯のエール」という言葉を用いることで、ゆうちゃんと「俺《おれ》」が心を通わせる様子を読者に感じさせている。

イ　周囲から問題児扱《あつか》いされているという自己の現状を半ば投げやりに語る姿勢を通して、思春期の自己を見つめる人物像を印象的に描《えが》いている。

ウ　意図せずにゆうちゃんに優しさを示してしまうという描《えが》き方で、粗暴《そぼう》さとは異なる「俺《おれ》」の人柄《ひとがら》の一面をさりげなく描《えが》いている。

エ　母と息子《むすこ》の会話がカギかっこで示されないことで、ゆうちゃんの

「いや、いいす」

と、俺《おれ》は答えた。

ほんと、いいす。ちょっとやさしくしたからって、エールじゃなくて、メールなんてくれなくて、いいす。そういうの、面倒《めんどう》だし、面倒《めんどう》な女は、いまんとこ、おふくろだけで充分《じゅうぶん》なんだよ。

（『連帯のメールをおくる』石井《いしい》睦美《むつみ》）

〔注〕　＊ほっかほか亭《てい》＝正しくは「ほっかほっか亭《てい》」。持ち帰り弁当のチェーン店。

問一　――線①「おふくろ、～また弁当か。ほっかほか亭《てい》」とありますが、ここから「おふくろ」のどのような状況《じょうきょう》がうかがえますか。その説明として最も適当なものを次のア～オの中から一つ選び、記号で答えなさい。

ア　文句を言う息子と一緒《いっしょ》にいるのが苦痛で、食事を一緒《いっしょ》にとろうとしていない。

イ　お金を渡しておけばどうにでもなると考え、息子《むすこ》の気持ちを考えていない。

ウ　仕事で少しでも早く実績を上げようと焦《あせ》り、食事をおろそかにしている。

エ　一人で子供を育てるために必死になって働き、家を空けがちにしている。

オ　息子《むすこ》なら自分の苦労を理解してくれるにちがいないと勘違《かんちが》いしている。

問二　――線②「それ」とはどういうことですか。その説明として最も適当なものを次のア～オの中から一つ選び、記号で答えなさい。

ア　ゆうちゃんがゆうべ作ってあったおでんを持って「俺《おれ》」といっしょに食べようとやって来たこと。

イ　ゆうちゃんが「俺《おれ》」の母親の依頼を快く引き受けて夕食代を立て替《か》えてあげようとしたこと。

ウ　ゆうちゃんが食事の世話をしようと相手の了解《りょうかい》も得ずに勝手に「俺《おれ》」の家に上がり込んで来たこと。

エ　ゆうちゃんが人恋しさから生意気な「俺《おれ》」にもちょっと世話をしてあげようと思い立ったこと。

オ　ゆうちゃんが「俺《おれ》」の母親からの頼《たの》みだといって湯気のあがる土《ど》鍋《なべ》を持って来てくれたこと。

問三　――線③「ああわかってるよ」とありますが、どういうことが「わかってる」のですか。その説明として最も適当なものを次のア～オの中から一つ選び、記号で答えなさい。

ア　「俺《おれ》」が何度も問題を引き起こし、そのたびに母親が本当は下げなくてもいい頭を下げ「俺《おれ》」をかばい続けてきてくれたということ。

イ　母親が女手一つで苦労して「俺《おれ》」を育ててくれているのに、男の自分が今まで何の手助けもしてあげられていないということ。

ウ　「俺《おれ》」は我慢《がまん》が足りないばっかりに度々周囲の誤解を招いてきたので、いいかげん辛抱《しんぼう》強さを身につけなければならないということ。

エ　母親がしなくてもいい大変な苦労をしているのは、もとはと言えば「俺《おれ》」に原因があり、謝ってすむようなものではないということ。

オ　ただでさえ仕事が多忙《たぼう》で大変なのに「俺《おれ》」が次から次へと問題を引き起こすものだから母親を余計に苦しめてしまっているということ。

よ。俺は拳固《げんこ》で壁《かべ》をたたいた。はげしく一度。もうやめてよ。そう言って、おふくろはまた泣きはじめた。からだをまるめて。まるまってちいさくなったおふくろのからだ。

泣いているおふくろをそのままにして、俺《おれ》は部屋にこもる。確かにおまえは働いてるよ、親父《おやじ》がいたころからずっと。そう、俺《おれ》の記憶《きおく》にある限りずっとずっと働いてたよ。だから俺《おれ》は我慢《がまん》してんだよ。ほんとはあんたにそばにいて欲しくてしかたなかった。だけど我慢《がまん》してたよ。いまだって、我慢《がまん》してるよ。なのにまだ我慢《がまん》しろって言うんだ？　このまえおまえ、俺《おれ》と晩メシ食ったの、いつだと思ってんの？

「泣きたきゃ、泣けばいいじゃん」

俺《おれ》がそう言うと、ゆうちゃんはえっていう顔をして俺《おれ》を見た。俺《おれ》もそんなこと言うつもりは全然なくて、おい、俺《おれ》、どうしちゃったのよって、思ったくらい。でも、俺《おれ》の言葉はおかまいなしに俺《おれ》の口から飛び出していく。

「我慢《がまん》しなくていいじゃん。うわっと泣いて、また元通りになればいいじゃん。おふくろなんて、しょっちゅう泣いてる」

「⑤それは、きみが泣かせるからでしょう？　おまけにおばちゃんまで泣かせちゃって。悪いけど、ティッシュ、くれる？」

俺《おれ》が渡《わた》したティッシュでゆうちゃんは目元をおさえ、おんなじそれで鼻をかんだ。

「きたねえ。だいいちカッコわりい」

って、俺《おれ》は言った。

「きたなくてカッコ悪くて悪かったわね」

と、ゆうちゃんは言った。いつもの威勢《いせい》のいいおばさんに戻《もど》りつつある。案外、回復が早いな。

「だけど、ひとりで戦って生きてきたんでしょ？」

「えっ」

「いつか、そう言ってたじゃん。俺《おれ》とおふくろが、ゆうちゃんの前でやりあってさあ、ゆうちゃんがなんか偉《えら》そうなこと言って仲裁にはいって、うるせえ、ばばあ、おまえなんかになにがわかる……」

「ああ、言った言った。わかるよ、あたしだって、子供のときからひとりで戦って生きてきたんだからって」

「そうそう。あんときは、なにくせえこと言ってんだ、このばばあって思ったけど」

「思ったけど？」

「その戦闘的《せんとうてき》な性格からして、そうかなって思わないでもない」

俺《おれ》がそう言うと、ゆうちゃんは口を大きくあけて笑った。

「戦闘的《せんとうてき》なとこは、あたしたち、いっしょかも」

「けっ」

「けってなによ？　いやなわけ？」

「べつにいやなわけじゃないよ」

ふふって、ゆうちゃんが笑う。なんか気持ちわりい。

「なんだかきみに、⑥連帯のエールを送りたくなったな」

「なんだよ、連帯のメールって？　メールなんていらねえよ」

ほんと、マジでいらねえ。欲望の対象でも愛情の対象でもないからな。隣《となり》の隣《となり》に住んでるばばあのままでいいよ。

「バカだねえ、メールじゃなくて、エール。でも、メール送るのも、悪くないか？」

おふくろの口癖《くちぐせ》だ。ひとりじゃないじゃん、俺《おれ》がいるじゃん。そうだった、だから余計疲《つか》れるんだ。つぎからつぎに問題起こしてくれる息子《むすこ》がいるから。③ああわかってるよ。ほんとのこと言えば、悪いと思ってる。言ったことないけど。あんたは我慢《がまん》が足りなくて、我慢《がまん》が足りないばっかりにちょっとのところで周りから誤解される。あんたはほんとはすごくやさしい気のいいやつだよ、それはママ、よくわかってる。だからもすこし我慢《がまん》すればいいものを、しきれずに切れちゃって、それで最後にはあんたが悪くなっちゃうのよ。途中までは相手のほうが悪かったとしてもね。そのために、どれだけ下げなくていい頭を下げ続けてきたことか。まあ、そんなふうにおふくろが言うときは、平和なときだな、俺《おれ》もおふくろもおたがいに。

　俺《おれ》がいなかったら、おふくろは、その分、楽になったろうか？　デザイナーでもともと稼《かせ》ぎのよかったおふくろが、ほとんど稼《かせ》ぎのなかった俺《おれ》のオヤジをたたき出すように離婚《りこん》して、それで俺《おれ》がいなかったら、すげえ助かったのか。そうかもしれない。

　俺《おれ》なんて、産まなきゃな。かあさんさあ、俺《おれ》を産んだこと、後悔《こうかい》してるんだろ？　ばかじゃないの、そんなことあるわけないでしょ。じゃあ産んでよかったわけ？　あたりまえでしょう。そうおふくろは言う。それがほんとのときもあるけど、嘘《うそ》のときもあるのを俺《おれ》は知っている。嘘《うそ》つくんじゃねえよ、このくそばばあって思うけど、ほんと、産まなきゃよかったわ、なんて死んでも聞きたかない。④なんでって、なんでもだ。

「なんで？」

って、俺《おれ》は聞いた。

「えっ」

「だから、なんで疲《つか》れてるの？」

　言いかたがやさしくて、俺《おれ》はあせった。なに、やさしく話しかけてんだ、もっと不機嫌《ふきげん》にしゃべろよ。と、俺《おれ》は俺《おれ》に言う。でも、ゆうちゃんは気がつかなかったみたいに、

「まあ、いろいろあるのよ」

って、言った。

　やっぱ、変だ。つばにも、俺《おれ》の言いかたにも気づかないなんて。それって、鼻の頭が赤かったことと関係があるのか？

「仕事とか？」

「仕事もそうだけど、人間関係かな。しょうがないんだけどね。でも、ああまで通じないと、ほんと情けなくなる」

　ゆうちゃんの鼻の頭が見るまに赤くなっていく。やっぱなんかあったんだ。だけどこんなとこで泣くなよな。俺《おれ》、知らねえぞ。

だから泣くなって言ってんじゃねえかよ。おまえが泣くのが、俺《おれ》はいちばん嫌《いや》なんだよ。ママだって、泣きたくなるときがあるわよ。やってもやっても仕事が終わらなくて、だけど、あんたを育ててかなきゃいけなくて、必死で働いてるの。へとへとよ、へとへと。そこへ持ってきて、あんたがまた学校で問題を起こす。もういい加減にしてよ。なんでもかんでも俺《おれ》のせいかよ。我慢《がまん》が足りねえって言うのかよ。そう、我慢《がまん》が足りないわね、はっきり言って。なんど約束したのよ、もう切れないって。わかったよ、俺《おれ》がいなきゃいいんだろ。出てってやるよ、こんな家。出てくって、こんな夜遅《おそ》くにどこへ行くのよ。その辺、ふらふらするの、やめなさいよ。マンションでなんて言われてるか知ってるの？　もうこれ以上、問題、起こさないでよ、ここにもいられなくなる。るせえんだ

ちょっとマジで心配になって、だけど、ほんとうを言えばあいつの顔色なんて見えなかったしなって思い直す。

俺《おれ》が見たのは、染めてない黒い髪《かみ》と鼻のてっぺん、それから黄色いパーカーの肩《かた》のあたり、ジーンズとスニーカーのその双方《そうほう》の先っぽ。なんとも鋭《するど》い観察眼。これじゃあまるで、好きな女の子のことを一心に見つめてたみたいじゃないか。冗談《じょうだん》じゃないな。でも、ちらっと見えたあいつの鼻の頭、赤くなかったか？

あのさあ、断っておくけど、ゆうちゃんはおばさんだ。おばさんって言っても俺《おれ》のおばさんじゃなくて、不特定多数のおばさん、そこらへんのおばさん、もすこし詳《くわ》しく言うと、俺《おれ》のマンションの隣《となり》の隣《となり》の部屋に住んでいる独身のおばさんだ。

だからほんとうに、欲望の対象でも愛情の対象でもないのよ。

（中略《ちゅうりゃく》）

なんだか腹が減ってきた。①おふくろ、晩飯、作ってあるのかな？ そう言えば、さっきお湯、沸《わ》かしたとき、レンジの上に鍋《なべ》、載《の》ってなかったよな。ていうことは、また弁当か。＊ほっかほか亭《てい》。

金。金。おい、おふくろ、おまえ、金、置いておくのも忘れたんじゃないの？ いつもの場所に晩飯代が置いてなくて、ほら、こういうことがあるから金、まとめて渡《わた》してくれって言ってるのに。ったく、ついてねえ。俺《おれ》、どうすんのよ。

文句を言うついでに、飯、マジどうするのか、おふくろに電話しようとしたとき、ドア・チャイムが鳴った。だれだよ。

「はい」

「なんて不機嫌《ふきげん》そうな声。いい声が台無しだよ」

インターフォン越《ご》しにゆうちゃんが言った。さっきのつばのこと、今ごろになって言いに来たのかよ。るせえ、おせっかいばばあ。

「なんすか？」

「なんですかって言ったのよね、たぶん。あのさあ、いっしょにおでん、食べない？」

「はあ？」

「おでんよ、おでん。とにかく開けて」

おかあさんから、申し訳ないけどお金、立て替《か》えといてって電話があってね、いいよって答えて電話を切って、お財布持って玄関《げんかん》を出ようとしたとき、そうだ、ゆうべ作ったおでんがいっぱいあるじゃない、それ、いっしょに食べよう、片付くしって思いついたのよ。悪いけど、おいしいわよ。そう言いながら、ゆうちゃんは上がってきた。俺《おれ》んちに。

べつに悪かないけど、こういうの――湯気のあがる土鍋《どなべ》を持ってゆうちゃんはドアの前に立っていた――はさすがにはじめてで、②それって、おまえの鼻の頭が赤かったこととなんか関係があるわけ？ って、俺《おれ》は思ったけど、もちろん聞かない。

それで俺《おれ》たちは向かいあって、おでんを食べた。ゆうちゃんは土鍋《どなべ》のほかにタッパーに炊《た》きたてのごはんを詰《つ》めて持ってきて、俺《おれ》のとお客さん用のご飯茶碗《ちゃわん》にそれもよそった。だけど、どうしてこの季節におでんなんだ？

おでんはたしかに結構うまくて、腹も空《す》いていたし、俺《おれ》はすごい勢いで食べ続けていたけど、ゆうちゃんはあんまり食べない。食わないのって聞いたら、なんだか疲《つか》れちゃってって言う。

ああ疲《つか》れた、女がひとりで生きていくのは大変なのよ。って言うのが

オ　行事の意味は社会的に認知されているのに、その意味を示す「印」が包装には存在しないから。

問五　――線③「装置」のここでの意味として最も適当なものを次のア～オの中から一つ選び、記号で答えなさい。

ア　感情があるか否かを見極めるために社会的に整えられた、経済的な「交換《こうかん》」を示すための手続き。

イ　贈《おく》り物にこめられた感情を際立たせるために作られた、贈与《ぞうよ》か否かを区別するという仕組み。

ウ　家事や育児を労働とみなさないために作られた、愛情で結ばれた「家族」という枠組み。

エ　交換《こうかん》か否かを見極めるために社会的に意味づけられた、値札を取り、リボン・包装を施《ほどこ》す手続き。

オ　贈《おく》り物を単なる商品のやりとりとみなさないために存在する、脱《だつ》感情化《かんじょうか》された「交換《こうかん》」の仕組み。

問六　二つある【④】には同じ言葉が入ります。最も適当な言葉を本文中から四文字で抜《ぬ》き出しなさい。

問七　――線⑤「それは～（なんとか）実現している」とありますが、なぜですか。その理由として最も適当なものを次のア～オの中から一つ選び、記号で答えなさい。

ア　近年ではお金を払って家事を代行してもらう動きもあり、家事や育児を無償《むしょう》の愛情として女性に押《お》しつける考え方は世間からの風当たりが強く、これ以上その考え方を用いることはできないから。

イ　対人関係のあり方は交換《こうかん》されるモノや当事者にそなわる何かによりあらかじめ決まるわけではなく、区別を行う人々の具体的な営みを通しそのつど作られるものにすぎないから。

ウ　人と人との関係の距離《きょり》や質は贈《おく》り物の交換《こうかん》を通して維持《いじ》されるものであり、思いやりや愛情といった心の働きは贈《おく》り物の交換《こうかん》によって事後的に作られるものにすぎないから。

エ　女性の家事や育児を経済的な労働とみなすことを避《さ》けようとする背後には、女性のそうした仕事が実質的に労働であり、その対価として金銭が発生しうるという議論を導いてしまうから。

オ　商品と贈《おく》り物の区別は時間差や贈《おく》り物になされる包装などの何らかの外的な表示によってはじめて区別できるようになり、その区別を適切に行うことで人付き合いを円滑《えんかつ》にすることができるから。

問八　商品交換《こうかん》と贈与《ぞうよ》の区別があることで、どのようなことが可能になっていると筆者は考えていますか。四十字以内で答えなさい。

【二】　次の文章を読んで、後の一から八の各問いに答えなさい。（ただし、字数指定のある問いはすべて句読点・記号も一字とする。）

おっ、ゆうちゃんだ。俺《おれ》は上の踊《おど》り場から下の踊《おど》り場へつばを飛ばす。

つばは、ゆうちゃんの右足前方10センチっていうところに落下して、俺《おれ》は「ああやっぱオレって天才的」ってこころのなかで喝采《かっさい》を叫《さけ》ぶけど、ゆうちゃんはそれを完全無視してじぶんの家の玄関《げんかん》に消えた。気がつかなかったってこと？

そんなはずはない。ゆうちゃんのこれから出そうっていう左足が、一瞬、わずかにためらったのを、俺《おれ》は見逃《のが》さなかったからね。

どうかしたのか、あいつ。そう言えば、顔色悪かったかも。俺《おれ》は

うみなすと、レジでのモノのやりとりと変わらなくなってしまう。

母親が子どもに料理をつくったり、子どもが母の日に花を贈《おく》ったりする行為《こうい》は、子どもへの愛情や親への感謝といった思いにあふれた営みとされる。母親の料理に子どもがお金を払《はら》うことなど、ふつうはありえない。そんな家庭は、それだけで「愛がない」と非難されてしまう。［E］

子育てとは無償《むしょう》の愛情であり、家族からのプレゼントも日ごろの労働への報酬《ほうしゅう》ではなく、心からの愛情や感謝の印である。それは店でモノを買うような行為《こうい》とはまったく違《ちが》う。ぼくらはそのようにしか考えることができない。たとえそのモノが数時間前まで商品棚《しょうひんだな》に並んでいたとしても。

家族のあいだのモノのやりとりが徹底的《てっていてき》に「［④］」されることで、愛情によって結ばれた関係が強調され、それが「家族」という現実をつくりだしている（なぜ「母親」が［④］された領域におかれるのかも、ひとつの問いだ）。

家族という間柄《あいだがら》であれば、誰《だれ》もが最初から愛にあふれているわけではない。⑤それは脱感情化《だつかんじょうか》された「経済＝交換《こうかん》」との対比において（なんとか）実現している。

「家族」にせよ、「恋人《こいびと》」にせよ、「友人」にせよ、人と人との関係の距離《きょり》や質は、モノのやりとりをめぐる経済と非経済という区別をひとつの手がかりとして、みんなでつくりだしているのだ。

（『うしろめたさの人類学』松村圭一郎《まつむらけいいちろう》）

〔注〕　＊袱紗《ふくさ》＝贈《おく》り物を包む儀礼《ぎれい》用の布。

問一　――線ア～オの「贈与《ぞうよ》」のうち、本来は別の言葉が充《あ》てられており、このままでは意味の通らない箇所《かしょ》が一箇所《かしょ》あります。その箇所《かしょ》を一つ選び、ア～オの記号で答えなさい。

問二　［A］～［E］のうち、次の一文を入れるべき箇所《かしょ》として最も適当なものを一つ選び、A～Eの記号で答えなさい。

だからバレンタインのチョコで思いを伝えるためには、「商品」とは異なる「贈《おく》り物」にすることが不可欠なのだ。

問三　――線①「お店でチョコレートを～値札をはずすだろう」とありますが、それはなぜですか。その説明として最も適当なものを次のア～オの中から一つ選び、記号で答えなさい。

ア　値札があると相手への思いが額面で数値化されかねないから。

イ　手作りでないことが値札があるとばれてしまうから。

ウ　値札を外し贈《おく》り物として意味づける慣習があるから。

エ　お金をどれくらいかけたかが値札で周りに伝わってしまうから。

オ　値札を外さないと相手に思いやりがないと思われてしまうから。

問四　――線②「バレンタインの日に～戸惑《とまど》ってしまうだろう」とありますが、それはなぜですか。その説明として最も適当なものを次のア～オの中から一つ選び、記号で答えなさい。

ア　特別な思いを伝える場で交換《こうかん》の論理が顔《かお》を出し、贈《おく》り物の意図が宙づりにされてしまうから。

イ　それらしい包装をしないことによって、かえって相手に敵意や嫌《けん》悪感《おかん》を抱《いだ》かせてしまうから。

ウ　チョコレートに特定の感情は存在せず、贈ることが自他の感情をつなぐ架け橋とはなり得ないから。

エ　いかにもバレンタインらしい包装をしてしまうと、相手に気恥《きは》ずかしさを与えてしまうから。

身が同じ商品でも、まったく意味が変わってしまう。ほんの表面的な「印」の違《ちが》いが、歴然とした差異を生む。

ぼくらは同じチョコレートが人と人とのあいだでやりとりされることが、どこかで区別しがたい行為《こうい》だと感じている。だから、わざわざ「商品らしさ」や「贈《おく》り物らしさ」を演出しているのだ。

ぼくらは人とのモノのやりとりを、そのつど経済的な行為《こうい》にしたり、経済とは関係のない行為《こうい》にしたりしている。「経済化＝商品らしくすること」は、「脱《だつ》経済化＝贈《おく》り物にすること」との対比のなかで実現する。こうやって日々、みんなが一緒《いっしょ》になって「経済／非経済」を区別するという「きまり」を維持《いじ》しているのだ。

でも、いったいなぜそんな「きまり」が必要なのだろうか？

ぼくらはいろんなモノを人とやりとりしている。言葉や表情なども含《ふく》めると、つねになにかを与《あた》え、受けとりながら生きている。そうしたモノのやりとりには、「商品交換《こうかん》」と「**ウ**贈与《ぞうよ》」とを区別する「きまり」があると書いた。ひとつ注意すべきなのは、そのモノのやりとりにお金が介在《かいざい》すれば、つねに「商品交換《こうかん》」になるわけではない、ということだ。結婚《けっこん》式のご祝儀《しゅうぎ》や葬儀《そうぎ》の香典《こうでん》、お年玉などを想像すれば、わかるだろう。お金でも、特別な演出《えんしゅつ》（祝儀袋《しゅうぎぶくろ》／新札／＊袱紗《ふくさ》／署名）を施《ほどこ》すことで贈《おく》り物に仕立てあげられる。ふつうは結婚式《けっこんしき》の受付で、財布からお金を出して渡《わた》す人なんていない。　A

なぜ、わざわざそんな「きまり」を守っているのか？　じつは、この「きまり」をとおして、ぼくらは二種類のモノのやりとりの一方には「なにか」を付け加え、他方からは「なにか」を差し引いている。　B

それは、「思い」あるいは「感情」と言ってもいいかもしれない。

贈《おく》り物である結婚《けっこん》のお祝いは、お金をご祝儀袋《しゅうぎぶくろ》に入れてはじめて、「祝福」という思いを込《こ》めることができる。と、みんな信じている。

経済的な「**エ**贈与《ぞうよ》」の場では、そうした思いや感情はないものとして差し引かれる。マクドナルドの店員の「スマイル」は、けっしてあなたへの好意ではない。そう、みんなわかっている。

経済と非経済との区別は、こうした思いや感情をモノのやりとりに付加したり、除去したりするための③装置なのだ。

レジでお金を払《はら》って商品を受けとる行為《こうい》には、なんの思いも込《こ》められていない。みんなでそう考えることで、それとは異なる演出がなされた結婚式《けっこんしき》でのお金のやりとりが、特定の思いや感情を表現する行為《こうい》となる。

それは、光を感じるために闇《やみ》が必要なように、どちらが欠けてもいけない。経済の「交換《こうかん》」という脱感情化《だつかんじょうか》された領域があってはじめて、「贈《ぞう》与《よ》」に込《こ》められた感情を際立たせることができる。　C

この区別は、人と人との関係を意味づける役割を果たしている。たとえば、「家族」という領域は、まさに「非経済／**オ**贈与《ぞうよ》」の関係として維持《いじ》されている。家族のあいだのモノのやりとりは、店員と客との経済的な「交換《こうかん》」とはまったく異なる。誰《だれ》もがそう信じている。

レジでお金を払《はら》ったあと、店員から商品を受けとって、泣いて喜ぶ人などいない。でも日ごろの感謝の気持ちを込《こ》めて、夫や子どもから不意にプレゼントを渡《わた》された女性が感激の涙《なみだ》を流すことは、なにもおかしくない。　D

このとき女性の家事や育児を経済的な「労働」とみなすことも、贈《おく》られたプレゼントをその労働への「対価」とみなすことも避《さ》けられる。そ

【国語】（五〇分）〈満点：一〇〇点〉

一 次の文章を読んで、後の一から八の各問いに答えなさい。（ただし、字数指定のある問いはすべて句読点・記号も一字とする。）

店で商品を購入《こうにゅう》するとき、金銭との交換《こうかん》が行われる。でも、バレンタインデーにチョコレートを贈《おく》るときには、その対価が支払《しはら》われることはない。好きな人に思い切って、「これ受けとってください」とチョコレートを渡《わた》したとき、「え？ いくらだったの？」と財布からお金をとり出されたりしたら、たいへんな屈辱《くつじょく》になる。

贈《おく》り物をもらう側も、その場では対価を払《はら》わずに受けとることが求められる。このチョコレートを「渡《わた》す／受けとる」という行為《こうい》は贈与《ぞうよ》であって、売買のような商品交換《こうかん》ではない。だから「経済」とは考えられない。

では、ホワイトデーにクッキーのお返しがあるとき、それは「交換《こうかん》」になるのだろうか。この行為《こうい》も、ふつうはア贈与《ぞうよ》への「返礼」として、商品交換《こうかん》から区別される。たとえほとんど等価のものがやりとりされていても、それは売買とは違《ちが》う。そう考えられている。

商品交換《こうかん》と贈与《ぞうよ》を区別しているものはなにか？

フランスの社会学者ピエール・ブルデュは、その区別をつくりだしているのは、モノのやりとりのあいだに差しはさまれた「時間」だと指摘《してき》した。

たとえば、チョコレートをもらって、すぐに相手にクッキーを返したとしたら、これは等価なものを取引する経済的な「交換《こうかん》」となる。ところが、そのチョコレートの代金に相当するクッキーを一カ月後に渡《わた》したとしても、それは商品交換《こうかん》ではない。返礼という「イ贈与《ぞうよ》」の一部とみなされる。このとき、やりとりされるモノの「等価性」は伏《ふ》せられ、「交《こう》換《かん》」らしさが消える。

商品交換《こうかん》と贈与《ぞうよ》を分けているものは時間だけではない。①お店でチョコレートを購入《こうにゅう》したあと、そのチョコレートに値札がついていたら、かならずその値札をはずすだろう。さらに、チョコレートの箱にリボンをつけたり、それらしい包装をしたりして、「贈《おく》り物らしさ」を演出するにちがいない。

店の棚《たな》にある値札のついたチョコレートは、それが客への「贈《おく》り物」でも、店内の「装飾品《そうしょくひん》」でもなく、お金を払《はら》って購入《こうにゅう》すべき「商品」だと、誰《だれ》も疑わない。でもだからこそ、その商品を購入《こうにゅう》して、贈《おく》り物として人に渡《わた》すときには、その「商品らしさ」をきれいにそぎ落として、「贈《おく》り物」に仕立てあげなければならない。

なぜ、そんなことが必要になるのか？

ひとつには、ぼくらが「商品／経済」と「贈《おく》り物／非経済」をきちんと区別すべきだという「きまり」にとても忠実だからだ。この区別をとおして、世界のリアリティの一端《いったん》がかたちづくられているとさえいえる。

そして、それはチョコレートを購入《こうにゅう》することと、プレゼントとして贈《おく》ることが、なんらかの外的な表示（時間差、値札、リボン、包装）でしか区別できないことを示してもいる。

たとえば、②バレンタインの日にコンビニの袋《ふくろ》に入った板チョコをレシートとともに渡《わた》されたとしたら、それがなにを意図しているのか、戸《と》惑《まど》ってしまうだろう。でも同じチョコレートがきれいに包装されてリボンがつけられ、メッセージカードなんかが添《そ》えられていたら、たとえ中

れる、ひかりの心の説明として**ふさわしくないもの**を次のア～オの中から一つ選び、記号で答えなさい。

ア　アイツがひろちゃんとの出会いをきっかけに自分の新たな道を見つけようとしている姿に対して格好よさを感じた。

イ　温かく自分を支えてくれる人たちに耳を傾《かたむ》け、素直に自分自身の変化を見つめる成長したアイツの姿に感心した。

ウ　ひろちゃんがアイツの本心を理解していることに気づき、自分もアイツを憎《にく》み続けるのではなく許そうという気になった。

エ　アイツの演奏を聴《き》いてその音楽の才能に心ひかれ、共感しあえる存在として仲間になれそうだと感じるようになった。

オ　文通をしていたひろちゃんの思いと、仲間に入りたいと願うアイツの気持ちを無にできないという思いがわいた。

問七　波線部「聞きなれた歌」とありますが、この歌の本文における意味についての説明として、最も適当なものを次のア～オの中から一つ選び、記号で答えなさい。

ア　ひかりがひろちゃんへの応援歌《おうえんか》として作った歌が、アイツが物事に真剣《しんけん》に向き合おうと心を動かすきっかけになった。

イ　ひろちゃんの投げやりな心を立ち直らせたいと思ってひかりが作った歌が、アイツの心も立ち直らせることになった。

ウ　夢を失ったひろちゃんを励《はげ》ますためにひかりが作った歌が、事件を起こしておびえているアイツを励《はげ》ますことになった。

エ　後ろ向きな人に向けて、前向きになってほしいという願いを込《こ》めてひかりが作った歌が、そういう人々の心を動かした。

オ　現実から目を背けている人々へのメッセージとしてひかりが書いた歌が、最も身近にいる仲間の心をつかむことになった。

問二　――線②「かたまった」とありますが、アイツはなぜ「かたまった」のですか。最も適当なものを次のア～オの中から一つ選び、記号で答えなさい。

ア　ひかりの突《つ》き刺《さ》さるような鋭《するど》い目つきを見て、自分の過ちがよみがえり、自責の念にかられたから。

イ　自分が無断でひかり達の作った曲を演奏していたのを聞かれてしまったので、気まずいと思ったから。

ウ　自分が悪いことをしたのに人前に堂々と出ているところをひかりに見られて、恥《は》ずかしかったから。

エ　他の人たちがいる前でひかりから事件のことを暴露《ばくろ》されるのではないかと思い、恐《おそ》ろしかったから。

オ　ひろちゃんと文通していることを知られてしまい、ひろちゃんに迷惑《めいわく》をかけて悪いと思ったから。

問三　――線③「どうして心に化学変化が起きちゃったの？」とありますが、アイツは、どのような出来事によってどう変化したのですか、本文中の語句を用いて八十字以内で説明しなさい。

問四　――線④「広志《ひろし》さんは『おれのほうも、ごめんなさい』って言うんだ」とありますが、広志《ひろし》はなぜ、謝ったのですか。最も適当なものを次のア～オの中から一つ選び、記号で答えなさい。

ア　身体的ハンディを負っている人より精神的ハンディを負った人の方がつらいということを今まで気づいていなかったから。

イ　自分を差別する人達の内情も理解しないまま逆に彼《かれ》らに優越感《ゆうえつかん》を持っていた自分の差別意識に今はじめて気づいたから。

ウ　自分は被害者《ひがいしゃ》のようでありながら、実はアイツの精神を傷つけた加害者でもあるということに今更《いまさら》ながら気づいたから。

エ　自分のことに精一杯《せいいっぱい》で、身体ではなく精神的なハンディを抱《かか》えている人もいるということに気づいていなかったから。

オ　自分はハンディを負っているのだからみんなから労《いた》わってもらって当然なのだと思い込《こ》んでいた自分自身に気づいたから。

問五　――線⑤「そんなこと、気づきもしなかった」について、次の各問いに答えなさい。

（1）　ひかりには気づけなかった、アイツのどのようなことに広志《ひろし》は気づいたのですか。最も適当なものを次のア～オの中から一つ選び、記号で答えなさい。

ア　アイツが仲間を従え威張《いば》り散らしていたのは、実は愛情に飢《う》えていて、寂《さび》しさを埋めるためだけだったということ。

イ　アイツが自分中心にふるまっていたのは、実はわがままなのではなく、弱さを隠《かく》そうとしていただけだったということ。

ウ　アイツがサイテーなふるまいを見せていたのは、人から注目を集めようとしてわざとしていただけだったということ。

エ　アイツが暗い表情だったのは、小さい頃《ころ》から才能に恵《めぐ》まれていたのにほめられることもなかったからだったということ。

オ　アイツが偏《かたよ》った価値観を持つようになったのは、寂《さび》しさを紛《まぎ》らわすために音楽に熱中しすぎたからだったということ。

（2）　なぜ、広志《ひろし》は気づくことができたのだとひかりは考えているのですか。その理由を含《ふく》む一文を本文中より探し、最初の五字を抜《ぬ》き出しなさい。

問六　――線⑥「ぜったいだよ！」とありますが、本文全体から読み取

「おれ、こんなやつだけど、音楽好きで。ちっちゃい時、わがまま言って、ギターを買ってもらってから、ギターだけがほんとうの友だちだった」

この人、ほんとはずっとさみしかったんだ。

「いろんな歌を弾《ひ》いてきたけど、シャイン♪キッズの歌に出会って、なんか心に来た。ひかりさんが作詞したって聞いたけど、あの詩、サイコーっす」

あんまりストレートに言われて、「は、ありがと」としか言えなかった。だけど、あの詩が、彼《かれ》の心にどう作用したんだろ。

「見えないはずのものさえ、見ようとすれば、見えるって言っているから」

それって。そうか、ひろちゃんはサイテーって思ってたやつのほんとうの心を見ようとしたんだ！　だから、見えてきたんだ。そしてこの人も見ようとしている。なんか突然《とつぜん》、目の前のぼんやりしたものが見えてきたような、不思議な気持ち。惹《ひ》かれるように、この人の話を聞いてしまう。

シャイン♪キッズの歌を聴《き》いてから、文通ははじまったという。

「はじめは、広志《ひろし》さんがワープロで手紙くれて、おれはテープで声や演奏の返事送っていたんだ。だけど、高田馬場《たかだのばば》にバイト先見つけて、帰りに点字図書館に行ってみたらさ……」

かれの目が、明るくなってきた。話していくうちに、自分の顔が輝《かがや》いていっていることに、この人は気づいていないんだろうな。

彼《かれ》は、点字図書館で小学生用の点字練習セットを購入《こうにゅう》し、独学で点字をおぼえはじめたというのだ。

「秋からは、点訳者になるためのセミナーにかようことにしたんだ」

「すごい、負けそー」

わたしなんか、まだおぼえもしていないのに。

「いや、まだ、かんたんな言葉でしか打てないんだけど」

はにかみながら話す彼《かれ》を、まぶしいなって思ってしまった。

「あした、どんなことがあっても、わたしたちの練習時間に顔だして」

⑥ぜったいだよ！　と念をおして別れた。

（『シャイン♪キッズ』光丘《みつおか》真理《まり》）

〔注〕＊保護司＝犯罪を犯した青年などを保護観察し、社会復帰を支援《しえん》する人。

問一　――線①「いかっていた肩《かた》がさがり」とありますが、「いかっていた肩《かた》」という表現から読み取れる、かつてのアイツの様子として、最も適当なものを次のア～オの中から一つ選び、記号で答えなさい。

ア　愛情というものを知らないため、とげとげしい態度をとっていた様子。

イ　金持ちであることを自慢《じまん》するため、高価なものを見せびらかしていた様子。

ウ　大切に特別扱いされてきたため、誰《だれ》に対してもえらそうに接していた様子。

エ　寂《さび》しさを忘れたいため、多くの仲間がいるように見せかけていた様子。

オ　自信がないことを隠《かく》すため、自分は優れているのだと強がっていた様子。

そうにしやがって、無性にむかついたんだ。それで、次の日、偶然《ぐうぜん》に見かけて、いじめたくなった。待ちぶせしている間に、『目を刺《さ》してやろう。どうせ見えないんだから、つかまっても罪がかるいだろう』って思った」

「ひどい！」

思わず、声をあげた。

「だから、ほんとうにごめんなさい」

彼《かれ》は、また頭をさげた。やっぱり、もうあの時のアイツじゃなかった。

「ねえ、そんなふうにしか考えられなかったのに、③どうして心に化学変化が起きちゃったの？」

「保護司のおっさんに出会って、自分のしたことの愚《おろ》かさに気づいたんだ。おっさんはおれをはげしく叱《しか》った。『ばかやろう、おまえのやったことは最低のことだ。罪がかるくなるどころか、一生背負っていくくらい重いぞ』って」

自分に言い聞かせるように、話している。ほんとにこの人、変わった。肩《かた》をゆらして、じろじろとひろちゃんを見ていたのに。

「『命にいらないものなんてないんだ。いらないものは、なんでも金で買えるって思ったり、どうせ見えないからなんて思うおまえの気持ちだ！』って。

おっさんは、おれを下宿させてくれて、毎日何時間でも話しあってくれるんだ。ほんきで向きあって、叱《しか》ってくれるんだ。

おれ、広志《ひろし》さんにあやまりにいこうって自分で決めて、おっさんと訪ねていったんだ。はじめて『ごめんなさい』って頭をさげた。ほんとに、生まれてはじめてだった。そしたら、広志《ひろし》さんが」

そこまで言うと、彼《かれ》の声がつまった。

彼《かれ》の前にある、アイスティの氷はどんどん溶《と》けていく。

「アイスティ、飲んで」

わたしは、つぎの言葉を待った。

彼《かれ》は、うすまったアイスティをストローで一口飲むと、少し心落ちついたのか、また話しだした。

「おれがあやまると、④広志《ひろし》さんは『おれのほうも、ごめんなさい』って言うんだ。おれ、わけわかんなくて」

「え？」

わたしも、さっぱりわけがわからない。

「広志《ひろし》さんが言うには、『自分はハンディキャップを差別するやつには人の痛みはわからないと、いつも思っていた。だから、そういうやつらに、おれは勝っているって。だけど、そう思うことも差別だったんだ。だって、きみも心のハンディをかかえて苦しんでいたんだから。勝ちも負けもないんだ』って」

⑤そんなこと、気づきもしなかった。わがままな金持ちのおぼっちゃまでサイテーのやつとしか思わなかった。

「おれ、そんなこと言われて、はじめは、むりしてるって思った。広志《ひろし》さんの片目をあんなふうにしたのは、このおれなんだから。だけど、広《ひろ》志《し》さんからシャイン♪キッズのテープ送られてきて、演奏とひかりさんの歌声を聴《き》いているうちに、心からそう言ってくれているってわかったんだ」

「わたしたちの歌を聴《き》いて？」

信じられなかった。

たちの歌を演奏するなんて。

演奏が終わり、拍手《はくしゅ》をしたり、「いい感じだね」などとおしゃべりをしながら、人びとはそれぞれの目的地に向かって動きはじめた。

会社帰りのサラリーマンらしい男の人が、

「心にしみたよ。これ」

と言って、千円札を一枚渡《わた》そうとした。

「いえ、もらえません。自分の歌じゃないので」

アイツは、どうしても受け取ろうとしなかった。

少し残念そうに、その男の人が立ち去ると、いつのまにか、わたしひとりが立っていた。

ギターをケースにしまって、アイツは立ちあがろうと顔をあげた。

そして、そのまま②かたまった。

「じゃあ、ひろちゃんから送ってきたテープをなんども聴《き》いて、おぼえたのね」

「はい。すみません、勝手に歌ってしまって」

わたしの買ってきたアイスティを一口も飲まないまま、アイツは答えた。

おどろいている彼《かれ》を、半ばむりやりハンバーガーショップに誘《さそ》った。

「あのさ、わたし年下なんだし、そんなに緊張《きんちょう》しないでよ」

つとめて明るく言うと、彼《かれ》は意を決したように、顔をあげて、まっすぐわたしを見た。

「ごめんなさい」

精一杯《せいいっぱい》そう言うと、深く頭をさげて、またずっと顔をあげない。

こういうとき、いったいどうしたらいいんだろう？　なにか話さなくちゃいけない。

「わたしに、あやまったって。それより、ひろちゃんに」

と言ってから、よけいだったかなって、後悔《こうかい》した。だけど、彼《かれ》はようやく頭をあげて、ぼそぼそと話しはじめた。

「あやまってもあやまっても足りないけど、＊保護司のおっさんとあやまりに行きました。そのあと文通させていただいています」

ちっとも知らなかった。

「おれ、広志《ひろし》さんと保護司のおっさんのおかげで、やっと人間らしくなりました」

下宿までさせてくれている保護司の人は、自分の息子《むすこ》のようにめんどうを見たり、叱《しか》ったりしてくれているらしい。ひろちゃんは、音楽が好きだという彼《かれ》のために、自分の尊敬するアーティストのテープを送ったり、彼《かれ》の演奏の指導を手紙やテープでしてくれているという。

「今まで、お金だけ与《あた》えればいいと思っている親に育てられ、っていうより、両親はほとんどが海外暮らしで、そばにいなかった。まわりの奴《やつ》らも、金で買った友だち関係だったから、表面だけおれにさからわないで、調子をあわせるだけ。あのプールで、はじめてホテルの人から注意されたんだ。親からも叱《しか》られたことないのに、なんだよ、むかつくって思った。あいつらがチクりやがったからだって」

信介《しんすけ》の父親がホテルで働いてる関係で、信介《しんすけ》はホテルのマネージャーを知っている。そういえば、あの時信介《しんすけ》が、ホテル側から注意してもらうように頼《たの》んだって、言ってた。

「それに、広志《ひろし》さんのことは、目が見えないくせに彼女《かのじょ》や友だちと楽し

二　次の文章を読んで、後の一から七の各問いに答えなさい。（ただし、字数指定のある問いはすべて句読点・記号も一字とする。）

　わたし（ひかり）は、信介《しんすけ》や盲目《もうもく》のひろちゃんたちとバンドを組み、コンクールの一次審査《しんさ》に向けて練習している。ある日、そのメンバーでプールに行くと、ニンジン色の髪《かみ》をして仲間を従えているアイツが、ひろちゃんにぶつかってきた。アイツはどなってきた後、「おにいさん、目が見えないんですか？　見えないんだったら、こんなとこ来ないほうがいいっすよ。」とわざとばかていねいな言い方をしてきた。ひかりは奥歯《おくば》がぎりっと鳴った。「この人は見えなくても今までずっとちゃんと泳いでいたのよ。あんたたちのほうが、よっぽど、あぶないじゃないの！」そう言い返した。
　その翌日、事件は起きた。点字図書館から出てきたひろちゃんをアイツはつけていったのだった。

ここだ。あの時ひろちゃんは、傷つけられてたおれた。ひろちゃんの指の間からあふれだしてきた真っ赤な血。今もわたしの脳裏に焼きついている。

立ちすくんでいたとき、聞きなれた歌が聞こえてきた。

なにも見えないと　あきらめないで
だれの心にも　きっとあるはず
ほんとうの瞳《め》が
だからもう一度　探してみようよ
見ようとしないから　見えないのよ
見ようとするから　シャイン　シャイン

心の中にあたたかく静かにしみこんでいく歌声。

デモテープしか作っていないこの歌を、いったいだれが歌っているというの？

ガードレールの下に、人がまばらに集まっている。その真ん中で、だれかがギターを弾《ひ》いて歌っている。人垣《ひとがき》の間からのぞいて、息を飲んだ。

ニンジン色の髪《かみ》。アイツだった。

コンクリートの上に、すりきれたGパンをはいてすわりこんで、アコースティックギターを弾《ひ》いている。

小さめの顔に、つんつんはねた髪《かみ》。たしかにアイツなのに、うつむいて歌う顔の表情が違《ちが》いすぎる。顔や体全体から感じられた険が消えている。①いかっていた肩《かた》がさがり、柔和《にゅうわ》な表情をしている。

このすぐそばで、ナイフをふりおろして逃《に》げたアイツのすがたと、あふれてきた真っ赤な血がフラッシュバックする。

なぜ？　なぜ、少しの間に、こんなにも変わってしまったの？

アコースティックギターの調べと歌声がしっくりと溶《と》けあって、さっき見た夕暮れみたいにやさしい。

わたしたちの歌が、こんなにアコースティックギターにあうとは思わなかった。それに、男なのにわたしと同じキイで歌えるなんて。ひろちゃんは、もう気づいていたんだ。

通りゆく人びとも、思わず立ち止まって聴《き》き入ってしまったんだろう。演奏が終わるまで、だれも立ち去ろうとしなかった。

だけど、わたしはまだこの人を信用できない。それに、無断でわたし

ウ　外見が美しく目を引くものを作りだすことだけを望むこと。
エ　生活に必要であることや便利なことが重要だととらえること。
オ　独自性があるものを新しく生み出すことにこだわること。

問七　――線⑤「西洋的な建築文化の蜜《みつ》をなめたことのある私は、この考えによりそえない」とありますが、ここで筆者の言う「西洋的な建築文化」とはどのようなものだと考えられますか。「この考え」（建築に対する安吾《あんご》の考え）から推測して七十字以内で説明しなさい。

問八　――線⑥「あられもなく」とありますが、本文中の「あられもない」の意味と同じ用いられ方をしているものとして最も適当なものを次のア～オの中から一つ選び、記号で答えなさい。
ア　いくら暑いといってもあられもない服装で外に出るな。
イ　連休中は雨が続き、本ばかり読むあられもない毎日だった。
ウ　海岸に打ち寄せる波をあられもなくぼんやりと眺《なが》める。
エ　足し算や引き算の問題なんてあられもなく解くことができる。
オ　厚い雲に覆《おお》われたあられもない空を見上げ、ため息をつく。

問九　――線⑦「大いなる形骸《けいがい》」とありますが、ここではどのようなものですか。その説明として最も適当なものを次のア～オの中から一つ選び、記号で答えなさい。なお、「形骸《けいがい》」とは〝形だけのもの〟という意味です。
ア　信仰《しんこう》がなくなり建物だけになっても、当時の文化のすばらしさを人々に伝え続けるもの。
イ　住人がいなくなり建物だけになっても、当時の洗練された生活の様子を人々に伝え続けるもの。
ウ　歴史を語る人がいなくなり建物だけになっても、当時の偉大《いだい》な思想を人々に伝え続けるもの。
エ　宗派がなくなり建物だけになっても、当時の宗派が磨《みが》いた建築技術の高さを人々に伝え続けるもの。
オ　技術者がいなくなり建物だけになっても、当時価値があるとされた美的感覚を人々に伝え続けるもの。

問十　波線部「あんなのとはいっしょにされたくない」とありますが、筆者がこのように思うのはなぜですか。その説明として最も適当なものを次のア～オの中から一つ選び、記号で答えなさい。
ア　建築が歴史的に果たしてきた役割に価値を見出している筆者は、現在の生活に必要かどうかだけを価値の基準として、不要なものは壊《こわ》せばいいと考えている安吾《あんご》の主張に共感できないから。
イ　人類の文化の発展を示すものは建築だと考えている筆者は、古くからある寺院を取り壊《こわ》して新しいものを作ることのみによって文化の発展を示そうとする安吾《あんご》の主張を理解できないから。
ウ　思想は目に見えないが、建築は目に見える形で残せることに価値があると考える筆者は、人間の必要に応じて建築物を建て替《か》えるべきだという安吾《あんご》の主張を浅はかだと感じるから。
エ　建築だけが信仰《しんこう》などの観念を美しく表現できるものだと考える筆者は、建築を第二級の表現方法とし、言語表現だけが観念を示しうるものだと主張する安吾《あんご》の主張を認めていないから。
オ　年月を経て残りうる建築の持つ歴史的意義や美しさに価値を見出す筆者は、それらは文芸に劣《おと》るから便利さのために壊《こわ》したり建て替《か》えたりしてもかまわないという安吾《あんご》の主張を受け入れられないから。

問二　太線Ｄ「地金《じがね》」とありますが、「地金《じがね》」のここでの意味として最も適当なものを次のア～オの中から一つ選び、記号で答えなさい。

ア　加工する前の素材　　イ　もともと持っている輝《かがや》き

ウ　打たれ弱い内面　　エ　隠《かく》していた本心

オ　手に入りにくい才能

問三　――線①「安吾《あんご》の言いっぷりは、国家の実践《じっせん》より急進的である」とありますが、どういうことですか。その説明として最も適当なものを次のア～オの中から一つ選び、記号で答えなさい。

ア　戦時下において国家が歴史的建造物を取《と》り壊《こわ》してバラック建設を行ったのは事実だが、それはやむを得ない場合に限られ、寺院をすべて取《と》り壊《こわ》して停車場をつくるべきだという安吾《あんご》の主張は、国家以上に便利さを追求するものだということ。

イ　戦時下において国家がバラック建設をすすめたのは事実だが、伝統的な古寺を壊《こわ》すことまではしなかったため、必要に応じて京都や奈良の寺院を取《と》り壊《こわ》しバラックや停車場をつくれという安吾《あんご》の主張は、国家以上に極端《きょくたん》なものだということ。

ウ　戦時下において国家が質素倹約《しっそけんやく》をすすめたのは事実だが、それは新しく建てる建物の話であり、すでにある豪華《ごうか》な建造物をわざわざ取《と》り壊《こわ》してでも質素なバラックにするべきだという安吾《あんご》の主張は、国家以上に厳しいものであったということ。

エ　戦時下において国家が国民精神の総動員を求めていたのは事実だが、国民の精神が健康であるならばあらゆる建造物をバラックにしてしまえばよいという安吾《あんご》の主張は、国家以上に国民の生活を制限しようとするものであったということ。

オ　戦時下において国家が便利さを優先した建《た》て替《か》えをすすめたのは事実だが、歴史的意義のある建物の保護も同時に行っており、京都や奈良の寺院を不要と論じた安吾《あんご》の主張は、国家以上に古い建築物の価値を軽んじるものだということ。

問四　――線②「『贅沢品《ぜいたくひん》は敵だ！』～鹿鳴館《ろくめいかん》的なものの排除《はいじょ》をめざしていた」とありますが、ここでいう「鹿鳴館《ろくめいかん》的なもの」とは建築においてはどのようなもののことですか。適当な表現を本文中から二十六字で探し、最初の五字を抜《ぬ》き出しなさい。

問五　――線③「スクラップ・アンド・ビルド」とありますが、ここではどのようなことだと読み取れますか。最も適当なものを次のア～オの中から一つ選び、記号で答えなさい。

ア　伝統や文化を継続《けいぞく》しながら、新しいものを取り入れて変化させること。

イ　先人が作り上げた物の価値を忘れて、新たな価値を創造すること。

ウ　古い建物を次々に取り壊して、別の新しい建物を建設すること。

エ　歴史的な建物を保存しながら、新しい建築技術を使って改良すること。

オ　破壊されてしまった建造物を、できるだけ元通りに建て直すこと。

問六　――線④「即物主義《そくぶつしゅぎ》」とありますが、「即物主義《そくぶつしゅぎ》」とはここではどのようなことですか。その説明として最も適当なものを次のア～オの中から一つ選び、記号で答えなさい。

ア　物体の形で表現されるものにこそ意味があるととらえること。

イ　欧米風《おうべいふう》の新しいものが作られることを何よりも喜ぶこと。

は、のみこめる。日本は、安吾《あんご》がしめしてきたように走ってきたなと、しみじみそう思う。しかし、⑤西洋的な建築文化の蜜《みつ》をなめたことのある私は、この考えによりそえない。

　言葉でくみたてられる文芸は、＊9観念そのものをつかみとることができる。だが、建築や庭園といった第二級の＊10媒体《ばいたい》には、その能力がない。安吾《あんご》の論法は、つねにそういう形で、すすめられていく。

　話は単純である。言葉をつかう言語芸術はえらい。建築をはじめとする非言語表現は、くらべて見おとりがする。ただそう言っているだけなのである。一種の文学至上主義が、となえられているにすぎない。

「僕《ぼく》は文学万能だ。……文学を信用することが出来なくなったら、人間を信用することが出来ないという考えでもある」

「日本文化私観《にほんぶんかしかん》」には、そんな文句もある。ここに、安吾《あんご》のＤ地金《じがね》が、⑥あられもなく＊11露呈《ろてい》していると、私は見る。けっきょく、文学ばんざいという側の書き手だったのだと、あきれている。

　つづいて、仏教や僧侶《そうりょ》と寺院建築が対比的に論じられたくだりを、ひいておく。

「寺があって、後に、坊主《ぼうず》があるのではなく、坊主《ぼうず》があって、寺があるのだ。寺がなくとも、＊12良寛《りょうかん》は存在する。若《も》し、我々に仏教が必要ならば、それは坊主《ぼうず》が必要なので、寺が必要なのではないのである」本質は宗教と宗教者にある。宗教建築は、その表層でしかないということか。

　建築びいきの私には、まったく逆の構図も脳裏をよぎる。宗教が信仰《しんこう》という本質をうしなっても、建築は生きのこりうる。＊13堂塔《どうとう》の＊14輪《りん》奐《かん》を、宗派のちがう人びとにも、うったえかけることができる。あるいは、無神論の人びとにも。古代ギリシアの信仰《しんこう》はとだえても、＊15パルテノン神殿《しんでん》がかがやきつづけたように。⑦大いなる形骸《けいがい》として。

（『日本の醜《みにく》さについて』井上章一《いのうえしょういち》）

〔注〕
＊1　バラック＝簡素《かんそ》に造った小さく粗末《そまつ》な建物。
＊2　得々と＝得意そうな様子。
＊3　安普請《やすぶしん》＝安い費用で建物を建てること。また、そうして建てられたあまり上等でない建物のこと。
＊4　国是《こくぜ》＝国家や国民が正しいと認めた、政治の方針。
＊5　揚言《ようげん》＝公然と言うこと。強調して言うこと。
＊6　御先棒《おさきぼう》をかついだ文士＝ここでは、戦時中に国家の方針を支持して国民を誘導《ゆうどう》した文筆家のこと。
＊7　韜晦《とうかい》＝自分の本当の考えなどを目立たないように包《つつ》み隠《かく》すこと。
＊8　焦土《しょうど》＝戦争で焼きはらわれた土地。焼け野原。
＊9　観念＝ある物事についての考えや意識など。
＊10　媒体《ばいたい》＝伝達のための仲立ち。たとえば、目に見えない音を、目に見える形で人に伝える文字なども媒体《ばいたい》。
＊11　露呈《ろてい》＝隠《かく》れているものが現れ出ること。さらけ出すこと。
＊12　良寛《りょうかん》＝江戸時代の僧侶《そうりょ》の名。
＊13　堂塔《どうとう》＝寺院のお堂や塔《とう》。
＊14　輪奐《りんかん》＝建物が壮大《そうだい》で美しいこと。
＊15　パルテノン神殿＝古代ギリシャに造られた神殿。現在も首都アテネの丘の上に建つ。

問一　＝＝線Ａ「ゾウキョウ」、Ｂ「テッキン」、Ｃ「ヨケン」を漢字に直しなさい。解答らんの大きさに合わせて一画一画はっきりと書くこと。

これにたいし、安吾《あんご》は＊5揚言《ようげん》した。建築文化なんか、なくなってもいい。「バラックで、結構だ」。「バラック」でくらしていても、「我々の文化は健康」である、と。

私にはこの言動が、戦時体制の旗ふりめいた物言いとしてひびく。国民精神総動員の＊6御先棒《おさきぼう》をかついだ文士のように、安吾《あんご》のことは思えてくる。

じっさい、日本政府は都市建築のバラック化を、おしすすめていったのだから。

私じしんは、そんな安吾《あんご》をきらい、谷口《たにぐち》に気持ちをよせてきた。「安吾《あんご》を＊7韜晦《とうかい》させた……井上章一《いのうえしょういち》」というような批評には、まったくなじめない。

敗戦後の日本は、主要都市の多くが＊8焦土《しょうど》となったなかでの復興を、しいられた。そして、二〇世紀の後半には、そこへBテッキンコンクリートのビルなどを、たてている。

もちろん、戦時中の空襲《くうしゅう》をまぬがれた戦前以来の建築も、いくらかはのこっていた。なかには、建築史上の傑作《けっさく》と言えそうな物件も、なかったわけではない。だが、戦後の③スクラップ・アンド・ビルドは、そういう建物をもふくめ、すすんでいった。建築の歴史的価値はかえりみられず、新しい施設《しせつ》へとたてかえられたのである。

そのきざしが、戦前期になかったわけではない。「日本文化私観《にほんぶんかしかん》」にも、こうある。

「多くの日本人は、故郷の古い姿が破壊《はかい》されて、欧米風《おうべいふう》な建物が出現するたびに、悲しみよりも、むしろ喜びを感じる。新《あた》らしい交通機関も必要だし、エレベーターも必要だ。伝統の美だの日本本来の姿などというものよりも、より便利な生活が必要なのである……我々に大切なのは『生活の必要』だけで、……生活自体が亡《ほろ》びない限り、我々の独自性は健康なのである」

これも、スクラップ・アンド・ビルドを肯定《こうてい》する発言になっている。建築の文化をあなどり、便利なもの、必要なものだけを、たてていく。そんな戦後史をも、Cヨケン的に見とおす指摘《してき》だと言える。

そして、これを書いた安吾《あんご》は、戦時下のバラックをも良しとした。バラックを是《ぜ》としつつ、スクラップ・アンド・ビルドをもうけいれる。戦前、戦時、そして戦後もつらぬく④即物主義《そくぶつしゅぎ》を、私にはそう読めるが、提示したのである。

建築に関しては、文化的な価値や歴史的なそれにとらわれなくてもいいと言う。便利なもの、必要なものをたてていこうとする日本近代を、まるごとうけいれた。そもそも、日本人はそういう民族なんだ、と。「日《に》本文化私観《ほんぶんかしかん》」は、以上のように見きったうえで、これを肯定《こうてい》した文章にほかならない。

明治の新建築も、戦時下のバラックも、この同じ構えで、肯定的《こうていてき》に論じられる。戦後のビル建設ラッシュには、もちろん言及《げんきゅう》されていない。しかし、「日本文化私観《にほんぶんかしかん》」は、予言の書でもあるかのように、そこも見すえていた。

安吾《あんご》の書きっぷりを深刻にうけとめ、賛嘆《さんたん》をおしまぬ文芸畑の人は、少なくないだろう。だが、けっきょくそれは日本の実態を肯定《こうてい》し、そこにひらきなおっている。現代までふくむ、日本近代への応援歌《おうえんか》めいた文章でしかないのである。

とはいえ、私にも安吾《あんご》の日本像が日本近代の姿そのものであったこと

【国　語】（五〇分）〈満点：一〇〇点〉

一　文筆家であった坂口安吾《さかぐちあんご》（一九〇六～一九五五）は、「日本文化私《にほんぶんかし》観《かん》」という文章で、ドイツの建築家であったブルーノ・タウトが日本建築や日本文化の美について書いた文章を批判しました。次の文章は、筆者がそれについて述べたものです。この文章を読んで、後の一から十の各問いに答えなさい。なお、作問の関係上、一部省略した所があります。（字数指定のある問いはすべて句読点・記号も一字とする。）

安吾《あんご》は、一九四二年に「日本文化私観《にほんぶんかしかん》」という文章を書いた。なかで、法隆寺《ほうりゅうじ》や桂離宮《かつらりきゅう》をはじめとする建築文化史上の遺構を、あなどっている。それらは、なくなってもかまわないとさえ、言いきった。のみならず、タウトを見くびるような指摘《してき》も、のこしている。

桂離宮《かつらりきゅう》なんか、どこが良くてみんなありがたがるのか。私はそんな想《おも》いをこめつつ、自分の本を書いている。そして、桂離宮《かつらりきゅう》への無理解を軸《じく》にしながら、一冊をまとめあげた。安吾《あんご》に似ていると言われることも、まったくわからないわけではない。

しかし、私は安吾《あんご》の「日本文化私観《にほんぶんかしかん》」をきらっている。あんなのとはいっしょにされたくないという想《おも》いを、ながらくいだいてきた。

「日本文化私観《にほんぶんかしかん》」には、＊1バラックへの言及《げんきゅう》がたくさんある。そして、そのどれもが、肯定的《こうていてき》に言いおよんでいる。歴史の由緒《ゆいしょ》があったり、美術的にみがきあげたような建物はいらない。精神さえすこやかであれば、建築はバラックでじゅうぶんだ。そうあちこちで、言いはなっている。たとえば、こんなふうに。

「京都や奈良の古い寺がみんな焼けても、日本の伝統は微動《びどう》もしない。日本の建築すら、微動《びどう》もしない。必要ならば、新《あ》らたに造ればいいのである。バラックで、結構だ」

「法隆寺《ほうりゅうじ》も平等院《びょうどういん》も焼けてしまって一向に困らぬ。必要ならば、法隆《ほうりゅう》寺《じ》をとりこわして停車場をつくるがいい。……我々の生活が健康である限り、西洋風の安直なバラックを模倣《もほう》して＊2得々《とくとく》としても、我々の文化は健康だ。我々の伝統も健康だ。必要ならば公園をひっくり返して菜園にせよ」

さすがに、日本の戦時体制も、法隆寺《ほうりゅうじ》や平等院《びょうどういん》を、わざわざこわしはしなかった。その跡地《あとち》にバラックや停車場などを、もうけてはいない。その意味で、①安吾《あんご》の言いっぷりは、国家の実践《じっせん》より急進的である。

しかし、戦時下には、たとえば鹿鳴館《ろくめいかん》が解体された。その同じ場所には、生産力のAゾウキョウをあとおしするバラックのオフィスが、たてられている。明治外交史の記憶《きおく》をとどめる、その意味では歴史的な意義のある建築が、こわされた。歴史的建造物は、役にたつとみなされた＊3安普請《やすぶしん》の施設《しせつ》に、とってかわられたのである。

建築家の谷口吉郎《たにぐちよしろう》は、消えゆく鹿鳴館《ろくめいかん》をおしんでいる。戦時下の一九四〇年に、その気持ちを新聞紙上へあらわした。なんとかあれを、博物館としてでものこす手はなかったのか。そう読者へ問いかけ、＊4国是《こくぜ》にはよりそわない姿勢をしめしている。

国民精神の総動員が、当時はさけばれていた。②「贅沢品《ぜいたくひん》は敵だ！」とも言われている。時代のいきおいは、うたがいようもなく鹿鳴館《ろくめいかん》的なものの排除《はいじょ》を、めざしていた。谷口《たにぐち》は、この時流にそむく気概《きがい》、抵抗《ていこう》の精神を見せたのだと、私は思う。

ア　頑固《がんこ》　イ　意地悪　ウ　前向き　エ　利発　オ　臆病《おくびょう》

問七　――線⑨「背中を丸めて一心に浴衣《ゆかた》を縫《ぬ》うゆきちゃんの姿を思い浮《う》かべた」とありますが、この時の莉子《りこ》の気持ちとして最も適当なものを次のア～オの中から一つ選び、記号で答えなさい。

ア　夢中で縫《ぬ》ったのだろう浴衣《ゆかた》を見ているうちに、一人の女の子として一瞬一瞬《いっしゅんいっしゅん》を必死で生きていた母のように、自分も心を込《こ》めて生きようと決意している。

イ　自分にとっては特別な母も、昔は自分と同じように不器用な一人の女の子だったと思うと、ほほえましくもあたたかな気持ちになっている。

ウ　一人の女の子として、母が一瞬一瞬《いっしゅんいっしゅん》を懸命《けんめい》に生きていた証《あかし》である浴衣《ゆかた》が完成するまで、過去の世界にとどまっていたかったと後悔《こうかい》している。

エ　優しい家族に囲まれて育った一人の女の子という母の一面に触《ふ》れ、改めて母のことが恋《こい》しく、切なさをこらえきれなくなっている。

オ　一瞬一瞬《いっしゅんいっしゅん》を精いっぱい生き、目の前の浴衣《ゆかた》も一生懸命《いっしょうけんめい》縫《ぬ》ったのだろう一人の女の子だったころの母を、尊く、好ましく思い返している。

問八　――線Ａ「ヨウリョウ」、Ｂ「ケワシイ」、Ｃ「シグサ」のカタカナを正しい漢字に直しなさい。（一画一画ていねいにはっきりと書くこと。送り仮名《がな》が必要な場合、それも解答らんに書きなさい。）

なさい。

ア　かわいらしいお地蔵さまが亡くなった女の子をモデルにしていると聞き、悲しむ一方で彼女《かのじょ》の生前の可憐《かれん》で無邪気《むじゃき》な様子を想像してほほえましくなっている。

イ　母には幼くして亡くなった姉がいたという事実を初めて知ったことに困惑《こんわく》しつつ、自分だけがのけ者にされていたことへの疎外感《そがいかん》を抱《いだ》いている。

ウ　愛らしいと思ったお地蔵さまは母にとって姉に当たる女の子の形見だと聞き、未だに彼女《かのじょ》を大切に思う姉妹間の愛情に揺《ゆ》り動かされている。

エ　お地蔵さまが幼くして亡くなった女の子のためのものだと知り驚《おどろ》いたが、彼女《かのじょ》に向けられ続ける周囲の愛情を感じ、どこかあたたかな気持ちになっている。

オ　お地蔵さまが亡くなった女の子の供養のために作られたと知り、最初に人間らしくて愛くるしいと感じた理由が分かり、納得している。

問三　――線⑤「まるで自分に言い聞かせているように」とありますが、その説明として最も適当なものを次のア～オの中から一つ選び、記号で答えなさい。

ア　莉子《りこ》たちに向けて話しながら、自分の中に芽生えそうな不安や疑念を打ち消そうとしているということ。

イ　莉子《りこ》たちに話をするとともに、長時間待つことに嫌気《いやけ》がさしてきた自分をいさめようとしているということ。

ウ　莉子《りこ》たちと他の話をしていても頭から離《はな》れない腹立たしさを、声に出すことで振《ふ》り払おうとしているということ。

エ　莉子《りこ》たちに対しても、自分自身に対しても、初対面の人を疑う母の愚《おろ》かさへの批判を表明しているということ。

オ　莉子《りこ》たちから同意をもらい、だんだんと弱気になってきた自分を奮い立たせようとしているということ。

問四　――線⑥「がまんしていたものを一気に吐《は》き出すようにしゃべり始めた」とありますが、ゆきちゃんがこのような行動をしたのはなぜですか。ゆきちゃんが「がまんしていたもの」の内容を説明しつつ、百字以内で説明しなさい。

問五　――線⑦「もうぜったい、間にあわん」とありますが、ゆきちゃんがこのように言う理由として最も適当なものを次のア～オの中から一つ選び、記号で答えなさい。

ア　お母さんの提案はありがたいが、それに従うのは腹立たしいので、だだをこねて困らせようとしたから。

イ　お母さんの唐突《とうとつ》な提案は非現実的なので、その欠点を冷静に指摘《してき》し、拒否《きょひ》しようと思ったから。

ウ　お母さんの思いがけない提案に一筋の希望を見出し、心が傾《かたむ》きながらも、まだ決心がつかないから。

エ　お母さんの余計な提案を断ったのに引き下がってもらえず、うんざりして絶対に逃《のが》れようとしたから。

オ　お母さんの提案は名案だが、お母さんにがまんをさせるのは申し訳ないので、どうにか断ろうとしたから。

問六　空らん〔⑧〕に入る言葉として最も適当なものを次のア～オの中から一つ選び、記号で答えなさい。

「そやけど、うち、浴衣《ゆかた》なんか縫《ぬ》うたことない」

「縫《ぬ》えるいね。お母さんがあんたの歳《とし》のころには、もうちゃあんと縫《ぬ》うとったよ。教科書もあるし、わからんところは教えてあげる」

「宵宮《よいみや》は明日やん。⑦もうぜったい、間にあわん」

「今から縫《ぬ》えば間にあういね。だいじょうぶ、お母さんも手伝ってあげるけえ」

ゆきちゃんは、もう一度涙《なみだ》をぬぐってから、黙《だま》ってこっくりとうなずいた。

（中略《ちゅうりゃく》）

莉子《りこ》の目の前には、朝陽《あさひ》をいっぱいに浴びた蓮池《はすいけ》がある。

ふっくらと広がった蓮《はす》の花びらの内側には、銀の粉を散りばめたような無数の光が宿っていて、きらきらとまばゆい輝《かがや》きを放っている。

顔をあげると、金色に輝《かがや》いていた月はすでに色を失い、それでも空の高い位置に悠然《ゆうぜん》と居座って、はるかな下界を見おろしていた。

（あれからわたし、どうしたんだっけ）

＊2よっちゃんといっしょに蚊帳《かや》の中にもぐりこんでから、その先のことを、莉子《りこ》はなんとか思い出そうとしていた。

（よっちゃんの寝顔《ねがお》を見ているうちに、わたしも眠《ねむ》ってしまったんだろうか……）

そのへんのところが、どうもよくわからない。

ゆっくりと立ちあがり、腕《うで》を振《ふ》りあげて大きく伸《の》びをする。

なんだか、とても満たされた気分だった。おしゃまなよっちゃん。おしゃべり好きなえっちゃんとふみちゃん。そして、しっかりしているようでいて、照れ屋で、〔　⑧　〕で、泣き虫のゆきちゃん。

わたしが会ったゆきちゃんは、「わたしのお母さん」ではなくひとりの少女として、あの時代の瞬間《しゅんかん》、瞬間《しゅんかん》に、生き生きといのちを輝《かがや》かせていた。

ひんやりとした朝の空気を胸いっぱいに吸いこんでから、莉子《りこ》は寝間《ねま》に戻《もど》り、枕《まくら》もとにたたんでおいたトンボ柄《がら》の浴衣《ゆかた》を手に取った。

衿《えり》に、袖《そで》に、身ごろに運ばれた、ひと針、ひと針の糸のあと。決して規則正しいとは言えない、そのつたない手仕事をながめながら、ほの暗い電灯の下、⑨背中を丸めて一心に浴衣《ゆかた》を縫《ぬ》うゆきちゃんの姿を思い浮《う》かべた。

（『夏の朝』　本田《ほんだ》　昌子《まさこ》）

〔注〕　＊1鎮守様《ちんじゅさま》の宵宮《よいみや》＝「鎮守様《ちんじゅさま》」はその土地を守る神またはその神をまつる神社のこと。「宵宮《よいみや》」は祭日の前夜などに行う小祭のこと。

＊2よっちゃんといっしょに蚊帳《かや》の中にもぐりこんでから＝ゆきちゃんの部屋をのぞき見をしていたことをえっちゃんに叱《しか》られた三人は、あわてて蚊帳《かや》の中に戻り、寝《ね》たふりをしたが、そのうちによっちゃんは眠《ねむ》ってしまう、という場面が直前の（中略《ちゅうりゃく》）にある。

問一　空らん〔①〕・〔②〕・〔③〕に入る言葉の組み合わせとして、最も適当なものを次のア～オの中から一つ選び、記号で答えなさい。

ア　①ばつが悪そうに　②得意満面で　③意気揚々《いきようよう》と

イ　①得意満面で　②頭ごなしに　③ばつが悪そうに

ウ　①神妙《しんみょう》に　②意気揚々《いきようよう》と　③得意満面で

エ　①意気揚々《いきようよう》と　②神妙《しんみょう》に　③頭ごなしに

オ　①頭ごなしに　②ばつが悪そうに　③神妙《しんみょう》に

問二　――線④「そうなんだ……」とありますが、この時の莉子《りこ》の気持ちとして最も適当なものを次のア～オの中から一つ選び、記号で答え

「お母さんが、ゆきちゃんの部屋に行ったよ」

よっちゃんは、「ほんま?」と言って立ちあがり、蚊帳《かや》の外へと出ていった。

「あんたら、やめとき」

というえっちゃんの声を振《ふ》り切るようにして、莉子《りこ》も電気スタンドを消し、二人のあとを追いかけた。

ふみちゃんに続いて、よっちゃん、そして、莉子《りこ》。そろって足音を忍《しの》ばせ、ゆきちゃんの部屋の前まで行くと、先頭のふみちゃんがふすまをほんの少しだけ、音をたてないようにしてそうっと開けた。

「ほんまや、お母さんがおる」

よっちゃんの声に、ふみちゃんは振《ふ》り返り、しいっ、とすぼめたくちびるに人差し指を当てた。

折り重なるようにしてふすまに張りつく二人のうしろから、莉子《りこ》は背《せ》伸《の》びをして部屋の中の様子をうかがった。

「ゆきちゃん、少し食べんかね」

ほの暗い電灯の下に、二つの影《かげ》が浮《う》かびあがって見えた。文机《ふみづくえ》の前にかしこまっているゆきちゃんの背中に、お母さんがやさしく話しかけている。

「おなかすいたやろう。おにぎり、ここに置いとくけえ」

すると、ゆきちゃんは背中をむけたまま、⑥がまんしていたものを一気に吐《は》き出すようにしゃべり始めた。

「あの子、親戚《しんせき》の人が遠くから訪ねてくるんに、浴衣《ゆかた》がないけえ、一日でええから貸してくれんって言うたんや。すごく悲しそうな顔してな、なんかわけがあるんやろうか、かわいそうな子やなあって思うたんや」

お母さんは、黙《だま》ってゆきちゃんのことばを聞いている。

「そやから、たんすの中から好きな浴衣《ゆかた》を持ってってえよって言うたん。そしたらあの子、一番きれいなのを出して、これ貸してって。他にもいっぱい浴衣《ゆかた》はあったんに、よりにもよってあの浴衣《ゆかた》を。お父さんが街で買ってきてくれた、あの一番ええ浴衣《ゆかた》を持っていってしもうたんや」

「そうやったんかね」

「何度も何度も、ありがとう、って。明日ぜったい返しにくるけえなって。それなのに……」

ゆきちゃんは、それから先のことばを詰《つ》まらせた。

「ゆきちゃん、泣いとるよ」

よっちゃんの声に、ふみちゃんが再び、しいっ、とたしなめた。

お母さんは、かたわらに置いていた風呂敷《ふろしき》包みを手に取り、それをゆっくりと広げていった。

あっ、と思わず声をもらしそうになった。包みの中から出てきたのは、見覚えのあるトンボ柄《がら》の浴衣地《ゆかたじ》だった。

「お父さんはな、あんたとおそろいで、お母さんの分もって、生地をよけいに買ってきてくれとったんよ。あんた、これで浴衣《ゆかた》を縫《ぬ》ってみんかね?」

ひくん、としゃくりあげてから、ゆきちゃんは片手で涙《なみだ》をぬぐった。

それから、おもむろに振《ふ》り返り、

「お母さんの分は?」

と、聞き返した。

「お母さんは去年のがあるけえ、あんたにこの生地をあげるいね」

昼食のあと片づけをして外に出ると、ゆきちゃんは門の前でひとり、そわそわと落ち着きのない様子で車道のほうをながめていた。

「ゆきちゃん、おうえんに来たよ」

よっちゃんが手を振《ふ》ってさけぶと、ゆきちゃんはたちまちBケワシイ顔つきになった。

「応援《おうえん》やて？　あんた、その人にしゃべったん？」

「ええと、あのね……」

よっちゃんは、莉子《りこ》とゆきちゃんとを交互《こうご》に見比べてから、（　③　）首をすくめた。

「全部はしゃべっとらん」

「全部も少しもいっしょや。このおしゃべり」

よっちゃんが泣きそうな顔になったので、莉子《りこ》はあわてて、

「わたしが言ったの。ゆきちゃんのところに行こうって」

と続けた。

「いっしょに待っていい？」

「別に。かまわんけど」

莉子《りこ》はよっちゃんの手を取り、門の前にあるお地蔵さまの横に腰《こし》をおろした。そうして、何気なくお地蔵さまのほうに目をやった。なんて人間らしい、愛くるしい面立《おもだ》ちをしているのだろう。

「それは、うちらの一番上の姉さんや」

と、ゆきちゃんが言った。

「うちが生まれてすぐに亡くなったんやて。枇杷《びわ》の実が大好きやったけえ、枇杷《びわ》の木をいっしょに植えてやったんやて」

「④そうなんだ……」

これまで祖父も、親戚《しんせき》の人たちも、一度もそんな話をしてくれたことがなかった。でも、みんなはきっとお地蔵さまや枇杷《びわ》の木を見るたびに、その小さな女の子の無邪気《むじゃき》な笑顔や、かわいらしいCシグサを思い起こしていたのだろう。

「うちは、あの子を信じとるよ」

ゆきちゃんが唐突《とうとつ》に言った。

「お母さんのいつもの癖《くせ》や。すぐ人を悪人やて決めつける。そりゃあ、世の中には悪い人もおるやろうけど、そうじゃない人だってちゃんとおる。あの子はぜったい、浴衣《ゆかた》を返しにくる」

と、⑤まるで自分に言い聞かせているように。

莉子《りこ》は、うんうんと、相づちを打ちながら、どうかその子が来てくれますように、ゆきちゃんを失望させませんようにと、祈《いの》らずにいられなかった。

けれども、いつまで待っても、それらしい女の子は現れない。昼さがりの時間は刻々と過ぎていき、すっかり飽《あ》きてしまったよっちゃんは、ため息をついて空を仰《あお》いだり、草むらの中に寝ころんだり。あげくには、おなかすいたあ、おうちに入ろう、と、だだをこね始めた。

そのうち、出かけていたえっちゃんとふみちゃんも帰ってきたので、

「ええよ、うちがひとりで見張りをする。あんたらもう戻《もど》っとき」

と、ゆきちゃんに言われ、莉子《りこ》はみんなといっしょに家の中へと引きあげた。

（中略《ちゅうりゃく》）

「ちょっと、ちょっと」

隣《となり》の蚊帳《かや》から、ふみちゃんの声がした。

問八　――線⑧「そんな思い」とありますが、どのような「思い」ですか。最も適当なものを次のア～オの中から一つ選び、記号で答えなさい。

ア　自分がまだ親の助けを必要としており、親を頼《たよ》って生きていくしかないという思い。

イ　自分がまだ一人で生きていく力に乏《とぼ》しいため、その不安から早く解放されたいという思い。

ウ　自分が親を頼《たよ》りたいときに、親がそれに応えてくれるような存在であってほしいという思い。

エ　自分が親に反発をしても、それは意見をぶつけたいだけで嫌《きら》いになどならないという思い。

オ　自分が頼《たよ》れる親を必要としているのは、それが自分の将来の役に立つからだという思い。

問九　――線⑨「親としてのやさしさ」とありますが、それはどのようなことだと考えられますか。本文全体から九十字以内で答えなさい。

二　次の文章を読んで、後の一から八までの各問いに答えなさい。（ただし、字数指定のある問いはすべて句読点・記号も一字とする。）

祖父の家を訪れた莉子《りこ》は、庭の蓮池《はすいけ》の前で不思議な体験をする。それは、早朝、蓮《はす》の花が開くのを待っているうちに、過去の世界に移動してしまい、やがていつの間にか現在の蓮池《はすいけ》の前に戻《もど》ってくるというものだった。今日も同じことが起き、莉子《りこ》が移動したのは、数年前に亡くなった母の少女時代だった。そこで「ゆきちゃん」「えっちゃん」「ふみちゃん」「よっちゃん」という四姉妹に会い、家にお邪魔《じゃま》することになる。「ゆきちゃん」は莉子《りこ》の母であり、「ゆきちゃん」とそのお母さんはどうやら仲たがいをしているようである。「よっちゃん」がその事情を莉子《りこ》にこっそり話してくれた。

よっちゃんの話は、なかなかAヨウリョウを得なかったが、つまりこういうことだった。

先週、隣村《となりむら》から来たという女の子がこの家を訪れて、浴衣《ゆかた》を貸してほしいとゆきちゃんに頼《たの》んだ。ゆきちゃんは親切心から浴衣《ゆかた》を貸したが、そのことを畑仕事から帰ってきたお母さんに（　①　）打ち明けると、その浴衣《ゆかた》はもう戻《もど》ってこないと（　②　）言われてしまった。いいや、絶対に返しにくるとゆきちゃんは言い張り、それ以来、二人はほとんど口をきかなくなったというのだ。

「その子は、すぐに返しにくるって約束したんに、いつまでたっても来てくれんの。それでゆきちゃん、すごくあせっとるん」

だってな、明日は＊1鎮守様《ちんじゅさま》の宵宮《よいみや》やもん、宵宮《よいみや》で着るために、お母さんが縫《ぬ》ってくれた浴衣《ゆかた》やもん、と、よっちゃんは言った。

「今日返しにこんかったら、どうなるんやろう。去年の浴衣《ゆかた》で宵宮《よいみや》に行くんやろうか。でも、去年の浴衣《ゆかた》はえっちゃんが着ることになっとるしなあ……」

昼食のあと、ゆきちゃんが急いで外へ飛び出していったのも、家の門の前で、その女の子がやって来るのを待ちうけようとしてのことらしい。

「ゆきちゃんのところに行ってみようか」

莉子《りこ》のことばに、うん、とよっちゃんもうなずいた。

をしなければいいと思ってやさしくしているということ。

エ　子どもからの評価を第一に考えて、親の理想像に近づけるように本来の自分を隠《かく》してやさしくしているということ。

オ　子どもを「ほめて育てる」アメリカ流の子育てが実践《じっせん》できているという自己評価のためにやさしくしているということ。

問四　――線④「親だからできる」とありますが、なぜ「親だからできる」のですか。次の文の空らんに入れる適当な語句を本文中から六字で探し、抜《ぬ》き出しなさい。

親と子どもの間には他人にはない（　　　）があるから。

問五　――線⑤「将来困らないため」とありますが、筆者は将来どのようなことで困ると考えているのですか。最も適当なものを次のア～オの中から一つ選び、記号で答えなさい。

ア　子どものころに叱《しか》られないと、大人になってから叱《しか》られたときに、そのことに慣れていないために耐《た》えられない人間になってしまうこと。

イ　子どものころにしつけられずにいると、自分が大人になった時に子どもをしつけられず子育てできない大人になってしまうこと。

ウ　子どものころに厳しくされないと、より厳しい世の中にいきなり出ていくことになり、本人がショックを受けることになること。

エ　子どものころにしつけられないと、大人になるまで自らの言動が修正されずに育ち、社会生活をうまく営めなくなってしまうこと。

オ　子どものころに叱《しか》られないと、叱《しか》ってくれることへの感謝の気持ちが生じず、やさしいかどうかで人を判断するようになること。

問六　――線⑥「近視眼的な同情」とありますが、その説明として最も適当なものを次のア～オの中から一つ選び、記号で答えなさい。

ア　自分の目の前で落ち込《こ》んでいる子どもを見る時にだけ、かわいそうだと思うこと。

イ　自分と直《じか》に接しているときの子どもの反応に対して、理解を示してあげたいと思うこと。

ウ　叱《しか》ったらかわいそうだという単純な思考に基づいて、子どもを甘《あま》えさせてあげようとすること。

エ　子どものためにならないことだとしても、そのときに必要なことならばやってあげようとすること。

オ　成長したときの困難を考えることなく、今は子どもにかわいそうな思いをさせたくないと思うこと。

問七　――線⑦「ペットをかわいがるように子どもと親しんでいる」とはどのようなことですか。最も適当なものを次のア～オの中から一つ選び、記号で答えなさい。

ア　ペットを飼うように、自分の手元にいつもおいて世話を焼いているということ。

イ　ペットと遊ぶように、自分の気が向いたときにだけ子どもの相手をしているということ。

ウ　ペットをしつけるように、日常の最低限の行動を必要なこととして教えているということ。

エ　ペットに接するように、自分が楽しく過ごすという欲求を満たしているだけであること。

オ　ペットを育てるように、成長を温かく見守っていくことで満足しているということ。

ているようなところがあって、何だか頼《たよ》りない、親にはもっと堂々としてほしい、親が厳しく文句言ったり叱《しか》ったりするという人は、そんな親に腹が立つことがあるかもしれないけど、そういう毅然《きぜん》とした親なら頼《たよ》りがいがあって羨《うらや》ましい、という学生もいた。

こちらの機嫌《きげん》を窺《うかが》っているような親が頼《たよ》りないというのは、確かにそうだろう。親だったらもっと堂々としてほしい。そうでないといざというとき頼《たよ》れない。

まだ自立への道の途上《とじょう》にいる不安定な若者たちは、⑧そんな思いをもって、頼《たよ》れる親を求めているのではないだろうか。

子どもから嫌《きら》われたくない。反発されたくない。理解のある親と思われたい。やさしい親と思われたい。そんな思いを抱《かか》える親が増えている。

その一方で、というよりもそれだからこそ、「こうする方が子どもの将来のためだ」「どんなに反発されようが、これだけは子どもにしっかり叩《たた》き込《こ》んでおかなければ」と、自分なりの考えや価値観を体当たりでぶつけてくる親を子どもたちは求めている。

そんな子どもの要求に応え、ときに厳しい面を見せ、自分の考えや価値観をぶつけるのも、⑨親としてのやさしさなのである。

（『「やさしさ」過剰《かじょう》社会』　榎本《えのもと》　博明《ひろあき》）

〔注〕＊友だち親子＝友達のような関係性を持つ親子のこと。

問一　――線①「厳しい社会の～厳しく育てる」とありますが、ここで育てているものは何ですか。本文中から四字で探し、抜《ぬ》き出しなさい。

問二　――線②「子どもから見て～頼《たよ》りなく感じられる」とありますが、なぜですか。最も適当なものを次のア～オの中から一つ選び、記号で答えなさい。

ア　子どもから嫌《きら》われたくないというのは、大人が本来見せるべきでない内心を表面に出してしまっているという点で、子どもには大人げない行為《こうい》だと思われるから。

イ　子どもから嫌《きら》われたくないというのは、大人が子どもに反発されることを恐《おそ》れて機嫌《きげん》をとっているため、子どもには堂々としていないと映るから。

ウ　子どもから嫌《きら》われたくないというのは、大人が子どもの気持ちを優先させてしまうことになり、結果として子どもに振《ふ》り回されているように見えるから。

エ　子どもから嫌《きら》われたくないというのは、大人が自分の考えに自信を持てないという弱さから、子どもと深い関わりを避《さ》けているように子どもには受け取れるから。

オ　子どもから嫌《きら》われたくないというのは、大人が子育ての本質を見失い、そのために不安を抱《かか》えているような印象を子どもが受けるから。

問三　――線③「『自分のため』に子どもにやさしくしている」とありますが、どういうことですか。最も適当なものを次のア～オの中から一つ選び、記号で答えなさい。

ア　子どもに厳しくすることで反抗《はんこう》され、結果として自分が傷つけられることを恐《おそ》れてやさしくしているということ。

イ　子どもから絶えず甘《あま》えられる存在でいることによって、自分の必要性を確認するためにやさしくしているということ。

ウ　子どもの将来を考えず、子どもと共に過ごす間は自分が嫌《いや》な思い

い。叱《しか》られたときは落ち込《こ》んで、かわいそうかもしれないが、歪《ゆが》んだ行動や自分勝手な態度が改まらないままに大きくなったら、将来もっと深刻な意味でかわいそうなことになる。

現に、甘《あま》やかされて育ち、好ましくない行動やわがままな態度が改まらずに大きくなったため、友だちから信頼《しんらい》されずに悩《なや》む人物や、職場で信頼《しんらい》されず、取引先からも信頼《しんらい》されずに、仕事で支障が生じている人物もいる。

結局、叱《しか》るのはかわいそうという親は、じつは自分のことしか考えていない。子どもにやさしいのではなく、自分に甘《あま》いのであって、子どもの将来を考えてあげていない。自分が死んだあと一世代後まで生きていくたくましさを身につけさせなければという思いがない。⑦ペットをかわいがるように子どもと親しんでいる。

そのような親は、子どもが自立し、親から距離《きょり》を取っていくべき中高生の年頃《としごろ》になっても、子どもから頼《たよ》られたい、甘《あま》えられたいと思い、自立に向けて突《つ》き放すことができない。

子どもの側も、そんな親の気持ちをどこかで感じ取り、自立すると親が淋《さび》しがるといった思いをもつようになる。そうしているうちに、いつまでも親に甘《あま》え、親を頼《たよ》る、自立の力の乏《とぼ》しい若者になっていく。

当然それは子どものためにならない。子どもは一世代後を生きていくわけだから、自分なしでもちゃんと生きていけるように徐々《じょじょ》に突《つ》き放していくのが親としての愛情であり、やさしさのはずだ。

親自身は淋《さび》しいだろうが、その淋《さび》しさは子どもの将来のために堪《た》え、あえて厳しく突《つ》き放すのが、親としての使命感に則《のっと》ったやさしさだろう。

大阪《おおさか》市の幼稚園《ようちえん》の先生たちを対象に私が実施《じっし》した調査では、最近の親を見て気になることとして、ほぼ半数（四七％）が「子どもをしつけるという自覚のない親が目立つ」という。

このように見てくると、子どもとただ楽しく戯《たわむ》れている親は、けっしてやさしいとは言えないだろう。

ほんとうにやさしい親は、もっと長期的な展望のもとに子どもを育てている。目の前でシュンとする子がかわいそうという視点よりも、このまま自分の歪《ゆが》みや弱味に気づかずに大きくなってしまったらかわいそうという視点に立つことができる。それがほんとうのやさしさであろう。

＊友だち親子が最近目立つということを私が言ったのに対して、学生たちがこんなことを口にした。

「今の親は威厳《いげん》がなくて頼《たよ》りない。もっと頼《たよ》れる存在であってほしい」

「友だち親子ってよくいるけど、あきらかに世代は違《ちが》うし、親と子なのに、子どもに媚《こび》売って仲良くしている親って、なんだか見苦しい。親っていう自覚が乏《とぼ》しいんじゃないですか」

もちろん肯定《こうてい》的な意見もあった。

「周りに当たり前のように友だち親子が多いけど、それは問題なんでしょうか」

「親子が友だちみたいに仲良しなことの、どこが悪いんですか」

だが、友だち親子を好む母親に自分は反抗《はんこう》して自立できたが、弟は反《はん》抗《こう》できず、友だち親子をずっと続け、何でも親に話すというかかわりから抜《ぬ》け出せず、そのせいで大学生になっても友だちができないから心配だという声もあった。

また、自分の親はやさしいのかもしれないけど、こっちの機嫌《きげん》を窺《うかが》っ

【国　語】（五〇分）〈満点：一〇〇点〉

一　次の文章を読んで、後の一から九までの各問いに答えなさい。なお、作問の関係上、一部省略した所があります。（ただし、字数指定のある問いはすべて句読点・記号も一字とする。）

かつては日本でも、子どもの将来のために、①厳しい社会の荒波《あらなみ》に耐《た》えられるように、そして力強く自分の道を切り開いていけるように、あえて心を鬼《おに》にして厳しく育てるということがあったが、一九九〇年代頃《ごろ》から、教育評論家たちが文化的風土の違《ちが》いを無視して、アメリカ流の言葉でほめる子育てを推奨《すいしょう》したため、日本中に「ほめて育てる」「叱《しか》らない子育て」が広まった。

その結果、教育的配慮《はいりょ》に欠けた甘《あま》い子育てが横行することになった。

子どもの将来のために厳しく育てようとする親と、目の前の子どもの笑顔が見たい、叱《しか》ったりして気まずくなりたくない、一緒《いっしょ》に楽しく過ごしていたいという親。どっちがやさしいだろうか。

子どもを叱《しか》れない理由として大きいのが、「嫌《きら》われたくない心理」だ。

「お母さんはすぐ怒るから嫌《きら》い。お父さんはやさしいから好き」

と子どもから言われ、ショックを受けたという母親がいた。子どもから嫌《きら》いなどと言われれば、だれだって気になってしまうものである。そこで、つい叱《しか》りにくくなり、甘《あま》やかしてしまう。そんな親が少なくないようだ。

でも、そのように言う子どもの「嫌《きら》い」とか「やさしい」といった未熟で感情的な言葉に大の大人が振《ふ》り回されて、子育ての使命を忘れてしまうのもどうかと思う。

本来、親と子の関係というのは、好かれたいとか嫌《きら》われたくないとかいう関係ではなく、もっと深い結びつきがあるはずだ。

②子どもから見て、「子どもから嫌《きら》われたくない」という思いが透《す》けて見える親は、どこか頼《たよ》りなく感じられるはずである。

子どものためを思ったら、たとえ子どもから激しく反発され、一時的に嫌《きら》われるようなことがあっても、親として厳しく注意しなければならないこともある。

子どもに嫌《きら》われたくないという思いが強い親は、「子どものため」ではなく③「自分のため」に子どもにやさしくしているのである。それがやさしいのかどうかは別として。

子どもの将来のためを思ったら、あえて厳しいことを言って憎《にく》まれ役を買うのも重要な親の役目だろう。そんな憎《にく》まれ役をわざわざ他人が買って出てくれることはまず期待できない。④親だからできるのだ。

子どもに嫌《きら》われたくないから甘《あま》くしているという親と、子どもに嫌《きら》われるかもしれないがわが子が⑤将来困らないために厳しくしつけるようにしているという親。どっちがほんとうにやさしいかは一目瞭然《りょうぜん》のはずだ。

かわいそうだからダメと言えず甘《あま》やかすという親もいる。

子どもをあまり叱《しか》らないという親は、ほめると子どもはすごく嬉《うれ》しそうな顔をするけど、叱《しか》るとシュンとしたり泣いたりしてかわいそう、だから叱《しか》らないようにしている、というようなことをよく口にする。

だれだって叱《しか》られれば落ち込《こ》む。そんなわが子を見れば、かわいそうという気持ちも湧《わ》いてくる。

しかし、そんな⑥近視眼的な同情は、けっして子どものためにならな

の理由として最も適当なものを次のア～オの中から一つ選び、記号で答えなさい。

ア　地図よりも自分を信じるべきだという少年の考えは正しいと反省したから。

イ　少年が何の根拠《こんきょ》もなく自信たっぷりでいられることをうらやましく思ったから。

ウ　あきらめずに自信を持ち続ける少年を見て、あきらめかけた自分を悔《くや》しく思ったから。

エ　強い意志を持った少年の言葉を受けて、自信もなく弱気でいる自分に気付かされたから。

オ　少年と自分は価値観が異なるので、分かり合えることはないとあきらめたから。

問七　――線⑦「地図が合っているかどうかなんて問題じゃない。問題は、歩くか、歩かないかだ」とありますが、どういうことですか。最も適当なものを次のア～オの中から一つ選び、記号で答えなさい。

ア　自分が次のチェックポイントに到達《とうたつ》できるかどうかは、地図が合っているかどうかによって決まるのではなく、歩くか歩かないかの選択《せんたく》によって決まるということ。

イ　地図が合っているかどうかは自分にとっては大したことではなく、本当に重要なのは、自信を持てるようになるために歩ききることなのだということ。

ウ　自分たち参加者にとって、この場所の地図が合っているかどうかは些細《ささい》なことで、重大なのはあきらめない自分に変われるかどうかなのだということ。

エ　地図が合っているかどうかは自分を変えてくれるきっかけにはならず、最後まで歩き通すと決意することこそが自分を変えてくれるきっかけになるのだということ。

オ　地図の示した道を歩いてきたことが自分の自信になるわけではなく、歩くか歩かないかの選択《せんたく》によって自信を持てる自分になるのだということ。

問八　「私」についての説明として最も適当なものを、次のア～オの中から一つ選び、記号で答えなさい。

ア　どんな困難な状況《じょうきょう》であったとしても、自分自身を信じてきっと成功するという強い思いを持ち行動することができるような意志の強い面がある。

イ　自分がつらい状況《じょうきょう》にあっても他人に対しての思いやりを忘れることがないところや、自分のことを後回しにしてしまうような優しい面がある。

ウ　思いと現実が異なるとすぐにあきらめてしまいそうになるところもある一方で、苦しくても自分なりに状況《じょうきょう》をよくしようとする努力家な面がある。

エ　自分が追《お》い込《こ》まれた状況《じょうきょう》にあったとしても、他人の話に耳をかたむけて自分の行動をかえりみることのできるような向上心の旺盛《おうせい》な面がある。

オ　自分にとって不利な状況《じょうきょう》になるとすぐに周囲のせいにし、何かと理由をつけてその状況《じょうきょう》から逃《に》げ出《だ》そうとするような後ろ向きな面がある。

て会釈《えしゃく》している。このことから、「私」がマッサージによって、はっきりとした意識を取《と》り戻《もど》したことがわかる。

ウ　――線①での「私」は疲労《ひろう》のせいで何も受け答えできていないが、――線④での「私」は「オレンジの服の人」に会釈《えしゃく》で対応している。このことから、「私」がマッサージのおかげで、残りの道を歩けるほどに体力が回復したことがわかる。

エ　――線①での「私」は無我夢中で歩き周囲に目を向けなかったが、――線④での「私」は「オレンジの服の人」に丁寧《ていねい》に会釈《えしゃく》している。このことから、「私」が「おじさん」の優しさに触《ふ》れ、他人に優しくできるようになったことがわかる。

オ　――線①での「私」は疲《つか》れのせいで話しかけられたことを覚えていないが、――線④での「私」は「オレンジの服の人」に会釈《えしゃく》している。このことから、「私」が「おじさん」に励《はげ》まされ周囲に気を配るゆとりを持てるようになったことがわかる。

問二　空らん②に当てはまる語として最も適当なものを次のア～オの中から一つ選び、記号で答えなさい。

ア　我が家　　イ　異世界　　ウ　夢

エ　ふるさと　　オ　おとぎ話

問三　――線③「泣きそうになる」とありますが、なぜ「私」は「泣きそうにな」ったのですか。その理由として最も適当なものを次のア～オの中から一つ選び、記号で答えなさい。

ア　「私」が独りで歩いていることは明らかなのに、「おじさん」がわざわざ聞いてきたことに堪《た》えられなくなったから。

イ　「私」が独りで大丈夫《だいじょうぶ》なのかと心配している「おじさん」は、自分を子ども扱《あつか》いしているとわかり、悔《くや》しくなったから。

ウ　「おじさん」のマッサージが終われば、これから「私」はまた独りで歩いていくのだと気付き、むなしくなったから。

エ　「おじさん」とのやりとりの中で、「私」は残りの道はまだ長いという現実を再び思い出してしまい、悲しくなったから。

オ　「おじさん」からの質問に答えたことで、「私」が独りであることを改めて自覚することになり、寂《さび》しくなったから。

問四　本文中の□で囲まれた十九行「感覚的には、～もう、間に合わない。」という状況《じょうきょう》の中で描《えが》かれる「私」の心情の変化を九十字以内でまとめなさい。

問五　――線⑤「もう放っておいてほしい」とありますが、ここから読み取れる「私」の様子として最も適当なものを次のア～オの中から一つ選び、記号で答えなさい。

ア　どんなに励《はげ》まされてもこれ以上歩く気力はないので、何も言わずにそっとしておいてほしいと少年に切望している様子。

イ　地図を見たことで一気に押《お》し寄《よ》せてきた後ろ向きな感情によって、気遣《きづか》ってくれた少年と会話をする余裕《よゆう》もない様子。

ウ　間に合わないと弱気になっているところに、追い打ちをかけるような話をしてきた少年をうっとうしく思う様子。

エ　自分では完歩できないとわかっているのに、少年が空気を読まず無神経に声をかけてきたので腹を立てている様子。

オ　もう一歩も歩けないとあきらめていたところに、急がなくていいのかと話しかけてきた少年をわずらわしく思う様子。

問六　――線⑥「私は何《なに》も言えなくなる」とありますが、なぜですか。そ

きたくなんてない。これ以上つらい思いをするのなんて絶対にいやだ。

また座り込《こ》んでうつむいていると、隣《となり》に人が座る気配がした。ガサガサと動いている。そのうち、ブツブツと独り言が聞こえた。

「はあ？　まだ二キロ？　冗談《じょうだん》だろマジで……」

間違《まちが》いなく、さっきの彼《かれ》の声だった。見ると、唐揚《からあ》げ棒をばくばく食べながら、地図を眺《なが》めている。

「……もう間に合わないよ」

聞こえるか聞こえないかくらいの声で、言った。

「まだ二キロだよ。もう二時半だよ。いっくら急いだって、もう絶対間に合わないって」

今度は、さっきより少し大きめの声で。彼《かれ》は時計と地図を見比べながら、唐揚《からあ》げを食べ続けた。よくそんなもの食べられるなと感心しながら、そんな彼《かれ》を眺《なが》める。彼《かれ》はさんざん見比べたあと、言った。

「……絶対この地図間違《まちが》ってる」

「なんでそう思うの」

思わずそう聞き返してしまう。唐揚《からあ》げ棒はあっという間にただの棒になってしまった。次に彼《かれ》は袋《ふくろ》をあさり、サンドイッチを取り出した。こんな真夜中に、いったいどれだけ食べるんだろう。

「このペースで一時間歩いて、二キロなんてことはない。俺《おれ》はこの地図より、俺《おれ》の感覚を信じる」

サンドイッチを口いっぱいに頬張《ほおば》ったせいで、多少、いやかなりもごもごしてはいたけれど、そいつははっきりと、そう言いきった。⑥私は何《なに》も言えなくなる。

私だってそう思ったよ。私だってそう思ったんだってば。

でも私は、自分を信じられなかったんだ。……そして、完歩の夢をあっさりと手放した。

『俺《おれ》は俺《おれ》を信じる』なんて、人生で一回も言ったことがない。そんな自信、持ったことなんてない。ママはいつでもそれを信条に生きていたけれど、結局私は今までの人生で一度だって自分を信じられなかった。

でも、いいかげん変わりたい。私だってそう思ってる。変わるなら、今がその時なんじゃないの。

私は立ち上がった。先を急ぐためだ。

⑦地図が合っているかどうかなんて問題じゃない。問題は、歩くか、歩かないかだ。

そして私は、歩くと決めた。

（『明日の朝、観覧車で』　片川《かたかわ》　優子《ゆうこ》）

〔注〕＊靴下《くつした》を替《か》え～股《また》わりをした＝中略した場面で、「私」は「おじさん」からマッサージを受けていた時に、これらをするようにすすめられていた。なお、「股《また》わり」はストレッチの一種。

問一　――線①「オレンジの服」、――線④「オレンジの服の人」とありますが、この人やその周辺の人たちへの対応から「私」についてわかることとして最も適当なものを次のア～オの中から一つ選び、記号で答えなさい。

ア　――線①での「私」は疲《つか》れきっていて対応できたかわからないが、――線④での「私」は「オレンジの服の人」に会釈《えしゃく》をしている。このことから、「私」がマッサージを経て、体力だけでなく精神面においても余裕《よゆう》を得たことがわかる。

イ　――線①での「私」は話しかけられた内容を聞き取れてすらいないが、――線④での「私」は「オレンジの服の人」の声かけに対し

それから一時間ほど、音楽を聴《き》きながら、かなりのハイペースで歩いた。途中《とちゅう》コンビニがなかったため、一度も休憩《きゅうけい》しなかった。すぐにコンビニがあるだろうから、コンビニに着いたらなにか甘《あま》い物でも買って休憩《きゅうけい》しよう。なに買おうかな、などと考えながら、そのまま歩き続ける。

かなりの距離《きょり》を歩いたとき、やっとコンビニの光が見えた。缶《かん》でもいいからお汁粉《しるこ》を飲もうとのんきに考えながら近づいていく。まずは外でリュックを下ろし、確認のために地図を取り出した。

感覚的には、時速四キロペースで小一時間ほど歩いていた。きっと四キロくらい進んでいるだろう。次のチェックポイントは六十八キロだから、もう半分来た計算になる。この調子でいけばタイムアップにはならないな、そう安心しながら地図を見て、驚《おどろ》いた。

「六十二キロ……?」

思わずその場にしゃがみこんだ。地図のコンビニの位置には、六十二キロという無情な数字が書いてあった。

「なにそれ信じらんない」

思わずつぶやく。雨で地図がぬれているせいで見間違《みまちが》えたのかもしれないとまで考え、必死で確認したけれど、そこにはなんど見ても六十二キロという文字があった。

これだけ歩いたのに。一時間も、休憩《きゅうけい》なしで、しかもかなり速く歩いたつもりだったのに、進んだのはたったの二キロだっていうの?

もう間に合わないかもしれない、という弱気な考えが、またもや頭をもたげた。このペースで歩いても二キロだったら、あと六キロ歩くのに三時間もかかってしまう。今の時刻は午前二時半。六十八キロ地点のチェックポイントが閉まるのは、四時半。あと二時間しかない。もう間に合わない……。

「なんでよ……」

せっかくマッサージしてもらって、歩けるようになったというのに。*靴下《くつした》を替《か》え、靴《くつ》ひもを緩《ゆる》め、赤信号で止まるたびになりふりかまわず股《また》わりをしたのに。それでも二キロしか進んでないっていうの。

また泣きそうになる。うつむいた顔が上げられない。座り込《こ》んだままで、もう二度と立ち上がれない気さえする。だってまだ二キロ。

もう、間に合わない。

「あんた、寝《ね》てる暇《ひま》あんの」

そのときまた、声が聞こえた。どこかで聞いた声。

のろのろと顔を上げると、さっきのチェックポイントで隣《となり》に座っていた少年が、なぜか目の前に立っていた。さっきは私が立っていて、椅子《いす》に座っていた少年を見下ろしていたから気づかなかったけれど、思ったより背が高い。座っていたときはもっと幼いと思っていたけれど、もしかしたら私より年上かもしれない。

「もうそろそろ、時間やばいと思うけど」

なんでこいつ話しかけてくるんだろう、⑤もう放っておいてほしい。心の中だけでつぶやき、ただ見上げる。そいつはそれだけ言うと、目の前から消えた。もう先に向かったのかもしれない。

どうでもいいや、と思った。彼《かれ》の行方も、百キロも。だってもう、間に合わないじゃない。どっちにしろリタイヤになるなら、もう一歩も歩

はマッサージコーナーに背を向けるように並べられた、マッサージ待ちの人のための椅子《いす》だったことに気づく。

「私は……」

「おねえさん、こっちだよ！」

あのバスに乗るつもりなんだと言おうとしたとき、マッサージコーナーの中から、一人が立ち上がって私を呼んだ。

「早く！　待ってる人大勢いるんだから」

声にせかされ、わけもわからぬまま、寝転《ねころ》がる人たちの足元を移動して、その人のもとまで行く。見ると、私を呼んだのは、かなりいかついおじさんだった。

（　中略　）

「太ももの筋肉はそう固まってないから、あと百キロはいけるで」

「うそだあ」

「百キロは言いすぎやけど、五十キロはいける」

私が思わず声を上げると、おじさんはニヤッと笑った。仰向《あおむ》けになると、今度は足を折りたたむように曲げ、ゆっくりと押してくれる。太ももの裏が伸《の》びていくのを感じる。右足の次は、左足。

「あんた、ひとりで歩いてんの？」

「はい」

答えるとき、③泣きそうになる。不意打ちで孤独《こどく》を確認してしまったようで。

「わしも去年ひとりで歩いたわ。本当につらいのはこっからよ」

「はい」

もう十分つらい、と思いながら相槌《あいづち》を打つ。これ以上ないくらいつらい。本当はリタイヤしたい。でも次の一言で、そんなこと言えなくなった。

「わしが今あと四十キロ歩けるようにしてやるから、あんた絶対完歩しなさいよ」

なにも言葉が出なくなる。なぜ今会ったばかりの他人の私に、ここまでしてくれるのだろう。今にもあきらめかけている私に。リタイヤしてバスに乗る直前だった私に。どうして。

当の歩いている本人より、この人は私の完歩を信じてくれている。

（　中略　）

マッサージが終わり、立ち上がる。すると、驚《おどろ》くほど足が軽くなっていた。あんなに苦しかった屈伸《くっしん》が、なんの支えもなく楽にできる。魔法《まほう》にかかったみたいだ。

すごい。おじさんの四十キロ歩けるようにしてやるって言葉も、嘘《うそ》じゃないのかも。

「ありがとうございます！」

足の裏の痛みは格段に減っていた。太ももの痛みも。

感動して、心底お礼を言うと、おじさんはまたニッと笑った。

「悪いことは言わんからわしの言うこと聞いとき。ゴールで待ってるから」

「はい」

（　中略　）

体がまた寒さで固まってしまう前に、出発することにした。コンビニを去り際、④オレンジの服の人に、がんばってくださいと言われ、その人にも会釈《えしゃく》をし、歩きだす。

次のチェックポイントは六十八キロ。時間の余裕《よゆう》はそんなにない。地図をちらっと確認し、最初のコンビニを手近な目標にして、歩きだした。

エ　オノマトペとは、人間に先天的に備わっている言語感覚を刺激《しげき》するものである。

オ　オノマトペとは、物語の持つイメージを大人にも伝える可能性があるものである。

（2）擬音語《ぎおんご》を次のア～カの中から全て選び、記号で答えなさい。

ア　ざあざあ　イ　きらきら　ウ　かたかた
エ　うろうろ　オ　いらいら　カ　のびのび

問八　――線⑦「子どもの心を理解するためのメディアとしての絵本」とありますが、その特徴《とくちょう》はどのようなものですか。本文全体をふまえ、百字以上百二十字以内で書きなさい。

二　高校一年生の「私」は、百キロの道のりを三十時間以内に歩く「三《み》河湾《かわわん》チャリティー一〇〇km歩け大会」という行事に参加していますが、雨にも降られ、体力は限界を迎《むか》えていました。以下はそれに続く場面です。後の一から八までの各問いに答えなさい。なお、作問の関係上、一部省略した所があります。（ただし、字数指定のある問いはすべて句読点・記号も一字とする。）

六十キロのチェックポイントにたどり着いたときは、放心状態で、なにも考えられなかった。気がついたら雨はかなり小雨になっていたけれど、そんなことにも気がつかなかった。コンビニの明かりと①オレンジの服が見え、ふらふらとそこへ近づくと、だれかになにか話しかけられたけれど、よく覚えていない。

目についた椅子《いす》に、吸い寄せられるように座った。ずっと地面にばかり座っていたから、パイプ椅子《いす》ですらありがたかった。これで布団《ふとん》があったら絶対に倒《たお》れ込《こ》むのに。そう思っていたら、目の前に、バスがあった。

しばらくそのバスをぼーっと見ていたら、乗っていく人がいた。それをさらに眺《なが》めているうちに、気づく。

そっか、これ、リタイヤ車だ。時計を見たら、六十キロのチェックポイントが閉まる、三十分前だった。タイムアップになった人を乗せるため、待機しているのだろう。吸い寄せられるようにして、一人、また一人と、タイムアップを待たずにリタイヤを決めた人たちがそのバスに乗っていく。

バスの中は、あたたかそうだった。雨にもぬれずにすむし、ふかふかの椅子《いす》があり、眠《ねむ》っているうちにゴール地点の温泉まで運んでくれる、〔　②　〕のような場所。それになにより、あれに乗りさえすれば、もう歩かなくてすむんだ。こんな苦しい思いなんてしなくてすむ。刺《さ》すような痛みに耐《た》えながら、足を踏《ふ》み出さなくたっていいんだ……。

無意識のうちに立ち上がったとき、声をかけられた。

「あんたの番だろ、呼ばれてんぞ」

「……え……？」

急に現実に引き戻《もど》され、すぐにはなんのことかわからず、声をかけてきた人を見る。そこには仏頂面《ぶっちょうづら》の少年がいた。私が座っていた椅子《いす》の隣《となり》に座ったまま、私を見上げている。

「マッサージ、並んでるんだろ」

「マッサージ？」

少年の示したほうを振《ふ》り返ると、確かに人が並んで寝《ね》ころんでいた。

我に返ってあたりを見回し、私が休憩《きゅうけい》のために座ったパイプ椅子《いす》は、実

問三　空らん〔②〕に入る語として最も適当なものを次のア～オの中から一つ選び、記号で答えなさい。

ア　息をこらす　イ　息がはずむ　ウ　息が合う

エ　息がかかる　オ　息をのむ

問四　――線③「子どもの経験の意味」とありますが、どのような意味だと考えられますか。最も適当なものを次のア～オの中から一つ選び、記号で答えなさい。

ア　空想遊びを通し、現実社会で生きるために必要な知識や技術を習得することで、社会性を身に着けるという意味。

イ　幼少期の遊びを通し想像力を養うことで、不測の事態にも対応しうる力を身に着けることができるという意味。

ウ　日々の生活で生じる様々な感情を経験することで、困難に立ち向かうことができる人に成長するという意味。

エ　自分の行動や反応の裏に潜《ひそ》む自己の矛盾《むじゅん》する心理や心の変化を通して、子ども自身が心的に成長していくという意味。

オ　子どもの日常の中に潜《ひそ》む心理的過程を細やかに追うことで、大人に対して思いを表現できるようになるという意味。

問五　――線④「おねえさんになるってたいへんだね」と言うことでソフィーの父親は何をソフィーに伝えようとしているのですか。最も適当なものを次のア～オの中から一つ選び、記号で答えなさい。

ア　弟の存在に対してのソフィーの戸惑《とまど》いを理解していることをソフィーを抱《だ》きしめることで表現し、弟に対しても優しく接するようにしてほしいと伝えようとしている。

イ　父母の愛情がほしいがために弟に対し腹を立てていたソフィーの気持ちに寄《よ》り添《そ》っていると示すことで、ソフィーも大切な存在であることを伝えようとしている。

ウ　弟の誕生を喜ばねばならないとプレッシャーを感じているソフィーの思いに理解を示すことで、弟の存在を受け入れるまで両親は彼女を見守るという姿勢を伝えようとしている。

エ　ソフィーが弟を大切にできない自分を責めて大泣きしていることを理解し、ソフィーはそのままでも弟思いの優しいお姉さんであるということを伝えようとしている。

オ　母親に対し甘《あま》えたい気持ちがあるにもかかわらず、ずっと我慢《がまん》していたソフィーの思いを理解し、彼女《かのじょ》のことも母親は大切に思っていることを伝えようとしている。

問六　――線⑤「それ以前にもっと楽しめる絵本」とありますが、どのような絵本ですか。「絵本」につながるよう、三十字以内で探し、最初の三字を抜《ぬ》き出しなさい。

問七　――線⑥「オノマトペ（擬声語《ぎせいご》・擬態語《ぎたいご》・擬音語《ぎおんご》など）」について、後の問いに答えなさい。

（１）本文における「オノマトペ」の説明として、ふさわしくないものを次のア～オの中から一つ選び、記号で答えなさい。

ア　オノマトペとは、日本語の音韻《おんいん》やリズム、メロディを生かしたものである。

イ　オノマトペとは、乳幼児は強く心惹《こころひ》かれるが、大人にはわかりにくいものである。

ウ　オノマトペとは、読み手に作品の伝えたいメッセージを推測させるものである。

げ、手足をばたつかせて全身でおはしゃぎ反応をくり返していました。

これら赤ちゃんの好むナンセンス絵本には一つの特徴《とくちょう》があります。それは、日本語の音韻《おんいん》・リズム・メロディを生かした⑥オノマトペ（擬声《ぎせい》語《ご》・擬態語《ぎたいご》・擬音語《ぎおんご》など）が巧《たく》みに多用されていることです。おそらくは、＊5チョムスキーの提唱するような生得的な言語装置に強く働きかけていると思われます。

絵本といえば物語絵本が中心になるのは、どうしても読み手であるおとなが理解しやすいからでしょう。しかし、美術・造形的な感性を生かした絵本やナンセンス絵本、視覚トリックを生かした絵本など、最近ではさまざまなタイプの絵本づくりが試みられています。それゆえ、以前には存在しなかった絵本が乳幼児の前に差し出され、「どうしてこんな絵本が好まれるのだろう」というおとなの反応をしばしば見聞きします。乳幼児の絵本の読みの発達が、「ものの絵本」や「生活絵本」からはじまるという従来の考え方は、新しい絵本の出現とともに修正の時期にきていると言えます。

⑦子どもの心を理解するためのメディアとしての絵本は、このように大きく分けて二つの側面があることが分かります。一つは、内なる子どもを生き生きともつ作家・画家による子どもの描写《びょうしゃ》です。もう一つは、新しい試みの独創的な絵本が拓《ひら》く今まで知られていなかった子どもの内面世界の存在です。それは作家自身にも予測できなかったことが多く、まさに子ども自身が取《と》り込《こ》み、表現することで見えてきたことなのです。

（『子どもの心を理解するために―絵本の心理学』　佐々木《ささき》　宏子《ひろこ》）

〔注〕＊1　マスメディア＝新聞・雑誌・ラジオ・テレビ・インターネットなどの情報を大衆に伝達する仲立ちとなるもの。

＊2　プロセス＝進行の段階。過程。

＊3　示唆《しさ》＝それとなく教え示すこと。

＊4　洞察《どうさつ》＝物事をよく観察し、その本質を見抜《みぬ》くこと。

＊5　チョムスキー＝アメリカの言語学者の名前。

問一　――線Ａ「ケイセイ」、Ｂ「フシメ」、Ｃ「ジザイ」のカタカナを正しい漢字に直しなさい。（一画一画ていねいにはっきりと書くこと。）

問二　――線①「この発想は研究が進めば進むほど浮薄《ふはく》なものであることが分かりました」とありますが、その説明として、最も適当なものを次のア～オの中から一つ選び、記号で答えなさい。

ア　マスメディアが正しいと信じている、幼児の時から絵本に触《ふ》れさせることで読解力が向上するという考えは、心理学的研究においてなんの根拠《こんきょ》もない、架空《かくう》の考えであることがわかった。

イ　子どもたちの読解力の向上に絵本の読み聞かせが効果的とされてきたが、実際には小学生以上の本離《ほんばな》れが進み、読み聞かせには何の効果もなく、人々が期待しすぎていたことがわかった。

ウ　日常の中でたくさんの人に出会い、さまざまな経験を重ねる方が読解力の向上には効果的であり、幼い時から多くの本に触《ふ》れさせることに意味を求めるのは誤りであることがわかった。

エ　読解力の向上に必要な心情を読み解く力や日常の様々なことを経験する大切さを学ばせることに着目せず、絵本の読み聞かせの効果にばかり期待するのは浅はかであることがわかった。

オ　絵本を読み聞かせて多くの本に触《ふ》れさせても効果はなく、読解力の向上のためには、生活の中で生じる出来事や人々の心の動きを読み解く力の重要性を無視するのは愚《おろ》かであることがわかった。

す。アニメーションならば変身・変化はCジザイですが、二次元の絵の世界でここまで描《えが》くことは、よほど子どもの内面世界を知る画家でないと出来るものではないでしょう。

『おねえさんになるひ』（C&L・アンホルト／吉上恭太《よしがみきょうた》訳／徳間書店《とくましょてん》）では、弟が誕生して姉となった一女児が、父母が弟にばかりかまけるのに腹を立て、「もう　あかちゃんなんか、どっかいっちゃえ！」と、雪の庭に出て大泣きをします。その時、お父さんは、彼女《かのじょ》をぎゅっと抱《だ》きしめ、「ソフィーのきもち、よくわかるよ。④おねえさんになるってたいへんだね」と、話しかけます。

ほんの2例ばかりですが、前者の絵本は空想遊びをするときの幼児の内面世界の構造を的確に捉《とら》え絵画化していますし、後者は弟妹が誕生したときの子どもの心理を巧《たく》みに描写《びょうしゃ》しつつ、その時の父親のとりうる態度への大いなる＊3示唆《しさ》も含《ふく》まれています。

優れた画家や作家は、子どもたちの日常生活の中で発生するさまざまな葛藤《かっとう》を通して、発達における重要なテーマを物語という形式で写実的に、またある時には象徴的《しょうちょうてき》に描《えが》いています。私は、これら芸術家たちの「語り」の巧《たく》みさと、そこから生じる深い＊4洞察《どうさつ》と解釈《かいしゃく》に共感しつつ、いつも深い子ども理解へと導かれます。

赤ちゃんと絵本を結びつける「ブックスタート」運動が始まってから、私はいくつもの赤ちゃん発見を経験しました。従来であれば、子どもがはじめて出会う絵本としては「ものの絵本」が一般的《いっぱんてき》であったのですが、赤ちゃんは⑤それ以前にもっと楽しめる絵本を発見し手元に引き寄せ始めたのです。

具体的には、長新太《ちょうしんた》の『ちへいせんのみえるところ』（ビリケン出版）などの「ナンセンス絵本」に0・1歳《さい》児がとても惹《ひ》きつけられる場合がそうなのですが、このようなケースを数多く見るたびに、その意味を考え続けていました。そんなとき谷川俊太郎《たにかわしゅんたろう》が自ら描《えが》いた『もこ　もこもこ』（たにかわしゅんたろうさく／もとながさだまさえ／文研出版《ぶんけんしゅっぱん》）を取り上げつつ、この絵本がおとなよりも幼い子ども達によって強く支持されている理由を次のように述べているのに出会いました。

「それら（絵本…筆者注）は必ずしも子ども時代を描《えが》いたものではありませんが、大人たちの頼《たよ》る「意味」の世界に対して、意味以前の「存在」の手ざわりを絵と言葉を通して表現しているのではないかと自負しています。（中略）絵本を認識のためのひとつのてだてと考えるとき、絵本のもたらすイメージとヴィジョンは言葉のもつ意味を超《こ》えて子どもたちに、そして大人たちにも訴《うった》えかけると私は信じています」（別冊太陽《べっさつたいよう》　2003　129号　8頁《ページ》）。

最初の見開きには紫色《むらさきいろ》の地平線があり、「しーん」という文章のみが右上にあります。さて、二つ目の見開きにはその地平線から「もこもこ」とふくれ上がる、黄色みを帯びた柔《やわ》らかい半円形の物体と、「にょき」と小さい茸《きのこ》のような形が現れます。あとは、これらのチューインガムのような風船のような形の物体が、ページをめくるたびに「もこもこ」、「もぐもぐ」、「ぷうっ」、「ぎらぎら」、「ぱちん！」と壊《こわ》れ、「ふんわ　ふんわ……」と降るように落ちて行きます。そして、最初の見開きと同じ「しーん」の場面が現れて、エンドレスで循環《じゅんかん》して行くことが暗示されています。

一男児は5か月の頃《ころ》から、この絵本を読んでもらっていましたが、「しーん」以外の場面でめくるたびに大笑いし、「キュウー」と奇声《きせい》を上

【国　語】（五〇分）〈満点：一〇〇点〉

[一] 次の文章を読んで、後の一から八までの各問いに答えなさい。（ただし、字数指定のある問いはすべて句読点・記号も一字とする。）

私が絵本を心理学的な視点より研究対象とし始めたのは、今から約40年前のことです。動機はいたって単純で、「幼児の言葉の発達や概念《がいねん》AケイセイにBに及《およ》ぼす絵本の読み聞かせの効果」といった類の出発でした。しかし、①この発想は研究が進めば進むほど浮薄《ふはく》なものであることが分かりました。

この類の視点は現在でも*1マスメディアなどの風土にしっかりと息づいており、赤ちゃんに絵本を手渡《てわた》す「ブックスタート」運動の広がりや、「読解力の低下」問題がささやかれ始めると再び浮上《ふじょう》してきました。私は、この視点がまったく間違《まちが》っていると言うつもりはありませんが、この発想はすぐに底が見えてくるものなのです。なぜならば、「絵本を読む」という前提には自分や他者の心を読んだり、日常の生活の中で生じるさまざまな事象を読み解いたり、さらには人間関係の複雑さも経験し読みとる力がなくてはなりません。子どもと絵本を「効果的に」出合わせるといった表層的な発想では到底《とうてい》研究は無理で、この視点はすぐに行《い》き詰《づ》まってしまいました。

研究を進める中、たくさんの絵本を読み続けるうちに子どもの発達と絵本の関わりを考える上で、徐々《じょじょ》にいくつかの異なった視点が見えてきました。それは、優れた絵本作家の描《えが》く「子ども」を繰《く》り返し読み込《こ》んでいると、その心理分析《ぶんせき》の斬新《ざんしん》さに（　②　）ほど感動することがたびたびあったからです。作家・画家が描《えが》く子どもはあくまでも個としての子どもですが、さまざまな発達のBフシメを描《えが》いた絵本の中で、③子どもの経験の意味が深層の淵《ふち》から引き上げられ、驚《おどろ》くような日常的な切口で物語られているのに出合うときでした。

たとえば、幼い子どもの空想遊び（ごっこ遊び）は、想像力の発達や現実社会のさまざまな知識や技術の習得、社会性の発達などに大きな影響《えいきょう》を及《およ》ぼすことが実験や観察などを通して部分的には検証されています。しかし、幼年時代の遊びや生活体験の記憶《きおく》を生き生きと内面世界に残し、かつそれらの「子ども」を優れた芸術家（画家・作家）が絵本として絵や文章に表すと、そこには断片的な実験や観察ではとうてい捉《とら》えることのできない子どもの発達の姿が深く説得力をもって描《えが》かれていたのです。

それは一般的《いっぱんてき》には「語り」という脈絡《みゃくらく》の中で展開されるために、実験や調査などで収集される「今・ここ」に現れている行為《こうい》や反応の部分のみに限られるものではないからです。物語ることは、それらの行為《こうい》や反応の背後にある矛盾《むじゅん》対立する深層の心理構造や、そこへ至る心理的*2プロセスを過去の事実から未来の予測をも含《ふく》み描《えが》くことを可能にします。

センダックは、『かいじゅうたちのいるところ』（センダック作／じんぐうてるお訳／冨山房《ふざんぼう》）で、大暴《おおあば》れをしてお母さんに晩御飯《ばんごはん》抜《ぬ》きで寝室《しんしつ》に放《ほう》り込《こ》まれたマックス少年の空想遊びの世界を、その見立ての根拠《こんきょ》等も明瞭《めいりょう》に示して完璧《かんぺき》に近い作品として創り上げています。ドアやベッドの縁《ふち》が本の幹に変身し、窓際に置いてあるテーブルと花瓶《かびん》は同じ形の茂《しげ》みへと見事に見立て（変換《へんかん》）られています。絨毯《じゅうたん》や天井《てんじょう》はどうでしょうか。ページをめくる度に、マックスの空想遊びの努力の痕跡《こんせき》が見られま

MEMO

大切なことはメモしておこうネ！

解答用紙集

○月×日 △曜日 天気(合格日和)

◆ご利用のみなさまへ

＊解答用紙の公表を行っていない学校につきましては、弊社の責任において、解答用紙を制作いたしました。

＊編集上の理由により一部縮小掲載した解答用紙がございます。

＊編集上の理由により一部実物と異なる形式の解答用紙がございます。

人間の最も偉大な力とは、その一番の弱点を克服したところから生まれてくるものである。 ──カール・ヒルティ──

東京学参株式会社

豊島岡女子学園中学校(第1回)　2024年度

◇算数◇

※ 105％に拡大していただくと，解答欄は実物大になります。

1

(1)	(2)	(3)	(4)
	本	円	

2

(1)	(2)	(3)	(4)
L	通り	度	cm

3

(1)	(2)	(3)
分前	：	分後

4

(1)	(2)
通り	通り

5

(1)	(2)	(3)
cm^2	cm^2	cm^2

6

(1)	(2)
cm	cm

豊島岡女子学園中学校(第1回)　2024年度　◇理科◇

※ 108％に拡大していただくと，解答欄は実物大になります。

1

(1)		(2)		(3)		(4)		(5)	
(6)		(7)							

2

(1)		(2)	①		②		(3)	g	
(4)	g	(5)							

3

(1)	①		②		③		
(2)			(3)		(4)		
(5)	g						

4

(1)	満月		上弦の月			
(2)	時間　分					
(3)	①		②		③	

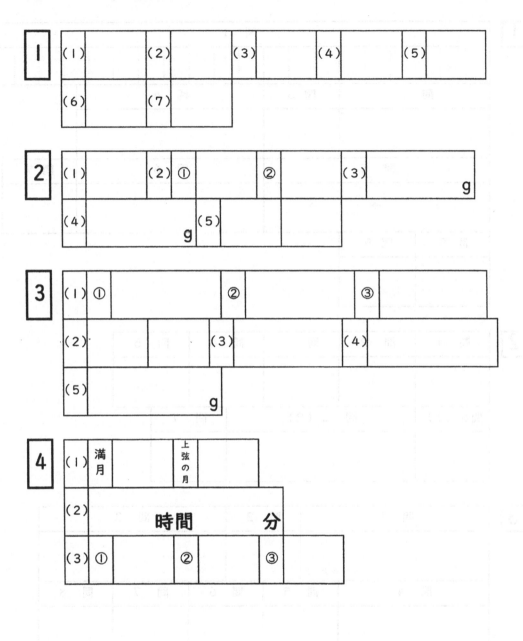

豊島岡女子学園中学校（第1回）　2024年度　　◇社会◇

※ 105％に拡大していただくと，解答欄は実物大になります。

1

問 1

問 2	問 3	問 4

問 5	問 6	問 7
→ → →		

問 8	問 9

2

問 1	問 2	問 3	問 4	問 5

問6（1）	問 6（2）	問 7

3

問 1	問 2	問 3
プラスチック		

問 4	問 5	問 6	問 7	問 8

◇国語◇

豊島岡女子学園中学校（第１回）　２０２４年度

※解答欄は実物大になります。

一

問一

問二

問三

問四

問五

問六

問七　(1)　(2)

問八　75

二

問一

問二

問三

問四

問五　60

問六

問七

問八

問九　(1)　(2)　(3)

豊島岡女子学園中学校(第2回)　2024年度　◇算数◇

※ 104%に拡大していただくと，解答欄は実物大になります。

1

(1)	(2)	(3)	(4)
	個	g	通り

2

(1)	(2)	(3)	(4)
通り	脚	cm	:

3

(1)	(2)
mL	杯

4

(1)	(2)	(3)
分速　m	分速　m	午前　時　分　秒

5

(1)	(2)
cm	cm

6

(1)	(2)	(3)
:	:	:

豊島岡女子学園中学校(第2回)　2024年度　◇理科◇

※ 106%に拡大していただくと，解答欄は実物大になります。

1

(1)		(2)		(3)				
(4)	①		②		③		④	
(5)	高い　→　→　低い		(6)					

2

(1)		(2)		(3)	
(4)					

3

(1)		(2)							
(3)	(何が)			(どうなる)					
(4)		(5)	①		②		③		

4

(1)	①		④		⑤		(2)	②		③		⑦	
(3)		(4)			(5)		(6)						
(7)										なくなるから			

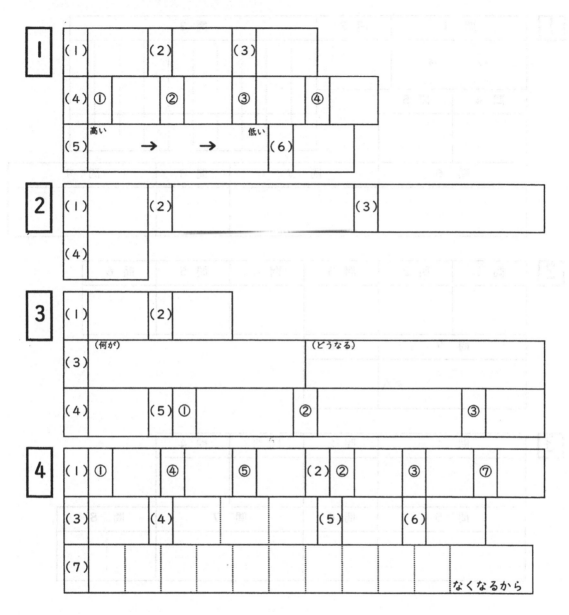

豊島岡女子学園中学校（第2回）　2024年度 ◇社会◇

※ 105％に拡大していただくと，解答欄は実物大になります。

1

問 1	問 2	問 3
→ →		

問 4	問 5

問 6	問 7	問 8	問 9

2

問 1	問 2	問 3	問 4	問 5	問 6

問 7	問 8
ダム	

3

問 1	問 2	問 3	問 4

問 5	問 6	問 7	問 8

2024年度

豊島岡女子学園中学校(第2回)

※解答欄は実物大になります。

◇国語◇

一

問一 ⑧ ⑨

問二

問三

問四

問五

問六

問七

問八

問九 (60)

問十 A B C

二

問一

問二

問三

問四

問五

問六 誰が 誰に

問七

問八

問九

問十 (45)

豊島岡女子学園中学校(第3回)　2024年度　◇算数◇

※ 105%に拡大していただくと，解答欄は実物大になります。

1

(1)	(2)	(3)	(4)
	人		

2

(1)	(2)	(3)	(4)
円	分	m	個

3

(1)	(2)
cm	cm

4

(1)	(2)
分後	回

5

(1)	(2)	(3)あ	(3)い	(3)う
個				

6

(1)	(2)	(3)
cm^2	cm^2	cm^2

豊島岡女子学園中学校(第3回)　2024年度　◇理科◇

※ 105%に拡大していただくと，解答欄は実物大になります。

1

(1)	g	(2)	cm	(3)	g
(4)	g				

2

(1)	g	(2)	g	(3)	g
(4)	g	(5)	g		

3

(1)	ア		イ		ウ						
(2)	エ		オ		カ		(3)	③		④	
(4)	A		B		(5)						
(6)	(a)		(b)		(c)		(7)				

4

(1)	①	月	②	月	(2)		(3)	
(4)	①		②		(5)			

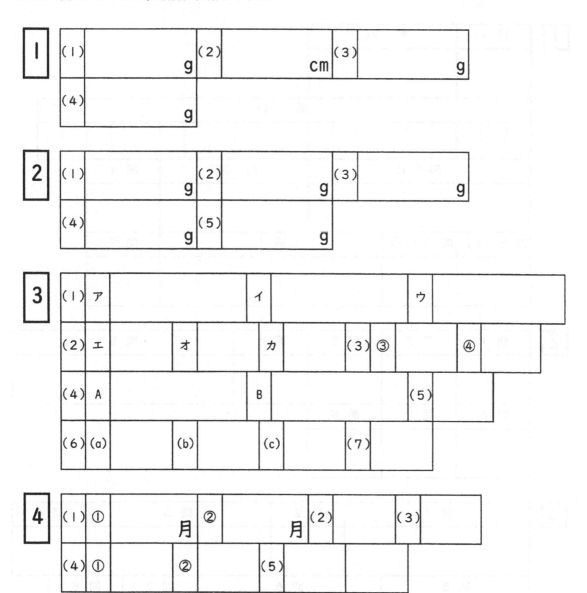

※ 105％に拡大していただくと，解答欄は実物大になります。

1

問 1	問 2(1)

問 2(2)

問 3(1)	問 3(2)	問 4

問 5（あ）	問 5（い）	問 6	問 7

2

問 1	問 2	問 3	問 4	問 5

問 6	問 7	問 8

3

問 1	問 2	問 3	問 4

問 5	問 6	問 7	問 8

2024年度

豊島岡女子学園中学校(第3回)

※解答欄は実物大になります。

◇国語◇

一

問一 ～

問二

問三

問四

問五

問六

問七 A B C D E

問八

問九

60

問十 a b

二

問一

問二

問三

問四

問五

問六 A B

問七

問八

問九

豊島岡女子学園中学校（第1回）　2023年度　　◇算数◇

※ 105％に拡大していただくと，解答欄は実物大になります。

1

(1)	(2)	(3)ア	イ	(4)

2

(1)ア	イ	(2)	(3)	(4)
		通り	人	度

3

(1)	(2)

4

(1)	(2)
：	倍

5

(1)	(2)	(3)
秒後	段	

6

(1)	(2)	(3)
cm^3	cm^3	cm^3

豊島岡女子学園中学校(第1回)　2023年度　◇理科◇

※ 108%に拡大していただくと，解答欄は実物大になります。

1

(1)	:	(2)	秒速 m	(3)	:
(4)	m	(5)	m		

2

(1)	g	(2)	g	(3)	g	(4)	g
(5)	g	(6)		(7)	g	(8)	g

3

(1)	倍	(2)	倍	(3)		(4)	
(5)		(6)		(7)			

4

(1)		(2)		(3)	
(4)		(5)		(6)	

豊島岡女子学園中学校（第1回）　2023年度

◇社会◇

※ 105％に拡大していただくと，解答欄は実物大になります。

1

問　1	問　2	問　3	問　4

問　5	問 6	問 7
	→	→　→　→

問 8

2

問　1	問　2	問 3（1）	問 3（2）	問　4

問　5	問　6	問 7（1）	問 7（2）

3

問　1	問　2	問　3	問　4
	→　→　→		

問　5	問　6	問　7

問　8

2023年度

豊島岡女子学園中学校(第1回)

◇国語◇

※解答欄は実物大になります。

一

問一 A B C

問二

問三

問四

問五 X Y

問六

問七

問八

問九 70 90

二

問一 a b

問二

問三

問四

問五

問六

問七 60

問八 Ⅲ Ⅳ

問九

豊島岡女子学園中学校(第2回)　2023年度

◇算数◇

※ 104%に拡大していただくと，解答欄は実物大になります。

1

(1)	(2)	(3)	(4)
		時速　　　km	組

2

(1)	(2)	(3)	(4)
人		:	cm^2

3

(1)	(2)
:	m

4

(1)	(2)
%	%

5

(1)	(2)	(3)
枚	通り	通り

6

(1)	(2)	(3)
cm		個

豊島岡女子学園中学校(第2回)　2023年度　◇理科◇

※ 106%に拡大していただくと，解答欄は実物大になります。

1

(1)		(2)		(3)	
(4)	℃	(5)	℃		

2

(1)			(2)	①		②	
(3)	①	g	②	%	(4)		

3

(1)	(ア)		[イ]		[ウ]		[エ]		[オ]	
(2)	①名称		①記号		②名称		②記号			
	③名称		③記号		(3)		(4)			

4

(1)		(2)		(3)		(4)		
(5)								

豊島岡女子学園中学校(第2回)　2023年度

◇社会◇

※ 105％に拡大していただくと，解答欄は実物大になります。

1

問 1	問 2	問 3
	仏	

問 4	問 5
→ → →	

問 6	問 7	問 8

2

問 1												
鹿児島は												

問 2（1）	問 2（2）	問 3	問 4	問 5

問 6	問 7
	→ →

3

問 1	問 2	問 3	問 4	問 5

問 6	問 7	問 8	問 9

2023年度 豊島岡女子学園中学校(第2回)

◇国語◇

※解答欄は実物大になります。

一

問一 A

B

問二

問三

問四

問五

問六

問七

問八

問九

70

二

問一

問二

問三

問四

問五

問六

問七

問八

50

80

問九

豊島岡女子学園中学校(第3回)　2023年度　　◇算数◇

※ 105％に拡大していただくと，解答欄は実物大になります。

1

(1)	(2)	(3)中央値	最頻値	(4)
				枚

2

(1)	(2)	(3)	(4)
g	種類	:	cm^2

3

(1)商品(あ)	商品(い)	(2)
個	個	通り

4

(1)	(2)ア	イ

5

(1)	(2)	(3)ア	イ
m			

6

(1)①	(1)②	(2)
cm^2	cm^3	:

豊島岡女子学園中学校(第3回)　2023年度　◇理科◇

※ 105%に拡大していただくと，解答欄は実物大になります。

1

(1)		(2)		(3)	倍
(4)		(5)		(6)	

2

(1)		(2)	g	(3)	倍
(4)	g	(5)	g	(6)	

3

問1	(1)		(2)		(3)	
問2	(1)		(2)			
	(3)					
問3	(1)		(2)		(3)	

4

(1)		(2)			(3)	

(4)	①	A		B		②	A		B	
	③	A		B						

豊島岡女子学園中学校(第3回)　2023年度　◇社会◇

※ 105%に拡大していただくと，解答欄は実物大になります。

1

問 1	問 2

問 3						問 4
あ		い		う		

問 5	問 6	問 7	問 8	問 9

2

問 1	問 2

問 3

問 4	問 5	問 6	問 7	問 8

3

問 1	問 2	問 3	問 4

問 5	問 6	問 7	問 8

2023年度

豊島岡女子学園中学校(第3回)

※133%に拡大していただくと、解答欄は実物大になります。

◇国語◇

一

問一 A

B

C

問二

問三

問四

問五

問六

問七

問八

問九

45

二

問一

問二

問三 ③

⑧

問四

問五

問六

問七

問八

問九

豊島岡女子学園中学校（第1回）　2022年度

◇算数◇

※ 106％に拡大していただくと，解答欄は実物大になります。

1

(1)	(2) 個	(3) g	(4) cm

2

(1) 個	(2) 分	(3) cm^2	(4) ：

3

(1) ：	(2) m

4

(1) 個	(2) 個

5

(1)	(2) 個	(3)

6

(1) cm^3	(2) cm^3	(3) cm^3

豊島岡女子学園中学校(第1回)　2022年度　◇理科◇

※解答欄は実物大になります。

1

(1)	L	(2)	L	(3)	cm
(4)	L	(5)	L		

2

(1)	g	(2)	L	(3)	%
(4)	①	②	③		

3

(1)		(2)		(3)		
(4)			(5)			

4

(1)		(2)		(3)			
(4)		(5)		(6)	①	②	③

豊島岡女子学園中学校(第1回)　2022年度

◇社会◇

※ 106％に拡大していただくと，解答欄は実物大になります。

1

問 1	問 2

問 3

問 4	問 5	問 6	問 7	問 8

問 9	問 10	問 11
		→ → →

2

問 1	問 2	問 3	問 4	問 5

問 6	問 7

3

問 1	問 2	問 3	問 4

問 5	問 6	問 7
	→ → →	

2022年度 豊島岡女子学園中学校（第1回）

※解答欄は実物大になります。

◇国語◇

一

問一

問二

問三 あ い う

問四 図

問五

問六

問七

問八 45

問九 X Y Z

二

問一 A B

問二

問三

問四

問五

問六

問七

問八 60

豊島岡女子学園中学校（第2回）　2022年度

◇算数◇

※ 106％に拡大していただくと，解答欄は実物大になります。

1

(1)	(2)	(3)	(4)
	g		

2

(1)	(2)	(3)	(4)
毎分　m	g	回	度

3

(1)	(2)	(3)
個	個	個

4

(1)	(2)
cm^2	cm^2

5

(1)	(2)
個	個

6

(1)	(2)	(3)
cm^3	cm^3	cm^3

豊島岡女子学園中学校(第2回)　2022年度

◇理科◇

※ 109％に拡大していただくと，解答欄は実物大になります。

1

(1)		(2)		(3)		(4)	
(5)		(6)			(7)		

2

(1)	A		B		C		
(1)	D		(2)	g	(3)	E		F	
(4)	g	(5)	L				

3

(1)		(2)		(3)					
(4)	A		B		(5)		(6)	分	

4

(1)		(2)	上流 → 下流				(3)

(4)	ア-イ	断面の様子	流速	ウ-エ	断面の様子	流速	(5)	5番目	6番目	8番目
(6)										

豊島岡女子学園中学校（第2回）　2022年度　◇社会◇

※ 106%に拡大していただくと，解答欄は実物大になります。

1

問　1	問　2	問　3

問 4	問　5	問 6	問 7	問 8

2

問 1	問 2	問 3	問 4	問　5
			市	

問 6	問 7	問 8	問 9

3

問 1	問 2

問 3	問 4	問 5	問 6

問 7	問 8

2022年度

豊島岡女子学園中学校（第2回）

※解答欄は実物大になります。

◇国語◇

一

問一

問二

問三

問四

問五

問六

問七

問八

60

問九

A

B

C

二

問一

問二

問三

問四 〜 するようになる年齢。

問五

問六

問七

問八

問九

60

豊島岡女子学園中学校(第3回)　2022年度

◇算数◇

※ 106%に拡大していただくと，解答欄は実物大になります。

1

(1)	(2)	(3)	(4)
	毎分　m	通り	cm^2

2

(1)	(2)	(3)	(4)
	%	年　月　日	:

3

(1)	(2)
毎分　m	m

4

(1)	(2)	(3)
L		

5

(1)	(2)	(3)
cm^2	cm^2	cm^2

6

(1)	(2)
cm^3	cm^3

豊島岡女子学園中学校(第3回)　2022年度

◇理科◇

※ 109%に拡大していただくと，解答欄は実物大になります。

1

(1)	B		C		(2)	
(3)	秒	(4)	秒	(5)	秒	

2

(1)	X		Y		(2)	
(3)	%	(4)	塩化ナトリウム：水＝　：	(5)	%	

3

(1)	ア		イ		ウ			
(2)	図3		図4		(3)	①	②	

4

(1)	日	(2)	日	(3)	日
(4)		(5)	1秒間に　万km進む		

豊島岡女子学園中学校(第3回)　2022年度

◇社会◇

※ 106%に拡大していただくと，解答欄は実物大になります。

1

問 1	問 2	問 3	問 4

問 5	問 6	問 7	問 8

2

問 1	問 2	問 3 (1)	問 3 (2)	問 3 (3)			
				番号		製品	

問 4	問 5	問 6

3

問 1	問 2	問 3	問 4	問 5

問 6	問 7	問 8

問 9

2022年度 豊島岡女子学園中学校(第3回)

※解答欄は実物大になります。

◇国語◇

一

問一 A B

問二

問三

問四

問五

問六

問七 前者 後者

問八

問九 (50)

二

問一

問二

問三

問四

問五

問六

問七

問八

問九 (90)

豊島岡女子学園中学校(第1回)　2021年度

◇算数◇

※ 108%に拡大していただくと，解答欄は実物大になります。

1

(1)	(2)	(3)	(4)
			通り

2

(1)	(2)	(3)	(4)
	:	cm^2	:

3

(1)	(2)
個	円

4

(1)	(2)
秒後	秒後

5

(1)	(2)	(3)

6

(1)	(2)	(3)
cm^3	cm^3	cm^3

豊島岡女子学園中学校（第1回）　2021年度

◇理科◇

※解答欄は実物大になります。

1

	0.5Vの電圧	1.5Vの電圧				
(1)	Ω	Ω	(2)		(3)	A

(4)	A	(5)	A	(6)			

2

(1)	g	(2)	倍	(3)	g

	気体A	沈殿B
(4)	g	g

3

(1)			(2)	→ → → →

					温度	稚魚数
(3)		(4)	→ →	(5)	℃	ひき

4

	月がウの位置	月がオの位置		形	時刻
(1)			(2)		

	①	②	③	④
(3)				

豊島岡女子学園中学校（第1回）　2021年度

◇社会◇

※ 109％に拡大していただくと，解答欄は実物大になります。

1

問　1	問　2	問　3	問　4	問　5

問　6	問　7

2

問　1	問　2	問　3	問　4

問　5	問　6	問　7	問　8	問　9

3

問　1	問　2	問　3

問　4	問　5	問　6	問　7	問　8

問　9

2021年度 豊島岡女子学園中学校(第1回)

◇国語◇

※解答欄は実物大になります。

一

問一 A B C

問二

問三

問四

問五 I II

問六

問七

問八

二

問一

問二 A B

問三

問四

問五 A B C

問六

問七

問八

問九

豊島岡女子学園中学校(第2回)　2021年度　◇算数◇

※ 108％に拡大していただくと，解答欄は実物大になります。

1

(1)	(2)	(3)	(4)
	枚		

2

(1)	(2)	(3)	(4)
円			cm^2

3

(1)	(2)
度	度

4

(1)	(2)	(3)
秒後	秒後	秒後

5

(1)	(2)
通り	通り

6

(1)	(2)	(3)
cm^2	cm^3	cm^3

豊島岡女子学園中学校(第2回)　2021年度　◇理科◇

※解答欄は実物大になります。

1

(1)	cm	(2)	℃	(3)	
(4)	cm	(5)	cm		

2

(1)	g	(2)	%	(3)	g
(4)	%	(5)	%		

3

(1)	【横の切り口】	【縦の切り口】

(2)	水蒸気が出ていく現象	水蒸気が出ていくあな

(3)		(4)		(5)	

4

(1)		(2)	
(3)	mm	(4)	

豊島岡女子学園中学校（第2回）　2021年度

◇社会◇

※ 109％に拡大していただくと，解答欄は実物大になります。

1

問　1	問　2	問　3	問　4
			海峡

問　5	問　6	問　7

問　8

2

問　1	問　2	問　3	問　4	問　5	問　6

問　7	問　8

3

問　1	問　2	問　3	問　4		問　5

問　6	問　7	問　8	問　9

2021年度

※解答欄は実物大になります。

豊島岡女子学園中学校（第2回）

◇国語◇

一

問一 A

問一 B

問二

問三

問四

問五

問六

問七

問八

問九 A

問九 B

二

問一

問二

問三

問四

問五

問六

問七

問八

問九

豊島岡女子学園中学校(第3回)　2021年度

◇算数◇

※ 109%に拡大していただくと，解答欄は実物大になります。

1

(1)	(2)	(3)	(4)
			人

2

(1)	(2)	(3)	(4)
%	歳		:

3

(1)	(2)
L	分間

4

(1)	(2)

5

(1)	(2)	(3)
cm	cm	秒後

6

(1)	(2)	(3)
cm^3	cm^3	cm^3

※ 106%に拡大していただくと，解答欄は実物大になります。

1

(1)	g	(2)	g	目盛り	
(3)	g	目盛り		(4)	重い　→　→　軽い

2

(1)	g	(2)	cm^3	(3)	cm^3
(4)	加熱方法	収集方法			

3

(1)		(2)		(3)		(4)	
(5)	時期	死亡率　%	(6)				

4

(1)		(2)	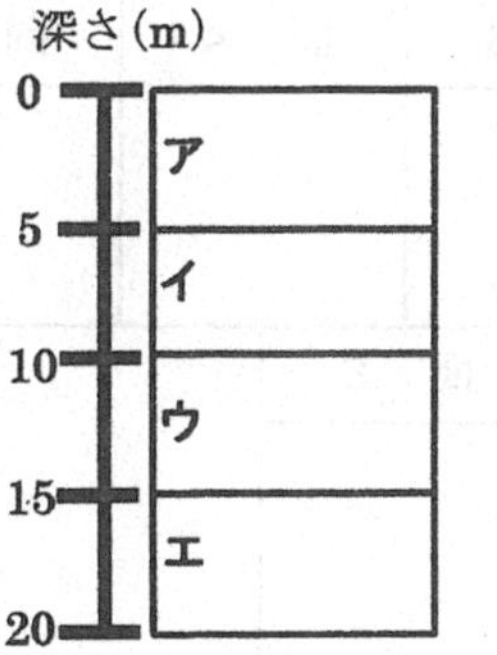	(3)	m	(4)	化石

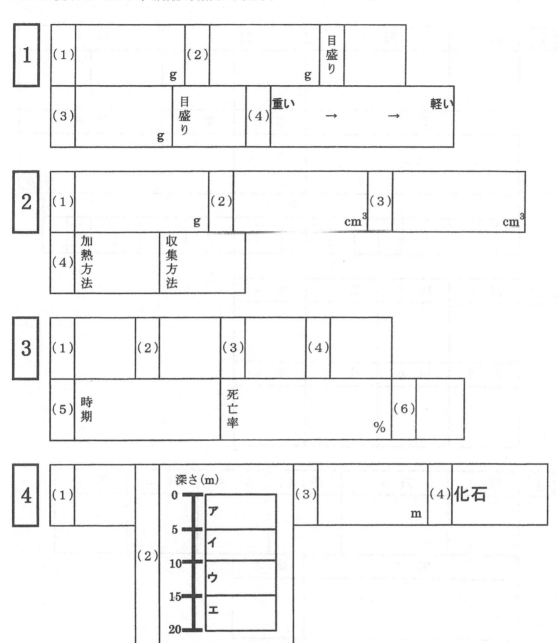

豊島岡女子学園中学校(第3回)　2021年度　◇社会◇

※ 109%に拡大していただくと，解答欄は実物大になります。

1

問 1	問 2	問 3		問 4	

問 5	問 6	問 7	問 8
→ → →			大名

問 9

2

問 1	問 2	問 3	問 4

問 5	問 6	問 7	問 8

3

問 1	問 2	問 3	問 4	問 5	問 6

問 7	問 8

２０２１年度 豊島岡女子学園中学校（第３回）

※１０９％に拡大していただくと、解答欄は実物大になります。

◇国語◇

一

問一 ① ② ③ ④

問二

問三

60

問四

問五

問六

問七

問八

問九 A B C

二

問一 a b c

問二

問三

問四

問五

問六

問七

問八

45

MEMO

大切なことはメモしておこうネ！

MEMO

大切なことはメモしておこうネ！

〈ダウンロードコンテンツについて〉

本問題集のダウンロードコンテンツ、弊社ホームページで配信しております。現在ご利用いただけるのは「2025年度受験用」に対応したもので、**2025年3月末日**までダウンロード可能です。弊社ホームページにアクセスの上、ご利用ください。

※配信期間が終了いたしますと、ご利用いただけませんのでご了承ください。

中学別入試過去問題シリーズ

豊島岡女子学園中学校　2025年度

ISBN978-4-8141-3168-6

[発行所] 東京学参株式会社
〒153-0043　東京都目黒区東山2-6-4

書籍の内容についてのお問い合わせは右のQRコードから　⇒

※書籍の内容についてのお電話でのお問い合わせ、本書の内容を超えたご質問には対応できませんのでご了承ください。

2024年4月5日　初版